U1013908

教育学原理五讲

康永久 著

人民教育出版社
·北京·

图书在版编目（CIP）数据

教育学原理五讲/康永久著. —北京：人民教育出版社，2016.6

ISBN 978-7-107-30741-6

Ⅰ.①教… Ⅱ.①康… Ⅲ.①教育学 Ⅳ.①G40

中国版本图书馆 CIP 数据核字（2016）第 144029 号

人民教育出版社出版发行

网址：http://www.pep.com.cn

人民教育出版社印刷厂印装　全国新华书店经销

2016 年 6 月第 1 版　2016 年 6 月第 1 次印刷

开本：787 毫米×1 092 毫米　1/16　印张：30.75　字数：485 千字

定价：58.00 元

联系地址：北京市海淀区中关村南大街 17 号院 1 号楼　邮编：100081

电话：010-58759215　电子邮箱：yzzlfk@pep.com.cn

教育本身与其说是一个观念或主题，不如说它是一个与那些大观念和基础主题相关的题目。有些反复出现的实践问题，人们如不从事最为深入的思辨考虑就不能讨论，教育就是其中之一。它是一个将讨论带入和越过许多主题的问题——文科的语法、修辞和逻辑，心理学、医学、形而上学和神学，伦理学、政治学和经济学。它是一个将许多大观念纳入焦点的问题——美德与真理、知识与意见、艺术与科学，欲望、意志、感觉、记忆、心灵、习惯，变化与进步，家庭与国家，人、自然与上帝。

——《西方大观念》

目录

导论[1]

原来计划的课程内容很多，包括教育学的演变轨迹、教育的概念、教育的历史发展、人的发展与教育、教育与社会发展、教育目的的理论与实践、作为社会组织的学校、知识与课程、教学的理论与实践、道德教育10章，但是最后都没完成。这在某种意义上也不是很可取的。因此，2011年秋我整个地做了一个调整，保留了勉勉强强能完成的前五讲，实际上也是那种大而全的普通教育学（general pedagogy）中通常属于教育概论或原理的几讲。

按照现在的设计，第一讲是“教育的概念与理想”，第二讲是“教育的历史发展”，第三讲是“人的发展与教育”，第四讲是“教育与社会发展”，第五讲是“历史情境与教育学”。“教育的概念与理想”涉及的是对教育的纲领性理解，“教育的历史发展”是对这样一种纲领性理解的历史拓展，“人的发展与教育”进一步剖析教育对人的发展的意义与作用机制，“教育与社会发展”则致力于探讨教育与社会生活的关系。这里需要特别说一下第五讲。

其实，“历史情境与教育学”只是换个角度来整体性地推进我们对教育的理解，不是一般性地讲教育学的历史发展。如果只是介绍教育学的历史，一般放在前面讲，以方便大家形成对教育学的初步印象。而我们主要试图将各种形态的教育学放到历史情境之中去解读，因而是特别有理论意味的一讲。所以一开始就讲的话，同学们听起来就有点不明白。当然也不都是这样，有些人一听就听明白了。听明白的人就觉得特好；没听明白的人呢，也没觉得不好，他就觉得自己云里雾里的。当时他听到的感觉可能也很好，时过境迁之后，也就不知所云了。所以我们把它押后，首先讲教育概念，最后才来解读我们的教育学，拿它做结尾。就好像德国古典哲学家黑格尔（Georg Wilhelm Friedrich

---

① 由北京师范大学教育学部2011级张译方、2013级游雨诗诸同学初录。

Hegel，1770—1831）所说的那样，真理总是出现在结尾。[①] 这样处理也可以使这五讲构成一个相对独立而又完整的整体。

但这样一来，有些同学就会有遗憾：怎么不先讲这一讲，早了解教育学历史发展中的那些名著，我们就可以抓紧时间读啊。其实也不用急，我找了很多教育学名篇给大家，这些东西跟我们的教学配合更紧。历史上的教育学文献，很多我们刚开始是看不下去的。它们作为历史文献非常有研究的必要，但未必能满足我们当前的好奇心。对它们，我自己也在慢慢地补课。而且，很多东西不到需要的时候，你就认识不到它们的真正价值。

当然，原理课总是需要绞尽脑汁的。要是连原理课都不用绞尽脑汁的话，那就没意思了。本来北京师范大学就是个研究型大学，研究型大学里面的学习者，都应是研究型的学习者，平时干的事情就是绞尽脑汁的事。当然，你们报到的时候，校园里面到处都是社团招新活动，我还看到了一些玩 cosplay[②] 的女生……虽然可以多样化，但最核心的东西一定是需要绞尽脑汁的。

因此，除了听我讲，真心希望大家能参与到这一过程当中来。我个人内心最真实的愿望，是希望大家一起来探讨问题，而且是探讨理论问题。我觉得这才符合这门课的宗旨，只有这样做了才是原理。另外，绞尽脑汁这件事情其实是一件很愉快的事情，不要以为这个东西不好玩。美国教育学家布鲁纳（Jerome Seymour Bruner，1915—2016）有一句名言："任何学科都能够用在智育上是正确的方式，有效地教给任何发展阶段的任何儿童。"[③] 这是一个大胆的假设，也是一个有见地的见解。对于你们这些"超常儿童"来说，更是绝对可靠。这个是我们的第一个目标——理论。

事实上，每个人都是理论家。虽然现在大家似乎都在强调经验，都强调从外部世界获取信息，但是那个能帮助我们从经验中学习的脑袋不是空的。人能够思想，有各种各样的观念，甚至各种各样的偏见，这才可以学东西。一学结

---

① 黑格尔认为，不经历辩证法的所有阶段，就不可能达到真理。参见［德］弗里德里希·黑格尔著，贺麟、王玖兴译：《精神现象学》（上、下），商务印书馆 1979 年版。

② 英文 costume play 的简略写法，一般指利用服装、饰品、道具以及化妆来扮演动漫作品、游戏中的角色。

③［美］杰罗姆·布鲁纳著，邵瑞珍译：《教育过程》，文化教育出版社 1982 年版，第 49 页。

果就发现，康老师讲得怎么这么奇怪，怎么都听不懂呢？接着就要跟我分出个高低来，这就是学习。你要是头脑中没有什么东西，只是我往你们头脑中灌东西，就好像把课件复制到其他一台又一台的电脑中，这不是学习。

强调理论也就是强调思考。在古希腊，“理论”（theoria）一词是动词“看”（theorein）的阴性名词形式，而且是与“剧场”（theatre）的词根相通的。因此，其本义就是观看或观赏。在毕达哥拉斯（Pythagoras，前572—前497）的伦理学中，奥林匹克运动会上叫卖的小贩属于最低的一等，比他们高一等的是那些为了荣誉而竞赛的人，最高的一等是那些只是来观看的人们（spectators），他们摆脱了日常生活的困扰，欣赏着眼前发生的一切，并进行“热情而动人的沉思”，因而能无所为而为，被认为是真正的哲学家。[①] 而在加达默尔（Hans-Georg Gadamer，1900—2002）看来，这一切都发生在一种忘我的状态。因此，理论的本质应被理解为与真实的存在物的纯粹的同在。它不是一种主动的看，而是由它“在那里的同在”所规定的。这种观赏是一种真正的参与方式，一种由观看而来的入迷状态。[②] 就这样，我们与自己所沉浸于其中的现象遥相呼应，“台上是疯子，台下是傻子”。

真正的听课就是这样一种理论活动，一种面对观赏对象的自我敞开，一种发自内心的参与，用自己的东西来跟它呼应，甚至与它同呼吸、共患难。不能寄希望于我单方面就把理论讲清楚。离开了你们的参与，我只能试图做到对自己而言是讲清楚了，这显然并不意味着你们也能明白，或者说也能解你们的渴。虽然我不要求你们喝彩，但至少，值得欢呼与分享的、不明白或令人困扰的、觉得有问题或让人难受的，都请及时地提出来。我们这个课堂交流是没规矩的，既不要你举手，也不要你申请。只要你觉得憋不住了，你就插嘴。憋得住的时候，如果你觉得有必要说，也不要憋着，任其自然。

优秀的学生是奥林匹克运动会上热情而动人的观众，是课堂上的苏格拉底（Socrates，前469—前399），而我们老师则像是奥林匹克运动会上为了荣誉而

---

① 参见［英］伯特兰·罗素著，何兆武、李约瑟译：《西方哲学史》（上），商务印书馆2008年版，第59～60页。

② ［德］汉斯-格奥尔格·加达默尔著，洪汉鼎译：《真理与方法》（上），上海译文出版社1999年版，第161～162页。

竞争的人。希望你们能够发挥天生教育者的个人魅力，成为课堂上的教师之师，参与到整个课堂生活的建构中来。①

为什么同一个班上有些同学学得好，有些却学不好？因为大家实际上处于不同的世界。如果你通过自己的眼神，通过自己的参与，向老师表达了自己的善意和亲近，老师至少就会成为你心仪的老师，你则将是与老师投缘的学生。在这个过程中间，你们以言行事，也就创造了一种新的生活。学习的秘密，就是师生彼此形成一种联合生活（associated living）。在这里，老师的成功就是你的成功，你一直在想办法把课听出味道来，使课堂生活变得有意义；你的快乐就是老师的快乐，老师一直会用心与你交流，必定达成这样一种默契。

这个“以言行事”可以是有声的，也可以是无声的。所以参与倒不一定是多说话，但一定包括说话。有的人说：“老师，我这个嗓子，一说话就会破坏你对我的印象，我不说话，只用眼睛跟你‘说话’行不行?”（学生笑）当然可以，你要是用眼睛跟我交流，那眼睛肯定是亮晶晶的，谁见到都会喜欢。

后面要讲的一个观点，也是教育学中的一个核心观点，就跟我对大家的这个期盼有关。它是杜威（John Dewey，1859—1952）说的一句话：“教师不是简单地从事于训练一个人，而是从事于适当的社会生活的形成。”② 对于这句话，你们可能会有一点感触，未必全明白，但其实你们一直是这么做的。你可能会觉得奇怪：“老师，不对啊，我就专门读书，两耳不闻窗外事，特别单纯，外面什么事情传到我这里，都已经在这个世界的每一个角落转了好几圈，所以我没有什么社会生活，只是沉浸在自己的世界!”这样的想法是片面的。

大家能够走到这个地方来，肯定有一种很好的生活方式。至少我们看书的时候总是能钻进去，不搞懂就不罢休，发现问题就一定试图弄明白。这就说明我们跟所学的东西、所学的课题材料，已经结成了一种非常好的社会关系。这不是你臣服于它，无论它怎么说，你都照着去做；也不是它臣服于你，你不断

---

① 康永久：《教育中的三个世界：兼论教育再生产机制及其突破的可能性》，见北京师范大学教育学部编：《“教育公平与质量”论文集》（Ⅲ），北京师范大学—伦敦大学教育学院第四届国际教育研讨会，2012年，第228～264页。

② ［美］约翰·杜威著，赵祥麟、任钟印、吴志宏译：《学校与社会·明日之学校》，人民教育出版社1994年版，第17页。

地对它熟视无睹，任意地肢解或糊弄它。不是这样子，而是有一点点像对话，又有一点点像关注。我们的办法实际上就是不断地切磋，包括不断地跟别人互动，也包括不断地跟历史上的各种观点互动。你们在听课的时候看起来是被动的，实际上始终有主动的一面，希望你们把这一面更好地呈现出来。

这就涉及我前面所要求的，认真地思考，积极地参与讨论，有什么问题就问。这一直都是我个人对课堂的一个期盼。为此，我们的教学材料——这五讲的讲稿，建议大家把它打印出来。这样，听课的时候就可以从记笔记这个事情中解脱出来，记一些 PPT 上面没有的东西，记一些困惑，记一些问题，记一些你想到的其他的想法或收获。这可能会更好地提高我们的效率，让我们更专注于思路，专注于思考。学到最后，如果大家能够用自己的话梳理老师讲的这些东西，再加进自己的评价，我觉得就非常好了。

这样讲不知道大家听不听得懂？即便你们听不懂，我还要这样跟你们讲，因为不懂很正常啊！事实上，这些东西目前还不需要大家都懂，或者都能用自己的话来概括，只要你们能有一种令人神往的感觉就可以了。当然，我做梦也都想讲一些别人不懂的东西，而且正因为很多东西我自己也不是很懂，所以才想跟大家讲。（学生笑）量子力学大师惠勒（John Archibald Wheeler，1911—2008）早就说过，大学之所以要有学生，就是因为老师有很多东西不懂。① 我国近代“力学之父”钱伟长（1912—2010）也曾说，不能以为教师把学生教“懂了”就万事大吉了，其实这样是不正常的，对培养创新人才是不利的。我们要教给学生思考的方法，大力培养学生的自学能力，让学生提出问题，这才是教学的首要目的。说到底，把学生教“不懂了”才是正常的，才符合人才培养规律，才是对国家未来发展负责。② 而且这个世界上的很多东西——如果不只是拾人牙慧——你怎么可能完全讲清楚呢？“道可道，非常道；名可名，非常名”③，它们按道理在根本上是讲不清楚的。一个讲不清楚的东西竟被人讲清楚了，那真见鬼了！事实上，我们最多能通过教学把自己讲明白，要使大家

---

① 参见田松：《一代宗师回归量子世界》，载《南方周末》2008 年 4 月 24 日。

② 钱伟长：《学生“不懂”正常，“懂了”不正常》，http://sh.people.com.cn/GB/138654/12301217.html，2010 年 7 月 30 日。

③《老子·一章》。

明白还需要大家的配合。

因此，在把最基本的东西搞清楚之后，接下来便主要是思考、反思和质疑。这就需要我们很多时候回到社会与思想史。以前有学生发现，康老师总是先说一大堆看起来很好但都不对的观点，最后才说自己（认可）的观点。为什么要拐这么一个大弯，不直接讲正确的东西呢？我是试图借助历史引起思考啊。美国哲学家、美学家桑塔耶亚（George Santayana，1863—1952）也曾说："谁忘记过去，谁就注定要再一次承受这一过去。"①

学习的终极意义在哪里？不是掌握了别人总结出来的一套东西，而是在我们内心掀起了波澜。若一堂课在你的内心掀不起波澜，这是最糟糕的事情。所以真正的教学，就像苏格拉底一样，先得承认自己的无知。只有这样，才能主动去思考、去发问。你们也不能只等着老师来教，必须通过自己的理解把这些东西搞明白，不要等着老师来"喂食"。如果你觉得都很清楚，那你知道的东西也可能仍然很有限，因为那些现在还讲不明白的东西你都没有注意到。

这样讲，有时候也真的会讲跑一些同学。2012年分专业的时候，另外一个班的老师给我打电话说："康老师，告诉你一个'好'消息。"我问他："什么好消息？"他说："你班上有七八个同学提出要转专业，我那个班上好像就一两个。"然后他开始在电话那边笑。（众人笑）我心想，怎么可能呢？我那么用心教……赶快跑到教务办，白纸黑字，转专业的还真的主要出自我那个班。好吧，天要下雨，是不是啊。我能让别人这么早就醒悟过来，也算不错。但能否形成对教育专业的认同，能否为了这个专业的荣耀和梦想付出，是我们教育学专业的学生和其他专业学生的根本区别。所以我们这样来讲这门课，也有一个大浪淘沙的作用。只有那些对教育学科有信仰的人，才是这个专业的脊梁。

当然也有些同学说，学教育学家里要有钱。其实不是家里要有钱，而是心里要有"钱"，更确切地说是心里要觉得自己很富有。需要有一点陶渊明的那种心情："结庐在人境，而无车马喧。问君何能尔，心远地自偏。"② 成天想着家里又

① 转引自［美］詹姆斯·克利福德、乔治·E. 马库斯编，高丙中、吴晓黎、李霞等译：《写文化——民族志的诗学与政治学》，商务印书馆2006年版，第111页。

② 陶渊明的《饮酒二十首》之六全文为："结庐在人境，而无车马喧。问君何能尔，心远地自偏。采菊东篱下，悠然见南山。山气日夕佳，飞鸟相与还。此中有真意，欲辨已忘言。"

要我赚钱了，想着今后怎么才能找一个好工作，就违背了教育的宗旨。教育的宗旨是什么？就是要全神贯注，好像世界与我无关。什么时候我们学得最好？就是我们忘掉了自己在学的时候。因此，让我们沉浸于学习之中，忘掉自己身无分文，然后觉得自己很有钱，哪怕看到外面的花花世界，也能够越来越自信。

我曾跟2012级的同学开玩笑说，教育学的一个特点，就是让我们慢慢地不喜欢钱。当时只是一个半真半假的玩笑话，谁知道过了大半个学期后，有同学来跟我反馈："康老师，我现在真的是越来越不喜欢钱了。"（学生笑）这不是说我们教育学不赚钱啊。这个社会中对于教育学的需求真的是太大了，就怕我们没有这个能力去挣那些钱。

前面提到的那些资料，我把它编成了"教育学原理基本阅读文献"，希望大家都能看看。这个时代不缺聪明人，也不缺那些会张罗或会办事的人，我们最缺的是"书呆子"。要思考就要站在巨人的肩膀上，你总想基于自己的个人经验，又能思考出什么？往届的学生听课的时候，很多都直接从上一届的学兄学姐那里找现成的资料，懒得根据我新编的文献目录去重印。其实它一直都有变化，而且这次的调整还很大，这些东西都放在"教育学原理"这个文件夹里，看看谁能自告奋勇地来做一下，把这些文献整理出来并打印成书稿，谁需要就给打印一份，钱由大家自己出。

2010年，相关文献主题还有前面提到的十大章，每一章有三篇文献。我2011年把它压缩成五讲，所以阅读文献的范围也就缩小了。经过一些调整，到2013年，这五讲每一讲只剩下四篇文献，一共二十篇，[①] 篇篇都是经典。但每年大概只有两三个人能够把所有的文献读完。虽然读完的最终都成了好学生，但说句老实话，人数还是有点少。

"教育的概念与理想"部分的相关文献，我们首先节选了柏拉图（Plato，约前427—前347）的《理想国》中我们会经常谈到的"地穴囚徒"与"灵魂转向"那一段，我们称它是"关于地穴囚徒与灵魂转向的对话"，这个标题是我自己加的。其实如果大家有兴趣，整本《理想国》都值得我们去看。那是我

---

① 所有这些文献的具体出处，参见附件"教育学原理基本阅读文献"。

们经常要提及的一个经典文本，被称作“人类第一梦”。虽然对话有点绕，但一旦看完，你就找到了人类生活一系列重大问题与思想的源头。

再一个是卢梭（Jean-Jacques Rousseau，1712—1778）的“自然主义教育的总纲”，标题也是我拟的。2010 年还没有选卢梭的东西，有同学在读书报告中就说：“哎，卢梭的东西在阅读文献里居然都没有。”我觉得她说得对，于是就去看卢梭的《爱弥儿》（1762），重新挑了两段。卢梭的东西写得比较散，很不好挑，结果挑了两大段。卢梭的《爱弥儿》与柏拉图的《理想国》、杜威的《民主主义与教育》（1916）合称西方三大教育名著，当然值得看。看后你会觉得卢梭很有思想，但是也很怪，他的作品很多地方很偏激，但这些地方又更值得品味。

然后是杜威的东西。杜威到目前为止都是教育学领域最辉煌的一个殿堂。《我的教育信条》是他对自己的思想最集中的阐述，我们后面几乎会一字一句地品读。我们这门课程，很多时候就直接建立在杜威教育思想的基础之上。

最后是涂尔干（Émile Durkheim，又译迪尔凯姆，1858—1917）的《教育：性质与作用》。涂尔干的东西我也觉得非常好，好到超出很多人的想象。这篇论文也是他教育理论的点睛之笔，看起来很平常，事实上是一篇需要经常与之对话的文献。倒不是说它就很对，恰恰相反，它经常出错，但又值得我们一次次郑重其事地反驳，而且每次反驳都能使自己有所突破。

在“教育的历史发展”部分，我们首先选用的是日本京都大学教授矢野智司（1954—　）的《作为赠与者的教师的诞生与死亡——教育起源的另一种言说》。这是他 2007 年应邀来北京师范大学讲学时的一篇中文译稿。他把教育起源做了一个很哲学化也很人类学化的处理，让这一早已寂静的问题恢复了活力。他所说的“世俗外个人”的概念也很迷人。这也是 2012 年新增加的篇目，我们下决心把它收了进来，借此也可以了解日本人的趣味与风格。

然后是韦伯（Max Weber，1864—1920）的《统治的类型》（节选）。这也是我们 2014 年修订时更新的文献。韦伯，不知道大家知不知道这个人，也是思想史上的大家，是跟马克思（Karl Heinrich Marx，1818—1883）同一级别的人物，他们和涂尔干一起合称社会学的三大鼻祖。他不是个教育家，也不是个教育学家，但是我很喜欢他写的东西。这篇文献看起来跟教育完全没有关系，但他后来在此基础上提出了非常有启发的“教育的类型学”[①]。如果你们去看我那篇《魅力、情境与教育学——教师专业化之历史反思与重构》，就会明白我为什么会喜欢韦伯了。

然后是余英时（1930— ）的《古代知识阶层的兴起与发展》。这也是我们 2014 年更新的文献。余英时对士阶层的理解牵涉到对教师的定位，对于我们理解教育也非常关键。本人接触到余英时的著作是读博士的时候。当时跟导师郭文安（1931— ）先生做一个传统文化与教育的课题，就读了一大堆新儒家与海外中国研究的东西。这才发现被国人讲得味同嚼蜡的中国文化与历史，竟然是这样一个充满真知灼见的学术与思想宝库。

最后是涂尔干《道德教育》（1925）中的“学校纪律·惩罚在学校里的运用·奖赏的意义与用途”。越读越会觉得它是一个很有智慧、很有洞察力的东西，非同凡响的好。其中一个令人震惊的观点是：惩罚的出现是文化开端的标志。[②] 就《道德教育》整本书而言，单看目录，你也许读不下去。即使打起精神去读，你也许仍会一次次地想拒斥它。但你一旦读完它，今后它就会长时间地陪伴着你。

在“人的发展与教育”部分，首先选取的是杜威的《儿童与课程》。这一篇是对新旧教育理论的系统反思。记得它的开篇第一句是：“理论上的深刻分歧，从来不是无缘无故和虚构的。”[③] 就这一句话，点燃了我对知识社会学的兴趣。杜威系统反思新旧教育理论的还有一篇更早的文献——《学校与社会》，实际上是一本小书。在那里，杜威特别强调了手工训练、工场作业和家庭技艺（如缝纫、烹调等）在学校生活中的意义。[④] 这在今天依然是令人震惊的。

第二篇也是杜威的，名为《教育中的道德原理》。它系统阐述了道德教育

---

① ［德］马克斯·韦伯：《中国儒士阶层》，见厉以贤主编：《西方教育社会学文选》，五南图书出版公司 1992 年版，第 101 页。

② ［法］爱弥尔·涂尔干著，陈光金、沈杰、朱谐汉译：《道德教育》，上海人民出版社 2001 年版，第 183 页。

③ ［美］约翰·杜威：《儿童与课程》，见［美］约翰·杜威著，赵祥麟、王承绪编译：《杜威教育论著选》，华东师范大学出版社 1981 年版，第 75 页。

④ 参见［美］约翰·杜威著，赵祥麟、任钟印、吴志宏译：《学校与社会·明日之学校》，人民教育出版社 1994 年版，第 56～73 页。

与道德发展的社会根基。跟涂尔干不同，杜威不是把道德看成是一项科学事业。他所强调的道德的社会性，不是强调道德本身作为一种社会存在具有神圣性，而是强调道德发展深深地扎根在我们对待别人的方式之中。这种思想一直是杜威教育思想的精髓，至今仍有不可低估的意义。

再就是波兰尼（Michael Polanyi，1891—1976）的《缄默的认识》，涉及的是当代认识论中的一个重大突破。在他看来："所有知识要么是缄默的，要么根源于缄默认识之中。"[①] 这对我们这些受科学支配的头脑来说不啻于当头棒喝。波兰尼令人耳熟能详的主张还有一句："我们所知道的多于我们所能言说的。"[②] 你是不是也觉得有点不同凡响？

最后是帕尔默（Parker J. Palmer，1939— ）《教学勇气：漫步教师心灵》(1997) 中的一章："教师的心灵——教学中的自身认同和自身完整"。我将其作为 2012 年新增的篇目。帕尔默这几年特别火，关键是他把握住了教师个人的自我在教育教学中的意义——教学成败的关键是我们有勇气呈现和面对真实的自我。这对于我们的教育观，也构成了强有力的支持。

在"教育与社会发展"部分，我们首先节选了马克思《1844 年经济学哲学手稿》(1932) 中的"异化劳动和私有财产·私有财产和共产主义"，把它作为 2011 年新增的篇目。马克思的东西看起来与教育也不是很相关，但你如果只看与教育很相关的东西，那就真的麻烦了。我自己从其中的这句话中获得了很大的启发："工业的历史和工业的已经生成的**对象性的**存在，是一本**打开了的关于人的本质力量**的书，是感性地摆在我们面前的人的**心理学**。"[③] 我的博士学位论文就是从这里起步的。[④] 我当时依葫芦画瓢地说出了一句这样的话：教育改革是一本打开了的关于人的本质力量的书，是感性地摆在我们面前的教育学。结果就引发了我对计划体制下的教育学体系的系统反思，最终引发了我

---

① [英] 迈克尔·波拉尼（现译为波兰尼）著：《缄默的认识》，见瞿葆奎主编，施良方、唐晓杰选编：《教育学文集·智育》，人民教育出版社 1993 年版，第 137 页。

② Polanyi, M. (1966), *The Tacit Dimension*, London: Routledge & Kegan Paul, 4.

③ [德] 卡尔·马克思著，中共中央马克思、恩格斯、列宁、斯大林著作编译局译：《1844 年经济学哲学手稿》，人民出版社 2000 年版，第 88 页。

④ 参见康永久著：《教育制度的生成与变革——新制度教育学论纲》，教育科学出版社 2003 年版，第 1 页。

对教育制度的思考。

其次是“教育中的民主概念”，它是杜威的《民主主义与教育》中的一章。杜威的民主概念并非没有争议。在根本上，杜威的民主思想也不是那个时代最杰出的思想。人们批评他太相信民主的力量，太看重经验交流的政治意义，对民主有一种天真的幻想。但在这里，杜威对民主概念做了一个颇具教育学意味的解读：“民主主义不仅是一种政府的形式，它首先是一种联合生活的方式，是一种共同交流经验的方式。”① 这非常值得我们珍惜。

再次是涂尔干的“论教育与社会”，它是从《教育思想的演进》（1938）中摘录出来的章节，具有令人叹为观止的想象和洞察力。《教育思想的演进》深入阐述了涂尔干对教育发展或演化的理解，体现了涂尔干思想更为丰富的一面。在理解从中世纪到19世纪的教育变革与思想演进的历史文献中，我还不知道有哪一部文献比这部著作更深入、透彻。

最后是“破灭了的希望：学校改革回顾”，这是美国学者鲍尔斯（Samuel Stebbins Bowles，1939— ）与金蒂斯（Herbert Gintis，1940— ）经典著作《资本主义美国的学校教育》（1976）中的一章。《资本主义美国的学校教育》是一本非常好的书，2006年我让自己指导的一个大四本科生去看这本书，她看完之后就跑来跟我讲：“康老师，你为什么不让我早点儿看这么好的书？”在这里，他们系统批判了支配美国教育改革的诸种理论，包括杜威的民主教育学，认为现实的美国学校根本不是什么社会公平的均衡器，只不过是资本主义生产关系的再生产装置。这简直是在教育学领域中投下的一枚重磅炸弹。这也是2011年新增的篇目。

在最后的“历史情境与教育学”部分，首先是我们于2012年新增的加拿大现象学教育学家范梅南（Max Van Manen，1942— ）的“教育学的概念”，它是范梅南《教学机智——教育智慧的意蕴》（1991）中的一章。作为现象学教育学（Phenomenological Pedagogy）的重要开拓者，范梅南对教育事件有着一种非同寻常的敏感，特别能从人们日常的生命体验和教育学实践中体会出教育的真意。

① ［美］约翰·杜威著，王承绪译：《民主主义与教育》，人民教育出版社2001年版，第97页。

这和前面提到的帕尔默其实是一致的，我们后面讲的与这样一些立场也不无关联。

其次是涂尔干《教育思想的演进》中几节组合而成的“文艺复兴·文艺复兴（终）·16 世纪的教育理论·文艺复兴时期的教育思想”。在这里，涂尔干同样展现了他那见微知著的洞察力。思想的演进和生活的变更之间的关联，在这里总能得到清晰的梳理，涂尔干就这样不知不觉地做了教育改革社会学与教育知识社会学的鼻祖。

再次是布鲁纳《教育的文化：文化心理学的观点》（1996）中的“庶民教育学”（folk pedagogy）。这也是 2012 年新增的篇目。庶民教育学有时也译作民间教育学。这是一个原创性概念，我自己曾利用这一概念来表征那种深藏在学科知识和学科活动之中，内在于任何讯息与人格之中，包含在校内或校外任何形式的行动、结构或文本之中，因而与专业教育学（specialised pedagogy）对立的“深层教育学”（deep-seated pedagogy）。[①] 当然，我现在更愿意用“魅力教育学”（enchantment pedagogy）来指代这样一种教育力量。

最后就是我的《教师知识的制度维度》一文。在这里，我反对脱离现实的制度情境来谈论教师专业独特的知识基础，认为在教师知识与教学制度之间存在某种对应关系，教学就这样建立在社会现有的全部知识而不是单个教师的知识储备的基础之上，改变教学制度本身，就可以改变教学的知识基础，并促使教师知识的基础结构相应变动。由此提出的专业教育学、魅力教育学与制度情境中的教育学（pedagogy in institutional context）的概念及其相互关系的理论，已经成了我个人分析教育问题的基本框架，也是我自己的“新制度教育学”（new institutional pedagogy）[②] 的核心。我们的整个教学，都建立在这个

---

① 参见康永久：《教师知识的制度维度》，载《教育学报》2008 年第 3 期。

② 参见康永久：《教师知识的制度维度》，载《教育学报》2008 年第 3 期；《回归生活世界的教育学》，载《教育研究》2008 年第 6 期；《民主与教育学——论一种新的教师专业发展观》，载《教师教育研究》2009 年第 1 期；《魅力、情境与教育学——教师专业化之历史反思与重构》，载《教育资料与研究》（双月刊，台北）2010 年第 5 期；《深度定位的教师专业发展》，载《教育研究与实验》2012 年第 1 期；《制度情境与道德教育》，见檀传宝主编：《教师德育专业化活页读本》，教育科学出版社 2012 年版，第 1～28 页；《教育中的三个世界：兼论教育再生产机制及其突破的可能性》，载北京师范大学教育学部编：《“教育公平与质量”论文集》（Ⅲ），北京师范大学—伦敦大学教育学院第四届国际教育研讨会，2012 年，第 228～264 页。《制度世界及其教育学》，载《教育研究与实验》2013 年第 1 期；《科学世界及其教育学》，载《南京社会科学》2014 年第 3 期。

框架的基础之上。

当然，除了阅读，我们还需要从经验中学习。就目前而言，我们希望大家不要舍近求远，而是充分利用自己的成长经验。尤其要关注以下几个方面的教育影响。一是家庭的基本情况，如家庭规模与结构、社会经济地位、社会关系网络、父母受教育状况、父母与学校的联系等。二是个人与父母的关系，主要包括亲子关系、管教方式、父母对待学习的态度与期待、课外补习情况、来自父母的学习指导等。三是个人与同辈群体的关系，如与同学的关系、在班级中的地位、隶属与参照群体的状况等。四是个人的学习状况，主要包括与老师的关系、学科兴趣的分化、个人的努力状况、自主学习与阅读、师生关系的建构等。五是关键的事件与转折、学习中的主要困难或成功之道。我们的教学，也会结合我个人的生活史与成长史。

在《魅力、情境与教育学——教师专业化之历史反思与重构》一文中，我强调每个人都是天生的教育者，都是天生的教育家。① 现在就是发现我们自己经历、个性与生活中的教育学的时候了。如果单纯满足于从外部提炼出一套理论去改造人们的教育学思维，那就没有真正理解教育智慧的意蕴。说到底，"学习的本质，不在于你记住哪些知识，而在于它触发了你的思考。"② 为了唤醒别人，我们首先需要唤醒自己，这是学习和研究教育学的首要原则。这不是退回到一个最原始的角落，而是准备好一个新的出发点。只有这样才能最终成就自我和教育学，创造一个新实在。

---

① 康永久：《魅力、情境与教育学——教师专业化之历史反思与重构》，载《教育资料与研究》（双月刊，台北）2010 年第 5 期。

② 引自桑德尔（Michael J. Sandel，1953— ）公开课《公正：该如何做才好》视频的中文字幕结束语，参见 http://v.163.com/movie/2010/11/P/B/M6GOB7TT6_M6GODNIPB.html，2014 年 6 月 29 日。

第一讲
教育的概念与理想①

对一个概念的分析，我们经常借助于定义。但定义很多时候只是理性的个人理解，没有反映现实生活中人们（尤其是普通人）的日常教育概念。而事实上我们大家与教育有着千丝万缕的联系，应当凭借这种天然联系去理解我们一直置身于其中的教育现象。在柏拉图的理论中，常识世界只是一个可见世界，一个由意见而不是知识支配的世界。人们在这个世界中所见到的，只是可知世界或理念世界的投影甚至倒影。②现在，人们终于认识到，理性只有建立在尊重常识的基础之上才有意义，否则就是一种致命的自负，并最终导致一种新的文化专断与技术控制。正因为如此，在这里，我们首先分析日常的或每个人都有的"教育"概念，试图从中发现"教育"一词的日常意义和现今人们使用"教育"一词的基本规范。接着我们会来做一个词源学的考察。这个考察可以帮助我们回到教育一词最本原的意思，并由此理解其引申的、拓展的意义。经过这样一番日常语言学的考察之后，我们就可以来分析有关教育的相关理论了。对教育的理解容易认为有一种真正的教育。而且一涉及教育本质，也容易倾向于认为有一种最好的、最对的、最理想的教育。在这里，我们要对这个本质主义的观点进行反驳。最终，我们将关注教育的根本问题与出路，试图说明"好教育"的复杂构成，揭示现实教育实践中对立面的相互统一，从而使我们对教育有一种真正切合实际的看法。

---

① 本讲由北京师范大学教育学部2009级吴进丹（2007级刘惠、江雪婷两位同学参与了对吴进丹同学初录稿的后期补录），2010级张竞芳、杨洛娜，2011级张译方、李清晖、孙琦、彭志扬，2012级谢思桐、吕雨欣、温鸿雨、杨天唯，2013级李福全、任志鹏、邹雪飞、谢珊、周雅梦、罗艺诸同学初录。

② [古希腊]柏拉图著，郭斌和、张竹明译：《理想国》，商务印书馆1995年版，第287～300页。

一、日常的教育概念

（一）教育一词的日常用法

概念的意义和用法是连在一起的，一句话的意义也跟它的语境紧密连在一起，不能脱离具体语境来抽象地分析概念或命题的内涵。有一次我去理发，就跟理发师说："请你把我头发稍微剪短一点。"结果他咔嚓咔嚓剪得特短。我很恼火，说："我让你把我的头发'稍微'剪短一点，你干吗剪得这么短？"他回答说："你不是说要把它稍微剪'短'一点吗？稍微剪'短'一点就是不要留得太长。"我真是被他气晕了，但他这样也是能自圆其说的。这句话字面上确实有两个几乎相反的意思，不联系到我个人的情况还真弄不明白。稍微剪"短"一点，别留得太长了，这是他理解的意思。而我的意思是"稍微"剪短一点，别剪得太短了。所以一个东西必须放到具体情境之中去考察。后面我要讲到的分析哲学（analytic philosophy），早就提出了这个观点。下面我就来分析"教育"一词的日常用法。①

（1）"我们是搞教育的"。这个意义的"教育"一般用在学校教育上。一个人开始做妈妈时，人们不会说她开始搞教育了。平时我和同学聊天聊得很开心，也不会说我们又搞了一次教育。如果你一定要这样讲也没有人能堵你的嘴，但我们会觉得你说话特别酸。当然，一个文化工作者也可以自称是搞教育的，而且能得到社会的认同与支持。可见，这种"教育"明显是一种有意识地组织起来的社会实践，依托某种社会认可的机构或行业。

（2）"北京师范大学教育学部"——这里涉及的就不单是学校教育或其他有组织的文化实践了。除了学校教育、社会教育，还有家庭教育。我们教育基本理论研究院就有一个家庭教育方向。在研究家庭教育时，我们不但需要研究那些显性的教育行为，还需要研究那些看起来不像教育的行为。"为了教育好孩子，她每天晚上都不看电视。"这样一种话语事实上就暗示着，那些看起来与教育无关的行为，可能也需要成为教育研究的对象。因此，"北京师范大学教育学部"中的"教育"一词所涉甚广。

---

① 这样一种概念分析受到了石中英教授教学的启发，但后续结论有很大不同。

（3）“一定要把义务教育搞好”。这里的“教育”当然是指学校教育，而且就我国而言，乃是特指小学和初中这九年的教育。但它不是单纯指某一个阶段的教育，也不单纯是指这所学校或那所学校所提供的教育，还不单纯指课堂上所发生的事情。学校建设方面、社区建设方面、家校合作方面、学校之间的相互关系方面，以及不同人群或族群与学校教育的相互关系方面的诸多事情都要做。把义务教育搞好不单纯是把课堂搞好，也不仅仅是把一所所学校分别建设好，还要让方方面面都支持它，因而实际上是要搞好这一整套教育体系。

更加值得注意的是这种用法：（4）“你这样教育小孩子不对”。一个不对的东西我们竟然也可以说它是“教育”！但是当我们看到有人教人割别人的钱包时，不会说“你这样教育别人不对”。有的东西不对可以称之为“教育”，有的东西不对却不可称之为“教育”，其中的差别就在于：我们称之为教育的至少有善的意图，而且这种善的意图至少应当在一定范围内能为社会中的其他成员所认可。如果有这样一种善的意图，但方法不恰当，还是可以称作“教育”的。一个妈妈打她的小孩，我们说“你这样教育小孩不对”，因为我们还是认为她有善意。我们称那些看起来搞“应试教育”的人为教育工作者也是如此。而那些不能称之为教育的不对的东西，不是说它没有教人东西，而是没有教人向善，或者根本就是使坏。

另外，（5）“看了《活着》，受到了教育。”不知道大家有没有看过《活着》？有一个看了。“你看了《活着》受到教育了吗？”（学生：没有啊）她没有受到教育不能说她对《活着》一无所得、一无所知，也不是说别人没有试图通过《活着》来教育或感染她，只是没有起到效果，或者说她对它没感觉。这里涉及的已是德育，在某种意义上可能还包括自我教育。

稍微介绍一下《活着》。《活着》是余华的一部小说，刚发表时（1993）我还在武汉读硕士研究生。有一次我觉得无聊，跑到图书馆期刊部看小说，结果就看到了它。当时我已经很难完整看完一部小说了，好像已经过了看小说的年纪，多是随手翻翻。但我一口气读完了这部小说，看完后百感交集。张艺谋后来又把它拍成了电影，主演是葛优和巩俐。它讲的是一个人（徐福贵）阴差阳错、命途多舛的人生。因为是以现代中国的社会历史为背景，因而实际上它是对现代中国社会的一个反思。福贵，富家少爷，不学无术、嗜赌如命，终于败光了全部家产，气走了妻子（家珍），气死了父亲。但他因在玩乐中迷上了皮影戏，最后又能靠走埠卖艺为生，也因此得到了妻子的谅解。解放战争爆发后，福贵先被国民党拉去做壮丁，后又被解放军俘虏，并在军中表演皮影。等到新中国成立，福贵回乡时，母亲已病逝，女儿因疾病变哑。但他家的破落与个人的从军史又为他免除了地主的帽子，而那个曾赢得他家产的人则被划为地主，最终还因“搞破坏”被枪决。他与妻子儿女从此安分守己。原以为“鸡长大了就变成了鹅，鹅长大了就变成了羊，羊长大了就变成了牛，等牛长大了，共产主义就到了”，然而世事无常，福贵一家最终还是免不了“大跃进”和“文化大革命”的磨难。先是儿子（有庆）意外被区长的汽车压死（小说中是死于为县长夫人输血）。女儿（凤霞）生产时又大出血，找不到产科医生，医院里只有一帮稚嫩的造反派。好不容易把产科王教授从牛棚里接出来，但他已饿得要命，结果又被馒头噎坏了。最后，小孙子（馒头）虽然活下来了，但女儿大出血死了。就这样，残酷的生活让他失去了儿女亲人，剩下的只有“等牛长大了，馒头也就长大了”之类的朴素期盼。小说和电影的故事情节大致就这样。这是一个从个体生命史的角度透视社会变迁历程的电影，从中能感受到现代中国所走的这一段曲折路程与深刻教训。

（二）教育的日常含义

从上面这样一些日常用法，我们大致能发现教育如下一些日常含义。

（1）教育通常是指学校教育，但也可以在更宽泛的意义上指自我教育、家庭教育、社会教育、生活教育等。具体来说，那些有专门的教师和学生、系列化的教学活动和专门的教育机构的活动，是正规/正式教育（formal education）或学校教育。那些有明确的教的意识，旨在促进身心发展，但零碎分散的活动，是非正式/非正规教育（non-formal education），也就是家庭教育、社会教育（如图书馆、博物馆、少年宫等所开展的那些文化活动）。那些有教育意义的潜移默化的影响活动，则是不正式/不正规教育（informal education）或生活教育。值得注意的是，这些教育形态之间经常并未构成一个统一的整体。因此，就像德国诗人冯塔内（Theodor Fontane，1819—1898）所说的那样——

> 如果我们将教育理解为一种不断的适应、告诫和改进，理解为一种用正义的天平来不断衡量的褒奖和惩罚，那么，我们就根本没有接受教育。但如

果我们将教育无异于理解为通过榜样而养成良好习惯的活动，并且旨在努力为毫无依靠的幼树提供一根拐杖，从而使其能在纯净的空气中自由自在地、无忧无虑地成长，那么，我们则接受了非常不错的教育。①

（2）教育经常指的是有目的的影响。当然，这个目的有的时候明确，有的时候含糊。比如说，看《活着》的时候，并没有一个人有意识地来教育你；看《活着》之前，也没有人可能因为想受一次教育而准备去看《活着》。但是在这个看的过程中，还是有一个隐含的目的，有一个隐含的教育者。至少当余华写小说或张艺谋拍电影的时候，他们就已把这个目的渗透到了小说或片子的主题和素材的处理上了。所以，尽管余华或张艺谋没有坐在这里给我们上人生课或历史课，但是他们或者通过小说，或者通过影片，给千千万万的人上了一课。正因为无论明确与否，凡教育都应有个目的，所以教育是有意图之物才可以给予的东西。而那种能给人以教益的有意图之物，至少其中有一个隐含的教育者。我们游了张家界不会说自己受到了教育。你也不会说，家里养了一条狗，天天和狗待在一起，自己就受到了教育，尽管狗很通人性！但是，当看了汶川地震的相关报道，你有可能受到了教育。特别是看到其中的一些感人片段时，你可能立刻就受到了教育。看一本书也有可能受到教育，因为任何一本书，都有一个隐含的读者，也都有一个隐含的作者，还可能有无数个隐含的高谈阔论者，因而都有一套隐含的教育目的或意图。所以笛卡儿（René Descartes，1596—1650）说："读一本好书，就是与许多高尚的人谈话。"② 当然，卢梭也曾说："这种教育，我们或是受之于自然，或是受之于人，或是受之于事物。我们的才能和器官的内在的发展，是自然的教育；别人教我们如何利用这种发展，是人的教育；我们对影响我们的事物获得良好的经验，是事物的教育。"③ 我们也经常从水滴石穿、绳锯木断中受到启发。但这与其说是自然教育，不如说是我们在与自然之物打交道时自我实施的。

---

① 转引自［德］沃尔夫冈·布列钦卡著，胡劲松译：《教育科学的基本概念：分析、批判和建议》，华东师范大学出版社 2001 年版，第 23 页。

② 这是歌德（Johann Wolfgang von Goethe，1749—1832）秘书 Johann Peter Eckermann 在《与歌德的谈话》（*Conversations with Goethe*）中记录的，为歌德提到的笛卡儿的话。

③ ［法］让-雅克·卢梭著，李平沤译：《爱弥儿：论教育》（上），商务印书馆 1991 年版，第 7 页。

(3) 教育归根结底是心理的影响。你说，“我早晨起来，洗了一下脸，受到了教育”，这是很奇怪的。尽管洗脸（指单纯的洗脸，而不是指什么洗心革面）使自己容光焕发，使你有了改变，而且是一个相对稳定的改变，但这不是教育，因为它不是一种心理的影响。当然，你也有可能将洗脸洗成一种“心理的影响”，一边洗脸一边自我欣赏：“你看我这满头青丝如墨染，小脸蛋白里透红、红里透白……”（学生笑）这是个自我欣赏的过程，有自我暗示，或者为了提高自己的自信心。“嗯，不错，我很漂亮!”每天早上对着镜子喊三遍，然后冲出去。这个东西就有教育意义了。纯粹的身体影响不是教育。体育的目的包括增强我们的体质，这种体质的增强不是通过纯粹的身体改造如药物或手术，而是借助有指导的身体运动，而且始终伴随着增进知识和技能、完善精神或人格、促进身心和谐、重建集体甚至通过文化的营造重构更广泛的社会关系的努力。总之，它必须试图通过心理的影响来促成身体、心理和社会性诸方面的变化。早晨本来应该吃一个鸡蛋和一个苹果，结果我只吃了一个苹果，把那个鸡蛋省下来了，就是为了让自己的“救生圈”（腹圈）变小一点，这个东西不是体育。觉得自己坐得太多了，课后一定要运动运动，而且一定要注意腰、颈、腿的活动，这就涉及体育了。有时人们虽然承认体育的教育性，却依然把超限训练当成生活的全部，因而并没有找到体育的真谛。只有那种能与社会生活相互促进的健身或竞技运动，才堪称体育。

另外，(4)“教育”还不同于“教”，不同于“教学”，不同于“教授”，更不同于“教唆”。“教”是一个中性词、一个描述词。我们可以说：“你这样会把别人教坏。”此处不可用“教育”替代“教”。“教学”则是一种双边活动，由同时并存、相互依存、相辅相成的教和学构成。而教育则如前所述，允许教或学以隐含的形式存在。因此，教学只是教育的某种特定组织，如个别教学、课堂教学等。“教授”则多单纯指教师对知识、规则的传输行动，不包括学生的学（哪怕是隐含的），也不包括人格的垂范等。“教育”和“教唆”虽都是评价词，但“教唆”是个贬义词，而“教育”则是个褒义词，暗含一种使人为善的意图。当然了，这并不能保证达到教育目的。我是有意识而且花了很大的心血来教你们的，而且我每上完一次课就渴望着下一次。因此，哪怕讲来讲去大家仍然都没听懂，还是要承认我在搞教育。如果连这点都不承认，那我岂不是很受伤？而且正因为它首先要求的是善意，而不是某种特定的结果，教育很多时候就成了一种等待的艺术。唐代诗人王建（约 767—约 831）的《小松》一诗就说：“小松初数尺，未有直生枝。闲即旁边立，看多长却迟。”① 事实上，不但老师要学会等待，等待你们出现令人惊喜的变化，学生也要学会等待，等待老师觉醒。

因为教育至少要催人向善，不管它做到没做到，至少有个好心好意，所以（5）有时候人们甚至把“教育”当作“德育”这个词来使用，把“教育”概念和“德育”概念等同起来。“看了《活着》，受到了教育”，这个教育就是德育。如果一种活动不是德育，那它肯定就不是教育，因为它没有使人向善、与人为善、催人向善的意图。可见，德育是教育最基本的意义。我们搞教育始终要有一种最基本的人文关怀在里面，如果连这一条都没有，纯粹灌知识，懒得管别人的死活，那就不是在搞教育。此前，我们天天批“应试教育”，但不管怎么批，还得叫它应试“教育”，否则就太刻薄了，因为它有善的意图，而且试图影响我们的心理。当然，像“奴化教育”这种说法，就已经不是在运用人们日常的教育概念了。我们可以总体上将这种说法看成是一种修辞，尤其是一种反讽。

（三）教育的两条底线规范

说到底，教育最基本的特性或特征，主要有两条，我们据此可以把它跟其他影响人的活动区分开来。首先要有善的意图，要有善意。没有善意，你即使对别人产生了影响，那也不是教育。另外这个善意还要伴随着心理的影响。比如，我善意地给自己洗了一下脸，但不是志在改进我的心灵，不是铸造我的灵魂，这个东西就不是教育。教育就是基于善意的心理影响。当然，基于善意的心理影响，也有好的和不好的之分。好的影响除了有善意，是心理的影响外，还应有一个好的方式，或者更具体地说，有一个正确的、正当的、有效的方式。但是，如果一项教育行动没有这种正确的、正当的、有效的方式，我们仍要说它是教育，只是说它是一种“不好的教育”，妨碍了善意的流布，使之在过程中被打了折扣或衰减。就好像“应试教育”，我们还得说它是教育，因为它有善的意图，也是一种心理的影响，只是采用了一套不好的方式：有的时候太专权，有的时候太性急，有

---

① 王建，字仲初，生于颍川（今河南许昌），唐朝诗人。王建的乐府诗和张籍齐名，世称“张王乐府”。

的时候太功利，有的时候太片面，有的时候太短视。但不管怎么说，所有这一切都不是决定性的。只要在最内在的层面上对学生有最基本的尊重，还试图与人为善，因而能得到某种公认，学生最终也能领悟到其中的“苦心”，就称得上教育。只是由于方式的影响，这种教育的教益已值得深思。

善意的心理的影响是教育，善意的非心理的影响是什么呢？我们可以列举好多，如美容、保健、卫生、医疗……为了预防甲型感冒，我们这几天去打了预防针，这个是善意的，但是非心理的，因而不是教育。另外就是非善意的心理的影响。如我试图影响你，教你割别人的包，又不会割到别人的肉，让别人警觉，这是一种心理的影响，但它不是善意的，至少不是我们社会所认可的那样一种善意。当然，教育和其他一些东西之间也存在灰色地带。一个人快饿死了，被整个社会抛弃了，然后闯进了小偷窝，小偷们收留了他/她，教他/她划别人的包。这种行为是善意的，还是非善意的呢？根据一种理性乃至冷漠的道德原则，小偷窝里的人显然没有让人走上正道。但是又确确实实给了他人某种生的希望和谋生之道。所以即便在教育和教唆之间，这个界线也不是那么泾渭分明的。老子（前571—前471）有一句话，放在这里特别合适：“道可道，非常道；名可名，非常名。”① 能够说出来的东西，肯定还不是那个真正的“道”。像我们现在说出来的这个东西，“基于善意的心理影响”，就还没有清晰界定那些灰色地带。但这个简明的界定还是有它的优点的，而且试图把一个东西完全表达出来的想法本身就不太对，因为“道可道，非常道”。最后，非善意的非心理影响，就是肉体的虐待或摧残。当然，任何虐待都有精神的维度，我们把那些归于非善意的心理影响。这样，就虐待本身而言，它就可以被看成是一种复合行动。因此，尽管没有把教育之“道”完全“道”出来，图1-1还是把握了一些最基本的东西。

需要进一步考察的是善意和心理影响的具体类型。关于善意的类型，我们在这个地方首先提了一个很不好讲的概念，就是先验的善意（transcendental good-will)。“先验的”初看是“先于经验的”，其实是“独立于经验的”，当然包括“先天的”或“天生的”，但更确切地说是“自然而然的”。就像我们在自身的可爱中自然流露着一种先验的善意，而我们的可爱之处也一直在成长。先验的善意虽然

---

①《老子·一章》。

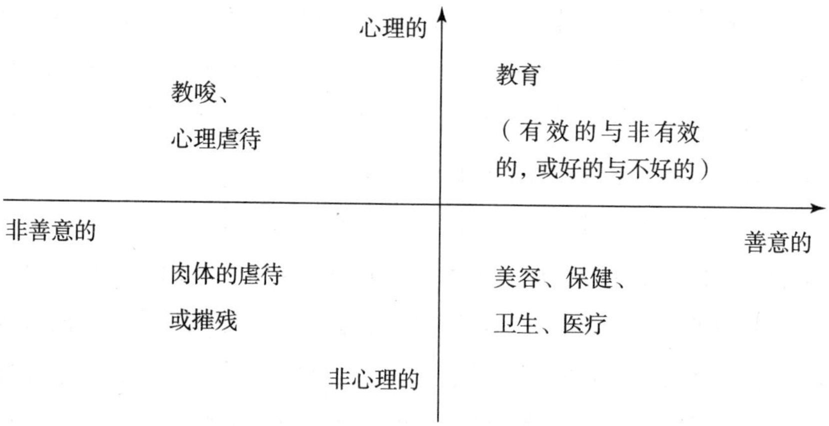

图 1-1　教育的两条底线规范

跟个人的成长有关，跟个人在这个世界上的生活有关，但它的流露不是由某种明确的道德观念或规范所激发，也不是对某个经验的道德事实（如善行）的理性回报。说到底，先验的善意是前概念的，不受概念化的道德规范支配，甚至根本就尚未有明确的道德概念，纯属我们本性之中的力量。人自从出生就有的那种涂尔干所说的"对社会群体的依恋"①，就是一种先验的善意。小孩一生下来，肚子饿了就要哭，意识到没人理的时候他也哭。这并不意味着从一开始他就只是一种个人存在。恰恰相反，任何一个人都需要和这个世界互动，需要跟别人建立起关联。而且这种相互关联的行动经常还不是一个有着明确目的与计划的行动。我们几乎都能凭着本能来与这个世界相关联，凭着自己的天赋来与别人互动。尤其是婴儿，就这样把自己最淳朴的一面自然地呈现出来，对所有的人都接纳，向所有人敞开怀抱，能以任何姿势在任何地方睡觉，根本不怕别人打扰。正因为这样，涂尔干认为我们可以在个人身上发现一种社会存在。②小孩的那种可爱，那种纯洁，那种天真无邪，那种对于环境的接纳，那种和外部世界建立关系的能力，就包含着一种先验的善意。他就是靠着这些东西认识这个世界，接纳这个世界，包容这个世界，融入这个世界，也依赖这个世界。在公交车上，对面的小孩盯着你，眼睛亮晶晶，还要来抓你的手。此时你至少意识到"伸手不打笑脸人"的必要，甚至整

---

①② ［法］爱弥尔·涂尔干著，陈光金、沈杰、朱谐汉译：《道德教育》，上海人民出版社 2001 年版，第 56～100、66～73 页。

个车厢都因此充满温情。这些都基于先验的善意。

所以先验的善意是能够和这个世界建立起和谐、亲密、相互交融关系的自然能力。这种能力基于生活世界（life world）中的原初意识（original consciousness）。① 它不是一种精心的概念构造，也不基于什么明确规范，而是一种隐性的善意，是人、社会场景或行为本身自然透露出的暖意。就如我们看到孩子们纯净透彻的眼神，就情不自禁地把他们看作圣物一般。公园中，人们三三两两、其乐融融地漫步于其间，我们也能感受到一种并非针对我们但又无处不在的善意。校道上，迎面走来的女生莫名其妙的“扑哧”一笑，也能让我们意识到这个世界很温馨。她的笑不是针对我们而发，我们之所以能感受到善意，那只是被她融入世界的这样一种态度感染了。我们之所以能感受到这种善意，当然跟我们的人生阅历有关，但主要跟我们对这个世界的开放有关，主要基于我们对这个世界的直观。因此，先验的善意就是我们对这个世界的自然开放和悦纳，我们就此进入生活世界。在此，我们并没有自认自己是行动的主体，也没有把我们对面的人和事设定为教育或改造的对象，并有意识地向他们施加某种概念化的影响或打上我们自己的烙印，而是处于一种“天人不分”“物我两忘”“天人合一”的状态。哪怕我们此时只是沉浸在自己的内心世界，我们的心也是向整个世界敞开的。因此，先验的善意就是我们对这个世界或他人的那种原初性的打量、走向乃至接纳，向一个并未对象化的世界敞开自我，并主动融入这个世界，世界也最终因此而向我显现、与我一体。这与孟子的性善论是一致的。② 先验的善意总包含一种隐性或潜在的教育意识。有了这种教育意识，我们即便不是刻意教育人，别人也能感受到来自我们内心的积极影响。美国教育学家施瓦布（Joseph J. Schwab，1909—1988）很好地描绘了师生初次见面时那种基于先验善意的内在契合状态。

> 如果初次与新班级的同学见面，教师将注视停留在面前一张张不知名的学生脸上，虽然目前还不能从这些脸上看出他们将来的表现和成就，但在教

---

① 原初意识不同于弗洛伊德所说的潜意识。潜意识是我们的欲望被压抑的结果，是显意识的一种沉淀；而原初意识是人自然而然就拥有的一种前概念的意识，是我们对这个世界的一种直观。

② 参见康永久：《先验的社会性与家国认同——初级社会化的现象学考察》，载《教育学报》2014 年第 3 期。

> 师漫游的视线里，如果有两三个学生用好奇的眼神做出了回应，那么师生之间的人际关系就开始形成了。他们意识到我，我也意识到他们。我四处扫视的眼光停留下来，回到他或她身上（从茫茫人海中，从一个集体开始，个人形成了，“班级”开始变成了一个个具体的“人”）。教师回应他从学生眼中感觉到的疑问，并更加仔细地观察对自己感兴趣的学生。在这种交流下，学生不会再把教师的重新审视仅仅意识为好奇，而是作为教师对自己的关注。此外，学生也感受到自己对教师认识的变化，从一个概念到有血有肉的个体，从对外观的关注到关注人格。①

还有两种善意，理解起来已是容易得多了。一种是经验/实质的善意（empirical/substantive goodwill）。这是一种有着明确规则的科学世界（science world）中的道德意志，这种善意是针对特定对象、事件或行为而发出的，有时是作为对他们/它们的回报，有时是希望借此激起别人积极的回应，反正都是基于经验对象或经验事实，而且基于明确的善恶标准。这种善意是我们在一个对象世界中真情投入的表征，我们有意识地这样做，针对某个特定的人或某件特定的事。在这一过程中，对那些我们愿意乃至必须接纳或接近的人付出爱、关注或责任，试图以我们自己的行动或热心打动或催醒他们，促使他们发生我们所热望的变化。就像地藏菩萨所愿：“众生度尽，方证菩提；地狱未空，誓不成佛。”② 在教育活动中，有这样一种善意就是有一种经验的、专门的教育意识。母亲语重心长地教自己的小孩，教师按部就班地教自己的学生，都是这种善意的体现。另一种是形式或理性的善意（formal/rational goodwill）。如在公共行动中追求价值包容与程序公正，平等地对待每一个人或每一件事，不干涉他们/它们自身的运作，而且阻止那些试图干涉其自主运作的人和事。教育如果有这一维度，那我们就有一种形式/理性的教育意识。这种善意并非针对特定的个人，也没有特定的内容，而是一种对非特定个人的尊重，偏重于一种形式性、程序性、制度性的保障，因而是制度世界（institution world）中形式性的道德法则。与经常也渗透在制度世界中的那样一些

---

① ［美］约瑟夫·施瓦布：《爱与教育：论讨论之一面》，见［美］Ian Westbury 和 Neil J. Wilkof 主编，郭元祥、乔翠兰主译：《科学、课程与通识教育——施瓦布选集》，中国轻工业出版社 2008 年版，第 87 页。

② 参见《地藏菩萨本愿经》。

科学世界中的道德意志（经验/实质的善意）不同，这种形式或理性的善意具体表现为尊重这个世界或他人的行动（此乃包容），不以任何特定的实质性的价值立场限制别人的价值实践（此乃自我克制），以无偏见的方式处置各种价值冲突（此乃公正）。在教育活动中，如果我们平等地对待所有人，愿意为所有人的成长创造条件，那我们就拥有了一种理性的善意，一种形式的教育意识。我们就营造了一个大家都能共享，每个人在其中都能受到善待，因而都能有可预期的道德发展的公共环境。①

配称“教育”者只需要有先验的善意就可以了。这样一来，可以认为只要有人的地方就必定有教育，甚至可以因此说教育在根本上乃是一种天性行动。当然，我们这里所说的理性/形式的善意也非常关键，这是使整个环境富有教益的重要前提。所有这两种善意都不包含那种明确的“教的意识”。可见，是否具有明确的“教的意识”并不是教育的关键条件。那种有着明确的“教的意识”，试图使别人身心发生预期变化的教育，可以说是狭义教育。有的人除了强调教育应该有目的，还强调应该有计划、有组织。这样界定的已经是正规教育或学校教育了。而在最宽泛的意义上，只要有先验或形式的善意，并且是/包含一种心理的影响，就足以配称“教育”。这种教育甚至比那种有着明确的“教的意识”的教育更加关键。当有着明确的“教的意识”的时候，我们在试图运用文明能力，教育者和学习者之间也会有明确的分化。这种独立于日常生活的教育很多时候造成了教育者和学习者之间的冲突，有的还造成了教育者对学习者的严厉控制。正因为如此，我们倡导建立一个更自由、开放、真诚的社会，让大家能在其中用自己本身或内心最真诚的一面去触碰别人的那一面，在教育的过程中广泛运用我们天生的自然能力尤其是先验的善意。② 这种内在的接触虽然没有明确的“教的意识”，但唯有这种坦诚相待、真心相对，我们彼此才能从对方身上获得最多的教益。这样，就真正将教育建立在了我们的自然能力（如“先验的善意”）和环境支持（如“理性/形式的善意”）而不是文明能力（如“教的意识”）和教育者个人努力的基础之上，

---

① 有关生活世界、科学世界、制度世界的进一步分析，参见康永久：《教育中的三个世界：兼论教育再生产机制及其突破的可能性》，见北京师范大学教育学部编：《“教育公平与质量”论文集》（Ⅲ），北京师范大学—伦敦大学教育学院第四届国际教育研讨会，2012 年，第 228～264 页。

② “自然能力”和“文明能力”的概念，参见黄武雄著：《童年与解放》，首都师范大学出版社 2009 年版。

就可以消除个人、日常生活与教育学之间的现实对立，每个人就都能作为天生的教育者甚至天生的教育家发挥作用。

至于心理影响，我们也可以将其区分为三类。一类是个体经验的人际分享。这种人际分享可通过言传身教、信息交流、观念交锋等来实施。为什么有些同学能听明白教师讲的东西而其他的同学就是不明白？因为他们与教师有着共同的体验，甚至心中有默契，能从彼此的脸上读出对方的期望，师生之间就这样心心相印。这一缄默的认识维度是那些显性知识的学习过程的基础。可惜我们今天很多时候还是忽视了这种层面的交流与分享。另一类是群体文化的情境陶冶。我们这些学霸没有生活在帮派之中，过的生活就如君子之交——淡如水，但我们生活在一个更大的共享文化的圈子之中，对这个社会中所盛行的那样一些基本价值有真正的认同，而我们就生活在这样一种真正的价值共同体之中。① 这是一种更深层的心理影响，但无论理论上还是实践上，这种文化依然没有得到足够的重视。很多学生抵制这样一种文化，认为那些劝我们读书的东西不过是一些骗人的把戏，结果就只能到小群体中寻找精神安慰。他们就这样把自己排斥在主流的文化价值之外，他们的命运和处境就这样被“自我诅咒”。这倒不是说，我们不能有自己的群体，只能生活在人类、国家或事业这样一些宏大叙事之中。但一种自我退缩或放逐的群体，显然不能成为个人向上流动的阶梯。还有一类是理性知识/规范的正规传递，其在正规教育中最为典型，讲授、问答、演示、作业、实验、实践、榜样都是其实践形式，但其实它传递的只是心理影响中的一种类型。当前学校教育的一个突出任务，就是将这样一种心理影响与其他两种心理影响统整起来。

值得注意的是，作为教育的两个基本方面，善的意图和心理的影响是需要结合的。当然，不存在非心理影响或不带来某种心理影响的善意。至少，善意本身就是一种心理的影响，这种心理影响又会传达善意，唤醒富有教益的行动。而持续流露或表达的善意更将构成一个极富教育意义的心理环境，对人方方面面的发展具有不可估量的影响。因而有善意的地方必定有教育。但人类教育中的心理影响不可能仅限于这种善意本身。而且心理影响并非都基于善意，如果一种心理影

① 这里所说的基本价值主要是这样一些信仰，它们让我们对这个世界有最基本的信任，如相信努力才有回报、相信世界有规律、相信人定胜天等。这不同于社会意识形态，也不同于自由民主等普世价值。

响不是善意的，那它就不能配称“教育”。如何实现善意与心理影响的结合？苏格拉底就曾讨论过美德与知识的关系问题，且曾提出过“美德即知识”的命题，但最终无疾而终。① 光教知识确实不一定能传达善意，形成美德，但这也并不意味着我们必须按照明确的道德规范来教。《中庸》就强调，在我们的真诚本性（可谓“先验的善意”）和明白事理的教化（既是“心理的影响”，又是经验的善意）之间，并不存在不可逾越的鸿沟，即所谓“自诚明，谓之性；自明诚，谓之教。诚则明矣，明则诚矣”②。意思是说：由真诚而明理，此乃本性使然；因明理而真诚，此乃教化使然。真诚可以明理，明理可以真诚。可见我们凭借真诚的本性可以使人明理，凭着明理的教学也可以使人真诚。事实上，明理的教学本身就是真诚的，当然它也可以使人更真诚。但考虑到并非任何教学都可以使人明理，很多教学只是满足于教给我们结论，而且用生硬的方式来教，借助这种教学实现的明理与真诚很大程度上取决于学生的意向状态，我们还是可以说真诚优先于真理，善意的流露或教育关系的建构优先于知识的传递，前者是我们需要坚守的最后底线。由于认识到道德教育与知识教学只有相互关联才有价值，传统教育学派（traditional education school）的代表人物、“科学教育学之父”、德国教育学家赫尔巴特（Johann Friedrich Herbart，1776—1841）也认可一种“教育性教学”。在赫尔巴特看来，作为知识传递过程的教学和作为善的意志形成过程的道德教育（必须）是统一的，根本不存在“无教学的教育”和“无教育的教学”，③ 因为“教学如果没有进行道德教育，只是一种没有目的的手段。道德教育（或者品格教育）如果没有教学，就是一种失去了手段的目的”④。他还提出“通过教学进行教育”⑤。只是赫尔巴特所说的教育目的是有意识的，这与我们所说的“先验的善意”多少相异。

---

① ［古希腊］柏拉图著：《美诺篇》，见［古希腊］柏拉图著，王晓朝译：《柏拉图全集》（第 1 卷），人民出版社 2002 年版，第 491～536 页。

② 《礼记·中庸·二十一章》。

③⑤ ［德］弗里德里希·赫尔巴特著，李其龙译：《普通教育学·教育学讲授纲要》，人民教育出版社 1989 年版，第 12、13 页。

④ 转引自曹孚编：《外国教育史》，人民教育出版社 1979 年版，第 177 页。

二、教育的词源学考察

（一）教育的三个基本要素

下面再来看“教育”的词源。在中文中，“教育”在词源上不是一个单一的词，而是“教”“育”两个词的合成词。因此，要从词源上考察“教育”，我们就要分别考察“教”“育”。考虑到“教”在词源上还跟“学”密切相关，因此我们还将考察“学”。

关于“教”，甲骨文中写成“[illegible]”，金文中写成“[illegible]”。这个字由几部分构成？是不是三部分？我们看它是不是由左上、左下和右边组成？那么，左上部分的“爻”是指什么呢？是井田？大家想到了井或井田。确实很像，但“井”或“井田”都是纵横交错的方正结构，不像这样似乎能随意变形。那它究竟指什么呢？仔细想一想，似乎跟我们的掌纹挺像的。掌纹这种东西，据说就包含某种启示或寓意，而且据说会有变数（这一点跟我们今天的认识不一样），因而很早人们就开始看手相。还有其他的东西跟它很像，而且功用也类似，比如说占卜时候用的龟背。龟背本来就有些这样的纹路，但那还比较规整，只是预示着它能透露某些启示，还要烧，看烧开的裂纹。那些裂纹就好像我们的掌纹一样，被认为因时而异，因而能够真正给我们透露某个秘密。除此之外，古人用蓍草作算筹占卜时，蓍草交错的形状也类似。此外，我们小时候还玩一种游戏，就是拿一种长在水边的有着三棱茎的草来测算运程。一个人从这端开始撕，另一个人从那端开始撕，如果最后能撕成“H”形，就意味着今天运气好。当然，天机不可泄露（这不同于天道，后者是对人开放的，即所谓“天道酬勤”）。佛亦曰：“不可说”。因为它太繁复神秘，而且经常“口开元气散，舌动是非生”，所以至少要避免轻易泄露天机。

那么，这些能够透露天机的东西究竟意味着什么呢？我们今天有一个“爻”字，就是直接从这些东西演化而来的，表示组成易卦的长短不同的符号。“—”为阳爻，“- -”为阴爻。每三爻合成一卦，可得八卦。两卦相重（六爻）则得六十四卦。易卦运用爻的错杂变化来仿效天地的变化之象。而这些东西（卦象或天地变化之象），正是古人需要领悟的内容。此外值得注意的是，在某种意义上，这个符号与我们今天的“文”字也很相像，只是上面的一撇一点变成了一点一横。事实上，“文”本身也像“爻”一样，有“交错的纹理”之意。① 当然，“文”在最初的意义上，指的是人胸部刺画的交错花纹（文身），甲骨文写作“”。这种文化性的人为花纹（人文）和那种启示性的自然纹理（天文）各自代表着世俗与神圣两种完全不同的东西，但在教育生活中它们却有着共同的性质，都是我们需要学习或领悟的内容。《周易》说：“观乎天文，以察时变；观乎人文，以化成天下。”② 在教育的历史进程中，首先是神秘莫测的自然纹理需要我们去领悟。随着人类理性化过程的不断推进，人类自身创造的文化本身越来越成为学习的主要对象。因此，“教”字的第一部分确实代表着教育实践的一个基本要素——教育内容，不论其是需要领悟的自然启示，还是有待学习的人文知识。

左下部分“”又是个什么东西？是个人，还是个小孩？没有头发，难道是男孩？确实是人，而且也确实是小孩，不然不会这么突出那个大头。但按道理，以前的男孩头发也是很长的，至少初民社会没有什么好办法来对付那些乱长的头发。而且可能还有某些禁忌，限制他们对头发的任意处置。孔子（前551—前479）就曾说：“身体发肤，受之父母，不敢毁伤，孝之始也。立身行道，扬名于后世，以显父母，孝之终也。”③ 因此，没有头发，并不意味着它是个和尚，也不意味着它是个男孩。反正它就是个符号，表示小孩，并不是说最初的教育只对男孩进行。是否要画几根头发才表示女孩？没有这个说法。当然，也有在头上添加头发表示小孩的时候，如古文“”，但这仍是不分男女的。而且有别的办法表示男人女人，那就是“”和“”，但这又是依靠体态而不是头发来区分男女。因此，在一种更严格的意义上，我们也可以认为这里的“”既不是男人，也不是女人，甚至还不是人，而教育的目的就是使它成人。

右边这个又是什么东西呢？大家或许能够感觉到，它的下边是一只手，手里抓着一根棍子。似乎是一个人手里抓着一根棍子对你说：到底学不学?! 当然，甲骨文“”中的那根棍子更光滑一点，直挺挺的，就是一根棍子。金文“”中的那根棍子，就更自然一点，还保留有一个分支/尖刺，显得更有威慑力。这是不是在逼迫小孩学习呢？确实，这个“”或“”，跟今天的“扑”，就是同一个字。

---

①《说文解字·文部》：“文，错画也。象交文。”

②《周易·贲卦·彖传》。

③《孝经·开宗明义章第一》。

只是今天的“扑”，左边一个“手”，右边一个“卜”，而不是原来的上下结构。但“扑”的本义只是轻轻地敲打，不是我们今天可能更多想到的“持策而临之”或“猛扑过去”。那么，这里到底是敲打什么呢？也许是敲打别的什么以集中学习者的注意力，也许就是直接敲打小孩。但即便是直接敲打，这到底是要杀小孩的威风，去除其暴戾之气，还是用各种方式刺激或唤醒他，使他恢复敬重之心或勇武精神？事实上，正是对这个“攴”的不同想象，构成了对“教”的两种截然不同的理解。一种认为中文“教”重在外塑/外铄，认为教育就是改造，如荀子（前313—前238）所说的“化性起伪”①，也就是改变我们最初的天性，用人为之物（伪者人为）取而代之。很多学者都倾向于这样来理解我们中文中的“教”，而且还找到一些依据，如《学记》中所讲“夏（通‘榎’，念 jiǎ）楚二物，收其威也”，② 认为榎圆、楚方这两种东西，就是用来收拾人、收拾学生，以打掉他们的威风的。而另一种解释则认为中文“教”字重在催醒。我个人偏向于第二种解释，后面再说证据。第一种解释所说的情况虽然常见，但到底不是教育的根本。

《说文解字》说：“教，上所施下所效也。”③ 很显然，“攴”中的手是教育者的手。而“施”，甲骨文作“[illegible]”，会手持器械捕蛇之意。因捕蛇要遍地搜寻，又引申出敷布、铺陈之意。因此，如果我们不将“攴”理解为“扑打”，而将其理解为“铺陈”，那么，“攵”或“攴”在这里就是暗指长者正在向小孩仔细讲解龟壳上的裂纹，并拿着“教鞭”（或其他什么能“敲打”学习者的东西，包括语言）督促小孩以使其专心致志。事实上就这样一个“攵”或“攴”，我们也可以把它理解成“文”（反文旁），代表一种由教师施加的影响，与那种纯粹的天启乃至客观的文化世界相对应。这样，中文“教”字的强制意义就更淡了。“下所效”的“效”字，在《学记》中也写为“敩”。《学记》中“教学半”念成“效学半”，意即学习一半靠仿效，一半靠自学。事实上，古文字中，“教”“效”“学”“孝”（实际也就是“斆”字的左边）都是同根同源的。当然，“学”在甲骨文中更常见的写法是“𦥯”，在金文中是“學”。甲骨文中上面部分左右两侧也是手，中间是学的内容，下面是

① 《荀子·性恶》：“故圣人化性而起伪，伪起而生礼义，礼义生而制法度。”
② 《礼记·学记》。
③ 《说文解字·教部》。

房子。金文中就更像繁体字的“學”了，上面部分左右两侧大致也是手，中间是学的内容，下面是房顶，房顶下是小孩——学习者。这左右两侧的手到底是谁的手？在甲骨文中，应该是学习者的手。因为这里只有一个人出现，而又是“学”，显然不可能是教育者。在金文中，应该说有两种可能：要么是学习者自己的手，要么是长者或教育者的手。如果这是长者或教育者的手，或者说，若是由长者烧龟壳占卜，让学习者观摩，那么，这一过程实际上跟“教”就是一样的。只是这里侧重点不一样，是从学习者的角度界定的，这就是“效”。若这双手是学生自己的手，学生自己在那里占卜，与天地沟通，了解自然的奥妙，那就是自学。不管这双手是谁的，“学”就是通过自己或别人领悟某个道理。这是什么道理？可能是“孝”，也可能是某种天启，都试图让人顺从某种旨意。《说文解字》把“教”解释为“上所施下所效也”，确实不错。

值得注意的是，“教”字这三部分，跟教育都有莫大的干系。“爻”代表的是教育内容，“子”代表的是学习者。手执教鞭的那只手，代表的是教育者。只是这个教育者在这里并未完全显现，只露出了一只手。事实上，在任何教育活动中，通常也都有教育者、学习者和教育内容，而且教育者也可能只以隐含的形式存在。这样解释是否并没有将教育者手上的棍子考虑在内？在对教育的要素分析中，有时也区分出一个教育方法与手段来。但按照最具变通性的理解，工具是人类器官的延伸。因此，这里的教鞭并没有什么独立意义，最多意味着教育者及其所代言的教育内容的权威。所以从“教”字的词源上，可以看出教育的基本要素有三个。一个是施教的人——教师、教育者。说“教育者”会好一些，因为专门从事教学工作的人才能叫教师，而教育者则大家都可以叫。事实上每个人都是天生的教育者，甚至是天生的教育家。一个是学生、学习者或受教育者。当然，“学生”通常与专门从事教学活动的“教师”相对，因而也不太妥。“受教育者”这个说法也不太好，因为“受”表示的是一种被动的意义，而学习也不完全是接受。刚才我们讲，学习一半靠仿效，一半靠自学。可见“学”有被动的一面，也有主动的一面。

把人说成“受教育者”，至少现在已越来越不受欢迎了。① 还有一个是教育内容，其中有的适合学习或仿效，有的需要领悟，因为有的来自人文，有的来自天启。

这三部分之间的相互关系如何呢？从前面的分析中我们多少已经得知，“爻”作为教育内容首先代表着能给人以启示的东西。随着社会慢慢地理性化，人类自身创造的文化本身（如“𡥈”本身也可能暗示“孝”道）开始在日常生活中越来越成为学习的主要对象。无论天启的还是人文的，越是接近教育历史的开端，它们相对于学习者就越是具有神圣性，越是居于一种支配地位，教育者也难以与之相抗衡。但教育者也有其自身的权威源泉，他们手中的教鞭就是这种权力的象征。而且他们不仅作为长者受到尊敬，还作为天道的承载者，受到系统的保护。因此，从“教”字古老的构造中，我们可以感受到这三个部分的相对地位：学习者在学习过程中的地位是最低的，但在终极的意义上又是教育目的所在；教育内容的地位最高，它与学习者之间的矛盾构成了教育基本矛盾，决定了整个教育实践的基调；而教育者一方面具有长者身份，另一方面作为天道的承载者，同时作为教育基本矛盾的转化者，在教育过程中也自有特别关键的地位和影响。

（二）教与育的道德意味

前面所揭示的教育内容的神圣性质、教育者与学习者的相对地位、“施”的意义（铺陈、唤醒而不是扑打）等，都涉及了教育的道德意味。总的来说，不但教育内容具有神圣性和权威性，教育活动本身也具有神圣性和权威性。在这里，教育者不论作为天道的载体或孝道的倡导者，都具有不可侵犯的权威；学习者在学习的过程中不但需要潜心向道，而且需要在作为天道与孝道的阐发者的长者面前居敬持志。当然，这只是为了使教育者更好地向学习者铺陈自然的启示或人文的知识，而不是强加一种外在的控制或宣示教育者的淫威。因此，拿着教鞭的教育者形象，不是我们通常所想象的专横的教师爷，而是充满智慧与善意的长者。来自教育者的鞭策，不能简单地理解为一种肉体的惩戒，而是灵魂的催醒。

---

① 刘云杉的博士学位论文，写的就是《我是一个受教育者——个人在制度化的学校中》。在这里，她试图揭示学生如何在制度化的学校生活中一点一点被引导到我们老师、教参与社会所信奉的，但是不一定合乎教育真谛，不一定仔细斟酌过，也不一定正确的思路上去，最终变成一个“受教育者”。参见刘云杉著：《学校生活社会学》，南京师范大学出版社2000年版。

我们还可以在人类学中找到一些材料来理解教育鞭策的道德性质。初民社会的成人仪式中，经常能够看到这样的场景：年轻人经历完磨炼，重新回归自己部族的时候，等待他们的不是夹道欢迎、载歌载舞的人群，也不是鲜花和彩带，而是文身、凿齿、穿刺、鞭打、割礼之类血淋淋的场面。脸上文满花纹，鼻子上面穿个环，嘴唇中间穿个孔、塞个木头什么的，这些场面，好像是在施加一种肉体的惩罚，其实只是试图催醒或者赋予某种神秘的力量，最终确认自己的部族成员身份。原始人干吗要把脸涂得像鬼一样？为什么需要文身？因为那些符号、仪式与过程，赋予了人们一种魔力，把内在的潜力开发了出来，是实实在在的赋权增能过程，以致我们现在看到文身依然会感到恐怖。① 联系到这些，中文的“教育”概念，就可以做一个完全不同的理解。原来我们觉得，西方的“教育”概念比较好，有“引出”之意（见下文），而中文的“教”只强调一种外在的控制、肉体的惩戒或强力的改造。但一结合人类学资料，我们就能明白，中文中“教”的初始含义也不是外在的改造，而是试图用一种独特的方式激活年轻人内在的潜能，给予精神的希望，将他们的灵魂催醒。

当然，初民社会依然可能存在某些纯粹意义上的肉体惩罚，这些惩罚不同于成人仪式中的鞭策与赋权行为，即便这样的东西也不是很多。人们往往先验地认为，原始民俗的残酷无情、早期的野蛮蒙昧，必然会带来无所不在的惩罚。但根据涂尔干所掌握到的104个初民社会的资料，在绝大多数情况下，这样的社会对小孩都是很温和的。教育很严厉的社会只有13个，而且这种严厉无论如何也不是很过分。人们所使用的最严厉的对待，不过是用手或者一根又细又软的树枝打一下，或者不让吃东西。更有趣的是，这13个在教育上具有这种特点的社会，都有比较先进的文化。事实上直到基督纪元的初期，家庭中的教育依然是非常温和的。隐修学校建立后，鞭笞、棒击和禁食才成了很普遍的惩罚。即便这样，惩罚的严厉程度也不如后期。到了13世纪，严厉惩罚才达到了最高峰。而那正是大学和学院创建起来、人满为患的时候，也是中世纪的学术生活从发展和组织的角度来说达到顶峰的时候。这些学校的习俗似乎对家庭模式也产生了影响，使后者也变得严厉起来了。到文艺复兴时期，终于爆发了一系列的抗议活动。然而，体罚的辩

---

① 所有原始的身体装饰，都可以按照它的目的，分属于引人的和拒人的两类。而大多数的装饰品，都同时兼有双重目的。参见［德］格罗塞著，蔡慕晖译：《艺术的起源》，商务印书馆2010年版，第80页。

护士们却辩称，这样的惩罚从来就是家庭教育的一部分。当父亲把孩子送到学校，也就把这种惩罚的权力委托给了教师。这实在是没有历史根据的。原始生活是简单的，让儿童为将来生活做准备的教育，自然也具有同样的简单性。甚至可以说，在这种社会里，教育几乎就不存在。通过直接的和个人的经验，儿童就能轻而易举地学会他需要知道的东西。这样一来，自由放任的原则就起了主导作用，任何有组织或系统化的纪律都没有存在的理由。只有当人类所获得的道德和知识文化已经变得非常复杂，而且在整个共同生活中具有极其重要的作用，真正意义上的（学校）教育才会开始出现。而就惩罚构成了一种有规律地组织起来的制度而言，它们完全称得上文明的标志，其起源完全是近现代学校。①

单纯从字面或某些文献来看，中文的“教”字好像就在意指外在的改造，但事实上并不是这样的。中文中的“教”，不论其目的还是方式，都有其道德的、善的维度。《学记》也说：“善歌者使人继其声，善教者使人继其志。”② 所以当人们用“夏楚二物收其威”的时候，经常也并不是要从外在的方面来改造他，用强制力来扭转他，而是试图唤醒他内在的道德力量，这种外在的塑造也是为了心灵的成长。东汉学者郑玄（127—200）注释《礼记・王制》时也说：“殷曰学，学者，觉也，觉民者，所以反其质，故曰学。”③ 学就是觉醒。“所以反其质”，就是旨在返回到最质朴的那样一种状态。所以，硬要说在中文的语境中，“教”纯粹是一种外塑过程，可能是欠妥当的。《中庸》也说：“天命之谓性，率性之谓道，修道之谓教。”④ 孟子（前372—前289）也说：“尽其心者，知其性也。知其性，则知天矣。”⑤ 都是要我们向内挖掘，寻找内心深处的力量。只有荀子强调的是“化性起伪”⑥，是要用人为的一套东西（如礼）来约束人们的天性。但既然人可以变好，人性就不会是一种绝对的“恶”。而且即便强调人性本善，也需要认可文化的力

① ［法］爱弥尔・涂尔干著，陈光金、沈杰、朱谐汉译：《道德教育》，上海人民出版社2001年版，第178～183页。

② 《礼记・学记》。

③ 《十三经注疏》中的《礼记・王制》，郑玄注。

④ 《礼记・中庸》。

⑤ 《孟子・尽心上》。

⑥ 《荀子・性恶》。

量，从而帮助个体走向那个社会地建构起来的世界。①

词源学对“教育”概念的道德意味的认可，还可以从“育”中得到印证。甲骨文中，“育”写作“”，金文中写作“”，都由左上和右下两部分构成。左上部分是什么？有点像“”，也就是“女”。因为是“女”，所以显得比较恭谦、温柔，膝盖弯着，两只手交叉搭在身前。要是一个男人或泛指一个人的话，一般写成“”。但是，甲骨文中的“”字顶上加了一横。在金文中间，“”字上面没有一横，而是在中间点了两点。这是什么意思？老狼有一首歌《同桌的你》，其中那句“谁把你的头发盘起，谁给你做的嫁衣”，还是可以给我们提供某些启示。在甲骨文中，这个女人的头发似乎已经盘起来了，至少跟少女时代不一样了，不然不会在这里来这么一笔提请我们注意。金文中那两点当然不是意指头发盘起来了，不过肯定也是在提醒我们注意她的某些特殊变化。如果说这两点代表一个发卡，也像啊。但是那个时候是没有今天这种发卡的。不过相对简单的发簪可能是有的，难道是荆钗？从头发这边插进去，从那边冒出来，所以看起来像两个点？确实有人说，这是指戴着头饰的已婚妇女。② 只是这点的地方有点不对，似乎在胸前。有同学说是嫁衣？不过嫁衣——如果当时有的话——只能表示出嫁时新娘的服饰特征，不足以表示育龄妇女的特征。难道是意指孕期或哺乳期妇女的生理特征，因而更确切地说，上部分就是个“母”字？这个太有可能了。事实上，除了前面所说的变化，她的身子仿佛是挺着的样子，不再能保持恭谦的体态。不管怎么样，这个是成年的、结了婚的，甚至是孕期、产期或哺乳期的女子或母亲，因为头发盘起来了，身体也已经发生了显著变化，而且已经有了哺乳的能力。

右下是个小孩，只是它的头是朝下的。而且把小孩写在母亲的下方，仿佛意味着孩子是母亲身上掉下的肉。那小孩头下方的三个东西是什么呢？上次我们讲“教”字时，注意到左下方那个小孩，头光溜溜的。为此，我们还讨论了它到底是男孩还是女孩。我们当初说：其实那个时候，男女头发都很长。没有头发，并不代表是男孩。因为除非你把头发拔掉，不然还真没什么好办法使它那么光溜溜。

① 事实上即便人性本善，当我们在这个世界立足的时候，也会形成一种情境化、局限性的自我。这种自我会导致我们产生对外群体的怀疑乃至敌意。这就需要某种普遍的道德法则对这样一种与我们的原初天性一脉相承的排他性进行约束，从而使我们超越内群体的局限，产生某种范围更加广泛的联合。

② 谷衍奎编：《汉字源流字典》，语文出版社 2008 年版，第 700 页。

当时无论男女，应当都是“披头散发”，像我这样子。没有画头发，说明那只是个简化。当然，也有有头发的“子”字，我们前面也已经讲了。那么，这些像头发的东西又意味着什么呢？还可能是别的什么吗？襁褓？有人回答说是襁褓，但襁褓应当能将人包裹起来。再猜一下可能是什么？发挥一下想象力！草？干吗放草在这里？你以为是母鸡下蛋啊？还有别的想法吗？一个女人，小孩在她下面倒着，还有三个东西往下垂。手？肯定不是手啊，手是在这里（横画处），这个地方是手啊。眼泪？是孩子哭了？流眼泪了？小孩出生时确实会哭啊。但那个时候，只是因为空气进入了肺腔，不至于这样痛哭流涕……其实它最可能是生小孩的时候往下滴的血啊！这很可能是“母难之日”的真实写照！

那对于这个“育”，究竟应该怎么去解读？《说文解字》说：“育，养子使作善也。”① 但“人之初，性本善”，为什么还要说“养子使作善”？这个倒着出生的小孩究竟意味着什么？这可能意味着小孩进入了胎位，快要生产了，而且是顺产，因为头是朝下的。但是，这个体位在初民社会，可能不仅是顺产的标记，还是一个让人非常震颤的场面。一个小孩倒着出生，还惹出这么多的血，真是恐怖啊。既然这样，那是什么子啊？逆子？或者是不肖子？这倒不是真的说小孩天性就是邪恶的，但现实的情况却提醒人们，它真的很容易就变成了逆子或不肖子。如果一个人忙活半天，最后可能养出个逆子或不肖子，那么教育的责任就很大。所以，“育”字本来就包含着这样一种意思：孩子一生下来就很弱，很容易受到不良影响的侵蚀，我们要让他成人，让他堂堂正正地做人，就需要花费千倍万倍于怀他生他的心血。这样一来，“育”字本身提出了“教”的问题，而不是纯粹的生理行为。“育”字本身预示着一种特别具有震撼力、特别让人觉得这个“教”对它非常重要的场面，也预示着养育者的巨大恩德。所以，父母过世的时候，祭文中通常都会说：不孝子某某某率全家什么人等谨备三牲不典之礼祭拜于灵前而泣曰……这是追忆父母的养育之恩（使自己从一个别人眼中可能的“不肖子”变成一个自谦的“不孝子”），也是痛恨自己对父母离世的无能为力。

值得注意的是“道德的”与“符合道德的”之间的区分。简单地说，“道德的”就是基于善意的，它不是为了迎合某种外在的标准，而是确实对别人好。就像我们

---

①《说文解字·𠫓部》。

爱一个人，不是因为我们应该爱他/她，而是我们内心真的就很爱他/她，这个就是道德的。但“符合道德的”则不一样。感情破裂的两个人，怕别人说三道四，每天依然早请示、晚汇报，一切表面功夫照做，这就是符合道德的。但因为你不爱她/他了，所以说到底，这样勉强已经不太道德了。我们说教育必然具有道德意味，在其最根本的意义上乃是一种道德教育，不是说它必须符合道德，也不是说它必须以对学生明确的情感体认（如爱）为前提，而是说它在最根本的意义上就必须是善的。康德（Immanuel Kant，1724—1804）有一句名言：“位我上者，灿烂星空；道德律令，在我心中。”① 这不但意识到了道德律令与灿烂星空同等的神圣性，而且同时意识到了它们之间的差异。说到底，道德律令不是像星空那样外在于个人的纯客观之物，而是我们本性之中的法则。个人按道德法则行事，实际上只是听从内心的呼唤，不甘被别人所左右，别人也同样如此，因为渴望自由就是我们的本性。因此康德说：

> “行为全部道德价值的本质性东西取决于如下一点：道德法则直接地决定意志。倘若意志决定虽然也合乎道德法则而发生，但仅仅借助于必须被设定的某种情感，而不论其为何种类型，因此这种情感成了意志充分的决定根据，从而意志决定不是为了法则发生的，于是行为虽然包含合法性，但不包含道德性。”②

如果道德法则直接决定意志，其实就可以把这两个东西看成是一体的，彼此之间没有任何中间环节。当然在我们看来，真正的道德行动可以由那种我们能设身处地地感受到的道德情感的引发（这一点我们不同于康德），但不必非得由某种道德情感引发。而一种刻意符合道德规范的实践就其本性而言，至少包含某些伪善或媚俗的成分。老子早就说过：“天下皆知美之为美，斯恶已；皆知善之为善，斯不善已。”③ 其意思是说：天下都知道美为什么美（因而依此去追求美），这本

---

① 康德说：“有两样东西，我们愈经常愈持久地加以思索，它们就愈使心灵充满日新又新、有加无已的景仰和敬畏：在我之上的星空和居我心中的道德法则。”见［德］伊曼努尔·康德著，韩水法译：《实践理性批判》，商务印书馆1999年版，第177页。李泽厚在《浮生论学》中将之翻译成了这样一句更有中国韵味的话。

②［德］伊曼努尔·康德著，韩水法译：《实践理性批判》，商务印书馆1999年版，第77～78页。

③《老子·二章》。此句被陈鼓应理解为观念之间的相反相因，意即：只要大家有了美的观念，丑的观念也就同时产生了；有了善的观念，不善的观念也就无所遁形了。参见陈鼓应著：《老子译注及评介》，中华书局1984年版，第65页。但在我看来，老子特别反感世俗的善恶美丑观念，因而不可能是这种意思。

身就很丑陋；都知道善为什么善（因而循此去行善），这本身就是伪善。真正的善和美要发乎内心，而不是鹦鹉学舌或依葫芦画瓢。一种产生了道德结果的实践也不一定就是道德的实践。一种实践如果真是道德的，不是因为它符合客观之道德规范，也不是因为它在对方身上形成了某种品德，而是因为它本身就是道德的，本身就是充满善念的。认识到这一点，才能让我们不再沉迷于那样一些表面文章或者为其所迷惑。这样，在教育乃至其他一切道德实践中，重要的不是让对方做我们自认为善良的事，或者使对方形成我们认为善良的那些品性，而是我们自己首先做内心充满善念（不是法则）的人，同时包容人们（包括他人，也包括自身）在个人权利范围内所做的一切，并最终在对对方的支持和理解中让对方也成为善良的人。① 所以我们说，教育在最根本的意义上乃是一种自我教育。要教育好别人，先要教育好自己；要打动别人，先要打动自己。所以，最根本的教育力量，还是我们的行为本身所具有的那样一种道德力量。教育就这样建立在自我教育和约束的基础之上。

杜威也早已注意到人们对“道德观念”和“关于道德的观念”所做的这样一种区分：

> 凡是能够影响行为，使行为有所改进和改善的观念就是“道德观念”。同样可以说，凡是属于（不论是算术的、地理的或生理学的）使行为变得更坏的那一类观念就是不道德的观念；可以说，与道德无关的观念就是对行为没有影响、既不使它变得更好也不使它变得更坏的观念和片断知识。那么“关于道德的观念”，在道德上可以是漠不关心的，或不道德的或道德的。在关于道德的观念、关于诚实、纯洁或仁慈的知识中，没有使这些观念自动地转变为良好的品格或良好的行为的性质。②

对杜威来说，重要的东西不是关于道德的观念，而是道德观念。因此，道德教育的关键就是使道德目的在一切教学中普遍存在并居于主导地位。这就要求我们将

---

① 康永久：《道德教育与道德规范——对康德与涂尔干道德理论的反思》，载《教育学报》2009 年第 6 期。

② ［美］约翰·杜威著，赵祥麟、任钟印、吴志宏译：《学校与社会·明日之学校》，人民教育出版社 1994 年版，第 142 页。

自己的性格、学校中的气氛和理想或教学方法乃至教材与品格生动地联合起来，使它们成为行为中起作用的力量，而不是教给他们一大堆有关道德的规矩或知识。① 在这种情况下，我们当然可以继续对别人提要求，但我们对别人的所有要求都要基于善意，都要基于自我约束，都不能蜕变成纯粹的教条。说到底，教育实践本身就必须是道德的，这是教育的根本之道。

（三）促使灵魂转向的教育

“教育”在法语中为“éducation”，在意大利语中为“educazione”，在西班牙语中为“educacion”。在作为它们的直接源头的古拉丁文中，“教育”——educěre——这个词由两部分组成：前缀 e-表示“出来”，词干 ducěre 表示“引导”，整个意思就是“引出”。日耳曼语系中英语的“教育”（education）一词也源于此。当然，“引出”所包含的深刻的道德意味，同样可以在强调人格养成和形式训练的德语（也属日耳曼语系）中的“教育”（“erziehung”或“bildung”）一词中见到，在俄语（属斯拉夫语系）中的“教育”（воспитание）一词中也可以看到。很多人因此认为这种“教育”观念代表了更道德的教育类型。但根据我们前面对中文中的“教”和“育”的词源学考察，中文的教育其实也包括这样的理念，而且还提供了更多理解初民社会教育的信息。在别的地方我们已经指出：

> 一切认为中西之间存在理性与道德的截然对立的观念（既包括认为中国理性早启的观念，也包括认为西方理性早启的观念）都是片面的。韦伯探讨“理性化”之初，就是从宗教的理性化起步的。事实上，人类文明时代本身就是世界理性化进程的产物。所谓的中国“理性早启”，其实是一种世俗化、人文化的早启。然而无论人文的理性还是宗教的理性、实践的理性还是思辨的理性，它们都可以同时说是道德的理性。中西在道德理性上的不同，只是在于中国注重世俗（原为“生活”——笔者）世界中礼的规范，注重现象世界的真理，而西方则强调理念，强调现象背后的道德真理。但两者所造就的社会都是一个理性化的等级社会，只不过一个以现象世界中的家族伦理为依托，另一个以理念世界中的宗教伦理为依托。有人以为西人苏格拉底（Socrates）

---

① ［美］约翰·杜威著，赵祥麟、任钟印、吴志宏译：《学校与社会·明日之学校》，人民教育出版社 1994 年版，第 142～143 页。

> 相信“美德就是知识”，把知识放在道德之前，而中国的《尚书》却说：“正德、利用、厚生”①，不仅将道德放在知识之前，而且把道德与开发自然、改造民生连在一起，体现了中国文化的人文精神，于是就相信中国传统文化是道德主义或伦理中心主义的，而西方文化是主知主义的。也许西方有着比中国更强烈的主知主义倾向，但把主知主义与伦理中心主义对立起来是一个相当深的误解。②

这么说并非意味着对西文中的“教育”一词的分析就没有了必要。柏拉图在《理想国》中有关地穴囚徒的隐喻，或许能为我们理解“引出”概念的独特魅力提供某些佐证。有关地穴囚徒的隐喻主要是这样的：假设有一些人从一出生就被禁锢在一个洞穴式的地下室里，他们的脸只能对着前面的洞壁。而在他们的身后是一堵矮墙，在矮墙上面放着一些雕像，由另一边的人操纵。那些被囚禁的人根本不知道这些，因为他们的头、颈和腿都绑着，不能走动也不能转头。这些雕像由于后面的火光，影子投射到前面的洞壁上，形成一些影像。因为囚徒从一开始就只能看到墙上的影像，所以他们以为最真实的东西就是这些影子。这样，如果有一个人被解除了桎梏，被迫站立起来，转头环视，抬头看望火光，一定会感到痛苦。并且由于眼花缭乱，他将无法看见原来只能看见其阴影的实物。如果有人告诉他，说他过去惯常看到的全是虚幻，只不过是墙上雕像的影子，他一定会觉得不知说什么好。如果他被迫看火光本身，他的眼睛一定会感到刺痛，甚至还会因此转身走开。如果有人硬拉他走上通向地下室出口的那条陡峭崎岖的坡道，不让他中途回去，他定会觉得这样被迫走很痛苦，并且感到恼火。当他被拉出地穴来到阳光下时，他会觉得眼前金星乱飞、金蛇乱舞，以致无法看见任何真实的事物。但经过一个习惯过程，他开始能看外部事物的阴影，接着能看它们在水中的倒影，然后能看事物本身，还能在夜间观察天象和天空，看月光和星光，最后能直接观看太阳。这样，他大概就能得出这样的结论：造成四季交替和年岁周期，主宰可见世界一切事物的，正是这个太阳，它也就是他们过去通过某种曲折过程看见的所有那些事物的原因。这时他会庆幸自己所获得的一切，宁愿忍受任何苦楚，也

---

① 《尚书·夏书·大禹谟》。

② 康永久著：《教育制度的生成与变革——新制度教育学论纲》，教育科学出版社2003年版，第285页。

不愿再过原来的那种囚徒生活。

在柏拉图看来，我们可以把地穴囚室比作可见世界，把太阳照耀着的外部世界比作可知世界。我们还可以把囚徒从地穴到上面世界并在上面看见东西的上升过程理解为灵魂上升到可知世界的过程。在可知世界中最后看见的，花了很大努力才最后看见的东西，就是善的理念。我们一旦看见了它，就必定能得出下述结论：它的确是一切事物中那个一切正确者和美者的原因，就是可见世界中创造光和光源者，是可知世界中的真理和理性的决定性源泉；任何人凡能在私人生活或公共生活中行事合乎理性，必定是看见了善的理念。在柏拉图看来，个人的这种转变，不是由于我们将灵魂里原来没有的知识灌输了进去，只是因为他们适应了新的环境。因此，知识是每个人灵魂里都有的一种能力，而每个人用以学习的器官就像眼睛，这是一种永远不会丧失能力的东西。只是因所取的方向不同，它可以变得有用而有益，也可以变得无用而有害。整个身体不改变方向，眼睛是无法离开黑暗转向光明的。同样，作为整体的灵魂必须转离变幻莫测的世界，直至它的“眼睛”得以正面观看实在，观看所有实在中最明亮者，即我们所说的善者。而教育在根本上就是一种促使灵魂转向的技巧，即在根本上就是一种使灵魂尽可能容易、尽可能有效地转向的技巧。①

柏拉图用这个东西来说明教育的本质，以及受过教育的人（能直接看清实在本身或善的理念的人）与没受过教育的人（只认识事物幻影的人）之间的区分。这个灵魂上升或转向的过程，恰恰就是一个典型的引出过程，也就是把人从一种被拘禁或限制的状态引导到一个真实、光明的世界并恢复他直接观看实在本身的能力的过程。这也是一个典型的教育过程。在柏拉图看来，它不是要在灵魂中创造视力，而是肯定灵魂本身有视力，但认为它不能正确地把握方向，或不是在看该看的方向，因而想方设法努力促使它转向。因此，教育的最终意义不是让人仅仅满足于看清亲眼见到的东西，而是认识到这些东西背后隐含的真实的、光明的世界，从而使灵魂产生一个根本性的转变。所以它不是简简单单地把我们信以为真的东西珍藏起来，而是透过现象看本质。这就是西文中的“教育”，西文中的“引出”。值得注意的是，这里的引出过程最初可能也是一个被迫的过程。但这里

---

① [古希腊] 柏拉图著，郭斌和、张竹明译：《理想国》，商务印书馆 1995 年版，第 272～281 页。

的强制因素说到底不是将其引导到外部光明世界的那个人，而是这一过程中让其痛苦的那种一时还难以忍受的光亮。如果引导得法，也就是说，如果引导者有足够的耐心让其慢慢地适应新出现在眼前的这个多姿多彩的世界，他肯定能更好地跟从智者的引导，不再单纯将这种引导理解为一种“被迫”。也正是因为这样，柏拉图才认为教育是一种促使灵魂转向的技巧。柏拉图的教育观有时因过分强调理性的力量而受到非议，如果我们将注意力集中在他所揭示的教育过程在人的灵魂转向——不限于从他所说的影像的控制中摆脱出来，还包括从各种虚幻的理性教条或俗务中摆脱出来——中的作用，我们还是能感受到这一分析的力量。

现在看来，中文和西文词源学中的“教育”均可包含引出、觉醒、内在的成长这样一些意思。另外，将“教育”理解为一种文化或者外塑，或者“化性起伪”这样一种活动，也可在词源学上找到一定的依据。当然，在中文中间，这方面的意义更明确。但西文中的“引出”，也有个外部主体和对象的问题。所以，教育始终不能排斥来自外部的影响。而且恰恰相反，教育者和教育内容始终不可避免地存在。最后，即便是外塑，也可与觉醒、内发这样的意思共存。因为外塑说到底不是试图把一套东西强加于人，而是要引起他内在的变化。因此，说到底，教育还是一个内外兼备的东西，有外在的塑造（因为始终存在着外在于学习者的教育者和教育内容），但其最终目的是促使内在的成长、内在的觉醒。中西“教育”概念在词源上的差异，在于中国主要关注现实世界的秩序，而西方则更关注理念世界的秩序。但无论中西，教育都首先是一种德育。当然，说教育首先是一种德育并非说我们要先搞德育，而是教育者心中首先要有善念，事实上也就意味着教育在最根本的意义上必须基于自我教育或自我约束。一旦我们心中有善念，在学习者身心诸方面上就能引起一系列的积极变化（不限于德行）。而事实上，我们也没有办法把善念和心理的影响分开，或者说，根本不存在可以不依托于某种心理影响的善念。这也是赫尔巴特所强调的“教学的教育性”的意义所在。

三、教育概念的多种定义

（一）教育定义的三种类型

有了这样一些基于常识的理解，就可以来分析理论中的那样一些教育定义了。

美国分析教育哲学家谢富勒（Israel Scheffler，1923—2014）把我们日常的通用定义（general definition）分为三种：一种是规定性定义（the stipulative definition），一种是描述性定义（the descriptive definition），还有一种是纲领性定义（the programmatic definition）。① 分析哲学主要是对基本概念、基本命题或更广义地说基本的语言现象的分析。早期的分析哲学旨在使我们的学术话语经得起推敲。它的前提，就是认为很多的定义是模糊的，很多概念是似是而非的。所以它希望帮助我们“清思”，也就是在语言分析的基础上建立一套规范的概念体系，实际上也就是建立一套“人工语言”。基于这种分析，得出的概念当然是人为的。而且这种试图把一切概念（“能指”）都依其“所指”（作为对象的客观实体）明确规定下来的做法，也实在是一厢情愿，因为总有某些东西是说不清道不明的。语言本身不仅需要表达对象，还要表达自我，或者更进一步说，需要以我们自己的方式表达对象与自我，且只有在实际应用中才能确认其意义。所以到后来，分析哲学追求的不是清理概念，而是理解日常的概念以发现某些更真切的意义。前面对教育的日常用法及词源中的“教”“育”“学”等字的分析，走的就是分析哲学后一个阶段的路子，就是将词与物的关系置于社会情境中考察，从日常生活与具体用法中领悟其意义。很多东西日用而不自知，正如陶渊明（约 365—427）所言：“此中有真意，欲辨已忘言。”② 而分析的目的就是把日用而不自知的东西揭示出来。

所谓规定性定义，就是作者自己为了表述的便利对概念所做的定义，也称“操作性定义”。这个操作者是谁？当然可以是你，也可以是我，每个人都可以对自己所使用的概念做出自己的说明。我们以后写毕业论文，如“大学生学习适应问题研究”，就可以按照研究的设计，将“大学生”界定为从大一到大四的全日制在读本科生，甚至可以将其界定为北京师范大学教育学部大一到大四的全日制在读本科生。这就是我们在此对“大学生”的规定性定义。这种定义不受概念先前用法的约束，其意义就在于限定我们所意指的对象，使别人在我们的语境中理解

① 参见［美］伊士列尔·谢富勒著，林逢祺译：《教育的语言》，桂冠图书股份有限公司 1994 年版，第 10～20 页。这里所说的“通用定义”与“科学定义”相对应，后者指某种特定的理论体系对科学术语的技术性界定。值得注意的是，该书中这几种定义的译名，分别为“规定性定义”“描述性定义”“方案性定义”，与我们这里略有不同。

② 陶渊明：《饮酒二十首》（之六），见陶渊明著，逯钦立校注：《陶渊明集》，中华书局 1979 年版，第 89 页。

我们，不至于发生误读。而所谓描述性定义，它跟我们前面在教育一词的日常用法的基础上对教育概念的分析就比较接近了。最终我们说教育有善的意图，是一种心理的影响，其实就是对教育的描述性定义。描述性定义力图在概念先前用法的基础上明确乃至重建共识，为此就要缜密刻画对象的普遍特征。一个特征要是普遍的，就应当像涂尔干所认为的那样，是外在的、共同的、客观的。① 为此应不囿于成见，不做哲学上的阐发，不涉及价值判断。而纲领性定义，则是明确或隐含地告诉我们事物应该（should）怎样定义。所以，它是试图对事物的本质、真谛、理想加以界定，从而借此表达个人立场并试图影响他人行动的定义，包含一套特定的道德/价值目标和行动纲领。“在某些情况下，我们也可以根据其是否使用‘真正的’‘真实的’或‘名副其实的’等词汇来补充说明纲领性规劝所要表达的意思，来判断定义是否纲领性定义。”② 这种纲领性定义通常都有很强的个性色彩，尽管我们常常试图将之宣称为一种普适立场。能够影响或干预我们教育行动的，主要是这样一种纲领性定义。

（二）教育的规定性定义

规定性的教育定义，大家都可以根据需要自己制订，因而不必多说。值得一提的是那些对情境的依赖更弱，或者说更具普遍适用性，因而更接近描述性定义的规定性定义，这个对我们理解教育有一定的启发作用。联合国教科文组织教育统计局的《国际教育标准分类》(1976) 为了达到统计的目的，将其所适用的“教育”的范围确定下来，对“教育”就做了一个规定性定义。这个教育定义看起来还是蛮好的，具有一定的普遍性和示范性。

> 本标准分类所指的“教育”不是广义的一切教育活动，而是认为教育是有组织地和持续不断地传授知识的工作。在这里，“传授”是指在两个或两个以上的人中间建立一种转让“知识”的关系。这种传授可能是面对面的，也可能是间接的、远距离的。“有组织地”，意思是说，有一个组织学习的教育

① [法] 埃米尔·迪尔凯姆著，胡伟译：《社会学方法的规则》，华夏出版社 1999 年版，第 23～38 页。

② [德] 沃尔夫冈·布列钦卡著，胡劲松译：《教育科学的基本概念：分析、批判和建议》，华东师范大学出版社 2001 年版，第 7 页。

> 机构和一些聘请来的教师，按一定的模式，有计划地确定目标和课程，有目的地组织传授工作；所谓“持续不断”，意思是说，学习的过程要经常和连续。“知识”是指人的行为、见闻、学识、理解力和态度、技能，以及人的能力中任何一种可以长久保持（而并不是先天或遗传产生）的东西。[①]

它要考虑的是有组织地和持续不断地传授知识的活动，这种活动至少要有两个人。这样，纯粹的自学就不包括在里面。当然，有些活动带有自学的性质，但还是可以包括在里面。如网络教育，表面上看起来是自学，实际上电脑里面坐着一个人在讲，这样一种间接的、远距离的传授活动是包括在内的。此外，它还对“有组织”和“持续不断”做了一些界定。值得注意的是它对“知识”的界定，完全超出了我们的日常理解，但又是可以接受的。这是个很典型的规定性定义。规定性定义也有一个限度问题，通常讲到能大致明白就可以了。要是一直往下讲，那就讲不完了。这就叫“一尺之捶，日取其半，万世不竭”[②]。其实有些东西是大家共享的，所以适可而止。关于教育的规定性定义有无数种，它是我们作者、我们研究者、所有说话的人为了特定的目的就某事所做的一个特殊约定。

（三）对教育的描述性定义

德国当代教育学家布列钦卡（Wolfgang Brezinka，1928— ）提出的精确使用“教育”概念的原则，则是对教育的典型描述。前面从“教育”的日常用法中间归纳出来的那五条，乃至我们所说的教育的两条底线规范，以及从词源学中得出的大部分结论，包括教育的三个基本要素、教育的道德意味、教育即引出等，除了那些有明显哲学或规范意味的部分，也是对教育的描述性定义。这种描述性定义跟布列钦卡对教育的描述性定义差不多，还更为简练可靠。但布列钦卡的说法也有自己的贡献，可以与我们的说法相互补充、相互印证。当然，他的某些见解也是值得商榷的。下面我们就一点一点地分析他所提出的八条

---

① 联合国教科文组织教育统计局编，国家教育委员会教育发展与政策研究中心译：《国际教育标准分类》，人民教育出版社1988年版，第2页。此标准分类的最新一版为2011年版。

②《庄子·天下》。

"原则"。①

按照布列钦卡对教育的描述，（1）教育是一种行动。当然，行动包括干预和不干预。所以教育有时候表现为教，有时候则表现为不教，由学生自己看书、自己探索。这是一种很好的说法。于丹说，《论语》就是孔子零零散散的教学记录，像是学生的课堂笔记，写出来也就两万多字，似乎没有讲太多的东西，但是，不教难道不也是一种教吗?② 这样一种反问很有力。不教的时候，学生在自学，这个过程当然没办法记录，但非常重要。相比之下，记录下来的倒只是细枝末节。在《论语》的字里行间，在陈述断裂的那些地方，存在着的才是真正关键的教育，正是它支撑着这些显性的"教"。所以，《论语》看起来只有两万多字，但是背后有很多深刻的东西。正是这些东西使孔子在让教学过程有这么多断裂的同时，还能为弟子所景仰。《论语》能给我们最多启发的，就是这种"不教之教"。看起来没有说什么，没有提醒你，也没有批评你，没有给你传授什么东西，但其实整个都是在育人。所以，布列钦卡认为教育作为行动的话，可以是一种干预，也可以是一种不干预，这个观点我很认同。

教育作为一种行动，在布列钦卡这里包含的另一层意思是：它是有意图的，具有自我意识或反思性，总是在不断地自我调整。说教育具有意向性和反思性也是对的。教育本身作为一种行动，总是指向某个对象，也总是指向自我或这一过程本身。但布列钦卡这里所说的有意性与反思性具有某种刻意性，因而具有明确的教的意识，不同于我们前面讲的那种先验的善意或隐性的教育意识。读柴静的《看见》时，我看到一句很不错的话："当一个人关心别人的时候，才会忘掉自己。"③ 柴静刚开始做主持人的时候，特别紧张，只记得要提的问题。结果，不但把她自己忘了，也把别人忘了。后来她逐渐地开始有了自我，观点变得很犀利，就好像她是一个最终裁决者。别人提醒她："你怎么能够这样呢？作为一个记者，要真的看到真相，就不能有这么强的自我，得把自己的姿态'降'下来。"但是，她一直不知道怎么把姿态降下来。直到"非典"，看到那些舍生忘死的医生、那些

---

① [德] 沃尔夫冈·布列钦卡著，胡劲松译：《教育科学的基本概念：分析、批判和建议》，华东师范大学出版社2001年版，第54～74页。

② 于丹著：《于丹〈论语〉心得》，中华书局2006年版，第5～6页。

③ 柴静著：《看见》，广西师范大学出版社2012年版，第28～29页。

妻离子散的场面，她一下子认识到，“采访是病友间的相互探问”①，对场面的控制才突然减弱……如果一切都有计划，什么东西都有组织，一点一滴都有控制，这样就完了。倒是没有这些东西的时候产生了更好的教育，产生了真正的对话，产生了心与心的沟通与契合。所以当布列钦卡强调教育应当有意识地进行的时候，我们很难不表示反对。当然，心理学上说有意注意可以转化为无意注意，但无意注意并非都是有意注意的产物。涂尔干也认为，“劳动分工的最大作用，并不在于功能以这种分化方式提高了生产率，而在于这些功能彼此紧密的结合。……在任何情况下，它都超出了纯粹经济利益的范围，构成了社会和道德秩序本身。”② 可见，哪怕没有明确的教育意图的劳动分工，在根本上也是一种道德教育实践。说到底，教育不但是从一出生就伴随着我们的一种能力，而且一有社会就必定有教育，跟是否有明确的教育意图无关。

此外，在布列钦卡看来：“也正是由于将教育理解为行动，所以，只有人类才可以是教育的主体。自然和文化中非人的对象以及‘客观环境’或者‘环境’虽然也或多或少地对人类发生着强烈的影响，但它们并未行动。从这个意义上讲，我们不能说，它们在进行教育。”③ 布列钦卡并不认为一切具有教育意义或产生教育影响或发挥教育功能的社会事件都可以算是教育。因为在他看来，这些事件中的很多根本就没有明确的教育意图，而教育行动“区别于其他非教育行动的本质特征在于，行动者有自己的意图或者有一个所追求的目标。而教育就正是实现上述目标的手段。教育是一种合乎目标的行动。……这种行动实际上总是一种目标—手段关系中的有机组成部分。”④ 而且在他看来，教育作为有目的的行动，至少得有个行动者。他不承认那种由“社会”或“社会生活”本身所提供的教育。这实际上是不承认教师可以只作为社会的代言人，更不承认有所谓的“隐含的教育者”。因此，他的“行动”与“行动者”必然是非常理性的。这显然是过于狭隘了。而他同时又认为韦伯所说的“有意的行动与那种单纯反射性的且与主观意识并未相连的个体自身行为之间的界限”是不易分清的。⑤ 这就有点自相矛盾了。而

① 柴静著：《看见》，广西师范大学出版社 2012 年版，第 397 页。

② [法] 涂尔干著，渠东译：《社会分工论》，生活·读书·新知三联书店 2000 年版，第 24 页。

③④⑤ [德] 沃尔夫冈·布列钦卡著，胡劲松译：《教育科学的基本概念：分析、批判和建议》，华东师范大学出版社 2001 年版，第 56、25、55 页。

我们则倾向于认为存在着一种最广义的教育，这种教育中没有明显的教育者和教育意图，他们/它们只是以一种隐含的方式有意无意地存在着，或者作为一种超主体的教育过程存在着，或者作为一种不仅仅与具体行动者有关的社会过程存在着。在这种意义上，教育不仅是一种主体行动，而且是一种社会性实践。这实际上也是布列钦卡试图理解但没能理解的“间接教育”的概念。① 与“直接教育”由教育者直接影响学习者不同，间接教育只是试图通过影响一个人所处的环境从而拐弯抹角地影响他本人。

(2) 教育是一种社会行动。强调教育的社会性，这点我也是赞成的。但他认为，教育作为一种社会行动，与社会互动不同，社会互动中可能没有明确的教育意图。我们在路上碰到熟人，就打招呼道：“哎呀，你好！吃饭了吗?”“哦，吃啦，吃啦!”这是社会互动，是两个社会主体的交互作用，没有重塑一个人体格或心灵的意图，纯属一种礼节性问候。但在我看来，即便是这么随便一句问候，也有某种教育意向在里面，如表达我们的亲密关系，维护我们的感情，促使我们之间相互悦纳，让别人明白我能够愉快地接受他，希望他也能很愉快地接纳我。所以，即便是最普通的社会互动，还是有一种干预或者不干预的教育意向乃至效果在里面的。因此我们认为，教育不仅包括理性行动，还意味着情境性的社会实践。反而是我们经常以教与学的交互作用或双边互动来界定“教育”，尤其是界定“教学”，似乎是不妥当的。因为就像我们前面所说的，教育有好的与不好的之分，因而也就可能有单边的与双边的区别。单边的当然是不好的，但仍可算是教育。因此，就我们而言，社会互动即便没有明确的干预或不干预的教育意图，也可以是教育行动；而教育行动并不要求必须有互动，或者说，并不要求对方一定得有及时的回应（当然也不排斥这一点）。但布列钦卡认为，社会互动中行动者只能为自己的行动设定目的，不能监控对方的行动，因而谈不上教育行动。②这不是一个正当的辩护。教育行动也不要求能监控对方的行动，只要有基于善意的心理影响。

此外，在布列钦卡看来，既然教育是一种社会行动，那么“自我教育”就不能够称为教育。这基本上也是接受了韦伯的“社会行动”的概念，认为“社会的”就是“与周围的人们相关的”③，因而对“自我教育”这个概念提出了批评④。按

①②③④ ［德］沃尔夫冈·布列钦卡著，胡劲松译：《教育科学的基本概念：分析、批判和建议》，华东师范大学出版社 2001 年版，第 78、60、58、62 页。

照他的理解，社会行动至少要有两个人，而自我教育只有一个人，那还能算是教育吗？但韦伯所说的“他人”既可以是实际的他人，也可以是想象中的他人，或作为一种社会预期而存在的他人。这一点布列钦卡没有考虑到。而对我来说，一个人自己教自己也是可以的。而且至少可以在个人内心分出三个人来：一个是I，一个是me，还有一个是社会学家库利（Charles Horton Cooley，1864—1929）所说的looking-glass self①。其中I是主格，是作为行动者的我，有时候称为“主我”；me是宾格，是作为行动或反思对象的我，有时候称为“客我”；looking-glass self亦称“镜中自我”，乃是我们自己认识到的别人对我们的看法或期待，或者说是我们从别人的眼中所看到的另一个“我”。这种“镜中自我”通常对我们有很大的影响，因而实际上是一个隐含的教育者。因此，“自我教育”中看起来只有一个人，其实还是可以“对影成三人”：一个主我，显性的教育者；一个镜中自我，隐性的教育者；还有一个客我，教育的对象。这个，布列钦卡完全搞错了。事实上，一个东西是不是社会性的，不能单纯看它外表上是不是与另一个人相关，而应看它是不是镶嵌在社会网络或关系之中。单个人的行动，就其根植于社会土壤而言，也必定是社会行动。这一点马克思也是承认的。② 而且，我们还认为对别人的教育在根本上也根植于一种自我教育。因此，如果自我教育都不能包括在“教育”之列，那还真不知道能有什么堪称教育了。

布列钦卡还认为，大凡教育，都要（3）以心理素质作为努力结果，（4）事关心理素质的建构、改变、保留或避免。我们前面说教育必须是一种心理影响，这种心理影响或者是想改变什么，或者是想强化什么，或者是想保留什么，或者是想避免什么。当然有时候人们也倾向于认为教育是一种精神的影响。按照这种思路，如果我们学到了知识但是没有陶冶情操或震撼自己的灵魂，也不能称为教育。“精神”和“心理”究竟有什么区别呢？在我们的日常用语中，大家能够感受到它们的区别吗？我们可以说一个人的精神值得学习，但不能说其心理值得学习。精神是一种上位的东西，即使我们说不清，但至少能觉得这个东西具有道德价值或

---

① “镜中自我”概念是库利在《人性和社会秩序》（1902）中提出的，主要包括三方面内容：我以为别人看到我什么；我以为别人看到我的这些什么后会有什么想法；我对我以为的别人的想法有什么想法。

② ［德］卡尔·马克思著，中共中央马克思恩格斯列宁斯大林著作编译局译：《1844年经济学哲学手稿》，人民出版社2000年版，第58页。

规范取向。一种东西作为精神，应当比较崇高一些；而“心理”，就是一个很实际的综合性概念了。我们的知识、态度、能力、个性、精神，都是心理的不同方面。布列钦卡强调以一种心理素质作为努力结果，我们也说教育必须是心理的影响。但是，有时候人们很容易将教育的标准拔高，一拔就拔到要能够塑造人的灵魂或人格的高度。照此，日常中的很多行为——如知识性、技术性东西的学习——就都称不上教育了。事实上，这些东西的学习经常是我们灵魂或精神成长的基础。我们当然经常能够直接感受到灵魂的震颤。就像我们前面说到的那个不肖子、逆子，那个头朝下的小孩，大家听后一惊：竟然是这样！但更多的时候，只有经受某种长期的心理影响，才可能酝酿一次精神的迸发。但只要此时我们都是善意的，就已经够得上教育的标准了。

所以，布列钦卡强调心理层面，这个还是比较实在的，不会把我们的教育搞得神乎其神，认为教育就只能是精神上的洗礼。能到达这样的状态当然很好，但是这种时候确实不多。不能单纯为了精神的成长而忽视那些看起来很平常、很没有魅力的东西。我们从小学到大学，上了很多的课，能够让自己当时就觉得兴奋不已的，其实并不多。而且说到底，精神上的洗礼总是相对于日常的积习来说的。没有后者的陪衬，前者又能有何光华？所以，有的时候，平淡的生活、平淡的教育，我们还得认可它的意义。就好像谈恋爱，热恋是一种精神的影响，状态大勇。但老这样不行，要让它慢慢冷静下来，所以我们要结婚。结婚能让炽热的心冷静下来，这就是家庭的“冷却”功能。如果天天都是火热的心，不但没人受得了，也不容易静下来做事。心理的影响，虽然很平常，不像精神的影响那么崇高，那么令人心神激荡、荡气回肠，但也是教育，而且饱含深意。没有必要认为，教育非得要达到那样的高度，成天让我们有一种说不出的感动。

但我们之间还是存在着一个关键区别。我们强调教育本身必须是一种心理的影响，而不是强调教育必须以心理素质作为努力结果。尽管布列钦卡一直反对从结果的角度界定教育（即反对那种认为不达到某种效果就不能算是教育的立场），[①] 但他在此还是加进了对某种特定“结果”的期盼。在他看来，教育所力图培养的“不是指当前的心灵的历程，也不是指那些稍纵即逝的行为方式，而是指

---

① ［德］沃尔夫冈·布列钦卡著，胡劲松译：《教育科学的基本概念：分析、批判和建议》，华东师范大学出版社2001年版，第38页。

一个人相对稳定的心理准备结构。”① 这就给自己设置了一道难题：那究竟该怎样理解体育呢？他的办法，一是认为身体状况实际上也部分地以心理素质为条件，通过这种素质的改善而受到影响；二是认为身体训练只是一类实现教育目的的手段或方法；三就是试图抚平身体和心灵之间的矛盾，更多地看到两者之间的同一性。在一个不太明确的意义上，他还试图将那种单纯以强身健体为目标的行动排除在教育之外。但即便付出了这般努力，最终他还是承认这个问题并没有得到妥善解决。②而且光强调以心理素质作为努力结果，也会忽视社会生活的形成。有些学生担心，光知识都学不会，还要养成一套行为方式，建构一种良好的师生关系，形成一种联合生活方式，怎么可能?! 怎么不可能?! 倒是那种专门为知识而知识、为考点而考点、为考试而考试的教学，对很多人来说显得特别难。不是难在这些东西本身，而是这些东西离开了我们自身的主动参与，离开了对知识本身魅力的揭示，离开了我们与老师的那种默契，本身就会变得不可亲也不可解。而如果我们能够适度地拓展教学，加强其与生活的关联，增加师生的自主空间，善待学生的问题与经验，或者说让学生多学一点，他们反而能学得更轻松。在这里，至少在我看来，教育的最终结果怎样并不是确定教育概念或实践的必要条件，关键的条件是教育本身必须是一种心理的影响。

2013 年我指导大四的同学实习③时，听过两节课。两节课都是讲《绿色蝈蝈》④，那是法国昆虫学家法布尔（Jean-Henri Casimir Fabre，1823—1915）《昆虫记》⑤（1879）中的一段。实习同学说课文第一、二段是引入，第三段是讲蝈蝈的声音，第四段是讲蝈蝈的外形，第五到十段是讲蝈蝈的食性，第十一段讲蝈蝈的生活习性。我不知道这是怎么归纳出来的。实际上课文的第一到三段，都是在引入。到第四段，才讲到蝈蝈上面去，而且提了一个问题：它究竟是吃什么东西的？直到第十一段，都是在讲它的食性，然后就结束了。所以我就说：课文感觉

---

①② ［德］沃尔夫冈·布列钦卡著，胡劲松译：《教育科学的基本概念：分析、批判和建议》，华东师范大学出版社 2001 年版，第 63、64～66 页。

③ 北京师范大学教育学部教育学专业本科生实习时间一般是大四的第一个学期，国庆长假后开始，时间为 6 周。

④ 参见课程教材研究所中学语文课程教材研究开发中心编：《语文》（七年级上册），人民教育出版社 2009 年版，第 125～129 页。

⑤ ［法］让-亨利·法布尔著，陈筱卿译：《昆虫记》，湖北少年儿童出版社 2013 年版。

还没有完啊，最后还是要回过头来，说外面的一声爆竹，又把“我”从六月份对于蝈蝈的观察记忆中拉回身边的这场音乐会，爆竹声掩盖了耳边的蝈蝈声，但是它还一直在我内心回荡……（学生笑）但是其中一个实习生总是在带着学生拼命找课文中的修辞。另外一个实习生同样关注这些事，只是给了学生更多自由，同时比较注意字词句的品读。但就在这个过程中，有学生提出了一个让她觉得难堪的问题：“蝈蝈侧面那两条淡白色的丝带到底是什么东西?”她说：“这个东西好像不是我们要关注的。”但是那位学生说：“不搞清楚这个东西我没办法学。”当时有些人就说那是翅膀，有些人说可能是花纹，还有的学生说那两条“丝带”有可能是触角。下课之后她就觉得很郁闷，说：“他们怎么讨论起这个东西来了，我这是语文课!”但是我跟她讲：“你在课堂上没有打断他们这种讨论很好，语文课就是要帮助学生表达自我，只是还需要更多地关注课文的宏观结构，让学生把这篇文章补充完整。”她抱怨道：“要他们找的修辞手法他们都没有完全找出来。”我告诉她：“一个东西我们拼命地去训练它，反而会增加它的难度，因为学习会因此变得越来越机械。而如果我们有一种良好的互动结构，学生的发展肯定会更好。”

接下来的这两点讲得非常好：(5) 教育具有尝试特征和 (6) 提升意图。一方面，教育确实总是试图改善或提升某种素质（包括改变、保留或避免某种心理状态）；另一方面，教育者的这种尝试并不一定就能真正带来相应变化，甚至在道德上也并不一定就能为人们普遍接受。但不管目的是否达到，意图是否实现，尝试是否成功，是否出于道德必然性，我们都需要承认其为教育。因为教育可以是成功的或在别人看来是正确的，也可以是不成功的或在别人看来是不妥当的。如果只有成功的或普遍正确的才算教育，那几乎没有什么称得上教育，因为人们对于正确或成功几乎可以有完全不同的定义。教育的道德意味实际上也因此具有相对性，不一定就能为人普遍认可。而且任何一种教育都有可能带来新的问题。此外，如果真要考虑到效果，很多行动在其成效显现之前都不能称为教育。这显然也与我们日常使用教育概念的习惯不一致。前面对于日常的教育概念的分析，也说教育有好与不好之分。好的话，它最终就一定起到了作用。不好呢，尽管有善的意图，也是心理的影响，但是对学习者没有生效，有时候还不被旁人所认可。我们说它是教育，因为教育者终归是付出了努力，试图令大家有所改变，而且教育者本身终究是基于善意的。只要努力使人们身心朝他自认为好的方向改变，这就带有教育意味。说教育具有尝试特征，也意味着这种尝试不一定会有普遍认同的结果，甚至不一定有结果。

此外，布列钦卡认为，(7) 教育的对象是任何年龄阶段的人，(8) 教育的主体，是任何一个有能力实现旨在改善他人人格（或保留那些有价值的组成部分）的社会行动的人。布列钦卡关于教育对象的这种认识是有意义的。在历史上曾经有这样的观点，认为教育的对象是儿童、年轻一代或下一代。① 如果我们认为教育的对象只是年轻一代，那么这个教育概念，就不能包括成人教育、继续教育或老年教育。布列钦卡强调："虽然从出生到死亡之间的任何年龄的人都能成为教育对象，但人类胚胎，亦即胎儿却不能归属于教育对象的范畴。"② 这个是比较令人费解的。教育的概念是从意图和影响的性质的角度确立的，并不依赖于实际的效果，因而也相对独立于对象的特点。如果说"对动物的教育"概念可能还值得斟酌，"对植物的教育"则根本不存在之外，对胎儿至少是大月份胎儿的教育实在是可以毫不犹豫地承认的。事实上，我们今天也有所谓的"胎教"。而且，小孩在出生一刹那前后，也没有什么绝对的分别。关于教育主体的这种认识也有一定的意义。涂尔干认为，教育是由成年一代系统影响年轻一代的社会活动。③ 在他那里，年轻人"教育"老年人就是反常或失范现象。布列钦卡没有这种"怪癖"。在讲教育对象时，布列钦卡让我们不要考虑年龄的限制，讲主体时更是根本没有考虑到年龄，就是说年轻的可以当老师，甚至刚出生的人也可以当我们老师，只要他能够有意识地实施一个旨在改善他人的社会行动。而在我们看来，任何一个能对别人施加善意的心理影响的个体（包括通过胎动与母亲"沟通"的胎儿）都称得上是教育者。而且需要提醒一句的是，还存在着隐含的教育者，就像存在着隐含的学习者一样。这种隐含的教育者，可以是那种抽象的集合体（如法人组织或涂尔干所说的成年一代）而不是单独的个人（自然人）。这是布列钦卡明确拒绝的，尽管他在某些时候还是将个体（行动者）之外的集体称为"行动团体"④。

---

①③ [法] 爱弥尔·涂尔干:《教育：性质与作用》，见 [法] 爱弥尔·涂尔干著，陈光金、沈杰、朱谐汉译:《道德教育》，上海人民出版社 2001 年版，第 309 页。

②④ [德] 沃尔夫冈·布列钦卡著，胡劲松译:《教育科学的基本概念：分析、批判和建议》，华东师范大学出版社 2001 年版，第 73、124 页。

（四）排他的纲领性定义

对我们更重要的是领悟教育的纲领性定义。关于教育的纲领性定义，有两种不同的类型。一种强调某种或某些实质性的善意，因而致力于在教育概念中表达某种排他性的立场，有一个很强的价值预设，是强价值介入的教育定义。另一种则能兼顾方方面面的需要，尊重多元立场，具有包容性，因而更多地强调先验的善意与形式的善意，是兼容并蓄的教育立场。我们先来介绍排他性立场/定义，后面再单独介绍兼容并蓄的教育立场/定义。

排他性的教育定义主要有三种。第一种是"社会"本位的教育定义。什么是"社会"本位的教育定义？"社会"本位字面上就是以"社会"为本，实际上是把某种特定意义上的"社会"作为教育的根本依据。我们先看看这种界定："教育者根据一定社会（或阶级）的要求，有目的、有计划、有组织地对受教育者的身心施加影响，把他们培养成为一定社会（或阶级）所需要的人的活动。"① 这是很长一段时间我们中国社会——包括政府和教育学教科书——中占统治地位的教育定义。毛泽东（1893—1976）在1957年《关于正确处理人民内部矛盾的问题》一文中也指出："我们的教育方针，应该使受教育者在德育、智育、体育几方面都得到发展，成为有社会主义觉悟的有文化的劳动者。"② 甚至1995年的《中华人民共和国教育法》依然强调："教育必须为社会主义现代化建设服务，必须与生产劳动相结合，培养德、智、体等方面全面发展的社会主义事业的建设者和接班人。"③ 这些教育定义，都特别强调生产方式、政治经济制度与占统治地位的阶级要求，个人在这里处于一个相对从属的地位，主要是接受这种"社会"的规范，成为这种"社会"所需要的成员。今天所强调的那种"公民社会"，或者马克思所强调的那种"自由人的联合体"，在这里根本就无影无踪。"社会"本位的教育定义，就强调以这种"社会"为本，拿这种意义上的"社会"作为最终的判断依据，作为教

---

① 董纯才、刘佛年、张焕庭：《教育》，见董纯才主编：《中国大百科全书·教育》，中国大百科全书出版社1985年版，第1页；或者参见瞿葆奎主编，瞿葆奎、沈剑平选编：《教育学文集·教育与教育学》，人民教育出版社1993年版，第4页。

②《关于正确处理人民内部矛盾的问题》是毛泽东在1957年2月27日最高国务会议第十一次（扩大）会议上的讲话。后来毛泽东根据原始记录加以整理，做了若干补充，于1957年6月19日在《人民日报》发表。

③《中华人民共和国教育法》于1995年3月18日由第八届全国人民代表大会第三次会议通过，同日由中华人民共和国主席令第45号公布，自1995年9月1日起施行。

育最终的服务对象。由于这样把社会与个人对立起来，它所说的“社会”就不是个人能够自主参与的公共领域，而是一种高踞于个人之上的存在，其实乃是一种政治化的“总体”社会，因此我们将这里的社会加上引号，称为“‘社会’本位”。这种教育定义显然是排他性的，受到排斥的不但包括人的天性，还包括人的权利与意愿，以及各种公民团体。因而正如杜威所说的那样，“凡是一种冲突，不是社会与个人、国家与制度（的冲突），实在是人群（group）与人群的冲突。”①

一般意义上的社会本位论不是一个单一的理论，而是许多可能相互冲突的理论的集合，其中包括我们后面要说的杜威的主张，当然也包括这种带引号的“社会”本位论。持有这样一种“社会”本位的教育定义，必定强调给对象灌输一套特定的知识或观念，所以必定持有一种强价值介入的教育立场。它在教育教学过程中会强调向学生输入一些什么知识？首先，这些知识肯定不会让学生自己选择，只能由“社会”、专家或者官员来选择。其次，它所倡导的知识通常都是一些正规知识，包括我们所说的科学知识。最后，所有这些知识必定需要经过官方的政治审查，因而经常只能是一些官方知识。事实上，英语中的“official”也有双意，一个是“官方的”，一个是“正式的”。这倒不是说，在一种倡导“社会”本位的教育体系中，物理学这门学科就是官方学科，也不是说物理学的原理本身会包含意识形态，而是说它怎么进入课程、在课程中居于什么地位、服务于什么样的教育目的、以何种方式影响我们的思想、在社会生活中发挥什么样的作用，都必须经过国家审核。所以物理学知识看起来不是官方的，跟谁执政没有关系，但是它允许你学，而且限定你以特定的方式来学，学成之后必须优先用于特定的场合，这就带有官方性质。

“社会”本位论的教育，在中小学教育中很常见。2011 年，我曾听过一堂初中历史课。讲古代的文化与科技成就时，它提到了俄狄浦斯王的悲剧。② 俄狄浦斯刚出生，就有人预言他会杀父娶母。他父王觉得那还了得，于是让人把他处理掉。但负责处理的人觉得小王子俄狄浦斯好可怜，就把他偷偷送到了另一个地方，

---

① ［美］约翰·杜威著，胡适口译：《杜威五大讲演》，安徽教育出版社 2005 年版，第 11 页。

② 俄狄浦斯（Oedipus 或 Odipus，有时拼为 Oidipous），希腊神话中忒拜（Thebe）的国王拉伊奥斯（Laius）和王后约卡斯塔（Jocasta）的儿子，他在不知情的情况下，杀死了自己的父亲并娶了自己的母亲。“戏剧艺术的荷马”索福克勒斯（Sophocles，约前 496—前 406）在《俄狄浦斯王》中丰富了其命运悲剧的形象。

结果俄狄浦斯又成了那个地方的王子。但是他又在那个地方听到了相同的传说，认为自己会杀父娶母。他绝对不能容忍自己成为这样的人，于是又离开了那个国家。阴差阳错，他返回的竟然是他亲生父母的王国，而且成了他们的对手。在战斗中，他把自己的亲生父亲杀掉了，然后又强占了王后（事实上就是自己的生母），成了俄狄浦斯王。结果这个国家屡遭报应，灾祸不断，最后亡国了。这是心理学中“恋母情结”的原型。故事的原意是说“是祸躲不过，躲过不是祸”，命中注定了的东西，无论你怎么抗争，都无济于事。甚至越抗争，你就越会掉入命运的窠臼，好像蛛网上挣扎的飞蛾。但是我当时看到的教学，却说这个故事说明我们要跟命运抗争，绝对不能向命运屈服，不管结局如何都应往前冲。后来我问老师：“怎么不把这个故事的真正意思讲给学生听呢？怎么不听听学生对这个故事的理解？”她说：“这样对学生不好啊。”我们的教育教学经常就这样追求“政治正确”，致力于把一套特定的东西灌输给学生。后来我还听到一个笑话，说一个经济学老师上课的时候，让大家“就其他国家的食品短缺问题谈谈自己的看法”。结果非洲学生问，什么叫“食品”？欧洲学生问，什么叫“短缺”？美国学生问，什么叫“其他国家”？中国学生问，什么叫“自己的看法”？虽然只是个笑话，但我们确实未能很好地发展学生的独立见解，这真的让人很无语。

另一种教育定义似乎跟它相反，其代表是卢梭。卢梭并没有一个明确的教育定义，但我们可以从相关论述中体会到他对教育的理解。卢梭说：“从我的门下出去，我承认，他既不是文官，也不是武人，也不是僧侣；他首先是人：一个人应该怎样做人，他就知道怎样做人，他在紧急关头，而且不论对谁，都能尽到做人的本分；命运无法使他改变地位，他始终将处于他的地位上。”① 为此，他希望儿童回归自然，希望教育遵循自然，以确保人的自然成长，培养真正的自然人。卢梭尤其觉得，城市越大，就越是一个染缸。特别像巴黎这样一个花花世界，花天酒地，乌烟瘴气，只会使人沉沦，迷失人之为人的那样一些东西。因为那里的女人都轻视她们的头等责任，成天只想着寻欢作乐，孩子一出生就交给保姆哺养。而保姆则只是在哺养别人的孩子，因而与婴儿在天性上就不投合，总想通过限制小孩自由或无视他们存在来减少麻烦。女人们为了避免自己的小孩被对方笼络，

① ［法］让-雅克·卢梭著，李平沤译：《爱弥儿：论教育》（上），商务印书馆1991年版，第13页。

又总教唆孩子轻视他们的保姆，把她们当作真正的仆人。① 所以卢梭要爱弥儿回到乡下去接受教育，认为真正的教育不是使我们适应已被社会污染的身份，而是真正保全自己的本性。说到底，对于卢梭来说，童年期不是一个需要尽快送走的东西。我们今天跟儿童打交道的时候，不管有意无意，总是希望他们快点长大、懂事或成熟。在文艺复兴之前，人们更认为小孩和大人没区别，小孩就是一个小大人，所以儿童期经常被认为不存在，或即便存在，也是需要尽快被送走的一个阶段。卢梭则让我们认真思考什么是儿童，什么是儿童的价值，什么是儿童期的价值。他倡导的自然教育，就试图保存儿童的固有天性或自然本性，让他们在与自然的直接接触中，凭借个人的自发活动，自由自在地成长。

这样的观点，一般的教育学教材称它为个人本位论，认为它尊重人。我们以前不尊重人，总是试图把人改造成各种样子。丰子恺（1898—1975）曾经画过一组漫画，讽刺我们的学校像是用一个模子做模塑，做出来的都是一个个标准化的学童。② 这种标准化的模子，当然喻指社会的强制性要求。卢梭要求我们尊重人，尤其尊重人的天性，尊重人的自然。这样一种观点，确实第一次系统地阐述了儿童期本身的价值，有以个人为本的架势。但仔细一想，他所指的儿童，需要我们尊重的儿童，既不是你，也不是我，也不是小时候真实的我们。儿童即便是小时候，也希望跟社会保持联系，希望能够早点长大。就像罗大佑的歌曲《童年》中描述的那样，“盼望着假期，盼望着明天，盼望长大的童年”，“隔壁班的那个女孩什么时候走过我的窗前……”卢梭所承认的儿童，是纯真无邪的，或者说到底，是自然的。这已不是真正的儿童，而是他自己所抽象或美化的儿童，大致相当于那种因为习以为常而对其他生活可能懵然不觉的儿童。他们说到底不是自然人，之所以表现成这样，只是因为习惯成自然。在杜威看来：“为了正确说明儿童的能力，我们必须具有关于社会状况和文明现状的知识。儿童具有自己的本能和倾向，在我们能够把这些本能和倾向转化为它们的社会对应物之前，我们不知道它们所指的是什么。”③ 今天我们之所以能发现，这个人很适合画画，那个人很适合唱

---

① ［法］让-雅克·卢梭著，李平沤译：《爱弥儿：论教育》（上），商务印书馆1991年版，第17～20页。

② 丰子恺：《某种教育》，见丰子恺著：《丰子恺漫画精品集》，中国青年出版社2009年版，第193页。

③ ［美］约翰·杜威：《我的教育信条》，见［美］约翰·杜威著，赵祥麟、任钟印、吴志宏译：《学校与社会·明日之学校》，人民教育出版社1994年版，第4页。

歌，那是因为我们生活中有绘画和音乐这些东西。用这些东西去试探他们，才能发现他们的这些潜质。而这套有色眼镜，又是在我们的社会中慢慢发展起来的。教育也好，人的能力、个性、取向也罢，离开社会就根本没有办法来谈论它们。

所以，卢梭所推崇的个人其实也是要加引号的，看起来是以个人为本，说到底是以自然为本，而且是以他自己所理解的自然天性作为教育所要保存的最终对象。他并不真正认可具体的、现实的儿童以及他们的需要，也不认可大多数人的实际需要或人的需要中的公共部分（即他所说的“众意”）。想到自然环境里成长的也肯定不是你们。你们刚来到北京这个大都市，正是开心的时候，让你们回去肯定是不愿意的。（众答：愿意）愿意啊？呵呵，北京这两天下雪了，你们就愿意了！是不是心里在骂：什么鬼地方?！年长些、生活里的磨难多些的人，像陶渊明，确实会慨叹：“久在樊笼里，复得返自然。”① 想不到你们竟然也有这么多人愿意回归自然。我研究生毕业的时候，女朋友大学毕业，我们一起去找工作。她跟我说，愿意到一个乡村学校生活。她自己是城里的啊，所以愿意到一个山青水秀的地方去教书。可能是天遂人愿，她最后分到了广州市白云区一个新建的园林式学校。但教了两年后她就受不了了，说：“你得给我换地方，这里真不是人待的”。你们也是“少年不识愁滋味”，竟然要回归大自然。像我这个样子，回到自然的环境中间待一待，我很愿意。我现在特别愿意回老家，尤其是逢年过节的时候，回家坐在那里看看天、看看云，都觉得挺好的。但要我终老故土，也还没到那个层次。所以我们说卢梭不是真正的个人本位论者，而是理想化的、田园牧歌情调中的那种人。他不是真正尊重个人。如果是真正想以个人为本，那肯定就要尊重大家多元化的选择，而不是这么整齐划一地要求培养自然人。事实上他强调人们应依其行动的，只是一种理性的总体意志（即他所说的“公意”），为此他甚至不惜这样要求改造人性以强迫人们“自由”。

我们每个人都以其自身及其全部的力量共同置于公意的最高指导之下，并且我们在共同体中接纳每一个成员作为全体之不可分割的一部分。②

---

① 陶渊明：《归园田居五首》（之一），见陶渊明著，逯钦立校注：《陶渊明集》，中华书局 1979 年版，第 40 页。

② [法] 让-雅克·卢梭著，何兆武译：《社会契约论》，商务印书馆 1979 年版，第 26 页。

> 好的社会制度是这样的制度：它知道如何才能够最好地使人改变他的天性，如何才能够剥夺他的绝对的存在，而给他以相对的存在，并且把“我”转移到共同体中去，以便使各个人不再把自己看作一个独立的人，而只看作共同体的一部分。①
>
> 为了使社会公约不至于成为一纸空文，它就默契地包含着这样一种规定——唯有这一规定才能使得其他规定具有力量——即任何人拒不服从公意的，全体就要迫使他服从公意。这恰好就是说，人们要迫使他自由……②

卢梭就这样强调喧嚣纷扰的现实生活是不好的，物质生活是不好的，自然状态才是最可靠的，因而要求所有人都这样生活，甚至不惜为此强迫人们自由。这倒是跟我们前面所说的“社会”本位论很像，都是将一种高踞于个人之上的存在看作教育的主宰。只是卢梭要求重建一种公社共同体，而不是满足现实的社会要求。这种“自然”本位论可以说非常浪漫，但它试图浪漫化的不是别的，而是人本身的自然。而相信孩子的本性说到底乃是一种宗教观点，事实上并不存在一种有目的的自然秩序。③ 这样一种教育理论如果说是个人本位论，那也只能是一种虚假的个人本位论。④ 作为虚假的个人本位论，其出发点仍是使人本身的潜在力量都得以展开，使个人得到最完善的发展。但其过程要么无节制地使用社会强制力量，表现出一种专制倾向；要么无节制地拒绝现有社会资源，表现出一种反社会、反文化的倾向。由此就不难理解，为什么强调自然发展的卢梭，最终又会提出一种由国家管理的教育体系。事实上，从有关人的自然本性的实在性命题很难过渡到应确保儿童自然发展的评估性命题。或者说，我们不能从一个经验的事实推出关于事物本质状态的结论，不能通过观察我们自己的本性来发现幸福之所在。⑤但现实中我们仍总说人的大脑皮层还有多少没有被开发，进而总想着开发那些没有被开发的大脑皮层。其结果就是不言而喻的了：个人丧失对自己命运的自主权，由个人出发最终导致了理性主义（rationalism）或集体主义（collectivism）的

---

① ［法］让-雅克·卢梭著，李平沤译：《爱弥儿：论教育》（上），商务印书馆1991年版，第10页。

② ［法］让-雅克·卢梭著，何兆武译：《社会契约论》，商务印书馆1979年版，第31页。

③⑤ ［英］约翰·怀特著，李永宏等译：《再论教育目的》，教育科学出版社1997年版，第35～36、29～37页。

④ 参见康永久：《真假个人本位论》，载《教育研究与实验》2001年第3期。

结局。在这里，我们要么服从有理性能力的人的指令，要么服从共同体的统一要求。至于真正的个人，则已被贬抑至驯服的工具或傀儡的地步。

强调强价值介入的第三种定义是心智本位的。“社会”本位要求学生符合“社会”的需要，满足“社会”的要求。“自然”本位要求学生回归“自然状态”，成为一种“自然人”。心智本位则要求教育关注知识的学习或内在精神的成长。如果像波普尔（Karl Popper，1902—1994）那样把客观的物理世界看作世界1，把主观的精神世界看作世界2，把由客观知识与精神所构成的世界看作世界3，① 则“社会”本位论和“自然”本位论所看重的主要是世界1，只是前者强调的主要是社会，后者强调的主要是自然，而心智本位论看重的则主要是世界3。心智本位论的开山鼻祖可以说是柏拉图，他就强调使灵魂从被蒙蔽的现实状态进展到获得理念、唤醒对于理念世界的回忆这样一种状态。② 就像苏格拉底所说的那样：

> 亲爱的格劳孔，现在我们必须把这个比喻整个儿地应用到前面讲过的事情上去，把地穴囚室比喻可见世界，把火光比喻太阳的能力。如果你把从地穴到上面世界并在上面看见东西的上升过程和灵魂上升到可知世界的上升过程联想起来，你就领会对了我的这一解释了，既然你急于要听我的解释。至于这一解释本身是不是对，这是只有神知道的。但是无论如何，我觉得，在可知世界中最后看见的，而且是要花很大的努力才能最后看见的东西乃是善的理念。我们一旦看见了它，就必定能得出下述结论：它的确就是一切事务中一切正确者和美者的原因，就是可见世界中创造光和光源者，在可理知世界中它本身就是真理和理性的决定性源泉；任何人凡能在私人生活或公共生活中行事合乎理性的，必定是看见了善的理念的。③

捷克教育家夸美纽斯（Johann Amos Comenius，1592—1670）也可说是心智

① 参见［英］卡尔·波普尔：《没有认识主体的认识论》，见［英］卡尔·波普尔著，纪树立译：《科学知识进化论：波普尔科学哲学选集》，生活·读书·新知三联书店1987年版，第314～315页。

②③ 参见［古希腊］柏拉图著，郭斌和、张竹明译：《理想国》，商务印书馆1995年版，第272～281、276页。

本位论者。他的口号是“把一切事物教给一切人”①，强调一切与心智成长有关的东西（包括博学、德行与虔信），因而被称作“泛智主义”。这既是近现代“知识就是力量”的观念日渐深入人心的反映，也是传统道德与宗教信仰经久不衰的见证。它不是关注物质生产或阶级控制的需要，也不单纯关注学生自身的自然需要，而是关注客观知识的传播和共同精神的成长。你也许会质疑，这种心智的发展难道不是社会的要求吗？我们确实经常称之为社会的要求。但夸美纽斯说到底并不认可官方对科学知识的政治审查，也并不认可外在的物质世界对我们的约束，他所看重的的的确确是世界3。这种以“泛智”为中心的目的，如今已经牢牢植根于培养杰出人才的教育机构，并逐渐通过筛选机制渗入了整个教育体制。②

涂尔干是社会学家，也是教育学家。他强调：“教育是年长的一代对尚未为社会生活做好准备的一代所施加的影响。教育的目的就是在儿童身上唤起和培养一定数量的身体、智识和道德状态，以便适应整个政治社会的要求，以及他将来注定所处的特定环境的要求。”③ 这个观点有很强的“社会”本位论的色彩，以前人们也都认为涂尔干是“社会”本位论的代表。而我们之所以不把涂尔干放到“社会”本位论中间，乃是因为他所说的“社会”要求跟我们此前所理解的特定政治经济制度的需要、阶级的需要、生产力的需要完全不同。他觉得只有生活中的价值共识、集体表象或集体良知才是神圣的社会存在。他所说的“社会”，就是指每个人心中都拥有的那块道德圣地。孟子也有类似的见解，认为每个人都有恻隐之心、不忍之心。有一次齐宣王坐在朝堂里，看到一个人牵着牛从堂前经过，而那头牛哆哆嗦嗦地实在太可怜了，齐宣王就问牵牛人牵它去干什么。牵牛者说：“准备宰了祭钟”！齐宣王一听，不忍道：“算了，还是别杀它了。”对方问，“那是要废除这一祭钟仪式吗?”齐宣王说，“怎么可以废除呢，用只羊来代替吧。”事后孟子问他为什么用羊代替，不都是一样可怜的吗？齐宣王解释说，“我也不清楚自己当时为什么会那么做，但绝对不是因为吝啬，只是觉得那牛的样子太可怜了。”④

---

① 参见［捷克］扬·阿姆斯·夸美纽斯著，任钟印译：《大教学论·教学法解析》，人民教育出版社2006年版，第5页。

② ［英］约翰·怀特著，李永宏等译：《再论教育目的》，教育科学出版社1997年版，第21页。

③ ［法］爱弥尔·涂尔干：《教育：性质与作用》，见［法］爱弥尔·涂尔干著，陈光金、沈杰、朱谐汉译：《道德教育》，上海人民出版社2001年版，第309页。

④《孟子·梁惠王上》。

涂尔干说的集体良知就包括这种不忍之心。这一不依赖个人而存在的客观的道德领域跟前面所说的那样一种带有物质性、阶级性、强制性的社会，还是不一样。我们把这样一种教育立场归之于排他性的心智本位论。

此外，英国分析教育哲学家彼得斯（Richard Stanley Peters，1919—2011）说："真正的教育是一种休戚与共的关怀在深度和广度上的发展。"① 这种观点显然也是一种心智本位论。教皇庇护十一世（Pope Pius XI，1857—1939）关于教育的说法更典型："教育在本质上就是培养人应当如何生存，并且在尘世上应当做什么，以便达到上帝创造他所要达到的崇高目的……教育的主体就是在自然的统一性中灵魂和肉体相结合的整个人，及具有自然的及超自然的全部官能的人，以及正确理性和神的启示指示他所要做的那种人……"② 批判教育学（critical pedagogy）家弗莱雷（Paulo Freire，1921—1997）是巴西人，在 20 世纪 60—70 年代相当于教育界的格瓦拉（Che Guevara，1928—1967）。他的"被压迫者的教育学"（pedagogy of the oppressed）或者说"解放教育学"（pedagogy for liberation），相信人的本体使命就是要成为一个对世界做出反应并改造世界的主体，进而带来种种新的更完整、更丰富的集体和个体生活。③ 弗莱雷关注的也是人内在的心灵成长，表现了明显的精神取向。他要求我们把一颗不太纯净、不太安分或被现实表象所扰乱的心，转变成纯净的、宁静的、睿智的状态。这不是一种世俗的教育，不是一种日常生活的教育，带有一种宗教的情怀在里面。它所宣扬的价值带有超越性，在传统社会和宗教领域很盛行，明显偏向于心智本位。

2009 年一个晚上，我所教的一位大三学生，领着我们读了古罗马皇帝奥勒留（Marcus Aurelius，121—180）的《沉思录》。这本书里面有一个这样的观点："一个人退到任何一个地方都不如退入自己的心灵更为宁静和更少苦恼。"④ 我最近也在读《论语》，读《孟子》，枕头边堆满了这些书。这些东西看多了，内心很平静，但有时太平静了，什么东西都宠辱不惊，好像也蛮可怕的。所以有的时候，我爱

---

① 转引自［英］帕特里克·沃尔什：《教育：一个概念，多种用法》，见瞿葆奎主编，瞿葆奎、沈剑平选编：《教育学文集·教育与教育学》，人民教育出版社 1993 年版，第 39 页。

② 转引自陈友松著：《当代西方教育哲学》，教育科学出版社 1982 年版，第 27 页。

③［巴西］保罗·弗莱雷著，顾建新等译：《被压迫者教育学》，华东师范大学出版社 2001 年版，"前言"第 3 页。

④［古罗马］马可·奥勒留著，何怀宏译：《沉思录》，中央编译出版社 2008 年版，第 36 页。

人就在旁边念叨："你在这里修道啊，我们天天风里来雨里去的，你就在家里修道。"我说："我这是在学习啊，我在备课呢。"她说："你这样也叫备课吗？也叫工作吗？你这是修炼。"确实像修炼，至少是入世修行。在某种意义上，教育的过程确实是修行的过程，尽管是入世而非出世，是"酒肉穿肠过，佛在心中坐"，而不是削发明志。延续至今的"国学热""文化热"有时也倡导这种东西。"诗为儒者禅"，也有这个意思。这种"心智本位"的教育定义看起来跟夸美纽斯强调知识的学习有点不同，但也不尽然。如果真是为知识而知识，两者之间就没有什么实质性的差别。这样关注知识的学习或内在精神的成长，就会将教育的过程变成修心、修身或修行的过程。我们这个时代就特别流行把自己的感悟说出来供大家分享，美其名曰"心灵鸡汤"。中小学教师也特别喜欢这个东西，上次肖川老师给我们做了个有关教师专业化的报告，也都是一些怡情养性的人生感悟。他说这中间涉及一个方法论，就是向内心求真理。我这样讲你们都明白？（学生点头或认可）这说明"佛在心中坐"，每个人心中都有灵性，或者天生就有慧根。

但这样追求"心灵"的沟通或成长就一定好？我看不一定。2012 年央视的"星光大道"上，有一个挑战者唱得很投入，有的地方还故意唱破。知名音乐人蒋大为不认可，说挑战者的声音一定要控制好，不管怎么样不能把声音唱破。但另外两个女歌手不同意蒋大为的意见，觉得挑战者的声音并不失其本真。事实上，每一种声音都有它独特的意义，都能够揭示生活中某些特定的方面。只有有闲阶级才有闲心慢慢修炼自己的嗓音，其他人则必须首先为自己呐喊。前面我们也已指出，教育关键的是形成一种社会性，充分关注人自身的处境，为人的尊严和满足人的基本需求而倡导一种能使我们内在充盈、生活温馨、社会健全的教育，以此确保他们拥有掌控复杂时局的能力，而不是追求某种特定的心理素质的养成。尽管在解决生存问题的过程中也可以修道，但那毕竟已不是一心向道了。可见心智本位论也有排他性。而且，像这样在纯正与危险、神圣与凡俗、社会与个人、理性与非理性、本体与末节之间进行区分，也确实具有某种危险性。每个人心中都可能有自己的"圣地"，或者说，每个人对纯正与危险、神圣与凡俗、社会与个人、理性与非理性、本体与末节都可能有自己独特的区分。单纯强调某种区分就会排斥他人的意义世界，它所支配的实践也就会呈现出一种层级结构。这种层级结构中，居于最高地位的，是强制性、权威性、奠基性的社会文化，此下是作为社会代言人或文化传承者的教师。涂尔干在《道德教育》中曾说："就像牧师是上帝的诠释者一样，教师是他的时代和国家伟大的道德观念的诠释者。"① 他就这样把教师和牧师一样摆在了天地神人沟通者的位置。作为受教育者的儿童，在这种心智本位论中间，必将没有太多的选择机会。因为他的很多东西（尤其是其个人的主观意愿）不被认可，只有他的精神的、自然的或者是符合客观需要的那些东西才受到尊重。他们通常就因此被置于教育过程基本结构的最底层。②

（五）兼容并蓄的教育立场

前面三种教育的纲领性定义都只是侧重于某种特定的价值，因而都具有排他性。排斥什么呢？就是排斥个人，包括排斥个人的意愿、个人的权利、个人的兴趣和需要，说到底就是排斥个人的主观性。由于它们都希望教育按照某种客观的标准行动，因而经常是相互纠缠在一起的。"社会"本位论强调个人要服从社会，要做到这一点当然也要强调遵循自然的法则，强调某种客观精神——如阶级性——的成长，就是不尊重我们这种现实的、活生生的、有血有肉的、有缺点有错误、还经常胡思乱想的人。如果是好的东西，尊重起来当然很容易，问题是每个人都有缺点。只尊重他好的方面，不尊重他的缺点，这个人还是没有自主性。所以，一种彻底的尊重就是要尊重他的缺点，尊重他的自主性，尊重他按照自己的意志合法行动的权利。伏尔泰（Voltaire，1694—1778）在与卢梭的论战中有一句名言："您说的话我永远也不会同意一个字，但我将誓死捍卫您说话的权利。"1763 年，英国首相威廉·皮特（William Pitt，1708—1778）在演讲中也曾这样表达对个人权利的敬畏："即使是最穷的人，在他的寒舍里也敢于对抗国王的权威。风可以吹进这所房子，暴雨可以打进这所房子，房子甚至会在风雨中飘摇，但是英王不能踏进这所房子，他的千军万马不敢踏进这间烂了门槛的破房子。"后人把这句话概括成"风能进，雨能进，国王不能进"，这个是最考验人的。

还有一种类型的纲领性定义，能够兼顾社会、个人（包括其自然方面）与心智。非常典型的是杜威关于教育的定义。他曾在《百科辞典》的"教育"条目中

---

① ［法］爱弥尔·涂尔干著，陈光金、沈杰、朱谐汉译：《道德教育》，上海人民出版社 2001 年版，第 151 页。

② 参见康永久：《教育过程基本结构的革命》，载《教育研究与实验》1997 年第 3 期。

提出："教育的定义可以说是不断改造经验的过程，其目的在于加广和加深经验的社会内容，而同时，个人对有关的方法获得控制能力。"① 杜威首先是很尊重个人的知识，很尊重个人的经验，很尊重个人的经历，很尊重个人的特殊视角，很尊重个人的常识，所以要求教育者从个人的经验出发。同时，他也很尊重社会，并不希望像卢梭那样把人培养成自然人。他要求不断从个人经验出发，最后能够进入社会，成为一个社会人，所以要不断加广和加深经验的社会内容。最后，在这个过程中也不应失去自己的控制力，或者屈从于无形的控制力量，而是要求个人能够自主。不要自认参了禅、修了行后，就再也听不进其他的东西，山不是山，水不是水了。曾有电视报道，一个人喝酒之后，出了大事，酒醒后就决定不再喝酒了，而且痛恨劝酒的人及喝酒的人，一看别人喝酒就摩拳擦掌要去抢别人的酒瓶。所以一到下午五六点钟，他就"上班"了，到各个酒馆去砸场子。电视台采访他，他说我就是觉得这个有意义，也许还不足以救全部的人，但只要有一个能被我救回来，我就满意了。然后他真的是只管耕耘，不问收获，见酒宴就砸，也不管别人高兴不高兴，甚至也不在乎自己会不会挨打。就像有的时候，我们再也不能容忍茫然的、痛苦的、功利的状态的存在，觉得只有安宁的、无欲无求的心灵才是最好的。这个就已经丧失了对自己心灵的控制力了。杜威要求有这种控制力。下面，我们主要围绕杜威的《我的教育信条》（1897）来谈谈他对教育的理解。他的《我的教育信条》，大家都应该去读一读。

信条一："我认为一切教育都是通过个人参与人类的社会意识而进行的，世界上最形式、最专门的教育都不能离开这个普遍的、不知不觉的教育过程。"② 对于杜威来说，"唯一的真正教育是通过对儿童能力的刺激来进行的，这种刺激是儿童自己感觉到的社会情景的各种要求所引起的"③，因而总是建立在那种不知不觉的教育的基础之上。这一点比布列钦卡的理解要深刻得多。当然大家也都知道，生活中我们是有意识的。比如，你们早晨要早点起来吃饭，调整好情绪，来上康老师的课。至少把头发梳一下，换件体面的衣服来上课。对我们这个课堂来说，所有这些都弥足珍贵，对改进我们的教学极为关键。但它们本身都没有什么明确的教的意识。

---

① 转引自陈友松著：《当代西方教育哲学》，教育科学出版社1982年版，第27页。

②③［美］约翰·杜威：《我的教育信条》，见［美］约翰·杜威著，赵祥麟、任钟印、吴志宏译：《学校与社会·明日之学校》，人民教育出版社1994年版，第3页。

可见，真正的教育不是基于刻意的教，而是深深地根植于社会环境本身的影响。否则，我们就只能够给儿童一种人为的刺激。这种人为的刺激乃生安硬造或装腔作势的东西，不是社会真实生活的内在要求，只能依赖教育者的人为影响。依赖这种刺激经常会造成一种局面：学生生活中的经验、他所经历的事情，我们总是用不上，而且避免去用；没有经历过的、不能理解的、没有需要或不感兴趣的、没有意义或不知道其意义的东西，我们又拼命跟他们讲，而且用一套人为的规则去维系。

但杜威并没有因此而倡导卢梭所说的那种自然教育，而是经常提醒大家，当我们反对来自教师的专横刺激的时候，不要走向另一个极端，“让儿童任凭偶然的接触和刺激摆布”①。对杜威来说，为了正确说明儿童的能力，我们必须具有关于社会状况和文明现状的知识。在能够把这些本能和倾向转化为它们的社会对应物之前，我们不知道它们所指的是什么。而且杜威意识到，由于民主和现代工业的出现，我们不可能明确地预言二十年后的文化是什么样子，因此也不能准备儿童去适合某种定型的状况。② 这样，教育的唯一正确之路，就是必须按生活的原则组织起来。好多同学在自传中说，“我这四年要好好学习，不谈恋爱”。看得我当时好着急。那么好的一个恋爱，你都不去接触一下，怎么能够找得到教育的方向和动力？还是杜威说得好，教育过程始终有两个方面：一个是心理学的，一个是社会学的，它们是并列并重的，哪一个也不能偏废。③我们经常有一些误解，认为杜威的东西是以儿童为中心的。事实上，杜威非常强调社会的意义，非常强调教育本身必须通过社会的方式来实施，认为最有教育意义的东西是我们所处的环境、人际关系的结构和相互交流的方式。他还讲：“如果从儿童身上舍去社会的因素，我们便只剩下一个抽象的东西；如果我们从社会方面舍去个人的因素，我们便只剩下一个死板的、没有生命力的集体。”④我们好多的同学也都是带着老师、恋人和同学的重托来学教育学的。没有此前的那种生活，我们可能根本发现不了自己对教育学的认可。因此，说到底，个人与社会是相辅相成的东西。

信条二：“我认为学校主要是一种社会组织。”⑤说学校主要是一种社会组织，

---

① ［美］约翰·杜威：《芝加哥实验的理论》，见［美］约翰·杜威著，赵祥麟、王承绪编译：《杜威教育论著选》，华东师范大学出版社 1981 年版，第 324 页。

②③④⑤ ［美］约翰·杜威：《我的教育信条》，见［美］约翰·杜威著，赵祥麟、任钟印、吴志宏译：《学校与社会·明日之学校》，人民教育出版社 1994 年版，第 4～5、3、5、6 页。

这不是一句大白话吗？那么，这句话有什么意义呢？把常识拿出来说？当然很有意义！如果学校是一种社会组织，那就意味着我们要借助社会的资源和过程来教育。在学校中经常见到的，是教师个人在声嘶力竭地教学生，学生本身、其他社会力量，都没有参与进来。这个问题很大。迄今为止，我们的教育学都是个人的教育学（individual pedagogy），都只是利用单个人的力量来教育人，只强调如何使教师能够讲得更好，如何发挥教师的主动积极性。说到底，只把教师当成唯一的知识源头，什么东西都必须从教师那里获得。杜威强调学校本身就是一个社会的组织，要求我们利用社会的力量来把学生教好，而不是单纯凭借自己的坚强肉身，通过跟学生进行肉搏来把学生教好。杜威特别强调："教育既然是一种社会过程，学校便是社会生活的一种形式。在这种社会生活的形式里，凡是最有效地培养儿童分享人类所继承下来的财富以及为了社会的目的而运用自己的能力的一切手段，都被集中起来。"① 对教育与生活、学校与社会关系的这一认识，是杜威教育思想中最为闪亮的部分。杜威又说："学校必须呈现现在的生活——即对于儿童说来是真实而生气勃勃的生活。像他在家庭里，在邻里间，在运动场上所经历的生活那样。"②这样说可能有点过分了。其实只要重视那种不知不觉、没心没肺的教育过程，将教育教学建立在日常经验和群体文化的基础之上，在师生之间形成一种联合生活，确保学生的主动建构，我们就能很好地实现教育过程的社会组织，无须这样一些实质性的限制。但这一点依然是成立的："不通过各种生活形式或不通过那些本身就值得生活的生活形式来实现的教育，对于真正的现实总是贫乏的代替物，结果便形式呆板，死气沉沉。"③杜威后来还曾讲，教育中主要的浪费，就是对学生经验乃至生命的浪费。④ 这个也是成立的，只是对生命的关注并不意味着在学校中重复儿童的日常生活。

一旦我们承认教育的社会性，承认教育应当是一种社会过程，学校应当是社会生活的一种形式，我们的学校教育就应该是生活的过程，而不应该是生活的预备。以前，我们都强调为遥远的未来做准备，为完满的生活做准备。这是谁的观

---

①②③ ［美］约翰·杜威：《我的教育信条》，见［美］约翰·杜威著，赵祥麟、任钟印、吴志宏译：《学校与社会·明日之学校》，人民教育出版社 1994 年版，第 6 页。

④ ［美］约翰·杜威：《学校与社会》，见［美］约翰·杜威著，赵祥麟、任钟印、吴志宏译：《学校与社会·明日之学校》，人民教育出版社 1994 年版，第 57～62 页。

点？斯宾塞（Herbert Spencer，1820—1903）的①！如果教育只强调为完满的生活做准备，那与我们今天所说的“吃得苦中苦，方为人上人”，就多少有点类似了。学习的过程和社会生活过程，就得多少有所脱离了。这在某种意义上也是说，必须跟社会生活脱离，最终才能向它回归。杜威认为，单靠个人的力量是搞不好教育的。离开生活的土壤，我们就只能学得一大堆难以透彻领悟的知识。所以，教育过程本身应当是一个生活的过程，采取生活的形式，成为生活的一部分。这意味着要改变现实教学中单调、枯燥的形式，引进生活中的活动与经验，引进诸种亲密关系和自主性，引进诸种实实在在的兴趣，所有可持续发展的东西都需要包容进来。有些人会说，像这样单纯关注眼前的快乐，不就丧失了远大的目标吗？错！“如果校内和校外的环境能提供适当地利用儿童现在的能力的条件，那么从现在产生出来的未来是肯定能得到照顾的。把教育看作为将来做预备，错误不在强调为未来的需要做预备，而在把预备将来作为现在努力的主要动力。”② 在别的地方，杜威也说：“如果我们了解和同情儿童时代的真正本能和需要，并且探求它的最充分的要求和发展，那么，成人生活的训练、知识和文化修养都会及时到来。”③ 问题只在于，“预备将来，应该是教育的结果，不是教育的目的。”④ 因此，大家不要老嘀咕：“康老师，我们什么时候能够学好教育学啊？能不能多快好省，别这样慢条斯理地磨？”教育是生活的过程，我们一生就是为了生活，干吗认为该有个明确结果，而且现在就要把那个结果弄出来？

既然要借助社会的过程来教，而不是重复儿童的现实生活，那么学校就要作为一种制度，把现实的社会生活简化起来，而不是简单地将其缩小到一种雏形的状态。⑤ 在《民主主义与教育》中，杜威还进一步说学校应是一个净化的社会，一个平衡的社会。⑥净化指学校营造的必须是一种道德的环境。平衡又指什么呢？

---

① ［英］赫伯特·斯宾塞著，胡毅译：《教育论》，人民教育出版社 1962 年版，第 7 页。

②⑥ ［美］约翰·杜威著，王承绪译：《民主主义与教育》，人民教育出版社 2001 年版，第 65、26～27 页。

③ ［美］约翰·杜威：《学校与社会》，见［美］约翰·杜威著，赵祥麟、任钟印、吴志宏译：《学校与社会·明日之学校》，人民教育出版社 1994 年版，第 55 页。

④ ［美］约翰·杜威著，胡适口译：《杜威五大讲演》，安徽教育出版社 2005 年版，第 116 页。

⑤ ［美］约翰·杜威：《我的教育信条》，见［美］约翰·杜威著，赵祥麟、任钟印、吴志宏译：《学校与社会·明日之学校》，人民教育出版社 1994 年版，第 6 页。但在《学校与社会》中，杜威还是采纳了“雏形的社会”这一说法。参见［美］约翰·杜威著，赵祥麟、任钟印、吴志宏译：《学校与社会·明日之学校》，人民教育出版社 1994 年版，第 34、41 页。

它是说，生活中间的诸种元素、诸种观念、诸种文化，不要相互割裂，而是要集中起来，处于一种对话乃至融合状态。不然，学校就会对学生进行区隔：这个学校进行精英的教育，那个学校进行贫民的教育；这个学校进行学术的普通教育，那个学校进行实用的职业教育；然后，这个学校瞧不起那个学校，那个社区又对这个社区记恨。对于杜威来说，学校应该起稳定和一体化作用。① 这实际上是在极力为美国的综合中学辩护。言外之意就是，我们在学校里面可以选课，但是对于学校本身，最好就无须再选了。或者说，不要择校，但是可以择教。也就是说，可以搞选择教育，但不要搞备选学校。这一点后来受到了教育市场化浪潮的冲击②，但就其强调学校生活应当真实而有教益，而不是对现实社会的简单复制而言，还是值得赞赏的。

杜威进一步认为："现在教育上许多方面的失败，是由于它忽视了把学校作为社会生活的一种形式这个基本原则。"③ 真是讲得太好了！现在教育上许多的失败，就是由于人们认为单纯凭借我们老师按着教材讲就可以把学生教好。这当然也不是要学生过一种世俗生活，而是强调学生是被一整套的机制和自己的生平情境推动着。当我们来到北京师范大学的时候，老师还没有上课，我们就嗷嗷待哺了。那不是因为已经有人在直接教或召唤着我们了，而是因为我们来到了北京师范大学，来到了一个这么好的学校，过去的经历在心头翻涌，我们已经试图呈现自我了。周围的人也说："哇，你去了北京师范大学，很好、很好的学校，你们家要出才子了，要出才女了。"正是诸如此类的东西不断地推动着我们，不然大家为什么有这么大的干劲呢？尽管我们一直都很好学，但又不是学习的机器。我们不是学习的机器，但一到北京师范大学，又像机器一样高速运转。这是为什么呢？因为有很多的人在推动着我们，不断激活我们内在的想象。所以，不是哪一个人教会了我们，而是我们所处的环境教好了我们。而且就在这个状态下，我们真正地融入了大学生活。因此，环境的教育力量不是使我们迷失于这个世界，而是要求我们好好利用生活中间、学校中间蕴含着的这样一股无形力量。

---

① ［美］约翰·杜威著，王承绪译：《民主主义与教育》，人民教育出版社 2001 年版，第 28 页。

② 康永久：《选择教育的必要与限度》，载《当代教育论坛》2006 年第 9 期。

③ ［美］约翰·杜威：《我的教育信条》，见［美］约翰·杜威著，赵祥麟、任钟印、吴志宏译：《学校与社会·明日之学校》，人民教育出版社 1994 年版，第 7 页。

杜威的这个说法也非常具有洞察力："道德教育集中在把学校作为一种社会生活的方式这个概念上，最好的和最深刻的道德训练恰恰是人们在工作和思想的统一中跟别人发生适当的关系而得来的。"① 恰恰是那种明确的教，不能很好地传达我们内在的道德意向。必须借助行动，将这样一种善良的品性向学生表达出来，而不是依靠我们贫乏的语言公布于众。语言不是没有力量，但语言的力量不仅仅来自语言本身，它必须证明自己不是一套与实际无关的说辞。正因为如此，杜威强调道："使用语言传递和获得观念，是事物通过在共同的经验或联合的行动中使用而获得意义的原则的扩大和提纯；它绝不违反那个原则。"② 也正因为这样，刘小枫反对理性的"人民伦理学"，反对民族、国家、历史的目的凌驾于个人命运之上，转而倡导一种自由的"叙事伦理学"，认为叙事能让人重新找回自己的生命感觉，重返自己的生活想象的空间，甚至重新拾回被生活中的无常抹去的自我。③ 当然，比叙事更有力量而且语言本身还要依附于此的是探索行动或联合生活本身。一种充满善意的生活就是一场充满善意的教育。可惜我们经常不是致力于使自己善待学生，而是急于从学生那里得到回报，且美其名曰使学生"学会感恩"。有一次，我听一位小学老师介绍自己的教育心得时说："谢谢你接受我的爱!"我一下子惊呆了。确实，如果真的是爱一个人，而对方也接受了这种爱，我们绝对不会让对方对自己感恩，而是下定决心一定要善待对方。这才是真正的感恩，也是无穷无尽的爱的力量的最终根源。而一旦我们要求回报，爱就开始变质，我们就试图控制对方，内在的教育力量也就开始枯竭。

最后，杜威认为："学校中的训练应当把学校的生活作为一个整体来进行，而不是直接由教师来进行。"④ 如果直接由教师来进行，那又只是依靠个人的教育学，这是完全不够的。我们的学校中间，不仅有好的教师，还有好的同伴。重要的东西不是来自教师的教，而是来自我们和教师或同学结成的某种特别的关系，这种东西导致我们有使不完的劲。因此有同学在自传中说，"高中最大的收获是同桌给我的，我就喜欢拿着他的衣服，站在外面看着他打球。"（学生笑）我们现在还有

---

①④ ［美］约翰·杜威：《我的教育信条》，见［美］约翰·杜威著，赵祥麟、任钟印、吴志宏译：《学校与社会·明日之学校》，人民教育出版社 1994 年版，第 7～8、8 页。

② ［美］约翰·杜威著，王承绪译：《民主主义与教育》，人民教育出版社 2001 年版，第 22 页。

③ 刘小枫著：《沉重的肉身——现代性伦理的叙事纬语》（第三版修订本），华夏出版社 2004 年版，第 10、6 页。

导师制，把研究生、本科生放到一个小组中学习。不但有个人汇报，我们还读书，还讨论各种问题。在这里，很多的时候没有人教你，而是你读书给别人听。但只要你能认真引导着别人读书，你就可以把自己教好。可见，一个人的成长，并不单纯是教师的功劳，而是多种力量交互作用的产物。这种交互作用，不仅因为各种具体的教育影响都在发挥着自己的功能，而且因为有一套合理的整合机制调节着它们之间的关系。不然它们不仅可能是散在的，而且可能是相互撕扯乃至对抗的。所以对于杜威来说，教师究竟该怎么办呢？需要做的是进行一场哥白尼式的革命，也就是中心的转换。原来教育的中心是教师，现在教师应当站到教室的后面。之所以给大家找这么多的经典文献，就是希望你们自己多读书，我有机会在你们后面观望。别以为我一堂课都在讲，站在你们前面的时间就最多。其实我很少站在你们前面。最终在班上脱颖而出的同学，不仅仅因为听了我的课，更关键的是我站在大家身后的时间里他们自己的所作所为。

信条三："我认为儿童的社会生活是其一切训练或生长的集中或相互联系的基础。"① 我们以前把教材看成儿童的世界，杜威在某种意义上要求我们反过来，把世界看成儿童的教科书。当前的综合课程改革反对课程分科设置，认为它繁难偏旧，让我们大脑这个地方装化学，那个地方装物理，最终只是学到了一大堆的知识，不能融会贯通。杜威也有类似的批评："地球并不分成很多层次，其中一层是数学的，另一层是物理的，另一层是历史的，等等。仅仅依靠其中的任何一层，我们都无法长期生活下去。"②但我也听到有山东来的同学说："想到山东的水平考试，就无比气愤。说是要考察我们的综合能力，其实只是逼着大家把考点都死背下来。所以大家往往都是一边背一边骂。"我也曾听过一个关于综合课程的报告，报告人说要到大自然中学音乐，可以一边学一边扭，情不自禁的时候还能一边敲石头。说这样，体育、音乐、美术就全统一起来了。他讲得很动人，而且我相信他也是领悟到了某些东西，但我怎么就觉得他那东西像邪教？杜威的对策显然不同。按照他的理解，一切训练或生长相互联系的基础，不是我们开了一门综合实践课程，或者设置了一门学科综合考试。关键的，是我们的一切都跟生活有关联，而且都建立在学生主动参与的基础之上。因为在杜威看来，"学校科目相互联系的真正中心不

①② [美] 约翰·杜威：《我的教育信条》、《学校与社会》，见 [美] 约翰·杜威著，赵祥麟、任钟印、吴志宏译：《学校与社会·明日之学校》，人民教育出版社 1994 年版，第 9、70 页。

是科学，不是文学，不是历史，不是地理，而是儿童本身的社会活动。”① 正是这种“社会生活给予他一切努力和一切成就的无意识的统一性和背景”②。

但杜威确实因此而提醒我们：“学校课程的内容应该注意到从社会生活的最初无意识的统一体中逐渐分化出来。”③他甚至认为：“教育最根本的基础是在于儿童活动的能力，这种能力正沿着现代文明所由来的同一的、总的建设路线而活动着。……使儿童认识到他的社会遗产的唯一方法是使他去实践，使他从事那些使文明成其为文明的主要的典型的活动。”④杜威还强调，既然学校生活是简化的社会生活，它就应当从家庭生活中逐渐发展出来。⑤就这一些来说，可能就有点片面，有点复演论的感觉了。生物学上的复演论认为，我们的胚胎发育过程复演了整个人类的进化过程，而文化上的复演论，则认为我们的学校文化应该从远古时代一直复演到现在。杜威确实有复演论倾向，尽管他在《民主主义与教育》中批判了复演论，但并不彻底，他认为只有把过去与现在联系起来才有意义。⑥ 而如果你去看他前期的作品（包括《我的教育信条》），看那些深受黑格尔的辩证逻辑影响的东西，那些办芝加哥实验学校时候的书，复演论的痕迹就更加明显。其实，小孩在社会生活中积累的东西，未必都是从家庭里面发展起来的。而且他在家庭中生活的时候，实际上也经常走出家庭，走到同伴群体中间，走到操场、社区、街道中间，走到书店、公园、博物馆、商场、图书馆中间。我们的教育教学从现实的经验活动出发就行了，未必一定要回到传统家庭的生活结构，关键是必须建立在原初意识、主动参与和共同生活的基础之上。他说的这句话依然有其意义：学校课程中各门科目的“进度不是在于各门科目的连贯性，而是在于对经验的新态度和新兴趣的发展”⑦。儿童本身的社会生活不仅为学校课程内容的统一提供了无意识的基础和背景，而且为确定它们的顺序提供了依据。

如此一来，又该如何理解科学的教育价值？在今天的教育教学中，人们致力于系统的文化科学知识的学习，却丝毫不管不顾这些知识与我们的常识和探索性实践的关系，总倾向于认为常识不是科学，需要被科学所取代，而科学则只是正确认识不断积累的产物。由于我们所学的知识不能和过去的经验、已有的生活实

---

①②③④⑤⑦ ［美］约翰·杜威：《我的教育信条》，见［美］约翰·杜威著，赵祥麟、任钟印、吴志宏译：《学校与社会·明日之学校》，人民教育出版社1994年版，第9、9、9、10、7、11页。

⑥ ［美］约翰·杜威著，王承绪译：《民主主义与教育》，人民教育出版社2001年版，第82～86页。

践建立起联系，就只能被当成定论来学。这样的学习经常只能束缚思想，把我们变成传播知识的便利工具，传播现有的理智成就。这样一来，我们每多读一本书，就多欠前人一笔债，自己也就多一分负累。对杜威来说，“目前科学教学的最大困难之一是，这种资料是以纯客观的形式提供出来，或者作为儿童能加于他已有经验之上的一种新的特殊经验。其实，科学之所以有价值正因为它给我们一种能力去解释和控制已有的经验。我们不应当把它作为新的教材介绍给儿童，而应当作为用来显示已经包含在旧经验里的因素，和作为提供更容易、更有效地调整经验的工具。”① 杜威也希望发现一些东西，“它们真正属于个人的经验，但又引向将来和范围更加广阔、更有控制的兴趣和目的。”② 这就是杜威追求的“经验的连续性”③。事实上，杜威也一直试图将科学理解为一种实验的精神，一种持续不断的思维或探索过程，一种永不自满的态度，并在中小学引入一种大学文化。在他看来，科学本身这样作为一种行动方式比作为定论可以得到更多的尊重。因此他说：

> 我们要求在这方面有更密切的联系，大学应当把它的一切资源，供初等学校自由使用，对发展有价值的教材和正确的方法做出贡献；而初等学校反过来又成为一个实验室，在这个实验室中，学教育的学生可以看到各种理论和观点得到验证、检验、批判、实施和新的真理的发展。我们希望这个学校在与大学的关系上成为统一教育的有效的典型。④

正因为强调教育应该被认为是经验的继续改造，在杜威看来，“教育的过程和目的是完全相同的东西。……如果要在教育之外另立一个任何目的，例如给它一个目标和标准，便会剥夺教育过程的许多意义，并导致我们在处理儿童问题时依

---

① ［美］约翰·杜威：《我的教育信条》，见［美］约翰·杜威著，赵祥麟、任钟印、吴志宏译：《学校与社会·明日之学校》，人民教育出版社 1994 年版，第 11 页。

② ［美］约翰·杜威：《芝加哥实验的理论》，见赵祥麟、王承绪编译：《杜威教育论著选》，华东师范大学出版社 1981 年版，第 324 页。

③ ［美］约翰·杜威：《经验与教育》，见赵祥麟、王承绪编译：《杜威教育论著选》，华东师范大学出版社 1981 年版，第 352～366 页。

④ ［美］约翰·杜威：《学校与社会》，见［美］约翰·杜威著，赵祥麟、任钟印、吴志宏译：《学校与社会·明日之学校》，人民教育出版社 1994 年版，第 72 页。

赖虚构的和外在的刺激。"[①] 在《民主主义与教育》中，杜威进一步强调："生活就是发展；不断发展，不断生长，就是生活。用教育的术语来说，就是：① 教育的过程，在它自身以外没有目的；它就是它自己的目的。② 教育的过程是一个不断改组、不断改造和不断转化的过程。"[②] 其中有三个理由特别引人注目：(1)"有目的地行动和明智地行动是一件事"[③]，而"从外部建立的目的对行动过程来说，总是僵硬的"[④]；(2)"教育者必须警惕所谓一般的和终极的目的"[⑤]，从教育过程以外提出的目的，"只是达到别人比较隐蔽的目的的手段"[⑥]；(3)"外部的目的观把手段和目的分离，而从活动内部产生的目的，作为指导活动的计划，始终既是目的，又是手段，目的和手段之间的区别只是为了方便。"[⑦] 杜威的教育无目的论反对为教育设立一个外在目的，要求以学生的发展、生长或经验的持续不断的改造等内在目的为基准，相信"教育是自治的，应该自由决定它自己的目的、自己的目标。离开教育的作用，从外部资源去借用目标，就是放弃教育的事业"[⑧]。完全否认外在目的的价值或许是困难的，但外在目的以内在目的为基准确实是必要的，脱离内在目的的外在目的一直威胁着教育事业。

我的博士后导师陆有铨先生也曾说："好好生活就是好生活。"既然如此，就没有必要离开我们当前的活动、当前的困扰、当前的问题、当前的知识基础，去构建一个长远的、八竿子打不到的目标。古罗马皇帝奥勒留也曾说："唯一能从一个人那里夺走的只是现在。如果这是真的，即一个人只拥有现在，那么一个人就不可能丧失一件他并不拥有的东西。"[⑨] 有研究生曾问我："康老师，你对我们今后到底有什么期望？"我说："没什么期望啊。"她一听就着急了："怎么会对我们没期望呢？您总得对我们有点期望，不然的话就太受伤了。"我就说："我只希望你们现在好好地学。今天的学习你都没抓紧，该看的书都没看，成天就想今后是考博还是就业！我怎么能够决定你考博还是就业？我觉得你只要把今天过好了，

---

① [美] 约翰·杜威：《我的教育信条》，见 [美] 约翰·杜威著，赵祥麟、任钟印、吴志宏译：《学校与社会·明日之学校》，人民教育出版社 1994 年版，第 12 页。

②③④⑤⑥⑦ [美] 约翰·杜威著，王承绪译：《民主主义与教育》，人民教育出版社 2001 年版，第 58、114、116、120、111、117 页。

⑧ [美] 约翰·杜威：《教育科学的资源》，见 [美] 约翰·杜威著，赵祥麟、王承绪编译：《杜威教育论著选》，华东师范大学出版社 1981 年版，第 283 页。

⑨ [古罗马] 马可·奥勒留著，何怀宏译：《沉思录》，中央编译出版社 2008 年版，第 20 页。

考博也没有问题，就业也没有问题。”她说：“如果想就业就有问题，我要是今天不去实习，老在这里看书，老参加您这个读书会，今后就找不到工作。”我说：“你要是认真学，有问题就急，表达自己的观点都很清晰，越来越有头脑，基本素质越来越好，哪怕缺少一点实践的经验，难道人家就不要你？我觉得这个东西不可理解。学术能力和就业能力之间的反差，没有我们想象的那么大。你学术表现太好了，人家确实可能不要你。但不要你的原因肯定是因为你太优秀了，自己的小地方容不下你，你应该去干点别的事。我们招学生也有这个问题，生怕耽误人家。”所以，教育无目的论不是说教育真的没有目的，而是说目的跟过程、跟当前的生活、跟长远的目标，是紧密相关的。

信条四：“我认为方法的问题最后可以归结为儿童的能力和兴趣发展的顺序问题。提供教材和处理教材的法则就是包含在儿童自己本性之中的法则。”[①] 教学方法也可以说是 pedagogy，就是教育学或教学法。因此，这句话我们可以理解成，儿童本性之中就有一套教育学。杜威自己并没有说每个人都有一套教育学，但我们今天重读杜威时，却可以进行这样的联想。正因为这样，我们把深藏在个人内心甚至本能深处的那样一种力量，看作我们教育学的根本。那种深层的教育学，我们最后给它取了一个名字，就叫魅力教育学。[②] 而我们这门教育学原理课的根本任务，就是唤醒这样一种魅力教育学。那么，儿童本性之中的法则究竟是什么呢？在我看来，就是要不断地与外界进行交流，与人结成有教益的关系，与社会环境进行互动，就是摆脱因果关系的限制，活出生命的意义。我们教育基本理论研究院的一位老师曾跟我讲，她的小孩现在特别喜欢玩藏猫猫，哪怕就是用一张纸遮住脸再抽开，他都高兴得不得了。事实上，不但儿童的本性之中存在着这样一套教育法则，甚至一个宠物，它的本性之中也必然有这种法则，否则就成不了宠物。我小孩曾从生物课老师那里领养了一只鸡。那只鸡因为是刚孵出时就捉过来了，所以总是喜欢跟着我们跑。我们坐在那里，它就要蹲到我们脚背上，后来还要爬到我们的大腿上蹲着。我们带它去奥林匹克森林公园吃虫子，结果天一黑，它就要往我身上爬。我一看马上

---

① ［美］约翰·杜威：《我的教育信条》，见［美］约翰·杜威著，赵祥麟、任钟印、吴志宏译：《学校与社会·明日之学校》，人民教育出版社 1994 年版，第 12 页。

② 参见康永久：《魅力、情境与教育学——教师专业化之历史反思与重构》，载《教育资料与研究》（双月刊，台北）2010 年第 5 期。

蹲下来，它就爬到了我的肩膀上，然后就蹲在那里和我回家。此后它就一直这样，羽翼丰满后就往身上飞，搞得奥林匹克森林公园里的人以为我们养了一只鹰。杜威这句话表面看起来好像是要以自然为本位，其实说到底是以社会为中心的，只是这里的社会性乃是一种“先验的社会性”，一种先验的善意。而涂尔干正因为儿童本性之中有一种对社会群体的依恋，一种利他主义，因而认为其中有一种社会存在。①

2013年，我在实习学校听了一堂语文课《庄子与惠子游于濠梁》②。实习的同学将人物、字词、思想方面的问题理清之后，提出了一个挑战性的问题：“谁是这场辩论的胜者？”有些学生认为是惠子（前390—前317），庄子（约前369—前286）被他说得理屈词穷，就开始耍赖。有些学生认为是庄子，因为他以其人之道还治其人之身，最后还很机智地避开了惠子的话锋。实习的同学也认为是庄子赢了。因为庄子刚开始不是要引发一场辩论，只是自己感叹“鯈鱼出游从容，鱼之乐也”。惠子却偏偏用逻辑去反驳抒情，用客观去反驳主观，用理性去反驳审美活动。而庄子又巧妙地摆脱了这样一种论辩逻辑。当然，那位同学还是承认，庄子和惠子是一生的朋友，以至后来庄子路过惠子墓时慨叹，自惠子死后，自己就没有可以谈话的知己了。还有些学生认为两个都是赢家，给我们留下了一段美谈。这堂课真的让人欣喜。尽管好多学生都被那种不断将学习引向深入的风格搞晕了，但不能不说他们也都被实习老师征服了。除了致力于将教学提升至思想文化层面，那位实习生的朗诵也特棒，对字词的解释也都能举一反三，而且穿插有“庄子钓于濮水”③ 等多个哲理故事。我边听边这样写：“辩论是斗智斗勇，生活

① 参见［法］爱弥尔·涂尔干著，陈光金、沈杰、朱谐汉译：《道德教育》，上海人民出版社2001年版，第207～209、56～100页。

② 在这则故事中，刚开始庄子只是感叹：“鯈（tiáo）鱼出游从容，是鱼之乐也。”没想到惠子故意抬杠：“子非鱼，安知鱼之乐？”庄子于是机智地反驳道：“子非我，安知我不知鱼之乐？”哪知惠子又非常高明地把话题拉回来：“我非子，固不知子矣；子固非鱼也，子之不知鱼之乐全矣。”这就把球又踢回给了庄子。但庄子不为所动，说：“请循其本。”即开头你问我“安（哪里）知鱼之乐”，实际上已承认我知道鱼的快乐了，“我知之濠上也。”参见《庄子·秋水》。

③ 故事原文：庄子钓于濮水，楚王使大夫二人往先焉，曰：“愿以境内累矣！”庄子持竿不顾，曰：“吾闻楚有神龟，死已三千岁矣。王巾笥而藏之庙堂之上。此龟者，宁其死为留骨而贵乎，宁其生而曳尾于涂中乎？”二大夫曰：“宁生而曳尾涂中。”庄子曰：“往矣！吾将曳尾于涂中。”节选自《庄子·秋水》。可译为：庄子在濮河钓鱼，楚王派两位大夫前去请他（做官），说：“想以国内的事务劳累您啊！”庄子拿着鱼竿没有回头，只说：“我听说楚国有只神龟，死了已有三千年了，楚王用锦缎包好放在竹匣中，珍藏在宗庙的大堂之上。这只龟宁愿死去留下骨头让人们珍藏呢，还是情愿活着在烂泥里摇尾巴呢？”两位大夫说：“情愿活着在烂泥里摇尾巴。”庄子说：“请回吧！我要在烂泥里摇尾巴。”

也是斗智斗勇。斗智斗勇说到底是为了确认自身的主体地位，促成自我的表达、意义的创生、联合生活的形成，而不是屈从外在的逻辑。”他们就在这里展现自身的本性，散发自身的教育魅力。2013 年的一天，我小孩从学校回来说：“今天化学老师又在课堂上甩了一大段歇后语：‘你们这些人想干吗？案板上的黄瓜，找拍？地上的陀螺，找抽？茅坑里的苍蝇，找死（屎）?’”这些话没有一句是对的，但却营造了一种新生活。而前述故事之所以千古流传，也因为它展示了一种智慧人生。

当然，杜威在此主要还是强调儿童的能力、兴趣和主动活动的重要性：“在儿童本性的发展上，自动的方面先于被动的方面；表达先于有意识的印象，肌肉的发育先于感官的发育，动作先于有意识的感觉……意识在本质上是运动或冲动的，有意识的状态往往在行动中表现自己。”① 甚至“观念（理智的和理性的过程）也是由动作引起的，并且为了更好地控制行动。”②在这里，杜威特别强调“表达先于有意识的印象”，“动作先于有意识的感觉”。在一切将“意识”作这样一种常识性理解的地方，杜威都是贬低这种“意识”的。另一方面，杜威又特别强调：意识在本质上是运动或冲动的，有意识的状态往往在行动中表现自己。这是说，真正的意识，乃是与行动、运动乃至冲动连在一起的。因此真正值得重视的意识，乃是一种没有目的、没有计划、没有组织、没有系统甚至没有意识的意识，乃是一种与行动、运动乃至冲动本身紧密结合在一起的东西。这是杜威思想中一个很深刻的方面。杜威还特别强调，“兴趣是生长中的能力的信号和象征。”③这也是很有启发性的。与此相关，杜威还特别反感那种单纯刺激学生的情绪状态而无视相关活动的煽情做法。④这也是非常有意义的，只有内在的不足才会借助外在的多余。

信条五：“我认为教育是社会进步和社会改革的基本方法。”⑤一般地，这样说很容易给人一种教育万能论的感觉。事实上，如果学校教育能够担当得起这么高的评价，如果我们的教师真的像夸美纽斯所说的那样，是太阳底下最崇高的职业，真的够得上这个称号，那么我们每个人都应该至少是百万富翁才对。杜威这个地方的“教育”虽然看起来是指学校教育，但由于不断强调教育与生活的关联，因此他实际上是在相当宽泛的意义上使用“教育”概念，主要指那种以社会意识为

①②③④⑤ ［美］约翰·杜威：《我的教育信条》，见［美］约翰·杜威著，赵祥麟、任钟印、吴志宏译：《学校与社会·明日之学校》，人民教育出版社 1994 年版，第 12、12～13、13、14、15 页。

基础的个人活动，与那种法规的制定、惩罚的威胁或机械的、外在的措施相对应。① 由于教育不同于这些外在的威胁、控制或改造活动，因而可以说我们生活中间处处都是教育。虽然一般很难称得上直接教育，但它是有教益的。有什么教益？就是能暗示我们，课堂上一切并非都要精心设计，看来无关的东西并非都要拒绝，要轻松自然地对待生活，别太被陈规戒律所束缚。不但生活中间处处都是教育，而且其中最重要的还不是学校教育。杜威自己就认为，教育说到底，不过是一种社会的职能。② 恰恰这一点，又最容易为人们所忽视。我以前读《民主主义与教育》，直到读完前六章，都觉得这不像是自己在课堂上了解到的那个杜威。杜威在那些关于教育与生活、教育与沟通、教育与社会、教育与环境、教育与生长的一般性讨论中，讲了很多我们耳熟能详的东西之外的观点。你甚至会觉得那个东西不像杜威写的，但它们确实是杜威的思想，而且是杜威思想的核心。

而且，杜威尤其强调民主与教育有一种天然的同盟关系，民主本身就是一种最好的教育形式。当一个社会不民主的时候，这个社会当然也会有教育，而一个真正正直、有责任心的老师，也肯定至少会在课堂上流露一些对民主的憧憬、呼唤。但要在这种条件下，培养大家的民主素养还是很难的。2009 年，一位老师就跟我讲："真的是很恼火啊，我在课堂上讲的一些东西，总是有人投诉。"如果没有很好的大环境，不要说谈民主，就是展现自己的个性，那也是有风险的。所有人都相互提防和猜忌，哪个还敢展露个性？大家满足于听讲，或者满足于照本宣科，哪还习惯民主教育学？要老师用民主的教育学，像杜威所说的那样，以学生为中心，以经验为中心，以活动为中心，他们就会说："我们从来都没有见过这样一种教育形式，从小到大都是别人直接教我们，怎么可以这样做？那不是放羊、误人子弟吗？"所以你怎么劝他，他都不放心。而民主本身却能实实在在地教会他们这些东西，民主本身也是一种教育，而且是最有效的教育形式。如果我们在生活里能不断地交流、沟通、互动，所有人都能够受到尊重，那么这就是社会改革和进步的基本方法，即便有些一时改不了，也可以忍受。正因为有如此深沉的教育视野，杜威才有把握说："教育是达到分享社会意识的过程中的一种调节作用，

---

① [美] 约翰·杜威：《我的教育信条》，见 [美] 约翰·杜威著，赵祥麟、任钟印、吴志宏译：《学校与社会·明日之学校》，人民教育出版社 1994 年版，第 15 页。

② [美] 约翰·杜威著，王承绪译：《民主主义与教育》，人民教育出版社 2001 年版，第 16 页。

而以这种社会意识为基础的个人活动的适应是社会改造的唯一可靠的方法。”①

杜威并没有因此而低估教师的作用，因为他认为“教师不是简单地从事于训练一个人，而是从事于适当的社会生活的形成。”②这句话真的说得太好了，搞得我每次都想引用。这样，当我们将老师所教的知识都遗忘了的时候，还真能留下一些可以真正称之为教育的东西，包括我们所养成的生活方式，所建构的社会支持网络，所内生的主体态度。这样的教育过程确实就是生活的过程，教育的改进确实就是生活的改进。杜威的弟子陶行知（1891—1946）也有一句类似的话：“你若把你的生命放在学生的生命里，把你和你的学生的生命放在大众的生命里，这才算是尽了教师的天职。”③ 只是这句话似乎不如杜威的平实。当老师从事于适当的社会生活的形成时，他不单纯是在教知识，他也在教人，而且也将形成某种新的社会关系结构和生活方式，哪怕他并没有刻意将自己的东西与人民大众相关联。这再一次让我们回想起布列钦卡对教育的描述性定义中的问题。布列钦卡认为教育以心理素质作为努力结果，杜威则认为教育以新的生活方式的形成作为努力结果。我个人认为，杜威的这种理解更有意义，而且我们前面也强调，以社会性作为目的具有更为根本的意义。在“教育即生活”的意义上，即便说学校教育是社会进步和社会改进的基本方法，也确实很有道理。但是杜威接下来还是讲得有些高，说“教师总是真正上帝的代言者，真正天国的引路人”④。好在杜威的根本意图不是在突出教师的个人地位，而是旨在突出教育的社会地位。而且可以说，这种“天国”就在我们的心中，就在我们的现实生活之中，这种“上帝”的声音只是我们自己内在的心声。

值得注意的是，杜威的教育信条虽然言之凿凿，其价值立场其实还是很不确定的。学生究竟需要什么东西，社会究竟能对他产生什么影响，教师究竟该培养学生什么样的心智，在这些问题上，前面所说的那些纲领性定义都有明确的价值偏向，要么认为社会的是最好的，要么认为个人的或自然的是最好的，要么认为精神的、知识的或心智的是最好的，都有一个实质性的价值定位。而在杜威这个

---

①②④ ［美］约翰·杜威：《我的教育信条》，见［美］约翰·杜威著，赵祥麟、任钟印、吴志宏译：《学校与社会·明日之学校》，人民教育出版社1994年版，第15、17、17页。

③ 陶行知：《中国大众教育问题》，见董宝良主编：《陶行知教育论著选》，人民教育出版社1991年版，第479页。

地方，他只说民主的是最好的，并没有说社会需要一定得满足，自然本性或才能一定得开发，或某种精神境界一定得实现。民主难道不是一种特定的价值取向吗？确实不是，它只是一种形式的善意。所以我们的教育主要应借助于环境来进行，实质性的善意不能太强。哪怕我真的很想教你，也只能作为一个环境因素来影响你。教育的最终目的也不是直接形成某种知识或者信念，而是形成一种公正、包容、开放的环境，一种联合生活。如果教育只能办成你心目中的样子，那你就变成卢梭了。（学生笑）正因为如此，在理论与实践之间必须保持一定的张力或距离，否则就是专制实践。

最后再讲讲卢梭和杜威教育观的区别。尽管把卢梭的教育观作为自己的源泉，强调儿童的经验、活动与参与，但杜威主要关注的还是学校教育与日常生活，以及教育内部诸因素之间的沟通问题，而卢梭关注的是人的教育对自然教育的适应问题。以前人们把卢梭和杜威都看成是儿童中心论者。但在我看来，卢梭主要强调自然，只看重儿童的天性，或者说，只看重那些跟其主观意愿、主观经验、主观状态没有关系的自然面，要求儿童回到一种无欲无求的状态，实际上是要求儿童服从某种说到底更加理性化的权威，并不是真正以儿童为中心。而杜威尊重儿童的权利、需要与意愿，反对偶然与外在刺激对儿童的摆布，强调学校教育应当建立在共同生活的基础之上。在这里，卢梭和杜威所认为的社会是完全不一样的：卢梭把社会看成一个染缸，杜威则强调在学校中引入真正的社会价值标准。杜威的个人与社会是和谐的，因为他强调的是民主社会，归根结底基于公共秩序、民主磋商和个人自主。这种社会和教育有着天然的同盟关系。① 而卢梭觉得一个社会如果是民主的，就不能够基于众意（以个人意志为基础的共同意志），而要基于公意（理性的法则），凭借最符合规律的东西运作。他能容忍的，就是这样一种所谓人民（不是指具体个人，而是抽象的理性主体）主权的社会。这实际上是要造人间天堂。那种每个人都有发言权、有多种声音的社会，是杜威所推崇的基于众意的社会，却是卢梭最厌烦的。而卢梭的基于公意的社会却是地道的专制社会。我们学教育学的以前觉得卢梭和杜威两个人好像是近亲，但至少就教育中的民主概念而言，参照奥地利经济学家、1974 年诺贝尔经济学奖获得者哈耶克

---

① 杜威的政治哲学，参见［美］约翰·杜威著，胡适口译：《杜威五大讲演》，安徽教育出版社 2005 年版，第 1～84 页。

(Friedrich August von Hayek，1899—1992）的区分①，卢梭的是虚假的个人主义，杜威的则堪称真正的个人主义，两者之间天差地别。

四、　教育的本质与理想

（一）本质主义及其危害

本质通常被认为是事物的根本性质，是事物诸要素之间相对稳定的内在联系，是决定事物外部形态的内在根据。下定义通常被认为就是揭示事物本质属性的思维形式，尤其是纲领性定义，被认为就是对事物本质的界定。所有这些观念其实都是似是而非的，都涉及对本质作为一种事实与本质作为一种价值的混淆。结果，对事物本质的界定既是描述性定义，同时又是纲领性定义。当我们轻易地将事物的普遍或根本属性看成它们的本质的时候，出现一种“本质主义”（essentialism）的错误，就是不可避免的了。关于本质主义的特质，我们这里归纳了它的三个基本信条。首先，它相信凡物皆有其真正或唯一本质。那么多人去探讨教育的本质，或多或少就有这样一种看法。如果任何事情真的都有本质或只有一个本质认识是对的，任何一种东西都有一种对的认识与之相对应，我们当然应该把那种东西找出来。其次，它认为所有本质皆可被认知。如果有本质但不可能被揭示出来，事物的本质对我们也就没有意义了。本质主义肯定会相信这种可知主义，肯定不是怀疑主义。最后，知道的东西还能告诉别人。这点也很重要。如果任何事物都有本质，这个本质能够被理解，但是人们彼此之间没有办法沟通，那你讲的这个本质也没有什么意义。所以本质主义必然有这样一套深沉的信条：本质存在，还可以被认知，而且本质性认知皆可被传衍，因而顺理成章的是，皆应被遵循。

本质主义的教育见解在近现代教育史中比比皆是。夸美纽斯就相信，改革学校的基础必须是万物的确切规则，教导的确切规则也只能从自然借取。② 因此，他才有这样的自信：

---

① 参见［英］冯·哈耶克：《个人主义：真与伪》，见［英］冯·哈耶克著，邓正来译：《个人主义与经济秩序》，生活·读书·新知三联书店2003年版，第9～10页。

② ［捷克］扬·阿姆斯·夸美纽斯著，任钟印译：《大教学论·教学法解析》，人民教育出版社2006年版，第89～93页。

> 我们敢于承诺一种伟大的教学法（great didactics），即是说，将一切事物教给一切人的无所不包的艺术，它是真正能以确定性教授它们、务使必有成效的教学艺术，它是愉快地进行教授的艺术，即是说，教师和学生双方都没有烦恼或厌恶，而是双方都引为最大的乐事；它是彻底地而不是肤浅地、浮华地进行教学的艺术，这种教学能导致真实的知识、文雅的道德和最深厚的虔信。最后，我们愿意以先验的论证方法（a priori）来说明这一切，即是说，从事物本身不变的本性中，如同从活的源泉中引出长流不息的小溪，然后把它们汇合成为一条集中的河流，从而为建立普遍学校的普遍艺术奠定基础。①

不但这种心智本位论的观点有本质主义倾向，所有排他性的纲领性定义，包括那种直接强调以自然为本的“自然”或“个人”本位论，以及那种强调以“社会”为本的观点，都试图从自然、社会或理性中为教育找到某种最终的依据。这种依据被认为不但可以为人们照亮前进的路，而且意味着某种终极的目标，因此它们信奉的都是本质主义的立场。所有本质主义的立场都不承认“道可道，非常道；名可名，非常名”②；也不认可人类本身认识与表达能力的限度，因而也就不承认我们赖以行动的也多于我们所知道的，“我们所知道的多于我们所能言说的”③；更不认可“存在先于本质”④，本质并非既成之物而是建构之物。这样一来，对某种特定本质的坚持就总伴随着某种独断，真正的教育实践都不可能基于这样一种本质。孔子说：“吾十有五而志于学，三十而立，四十而不惑，五十而知天命，六十而耳顺，七十而从心所欲，不逾矩。”⑤ 如果“从心所欲，不逾矩”是合乎教育本质，那他 70 岁才学会这样，但在此之前他已经当了 40 年的老师。而当他明白什么是教育的时候，过两年就去世了。因此，如果真要“遵循教育自身的规律”，前面几十年孔子就都不能教书。但如此又怎么能够在 70 岁左右的时候

---

① [捷克] 扬·阿姆斯·夸美纽斯著，任钟印译：《大教学论·教学法解析》，人民教育出版社 2006 年版，第 7～8 页。

②《老子·一章》。

③ Polanyi，M.（1966），*The Tacit Dimension*，London：Routledge & Kegan Paul，4.

④ [法] 让-保罗·萨特：《存在主义是一种人文主义》，见 [美] W. 考夫曼编著，陈鼓应、孟祥森、刘崎译：《存在主义》，商务印书馆 1995 年版，第 303 页。

⑤《论语·为政》。

"从心所欲，不逾矩"？事实上，所有的教育教学都是在我们或多或少对教育本质并无明确认知的情况下进行的，而且说到底我们对教育一无所知的时候也要教学，这个东西本身才合乎教育的本性。本质主义的最大危害，就在于其政治与道德的意义——对其他价值的不宽容或排斥。而事实上并不存在统一的"教育"定义。

> 可以说，"教育"的所有用法都以某种说法暗指**有价值的学习**（公认是琐碎的、有害的东西则不能这样形容），以及确实是具有**持久的**而不是短暂的价值的学习。"教育"的大多数用法对有关的学习所做的进一步描述暗示：在某种意义上，学习可看作是获得社会积累起来的知识和技能，获得一种传统或者文化。最后，大多数用法实质上多少有点把传统看作是一个**传递**和教学（在最广泛的意义上）的过程。
>
> 但是，就我们的总体论述而言，这些相似之处可能不是决定性的。①

确实，有关教育的所有共识都只是我们的一孔之见。至少，我们对教育的所有理解都有赖于一个"用法网络"，没有一种可以独善其身。②就像休谟（David Hume，1711—1776）所说的那样："不可能有理证性的论证来证明：我们所没有经验过的例子类似于我们所经验过的例子。"③ 这样，我们能够归纳出来的所有知识，可能都是片面的。如果考虑到"我们所知道的多于我们所能言说的"④，想在已有经验的基础上进行充分的理论概括，也是一件不可能完全成功的事情。而且经验本身也高度依赖于行动者的视野和情境，它们在根本上就是一种意识之流，我们根本不可能有条理清晰、客观普适、一以贯之的经验。更进一步说，即使我们能把方方面面的所有东西都顾及，也不能得出一个确定的有关教育的纲领性定义。因为对教育的纲领性定义说到底不是一个事实归纳问题，而是一个价值判断问题。如果相信本质主义，相信事物有一个唯一的实质，那么我们就将走向专制。这样，确定一个本质，那就是犯了一桩大罪，就是控制了人心，就是把某一些利

---

①② 参见［英］帕特里克·沃尔什：《教育：一个概念，多种用法》，见瞿葆奎主编，瞿葆奎、沈剑平选编：《教育学文集·教育与教育学》，人民教育出版社1993年版，第47～48、43～49页。

③［英］大卫·休谟著，关文运译：《人性论》（上），商务印书馆2004年版，第107页。

④ Polanyi, M. (1966), *The Tacit Dimension*, London: Routledge & Kegan Paul, 4.

益凸显出来，把某一些人凸显出来，贬低其他人经验的价值，贬低其他人理想的价值。正因为如此，理论的首要意义不是直接的实践干预，而是与实践对话，并在终极的意义上为日常实践保驾护航。实际上，理论工作者优先需要跟体制作战。

杜威教育纲领的高明之处，就在于它根本上只是一个形式性的东西，并没有对教育的实质性价值做太多限定。他所追求的形式，就是教育的社会性与民主，这是杜威教育思想的精华所在。这是真正的“厚德载物”，也是我们最内在的教育主张。原来的“厚德载物”① 只是强调那些实质性的道德规范与品性，以此为基础的传统社会实际上乃是一个封闭的社会。而真正能像大地一样生养万物的不是这种实质性善意，而是先验的善意和形式的善意。它们都内在于民主，因为民主就是大家多元共处，不同的思想受到尊重，所有人都能平等参与社会建构。其教育目标，就是使学生成为适应与坚守民主价值的人，能与别人共存但又能保全和发展自己个性的人。至于他自身该有什么具体素质，并没有什么特别的规定，在根本上皆取决于个人的意愿、能力和努力。因此，杜威对教育所做的界定，实际上包含了对“唯一的真正教育”的拒斥。而强调教育的社会性为的也是避免正规教育对学生的过度干预，将发展托付给学生与环境的持续互动，实际上也是在强调民主。只不过这是一种内在于教育的民主，因而需要有社会民主的制度化支持。总之，他并不认为只有某种特定价值或教育观才是最好的，而是有一个宽容、包容、多元的思想在里面。而且杜威也明确强调：“尊重儿童，尊重他到底，但是也要尊重你自己。”② 因此，在根本上，杜威对社会性与民主的强调并没有导致他忽视多样性。事实上，尊重学生的需要，就要承认学生需要的多样性。

正是这样一种兼容并蓄的教育立场，为社会整合提供了最可靠的基石。现在可以说，人的年龄看起来有共同标准，但实际上任何年龄又都是一种社会年龄，就好像我们的性别都是一种社会性别。同样是 18 岁，我们才刚刚进入生命的花季，某些人就已繁花似锦、迎风怒放，而且很快就要凋零，她们的花季没有你们的长。有些同学必须在 18 岁而非 28 岁时考上大学，因为她 18 岁考不上大学，19 岁就可能要嫁掉。（有学生否认）没有啊？应该是有的，穷人的孩子早当家。他/她不但客观上要早当家，而且主观上也想早当家。否则，“一年三百六十天，

① 《周易》原文：“天行健，君子以自强不息”（乾卦），“地势坤，君子以厚德载物”（坤卦）。

② ［美］约翰·杜威著，王承绪译：《民主主义与教育》，人民教育出版社 2001 年版，第 61 页。

风刀霜剑严相逼”，这个人很快就老了。而如果不用着急，到 28 岁时还可以保养得很好，我们完全可以先去闲情逸致一番，漫步知识旅途，积累人生体验，等到 28 岁再回来读书。读到 30 岁、40 岁，人家还会说人生三十一枝花。而且一旦考入大学，又会延长我们的花季。不相信？可以回去跟那些没有考上大学的同学比一比，看看现在谁更潇洒、优雅。考虑到这一点，我们就能理解为什么有些人需要抓紧每一天的时间学习，为什么他们的教育需要带有某种功利性，他们自己也更能接受功利性、应试性的教育，教育改革为什么不能一刀切。

但杜威的教育理论所能包容的多样性是公立学校内部的多样性，这种多样性还是受到了统一性、联合生活与交流对话的约束，面临着被统合的可能。那些受杜威影响的教育家还没能完全看清这一切。因而人们经常看到，在一个尚无强有力的公共支持的背景下，我们的教育改革总是单方面强调个人经验与主动活动的重要性，并且以此为基础强调某种共同的公共生活与交流对话的重要性，否认个人、小群体和学校有选择自身发展道路的自由。这就必然具有某种危险。2010 年，我们研究生开题的时候，有一个同学就在为乡村社会中传统游戏（如过家家、跳绳等）的消亡而惋惜。当时我提了一个问题：这种惋惜反映的是不是城市中产阶级的文化需求，根本没有考虑当事人自己的需要？这样挖空心思让乡村社会为我们保存各种文化景观，却不对传统与现代的关系进行深刻的反思，不为传统文化的保存提供公共支持，这样的研究是否矫枉过正？日本人当初为了保存自己的传统文化，为乡村社会提供了强大的支持，极大地提高了农产品的价格，我们怎能把一切责任归咎到乡村社会中日益滋长的功利主义？事实上，只有在那些有着明确的价值取向或实质性的价值认同的地方，人们才试图强制性地保存某些特殊价值。说到底，抽象地谈论事物的价值，就是一种本质主义立场。本质主义的观点说到底乃是一种“哲学病”。传统哲学就特别喜欢探讨本质问题，认为哲学就是对本质的认识，追寻普遍的本质由此就成了哲学的习惯。但就这样透过现象看本质时，我们轻易地丢掉了现象，忽视了自身的主体性。所以现在的哲学，包括我们以后要讲到的现象学（phenomenology），特别强调日常的体验，希望能帮助大家发声，认为“此中有真意”。本质主义反对我们关注日常的体验，它要形成某种真理性的认识。现在需要把这一切扭转过来。

（二）反本质主义及其危险

对本质主义的批判导致学术界产生一类观点，叫反本质主义（anti-essentialism）。反本质主义反对对于本质的前述理解，反对我们对于本质性认识的推崇，经常偏向于某种逻辑实证主义（logical positivism）乃至建构主义（constructionism）。在那种关注科学语言问题的逻辑实证主义者看来，“一个句子，当并仅当它所表达的命题或者是分析的，或者是经验上可以证实的，这个句子才是字面上有意义的。”① 照此，通常所说的本质如果不能说它确实不存在，至少可以明确说它存不存在都没有实在意义。建构主义者则认为如果存在某种本质、规律或结构关系，它们也不是预成的或纯客观的，而和我们的社会情境与社会实践息息相关。事实上，所有本质如果不是虚幻的、无意义的，便都是社会地建构的。当然，如果本质是虚幻的，我们理解的张三为什么可以和他们理解的张三对上号呢？我们所说的鸟和他们所说的鸟怎么就能指同一类动物呢？事实上，这样一些共识的存在，不是因为我们都认识到了鸟的本质，也不是有知识的人之间才存在的现象。我们跟小朋友说“鸟鸟”，他/她也说“鸟鸟”。我们大人说：“今天带你去看鸟鸟好不好？”他/她会说：“好，我最喜欢鸟鸟了。”能让我们沟通的东西不是本质主义者所说的本质，恰恰相反，是经验现象。因此，在逻辑实证主义者看来，本质概念本身是需要清除的形而上学概念。建构主义者则或者认为“存在先于本质”②，或者认为本质本身是一种社会建构。依此，我们之所以能相互沟通，只是因为我们共建了一套公共理解，而这样的一种公共理解至今仍在继续建构的过程中。

无论何种反本质主义，都不相信存在那种不以人的意志为转移的客观规律。（学生：有）有？举个例子看看。自然界的例子可能比较好举，但那说到底也只是一些经验判断，很难说不会出现某种反例。社会生活中呢？教育中呢？我觉得那种完全不以人的意志为转移的客观规律是没有的。如果真有这种规律，按照规律做就肯定不会犯错。但实际上我们又说失败是成功之母，照这么一说，犯错或不

---

① ［英］A. J. 艾耶尔著，尹大贻译：《语言、真理与逻辑》，上海译文出版社 2006 年版，第 2 页。所谓分析性命题，乃是无须经验、单纯从逻辑上即可确认的命题。与此相对的综合性命题，则是从感性经验为根基的命题。

② ［法］让-保罗·萨特：《存在主义是一种人文主义》，见［美］W. 考夫曼编著，陈鼓应、孟祥森、刘崎译：《存在主义》，商务印书馆 1995 年版，第 303 页。

按规律做其实是很符合规律的。(学生感到很困惑)不能理解啊?再说一遍!如果按规律做肯定是不会犯错的,对不对?不会犯错,一直正确下去,那就是符合规律,对不对?即使我们偶尔地犯一犯错,我们也就违背规律了,因为不违背规律就不会犯错,对不对?但犯错反而给我们深刻的教训,让我们从中真正认清某个东西,使我们能够更好地找到行事的方法,所以犯错又有助于让我们认识规律,对不对?既然犯错有助于我们理解规律,所以犯一犯错也是很好的,对不对?犯一犯错也是很好的,那就是说,适当地犯错也是符合规律的,对不对?如果不允许人犯错,那就不符合规律,对不对?(学生:前者违背的规律和后者符合的规律不是同一个规律)我们犯错既违背了一个规律,又符合了一个规律?假设是这样,这也不是两个规律吧,不然怎么会互相矛盾。(学生:我感觉按规律办事是不会错的,但关键是你这个犯错过程其实是个追寻规律的过程)犯错过程确实是一个追寻规律的过程,所以犯错过程是应当允许的,对不对?(学生:犯错过程虽然是允许的,但规律也是客观存在的)但是"犯错是允许的"这本身难道不是一条规律?不然怎么允许它存在或者它怎么能够存在?它怎么能够对我们认识规律有所助益?

而且我们还可以说,如果不允许人犯错则不人道,对不对?(学生:对)那么允许人犯错就是符合规律的。(学生:这个规律是什么规律?)不管它是什么规律,反正允许人犯错是符合规律的,不允许人犯错就不人道,这个大家已经认可了。至少允许人犯某些错是符合规律的,是不是?那允许人犯错的规律还是不以人的意志为转移的规律吗?(学生:是啊,不管你承不承认这一条,它都是规律)你们已经承认适当地犯错也可能是符合规律的。但什么是适当地犯错?在某些条件下搞搞"应试教育"可能就是适当地犯错,这个你们大多数人是能体会到的。"应试教育"在某种情况下之所以是符合规律的,至少因为它尊重了人的选择和需要,关注了某一部分人的特殊需要。这不是说要把所有的教育都搞成"应试教育",而是说这种特定条件下的"应试教育"是符合规律的。这样,规律就跟人的意志有关系。尊重人的主观意志,才是尊重规律。我需要这样的教育,你就应当给我这样的教育。这个东西当然具有客观性,但是又和个人意志有关联。(学生:但这是由客观现实条件决定的)规律当然是与客观条件相关的,但也与主观意志相关。我们甚至可以把主观意愿看成是一种客观条件。比如人的偏好,既是主观的,也是客观的。一个人可以同时有很多普遍的偏好,但是当我们有某种特殊的癖好时,别人也要尊重。你更不能揭人家的伤疤，对不对？这难道不是说我们在做一些事情时要考虑到别人的意志？如果不考虑到别人的意志，你就会造成对他人的伤害，最终有可能毁掉他这个人。所以按客观规律办，就包括要尊重人的主观意志。这种规律对旁观者来说，是不以他们的意志为转移的。但对于其参与者来说，却与他们的意志高度相关，对不对？对？如果对，那就差不多了。我知道你们正是对哲学兴趣最浓的时候，回去再想想，看看康老师在这里发了个什么样的谬论，偷换了哪些概念。反正我们这里有录音，方便得很。至少我现在就是这样认为的，而且好长一段时间都没改过了。

总之，本质和规律总是跟人的需要、意愿相关联。尤其在人类社会生活中间，你不尊重人的意愿就是不尊重规律。也许有些人还会说这个意愿是客观的，但无论如何它又总是关联着我们的主观意向。所以，以前所说的那种跟人没有关系、跟人主观的意愿没关系、不依赖人的主观意志的纯客观规律，确实是一种虚幻的东西。实际上我们去做一件事情，做对做错、合不合乎某种客观情势，经常都没太大关系。错了就改，有意见听取了就做调整，这其实就是比较合乎规律的。所以符合规律的过程始终是和我们对人的意志的尊重连在一起的。不但跟学习者的意志连在一起，而且跟教育者本身的意志也连在一起。说到底，对于教育来说，真正重要的东西，是这样一种对人的尊重，是我们对学生的那样一种爱。不管你怎么样我都爱你，首先对你付出真心，这样学生自然就会有回应，有什么问题、想法、异议和质疑，自然都会说出来。这个时候，教育就可以顺畅地发生了。正因为人的因素在认识与实践中的重要性，瑞士教育家裴斯泰洛齐（Johan Heinrich Pestalozzi，1746—1827）说：

> 我认为，没有任何一种规则、方法和技巧，不是在我满怀信心、热爱我的孩子的前提下所产生出来的结果。如果不能爱孩子，我不懂得还能谈到有什么规则、方法和技巧。我就用这样做法把我的孩子的学习，依照这个较高的观点来启发他们更好的思想，并且让这种共同生活在一起、在我照顾下的自然关系，对他们充分地发挥作用。①

① ［瑞士］约翰·裴斯泰洛齐：《儿童教育——致友人书·论在斯坦茨的工作》，见夏之莲主编：《外国教育发展史料选萃》（上），北京师范大学出版社1999年版，第642页。

反本质主义者觉得像本质主义者那样看待规律是不对的，因而强调对本质的关注是一种哲学病，本质研究是抽象地看待事物，是对事物本性的独断，本质观是有利益背景的。事实上，如果万事万物都有这种不以人的意志为转移的本质和规律，那谁最有发言权？（学生：规律的制造者）说规律的制造者可能不妥当，因为这里的规律肯定不是制造的。（学生：是发现的人）确实是能发现规律的人，或者说是有理性的人。古希腊第一位也是最伟大的智者普罗塔戈拉（Protagoras，约前 481—前 411）曾有一个说法：人是万物的尺度。但苏格拉底认为这纯属混淆视听、浑水摸鱼，就提出："有理性能力的人是万物的尺度"。你认为"人是万物的尺度好"，还是"有理性能力的人是万物的尺度好"？当然"人是万物的尺度"好。要是有理性能力的人是万物的尺度，那你们现在还不能作为尺度，我则可以按照我的标准来对待你们，可以不考虑你们的需要了。而如果人是万物的尺度，那我的标准在你们的面前就要有一个协商过程。今天人们讲得更好："人可能不是万物的尺度，但至少应当是权力的尺度。"[①] 联系到我们这里，可以说："人可能不是万物的尺度，但至少应当是教育的尺度。"就是说，一个东西符不符合教育规律，就要看它对人的内在成长或发展是否有益。而认为"有理性能力的人是万物的尺度"，只会养肥那些自认为有理性能力的强人。

2009 年时，我们内部读书会读了一本《有闲阶级论》（1899）。其中讲道：刚开始，有闲阶级在生活里不是很明显，只是男人总干一些非凡的事情，比如说狩猎或者与天地沟通等能够展现我们生命活力的事情。而女人总是干些凡俗的事情，啰里啰唆，只要肯花时间磨就可以干成，不需要什么勇武精神。当然，最初这还只是一种自然分工，并不涉及阶级的分化。但随着社会的演变，那些被认为拥有神奇魅力或勇武精神的人慢慢地开始专门从事战争、掠夺等非生产性事务，或者保护自己的家园，或者是呼风唤雨等。通过魅力、生机、勇武精神、灵光一现或者那开天辟地的一刀，他们仿佛就解决了很多事情。这种人慢慢地变成了有闲阶级，他们总是非生产性地消磨时间，而不是通过生产劳动来消磨时间。再往后，由于认识到有了财富，如果不显山露水，那也只是孤芳自赏，得不到别人的认可，

① 法国社会史学家福柯认为，19 世纪的司法"改革者所确立的、用以反对断头台的专制的'人'也变成了一种'人的尺度'（man measure），但不是衡量万物的，而是衡量权力的"。见［法］米歇尔·福柯著，刘北成、杨远婴译：《规训与惩罚》，生活·读书·新知三联书店 2007 年版，第 83 页。

更博不到荣誉，所以有必要以某种方式来炫耀自己的富有。于是他们很多人不再试图通过创造性的作业本能来显示自己的神奇魔力或勇武精神，而是往往通过装扮，或者更确切地说通过炫耀性的有闲、炫耀性的消费、炫耀性的高级知识来显示自己的卓尔不群。① 在这一过程中，他们成功地让人相信，我就是不干什么事情，也能过得很好，走到哪里都有人鞍前马后地端茶送水，甚至他们的仆人也能因此沾光。若你们看到这种人，会不会觉得他有不为人知的力量？（学生：不会）不会？很好，可惜能像你们这么明智的人并不是很多。反正很多人通过这样一些东西，将自己装扮成了具有神奇力量的人。既然有神奇力量的人都可以被装扮，有理性能力的人也不能例外。怎么装扮？以人为饰，翠围珠绕啊！比如请苏格拉底给你当老师啊，在自己的家里养一大堆的“士”啊。所以有钱有势的人，能够有“御用文人”，在这种本质主义的观点下就会受益。无权无势的人，如果还没有读过什么书，别人更会说得你一文不值，那就真正有苦说不出了。

所以，反本质主义这样说，还是很有道理的。当然，简单地说本质是虚幻的或没有意义的，这样的一种观点也是有危险性的。如果完全放弃对本质的探索，可能就会放弃任何教育理想的追求，甚至可能会放弃教育者的教育责任。所以，即便没有一个普遍的、最终的、唯一的本质，没有一个唯一的教育概念，这并不妨碍我们思考教育究竟应该干什么，它究竟应该成为什么样的实践。本质这个东西可能不是一个既成或客观之物，但是它作为一个未成或人为之物还是可以想象、有意义的。存在主义（existentialism）也正是在这种意义上强调“存在先于本质”②，从而把人生理解成一种追寻意义的过程。所以即便反对本质主义，也不要反到最后只管一些具体的东西，完全放弃形而上的哲学思考的地步。我在湖南师范大学上学的时候，有一次学校搞了一个“五四”征文。当时一位同学写了一篇论文，叫作《哲学需要形而上学》，结果得了个一等奖。形而上学这个东西，在当时的语境下要么认为与辩证法相对立，要么认为是一种不可捉摸的东西。但是他觉得哲学需要形而上学，需要有一种把握抽象的本原问题或形而上问题的思辨体

① ［美］索斯坦·邦德·凡勃伦著，蔡受百译：《有闲阶级论——关于制度的经济研究》，商务印书馆1964年版。

② ［法］让-保罗·萨特：《存在主义是一种人文主义》，见［美］W. 考夫曼编著，陈鼓应、孟祥森、刘崎译：《存在主义》，商务印书馆1995年版，第303页。

系。这还真是一个有价值的观点。关键的问题是你不要把自己对教育的理解看作关于教育的最后理解，不要因为自己认可这套东西，就要求别人也按你的这个来办。如果我们自己有一套观点，又不妨碍或反对别人同时也有一套跟我们不同的观点，那这样一些对于教育本质的理解，是没有什么问题的。

（三）从教育本质到教育理想

英国教育学者沃尔什（Patrick D. Walsh）一方面反对“唯一的真正教育”，另一方面也对“反教育”的主张进行了反驳。反教育者主张，既然教育没有本质，那么也就应当没有立场，应该保持中立，或者说应当保持价值无涉，学生需要什么就给他们什么。他这几句话值得我们来认真地想一想：“‘教育’被看作某种具有内在价值的东西，在某种意义上，先于被看作是某种中性的东西。”① 这好像我们前面所说的，教育在最根本的意义上要基于善念，哪怕你做得不对都没关系，只要有善念，即便你搞的是“应试教育”，我们也要承认你是在搞“教育”；或者说你有善念了，然后恨铁不成钢，做了一些偏激的事，也只能说你这样“教育”小孩子不对。“己所不欲，勿施于人。”② 相对于善念，方法对不对说到底还在其次。另外，他还说：“‘教育’作为要被完成的东西，在逻辑上先于‘教育’作为正被完成的东西。”③ “教育作为要被完成的东西”说明教育具有意向性，这种教育意向先于教育行动、教育过程。教育不是一种机械的做、中性的“教”，始终要有某种意图在里面。即便杜威的民主主义的教育观，也不认为学生任何的需要都要被满足。不然教育就不能称之为教育，而是一种器物层面的东西，一种技术或知识传递过程，缺少必要的道德维度了。正因为如此，沃尔什说：

> 人们怎么能够既关心年轻人，又相信某些东西在生活中很重要，而不想引导他们去认识这些东西的重要性呢？即使人们把选择价值的自由放在任何具体价值之上，人们不也应该很有兴趣地接受至少那种价值的传播吗？而且，一个人怎会因为别人帮助他珍爱值得珍爱的东西而受损害呢？可见，一个霍

---

①③［英］帕特里克·沃尔什：《教育：一个概念，多种用法》，见瞿葆奎主编，瞿葆奎、沈剑平选编：《教育学文集·教育与教育学》，人民教育出版社1993年版，第62页。

②《论语·卫灵公》。

> 尔特式或贝雷特式的人所坚决反对的恰恰不是价值观的传播，而是教育这个概念的其他一些含义或假定的含义（有计划性被看作具有威慑性，指向未来被看作使人不知所措）……①

我们即使承认学生有选择的自由，也可以给他们讲我们非常有感触、非常珍惜的价值，只要我们不妨碍他们的选择自由。事实上，人们也会饶有兴味地来听我们谈论自己的其他观点。如果我们是自由的人，有选择价值的自由，那么我们同时也会尊重别人，倾听别人，让别人谈他对某个东西的理解。而且任何一个学生，都不会因我们谈论自己非常珍爱的价值而受损。因为我们没有强制他去接受我的东西，只是要求他尊重我的发言。此处提到的霍尔特（John C. Holt，1923—1985）和贝雷特（Carl Bereiter）在20世纪60—70年代曾与伊利奇（Ivan Illich，1926—2002）一起反思学校教育。他们在学校消亡论传统之下以教育的名义拒斥学校，甚至反思教育是不是冒犯了个人自由。② 但他们说到底也不是反对价值的传播，而是反对价值强制。听听别人所说的，正好促进自己思考。一个强调自由选择的人不会拒绝去听一些跟自己的设想不一样的东西，只是不会简单地照搬而已。因此，教育虽然没有唯一的本质，没有那种不以人的意志为转移的规律，但这也不妨碍我们对教育的本质和规律做出自己的独特理解，不妨碍我们提出一些有关教育真谛的个人见解，不妨碍我们受此影响展开某些教育行动。

民主社会光有杜威的那种包容性的教育定义也不够。每个人都要审慎地构建自己的教育哲学，不然教育就空洞无物，无以为继。追寻教育本质的过程，实际上也是不断地理解和重构教育的过程。究竟根据什么将教育与摧残、奴役、愚弄、欺骗、蒙蔽、操纵、控制、禁锢、贬抑、束缚、蛊惑、教唆等区别开来呢？我们教育基本理论研究院的肖川老师提了两个方面的标准：一个是认知的，另一个是情意的。我们在此补充了第三个标准，即社会性标准。在认知方面，肖川首先强调要有经验的分享，就是要使教学有更多的哲理内涵和理性色彩。其次要有理智

---

① ［英］帕特里克·沃尔什著：《教育：一个概念，多种用法》，见瞿葆奎主编，瞿葆奎、沈剑平选编：《教育学文集·教育与教育学》，人民教育出版社1993年版，第63页。

② 参见Bereiter，C.（1974），*Must We Educate*? Prentice-Hall；Holt，John C.（1976），*Instead of Education*：*Ways to Help People Do Things Better*，E. P. Dutton & Co.

的挑战，其中对是非的考量尤其要优先于对利益的考量。最后要有知识的建构，亦即不是向学生传授某种定论，而是要使之真正理解这种东西以形成自己的认识。在情意方面，肖川认为首先要有善的目的，尤其要让人成为他自己，而不仅仅成为人才。其次要有道德的方式，使学生理智上理解，情感上接受。另外要有积极的情感体验。也就是说，学生在这个过程中的收获，不能单纯是学识上的，还要是人格上的。而在社会性方面，我们则认为教育应当与生活相关联，应当借助生活本身展开。而借助生活本身展开，就是要借助一种社会的方式，把学习组织成一个社会过程，致力于社会生活的形成。即便这套东西，也不能简单地说就是我们一定要遵循的。有的时候没有经验的分享、理智的挑战或知识的建构，只有一方的表演和另一方的赏析，也足以支撑起一个值得想望的课堂。

新课程改革中梳理出来的一些教育理想也值得关注。（1）从“教科书就是儿童的世界”到“世界就是儿童的教科书”。以前人们把教材作为“圣经”，将学生的生活压缩至教材所营造的世界中。而新的观念则要求我们把整个世界作为最根本的教学平台，体现了典型的杜威传统。（2）从教知识到教学生主动建构知识。新课程改革提出了三维的教学目标：知识与技能，过程与方法，情感态度与价值观，将过程性目标当作教学目标的核心，过程教学由此取代目标教学成为新的教学典范。（3）从“教师带着知识（教材）走向儿童”到“教师带着儿童走向知识（教材）”。传统教学强调系统知识的传递，并因此而重视教师的作用。而现在，学生的主动性被置于更高的地位。（4）教材作为引言或例子。以前我们将教材作为教学的依据，不仅限制了教师，也限制了学生，同时也姑息了那些照本宣科的教师。而现在要求教师作为课程开发者，学生本身也被看成重要的课程资源，课程本身与教学融为一体。（5）教材作为有待解释的文本。不仅对教材的使用必须引发新的话题或探索活动，对教材本身已经清晰地陈述的东西也应进行重新阐述或表述。就像美国后实用主义哲学家罗蒂（Richard McKay Rorty，1931—2007）所说的那样，“没有人拥有绝对真理而每个人都有权利要求被理解”。① 当然新课

---

① 转引自［美］小威廉姆·E. 多尔著，王红宇译：《后现代课程观》，教育科学出版社 2003 年版，第 219 页。语出理查德·罗蒂的《偶然性、讽刺性与团结性》(*Contingency*, *Irony*, *and Solidarity*, 1989) 的卷首语。

改也因自己背离知识传统，因而招来了抵制。① 在我看来，问题的关键不是它忽视了知识教学，而在于用国家的强制力推行一套具体的教改理念，因而危及了个人与学校的自主空间与教育自由。

五、 教育的根本问题与出路

（一）正规教育的危险性

杜威在《民主主义与教育》中深入剖析了新时代教育的根本危机。在他看来，教育总是依赖于沟通，甚至可以说“教育即沟通”，一切沟通也总具有教育性。而沟通（或教育）又可分为两种：一种是在共同生活中受到的自然的、非正规的、广泛的教育，这是一种有限度的、比较直接而实际的沟通；另一种则有意识地教育年轻人，这是一种狭义的、比较正规的直接教导或学校教育。两种沟通很多时候是分离的，至少现在的教育就把这两种沟通分离了。没有正规的教育，不可能传递一个复杂社会的一切资源和成就。但学校机构中的沟通和前一种沟通比较起来，又是一种相对表面的手段。正是后一种沟通，构成了我们的共享情境。就我们这门课程来说，通过大家的教育自传，我也与你们每一个个体建立起了某种共享情境。我已经分享到你们的生命体验，而你们或多或少从我这里也得到了一些回应。由此，我们形成了一些初步共识，彼此之间有了悄悄话。因此，我说的一些话，在某些同学心目中会掀起特别的波澜，因为那原本就是他/她自传中的话。有同学也说，这个自传对她来说已经不仅仅是自传了！一句这样的话让我高兴了好几天。可见，把正规教育这样建立在共享情境的基础之上具有特别的力量。这也从侧面支持了杜威的这样一种观点：无视生活中的日常沟通，单纯转向学校中的正规教育，就会在教育者和学习者之间划出一道鸿沟。而不知不觉就受到的教育，则经常是一种与自我内在契合的深刻影响。所以杜威认为教育哲学必须解决的最重要的问题，就是要避免这两种沟通或教育之间的割裂。②

---

① 王策三、孙喜亭、刘硕著：《基础教育改革论》，知识产权出版社2005年版。

② [美] 约翰·杜威著，王承绪译：《民主主义与教育》，人民教育出版社2001年版，第6~14页。

（二）教育的社会性与民主

在我们看来，要在非正规的和正规的、偶然的和有意识的教育形式之间保持恰当的平衡，把学校教育建立在更为基本和持久的日常沟通或由此建构的共享情境的基础之上，首先要使经验的善意以先验的善意为基础。经验的善意是正式的、有意识的，先验的善意是非正式的、没有明确意识的。我们想要有意识地教别人，或者一谈到自己的东西就忍俊不禁、口角留香，这些都没问题，但一定要有先验的善意。也就是说，我们对别人的“教”，需要建立在“不教”的基础上。叶圣陶先生曾经说过，“教是为了不教”①，没想到“不教”也可以促成“教”。这里所说的“不教”不是我们不试图呈现任何东西，而是这种自我呈现不以明确的教的意识为前提，主要致力于真诚、完整地呈现自我，同时放开怀抱，准备宽容地对待别人的经验，悦纳正在向我显现的这个世界，不要搞人为的主客对立，强调什么师生之别。不但要做到“己所不欲，勿施于人”②，还要能做到“己所欲，勿强施于人”。只有当我们有这种最深沉的善意，而且能充分揭示知识本身的内在魅力，显性的教学活动才有最可靠的支持。当然，先验的善意需要以形式或理性的善意为保障，单纯靠个人自得其乐并不可靠。事实上，每一个人天性的流露本身也需要一个公正、民主、自由、平等、安全的环境。如果我的真情流露或自我呈现只能成为你的把柄或笑柄，那为什么还要对你坦诚相待，把我最内在的那一面暴露给你，与你交心呢？不交心不也可以远距离交往？所以，经验的善意以先验的善意为基础，先验的善意以形式/理性的善意为保障，这是一方面。

前面我们一直在说没有“唯一最优体系”（one best system）③，那主要还是在实质性善意和先验善意的意义上说的。实质性善意当然可能导致好心办坏事，为什么先验的善意也有这个问题？主要是因为我们对世界或他者的敞开总只在某个层面上进行，而世界乃至他者本身事实上又是一种多重构造，我们根本无法显现

---

① 这实际上是对叶圣陶先生的几种类似说法的一个概括。如“讲是为了达到用不着讲，教是为了达到用不着教”；“自能读书，不待老师讲；自能作文，不待老师改”；“凡为教，目的在达到不需要教”；“教师之教，不在全盘授予，而在相机诱导”；“凡为教者必期于达到不须教”等。参见中央教育科学研究所编：《叶圣陶语文教育论集》，教育科学出版社 1980 年版，第 152、717、720、721、741 页。

②《论语·卫灵公》。

③ Tyack，David B.（1975），*The One Best System*：*A History of American Urban Education*，Cambridge，Mass：The University of Chicago Press.

它/他的一切可能性。因此，我的自我呈现经常在这个人这里引起了共鸣，在另一个人那里只是一阵耳边风，在第三个人那里甚至招致了反感。而即便那个与我共鸣的人，也经常只是作为学生与我共鸣，他/她的内心世界不可能完全向我敞开。但在形式上还是有某种最优体系——形式的善意。即便我们此时依然在追寻某种狭隘的实质的善，由于形式性善意的存在，我们也不至于对他人构成威胁，而且有可能催生新的文化生态。说到底，形式性善意是实质性善意的解毒剂，是先验的善意的制度保障。个人自我呈现或者是因为单纯，或者是因为幸福和成功，但更多则依赖于制度的人性化。幸福和成功或许能让人单纯，单纯让我们回归自我旁若无人，良好的制度环境则使这一切都变得稳定可靠。可见有了形式性善意，个人的天性才能得到更好的保全，实质性善意才不至于最终酿成恶果。

另一方面，要处理好教育与生活的关系，还必须使理性知识以个人经验与群体文化为根基，进而使群体文化以个人成长为皈依。我们总觉得知识是普遍的、客观中立的、超情境的，没有充分认识到知识（尤其社会科学知识）总是对特定情境中的相互关系的认知，而且基于特定的视角。这一认知过程并非一个纯粹的经验归纳或逻辑论证过程，而是一个镶嵌于个人志趣、社会背景、文化社群的复杂过程。结果，我们经常不是致力于将"理性知识"与个人的生命体验与文化传统相关联，只是满足于从逻辑层面把它们作为客观知识或定论传播开来。知识学习乃至发现过程就这样被等同于一个不会出错、封闭运作、不可超越的逻辑过程。事实上，知识本身只是对世界的一套主观解释，这套解释不是对不以人的意志为转移的客观世界的描述，而是对本身作为人造物的社会生活的解释，而且是以人类本身的可持续发展为最终目的的阐释。科学发现本身是一个复杂的社会过程，个人的经验志趣、群体的氛围习俗、社会的制度结构，都在其中起着至关重要的作用。而我们对于理性知识的学习，也是这样一种社会过程，既基于个人经验与生平情境，又基于群体文化，还基于外部情势。所以对于一些东西我们特别容易接受，而对另一些东西则可能心生抵触。脱离这些情境性的东西，就只能使我们学到僵死的教条，最终也就只能使我们被这些教条式的知识所控制。要使我们学到真正的知识，就必须在知识、经验和文化之间进行充分和自由的沟通。当然，在个人经验和群体文化之间，最终要以个人的成长为皈依，丝毫不能遗忘我们自身最内在的感受。为此，教育就必须更为彻底地建立在杜威所说的联合生活或共同交流的基础之上，也就是建立在民主、自由的基础之上。在这里，全体成员能以同等条件共同享受社会的利益，并通过各种形式的联合生活的相互影响，使社会各种制度得到灵活机动的重新调整。

（三）通向教育理想的现实阶梯

值得注意的是，既然不存在“唯一的真正教育”或“唯一的最优体系”，我们所追求的各种“好教育”，也就只有相对的价值，根本不存在一个通用的好教育的概念。“One man's meat is another man's poison”（口之于味，各有不同），即便有真正好的教育，也不能完全阻止我们现在认为不好的教育存在或者出现。而且教育本身还受到资源稀缺性的约束，这种稀缺既有经济方面的，也有政治和社会方面的。这样，不管什么时候教育都会面临一种两难困境，没有一种状态是全然理想的，中间不包含任何矛盾或让人为难的地方。由此一来，一切教育就都有两面性。甚至，看起来好的和不好的东西之间，很多时候存在的也是一种共生关系。2009年，我看过一部科教片，讲非洲一个地方的河马繁殖得特快，吃光了附近的草。后来天旱，河床里淤积的炭疽病菌暴发，河马死掉了很多。等洪水一来，炭疽病菌被冲走，河马又恢复了健康，与环境也实现了平衡。今天饱受诟病的“应试教育”，在历史上也曾是一种试图突破政治强制的努力。[①] 这就是我们要说的好教育的复杂构成。如果只有最好的那种教育才堪称教育，教育也就没有历史，甚至没有既成事实。

美国要素主义（essentialism）教育学者巴格莱（William Chandler Bagley，1874—1946）也曾说：教育中存在着一系列的矛盾概念，诸如个人与社会、自由与纪律、兴趣与努力、游戏与工作、眼前需要与长远目的、个人经验与种族经验、教材的心理组织与逻辑组织、学生的主动性与教师的主动性等。[②] 这些方面有时可以兼顾，有时兼顾不了，也不存在某种绝对的取舍原则。孟子说：“鱼，我所欲也，熊掌亦我所欲也；二者不可得兼，舍鱼而取熊掌者也。”[③] 在这里，孟子似乎

---

① 参见康永久著：《知识输入还是制度重建：公立学校制度变革的中国道路》，华东师范大学教育学博士后出站报告，2004年，第52～55页。

② 参见［美］威廉·钱德勒·巴格莱：《要素主义者的基本原则》，见瞿葆奎主编，马骥雄选编：《教育学文集·美国教育改革》，人民教育出版社1990年版，第42页。

③《孟子·告子上》。

搞出了一个确然的价值排序。但当孟子要舍鱼而取熊掌时，也只是他吃多了鱼要换种口味。不能把孟子的话和他的生活分开来理解。一旦能而且必须天天吃熊掌，估计他最终也会怀念吃鱼的那段时光。学校组织也经常有自己的困境。以前学校是以教师为中心的，但现在的学校越来越以学生为中心。当对教师的激励和约束增强时，又会受到教师的抵制。因为教师来学校教书不纯粹是为了一份工钱，即便是看上了学校这点钱，也不纯粹是为了这点钱到学校里来的。他们总希望学校像一个家，希望学校不单纯对学生有意义，对他们也有意义。这样，学校既要激励教师、约束教师，使他们善待学生，又不能把他们激励得团团转，变成热锅上的蚂蚁，毫无安全感。这中间的尺度把握是非常困难的。这样一来，就真像老子所说的那样："道可道，非常道；名可名，非常名。"① 真正的"大道"是没法说清楚的，那些我们能够说清楚的东西，往往只是简化了的实在。

这样一来，要在这个世界行动，达到更理想的境地，首先就要承认教育理想的主观性与多元性。理想的教育绝对不可能依附于一套科学的程式，必定需要某种人文关怀或包容。现在中小学生都在外面补课，搞得教师不知道教什么好。有些教师则自己给学生有偿补课，败坏了师德。于是我们就开始斥责整个补习教育，甚至想通过行政干预把补习之风刹住。但实际上补习教育很多时候只是学校教育的影子（因而也称"影子教育"），有的还是对学校教育的一种补救，至少不是学校教育问题的症结所在。不能按照自己的道德洁癖把自认为不好的东西通通干掉。很多的教育，今天就能比较确凿地判定它们的价值。但是很多的教育行为，还不能给予明确的价值判断。很多人说它们不好，但也总有人说它们好。到底好还是不好，要交给未来去判断。暂时保留这种状况，可能就为未来保存了火种。它们可能有它们自己的命运，有的时候还有它们自己的使命。我们不能凭一己的偏好决定他物的未来。事实上，教育发展主要也不是基于理性设计，而是基于内源性发展，基于我们社会与个体的现实约束。在某种意义上，教育受社会中各种主观条件的约束，比受客观条件的约束还大。而且我们所讲的政治的、经济的、社会的条件，也并非都是纯客观的条件，而是客观存在的主观因素。在最根本的意义上，可以说，我们受制于其中的这个世界其实只是一种主观构造。

---

①《老子·一章》。

其次，要把教育实践建立在社会现有全部知识储备的基础之上。当前，受到重视的主要是科学知识、有理性能力者的意见和行政真理。事实上，即便是普通的家长，也往往对教育有真知灼见。因为他们往往对教育有切肤之痛，能够看到那些无关痛痒者看不到的方面，而且尤其具有别人不可能完整拥有的有关自己小孩的知识。比如说扶贫，上面给了几个指标，分给谁呢？我们觉得这个人家里穷，就分给他；那个人家里显得穷，也分给他。但是我们所认为的穷人可能不是真正的穷人，而且我们也可能会利用手中的权力扭曲这样一种分配。如果有公众参与，就总会有其他的人站出来说："我也穷，你如果也算穷，那我也要申请。"这个过程一展开，一些更认真的鉴别行动就会启动。这样一来，大家都认可的那样一些人，大概就能被真正鉴别出来了。所以我们不能单纯依赖有理性能力的人，而要使所有人在这个过程中都有发言权，要使所有的知识在实践中都有受到尊重的机会，至少有能够得到公开表达的权利。美国经济学家、1976 年诺贝尔经济学奖获得者弗里德曼（Milton Friedman，1912—2006）就曾认为：

> 一种能够取得较大进展的、把知识带回课堂的办法是，给予所有家长以较大的控制孩子教育的权力，就像我们中间那些高薪阶层的人们现在实际上具有的那样。这样做，对于那些目前处于最为不利的地位的父母，尤其重要。比起别人来，父母总是更关心自己子女的教育，也更清楚自己子女的能力和需要。社会改革主义者，特别是教育改革主义者，总是自以为是地认为，父母，特别是那些贫穷的、受过很少教育的父母，不关心自己子女的教育，而且不具有为自己的子女选择教育的能力。这纯粹是无稽之谈。这样的父母确实很少有为子女选择的机会。但是，美国历史上有足够的证据表明，一旦有机会的话，他们为了子女的幸福，总是愿意做出很大的牺牲，而且会做出很明智的选择。①

再次，就是要包容实践中的错误和疏漏。我们当然要按教育规律办，但什么是教育规律？按教育规律办，可能就意味着要包容实践中的错误和疏漏，要求毫

① ［美］米尔顿·弗里德曼、罗斯·弗里德曼著，胡奇等译：《自由选择：个人声明》，商务印书馆 1982 年版，第 163～164 页。

无错误，本身就是不符合规律的。规律本身跟人的实践、活动和缺点、错误、失误紧紧地连在一起，没有一种规律是脱离这些而存在的。所以教育过程是追求满意，而不是追求最优。有人曾打了这样一个比方：假设你饿得不得了了，有幸置身于华北平原的一块玉米地里，这时你怎么办呢？是找到玉米地里最好的那根玉米再吃，还是掰下身边看起来不错的玉米，抓起来就吃呢？这是个生死攸关的问题。如果一定要找到那个最好的玉米，那你肯定在找到之前就已经死掉了。在每个人对教育都有自己的看法，但每个人都不能确定自己这个是不是最好的时候，唯一的办法就是从我做起，从现在做起，而不是从最理想的东西做起。说到底，我们的教育意向、我们的教育学意向、我们的教育理想，都是我们无法完全把握的。有些教育当时就会被感激，而有些教育可能事后才会被感激。不能根据当前个人的主观判断就对眼前的教育行为下定论，很多东西要在未来才看得清楚。所以教育要有包容性，不要因为你今天做了件让人不痛快的事，你就觉得自己做了件不可饶恕的事。也许它是傻事，但也可能有意想不到的效果。不要轻易认定某些东西是好的或不好的，更不要试图在完全把握教育真谛后再来做教育。事实上，在还没有完全搞清楚教育时，我们就需要行动；在还没有完全理解学生之前，我们就需要上讲台；在还没有完全把握教育教学的规律之前，我们就必须先当教师。否则，这个世界就没有孔子，就没有教育。

我们通常就这样展开了行动，这也意味着前进的路上必定充满了风险。这样，做到孔子所说的“毋意，毋必，毋固，毋我”① 就非常重要了。对待教育始终要有一种如履如临的心态。我们自己觉得不好的东西，当然不要去教给别人，也不应该教给别人，但不应该阻止别人这样做。那么，我们自己觉得好的东西就可以强加给别人吗？这更是需要我们深思的。还必须有一套机制，使我们的错误不会长期存在，系统不会因此而陷于长期的停滞或动摇，也就是说，使我们有足够的机会来纠正这些错误。因此，有必要在付出真切关怀的同时保持教育实践的开放性，为学习者个人活动和其他未可预知的实践留下余地。尤其不能只允许那些我们确认其有益无害的实践存在。很多实践，人们不能确定其会造成什么后果，这时特别容易把这种实践消灭在襁褓之中，但这又是最危险的。所以始终要提醒自

① 语出《论语·子罕》，大意是：不凭空臆测，不绝对肯定，不墨守成规，不自以为是。

己尽可能地保持思想和行动的开放性。教育里的一些探索可能与我们今天的教育理论不太吻合，但这不足以成为我们取缔它的理由，看看再说。当“道”真的可以被我们道出，而且已经被我们道出来时，那绝对不是“常道”；“名”真的可以言明，而且被我们明确说出来了的时候，那一定不是“常名”。未来始终在远处等着我们开启甚至创造。

第二讲
教育的历史发展[①]

在这里，我们会集中考察教育的起源、原始教育、古代教育、现代教育和教育中的后现代转向。其中，教育的起源主要涉及它是从什么事物之中产生或演化过来的，其含义有一定的复杂性：或者强调其初始形态，或者强调其母体或前身，或者强调其孕育过程。原始教育讲的是初民社会或原始社会的教育，古代教育讲的是我们在以共同体为核心的传统社会中的教育，现代教育是指日渐以个人为中心的现代社会中的教育。而有关后现代的定位，一种观点认为后现代是"现代之后"，一种观点认为后现代是现代的高级阶段，还有一种观点认为后现代是现代的一个方面。我们倾向于认为它是现代的一个方面，但有不断发展为其主导方面的趋势，因此有所谓的"教育中的后现代转向"。英国思想家培根（Francis Bacon，1561—1626）说："读史使人明智，读诗使人灵秀，数学使人周密，科学使人深刻，伦理学使人庄重，逻辑修辞之学使人善辩；凡有所学，皆成性格。"②意大利历史学家克罗齐（Benedetto Croce，1866—1952）说："一切历史都是当代史。"③美国历史学者多尔（Ronald Edmund Doel）则强调："不打破历史学的一些鸡蛋，你就不可能得到社会学的煎蛋卷。"④由此可见历史的重要性。当然，要做到这一点也并不容易，主要看这种历史具体是怎么写、怎么讲的。我们这里对教育的历史解读主要是从理论或结构的角度展开的。

---

① 本讲由北京师范大学教育学部2009级林飏、樊莹、许傲、卢正天、马思腾、陈警、计颖，2010级宣琰、陈筱，2011级胡雪龙、韦昕楠、蒋雪、李京昊、唐川北、廖文羽、何文娉，2012级黄瑞妮、张楠、崔雪媚、宋佳、朱梦渊、王一杰，2013级李鑫、陈苗、陆星儿、乔悦、李尧沣诸同学初录。

② 语出弗兰西斯·培根的《论读书》，王佐良译，20世纪80年代初发表在《翻译通讯》上，具体参见http://blog.163.com/kevin_kant/blog/static/198316095201111217141154/，2014年1月16日。

③［意］贝内德托·克罗齐，田时纲译：《一切历史都是当代史》，载《世界哲学》2002年第6期。

④［英］彼得·伯克著，姚朋、周玉鹏等译：《历史学与社会理论》，上海人民出版社2001年版，第186页。有关多尔的更多信息参见http://history.fsu.edu/People/Faculty-by-Name/Ronald-E.-Doel。

一、　教育的起源

（一）有关教育起源的传说

在教育起源问题上，很早就有一些相关的神话传说。《圣经》的开篇“创世记”说，上帝最初创造这个世界时，一共花了七天。第一天上帝创造天地（the heaven and the earth），地空虚混沌，渊面黑暗（很显然，地球最初被认为是个大水球），神灵运行在水面之上。上帝说，要有光，于是便有了光。有了光就有了昼夜。这是他第一天干的事情。第二天，上帝说，诸水之间要有空气，将水分为上下。于是有了空气，空气也叫天空。第三天，上帝说，要把地上的水聚在一块，把陆地露出来，让各种能结果实或种子的植物生长。于是，陆地就露出来了，种子植物开始生长。这是第三天干的事情。第四天，上帝说，空中要有一些星体，以定节日、日子、年岁。于是有了日月星辰。上帝看着很开心。第五天，上帝说，无论水里、空中，都要有生物。于是就有了游鱼飞鸟。第六天，上帝说，地上也要生出活物来，而且要有人，以管理地上的一切动物。于是就按照自己的模样创造了人，并将地上的果蔬都赐给人作食物。事情就这样成了。第七天，上帝说，我要休息了。于是，那就是一个圣息日，一个连上帝也要休息的日子。这就是创世七日。[①] 上帝按照自己的模样创造人，使之具有某种神性的过程，如果理解为某种教育过程，则最初的教育好像就来自于世外高人，来自于神的手笔。照此，教育起源的过程，就是一种借助神力而实现的灵魂再造过程。

当然，虽然在创世第六天就有了人，他们具有某种神性，但并不具有善恶观念。而且对上帝来说，人是不需要知道这些东西的。因为知道了善，也就知道了恶。或者说，你要知道善，就会知道恶。而一旦知道了恶，你就知道如何为恶，而且有可能为恶。上帝最初创造的是亚当，之后从亚当的身上取出一块骨头，又创造了夏娃。然后告诉他们，伊甸园里有很多水果，只有善恶之树上的苹果不能吃。但是有一天蛇对夏娃说，那个苹果很好吃。夏娃又对亚当说，那个东西很好吃。他们就都偷吃了禁果，结果发现大家都没穿衣服，因而躲起来不敢见人。上

① 《圣经·旧约全书》。

帝喊：亚当你到哪里去了？他说：我在这里，我不敢见您，因为我没穿衣服。上帝一听，知道坏事了，就问：你怎么知道自己没穿衣服？他说：因为我吃了苹果。上帝又问：谁叫你吃苹果的？他说：夏娃说苹果好吃。于是上帝把夏娃找出来，质问道：你为什么要亚当去吃苹果？夏娃说：蛇说苹果好吃。最后上帝罚蛇用肚皮行走，终身吃土。女人世世代代要怕蛇，饱受生育之苦，还要受男人管教。男人则要终身劳作。这个是《圣经》中关于善恶的传说。因为有了善恶意识，弃恶扬善的教育就有了必要，暗示了某种世俗的道德教育的起源。

在我们中国的神话传说中，也有很多和教育连在一起。比如女娲造人，就是她用黄土按照自己的模样进行的。按照自己的模样造人，如果不是机械地理解，就不单是塑造一种外貌，也应包括灵魂的再造。这就具有教育的意味。还有伏羲创制八卦。传说中伏羲和女娲是兄妹，但他们两个又是“天生的一对”，而且都是人首蛇身。人首蛇身，也就是“”，很像今天的“道”字。事实上人们很早就把伏羲跟“道”联系在一起，因为传说中正是人首蛇身的伏羲创制了八卦。有了八卦就可以“前知五百年，后知五百年”，也就可以明“道”了，他也因此被尊为道教的始祖。当然，不单是明道，他还传道。而且说到底，明道本身就是传道。他还教人结绳记事——这被称为我们中华文明的起点——就有更明确的教育意味。然后是神农。神农教民劳作与稼穑，这是农业文明的源头。他还遍尝百草，这又是中华医学的源头。据说在伏羲、神农之前还有一个燧人氏，教人钻木取火。后面还有仓颉造字。传说仓颉是黄帝的一个史官。因为文字这东西太逆天，所以其面世之日谷如雨下（这也是谷雨节的来历），晚上鬼哭狼嚎，真个是惊天动地。所以《淮南子》中这样记载：“昔者仓颉作书，而天雨粟，鬼夜哭。”[1] 就是传说中的这样一些带有神性、具有超凡能力的半人半兽般的人，使教育在我们生长的土地上生根了。这样一些东西当然都是传说，但也不无启发。

（二）教育的世俗外源头

认识到教育最初可能是借助某种神秘力量而实施的灵魂再造过程并不容易。

---

① 《淮南子·本经》。

涂尔干就只将年长一辈对年轻一代施加影响的过程叫作教育。[①] 实际上这种教育有太强的世俗性，而且出现得也很晚。今天，社会上到处都是老年人。但在初民社会中，由于生存条件的限制，老年人很少，有的时候还有“弃老”的传统。而且由于知识经验也很少，年长一辈和年轻一代的区分几乎不存在教育意味。涂尔干就认为，当大人几乎没有什么好教给小孩的时候，小孩也没有什么必要跟大人学，因而几乎不可能有年长一辈对年轻一代的文化传递活动，那种为了促进文化传递而实施的纪律与惩罚行动因此也非常少见。[②] 结果大家就只能生活在一个差不多均质化的社会里，没有什么知识经验，也没有什么值得称道的文化系统。大家都差不多，没有老年人教我们，爸爸妈妈也跟我们差不多，那还有什么人能够震撼我们，能够让我们觉醒呢？可能是盖世英雄，也可能是通灵的巫师，当然还可能是来自另一个部落的非凡个体，穿得比我们还怪，文身比我们的还令人恐怖。

日本京都大学教授矢野智司关于教育起源的理论就与此有关。在他看来，强调教育的世俗性只不过是以西方为范本。2007 年，石中英教授请他来北京师范大学的时候，他就讲了世俗外个人的诞生与教育的起源之间的关联。当然，他所说的世俗外个人不是勇士或巫师，而是苏格拉底、释迦牟尼（Sakya-muni，前 565—前 486）、耶稣（Jesus）、查拉图斯特拉（Zarathushtra，约前 628—前 551）这样的“创始之师”。像苏格拉底就似乎生活在另一个世界，大家认可的东西他偏要去质疑，结果破坏了人们对神与世俗秩序的信仰，最终被处死，说他蛊惑青年。但恰恰那些日常生活中接触不到的东西，能给我们真正的震撼。所以矢野智司认为，苏格拉底的出现，是教育起源中的重大事件。甚至苏格拉底之死，也是教育起源中的重大事件。苏格拉底临死之前说：“动身的时刻到了，我们各走自己的路。我去死，你们去生。何者为佳，唯上帝知道！”[③] 这个东西至今仍给了我们极大的震撼。他的弟子，包括柏拉图，就直接从苏格拉底那里汲取能量。在矢野智司看来，所谓“创始之师”，就是指以自我牺牲让弟子体会生命意义的人。

---

① ［法］爱弥尔·涂尔干：《教育与社会学》，见［法］爱弥尔·涂尔干著，陈光金、沈杰、朱谐汉译：《道德教育》，上海人民出版社 2001 年版，第 309 页。

② ［法］爱弥尔·涂尔干著，陈光金、沈杰、朱谐汉译：《道德教育》，上海人民出版社 2001 年版，第 182～183 页。

③ 译文出自［意］奥里亚娜·法拉齐著，郭毅译：《人》，新华出版社 1982 年版，扉页。原文出自柏拉图的《苏格拉底的申辩》。

正是他们的无私馈赠给了我们“厚重一击”，同时让我们意识到良心的谴责和愧疚之情。因此，无论何时，后世对前世，尤其对部族的创始人，负有法的义务，应以牺牲与努力来回报祖先的功德，正是这种信念支撑着共同体。甚至在以共同体为起源的教育中，也是以创世之师“赠与的壮举”为起点的。它超越了以现实的有用性为主导的社会原理，将游离于“社会化”“发展”理论框架之外的死亡、荡净、款待等迥异于近代原理的价值观引入其中，突破了一直以来我们所标榜的道德之局限，向我们展示了一种超越交换原则的生命伦理的新视角。①

还可以把世俗外个人拓展得更宽泛一点，不仅指世俗外的世俗个人，还有韦伯所说的那些魅力型权威。这种魅力型权威，我们一碰到就马上心悦诚服、顶礼膜拜，教育就在这个过程中不知不觉地产生了。日常生活中存在的诸种教育当然很有必要，但那种让人感觉到自己确实受到了启示与震撼的，不是这个东西，而是看到了“世外高人”。只是到了传统社会，人们才慢慢地意识到，生活中没有魅力的那些人，那些不苟言笑却要求我们刻苦学习、动不动还打我们屁股的人，才是我们真正的人生导师。而那些原来有魅力的人，慢慢退出了教育舞台。但就人们自身所能意识到的那些方面来说，最早、最有教育意义的场景，主要还是碰到了世外高人、天外飞仙，碰到了那样一些有魅力、天赋异能的人，或是碰到了另一个文化圈子里的人，或者同一文化圈子里的那种不食人间烟火或是怀抱赤子之心的人。最早能够看得出比较成型的教育形态的，主要还是这样一种魅力型教育。哪怕我们今天的教育，很多时候也不是由很社会化的人来教不社会化的人，而是由不怎么社会化的人来教社会化过程之中的人。我们老师始终在某种意义上保持了纯真，保持了洁身自好以及由此而来的独特个性，始终不是跟这个社会中的其他人非常合拍。尤其是我们大学老师，很多的时候就像那个牛虻，成天嗡嗡嗡地叫，以让人从日常的习惯状态中惊醒过来，超越常识与俗务的束缚。

---

①［日］矢野智司：《作为赠与者的教师的诞生与死亡——教育起源的另一种言说》，北京师范大学教育学院2007年10月讲学稿（翻译：王威；校对：赵勇）。原文参见矢野智司：《贈与する先生の誕生とその死—教育の起源をめぐるもうひとつの物語》，见矢野智司著：《贈与と交換の教育学》，東京大学出版会2008年版，第30～50页。

（三）劳动起源论与需要起源论

有魅力的人在最初的教育中确实扮演了关键的角色，但这关涉的其实只是最令人震撼的那一部分教育，并不是全部教育的最终起源。后面我们也会讲到，巫术这些东西，在初民社会中也不能乱用。在这里，我们想特别指出的是，像矢野智司那样，将教育的起源归结于少部分超凡脱俗人物的恩赐，还会遭到另一些人的诟病：如果最初的教育真的是来自那些有魅力的人，来自英雄、勇士、巫师、神棍，或者来自有闲者，而那些忙忙碌碌的人都像美国社会学家凡勃伦（Thorstein Bunde Veblen，1857—1929）所说的那样，都是些没有魅力的人，不能给我们以震撼，他们通过日积月累的劳作才能实现目标，根本不值得敬畏，真有魅力的人平时都不怎么干事，一干就特有冲击力，[①] 让我们“就这样被你征服”，那岂不就是说“剥削阶级”才是教育的创造者吗？“school”（学校）这个词，它的拉丁文词源意思确实是“闲暇”。有闲阶级因为不需要干杂活，确实可以征服掠夺，可以将沉思作为生活方式，可以舞文弄墨、教书育人，但教育的起源并不能等同于学校的起源。而生活中的某些教育——如生产经验的传递——并不需要以闲暇为前提。很多受马克思或马克思主义影响的人很不喜欢这样的观点，觉得它有很强的阶级背景在里面。他们提出的是“劳动起源论”，认为人们的目的—意识、心理能力、知识经验、协作行动、交流需要、语言媒介乃至教育意向，都是在生产劳动过程中发展起来的，教育起源于以制造工具为标志的自觉劳动。

关于教育起源的理论，国人提得最多的，就是这种劳动起源论。它反对将教育的起源归结为少数精英，而是认为教育起源于作为人类生活根基的日常生产。其主要根据是马克思、恩格斯的一个主张：“一当人开始生产自己的生活资料的时候（这一步是由他们的肉体组织所决定的），人本身就开始把自己和动物区别开来。”[②] 或者说“劳动创造了人本身”[③]。这本身是一个极有深度的学术见解，对理解教育也非常有启发。所以，我们国家在 20 世纪 50 年代就有人明确提出，教育

---

① 参见［美］索斯坦·邦德·凡勃伦著，蔡受百译：《有闲阶级论——关于制度的经济研究》，商务印书馆 1964 年版，第 3～19 页。

② ［德］卡尔·马克思、弗里德里希·恩格斯：《德意志意识形态》（1845—1846），见中共中央马克思恩格斯列宁斯大林著作编译局编译：《马克思恩格斯选集》（第 1 卷），人民出版社 1995 年版，第 67 页。

③ ［德］弗里德里希·恩格斯：《自然辩证法》（1873—1886），见中共中央马克思恩格斯列宁斯大林著作编译局编译：《马克思恩格斯选集》（第 4 卷），人民出版社 1995 年版，第 374 页。

起源于以制造工具为标志的自觉劳动。① 但劳动起源论也有它的问题。劳动中间当然会有教育，但日常生活中也有教育。而原始社会有更多的祭祀活动、更多的庆典、更多的征服性活动。说到底，劳动起源论主要也是一种阶级立场，而不是一种纯粹的学术观点。强调劳动的作用其实就是要反对剥削，要给劳动人民以地位，要对剥削阶级的思想意识进行修正。在劳动起源论者看来，资产阶级对于劳动的地位或作用经常避而不谈，是因为这种结论对自身不利。但他们自己之所以如此，也是为了公开表明这样一种阶级立场：教育的产生不是剥削阶级的功劳，剥削阶级垄断教育是反动的。所以，劳动起源论本身也有一个阶级目的在里面。此外，劳动起源论还倾向于将教育看成是一种上层建筑，看成是一种至少在逻辑上后于生产劳动或经济活动的东西。这样一来，将教育与人本身就做了一定的切割。而我们则倾向于相信，不仅生产劳动使我们产生了教育的需求，人本身就是一种需要教育的动物，而且只要有人的地方就必定有教育。

有一阵我们把教育与生产劳动相结合看作社会主义教育与资本主义教育的分水岭。这样一种教育与生产劳动相结合的观点，它的政治性太强了，需要维护的东西太多了，完全没有做到客观中立，所以还是有问题的，而且会带来很多很多的新问题。如果只有社会主义教育是与生产劳动相结合的，那这里所理解的生产劳动的性质是很值得怀疑的。“剥削阶级”并不是什么事情都不干，除了吟诗作对，他们也要考虑国家的治理，甚至还要考虑工厂的管理、技术要素的组合、市场的需求、生产的布局，还有工艺与产品的创新。如果这些东西都不是生产劳动，只有劳工阶级所从事的体力劳动才是，那与教育结合的生产劳动就只能作为一种“防腐剂”了。就是防止我们思想上腐化变质，永远保持劳动人民的“本色”。在这种情况下，也就不能安安静静来搞教育了，经常只能把课堂移到田间地头或车间，实际上是要取消学校教育。这样做，看起来教育与生产劳动结合得很好，其实是分离的：文化教育让我们实现当家做主，劳动教育使我们翻身不忘本。因此，当时的文化教育主要是一种福利事业，一种政治事业。它不是要提高人们的技术能力，也不靠它来实现什么社会公平，而是用来确保教育的社会主义方向。这样

① 参见陈震东：《对教育起源的探索》(1959)，见瞿葆奎主编，瞿葆奎、沈剑平选编：《教育学文集·教育与教育学》，人民教育出版社 1993 年版，第 192～233 页。

的教育与生产劳动相结合就有一种强烈的政治意味，不是基于现代技术或科学，而是基于阶级斗争的需要。这样一来，劳动起源论背后隐含的东西就太多，很多时候就成了“不但学文，也要学工、学农、学军，也要批判资产阶级”①。

为了能够克服劳动起源论的这样一些片面性，北京师范大学的一个老教授毛礼锐先生（1905—1992）在1961年提出了需要起源论。需要起源论不是单纯从生产活动方面来谈教育的起源，而是从人类生活方方面面的需要来谈。确实，原始人即使再忙，也要抽出时间来拜一拜神灵，不管在劳动之前、之中还是之后，不然他们就没办法安顿自己或诸天神灵。所以人并非只是生产劳动的主体，从一开始就生活在想象的激情之中，从一开始就处在一个自己编织的文化网络之中。②可以说，在人类生活方方面面的需要和能力之间的差距或矛盾，是造成我们需要教育的最为根本、最为完整、最为全面的原因。毛礼锐当然没有否定生产劳动的意义，但他认为如果一定要用一句话来说明教育起源，就只能这么说：“教育起源于原始社会人的社会实践或实际生活的需要。”③ 这样说有一定的道理。后面我们也会讲到，获得优先发展的教育，并不是有关生产劳动的教育。与生产劳动相结合的教育是在近现代社会才最终发展起来的。人类社会之初，占主导地位的教育形式是一些宗教性的东西。毛礼锐还正确地指出，教育的起源是一个相当长的历史过程，实际上在整个原始社会教育都处在一个发生期，处在一个起源的阶段。④需要起源说一方面肯定了劳动起源说的一些合理因素，另一方面又试图摆脱过于狭隘的劳动起源论，抛弃其中的意识形态因素，在一个更广阔的社会生活空间中审视教育的意义。但总的来说，这样将社会生产生活的方方面面置于同等的地位，还是过于平稳了，也没有关注到人自身的教育意义。说到底，教育不但与人的现实生活或者需要息息相关，它还参与了现实生活本身的创造。

---

① 语出毛泽东的“五七指示”，那是1966年5月7日毛泽东审阅军委总后勤部《关于进一步搞好部队副业生产的报告》后给林彪的信。信中从讲人民解放军应该是一个大学校，讲到“学生也是这样，以学为主，兼学别样，即不但学文，也要学工、学农、学军，也要批判资产阶级。学制要缩短，教育要革命，资产阶级知识分子统治我们学校的现象，再也不能继续下去了。”

② 参见［德］恩斯特·卡西尔著，甘阳译：《人论》，上海译文出版社1985年版，第33～34页。

③④ 毛礼锐：《中国原始社会的教育起源与教育性质问题》，见瞿葆奎主编，瞿葆奎、沈剑平选编：《教育学文集·教育与教育学》，人民教育出版社1993年版，第235、236页。

（四）生物起源论及其回应

与前述理论截然不同的是教育的“生物起源论”①。生物起源论的主要代表人物，是法国人类学家勒图尔诺（Charles Letourneau，1831—1902）。在他看来，动物中间也有教育，而且这种教育和人类的教育有着共同的基础。尤其是高等动物，完全可以确认存在着有意识的教育。而其他动物，至少有一种由遗传而得到的潜在教育。他从动物的教育、家畜的教育、动物的语言方面，提供了很多很多的证据。② 小动物从一开始就会进食，但并不是从一开始就会捕食。狮子或是老虎把猎物抓回来以后，经常不着急把猎物咬死，而是丢给小幼崽们去处理。它们在这些过程中学会了最初的猎食技能。而且，动物总在某些特定的时期特别容易接受外部的影响，尽管这个向外打开窗口的时间不是很长。不管怎么说，在动物中进行合适和经常的训练，在一定程度上能使遗传倾向有所改变，甚至还能形成一些新的倾向。此外，动物也有自己的语言，能表达责备、警告、挑衅、惊慌、鼓励、呼唤和亲昵等多种信息。反正勒图尔诺举了很多例子，逼迫我们对“教育是人类社会的特有实践”进行反思。

当然，我们也经常能看到一些对生物起源论的反驳。

（1）动物只是在用自己的身体适应环境，没有对教育的需要。这不足以说明动物与教育没有联系，因为我们也需要用身体来适应环境。不仅仅要用嘴巴说，也要动情，不动情就教不好。我们今天进行叙事研究，叙述生命体验，其实也是用身体在写作。曾经看到一句话，给我很大的震撼，它说一个女人“眼眸清澈纯真，而身材却妖娆浮凸”。从来没有人如此来形容这样一种女人，我们以前见到这种女人就觉得她是妖女。（学生笑，骚动）但这句话一下子就把我催醒了。我们有时候不恰当地把身体和心灵对立起来，但现代教育越来越尊重身体。所以，用身体去适应环境，难道与教育没有关系吗？人们对那些美女作家“用身体写作”的

---

① 教科书经常还提到美国教育史学家孟禄（Paul Monroe，1869—1947）的心理起源论：教育起源于无意识的模仿。其实孟禄只是说，原始教育过程乃是一个无意识的模仿过程，并未真正涉及这种教育的起源问题。如果真的要从心理的角度追寻其起源，则可以归结到这里的生物起源论。参见［美］保罗·孟禄：《原始教育：一种非进取性的适应的教育》，见瞿葆奎主编，瞿葆奎、沈剑平选编：《教育学文集·教育与教育学》，人民教育出版社 1993 年版，第 183～188 页。

② ［法］查尔斯·勒图尔诺：《教育的源起》，见瞿葆奎主编，瞿葆奎、沈剑平选编：《教育学文集·教育与教育学》，人民教育出版社 1993 年版，第 156～177 页。

批评虽有一定的道理，但无论如何，身体本身还是有其意义。2010 年，教育基本理论研究院一个女学生开题，也提出要用身体来思考女人的成长，大家都很认可。有学者还提出了“身体教育学”（body-based pedagogy）①。杜威也有一个很重要的观点：感官不是知识的门户，而是行动的刺激和行为的引线，它在性质上是触发的，不是认识的。② 如果感官是知识的门户，大部分身体就是没有用的，有用的只是耳朵、眼睛、舌头、鼻子、皮肤这些感官。但事实上看到什么之后，我们首先要行动，要全方位去感受，全身心投入，这样才能真正有所收获。传统的教育学忽略了身体，把身体简化成几个感觉器官，认为我们坐在教室里，只要听老师讲就行了。但今天说要动手、动脑、动嘴，什么东西都要动，而且心动不如行动，要全身心地投入。杜威的这个观点其实就是提醒我们，不但要善待我们的身体，还要善用我们的身体，还要善待那些重视身体的观念。

用身体适应环境并不意味着就没有教育的需要，说动物仅仅用身体适应环境也不对。2012 年我在“动物世界”中，看到黑猩猩为了吃到椰肉，想了很多很多办法，包括用手掰，用牙齿咬，也包括用屁股坐，用石头砸。这其实已不仅仅是适应环境，而是制造工具、创造新现实。（学生感到吃惊）难道只是使用工具，不是制造工具？制造工具和使用工具之间的区分究竟在哪里？制造工具其实只是技术要素的重新组合、意义的重新赋予，因而也只是从一种新的角度使用工具。就像这个水杯，你说它是盛水的，用它来盛水，并且用手端起来喝水，那它对你而言就是杯子。用它来砸人，那它就是凶器。事实上物质不灭，因而没有什么是你所能重新创造的，你能做的就是重新组合。③ 所以说，制造很多的时候就是我们赋予对象一种新的定义/意义，以一种新的方式使用它，或将之与新的事物组合着使用。我们前面提到的巴西教育家弗莱雷讲道：“说出一个真正的词，就意味着改造世界。”④ 世界不一定只有从外部形态上才能改变，只要我们对它有了新的理

---

① 刘良华：《“身体教育学”的沦陷与复兴》，载《西北师大学报（社会科学版）》2006 年第 3 期。

② ［美］约翰·杜威：《哲学的改造》，见赵祥麟、王承绪编译：《杜威教育论著选》，华东师范大学出版社 1981 年版，第 243 页。

③ 参见［美］约瑟夫·熊彼特著，何畏、易家祥、张军扩等译：《经济发展理论》，商务印书馆 2000 年版，第 17～18 页。

④ ［巴西］保罗·弗莱雷著，顾建新等译：《被压迫者教育学》，华东师范大学出版社 2001 年版，第 37 页。

解，跟它建立起了新的联系，它就因此而改变。正因为这样，当我把你们自传中的一句话背出来的时候，就像说出了弗莱雷口中的“真正的词”，一种令人触动、富有教益的关系，就在你我之间重建。这就是意义赋予与技术组合的创生性。因此，哪怕改变了屁股的功能定位的黑猩猩，也肯定是制造了一件新工具，与世界重建了一种新关系。此外，动物总还或多或少地生活在一定的群体之中。当然它未必意识到需要向同伴学习。但在动物之间实实在在发生的学习、影响或互动，怎么就不能是人类教育的前身？

（2）动物的“教育”是一种基于亲子和生存本能、生理需求的自发行为，并不具有意识性和社会性。说动物的“教育”是一种本能行为不知道有什么依据。那些有着中枢神经系统的生物，你能说它们完全是按照本能而行动，没有丝毫的意识？而且，动物的行为与其生存环境有着密切的关联。一只作为宠物的猫与一只用来捕鼠的猫，对待老鼠是两种完全不同的态度。一只圈养的虎与一只野生的虎，对待猎物也是两种完全不同的方式。一匹狼与一只家犬相比，连叫声乃至好叫的程度，也都已有很大的不同，怎能仅仅用本能来解释？此外，即便动物的“教育”是一种基于亲子和生存本能、生理需求的行为，也并不能否定它与教育的关联。2011年，我爱人班里搞班训，让我给她想一想。我就从《论语》中找来两句话，一个是“绘事后素”，一个是“文质彬彬”，结果她非常满意。对于“绘事后素”①，有两种不同的解释：一是先要有白底，然后才好作画，亦即“绘事后于素”，就是说先要有好的本性，然后才好文饰；② 二是“绘事后则素”，就是说先作画，再用白的颜料烘托。③ 不管怎么样，两者都认为要先基于原有的东西，再将它烘托出来。而“文质彬彬”呢，孔子说：“质胜文则野，文胜质则史。文质彬彬，然后君子。”④ 意思是说：质朴多于文采，就流于粗俗；文采多于质朴，则流于浮夸。只有质朴和文采配合得当，才堪称君子。因为动物养育幼崽是基于亲子关系和生存本能，就说它们没有教育，是没什么道理的。至于说动物没有社会性，

---

①《论语·八佾》载曰：“子夏问曰：‘巧笑倩兮，美目盼兮，素以为绚兮。’何谓也？子曰：‘绘事后素’。曰：‘礼后乎？’子曰：‘起予者商也，始可与言《诗》已矣。’”

② 朱熹《四书章句集注·论语集注》：“绘事，绘画之事也；后素，后于素也。”

③ 何晏（？—249）《论语集解》引东汉郑玄注：“绘画，文也。凡绘画，先布众色，然后以素分布其间，以成其文。”

④《论语·雍也》。

这要看如何理解社会性。事实上动物之间也是相互依赖的，而人的社会性也是与生俱来的。[①] 动物的教育当然不能等同于人的教育，但我们现在是在讨论教育的起源，承认它们之间具有某些共同根基并不羞耻，承认它们存在着某些重大差别也不能否定彼此之间的内在关联。

（3）虽然动物有一定的学习能力，但这种学习不过是一种条件反射，完全没有自觉性，而且只是单方面的学，不能等同于教育。学习不能等同于教育？这要看你所理解的教育是指什么。如果是狭义的教育，当然不同于学习。但如果是广义的教育，怎么不能包容无人指导的学习？事实上，中文的“教”“学”“效”“孝”在词源上都是一体的。按照我们的理解，学习至少包括一种自我教育，因而是真正称得上“教育”的。动物学习是一种条件反射不假，但正因为是条件反射，其中必然包含一个自觉的学习过程。通过这个学习过程，原来不能引起某一反应的刺激，最终能和身体反应建立起联系。当然，动物只能对现实的具体刺激如声、光、电、味等做出反应，不能对抽象的语言符号做出反应，不具备使个体经验得到类化、积累与传播的能力。但教育未必非得要传递知识，而且并非只有通过符号语言才能传递信息。前面提到过波兰尼的观点：“我们所知道的多于我们所能言说的。”[②] 事实上，大家还可以追加一句：“我们所赖以实践的多于我们所知道的。”各位今天之所以能走到这里，好多东西说不清道不明，没有意识到，不能被支配，但的确起着重要作用。所以那些未能用符号表达的东西未必不重要，借助语言之外的手段未必不能传递信息。“才下眉头，却上心头”，也能够传递经验。“粉面含春威不露，芳唇未启笑先闻”，也能够传递信息。此外，动物可能没有符号语言，但它们确实有非常发达的情感语言。德国当代哲学家卡西尔（Ernst Cassirer，1874—1945）就把动物的语言界定为情感语言。[③] 而且，动物也可以借助体态来传递信息。有一集“动物世界”讲到，一只猴子好久都没有“人”给它理毛了，好可怜。我们小时候放牛，总喜欢去摸牛屁股，牛也特别喜欢让熟人去摸它。为什么会这样？除了生理上的需要，还有情感上的慰藉。像这样一些情感上的慰藉确实能提供某种教育，这种教育顺畅与否确实能影响到动物的成长或驯化。

---

① 康永久：《先验的社会性与家国认同——初级社会化的现象学考察》，载《教育学报》2014年第3期。

② Polanyi, M. (1966), *The Tacit Dimension*, London: Routledge & Kegan Paul, 4.

③［德］恩斯特·卡西尔著，甘阳译：《人论》，上海译文出版社1985年版，第38页。

看起来生物主要是适应环境，而不是重构一个社会化的环境；主要是靠身体或本能与外界交往，而不是靠语言文字、知识经验、社会活动；主要是形成某种身体联系，而不是形成某种社会心理建构。但分析显示，在高等动物的这些活动与人的教育之间，并不存在截然的鸿沟。因此，生物起源论虽然饱受争议，但很有启发性。说到底，人也是动物界的一部分，把人的教育和动物的相关行为截然分开肯定是有问题的。不少学者不但相信动物之间有教育，甚至认为动物对人也有教益。卢梭在《爱弥儿》中就说："对有生命和感觉的生物来说，所有一切都是教育。"① 他更相信"自然的教育"，认为这种教育是其他教育的根基。②英国教育学家沛西·能（Percy Nunn，1870—1944）也明确指出，动物也有教育，这种教育是天生的，无须周密的考虑和科学的指导，扎根于本能、生物的冲动、本性和力量，很多时候就是在"和时间交易、和环境来往"的过程中学到了一些东西。它们看起来和人的教育很不一样，但他觉得这个差别被夸大了。在他看来，动物的教育和人的教育的差别，大致相当于"乡村教堂和大教堂之间的差别"。③ 当然乡村教堂和大教堂的差别还是很大的。2010 年，我们全家去了一趟哈尔滨。在哈尔滨看了几天的雪景、雪雕，也没感到有什么特别之处。但一看到那个圣索菲亚大教堂，真是肃然起敬啊。完全是意外之喜！乡间教堂和大教堂的差别很大，但说到底也都是教堂。如果考虑到教育是基于善意的心理影响，善意中有一种是先验的善意，这种善意甚至是最根本的善意，有善意的地方至少有某种心理影响，那么，承认动物也有某种形式的教育（它们确实能表达某种善意），似乎也不是一件太难的事情。那种太强的人类中心主义倾向，现在看来确实是成问题的。

（五）教育的先天根源

教育的世俗外起源理论指出了教育起源过程中的一个重大问题，对今天高度世俗化的教育学话语是一个突破。尽管不能因此否认教育作为一种社会化实践的意义，但说到底社会化并非都是以世俗化、常规化、制度化为依归的。至少，教育的全部起源不能只从常规的生活实践之中去寻找。但像世俗外起源理论那样，

---

①② ［法］让-雅克·卢梭著，李平沤译：《爱弥儿：论教育》（上），商务印书馆 1991 年版，第 48～49、7 页。

③ ［英］沛西·能著，王承绪、赵端瑛译：《教育原理》，人民教育出版社 1992 年版，第 21 页。

把教育的最初形态或全部根源都归结到这样一种非常规的魅力型实践，也不是很靠谱。劳动起源论就其关注生产实践的奠基性意义而言，它们显然在凡俗生活中发现了不平凡之物，但片面强调生产实践的作用也不尽恰当。与其说那种与生产劳动息息相关的教育是劳动的产物，不如说它是劳动本身的属性、功能或要素。而且这种与劳动密切关联的教育本身也不是教育的全部，甚至不是它最重要的部分。需要起源论试图调和诸种起源理论之间的分歧，堪称全面周详，但它缺乏足够的理论深度与冲击力，而且也没有关注到人本身的教育意蕴。对我们来说，要理解那些具有明确的教的意识的教育的起源，可能既要承认日常生产生活的教育学意蕴，也要承认那种超凡脱俗的实践活动的教育意义，而要进一步理解那种基于先验善意的教育实践的起源，则必须承认人本身的教育意义，而生物起源论正是在这里给我们提供了一个基点。我们以前以为生物起源论最荒谬不过，完全否定了教育的社会性。其实说到底，人不是突然从天上掉下来的，不是上帝在创世的那七天里面辛辛苦苦造出来的，也不完全是社会生活实践的产物。最广义上的那种教育，最终还是跟我们生物的冲动、本能的力量连在一起的。

杜威的现代教育学（modern pedagogy）就充分认可了人自身的教育意义。它不但基于进化论，而且在根基上基于全部生物学。他不认为是我们这种上课形式——主要是通过听、通过言传、通过系统知识、通过意志努力、通过与社会生活保持距离——才带来了人的发展。至少他不认为真正的教育过程就像我们意识到的这样，仅仅基于一些人之为人的特征。杜威首先非常强调感觉的引导作用。这不是说单靠视、听、嗅、触、味就能获得知识，也不是强调通过语言就能获得知识，更不是强调知识通过语言就能直接进入别人的头脑。他认为感觉的作用只是引起行动，而行动才真正带来知识。所以他说：感官不是知识的门户，而是行动的引线。① 是实践出真知，而不是感觉出真知。只是我们经常忘记了自己的身体与行动，忘记了这样一些东西其实才是教育的真正基础，忘记了要把学校教育真正建立在日常生活甚至身体活动的基础之上。而杜威的教育学压根就没有把人当作一个特殊的种群，至少没有把这个太当一回事，更没觉得在人与动物之间有不可逾越的鸿沟。他的教育学主要建立在进化论乃至生物学的基础之上，建立在

---

① ［美］约翰·杜威：《哲学的改造》，见赵祥麟、王承绪编译：《杜威教育论著选》，华东师范大学出版社 1981 年版，第 243 页。

对人与动物哪怕低等动物相互类比的基础之上。① 很长一段时间来，我们觉得人一定要搞出很好的计划来，然后照着办，好像才像一个人。或者只有由这样的人规划的社会，才是一个好的社会。单凭个人有限的知识和经验自主行动，我们认为是搞不好的。但事实上，每个人拥有的那些看起来很不起眼的知识和经验，和动物的知识经验几乎没有差别的那样一套东西，才是人类知识的真正根源。正是在这样一些独立生活的芸芸众生之间，存在着亚当·斯密（Adam Smith，1723—1790）所说的无形之手的力量。②

与此相关联，杜威教育学特别关注身体的认识论意义。在传统社会中，身体是需要控制的对象。《红楼梦》里说贾宝玉“纵然生得好皮囊，腹内原来草莽”。甚至到现在，一个人长得太漂亮、太帅气了，我们也叫她/他花瓶、绣花枕头或空心萝卜，搞得有些长得漂亮、帅气的人心理压力也很大。很多时候大家都采取一种苦行僧的方式，似乎只有不断磨砺或摆脱了自己的肉体约束，灵魂才能够得到解脱。在日常生活中也好，在学校生活中也好，身体都是需要严厉控制的对象，而不是可以或必须加以借用的主体。我们觉得头发长则见识短，四肢发达则头脑简单，“青砖大了是坨泥，小小秤砣压千斤”，“矮是人类浓缩的精华”……所有这些都包含了对身体的偏见。好的身材、美的身姿，仿佛都是引人犯罪的祸水，而不是催人上进的力量。所以身体的使用与美化，至今依然是个隐私。但真正现代的认识论强调身体的意义。无论是我们一直关注的实用主义者，还是法国哲学家梅洛-庞蒂（Maurice Merleau-Ponty，1908—1961），都特别强调身体的作用，认为所有经验都是身体的经验。③ 我们以前不注重身体，所以一上课就说“坐好！”教小朋友的时候则说：“一二三，坐端正！小嘴巴，不说话！”（学生笑）但是你不让那些个小嘴巴说话，小朋友就失去了很多自我动员与自我展现的机会，就不能全身心地投入到学习中来。对身体的重视实际上是对主体性的重视，是对主体经验的尊重，是对日常生活的关注，是对主体所浸淫的文化的宽容，是对内在自我的认可。全身心投入到自己的活动当中去，包括充分利用好我们的身体，充分利

---

① ［美］约翰·杜威著，王承绪译：《民主主义与教育》，人民教育出版社 2001 年版，第 6～8 页。

② ［英］亚当·斯密著，郭大力、王亚南译：《国民财富的性质和原因的研究》（下），商务印书馆 1983 年版，第 27 页。

③ ［法］莫里斯·梅洛-庞蒂著，姜志辉译：《知觉现象学》，商务印书馆 2005 年版，第 97～265 页。

用好我们所置身的这个空间，充分利用好自己的真实需求和真实体验，才能够真正帮助我们获得知识，赢得尊重，形成自我的途径、基石与前提。就好像歌手郑智化，你去听他的歌，就能感觉到他那源自身体的反抗，“何不随我一起放荡游戏人间?”他有的只是一个残障的身体，但就是这个身体，对他的认识论意义更特别，他写的歌因此而具有一种令人震颤的力量。

与此相适应，杜威的现代教育学特别强调知识的工具性。我们平时总觉得知识是真理，是需要顶礼膜拜的对象，一看到知识就趋之若鹜，一发现自己缺乏知识，就两股颤颤，几欲先走。我们总觉得自己的东西不科学，由专家研究出来的那个东西才叫科学。但实用主义说有用即真理。这样一来，在知识工具与动物使用的工具、使用的手势、使用的那些沙哑的嗓音或啸叫之间，就没有绝对的界限。所有这些东西，都只是我们改造世界的合用手段。有些同学可能不同意，人类的知识怎么能跟动物的经验与工具混为一谈？但事实上除了那些先验的知识（存在于数学与逻辑等领域），以及有关自然界的那些因果解释，所有知识都只是一种社会建构。甚至有关自然界的因果解释，也都是一些暂时性、假设性的东西，总有某些竞争性的观点在与之对抗，总有别的解释范式在与之竞争，至少有进一步发展的潜力和必要。有关教育的知识就更是如此。某些解释可能比别的解释能更好地解释教育现象，但人类社会或教育中的规律始终是特定情境中的规律，总是依存于特定的互动结构与社会情势。当然，人与动物的区别之一，就是人能超越具体的情境，提出某些普遍的、形式性的、程序性的行动准则。但即使这些行动准则，也是个人适应与改造环境的工具。而且越是中肯的行动准则，越要求我们不要把知识当作顶礼膜拜的对象，而应始终守护人自身的主体地位。

正因为这样，在人类的教育实践中，依然可以看到那种在动物世界无处不在的情境约束。马克思说，动物是与自己的生命活动直接同一的。[①] 其实不仅这样，动物也是与自己的环境直接同一的。它们才真是“骑驴看账本——走着瞧”的物种。人也许不像动物那样受自然环境和自身生命活动的限制，但他比动物更受同伴状况和群体生活的限制，必须更自觉地根据情境中的特定情势行动。就这一点而言，我们与动物之间的差别真的不是不可逾越的鸿沟。但以前的教育教学都强

---

① ［德］卡尔·马克思著，中共中央马克思恩格斯列宁斯大林著作编译局译：《1844 年经济学哲学手稿》，人民出版社 2000 年版，第 57 页。

调超越情境的限制，都认为人类的学习可以借助语言、系统知识与间接经验来展开。结果就开始滥用人之为人的那样一些特点，把人看得太高级或太高贵，好像跟动物根本就不是一回事儿，用一种专属人的方式来教，这样一来就教不好了。所以实用主义者杜威、沛西·能，都强调环境的教育意义。杜威说教育是社会的需要，是环境的功能，其实也是说教育需要借助社会环境，建立在日常沟通的基础之上，充分发挥人本身内在的那样一种不断与环境互动的力量。江苏南通师范学校附小特级教师李吉林（1938— ）的成功之道就叫“情境教育学”（最初叫“情境教学法”）①，也强调我们通过情境来把大家调动起来，让大家积极地参与，主动地表达，把自己生活的经验都纳入到课堂中间来，相互地学习、感染和催醒，而不是通过老师直接来教。看李吉林老师的课堂教学录像，真的会有一种美的享受。这种美不完全是由老师带来的，你会觉得她的每一个学生都很优秀，甚至学生说得比老师还美。这就不是单纯靠老师可以做到的，而是这样一种美的情境把大家内在的潜能都激发了出来。我们就是在情境创设的过程中间改变了自己，也改变了别人。

最后，杜威认为人类社会与动物世界一样，适应性行为普遍存在。我们以前的教育学看起来也认可适应环境，但不是强调适应眼前的环境，尤其不是强调相互适应、共同生活，而是适应未来的环境，是为遥远的未来做准备，因而说到底不是真的认可环境的教育力量。杜威特别反感这一条，当然他也不是要求我们适应今天的环境，而是要求我们过好今天的生活。动物的行为，虽然与人的教育差别很大，但真正有见地的教育理论，都能从动物适应环境、通过身体去行动、骑驴看账本——走着瞧、做什么都不要求做到最好、得过且过等行为特质中获得启发。其中的那样一套自我发展与保存机制，在现代教育学中受到了高度的重视。因此，虽然看起来生物起源论有点离谱，把人混同于动物，或者说把动物等同于人，否定了教育的社会性，但说到底人也是一种动物，从一出生就存在对他人的依赖，或者说本性之中就有社会性，他们的教育和动物的行为确实是有一种进化上的联系，不是有了人之后才突然冒出来的东西。所以生物起源论虽然在某些人那里会遇到特别的困难，但对于我们来说，其实是很好的见解。教育确实起源于人的需要，但这种需要不能仅仅局限于后天方面。人作为一种生物所具

① 参见顾明远主编：《李吉林和情境教育学派研究》，教育科学出版社2011年版。

有的那种冲动、本能或本性，在教育的起源中起着不可忽视的作用。否定人的教育和动物行为之间存在某种关联的主张是草率的，人本来就是神性、理性、道德性、社会性和生物性的统一体。就像狄德罗（Denis Diderot，1713—1784）所讲的那样，“说人是一种力量与软弱、光明与盲目、渺小与伟大的复合体，这并不是责难人，而是为人下定义。”① 因此，在终极的意义上说，人的教育源自人本身，而不仅仅源于人的后天需要，这也不是责难和贬低教育，而是给人的教育更为正确的定位。

今天，对于教育的一个重大挑战，就是充分认识人本身的先天禀赋对教育的意义，认可人本身不仅是可教或需要受教的动物，而且在根本上也是一种教育动物，都是天生的教育者，甚至都是天生的教育家。生物起源论或者通过强调动物养育幼崽的行为与人的教育行为的相似性，或者通过强调人类教育行为本身的本能基础，来推断教育的生物本源。特别强调劳动作用的马克思，也非常关注人本身的肉体组织在社会生活中的意义。他说：“全部人类历史的第一个前提无疑是有生命的个人的存在。因此第一个需要确定的事实就是这些个人的肉体组织以及由此产生的个人对其他自然的关系。”② 涂尔干的研究对此有着特别重要的意义，只是他采取的是一个完全不同的视角。在他看来，人是一种个体存在，同时又是一种社会存在。更为关键的是，这种个体存在与社会存在并非两种孤立或对立的倾向，而是所有有意识的生命里两个共存并紧密交织在一起的方面。③ 几乎可以说，人天生就有一种对社会群体的依恋，天生就有一种与他人建立社会关系的倾向。而且他确实已经认识到，“社会领域的起点，即是道德领域的起点”④，而社会乃是一种超个人的存在。我们完全可以因此而将社会理解为一种先验的存在。由此推断，那种作为社会事实的教育本身也是一种先验的存在，这并不会违背涂尔干的初衷。我们也可以说，人天生就有一种自我呈现并因此走向世界的先验的善意，正是这种善意构成了教育的真正根基，教育因此在根本上就是一种先验的事实。

---

① ［法］德尼·狄德罗：《哲学思想录增补·四十一》，见［法］德尼·狄德罗著，江天骥、陈修斋、王太庆译：《狄德罗哲学选集》，商务印书馆1983年版，第27页。

② ［德］卡尔·马克思、弗里德里希·恩格斯：《德意志意识形态》（1845—1846），见中共中央马克思恩格斯列宁斯大林著作编译局编译：《马克思恩格斯选集》（第1卷），人民出版社1995年版，第67页。

③④ ［法］爱弥尔·涂尔干著，陈光金、沈杰、朱谐汉译：《道德教育》，上海人民出版社2001年版，第56～100、61页。

说到底，不是因为我们在社会生产生活中积累了足够多的知识经验需要传递，也不是因为某些人有通灵的能力而对我们有特别的震撼，让我们心悦诚服，而是因为我们在先天上就是一种教育的动物，我们的本性之中就有教育的基因，教育本身就建立在人自身的先验自我的基础之上。

二、原始教育

（一）原始形态的教育管窥

现在让我们努力回到历史的源头，看看原始社会教育的一般状况。[①]

在这里，首先引人注目的是原始教育的部族性。每个部族都生活在一个自足的空间，这个空间之外就是一个神秘宇宙，或者就是他们所不能掌控的“物自体”（康德的说法）的世界，与世俗生活无关，跟个人的意向状态无关，跟部族的文化行动、影响力，也都通通没有关系。这样的一个外部世界对于他们来说，就是非常令人惊恐的。所以教育行为经常被严格限制在部族之内，“非我族类，其心必异”[②]。美国人类学家本尼迪克特（Ruth Benedict，1887—1948）就曾发现：

> 所有原始部落都同意承认局外人这一范畴，局外人，不仅是那些在一个自己民族奉行的道德法则限制之外的人，而且是那些被草率否定在人类体系中有任何位置的人。通常使用的大量部落名称，祖尼、提纳、基奥瓦以及其他名称，都是原始人用以认识他们自己的名称，而且只是他们用以称呼“人类”的土著术语，“人类”即指他们自己。在这个封闭式团体之外，就再无人存在了。尽管存在这样的事实：每个部落客观上都为其他民族所环绕，这些民族与它分享属于它那部落的艺术、物质的发明，分享通过各民族相互间的“给予—接受”行为而发展起来的复杂习俗，但是局外人仍不是人。[③]

---

① 参见康永久著：《教育制度的生成与变革——新制度教育学论纲》，教育科学出版社2003年版，第162～172页。

②《左传·成公四年》。

③［美］露丝·本尼迪克著，何锡章、黄欢译：《文化模式》，华夏出版社1987年版，第5～6页。

甚至到今天，每一个民族仍都有某种自我中心的倾向。我们中国就叫“中”国（中央之国），他们日本则叫日“本”（日出之所）……我那个时候学的《研究生英语》，一篇课文讲有个人在巴西开车旅游，中途车子水箱漏水了，想找一个地方维修。当地人就告诉他：“很容易啊，只要你拿根香蕉往上面一压就可以堵住了。”然后指着一个地方就跟他说：“那块石头你看见没有，那是世界的中心。”每一个国家都觉得自己是世界的中心，每一个社会都觉得自己是主流、是正统，别人是蛮夷，相互之间经常这么攻击。原始社会更是如此，很多时候都认为“局外人”根本不是人，在人类体系中间没有任何位置。原始人的教育就是在“局内人”中间进行的。“局外人”只能通过联姻、结盟与贸易等极为有限的方式，与一个特定的群体发生某些联系，从而在某种程度上接触到该群体的文化。

其次是生活性。原始教育并没有从人们的日常生活中间脱离出来，它与日常的生产生活融合在一起，没有专门的教育，没有专门的教育者，也没有专门的教育机构。原始生活是一种亲族生活，这种亲族生活有着自己的独特结构。原始的狩猎、捕鱼、采集、养殖、种植、畜牧、制陶、建筑、角斗、射箭是它的社会生产方面；家庭、年龄级序、性别、氏族、部落是它的社会关系和组织方面；神话、巫术、祭祀、礼仪、习惯、风俗、信仰、禁忌、艺术（尤其是音乐、舞蹈）是它的精神文化方面。原始教育，就是渗透在这种亲族生活之中的教育。这种教育围绕着并且主要是在生产劳动、社会生活实践之中进行的。由于没有文字和书本，教育方式主要是耳濡目染和口耳相传。其目的主要不是把每个成员培养成独立个体，而是把他们培养成适应内外环境压力的群体成员。原始人所要适应的环境既包括物质性的自然环境，也包括非物质性的心理与精神环境，以及兼具物质性与非物质性的社会环境，这几种环境在原始人那里是互渗的。列维-布留尔（Lucien Levy-Bruhl，1857—1939）认为：在原始思维的集体表象中，客体、存在物、现象能够以我们不可思议的方式，既是它们自身，同时又是其他什么东西。它们也以差不多同样不可思议的方式，发出和接受那些在它们之外被感觉且继续留在它们里面的神秘力量、能力、性质或作用。这种原始心理现象就是“互渗”。[①] 由于环境之间的互渗，所有环境对原始人类而言，就可能都充满神秘、危险和不确定

① 参见［法］列维-布留尔著，丁由译：《原始思维》，商务印书馆1985年版，第69～70页。

性，需要非常谨慎地对待。适应这样一种生存环境，或者说克服这一生存环境所具有的神秘性、危险性和不确定性，就是原始生活的头等大事。

最后，在这样的教育中没有阶级的分层，有的只是一些自然的分化，一些因年龄、性别、亲疏关系、性格特质等方面的差异而产生的自然分工。年龄在世界上的许多地方都被作为群体成员资格的一个尺度，同一个年龄级序的人，在同一个亲族群体中往往有着相同的地位。老年人由于体力上的不足和经验上的优势，有更多的可能参与群体的文化活动。不同的性别往往也有不同的处境。妇女由于生理上的劣势（如体力差、不善于奔跑、需要怀孕等）和优势（如能繁衍后代、可以哺乳），更多地从事一些流动性低、安全性好、群体性强、便于照看子女的采集工作。就亲疏关系而论，那些经常来往、亲近的群体成员容易成为儿童的照料者，而那些来自陌生人群的“教育影响”则易因陌生者的身份而受到排斥，他们本身提供“教育”的动机也不会十分强烈。此外，那些有特殊性格特质、情绪特别不稳定的人，容易产生神秘幻觉，因而易于成为天地神人的沟通者。由此可见，文化传递的工作逐渐集中到部分人身上是一件自然而然的事情。但这时的教育中确实没有后来那种固定的角色分化，也不带有社会分层的性质。因为对分层而言，“有两个必要的成分：一个是对角色的正式评价，如喜欢或厌恶、吸引或嫌弃；另一个是对受较高评价的角色的获得机会的限制。”① 而在原始社会中，一个人可能充当某一角色这一事实，并不妨碍其他人也来充任这一角色。年长者当然期望后辈能够尊敬他们，或者能承认自己对他们怀有某种责任。但这并不一定说明一个年龄级序“较好”或者“较坏”，也不意味着它会限制别人的进入。一般而言，年龄级序并不具有特权的含义，而仅有自然分工的意味。这样一种单纯的角色分化并不足以说明社会分层。

（二）原始人的两种教育

尽管存在着互渗，从原始教育内部还是可以识别出两种不同的类型。一种是实际教育，就是为了获得生活必需品所做的那些技术上必要的训练。但即便是原始人群，也还是有理论教育，也就是那种为了安抚灵魂而对实际教育与一般生活

---

① ［美］威廉·A. 哈维兰著，王铭铭等译：《当代人类学》，上海人民出版社 1987 年版，第 431 页。

中的困难和问题的解释。① 窗外飘过的那道阴影到底是什么？是人的灵魂出窍了，还是有什么幽灵在窥探着我们？抑或是班主任老师神不知鬼不觉地在窗外阴森森地注视着你们？（学生大笑）从一开始，原始人就有实际教育和理论教育两个方面，一方面适应物质环境，另一方面适应非物质环境。对物质环境的适应不需要理论？当然需要！但一旦需要理论，那种物质环境对原始人来说就不再是单纯的物质环境，实际教育因而也就转换成理论教育。原始人对单纯的物质环境的适应相对较为容易（尽管这对他们本身而言依然很艰难），因而主要借助无意识模仿的形式，虽也有一些自然的分化。而理论教育的发展则更快一些，很早就控制在相对专门化的巫师、术士、驱魔师、药师或诸如此类的人的手中。部落的行为指导——在专门的实际事务上或崇拜的形式方面所给予的训练——构成了这个族类最早的理论教育，关键的是要安顿他们的灵魂。②

非物质环境的重要性跟人的本性有关。就像人们经常说的，要知道一个"怕"字，"举头三尺有神明"。小时候我家乡有一首很凶的民谣，试图阻止小孩去掏鸟窝："取我窠，楼板拖。取我蛋，楼板撼。取我鸟，爷（念 yá，爹）娘死得早。"事实上，所有犯禁的事情都不能做，否则必不得好报。说到底，这个世界并非只有我们，我们也没有对其他一切的主导权。这就给我们提供了一种理论教育：我们不单纯生活在一个世俗空间，还有一个超验的世界，一个我们不能掌握、必须郑重对待、在它面前必须保持敬畏、小心谨慎的世界。这样一来，一讲到神灵，我们就肃然起敬，或者毛骨悚然。事实上，人从一开始就是一个符号的动物，从一开始就有认知和想象，有禁忌和习俗，有对这个世界的主观构造，有由此编织的文化符号。我们的一切都建立在对这个世界理解的基础之上。而且人类社会越往后发展，我们就越依赖于这样一套符号或文化系统，越关注生命的意义。下面是之前提到的卡西尔说的一段非常经典、广为传诵的话。

> 人不再生活在一个单纯的物理宇宙之中，而是生活在一个符号宇宙之中。语言、神话、艺术和宗教则是这个符号宇宙的各部分，它们是织成符号之网

①② ［美］保罗·孟禄：《原始教育：一种非进取性的适应的教育》，见瞿葆奎主编，瞿葆奎、沈剑平选编：《教育学文集·教育与教育学》，人民教育出版社 1993 年版，第 181～182、181～184 页。

的不同丝线，是人类经验的交织之网。人类在思想和经验之中取得的一切进步都使这符号之网更为精巧和牢固。人不再能直接地面对实在，他不可能仿佛是面对面地直观实在了。人的符号活动能力（symbolic activity）进展多少，物理实在似乎也就相应地退却多少。在某种意义上说，人是在不断地与自身打交道而不是在应付事物本身。他是如此地使自己被包围在语言的形式、艺术的想象、神话的符号以及宗教的仪式之中，以致除非凭借这些人为媒介物的中介，他就不可能看见或认识任何东西。人在理论领域中的这种状况同样也表现在实践领域中。即使在实践领域，人也并不生活在一个铁板事实的世界之中，并不是根据他的直接需要和意愿而生活，而是生活在想象的激情之中，生活在希望与恐惧、幻觉与醒悟、空想与梦境之中。正如埃皮克蒂塔①所说的："使人扰乱和惊骇的，不是物，而是人对物的意见和幻想。"②

当然你会说，自然之物怎么后退啦，我看到的就是树，身体就在物质世界中间，呼吸着身边的空气。但实际上，即便这些，都是我们参与建构的东西。我们觉得绿色是环保的，树是绿色的，因此树对我们是有益的，我们就这样看待树，并在校园中种上各种各样的树。但这样一来，树已不是纯自然的东西。看到树我们很高兴，不仅仅是因为这棵树真的能够使我们舒服，而是由于我们对树的这样一种理解，或者更准确地说，是由于树跟我们的这样一种关系，使我们觉得：哇，我们北京师范大学太不舒服了，到处都是房子，没有什么树！我们看起来是在和实际的东西打交道，其实是在和我们建构的、理解的东西打交道，或者是从我们自己的角度和这些东西打交道，甚至真的就如卡西尔所说的那样，是在和自己打交道。一切都必须放到社会关系之中去理解。说到底，不是我们生活在一个纯客观的自然世界，而是它们"生活"在一个社会世界。所以说，人类社会进步到什么程度，自然之物就后退到什么程度。我们在自己身边编织了一套"符号之网"，我们适应这样一个环境的办法，就是把一切东西都赋予意义，然后通过这样一种文化来适应它们，而不是单纯凭借我们的肉身来直接适应物质环境。

---

① 又译艾皮克蒂塔（Epictetus，约50—138），古希腊的一位著名智者。网上还流传他的另一句名言："仅仅一个人的良心比所有的坚固要塞更安全。"

② ［德］恩斯特·卡西尔著，甘阳译：《人论》，上海译文出版社1985年版，第33～34页。

我们在这个过程中走的是一条“外在超越之路”。在这里，人对环境的适应是通过在我们身体之外营造出一种文化世界来实现的。不是使自己的每一块肌肉都刚健有力，或者柔若无骨，而是通过衣服，通过化妆品，通过我们的文化，通过我们的图书馆，通过我们的社会制度来适应这个环境。这样，人跟动物就有一种根本的区别。动物适应环境靠不断地磨砺自己，像道家看重的修炼一样，以自身为鼎镬。而我们从根本上说乃是一种符号的动物，主要通过文化来理解和控制这个世界，以获得内心的安宁。我们接触到的任何东西都不是纯粹的自然之物，而是某种主观构造，以及以此为基础的文化世界。水泥墙有水泥墙的美，万物皆有其美。但你看到树就开心，看到水泥墙就不开心，这是基于我们人的需要、眼光和文化。看起来是在跟树打交道，实际上是在跟一种田园牧歌情调打交道，是在跟一种文人情怀打交道。所以埃皮克蒂塔说：“使人扰乱和惊骇的，不是物，而是人对物的意见和幻想。”来了一只老虎，人们对它很怕，但最怕的时候是我们还不知道老虎为何物的时候，就像《黔之驴》所描绘的那样。不是因为这个东西很有力，而是因为对这个东西不了解，觉得它很有力，跟自己以前看到的东西都不一样，好像天外来客一样。是这个东西让那头驴子令人恐惧。

前面我们也讲了，教室窗外飘过的阴影，会让我们担心。人类之初更是信奉“万物有灵论”（animism），认为任何东西都有其灵魂，都有一种超自然力量。因为神乎其神，所以让我们很恐惧。其实说“万物有灵”还不是很确切，因为在初民社会中，虽然人类也有灵魂，但似乎人的灵魂的力量和其他东西比较而言，总是比较弱小。当然，巫师和勇士还能控制外物，但更多的人好像总是被侵扰，总是受惊吓，以致一看到那些不能理解的东西就特别害怕。只有知根知底的东西我们才放心，才有安全感。所以《黔之驴》中，当老虎了解驴的时候，它就不那么令人恐惧了。我们对一个东西了解得越多，它的神秘性就越小，我们的内在力量就越强大。既然人类社会一开始就充满意见和幻想，都通过符号宇宙来理解世界，通过理解世界来获得安全感，所以就不难理解，人为什么自一开始就是一种理论的动物，理论教育为什么自一开始就非常重要。

（三）最早的公共教育机构

到母权制社会[①]后期，随着狩猎—采集社会慢慢向畜牧农耕社会转变，人类开始定居，生活的磨难开始减轻，老年人越来越多，他们的知识经验变得越来越重要，那种兼具多种公共职能的“青年之家”才慢慢出现。那还不是真正的学校，但它具有学校的某些特征，一般认为它是最早的公共教育机构。在此之前，教育主要在家庭里面进行。那个时候的家庭结构很特别，不是夫妻式家庭，而是血亲式家庭，住在一起的人彼此间都有血缘关系，而且经常是大家庭。如果其中有成年男人存在，那也不是女人的丈夫或父亲，而是其兄弟或舅舅之类。父亲和丈夫不在家庭中间，不是家庭中的稳定成员。而且，人们最初只能像《西游记》开篇所描述的猴群那样，“夜宿石岩之下，朝游峰洞之中。真是‘山中无甲子，寒尽不知年’。”[②] 听起来很浪漫，其实真的很艰苦，因此那时人的寿命都很短，年纪轻轻就死掉了，以致生活中基本上没有老人，要出现如今那种几代同堂的情况很难。由于没有一套稳定的环境因素、生产体系和共同体规范，没有稳定的定居地，此时的老年人事实上还是生活的拖累，而不是知识的源泉，整个社会没有积累足够多的知识，当然也就不可能有什么稳定可靠的公共机构。

但母权制中的青年之家实际上是男子之家，而不是青年女子俱乐部。男孩大概到七岁左右，就需要离开家人进入青年之家，完成相关训练后再回归。这是一系列非常重要的生命礼仪[③]，是男孩成长为男人必须经历的阶段。这种青年之家最初出现在共同体情境的边缘，后来逐渐成了一个氏族的社会生活、军事生活和宗教生活的中心。[④] 这个时候的女孩去哪里了？事实上，她们不是被忽略了，就是被关了禁闭，在此期间接受的只是一种洗脱邪气的磨难教育。[⑤] 这样的“成年

---

① 也有观点认为：原始形式的家族，具有父权的性质。真正的母权制度，只有在不受外敌侵袭的农耕社会中，才偶然建立起来。畜牧民族总是要不断发展军备，因而总有一种绝对的父权形式。参见［德］格罗塞著，蔡慕晖译：《艺术的起源》，商务印书馆2010年版，第30～31页。

② 吴承恩著：《西游记》（上），人民文学出版社1980年版，第3页。

③ 所谓生命礼仪，就是那种引导个人通过他们生命中的决定性转折点——如出生、发育、成人、结婚、当父母、升入较高等级、职业专门化、死——的礼仪。与此相对应的是强化礼仪，那是出现在标志着群体生活危机时期的一些仪式。参见［美］威廉·A. 哈维兰著，王铭铭等译：《当代人类学》，上海人民出版社1987年版，第515～518页。

④［苏］M. Ф. 沙巴耶娃：《论教育起源和学校产生的问题》（1954），见瞿葆奎主编，瞿葆奎、沈剑平选编：《教育学文集·教育与教育学》，人民教育出版社1993年版，第131页。

⑤ 参见［美］露丝·本尼迪克著，何锡章、黄欢译：《文化模式》，华夏出版社1987年版，第22页。

禁闭礼”(coming-of-age confinement)也有一个离别、过渡和归回过程。但她离别之后，就在偏远的地方搭一个小茅房。(学生骚动，笑)茅草房啊！扎一个茅草房，然后给自己披上一层一层的树叶，在那里孤零零地过自己的生理期。她们通常在生产后也要经历这样的隔离，这种习惯甚至一直延续至今。好难受哈？以前这个时候也总有女同学问：“老师，真是有问题！那是母系社会，好不容易由女人当家，怎么女孩子还过得那么凄惨?”大家肯定也会觉得奇怪，竟然母权制社会的青年之家也只为男子开办，真的不可理解。但大家得明白这个东西并不意味着优越，并不意味着特权。尽管在母权制后期，男人的地位已开始上升，但更具决定性意义的是男女本身的生理差异。说到底，男孩进入青春期并不伴随什么令人惊恐之物，而女孩的生理反应则让人恐惧，原始人看到血就更觉恐怖。当人们这样胡思乱想的时候，女孩就需要到一边去慢慢过渡，等不会再侵染他人时才能回归。套用一下前面的说法，令人恐惧的不是血，而是人们对血的想象。即便到今天，人们碰到“鬼”了，也会考虑拿狗血来淋一下，拿鸡血来淋一下，或者拿大粪来淋一下。为什么会这样？因为它们都被认为是很邪乎的东西，需要以毒攻毒。

值得注意的是，青年之家还不是学校。它与学校的差别，首先在于它不以文字为基础。[①] 如果教育是基于文字的，那肯定已是以知识为基础的教育。青年之家中的教育性活动，其目的主要是促使韦伯所说的魅力的再生。以知识为基础的魅力教育不是没有，如借助魔法来获得魅力。但神秘魅力此时还无法解释，因而无法言传，只能以撞大运而不是魔法的方式获得。因此，最初的青年之家与其说是一个培养人才的地方，还不如说是一个发现人才或自我发现的地方。在这里，有资格者需要用各种极端的方式尝试，以期从中擦出一些魅力的火花。其次，青年之家在性质上与其他公共场所也没有明显的分化。刚到北京来的那几年，我老去山西，那里有很多古建筑，从中可以看到私塾的模样。如果留心，我们会发现传统私塾内部空间的分化也是很简单的，先生睡觉的地方和讲课的地方可能都混在一起。或者就是个大院子，四周的院墙上只有些书法碑刻，根本没有我们今天的教室、图书馆、办公楼的区分。但私塾和其他房间的功能区分还是很明显的。而青年之家不但为男孩和青年提供日常教育，还用于举行奉献仪式，商讨公共事

---

① [苏] M. Φ. 沙巴耶娃：《论教育起源和学校产生的问题》(1954)，见瞿葆奎主编，瞿葆奎、沈剑平选编：《教育学文集·教育与教育学》，人民教育出版社 1993 年版，第 125、144、148 页。

务。最后，青年之家没有明确的教学组织，那个地方跟日常的生活是混在一起的，根本没有教师与学生、教材与教师的分化。这也是其跟后世学校不同的地方。

（四）原始教育是非进取的？

自然后果原则认为，不能将惩罚强加给儿童，而应让其作为不端行为的自然后果发生，即将惩罚局限于不端行为的自然后果。卢梭强调儿童 12 岁之前——他眼中的单纯进行身体教育的阶段——应当这样。此后，真正的理智与道德教育开始了，一种新的惩罚形式——纪律——也就是必需的了。① 斯宾塞则将这种自然后果原则扩展到整个教育。② 但涂尔干认为，这完全没有考虑到原始教育与儿童的特征。在反对卢梭和斯宾塞的这一立场时，涂尔干认为：

> 原始人做梦也想不到人们会把降临在他头上的不幸归结为自然法则的要求，这恰恰是因为他对自然法则一无所知。他把他的疾病或邻人的死亡归咎于他认为那个对他怀恨在心的人，归结为一个巫师或敌人，而不是归结为某种客观的、非个人的原因。儿童很容易倾向于用同样的方式进行推理。③

如果充分重视这一点，我们今天的教育主张就会更慎重一些。有的人管教小孩很直接，“你这样做不对!”一巴掌就拍过去。有些人则希望一切由自然裁决：“你就让他做吧！既然他喜欢乱吵，你就让他吵嘛。喜欢到处乱摸，就由他去摸。等到自己吃了亏，他就知道什么可做什么不可做了。”这套“自然后果原则”，在自然主义（naturalism）和自由主义（liberalism）的教育思想中都很流行。但考虑到人的上述特点，你会发现这种自然后果原则是推行不下去的。人总会胡思乱想，总会试图去理解一个东西。尤其小孩，不会把我们成人认为客观的东西，就看作实实在在的对象。刀子割了他的手，他也有可能认为不是自己不小心，而是另外一种神秘之物“咬”了他。自然后果原则尤其在人类社会之初不太行得通，

---

① [法] 让-雅克·卢梭著，李平沤译：《爱弥儿：论教育》(上)，商务印书馆 1991 年版，第 96～109 页。

② [英] 赫伯特·斯宾塞著，胡毅译：《教育论》，人民教育出版社 1962 年版，第 90～108 页。

③ [法] 爱弥尔·涂尔干著，陈光金、沈杰、朱谐汉译：《道德教育》，上海人民出版社 2001 年版，第 166 页。

因为人总是有想象的，总是有一套理论的。所以哪天晚上受凉了，第二天感冒了，他很可能不会想到昨天晚上盖在肚皮上的树叶太小了；或者认为自己不应该将树叶竖着盖，而应该横着盖；或者认为自己如果找两片树叶盖着肚子，肯定就不会感冒。他很难把这个东西看成是由自然之物引起的，因为他们生活在一个想象的世界，生活在一个虚构的世界，生活在一个由神灵控制的世界。

涂尔干的学生、法国社会学与人类学学者布留尔进一步认为，不能把原始思维看成是儿童或者神经病人的思维，不能把原始人的智力活动归结为我们的智力活动的较低形式，不能把个体的人、“白种成年文明人”、个体心理学的定律作为原始文化研究的出发点。尽管原始人在感觉和运动方面与我们相近，甚至比我们更精细，尽管我们可以理解原始人的语言，可以和他们交往、沟通并成功地解释他们的制度和信仰，但在思维方面，在我们称之为世界观的方面，原始人与我们根本不同。他们完全是受集体表象支配的，这样的集体表象包括宗教信仰、风俗、语言，它们与我们的“概念”之间是大不相同的。作为我们的逻辑运算材料的概念，本身是先前运算的结果。而原始人的集体表象不是那种关心事物的客观属性和因果联系的真正智力过程的产物，它们包括了情感的、运动的因而也是神秘的因素。对我们来说是知觉的东西，对他们则首先并主要是与神灵、灵魂的交往。“在集体表象中，知觉和情感、客观的东西和主观的东西、明显的东西和隐藏的东西，这一切彼此之间都是紧密融合着的。”① 原始思维首先并主要就是服从于这种互渗律，而不是什么接近联想或类似联想。因此，原始思维从根本上就是神秘的和原逻辑的。美国教育史学者孟禄也认为，原始教育是一种非进取性的适应性教育，它的所有方面都被习俗和传统支配着，在最细微的方面都被规定着，所具有的自由远比较高的文明阶段少得多。②

原始教育确实有很多的禁忌，也确实在很大程度上受到互渗律的支配，因而确实表现出某种“原始性”，但同时它也波澜壮阔，惊心动魄。事实上，禁忌本身是我们适应外部世界中取得的重大突破。当我们有了禁忌，有了敬畏之心，灵魂就有了庇护所，就可以通过自我调节安顿外界的神灵。而如果什么东西都没有，

---

① 转引自［法］列维-布留尔著，丁由译：《原始思维》，商务印书馆1985年版，第458页。

②［美］保罗·孟禄：《原始教育：一种非进取性的适应的教育》，见瞿葆奎主编，瞿葆奎、沈剑平选编：《教育学文集·教育与教育学》，人民教育出版社1993年版，第182页。

我们就只能听天由命，真正遭受偶然刺激的摆布。此外，虽然原始生活充满禁忌，原始人的世界充满幽灵，但人们始终有追求，有创造，并不甘心就这样生活在一个充满恐惧与神灵的世界。尽管这些追求与创造在我们看来可能微不足道，但对于原始人来说都是天翻地覆的大事。好像我们前面讲的仓颉造字，对世人来说就是一个惊天动地的变化。而且原始人并非完全沉迷于想象，对于巫术的控制，事实上很早就有了。《国语·楚语下》“观射父论绝地天通”一章就记载：

> 古者民神不杂。……及少皞之衰也，九黎乱德，民神杂糅，不可方物。夫人作享，家为巫史，无有要质。民匮于祀，而不知其福。烝享无度，民神同位。民渎齐盟，无有严威。神狎民则，不蠲其为。嘉生不降，无物以享。祸灾荐臻，莫尽其气。颛顼受之，乃命南正重司天以属神，命火正黎司地以属民，使复旧常，无相侵渎，是谓“绝地天通”。①

古时治理民事和侍奉神明的官是不相混杂的。到少皞氏的后期，南方的九黎族（以蚩尤为首）扰乱德政，司民和司神的官才混在一起，不能区别——最近我把树下野狐的《蛮荒记》《搜神记》② 都看了，其中也讲到了少皞和九黎，大家有机会也去看看，那几乎把中国古代神话都串起来了，场面非常宏大——结果，人人都可以举行祭祀，家家都自设巫史，不再讲究肃静虔诚。百姓祭祀的东西缺乏，因而也得不到神明的降福。祭祀进献没有法度，人与神处在同等地位。人们不恭敬地对待神前的盟誓，没有了对神明的敬畏。神明习惯了百姓的祭法，所以也不求洁净。神不降福，谷物就生长不好，人们没有丰盛的谷物祭献。祸祟灾难屡屡降临，神和人都缺乏生气。颛顼氏继承帝位后，命令阳位的长官重主管天事来总摄众神的祭祀，命令阴位的长官黎来统摄土地民人的治理，使一切又恢复到旧时的常法，不再使神民相互侵扰，这就是《周书》上所说的“绝地天通”。③

我们总以为原始社会都是被禁忌、巫术或宗教仪式控制着，事实并非如此。

① 《国语·楚语下》。“烝”同“蒸”。“蠲”为“娟”音。“火”疑为“北”。古代从事求神占卜等活动的人叫“巫”，掌管天文、星象、历数、史册的人叫“史”。

② 树下野狐，原名胡庚，福建人，毕业于北京大学，现为上海作家协会成员。致力于创作以中国传统文化为内核的奇幻小说，他的《搜神记》和《蛮荒记》堪称“中国新奇幻开山巨作”。

③ 参见黄永堂著：《国语全译》，贵州人民出版社1995年版，第637～638页。

为什么要控制巫术的普及，断绝地天之间的沟通，限制魅力的施展？《国语》还只是强调经济与礼制因素，其实还有更深刻的东西在起作用。英国人类学家马林诺夫斯基（Bronislaw Malinowski，1884—1942）曾经发现：即使在初民社会中，巫术也只能在知识缺乏的地方存在。他是在对特罗布里恩德人的调查中发现这一点的。当这些岛上的居民通过可靠的毒饵方法在内环礁湖里捕鱼时，既能保证丰厚的捕获量，又没有什么危险，因而不使用巫术。但是，在公海捕鱼时，由于不确定的捕获量并常常伴有生命危险，巫术形式就非常兴盛。可见巫术是实现实际目标的辅助方法，产生于人们实际追求中的不确定性和坚定信念、减少忧虑、开辟绝处逢生机会的需要。① 所以巫术的使用很早就受到约束，并非可以毫无节制地使用，这个世界的尽头一开始就有不同于巫术的东西存在。尽管初民社会中的领袖都是些大巫师，我们现在也认为尧、舜、禹包括黄帝这些人都是大巫师，但这些人并不希望大家都成为巫师，他们也只在特定的场合使用巫术。在这方面，马林诺夫斯基有一段话说得特别好。他是这么说的：

> 关于巫术和宗教仪式的最基本的特点就是：它只有在知识退步不前的地方才能登堂入室。超自然地建立起来的仪式是来自于生活，但它绝没有使人的实践努力成为无价值的。在巫术或宗教的仪式中，人试图演出各种奇迹，这不是因为他忽视了他的精神力量的局限性，恰恰相反，而是因为他充分地意识到了这种局限。进而言之，如果我们想要一劳永逸地建立起如下真理——宗教有着它自己的题材，有着它自己的合法的发展领域——那么认识到这种局限就是绝对不可少的。②

在力所不及的地方我们才需要有宗教，否则就会试图通过知识获得解放。2007 年，我带研究生去西山八大处搞活动，结果发现那些女生逢庙必拜，搞得我在旁边都不好意思了。真的没想到我们女研究生还这么信佛。当然说到底，人是符号的动物。今天大家也相信，知识不可能支配一切。康德也说："其为信仰留余

---

①② Malinowski, B. (1936), The *Foundations of Faith and Morals: An Anthropological Analysis of Primitive Beliefs and Conduct with Special Reference to the Fundamental Problems of Religion and Ethics*, Oxford University Press, London.

地，则必须否定知识。”[1] 可见宗教与人性本身有内在的关联。而且，超自然地建立起来的仪式是来自于生活，绝对不可能使人的实践努力化为泡影。即便是在巫术或宗教的仪式中，人们也试图演绎出各种奇迹。这不是因为我们忽视了自己精神力量的局限性，不是因为我们这些人太狂妄了，而是因为我们充分意识到了这种局限，充分意识到我们本身不能呼风唤雨，所以才借助神的力量。所以，即便是宗教之中也有理性的因素。正因为如此，马林诺夫斯基说，宗教有着它自己的题材，有着它自己的合法的发展领域。原始教育看起来很原始，但它每唤醒一个人格，估计就和我们发射一颗卫星差不多。而且它还一直都在不停地掀起这样的波澜，所以称得上波澜壮阔，如果我们不是用狭隘的现代眼光来衡量它的话。

在原始教育中，与对魅力的控制并行不悖的，还有魅力的常规化。美国人类学家史蒂文森夫人（Matilda Coxe Stevenson，1849—1915）在《祖尼的印第安人》（1904）中提到一个故事：一个男孩握了一个女孩的手，那个女孩不知怎么就疯了。人们觉得，一个人好好的，怎么可能无缘无故就疯了呢？肯定是男孩对她施加了巫术，于是就让他老实交代。那个男孩辩解道，我哪里会什么巫术？我就是一不小心碰了一下她的手。但他越这么讲别人越不信，搞得他实在没有办法，就开始胡乱交代。他先说自己从一神秘的巫师那里得到两种药物，一种能使人精神失常，另一种则能治愈她，并拿自己做了示范。但在“治疗”女孩后的当晚他却试图逃跑，结果被抓回重审。由于法官们不再相信他编的第一个故事，他不得不又编了另一个故事，说自己的全部法术来自几片有魔力的羽毛。于是大家就逼他交出羽毛。他找出种种托词，但均被一一驳回，只得把大家带到自己家中，说羽毛就藏在板壁的墙体中。没想到人们竟责令他拆墙，但依然一无所获，只得又审。最后，在拆了另一堵墙之后，灰泥中露出一片陈旧但却为人渴望已久的羽毛。于是人们要他仔细讲述了这片羽毛使用的方法，女孩在他举行完治疗仪式后则恢复了健康。[2] 斯特劳斯（Claude Lévi-Strauss，1908—2009）用这个故事说明原始人对巫术的确信，其实更可以此说明魅力的常规化。他们并不指望被告反驳他们的论断，更不希望他否定自己的罪行。只是要求他证明一个他们自己只了解只言

① [德] 伊曼努尔·康德著，蓝公武译：《纯粹理性批判》，商务印书馆 1960 年版，第 21 页。

② Stevenson, M. C. (1905), *The Zuni Indians*, 23rd Annual Report of the Bureau of American Ethnology, Smithsonian Institution, Washington.

片语的系统，并以恰当的方式把其余的部分重建起来。因此，与其说审判者致力于惩办罪行，毋宁说是力图证明使犯罪成为可能的那个系统的现实性（最终控制巫术带来的混乱）。而审讯成功地使杂乱的情绪和含糊的表象具体化为经验的存在，经验在经历这场不寻常的考验后渐趋精细和条理化，为群体在精神方面的一致性提供了保障。①

曾有学生问我，巫术对人的影响怎么能叫教育？前面我们讲到，教育有两条底线规范，一条是善的意图，另一条是心理的影响。我们受到了惊吓，七魂跑了六魂，要去收魂。收魂本身就有善的意图，而且要请巫师作法，向被你亵渎的神灵道歉、妥协："天灵灵，地灵灵，他知道自己错了，现在给您送来了祭品，请您把他的魂还回来，他不是存心冒犯您。"他搞什么东西你也不明白，但就是"不明觉厉"②。最后告诉你，好了好了好了。这个过程给了我们什么心理影响呢？给了我们自信，觉得自己已经好了，让自己相信这个东西。同时也给了自己一些知识——世界是由精灵组成的，肉体只是皮囊，生命的根基纯粹在于魂魄，魂魄是不可以丢失的，丢失之后也要想办法尽快收回来。有的时候是增强了我们这样一些知识，使那些杂乱或含糊的观念清晰起来，更多的时候是增强了这样一些信仰。正因为这样，巫术活动就是一种教育，能够强化我们对这个世界的认识，安抚我们脆弱的心灵。当然它是通过安抚神灵来安抚心灵，让我们相信通过这样一些行动，已经协调好了天地神人的关系，不会再惹什么麻烦了，就是这样一个过程。

（五）小结：原始教育的特征

最后总结一下原始教育的特征。

第一是生活性。它没有专门的教育机构，没有专门的教育活动，也没有特别明显的教的意识。所以我们说它是以先验的教育意识为基础的，孟禄说它是以无意识模仿为特征的。③ 巫师给你作法不是要跟你讲作法的原理，也不是要特别教你一套什么东西，他也不可能狂妄到相信自己可以操控神灵，乃至可以教会你操

---

① 参见［法］克洛德·列维-斯特劳斯著，张祖建译：《结构人类学》（1），中国人民大学出版社 2006 年版，第 157～160 页。

② 网络用语，在青年学生中广为流传，意为：虽然不明白对方在说什么，但是感觉很厉害。

③［美］保罗·孟禄：《原始教育：一种非进取性的适应的教育》，见瞿葆奎主编，瞿葆奎、沈剑平选编：《教育学文集·教育与教育学》，人民教育出版社 1993 年版，第 183～188 页。

控神灵的程式。而且事实上他也没有什么可以确保与神灵沟通的技巧，只是试图借助各种尝试对我们的人格进行整体性的再造，通过魔法、折磨和苦修等考验来促使我们觉醒。虽然生活中的一些机构已开始集中承担教育功能，但它们还不是专门的教育机构，而且这些机构最初主要出现在共同体情境的边缘——既可能是共同体领地的边缘地带，如离开村落到森林里接受挑战；也可能是共同体的特定节日而不是平时；更可能是特殊的意义领域，如让我们短暂地脱离世俗生活，甚至暂时使我们超凡脱俗。而进入青年之家就意味着离开家庭，离开亲密关系共同体，到日常生活圈子之外磨砺一段时间，和成人只保持松散的联系，经过了足够时间和事项的考验才能回归。在向文明社会过渡的过程中，诸种公共教育机构才开始进入共同体情境的核心。现在它们则作为国家机关高踞于亲密关系共同体之上，被人称为“村落中的国家”①。但是最早的青年之家，是在共同体情境的边缘，带有世俗外生活的性质。干的那些活儿，主要就是世俗外的行动模式。韦伯在《经济与社会》中的这段话能很好地印证这一观点：

> 魅力的体现者：统治者也好，门徒和追随者也好，为了履行他们的使命，必须身居这个世界的纽带之外，必须身居日常的职业之外，同样也必须身居日常的家庭责任之外。②

现在的问题是这种世俗外的教育者角色的社会性质。他们和那种高踞于亲密关系共同体之上的现代国家代理者是同类吗？看起来是有点像，都身处共同体生活之外，其实彼此之间有如天壤之别。这涉及我们要说的原始教育的第二个特点。具体而言，魅力的体现者虽然身居这个世界的纽带、日常的职业和家庭责任之外，但说到底，他们还是属于这个世界或共同体。他们与这个世界中的其他人的区分只是一种以自然为基础的分化，只有那些有着特殊体质——如敏感、脆弱、癫狂、勇猛、天生神力——的人才能跻身这个群体。而且由于这一原因，这种身份不能在代际或人际有效传递，这种分工本身甚至也是不常规化的，他们经常只能在特定时候进入那样一种通灵或出神入化状态。因此，尽管原始教育可以区分为实际教育和理论教

① 李书磊著：《村落中的“国家”——文化变迁中的乡村学校》，浙江人民出版社1999年版，第5～9页。
② ［德］马克斯·韦伯著，林荣远译：《经济与社会》（下），商务印书馆1998年版，第447页。

育两种形式，说起来理论教育似乎还更关键，但考虑到巫术和宗教只有在知识退步不前的地方才能登堂入室，这两种教育基本上还是同时并存、相互牵制并为人共享的。另外，不同类型的原始教育之间还是互渗的，因此，不同的人群与活动基本上还是融合在一起的。但也正因为如此，“在发展的早期阶段，单个人显得比较全面，那正是因为他还没有造成自己丰富的关系，并且还没有使这种关系作为独立于他自身之外的社会权力同他自身相对立”，因而只是一种“原始的丰富”。① 而现代的国家代理者与民众之间的区分，则是一种阶级分化或制度化的社会分层。正因为如此，原始的魅力体现者和现代的国家代理者与共同体的关系，完全不是一回事。

第三，神秘魅力在原始教育中发挥着突出作用，但也受到亲族生活中各种知识与规范的节制。但是亲族共同体的内部力量还很弱小，真正能给我们震撼的，还是韦伯所说的那些英雄、勇士、巫师、神棍，以及那些神神怪怪之所在。说到底，令人惊恐的不是物，而是人对物的意见和幻想。但魅力的施展从一开始就受到控制，因为魅力这个东西太神秘，一旦释放就很不好控制，对生活常规的威胁太大，因而需要特别克制。这些就是原始教育的特征：它是在生活中靠先验的教育意识来进行的，不是靠专门的教育意识来做的；有一些教育虽然开始从生活中分离出来，但还没有完全独立，而且这样一种东西主要存在于共同体的边缘；这个社会没有阶级的分化，只有自然的分工，人们彼此之间仍是平等的；虽已有理论教育和实际教育的分化，但它们之间经常是同时并存、为人共享、相互牵制的，人的发展也因此体现出某种“原始的丰富性”；魅力的作用很明显，但是对魅力的控制一直是人类生活的重要主题，与此并行不悖的是魅力的常规化。

三、古代教育

（一）教育的第一次突破

从原始教育向古代教育过渡的过程中出现的第一次突破，就是理论教育的优先发展。如果生产劳动是人类生存的第一个前提，实际教育优先发展或许是一件

---

① 参见［德］卡尔·马克思：《政治经济学批判》（1857—1858），见中共中央马克思恩格斯列宁斯大林著作编译局编译：《马克思恩格斯全集》（第46卷上），人民出版社1979年版，第109页。

更好理解的事情。但事实上到青年之家出现，理论教育的优先发展就已经露出了苗头，对魅力的渴望显示了原始人与物质世界的表象背后的精神实体沟通的强烈愿望。随着氏族生活中慢慢有了阶级分化和社会分工，理论教育与实际教育的区分也就愈发明显。而原始的理论教育优先发展，既是这一社会转型的产物，又是其重要组成部分。在这里，按照孟禄的考证，首先出现了教的等级，也就是专门的祭司，出现了培养下一代祭司的专门活动，说明有了制度化的教的等级和专门的培养方法。而此前，巫师的出现只是因为自然禀赋和机缘巧合。其次是有了专门的学的内容，既包括需要灌输的大量教义，也包括这些教义渗透于其中的一整套忠诚体系。对大众的训练主要是指明"做什么"和"如何做"，而在祭司的内部训练上则主要关注"为什么应该这么做"。最后，随着对大量教义和仪式的精心阐述，使它们具有永恒的形式就变得很有必要，不管是通过发明的还是借用外来的书面语言。这样，一种详尽阐述的文献迅速产生了。由此出现了人类历史上第一个真正的教育过程。原来的学习要么出于模仿和重复，要么基于神秘天赋或震撼，现在则试图把一切搞清楚，基于思考、怀疑、批判。而且原来是"民神杂糅"，现在是"民神异业"。正是在这个突破过程中，出现了第一个特定的教育组织——祭司学校，试图凭借知识实现天地神人的沟通。也正是在这里，出现了第一套真正的教育内容，就是符号化、理论化、组织化的教育内容。①

北京师范大学的老教授成有信先生（1930— ）把我们这里所说的这样一个突破，说成是教育与生产劳动的第一次分离，其性质是统治者的教育从生产劳动与社会生活中分离出来。与此同时，劳动者的教育还是与生产劳动、日常生活和社会实践结合在一起的。我 2011 年前都没有接触过成有信先生，但看他那篇文章——《脑力劳动和体力劳动的分离、结合与教育》——的时候，对他有一点肃然起敬。我读大学的时候是 1987 年，那一段前后正是全国上下拨乱反正、重新理解教育方针、理解教育与生产劳动相结合的时候。当时人们普遍认为，历史上教育与生产劳动首先是融合的，然后是分离的，再往后是结合的。就这样一个三段论，似乎特别符合辩证法。但是成有信先生搞得很精细：首先是这里所说的第一次分离，后面又有第二次分离，亦即劳动者的教育与生产劳动的分离，而这种分离又

---

① 主要参见［美］保罗·孟禄：《原始教育：一种非进取性的适应的教育》，见瞿葆奎主编，瞿葆奎、沈剑平选编：《教育学文集·教育与教育学》，人民教育出版社 1993 年版，第 185～186 页。

以教育与生产劳动相结合为特点……讲得非常精细。① 曾经有一阵子我甚至就认为他是那一代人中思维最缜密的人，但后来发现其他老先生也很不错。我们教育学部现在还留有他的唯一一个博士生，就是肖川。肖川是一个充满争议的人，报告讲遍大江南北，特立独行，文章特别适合朗读。他的信条就是要能够有几句话传下去，而我们一般都期望能有几个概念传下去。我们不断地锤炼概念，他则不断地锤炼语言，希望有几篇文章大家能够背下来，传开去。

（二）轴心时代与哲学的突破

在1949年出版的《历史的起源与目标》中，德国哲学家雅斯贝尔斯（Karl Theodor Jaspers，1883—1969）指出，公元前500年左右的时期内，尤其是在公元前800年至公元前200年的精神过程中，我们可以找到人类文明的"轴心"。在这个"轴心时代"（axial period），神话时代及其宁静和明白无误，一去不复返。哲学家首次出现，各个文明都发生了终极关怀的觉醒，拥有了自己伟大的精神导师——中国有孔子、老子、墨子（前468—前376）、庄子、列子（前5—前4世纪）和其他诸子百家。印度出现了奥义书（Upanishads）和佛陀（Buddha，前563—前483）。伊朗有琐罗亚斯德。在巴勒斯坦，从以利亚（Elijah，前9世纪）经由以赛亚（Isaiah，前8世纪）和耶利米（Jeremiah，前7—前6世纪）到以赛亚第二（Deutero-Isaiah，前7—前6世纪），先知们纷纷涌现。而古希腊也贤哲如云，其中有荷马（Homer，约前9—前8世纪）、巴门尼德（Parmenides，约前515—前5世纪中叶以后）、赫拉克利特（Heraclitus，约前530—前470）、柏拉图、修昔底德（Thucydides，前460或455—前400或395）和阿基米德（Archimedes of Syracuse，前287—前212）。相互交流在这些地方还形成了精神传播运动。个性也首次出现，人性整体进行了一次飞跃。直至今日，人类也一直靠轴心时期所产生、思考和创造的一切生存。每一次新的飞跃都回顾了这一时期，并被

① 参见成有信：《脑力劳动和体力劳动的分离、结合与教育》，载《华东师范大学学报（教育科学版）》1987年第3～4期。或参见成有信著：《现代教育论集》，人民教育出版社2002年版，第245～280页。这一观点最初出现在成有信：《论教育和生产劳动相结合的实质》，载《中国社会科学》1982年第1期。

它重燃火焰。而超越和突破的不同类型，决定了不同的文化形态。①

轴心时代的重大事件，用社会学家帕森斯（Talcott Parsons，1902—1979）的话来说，就是“哲学的突破”（philosophic breakthrough）。② 此前，人们相信世界万物都是由神创造的，是由有魔力的东西支配的，是由精灵构成的。而古希腊的先哲们关注这个世界是由气构成的、水构成的、火构成的、土构成的、数构成的、音符构成的还是原子构成的。因而出现了对自然秩序的规范和经验意义的哲学理解，也就是出现了自然哲学，甚至还发生了一场“科学革命”。其中，希波克拉底（Hippokrates of Kos，约前460—前377）将医学和巫术区别开来，摒弃“神赐疾病”等谬说。希罗菲卢斯（Herophilus，335—280）证明脑是思维器官，同时还提出血液循环理论。欧几里得（Euclid，前325—前265）创造几何学。阿基米德发现比重原理、机械学杠杆原理等。托勒密（Claudius Ptolemaeus，约90—168）创立了地心说，统治欧洲天文学界1 400多年。不但如此，古希腊还最终实现了从自然哲学向主体哲学的转向。原来我们都是从外部求真理，都是通过认识别的东西，通过操控神物来获得心灵的安顿。但是在这个时候我们转向了人本身，试图将一切建立在理性与道德的基础之上。德尔菲神庙上那句著名铭文，就叫“认识你自己！”而智者派强调“人是万物的尺度”，苏格拉底、柏拉图、亚里士多德（Aristotle，前384—前322）这“古希腊三杰”则强调“有理性能力的人是万物的尺度”。这样，就从原来的自然哲学走向了主体哲学和社会政治哲学。

在以色列，通过“先知运动”，突出了上帝为造物主的普遍观念，实际上也就认可了世界的普遍秩序和善的目的。以前的世界似乎都是多神的，每一个神都有他自己的喜怒哀乐，没有一个准则，也没个正经，跟常人或其他的东西也没什么分别。甚至神和魔之间，你也不能有一个绝对的区分。一下子帮助这个地方战争，一下子帮助那个地方战争；一下子挑起这场战争，一下子挑起那场战争。这样，整个世界依然是无序的。跟这个神好，跟那个神不好，你的整个生命和心灵还是得不到安顿，最终还是只能听凭命运的摆布。“一切都是命运/一切都是烟云/一切

① [德]卡尔·雅斯贝斯著，魏楚雄、俞新天译：《历史的起源与目标》，华夏出版社1989年版，第7～29页。

② Parsons，T.（1969），The Intellectual：A Social Role Category，In Philip Rieff，ed. *On Intellectuals*，Garden City NJ：Anchor，3-24.

都是没有结局的开始/一切都是稍纵即逝的追寻。”① 而“先知运动”的主要突破，就是只保留了一个上帝，规定了一套理性的秩序，这套秩序跟宙斯、雅典娜、爱神或太阳神的行事规则完全不一样。通过上帝这个创造者，人们确认世界是有秩序的，而且本身是善意的。人作为上帝的创造物，是上帝按照自己的形象创造的，而且是用来管理世上万物的，是万物之灵。以色列的“先知运动”创立了犹太教，在犹太教的基础之上后又演化出了基督教，甚至伊斯兰教也是建立在类似传说与思想的基础之上，所以又有“三教同源”之说。现在因为不同文明之间的冲突特别厉害，有的人不愿意承认“三教同源”。但事实上，很多的东西都是共同的，都是在中东（包括埃及和两河流域）那一块热土上萌发的。

在印度，虽然没有出现那样一种上帝观念或一神论的宗教，但也出现了一种以业报与灵魂转世为核心的宗教哲学。业报就是因果报应，灵魂转世则是报应不爽的机制。这也有一套善恶的观念在里面，就是人们常说的“善有善报，恶有恶报；不是不报，时候未到；时候一到，一定要报”。依据这一套善恶与因果观念，不是迎合神意使人获得安宁，而是做善事使人获得安宁。如果做坏事，即使这次没有报应，今后也必定会得到报应。你做好事，即使这一生没有回报，但你的来生一定会得到好的回报。这看起来好像跟原始的命定观念没有什么分别，其实它本身是一个很大的突破，一个从命定论、机械论到“业报论”的新突破，因为这种报应是我们自己可以掌控的。做一个善良的人就可以得到好报，这不但在我们的能力范围之内，还给我们提供了改邪归正的机会。

而中国在春秋时期，则在礼乐传统的基础上，产生了以“仁”为核心的儒家思想。礼乐传统主要源于巫觋文化，巫术本身就离不开禁忌与恭敬，因此巫师在跟天地沟通的时候当然要有礼，当然要有乐，只有这样才可能获得神灵的保护和启示。从巫觋文化（以泛灵论和神秘魅力为基础）、祭祀文化（祖先取代诸天神灵成为崇拜对象）到礼乐文化（对普遍化礼制教化的推崇）的转变并没有彻底改变这一状况。礼制的高度发达虽然意味着人的自控能力的增强，但“非礼勿视、非礼勿听、非礼勿言、非礼勿动”② 并没有给个人主体多少自主空间。由于礼崩乐

---

① 北岛：《一切》。北岛原名赵振开，1949年生于北京，祖籍浙江湖州。1989年移居海外。中国当代朦胧诗代表人物之一，曾获诺贝尔文学奖提名。2007年受聘于香港中文大学。

②《论语·颜渊》。

坏，学在官府、学术官守、官师合一的局面被突破，对新思想的需求急剧增长。人们已不再简单取悦于神灵，也不再简单地受制于“礼”，而是要以“仁”为核心。即便“礼”也要以“仁”为基础，“仁”超越于“礼”而成为核心价值。这是源自孔子的一个全新的哲学观念，一下子就把我们从各种各样的烦琐规则中解脱了出来。我们看《礼记》，会发现什么事情都有规矩，走路先迈哪只脚，吃东西应该怎样吃，肉切得不正能不能吃，一切的东西都有规矩。但是“仁”把这一切都突破了。仁者爱人，只要心中有爱，就无敌于天下。当然，也有人认为儒家的突破仍不很彻底，依然强调“爱有差等”，因而说“父子有亲，君臣有义，夫妇有别，长幼有序，朋友有信”①。但不管怎么样，以前都是世外高人征服我们，或者是烦琐礼教约束我们，现在是“出类拔萃者”教育我们，而且是劝诫我们听从自己内在的心声——“知者不惑，仁者不忧，勇者不惧”②，这样的东西成了教育的核心。

（三）教育的新突破：道统的确立

在教育的第一次突破中，人们主要还是从跟天地神人的沟通中获得启示。虽然已是追求理论，很多的时候还是有很多的禁忌。而原始的理论教育本来就是用以整合这套秩序的，所以人本身的主体地位还不是很确定。而现在，“道术将为天下裂”③，所有地方都出现了“文化事务专家”（specialists in cultural matters），出现了一套相对独立的文化系统，或者像余英时（1930—　）所说的那样，出现了一种“道统”④。以前，内心的惊恐或烦琐的规则捆住了我们的手脚。而现在，一切的一切都要经过理性的审视，道不同不相为谋。这种道统不但独立于巫术，而且独立于政统，说明整个社会开始有了一种理性的力量，出现了正统与异端、政统与道统的对立。就这样，在原来的那种巫觋文化、那种基于祖先崇拜的祭司文化以及那种基于普遍化礼制教化的礼乐文化之外，有了一套新的行事规则，它要求按照一套理性的原则、按照我们人的需要、按照每个人都应遵循的那样一种“大道”去行动。新出现的这种“文化事务专家”类似于现代公共知识分子，从一

---

①《孟子·滕文公上》。

②《论语·子罕》。

③《庄子·天下》。

④ 余英时：《古代知识阶层的兴起与发展》，见余英时著：《士与中国文化》，上海人民出版社2003年版，第4～74页。

开始就具有独立性，就像孟子说的“无恒产而有恒心者”。[①] 而一般的人有恒产亦无恒心，无恒产则更无恒心。当然，如果你家里面有钱，口袋里面有钞票，有能力做善事，可能会多一点善举，但你不会把这个作为事业来做。一旦我们口袋里面没有钞票，心中又无信念，就容易乱来了。而他们不一样：

> 卫灵公问阵于孔子。孔子对曰：“俎豆之事，则尝闻之矣；军旅之事，未之学也。”明日遂行。在陈绝粮，从者病，莫能兴。子路愠见曰：“君子亦有穷乎?”子曰：“君子固穷，小人穷斯滥矣。”[②]

孔子巡游到卫国时，卫灵公（前540—前493）向孔子请教行军布阵之事。孔子说，对于祭祀或礼器我还曾听说过，行军作战从来没学过。孔子其实未必不懂，只是不希望有战争。由于话不投机，孔子第二天就带了学生离开。结果到陈国就断粮了，随行的学生因此而生病，有的病得——更可能是饿得——起不来。这时子路（前542—前480）跑来救急，说：“像您这样的正人君子，也有穷途末路的时候吗?!”孔子回答道：“君子在困顿的时候还能坚持操守，小人如果这样就要乱套了!”这个就是无恒产有恒心。有了这个“道”，文人士子甚至可以“上不臣天子，下不事诸侯”[③]，或如稷下学宫“不治而议论”[④]。他们竭力维护的也是这个道统。道统跟政统不一样，政统有其特定的政治目标，道统则只求合情合理合道。不管政统的需要如何，只要不符合道，仁人志士就要起而卫道，就要仗义执言。

这种文化事务专家不同于原来的巫师或贵族，他们的出现以哲学的突破为契机，代表一种全新的视野。虽然与政统仍有着千丝万缕的联系，但他们并不完全依附于既有的统治结构，而是强调天理良心、仁义道德。“邦有道则仕，邦无道，则可卷而怀之。”[⑤] 或“天下有道则见，无道则隐。”[⑥] 这样，在劳动者、统治者和文化事务专家之间，就形成了一种“三角关系”。我们以前都把那些士人看成统治

---

① 《孟子·梁惠王上》。
② 《论语·卫灵公》。
③ 《礼记·儒行》。
④ 《史记·田敬仲完世家》。
⑤ 《论语·卫灵公》。“卷而怀之”意指收敛自己，隐藏自己，不同流合污。
⑥ 《论语·泰伯》。

者，事实上他们大多具有独立人格。而且正因为有这种独立人格，他们才不会随波逐流，沦为统治阶级的吹鼓手。孟子说得更积极："天下有道，以道殉身；天下无道，以身殉道。未闻以道殉乎人者也。"① 大家如果看过黄仁宇（Ray Huang，1918—2000）的《万历十五年》（1981），你就会发现，士人一强大，就不断给皇帝提要求，什么都要合乎礼仪。② 这样一来，皇帝就要成为一个道德楷模。不但要勤政，还要祭祖，还要祭天。大清早就要起床，然后笔直地坐在龙椅上，很不舒服。只要稍微一"走神"，就有人在旁边提醒，好像真的出现了一种凌驾于皇权之上的"天命"。皇帝因此越当越郁闷，以致后面的崇祯皇帝，在政权倾覆之前，亲自下令吊死了自己的公主，然后说："汝何生帝王家?!"原来都说"普天之下，莫非王土，率土之滨，莫非王臣"③，现在皇帝仿佛也成了道的傀儡。但皇帝本身必定又是专权的，所以逮着机会就把这些臣子教训一顿。而臣子逮着机会也把皇帝教训一顿。这种对立或许未必比比皆是，但一直是存在的。所以文天祥（1236—1283）在他那首流芳百世的《正气歌》里说：

> 天地有正气，杂然赋流形。下则为河岳，上则为日星。于人曰浩然，沛乎塞苍冥。皇路当清夷，含和吐明庭。时穷节乃见，一一垂丹青。在齐太史简，在晋董狐笔。在秦张良椎，在汉苏武节。为严将军头，为嵇侍中血。为张睢阳齿，为颜常山舌。或为辽东帽，清操厉冰雪。或为出师表，鬼神泣壮烈。或为渡江楫，慷慨吞胡羯。或为击贼笏，逆竖头破裂。是气所磅礴，凛烈万古存。当其贯日月，生死安足论。地维赖以立，天柱赖以尊。三纲实系命，道义为之根……④

正气乃天地万物之理，可表现为不同的形式：在下表现为滔滔江河巍巍山岳，在上表现为昭昭日月朗朗乾坤，于人则表现为浩然正气天理良心。更关键的是这

---

①《孟子·尽心上》。

② 黄仁宇著：《万历十五年》，生活·读书·新知三联书店1997年版，第3页。

③《诗经·小雅·北山》。

④《正气歌》是南宋名臣文天祥抗元兵败后在狱中所写。开头即点出天地正气的类型，随后连举12名义士说明人世间的种种浩然正气，接下来说明浩然正气的力量与根基，最后以浩然正气说明自身的气节。这里转引的是前三部分内容。

一句："皇路当清夷，含和吐明庭。时穷节乃见，一一垂丹青。"在这里，文天祥一语道破了道统与政统的关系：当朝政清明之时，我们就像谦谦君子、拂庭和风，与执政者和言细语、和睦相处。一旦时政动荡，我们就要高风亮节、名垂青史。就像齐国史官的竹简，宁折不弯，坚贞不屈；又像晋国董狐（约前651—前575）的史笔，书法不隐，刚正不阿……"太史简"的典故，大家还记得吗？齐大夫崔杼（？—前546）杀了齐庄公，太史伯（生卒已不可考）就写"崔杼弑其君"，结果被崔杼所杀。他的两个弟弟仍坚持写"崔杼弑君"，又相继被杀。第三个弟弟还是这样写，崔杼手都杀软了，无法可想，只得不了了之。为什么会这样？就是因为这个独立的道统。由于它是一种浩然之气，"三纲实系命，道义为之根"，因而"是气所磅礴，凛烈万古存。当其贯日月，生死安足论。地维赖以立，天柱赖以尊。"由此可见，古代的"士"阶层虽然自一开始就跟统治阶级的关系很密切，但实际上从一开始就有自己的气节，或者说有自己的傲骨，或者说有自己的操守。这样一来，就在统治阶级与被统治阶级这两极之间有了一个公共的道义领域，它代表了一种力量，代表了一种独立性，代表了一种理性，代表了一个公共的追求。孟子则经常"乐其道而忘人之势"①，故而说："民为贵，社稷次之，君为轻。"②难怪他能这样自许，因为"我善养吾浩然之气"③。

哲学的突破在教育中引起了一个新突破，我们可以跟前面的突破联系起来，称它为第二次突破。这是一种人文教育的发展，或者像前面所说的那样，是道统的确立。由于强调仁与爱，或者强调大家都是上帝的子民，强调人是万物之灵，宗教的神秘与禁忌色彩就淡了很多，那些神神怪怪的东西就变得理性了很多。很多时候它宣扬的已是一套理性的原则，只是把我们人的力量赋予神、赋予上帝，然后再借助神或上帝来约束芸芸众生。可见，教育已开始从以前那种神秘主义（occultism）或诉诸礼教控制的思想氛围中走了出来。在教育中出现了对人生终极意义的广泛追问：人活着是为什么，我们怎样才可以顶天立地？人和动物到底有什么区别？生活的意义究竟在哪里？难道我们可以苟且偷生？像《论语》说的"君子不器"④。要真正成为君子，你就不要太看重那些具体的东西，一定要求道。

①②《孟子·尽心上》。
③《孟子·公孙丑上》。
④《论语·为政》。

所以当樊迟来问孔子怎么种田怎么种菜的时候，孔子很不高兴，说："小人哉，樊须也！上好礼，则民莫敢不敬；上好义，则民莫敢不服；上好信，则民莫敢不用情。夫如是，则四方之民襁负其子而至矣，焉用稼！"① 作为君子，你应该有更高的抱负。所以孔子骂他，真是稀牛屎糊不上壁。就像我整天教你们教育学原理，你却老在那里关注怎么设计教学法，真是气愤。（学生笑）最重要的东西不是具体的方法和技巧，重要的是把握这样一些人生大道。以前我们认为孔子瞧不起劳动人民，叫他"孔老二"。但其实可以从另外的角度来理解——好多的东西其实不用教，由老百姓自己做就行了，士子们有其自身独特的使命。教育由此越来越具有反思性，和原来那些原始宗教慢慢划清了界限，又和统治秩序慢慢划清了界限。我们真的变得像《礼记》中所讲的那样，"上不臣天子，下不事诸侯。"②

当然，西方的情况更为复杂。在历经了古希腊和古罗马帝国初期的辉煌之后，西方文明进入了"黑暗的"中世纪（Middle Ages，约 476—1453）。历史似乎在这打了个转，又回到了从前，哲学的突破在这里几乎找不到什么影响。恩格斯说：

> 中世纪是从粗野的原始状态发展而来的。它把古代文明、古代哲学、政治和法律一扫而光，以便一切都从头做起。它从没落了的古代世界承受下来的唯一事物就是基督教和一些残破不全而且失掉文明的城市。其结果正如一切原始发展阶段中的情形一样，僧侣们获得了知识教育的垄断地位，因而教育本身也渗透了神学的性质。政治和法律都掌握在僧侣手中，也和其他一切科学一样，成了神学的分枝，一切按照神学中通行的原则来处理。教会教条同时就是政治信条，圣经词句在各法庭中都有法律的效力。甚至在法学家已经形成一种阶层的时候，法学还久久处于神学控制之下。③

即便如此，在哈斯金斯（Charles Homer Haskins，1870—1937）看来，经院主义（scholasticism）也不是一个整体，而是有许多学派，各个学派之间的争论、

---

①《论语·子路》。

②《礼记·儒行》。

③［德］弗里德里希·恩格斯：《德国农民战争》（1850），见中共中央马克思恩格斯列宁斯大林著作编译局编译：《马克思恩格斯全集》（第 7 卷），人民出版社 1959 年版，第 400 页。

各种观点之间的差异，与古希腊时期或我们当代一样尖锐和激烈①，并导致在12世纪，发生了一场伟大的学术复兴。没有那样一场源自阿拉伯世界的学术复兴，中世纪的大学就不可能产生。②当然，中世纪的教育也不是完全由教会保障、控制或主导的。根据阿利埃斯（Philippe Ariès，1914—1984）的研究，在那里，一旦在体力上勉强可以自立时，儿童就混入成年人的队伍，与成年人一样地工作与生活。③ 而且无论男女与社会阶层，他们很早就离开双亲，被送到别人的家中，通过7～9年的学徒期，才在教育上有所收获。真正的学校——讲授拉丁文的学校——只是针对教士或需用拉丁文的人，这种学校只是提供了一种例外的规则。④因此，在阿利埃斯看来，"中世纪文明既忘了古典时期的'教育'（la paideia），也对现代的教育一无所知。基本的事实就是，它没有教育的观念。"⑤但这也只是对普通大众而言。事实上，到13世纪末，出现了古希腊、古罗马文化艺术的复兴，上层社会再一次享受到哲学突破的丰硕成果。

（四）古代教育的共同体基础

值得注意的是古代教育共同的社会根基，我们称它是"共同体"（community）。原始社会其实也基于共同体，但当我们依靠魅力行动的时候，共同体观念还不是社会的奠基性观念。而古代教育很明确是建立在共同体的基础之上。什么是共同体？有的时候我们说它是公社，有的时候说它是社群。我们曾经搞过一段时间的人民公社，那就是共同体。在德国古典社会学家滕尼斯（Ferdinand Tonnies，1855—1936）看来，共同体意味着那种现实的和有机的生命形态的关系，一种生机勃勃的有机体，是一种完美的社会结合形式。在这里，全部的社会关系，都有着高度的人际亲近。人们在此过着单纯的生活，从出生之时就休戚与共，同甘共苦。⑥ 所以我们又称共同体是亲密关系共同体。由于彼此很强调情感的深度，金钱在这样的社会中不是最重要的东西，而且需要跟别人共享。

---

①② ［美］查尔斯·霍默·哈斯金斯著，梅义征译：《大学的兴起》，上海三联书店2007年版，第18～35、3页。

③④⑤ ［法］菲力浦·阿利埃斯著，沈坚、朱晓罕译：《儿童的世纪：旧制度下的儿童和家庭生活》，北京大学出版社2013年版，第1、273～321、328～329页。

⑥ 参见［德］费迪南德·滕尼斯著，林荣远译：《共同体与社会：纯粹社会学的基本概念》，商务印书馆1999年版，第52～54页。

关键是这种感情，彼此之间承担义务。这样一来，社会的凝聚力就很强，因此它常常具有一种持久的连续性。这样的共同体，包括家庭、自然的村落、家族、恋人、朋友圈。它们都是要讲感情的，如果不讲感情，根本就没办法维持下去。所以，情人节的时候你说我今天不方便，路过的地方都没有玫瑰花，给你5元钱好不好？8元钱1朵？那我送你20元钱行不行？（众笑）在座的人都不答应啊。尽管买花8元钱，但人家要的不是这8元钱，人家要的是那个花，尤其是花后面的那颗心，当然不是那个花心。（众笑）可见这个地方真是讲感情的。讲感情实际上也就意味着承担义务。在这样的共同体中，人与人之间都有一些实质性的相似，如共同的信仰、共同的语言、共同的爱好与追求，正是这些东西把大家紧紧地联系在一起，期待永结同好。就像《诗经》所说的那样：

投我以木瓜，报之以琼琚。匪报也，永以为好也！
投我以木桃，报之以琼瑶。匪报也，永以为好也！
投我以木李，报之以琼玖。匪报也，永以为好也！①

而社会（society）在滕尼斯这里则被认为是人与人之间典型的现代关系，即关系的、思想的和机械的形态，亦即一种公众性的世界。这是一种暂时的和表面的共同生活，应该被理解为一种机械的聚合和人工制品。人们一旦进入就如同走进他乡异国。② 这种关系源自个人决定和自身利益，服务于工具性目的。即关系本身不是目的，而是实现个人目的的手段。其核心是理性和经济计算，而不是身份和情感关系。在传统社会中，“give somebody a hand”真的就是“帮某人一个忙”，而不是“向别人伸出一只手”。但我们今天向别人伸出一只手经常只是为了和别人握手。礼节的形式化意味着共同体或身份与情感关系作为目的的隐退与个人意愿的诞生，而且意味着行动越来越以个人协议或意愿为基础。原来教师与学生同属一个共同体，对学生有很强的支配。而今天的师生关系更多只是一种工作关系，其好坏取决于教师的教满足学生需要的程度。在共同体或类似共同体的情

---

①《诗经·卫风·木瓜》。

② 参见［德］费迪南德·滕尼斯著，林荣远译：《共同体与社会：纯粹社会学的基本概念》，商务印书馆1999年版，第52～54页。

境中，如果有投诉，都是教师投诉学生。而今天都是学生投诉教师，整个地都反了过来。2004 年我刚到广州工作的时候，女朋友在郊外一所中学任教。我们想调得更近一些，老系主任就说："你工作要做到家。"我一听那个郁闷！以前工作做到家都是领导到群众家里来做工作，现在却是群众到领导家里做工作（送礼）。我们这个社会确实越来越社会化，因而越来越远离共同体的规范。我们的学习也已经完全变成一种社会情境中的学习，学成之后没有回归，而且离家越远越好。我们原来读书的时候，第一步是要过长江，再好一点要过黄河，反正离家越远的地方越好。要是能到北京来读书，那是最荣耀的。而毕业也是这样，要是回到自己的家乡，那是最没有出息的。今天是不是变了？当然，城市不会这样，农村依然如此。我们读中师的时候，都是从哪里来到哪里去，所以中师生活从这个方面来说特别令人郁闷。本来读书是要跳农门的，跳了半天最后又弹了回去，那跟原始人分离、过渡后再回归，然后搞一个成人仪式，又有什么分别？

因为古代教育基于的是共同体，所以它传递的主要就是共同体的道德规范，而且主要凭借共同体的权威结构来传递。在共同体生活中，我们相互有感情，而且彼此之间承担义务。即便今天的共同体中我们彼此之间还承担着这样的义务。假设我们自己读了书工作了，家里还有兄弟姐妹没有靠读书走出来，我们就需要帮助他们。比如他们修建房子的时候，我们不是要借钱给他们，而是把钱给他们。或者给是给的，借是借的，这些都要做。因为共同体内部，人与人之间都是有亲密关系的，要求相互忠诚与支持。或者我们有血缘关系，我们都是兄弟姐妹。或者我们有姻缘关系，"千里姻缘一线牵"。虽然是"千里"，但是结了姻缘之后，就要"在天愿作比翼鸟，在地愿为连理枝"。还有地缘关系，我们抬头不见低头见，唇齿相依。或者还有依附关系，比如说你是我的奴仆，我是你的主子，能罩着你的时候肯定还是要罩着你的，当然你也一定得听我的号令。或者我们是结义兄弟，"不求同年同月同日生，但求同年同月同日死"。亲密关系最大的特点就是大家都有实质性的相似，有一种相互依赖甚至人身依附，因而都有一套特别的支持系统。我们今天有的时候也会觉得："哎呀，要是跟某某在一个班就好了，她可以打篮球，比赛的时候可以冲到最前面，可以给我们班多搞一点分。"但这说到底已不是一个实质性的依赖，只是一种工作关系。亲密关系中，每个人都有着不可替代的作用。传统社会就是这样的共同体，或者就是由这样的共同体构成的。传统教育就是在共同体的情境下进行的，有的是在家族、村落这样一种地缘或血缘的共同体中进行的，有的是在“家国同构”的家族式、家长制国家之中进行的，有的是建立在结义与忠诚共同体的基础之上的，强调的当然是感情，是义务，是凝聚力，是身份秩序，是持久的连续性。

韦伯曾经对历史上的教育进行过一个纵向分类，可把这称作是马克斯·韦伯的“教育类型学”。

> 在教育目的方面，尖锐对立的两个历史极端是：唤起卡里斯马（英雄气质或神奇的天资），此其一；传授专门化的业务训练，此其二。第一种类型适合卡里斯马的统治结构；第二种适合**理性**官僚制的（近代）统治结构。两者并非毫无关系、毫无过渡地对立着。就连沙场勇士和巫坛术士也需要专门训练，专门官员的训练通常也不只限于知识。但这是对立的两极。在这种极端对立之间，包括了所有想以某种特定生活方式来**教化**门生的教育类型，不论这种**生活方式**是世俗的，还是宗教的，归根结底都是等级制的。①

韦伯本已把统治的类型分为魅力型、传统型和现代的法理型或者是叫合法型三种。② 现在他据此将教育也分成类似的三种类型。最初的教育类型对应着统治的卡里斯马（charisma）结构。最新的教育类型对应的是理性科层统治的现代结构。当然，这两种类型也不是完全无关的。他说的只是“理想类型”，不是说那个时代的教育就全然如此，事实上它们彼此之间也有一些相互交织的地方。所以现代的专职官吏尽管基于专业训练，但一般也不会拒绝有关神灵的知识，他们自己也可能会求神拜佛。而古代的勇士和术士也有专业训练。但这两个东西确确实实是居于两端。在这两个极端之间，则是其他所有教育类型，它们力求给儿童某种生活操行。不管是世俗的还是宗教的，反正它们宣扬的不是一套专业的知识，而是某种地位团体的操行。孔门的教育就是不断地成人，最后的结果就是“内圣外王”。因为是以德治天下，所以主要的东西还是“内圣”，还是生活操行。这种生活操行在宗教领域中主要是虔诚，在世俗生活中主要是知书达礼，是仁义，反正都是

---

① ［德］马克斯·韦伯著，王容芬译：《儒教与道教》，商务印书馆 1999 年版，第 172 页。
② ［德］马克斯·韦伯著，林荣远译：《经济与社会》（上），商务印书馆 1998 年版，第 241 页。

某种和自己所处的地位相称的操行。我们可以把这样一些中间类型称为传统型。这样，我们可以认为韦伯把教育的类型也分为魅力型、理性/法理型和传统型。这种传统型教育就是我们讲的古代教育，它是在亲密关系共同体中间进行的。这样的教育之所以能推行，那是因为我们世世代代都这么做，基于传统，传承的也是传统。

（五）小结：古代教育的特征

现在我们把所讲的东西稍微总结一下。古代教育是从原始教育演化过来的，其中的第一次突破就是原始的理论教育优先发展。理论教育优先发展意味着很多事情，首先就是教育因此而成了一项专门的事业。而古代教育的第一个特征就是这种专门性。在这里，出现了经验的教育意识——明确的“教”的意识——与专门的教育机构，这些教育机构不像原始社会那样身处共同体的边缘，而是已经进入了共同体的核心，成了共同体的核心公共场所。就像以前的祠堂，经常既是孩子们上学的地方，又是祭祀的地方，还是讨论公共事务的地方。当然，同样都是专门的教育机构，这种教育机构与我们现代学校依然不一样。现代的学校不但在空间上脱离了我们的共同体，已变成跨共同体的公共学校，它在文化上也已经跟传统的村落分道扬镳了。正因为这样，现代的学校被说成是“村落中的国家”，（板书）它是代表国家到这个地方来教育人、进行社会动员、培养国家认同的。这种现代学校已经从亲密关系共同体中分离了出来，而且已经高踞于共同体之上，传授一套另外的知识。而古代的学校依然是在共同体之中进行的，这种共同体是血缘的、姻缘的、地缘的、忠诚的或结义的，正所谓：

> 古之教者，家有塾，党有庠，术有序，国有学。①
>
> 设为庠、序、学、校以教之。庠者，养也；校者，教也；序者，射也。夏曰校，殷曰序，周曰庠，学则三代共之，皆所以明人伦也。人伦明于上，小民亲于下。有王者起，必来取法，是为王者师也。②

---

①《礼记·学记》。古者25家为一闾（lǘ），同在一巷，巷首门边设家塾，用以教育居民子弟。500家为一党，设庠（xiáng）以教家塾升入者。12 500家为一术（遂），设序以教塾庠升入者。国都则设国学，以教太子、庶子、卿、大夫、士之子弟，以及序之升入之士。

②《孟子·滕文公上》。朱熹《四书章句集注》注曰：“庠以养老为义，校以教民为义，序以习射为义，皆乡学也。学，国学也。共之，无异名也。伦，序也。”

原始的理论教育优先发展促成了教的等级乃至等级式的教育，推动了阶级分化与社会分层，这乃是古代教育区别于原始教育和现代教育的第二个特征。至少，那些引人注目的教育形式，成了有闲者的特权。由于有办法专门培养祭司，原来那种个人凭机缘巧合进入这一行业的格局被打破了，祭司成了有闲者才能染指的专门职业，成了一个享有世袭特权的地位群体。可以用以佐证的是，意味着“学校”的school、schule源于拉丁语的schola，后者又源于意为“闲暇”“休息”的希腊语skhole。可见当时的学校是唯有摆脱了劳动的贵族阶级才能享有的一种特权，意味着专门的统治者教育开始出现，而且跟劳动者的教育相分离。但新的理论教育跟禁忌本身的区分还不是很清楚，还是有很多的清规戒律。虽然也算得上是一套理论，这套理论我们也说它基于反思，但基本上都只能从消极方面来影响人。个人在这样的东西面前主要是服从，为了能跟神和谐相处而循规蹈矩。这样一来，教育乃至整个社会生活中的等级区分就更加明显了。

经过轴心时代的哲学突破，教育中阶级分化与社会分层的格局有了新的变化。新出现的教育形式不再让我们那么恪守禁忌，也不再让我们拘泥于那么多的礼节。哲学的突破让我们真正理解生活的根基及其意义，所谓“知者不惑，仁者不忧，勇者不惧”①。我们教育学部黄济先生90大寿的时候，我将图文集名定为《知者不惑，仁者无忧》，好多人喜欢这个标题。这不是让我们按照某个规矩来行动，而是强调内在的善念和智慧是万物的尺度。照此，你只要是个智者，其实没有什么能令你困惑；只要是个仁者，其实没有什么能让你担忧。如果你做不到这些，当然会充满困惑、担惊受怕。但对于儒家来说，只要是善的，你就能无所畏惧。这个东西跟原来的祭司教育就不一样了。一切皆由“我”定，只要是善意的“我”就顶天立地，不识一字亦须还“我”正正堂堂做个人。教育就真的有人文主义倾向，找到安身立命的根基了。这样，用“闲暇”代表“学校”，也意味着超越了特定的专业志向的人类自身的教育具有普遍意义。② 这样一来，就有了劳动者的教育、统治者的教育和文化事务专家的教育三者的对峙。

令人好奇的是，这样的教育真正做起来会是什么样子？会不会循循善诱、启

---

①《论语·子罕》。

②［日］筑波大学教育学研究会编，钟启泉译：《现代教育学基础》，上海教育出版社1986年版，第15页。

发点拨、交流讨论、相互切磋、因材施教这些东西就特多？有人文主义的色彩，思考的根本问题是大道，这样的教育实际情况到底会怎样？人们至少自认为已经发现了大道，有了公认的经典，生活本身就建立在这样一些东西的基础之上，而且教育都是在共同体之中进行的，所以大家可以推断一下，个人在学习过程中的地位究竟会怎样？什么才是最重要的？师生交往会是一种什么状态？开始接触教育学的时候，很多的同学在嘀咕，又不是我真想学教育学，是你们利用提前招生的机会把我招来的，为什么要考得这么好呢？看来考得太好也不是什么好事啊。（众笑）于是我就要费老大的劲来试图让你们迷上教育学。这样的教学，才真正需要循循善诱。而一旦你们爱上了教育学，一旦你们认识到教育之中有大道，你们对我有认同，“爱你越久我越被动”，我的形象也就会慢慢地“高大”起来。古代教育也像这样超乎想象。当时的学校教育，哪怕是孔门的学校，也都强调“一日为师，终身为父”。老师都有一个很高的地位，是一个制度化的权威。他们才不会像我这样，想方设法来调动你们的积极性，用各种各样的方式来 please（取悦、讨好）你们，与你们推心置腹，还不时地点点名，希望能够认识你们。

现在大家有一点点感触没有？在这种条件下，教学会是一种什么形式？会不会搞启发式教学？（学生：会搞灌输式）她说会搞灌输式。到底会是哪一个？（学生：不说是搞灌输式教育，起码是接近灌输式）那调查一下，觉得接近启发式的举手。（一大片）觉得接近灌输式的呢？只有两个。那我给你们看一段话，看看到底怎么样：“不愤不启，不悱不发，举一隅不以三隅反，则不复也。”① （板书）“愤”，心求通而未得；“悱”，口欲言而未能。不到你实在想不出的那个份上，就不开导你。不到你特别想表达却表达不出来的那个份上，就不告诉你。我讲了一个东西，你不能想到三个作为回应，我就不讲了！那这个东西是接近启发式还是灌输式啊？（学生：启发式）怎么可能接近启发式呢？人家明明在说，不到万不得已的时候就不启发，连启发都懒得启发，除非你把自己搞得团团转，像热锅上的蚂蚁。我们经常说这句话是“启发”的源头，但人家的本意是说不要轻易启发。即使要启发，也要等到他嗷嗷待哺的时候，是不是？那是不是灌输式呢？当然也不是。但有的东西也要背的，背不了也要打手板。在这里，教师的权威确实有保

①《论语·述而》。

证。正因为这样，教师实际上不需要教太多的东西，教育教学的艺术实际上不是很重要。弟子不听话打手板也行，打屁股、用脚踢也是可以的。这就叫“不打不成器”，或者叫“成人不自在，自在不成人”，或者叫“打是亲骂是爱，不打不骂要变坏”。我小时候差点就被老师打了一次，因为前一天晚上到大队部看电影了，没做作业。第二天，老师把没做作业的都叫到讲台前面来，一个个打手板。但等我把手伸出去，老师就不打了。（学生：偏心！）偏心？是有点偏心，就是偏心，真的是偏心。但传统教学就是这样，老师可以做最后决断。即便是灌输，也只是让你自己去搞明白，自己给自己灌，我懒得讲，只管查。所以都强调自求自得，“行有不得者皆反求诸己”①，就是这样一种东西。

这一切都由于古代教育有一个共同体根基。这是古代教育的第三个特征。由于教育主要依托共同体传统和文化元典，教学主要依靠教师自己的身份，先生与学生之间有着严格的等级区分，所以教学是很简单的，简单到甚至不需要教的份上。所以教学主要靠学生自己去学，实在不行再给他们点拨一下，大部分教学行为都没有相连成线，即所谓“君子共己以待，问焉则言，不问焉则止。譬若钟然，扣则鸣，不扣则不鸣。”② 我们有的时候会感到奇怪，孔子三十而立开始从教，教到七十而从心所欲。但是一部《论语》留下的教学记录就那么一点点，跟学生说的话就那么一点点，其他的时间学生干什么？就是去自求自得啊，对教师而言则是不教之教。所以那些难以书写的方面，才是古代教育最重要的地方。当然了，一旦他觉得有必要说话，孔子还是很厉害的。就像我们楚国的大鸟，不鸣则已，一鸣惊人；不飞则已，一飞冲天，就是这样。③ 所以，当你有什么事情不明白而去问他的时候，孔子说：“吾有知乎哉？无知也。有鄙夫问于我，空空如也。我叩其两端而竭焉。”④ 我开始是空空如也，但没有知识又有什么关系呢？我回过神来东问一句西问一句，用不了多久也就全明白了。所以这个时候的教学不是依赖我们现在的教学艺术与技巧，也不是依赖此前教育者的神秘魅力，而是依赖于共同

---

①《孟子·离娄上》。

②《墨子·公孟》。

③《韩非子·喻老》记载：“楚庄王莅政三年，无令发，无政为也。右司马御座，而与王隐曰：‘有鸟止南方之阜，三年不翅，不飞不鸣，嘿然无声，此为何名？’王曰：‘三年不翅，将以长羽翼；不飞不鸣，将以观民则。虽无飞，飞必冲天；虽无鸣，鸣必惊人。’”

④《论语·子罕》。

体的传统、文化元典和我们教育者对于道的领悟。在这种情况下，如果说还有某种专业教育学的话，那也都是经验型的。教师专业化自此开始起步，但教书主要不是靠那些东西。倡导“上说下教”① 的墨家终不能成为主流。

四、　现代教育

（一）从共同体到社会的转化

现代教育的兴起过程，也就是我们之前所说的从共同体向社会的转化过程。这一过程其实是涂尔干所说的分化（differentiation）或社会分工（division of labor in society）的结果。在涂尔干所看重的社会结合形式中，一种社会结合基于相似性，成员间有着共享的集体意识与情感联系，② 社会结合的断裂即是对集体良知或情感的亵渎，即“关系一断即为犯罪”③，很容易引起公愤，因而盛行一种可以由民众分散执行的压制性法律④。而“在我们要求压制犯罪的时候，我们并不是要为自己报仇，而是要为我们隐隐约约感觉到的外在于并且凌驾于我们的神圣事物报仇。”⑤这样一种由相似性所致的社会结合，涂尔干称之为“机械团结”（mechanical solidarity）。⑥而另一种社会结合的根基不再是相似性，而是差异性。社会关系不再具有情感性。团结之所以能够存在，是因为每个人都有自己的行动范围，都能够自臻其境，都有自己的人格。而且自由发展的空间越广，这种团结所能产生的凝聚力就越强。⑦在这里盛行一种恢复性法律，这种法律几乎已经摆脱了集体意识的影响，依赖于专门化的人员与机构运作。⑧这样一种以分工协作为基础的社会结合方式，与高等有机体的自身结构尤其相似，因而涂尔干称之为“有机团结”（organic solidarity）。⑨有机团结的社会与机械团结的社会虽只是同一个社会实体的两个方面⑩，但随着社会的不断分化，其他一切信仰和行为都失去了宗教属性，个人成了宗教的唯一对象⑪，结果，有机团结渐渐跃升到了显著位置，一种全新的社会形态开始出现⑫。

如果借鉴英国当代社会学家吉登斯（Anthony Giddens，1938—　）的概念，

---

①《庄子·天下》。

②③④⑤⑥⑦⑧⑨⑩⑪⑫［法］埃米尔·涂尔干著，渠东译：《社会分工论》，生活·读书·新知三联书店2000年版，第33～39、65、67～68、62、91、91～92、74～75、92、90、133、135页。

我们也可以把这一转化过程理解为抽离化（disembedding）。抽离化就是把我们从原来镶嵌的地方共同体中挖出来并加以重新组合。[①] 原来女人也要出嫁，但是她并没有因此而走到社会之中来，只是从这个家庭走到另一个家庭。而抽离化是要把我们作为个体从亲密关系共同体里面抽出来，从我们原来世世代代生活的那样一些地方、那样一些我们自一开始就降生于其中的初级群体中间抽离出来。英国的历史法学家梅茵（Henry Maine，1822—1888）称此为“一个从身份到契约的运动”[②]。就好像我们从家庭走到学校中，然后再重组。重组后学校已不是我们原来家族的一部分，学校的老师已不是我们亲族的一部分，同学之间也没有实质性的相似。甚至我们的时间观念，跟亲密关系共同体也已经分离了，吉登斯称之为“时空分离”。原来我们日出而作，日落而息，主要按照当地时间行动，按照“日上三竿了”、“太阳已经到半空了”这样一套时间标尺行动。而现在则是按照一套标准时间来行动，如“要上学了”、“北京时间 8 点了”、“电视里已经唱国歌了”。抽离化把我们的思想、观念和社会关系从原来身处的那个情境中抽离出来，切断我们跟原来自己所熟悉的那样一个群体的联系。学习就是离开，就是不断地远行，就是适应一个完全不同的世界。因为现代社会不断切断我们跟原来的隶属群体的天然联系，所以现代人的孤独也是无以复加的。

当然，现代性的增长过程也是一个理性化（rationalization）过程。理性化是韦伯的概念，其消极意义就是祛魅，其积极意义就是工具理性（服务于特定目标的技术理性）与价值理性（合法性）的增长，就是把我们从那些神秘的、天赋的、神乎其神的魅力控制中解脱出来，或者使那样一些神秘莫测的力量庸常化，变成可以捉摸和控制的实在。整个人类历史过程实际上都是一个理性化过程。原来我们受制于魅力，后来又受制于传统，现在则试图进一步从对传统的依附中摆脱出来。具体表现就是科学知识的不断增加，社会组织的不断科学化。就像现代科层制，它不是基于亲缘，也不是基于忠诚或结义，更不是因为地缘或姻缘，也避免成为这样的实体。在这里，再也不是按照传统的伦理道德来行动，一切都照章办事，强调效率、能力、文凭、实效，强调下级服从上级。整个做事情的风格，都

---

① ［英］安东尼·吉登斯著，赵旭东、方文译：《现代性与自我认同》，生活·读书·新知三联书店 1998 年版，第 17～23 页。

② ［英］亨利·梅因著，沈景一译：《古代法》，商务印书馆 1984 年版，第 97 页。

是强调对事不对人。[1] 我批评你不是因为我不喜欢你，只是因为你的事情没有做好。表扬你也不是因为你可爱，而是因为你出色地完成了任务。在理性化的情况下，我们的反思性也在不断地增长。原来我们都是受一套既定模式的控制，现在则不断对这一套东西提出质疑，不断试图从这一套东西中摆脱出来。理性化有时还包括“交往理性”的增长。[2] 交往理性不单纯强调我们自己要有理性，不单纯要求我们的头脑能合乎逻辑地思考，而且要求我们在跟别人交往的过程中，不是把自己的东西强加于人，而应当有相互的尊重、倾听、包容。所以交往理性不单纯是一种个人特征，它还是一种关系特征。说到底，这种理性更多的是与运用知识的方式联系在一起，而较少地与知识本身的确定性有关。

另外，从共同体向社会的转化过程还表现为商品化（commercialization）过程。马克思对此贡献最多，其《资本论》（1867）的逻辑起点就是商品。[3] 传统社会中，哪怕你有很多财富，这些财富也不是商品，除非你穷困潦倒、走投无路，再也顾不上脸面了。传统社会中的商品交易，只是存在于非常有限的领域，比如说部族与部族之间。当然，部族与部族之间我们也可以运用魔法。比如说出征的时候喝鸡血，就是为了唤醒我们的勇士，把他们的勇猛精神或魅力激发出来，把他们的血性激发出来。在部族内部，这样的魔法一般不用（除非结义的时候，那是因为我们要借此建构一种亲密关系，把我们内在的东西激发出来），商品的交换一般也不用。你说我家里没米了，想到你家里来买一升米，没有这个说法。“你自己拿就是了，有了再还我，没有的话也无所谓。”在共同体内部，若你还要说一个“买”字，那就是瞧不起人，没有把他当兄弟，没有把他当自己人看待。你那就只是把他当成市场里的小贩，是对人的一种侮辱。不要跟我谈钱！何必曰利？家里面即使有很多的宝贝东西，也不能轻易地拿去交换或典当，除非是败家子。即使家财万贯，骡马成群，那些东西也都不是商品。而现代资本主义社会的逻辑起点，

---

① 参见［德］马克斯·韦伯著，林荣远译：《经济与社会》（上），商务印书馆1998年版，第238～283页；［德］马克斯·韦伯著，林荣远译：《经济与社会》（下），商务印书馆1998年版，第444～500页。

② 参见［德］尤尔根·哈贝马斯著，曹卫东译：《交往行为理论：行为合理性与社会合理化》（第1卷），上海人民出版社2004年版。

③［德］卡尔·马克思：《资本论》（第1卷）（1867），见中共中央马克思恩格斯列宁斯大林著作编译局编译：《马克思恩格斯全集》（第44卷），人民出版社2001年版，第47页。

用马克思的话来说，就是劳动力成为商品。[①] 财富由此而成为商品，社会关系也因此商品化。我们原来跟一个人是亲戚那就是亲戚，可以用这个亲戚关系去成事，但不能用这种亲戚关系去赚钱。而现在整个社会都建立在商品交换的基础之上，追求经济利益的最大化。我们原来注重感情，注重相互忠诚，注重义务。现在这样一套东西没有了，你最好一手交钱一手交货。之后就再也不相牵挂，两清，到此为止，再也别纠缠，你是你，我是我。

与此相关的还有工业化。关于工业化，好多人都讲，包括孔德（Auguste Comte，1798—1857）[②]，也包括马克思。在孔德看来，人类理智的发展经历了三个阶段，第一个阶段诉诸主观的臆测，第二个阶段诉诸形而上学的抽象，第三个阶段诉诸实证。现在，那种基于“神学”和“尚武”精神的社会类型正在消失，另一种社会类型，即科学的和工业的社会正在诞生。学者取代了僧侣和神学家，成为社会精神和道德秩序的基础。而广义的实业家——企业家、工厂经理和银行家——则取代了军人。由于社会本身智力基础的变更，创立一种像过去的神学思想体系那样具有支配力的科学思想体系，就是新时代的重任。[③] 与孔德强调社会的智力或思想基础不同，马克思直接强调工业化本身这一革命性的物质力量。农业生产通常与亲密关系共同体共存，工业化则要求专业化生产和市场经济，要求突破旧有的生产关系和其他社会界限。传统的自给自足的生产方式由此解体，社会分工与交换体系迅速扩张，走出家庭成为主要的生存之道。由于家庭生活本身被压缩，家庭本身具有的教育功能也明显削弱，结果我们现代人的人生轨迹跟以前完全不一样。以前的生命历程中总有一个回归的过程，除非是流放或充军。现在则是渐行渐远渐生疏，人与人的关系越变越淡，离家庭和亲人越来越远。

（二）现代性情境中的知识转型

孔德将社会现代化的根基理解为一种智力基础的变更。在这里，我们确实能

---

① [德] 卡尔·马克思：《资本论》（第1卷）（1867），见中共中央马克思恩格斯列宁斯大林著作编译局编译：《马克思恩格斯全集》（第44卷），人民出版社2001年版，第194～198页。

② 奥古斯特·孔德，法国哲学家，社会学和实证主义的创始人，提出了“社会学”的概念，被尊称为“社会学之父”。他创立的实证主义学说是西方哲学由近代转入现代的重要标志之一。

③ 参见 [法] 雷蒙·阿隆著，葛智强、胡秉诚、王沪宁译：《社会学主要思潮》，上海译文出版社1988年版，第77～84页。

感受到一种知识转型①。传统中国人相信“道不远人”②“为仁由己”③，其知识主要是一种人文知识，跟文化、道德生活或终极关怀高度相关，一切皆“志于道、据于德、依于仁、游于艺”④。孔子说：“小子何莫学夫《诗》?《诗》，可以兴，可以观，可以群，可以怨。迩之事父，远之事君。多识于鸟兽草木之名。”⑤ 其中虽然提到“多识于鸟兽草木之名”，但主要也是增长见识，陶冶性情，满足日用之需。古希腊也有从自然哲学到主体哲学的转向，而且其自然哲学也都从属于某种终极关怀。到中世纪，科学更是成了神学的奴婢。而现在，人们优先关注客观世界的知识，关注对自然、对宇宙、对生命本身的自然属性的认识。如果是关注社会世界，也经常倾向于把社会世界当自然世界看待。涂尔干所倡导的社会学，就是要把各种各样的社会现象当成自然事实那样的客观事实看待。⑥ 而此前主要考虑如何安抚我们自己的灵魂，如何处理好我们内在的紧张、焦虑与恐慌，如何在这个世界上安安稳稳地过下来，这个就叫安身立命！就是把自己的生命安顿好，把我们的命运确定下来，进而“为天地立心，为生民立命，为往圣继绝学，为万世开太平”⑦，以免搞得世事无常、人心不古、人到中年万事休。因此，知识转型首先是从关注意义与文化世界的知识到关注客观世界的知识。

与此相关的是，体悟、直观、经验形态的知识开始让位于证验、客观、可靠的知识。虽然人们内心一直都将知识当作普遍知识来接受，但在过去，哪怕《论语》或《孟子》中那样一些富有哲理的知识，其实也都只是个人的体验、直观或思辨，是个人根据自己的生命历程、人生体验悟出来的道理。而新出现的知识形式，包括很多人心目中的教育学，都高度依赖于事实、经验、数据、实验、实证。个人的感悟已经上不了台面，甚至哲学在现代社会中的地位都在降低，而教育学则被越来越多地要求建立在心理学的基础之上。

---

① 关于知识转型的概念，以及现代知识型的特征，可进一步参见石中英著：《知识转型与教育改革》，教育科学出版社 2001 年版，第 20～143 页。

②《礼记·中庸》。

③《论语·颜渊》。

④《论语·述而》。

⑤《论语·阳货》。

⑥ [法] 埃米尔·迪尔凯姆著，胡伟译：《社会学方法的规则》，华夏出版社 1999 年版，第 13～38、98～101 页。

⑦ 见张载（字子厚，人称横渠先生，1020—1077）《张子语录》，世称“横渠四句”。

此外，知识也从以善为目的转向了以规律为目的。照孔子的意思，关键是一个“仁”字，“仁者不忧”①。在这个世界，只要有一颗善心，我们就可以安身立命。而在古以色列，包括基督教世界，这个世界被认为是上帝创造的。实际上也说这个世界是善的，这个世界也是有目的的，这个世界也是有规矩的。它作为上帝的造物，必定带有神的属性，并且最终要达到圆满状态。就像亚里士多德所说的那样，它有一个“目的因”。（板书）既然一切造物之上另有一个最高的存在，这个世界就必定是一个统一的整体。强调以善为目的，也意味着这是一个封闭体系，不将教义或道德置于最高地位的东西就不能去学，故曰“君子不器”②。外在的美貌也经常被认为是与善冲突的，所以也没有什么好结果。打扮就是成天用运动服把大家罩着，一谈到美就脸红。所以美的规律很多时候得不到尊重，或者我们只能接受道德意义上的美。原来强调合目的性，但现在强调合规律性。或者说原来强调价值介入，要求向善，现在强调价值中立，要求求真。这样一来，研究即便可能威胁我们的伦理底线，但是还要做。网络游戏即便让很多人沉迷，还要进一步发展。过去有身份的人是万物的尺度，现在有理性能力的人是万物的尺度。原来的哲学是为了证明上帝存在。现在，知识的生产不是为了实现某个道德理想，只是为了求真，因而倡导一种开放性，并最终导向一种新的价值。

知识性质与形态上的第四个转变，是从作为常识和实践智慧的知识转向作为科学原理的知识。《舌尖上的中国》③ 所涉及的，主要还是生活常识与实践智慧。只要在生活中间有用、管用，我们就去用，而且用自己的方式去用。至于它究竟是什么，我们存而不论。一旦行有不得，我们就在行动中反思，开始反求诸己。凭此我们有足够的能力应付各种实际问题。正因为如此，那位做黄馍馍的老汉情不自禁地隔空喊出这样的话——“我要好好干!”但这些日用而不自知的东西在现代教育中得不到应有的尊重或重视，而是强调“千军万马齐过独木桥”（考大学）。我们讲的这种教育学也让很多人苦恼，感觉什么东西都没有确切结论。学理科的同学尤其着急：搞什么名堂，越来越不像话了，我读小学的时候还知道 1+1=2，

---

①《论语·子罕》。

②《论语·为政》。

③《舌尖上的中国》是一部由中国中央电视台制作的7集电视纪录片，也是中国第一次使用高清设备拍摄的大型美食类纪录片。2012年5月14日至5月22日在中央一台的“魅力纪录”栏目首播。

现在反倒觉得 1+1≠2 了！他们特别想学确确实实的知识，学确确实实的结论。但这说到底是因为自己不愿意思考，也不愿意尊重别人的思考。如果愿意思考，就应像孔子一样，当别人问你："跟康老师学到了什么东西?"你就应当自豪地说："没学到东西啊!"（学生大笑）还能自信地反问："说吧，到底想问什么?"上次听一个人说，现在房价这么贵，你还在家里面放那么多乱七八糟的东西，那不是更亏了吗？但我们还是情不自禁地想从老师这里搬回确定的知识。学习不是要我们像自动柜员机一样，一按就会出货，一有刺激就要有反应。但这场转型主要还是让我们去学别人整理好的科学原理。

最后，新的知识形态，已从不分科的知识转到分科的知识。原来的知识相互依赖，彼此都融为一体，现在则是分门别类，学的时候也是分门别类地学——这个地方装语言，这个地方装化学，这个地方（脑后）再装我们的教育学。把我们的教育学装到脑后去了。（学生笑）从不分科到分科，彼此之间的差别到底在哪里，有多大？当知识不分科，知识之间是天然关联、融会贯通的，知识的运用也是牵一发而动全身的事情。这意味着知识与共同体生活之间是无缝衔接的，学习与生活是高度相关的，我们必须拥有胜任生活的全部知识。但知识本身的范围也会因此而受到限制。"子以四教，文行忠信。"①《周礼·保氏》说："养国子以道，乃教之六艺：一曰五礼，二曰六乐，三曰五射，四曰五驭，五曰六书，六曰九数。"② 儒家教育到后面更是主要限于六经。这里几乎没有学科的概念，只有文化经典和实用知识的概念，因而很少诞生学科。古代西方知识积累和分科情况要更明显些，但主要也就是"三科"——文法、修辞、逻辑和"四艺"——算术、几何、天文、音乐。现代知识的进一步分化使得专业化成了可能，由此我们可以在某一特定的领域积累起大量的知识，但在其他领域则可能失去话语权，只能凭借有限的生活经验行事。这样越来越从自身的生活之外寻求知识，知识的获得必然越来越依赖外部的知识源头。因此，分科使得我们"为知识而知识"成了可能，使得我们孤立地学习知识成了可能，也使得我们从属于知识成了可能。

---

①《论语·述而》。

② 五礼，指吉礼、凶礼、军礼、宾礼、嘉礼五大礼仪。六乐，指云门、大咸、大韶、大夏、大镬、大武六套舞乐。五射，指白矢、参连、剡（yǎn）注、襄尺、井仪五种箭术。五驭，指鸣和鸾、逐水曲、过君表、舞交衢、逐禽左五种驾技。九数，指方田、粟布、差分、少广、商功、均输、盈朒（nǜ）、方程、勾股九科数艺。六书，可能是指象形、指事、会意、形声、转注、假借六种造字法，《周礼》中未见说明。

（三）现代教育实践的走向

从共同体到社会的转化以及相应的知识转型，对学校教育实践产生了重大影响。首先，学校与环境明确分隔开来了。有没有来自山西的同学？（学生：有）那山西的乔家大院、王家大院，你去了吗？（生：去了）看过他们的学校吗？大院里的学堂？（学生摇头）山西真是个好地方啊，可以去做做教育方面的考古。我第一次去的时候，看了平遥古城的监狱。（学生：监狱啊）在《规训与惩罚》（1975）中，福柯（Michel Foucault，1926—1984）说，古典时期①的惩罚乃是一种公共景观。大家听说过五马分尸吗？（学生：听说过）《规训与惩罚》里讲的不是五马分尸，而是四马分尸②，五马分尸不科学。（学生骚动）当然啊，如果是五马分尸，一把脑袋扯掉人就死了，作为一种公共景观就没有意义了，皇权的威严也就体现不出来了。而在古典时期，按《规训与惩罚》的理解，一切犯罪都是潜在的弑君。③在这个皇恩浩荡的时代，竟然去偷人东西，不是故意和“我”过不去吗？穷也要穷得有志气，竟然去偷去抢，当然就是给“我”抹黑。所以都要受到严厉的惩罚，而最严厉的惩罚就是公开处决。平遥监狱里有很多与之相应的刑具，比如给偷人养汉者坐的钉车，和福柯所说的情况完全一样。而山西大院里的那些学校，也挺让人受教的。那已是独立的院落，四周墙壁上嵌满了书法碑刻，但没有讲台，也没有课桌椅，就是一空荡荡的院子，而且跟家族环境结合在一起，这就是他们的学校。我们现代学校不但和环境是明确分开的（借助围墙，也借助内部的功能分区），与家族生活也不再直接关联。学校希望自己严格组织起来，且以一种超情境的方式组织起来，以形成某种公共环境和统一的道德影响。

这个过程中产生了成有信先生所说的教育与生产劳动的第二次分离。这次分离是现代劳动者教育从现代生产劳动中的分离，由此产生的现代教育和生产劳动既作为两个过程相互独立，又不可分割地联系在一起。在成有信先生看来，把现代教育与生产劳动分离开来的是现代科学，把二者结合起来的也是现代科学。因为有了现代科学，我们不在生活过程中学，而是必须到学校里面来受教，所以把

---

① 福柯通常将近现代区分为文艺复兴时期、古典时期（17世纪中期至18世纪末期，史上又称理性时代）和现代时期（19世纪初至20世纪中期）。传统史学将一切素材经过分析、化简或泯灭重新编排，以求证实事情的连贯，而福柯的知识考古学则试图将局部、非连贯与边缘现象作为历史分析的基本要素。

②③［法］米歇尔·福柯著，刘北成、杨远婴译：《规训与惩罚》，生活·读书·新知三联书店2007年版，第4、51～62页。

教育与生产劳动分开了。又因为现代科学的东西本身也是为了生产劳动，所以又把它们结合在一起了。分离与结合就这么统一了起来，现代科学由此就成了现代教育与现代生产的结合点。[①] 不但劳动者的教育如此，统治者的教育也是如此。我自己的学士学位论文，就是从成有信先生的这个观点起步的。当时我就说，您怎么只讲现代科学呢？按照马克思的观点，生产劳动应该包括两个方面，一个是生产力，还有一个是生产关系。科学主要跟生产力有关，生产关系难道就不用管了吗？因此我当时认为，把现代教育与现代生产结合起来的还有另外一个方面——现代价值观，现代科学不是现代教育与现代生产的唯一结合点。[②] 后来邓小平（1904—1997）说教育与生产劳动相结合，最关键的是教育与国民经济发展相适应[③]，那就更有气魄了。但不管怎么说，现代教育与现代生产的结合，始终是建立在二者相互分离的基础之上的。

现代的课程与教学实践也发生了很大的变化。就像我们现在，大家从五湖四海来到了北京师范大学上课，每个人都是一个孤立的个体，口音、风俗习惯和家庭背景都不同，以前在网上还可能对骂过，跟老师也只是偶然相遇，那这个课我该怎么上？至少我再想端以前老师的那个架子，让学生什么东西都自己去学，搞什么“处无为之事，行不言之教”[④]，已经是不太可能了。学生要学的那些东西已不是他生活中间就有的，必须依赖于老师系统地教，最多只能搞“教是为了不教”。所以课程与教学的新特征，首先是以科学知识与系统教材为核心，而不是以我们日常生活中经常能接触到的那样一些东西为基础。结果，造就出一大批不会做饭、只喜欢读书或教书的女孩子。原来姑娘们都会做饭，会洗衣服，会绣花，会编织毛衣，会带弟弟妹妹，现在这些东西通通靠边站，必须学一套全新的、社会上用得着的东西。而以科学知识为基础，也就意味着精细分工、职能分化，不再搞传统的那种非专业化的学习。教师的女性化也由此起步，因为教学不再是一种基于身份的事业，而是一种需要兢兢业业、刻苦耐劳的工作。其次，原来学习

---

① 参见成有信：《脑力劳动和体力劳动的分离、结合与教育》，载《华东师范大学学报（教育科学版）》1987年第3～4期。或见成有信著：《现代教育论集》，人民教育出版社2002年版，第245～280页。

② 康永久：《现代科学并不是教育与生产的唯一结合点》，载《教育研究与实验》1993年第3期。

③ 邓小平：《在全国教育工作会议上的讲话》（1978年4月22日），见邓小平著：《邓小平文选》（第2卷），人民出版社1983年版，第107～108页。

④《老子·二章》。

者自身是知识的源头，自我反省本身是知识获取的最主要的方式，但现在这两个方面都在衰落，而教师在教育过程中的地位则不断提高。所以我们今天已经不是“点”拨了，而是从头拨到尾啊。（学生：连拨）所以我们老师现在都是机关枪，而且是全自动的机关枪。最后，学习者自身的生活实践在个人成长中的地位降低，在学校中学习，意味着在课堂中度过更长的时间。学习与生活之间的断裂因此更加明显。学科的最终秘密一直要等到教育生涯很晚的时候才会揭晓，而且只有对那些已显示成功社会化迹象因而被挑选出来的少数人这样。[①]

现代学校也越来越依赖对学生的年级制、班级制管理。年级制与班级制将不同年龄或程度的学生分别编入不同的年级，在同一年级，如果学生够多，再将之分别编入不同的班级，以班为单位，按课表安排老师分科进行教学。这样一种教学组织形式完全不同于传统学校。传统学校不分年级和班级，也没有以个人独立为基础的教师团队，大家走到一起不是因为年龄或程度相似，而是因为我们有共同的身份，或者对先生有共同的认同。因此，关键的是那样一些血缘、地缘、姻缘、情感或认同等方面的因素，而不是彼此之间那样一些外在的一致。当然，孔门弟子也不都是那么同心同德、志同道合，南郭惠子就曾问子贡（前520—前456）：“夫子之门何其杂也?”子贡答道：“君子正身以俟，欲来者不拒，欲去者不止。且夫良医之门多病人，檃栝之侧多枉木，是以杂也。”[②] 意思是说：君子端正自己的身心来等待求学的人，想来的不拒绝，想走的不阻止。就像良医门前多病人，矫形器旁多弯木，所以夫子门下鱼龙混杂啊。但正是“欲去者不止”，确保了孔门的共同体性质，他们本身正是以这样一种自发秩序组织起来。在那里，没有我们今天所说的级长与同班同学，只有同窗或大师兄、二师兄、三师兄、四师兄……再加上小师弟或小师妹。而现代学校根本就不是这种亲密关系共同体，理性组织的触角已伸展到每一个地方，每一个人都作为独立的个体与别人重组。

这样一来，教学组织和纪律约束的重要性就极度增长了。传统的教育教学不需要调动弟子的积极性，“行有不得者皆反求诸己”。如果有纪律，那也应类似福

① 这里所说的“学科的最终秘密”指的是“知识是可渗透性的，它的分类是临时性的，知识的辩证法是封闭与开放”。参见 Bernstein，B.（1971），On the Classification and Framing of Educational Knowledge，In Young，Michael F. D.（ed.），*Knowledge and Control*：*New Directions for the Sociology of Education*，London：Collier Macmillan，57.

②《荀子·法行》。

柯所说的那种宏观规训，只关注善恶是非之分，不连贯，肆意宣示上位者威严，通过折磨犯规者的肉体进行报复，并试图在众目睽睽之下制造强烈的恐怖效果。而现在大家到这里来，很多都是不情愿的。有人以为学教育学是可以当老师的，就跑来了；有人只是觉得北京师范大学教育学牌子很硬，就跑来了；有人则是因为自己的那个人也来了……反正都是些乱七八糟的理由，不是因为这个地方有康老师，所以才……这个时候如果没有专业的教学组织和规范的纪律约束，事情就做不下去了。因此，现代教育教学的第一原则，就是调动学生的积极性，发挥学生的主体作用。大家都是主体，干吗还要特别发挥学生的主体作用呢？因为你虽然理论上是个主体，但等你走到这个教室，主体性差不多都没了，一个个垂头丧气的，所以要重新激发。（学生笑）这个是现代教育和传统教育最大的区别。因此，在现代社会当教师就要注意技巧，要深入浅出，力求每一句都能挠到学生的痒处。但好像歌中所唱的那样，“有些事情你永远不必问，有些人你永远不必等”，学生中总有一些与老师不是同路人。因此光倡导主体性教育还不够，还必须有福柯所说的微观规训。它通过训练——而不是折磨——肉体来操控灵魂，这种纪律要求还细致入微、无处不在。① 事实上，现代课堂也确实要求什么东西都应井井有条。说到底，现代学校教育不是建立在共同体的基础上，大家都不是志同道合的人。这样，为了让课堂能够维持下去，就必须借助严密的教学组织和课堂纪律的微观约束。

为了适应现代生活，现代学校也不断理性化，其目的就是形成一个功能的协同体以集中全部教育力量。这一点和中世纪的修道院差不多。涂尔干对此进行了很好的说明：

> 所谓皈依，照基督教的理解，其实关键不在于恪守特定的一套信念和具体的信条。真正的皈依是要使整个灵魂转向一个非常不同的地方，以此让整个灵魂改变它的立场、它的姿态，从而改变灵魂对世界的整体观照，最终激起一种深层的转向。这种转向与获取特定数量的真实信念没有什么关系，因此，也可能是瞬间见效的事情。当头棒喝之下，灵魂的基础会即刻发生动摇，从而产生这种皈依的转向……这种所谓“一百八十度大转弯”，使得灵魂发现

---

① 福柯对宏观规训与微观规训的区分，参见［法］米歇尔·福柯著，刘北成、杨远婴译：《规训与惩罚》，生活·读书·新知三联书店2007年版，第146～147、306～331页。

> 自己在一眨眼的功夫后，面前气象一新；不曾料想的现实，不曾听闻的世界，那一刻都在它面前显露……但通过逐步渐进、不易察觉的压力，也能缓慢地造成同一种视角转移。教育的结果便是这样。但不管怎么说，要想对灵魂的至深至隐之处产生如此强劲有力的作用，最根本的，显然在于不能放任孩子所受到的不同影响以不同的方向分散开去，而是要强有力地汇聚在同一个目标上。而要实现这一目标，唯一的途径就是让孩子们生活在同一个道德环境当中，让这个环境持续不断地呈现在他们面前，让他们彻底地沐浴其中，无法摆脱它的影响。基督教开始负责学校教育的组织之后，整个儿童教育的集中，其实是孩子整个生活的集中，都可以用这一点来说明。①

基督教的修道院就是按照这样的原则组织起来的。16世纪中叶，在新教改革刺激下发展起来的耶稣会学校，更是在这一组织基础之上，引进了某种强调导师制管理和相互竞争的新纪律结构，以提供个人化的持续接触与激励。自此开始设立班级，设立跟班教师（导师），他们的职责就是成天和孩子待在一起。不管孩子去到哪里，这种环境都跟随着他。涂尔干认为，与中世纪粗陋而又严厉的纪律形式相比，这代表着一场重大的革命。中世纪的教师讲演时面对的是一大群不知姓名的听众，每一个个体或学生都迷失在其中，淹没在其中，从而也就放任自流了。而现在，教育根本上是一项针对个人的事务。②这种学校很严厉，但由于有持续的接触，老师和学生的关系也很融洽。所以耶稣会学校培养出了一大批人才，其他学校——包括当时其他的膳宿学校、巴黎大学艺学院和那种有人文主义气息的新式学校——都比不过这种学校。其后的整个公立学校体系都接受了耶稣会学校的纪律结构，其特征就是集中所有的力量，营造一个封闭的环境，让所有的东西都汇聚到同一个目标上来，让学生彻底地沐浴其中，以促使灵魂发生转向。现代教育主要就是按这个方式组织起来的，所以不断地理性化，不断地控制，不断地使学校成为一个功能的协同体，（板书）把所有的力量都集中起来。教育教学再也不是以前的那种“自求自得式”，因为这种形式的基础已经没有了，因为大家已经不是同路人了。由于教育的基础整个地重建，就这样诞生了现代学校。

---

①② [法] 爱弥尔·涂尔干著，李康译：《教育思想的演进》，上海人民出版社2006年版，第34、275～278页。

（四）教育制度环境的变革

学校外部的制度环境也有一些重大变化。首先是统一学校运动（参见图 2-1）。传统的学校是多轨制。像我们的传统官学，一个是乡学，一个是国学，它们分属不同的身份群体。其中国学是皇亲国戚和大臣们的子弟就读的学校，乡学是地方豪绅和少数特别优秀的学子就读的学校。此外还有私学，它们之间都是不相衔接的。甚至官学、乡学和私学内部，也是互不隶属衔接的。像唐代的六学二馆，就是一个等级森严的身份体系。其中国子学只收文武三品及以上者子弟，太学只收文武五品及以上者子弟，四门学只收文武七品及以上者子弟，律学、书学和算学等专科学校亦只有文武八品及以上者子弟或庶民之中的俊异者才能入读。而弘文馆和崇文馆则只收取宗室、外戚、宰相和文武一品官员的子弟。现代化之初，学校之间也没有形成一个统一的体系，因而也都是多轨制。其中最著名的是双轨制。（板书）在那里，小学和中学不是教育的两个相互衔接的阶段，而是两种不同类型的教育，分别对应不同的社会等级。因为后来出现了公共的基础学校系统，才慢慢变成了一种分叉制。就是首先给大家提供一套相同的小学教育，到中学或初中再分流。而不是像原来的多轨制那样，从一开始大家就沿着不同的教育轨道前进。统一学校最严格的形式是单轨制。单轨制把所有类型的中学都统一起来，变成综合中学，没有森严的等级之分，或者变成一个立交桥式的四通八达的学校网络，其最终理想是为所有人提供一种共同的教育。

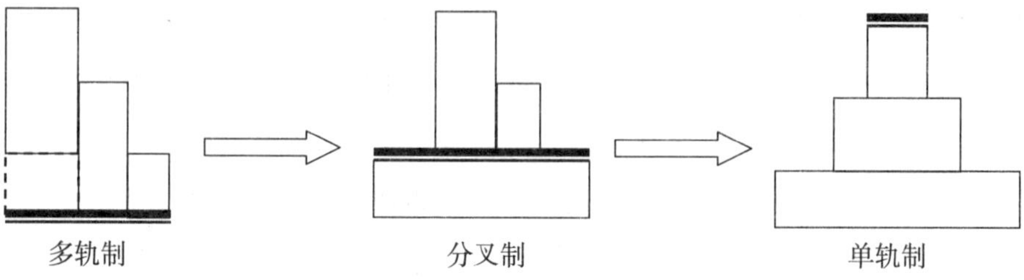

图 2-1　现代学校体系的三种类型

总的来说，美国的学制比较接近单轨制。英国到第二次世界大战前都是双轨制，贵族子弟不上小学，都是在家庭里面接受教育。他们有条件这样做，也害怕自己的小孩到小学会被那些“缺乏教养”的人带坏，因而在思想意识上也强调教育是私人的事情，反对任何公共干预。像洛克（John Locke，1632—1704）就这样主张。[①] 劳工阶层的子弟因为机器大工业已经来临，家庭经济功能已经丧失，大人要出去工作，自己没人照管，所以必须到那些带有慈善性质的小学里面去读书，读完之后就出去工作。而贵族子弟到了这个时候，则开始从家庭里面走出来去读中学。这种中学名义上是公学，是 public school，实际上是贵族学校。这里所说的“公”，只是相对于此前的家庭教育而言的。所以，在这里小学和中学是两种不同性质的学校，分属两个不同的身份群体。第二次世界大战之后，人们觉得那么多的普通人为了保卫国家浴血奋战，一定要建立一个公共的教育制度才能对得起普通民众，这才建出一个有统一也有分叉的公立学校体系，让小学与中学相互衔接，并为全体公民所共享。我们现在基本上也是分叉制，甚至是两头分叉。学前教育阶段不同的人进不同的轨道。义务教育则统一了起来，不过仍有条块分割。高中教育则明显分为普通高中和职业中学，而且它们内部也有重点与非重点之分。这样一来，学校与学校之间相互对立，面对完全不同的学生。而统一学校运动的宗旨，就是要给大家提供一个机会均等的、优质的、公共的教育环境。

与学校系统本身的这些变化相伴随的是教育管理的体系化、国家化。这个过程在西方跟城市兴起密不可分。城市一方面使人们从传统共同体中间抽离出来，另一方面也导致了公益机构的迅速发展，导致了行会学校或者市民学校的兴起。16 世纪的宗教改革也推动了公共教育系统的发展。宗教本身就有一种悲天悯人的情怀，教派竞争更激活了它的教育能量，平民教育由此也就慢慢发展起来了。在这个过程中，地方性的公共团体——公民团体或其代理机构——也开始建立社区学校，向所有社区居民开放。这应当算是最早的那种公立学校。这种学校由国家或公众设立，按照某种公共治理机制而为国家或公众所监管，所有人可以凭其公民身份获得公共资助而平等进入。我国原来的那种民办/村办/社办学校，亦属这种意义上的公立学校。到后来，随着民族—国家的发展，这套公共教育体系开始整个由国家资助或接管，其奠基阶段后来还被规定为适龄儿童和青少年必须接受，国家、社会、家庭必须予以保证的义务教育。这种义务教育是谁的义务？一个是适龄儿童和青少年的义务，一个是家庭的义务，还有一个就是国家和社会的义务。再到后来，那些后进的国家，包括那些专制国家，为了巩固自己的统治，也都开

① 参见［英］约翰·洛克著，杨汉麟译：《教育漫话》，人民教育出版社 2006 年版，第 49～52 页。

始不断扩建国民学校体系。当然，这样发展起来的国民教育体系，其公共性也不尽一致，有的基于民权，有的基于王权。像我们虽也有国家支持的国民教育，但是很多时候湖南就培养湖南人，上海就培养上海人，河南就培养河南人，还经常相互排斥。可见还没有一个统一的国民或公民概念，还是地方保护、条块分割的，还只是一个“地方性的公共物品”，（板书）不能为全体国民平等共享、平等进入。我们还没形成一个真正统一的公共教育制度。

在现代性情境中，整个教育体系也有了很大的拓展。我们这里有一张法国教育家米亚拉雷（Gaston Mialaret，1918—2016）所做的现代教育体系拓展图（见图 2-2）。① 开始我们出生很长一段时间之后才接受正规学校教育，而且很快就工作。由于义务教育的发展，整个教育的范围都扩大了。后来社会又要求先培训后就业，以至普通教育结束之后，还要接受一段技术教育。再往后，小孩入学之前又有了一段学前教育。终身教育思想的出现进一步打破了劳动世界与教育世界之间的对立。在此之前，我们虽也说“活到老，学到老”，但只是在工作或生活中继续学。人生明显分为两部分，前一部分接受教育，后一部分劳动。而现在，学校教育不再局限在工作之前，“终身教育”的观念由此兴起。刚才有同学问：“这个终身教

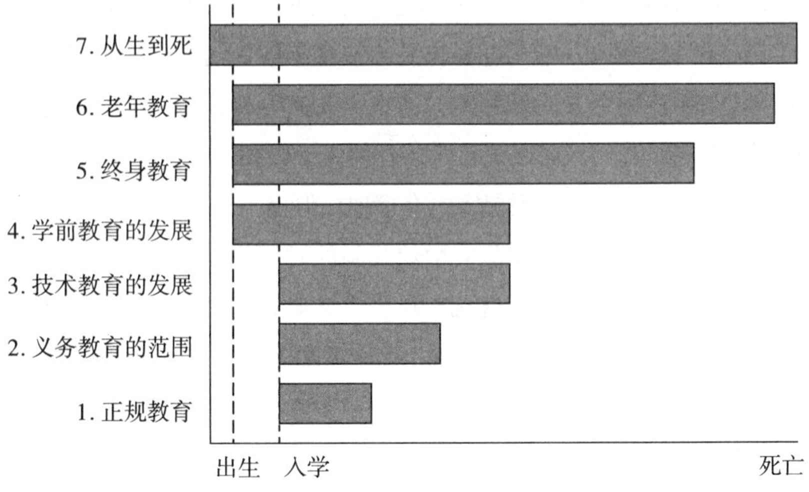

图 2-2 现代教育体系的拓展

① ［法］加斯顿·米亚拉雷著，郑军、张志远译：《教育科学导论》，光明日报出版社 1989 年版，第 15 页。格式有变。

育，又没有真的终身，为什么叫终身教育?”因为它突破了教育阶段和劳动阶段截然分离的观念，当然有终身教育的倾向。当然，这种“终身教育”有一个更直观的名字，叫“回归教育”，就是说工作后还回来读书。原始社会中人的回归是从森林中的青年之家回到自己的村落和家庭，而现在的回归是从工作场所和家庭再回到学校，真的是世事无常啊。再往后，终身教育体系进一步发展，尤其老年教育不断增长，那些已经退休、不工作了的人还回到学校，终身教育也就越来越名副其实了。最终，从生到死，甚至从子宫到坟墓，从胎教到临终关怀，一直都在受教育，真的是活到老，学到老。这就是现代教育体系拓展的大致过程。

在现代教育体系扩展的过程中，学制一直是争论与政策实践的一个焦点。所谓“学制”，指由各级各类教育机构所构成的系统，乃“学校教育制度”的简称。这里的“制度”是指体系或系统，英文是“system”，不是我们通常所说的规章制度意义上的那种“institution”。现代学校教育制度发展的主要趋势，在基础教育阶段，一个是入学年龄的降低，另一个是学前教育日渐普及，还有一个是义务教育年限不断延长。以前我们 8 岁入学，后来降到 7 岁，再后来降到 6 岁半，现在已降到了 6 岁，英国更是 5 岁入学。此外，以前学前教育并没有纳入基础教育的范围，只是“正餐前的开胃菜”，但现在越来越受重视，而且越来越有义务化的趋势。前两年，国内曾有地方考虑过延长义务教育年限，问题是向上延伸还是向下延伸。你们认为应往哪个方向延伸呢？高中？大家为什么这么希望高中免费？可以免得更多一点啊？我们当时建议往学前延伸。干吗摇头？往学前延伸哪里不好？儿童本性的那套东西可能会受到侵害？有道理，但也不一定啊。我小孩 2004 年从华东师范大学幼儿园转到北京师范大学幼儿园的时候特别不适应，她说这个幼儿园特无聊，去了就吃饭，吃完饭就玩，玩完了又吃，吃了又玩，玩完了再吃，吃了再睡觉，睡觉起来呢，又是吃又是玩。而上海那边呢，它有不同的课，手工啊、陶艺啊、音乐啊、跳绳啊，还有练习用筷子，接近小学的分科组织方式，活动多种多样。而我们这边还是一个混沌初开的样子，什么都没有分化，完全没有小学化的痕迹，她觉得挺无聊。而且义务教育往学前延伸，至少大家都可以共享，小孩对教育影响也更敏感，可能能更有效地弥补某些家庭的教育缺陷。那个方案最后不了了之，但学前教育的大发展随之而来。当然，人们反对因此而将学前教育小学化，希望为幼儿保留一块净土。义务教育的年限也在不断地延长。小学和初中教育在我国早就义务化了，学前教育也开始义务化，有些国家或地区高中阶段教育也都已经义务化。其目的，都是为了夯实国民教育的公共基础。

在教育体系的另一端，高等教育的迅速发展也非常引人瞩目。在马丁·特罗（Martin Trow，1926—2007）看来，一些国家的精英高等教育（elite higher education），在其规模扩大到能为15%左右的适龄青年提供学习机会之前，它的特权性质基本上不会改变。当达到15%时，高等教育系统的性质开始变，人们开始逐渐把接受高等教育看作是那些具有一定资格者的一种权利。如果这个过渡成功，大众高等教育（mass higher education）可在不改变其性质下，发展规模直至其容量达到适龄人口的50%。当超过50%时，即高等教育开始快速迈向普及时，它必然再创新的高等教育模式，接受高等教育逐渐被看作一种义务。① 当然，他后来也认识到，发展阶段论仅是观察现代工业社会高等教育发展变化的一种普遍性的概括，对于每一个国家而言，其高等教育的发展变化，都是该国独特的历史、社会、经济、文化和政治特性的反映。② 我国现在高等教育大众化的浪潮已经很汹涌了。大众化导致大学生越来越多，也导致大学生作为一个神圣的符号系统开始衰落，但高等教育大众化的浪潮还是势不可挡。与大众化相适应，高等教育的内部结构也正在发生一场转型。本科教育正在变成一种通识性、基础性的东西，跟原来的高中教育差不多。而硕士研究生教育则正在滑向职前教育，学术型硕士越来越少，博士研究生教育倒是蓬勃发展。此外，职业教育的起点也提高了。曾经有一段我们试图将普通高中和职业高中、中等专业学校的学生比例确定为6∶4，后来变成5∶5，最激进的时候说要搞成4∶6。但大学一扩招，中等职业/专业学校马上就陷入了困境，最后只能向高职升格。还有一个是继续教育或回归教育的迅速发展。有的人由此感叹：让我们学来学去，只是使我们一辈子都成为学徒，只能使社会完全学校化。因此，如何使教育真正为人的发展服务，就成了一个世

---

① Trow，M.（1970），Reflections on the Transition from Mass to Universal Higher Education，*Daedalus*，99，1-42；Martin Trow（1972），The Expansion and Transformation of Higher Education，*International Review of Education*，18，No. 1，61-83；Martin Trow（1973），Problems in the Transition from Elite to Mass Higher Education，Conference on Future Structures of Post-secondary Education，Paris 26th-29th June.

② Trow，M.（1978），Elite and Mass Higher Education：American Models and European Realities，Contribution to the Conference on Research into Higher Education：Processes and Structures，June 12-16，1978，Dalaro，Sweden，4-5a.

界性的问题。1990年的《世界全民教育宣言》提了一个很好的理念，可看作教育大众化、终身化时代的教育基本信条。

> 每一个人——儿童、青年和成人——都应能获得旨在满足其基本学习需要的受教育机会。基本学习需要包括基本的学习手段（如读、写、口头表达、演算和问题解决）和基本的学习内容（如知识、技能、价值观念和态度）。这些内容和手段是人们为能生存下去、充分发展自己的能力、有尊严地生活和工作、充分参与发展、改善自己的生活质量、做出有见识的决策并能继续学习所需要的。①

夹在二者之间的中等教育尤其是非义务的高中阶段教育，则仍面临升学与就业的双重任务，也都一直在统一性与多样性、“应试教育”与素质教育之间徘徊。把它统一起来就是搞综合学校，把它分开就是将普通中学和职业中学并置。分开的话教育比较专业，但过早分流，人为的限制也就多。能力如果还没有展现出来就下结论，也会阻断我们对自身能力的探索，并导致“这里花朵未开就遭到摧残”②。综合的话，教育比较平等，也比较开明，但如果学生太少，学校又不会很专业。为什么呢？如果我们的学校是综合的，学生进来之前没有经过专业选择，没有那个物以类聚、人以群分的过程，学生之间的差别就会比较大，某些类型的学生人数就会比较少。这个时候如果学校坚持“一切为了学生，为了一切学生，为了学生的一切”，就会分散注意力，越办越不专业。就像一个超级市场，大家大多数时间都只在里面闲逛，老师和学生之间没有认同，最终只能办出一些粗制滥造的学校。美国式的综合中学所面临的正是这样一种指责。所以，“三个一切”的理念要真正实行起来，如果不允许学生择校，就得要求学校比较大。很多中学搞选择教育、允许择教而不是择校的时候，发现把大家的精力搞得太分散了，最后只得收缩，无视某些学生或需要。可见越是好的理念，它的实施条件越苛刻。但

① UNESCO. *World Declaration on Education for All*：*Meeting Basic Learning Needs*，Jomtien，Thailand，5-9 March，1990，http：//www. unesco. org/education/pdf/JOMTIE _ E. PDF.

② 语出《西里西亚的纺织工人》，作者为海涅（Christian Johann Heinrich Heine，1797—1856），19世纪最重要的德国诗人和新闻工作者之一。

一旦把学校做大，也可能出现尾大不掉的情况。像今天那些寄宿制的巨型中学，很多时候人际关系都很淡薄。现在的一个后福特主义观点，倡导“小即美”。如果一方面想搞综合高中，一方面又希望践行“小即美”，则必须承认学生与家长的择校权，以学校外部的择校来限制内部的择教。① 最近有人探讨在高中开设大学先修课程，（学生：还开啊）但这也需要配套改革，尤其需要突破现有高考体制的限制，不然也不能真正引进大学文化，反而进一步加大高中的应试压力。

但要做到这一些，对于现代性情境中许多国内学校来说，还是不太容易的。传统学校本身是共同体，或者是共同体本身的核心机构。而现在，由于公共资助和国家化管理，学校开始从作为共同体的学校转变成作为功能协同体的学校。这种功能协同体把局部事物在功能上集中起来，作为一有机整体发挥作用。学校由此成了村落或社区中的国家机关，在那里升国旗、唱国歌，挂领袖头像和标语口号，召开各种宣传大会，以动员全社会的力量参与到整个国家的建设洪流。② 以前我们读书的时候，学校的操场上或礼堂里经常开大会，用高音喇叭对着大家喊。很显然，这是一个桥头堡、一个战斗堡垒，它像触手深入到民间社会，希望把所有的东西都组织起来。整个国家也好像一个超大规模的组织、一个超级科层机构，至少是一个准科层机构。学校则是这准科层机构的一部分，成了国家机关。教师则成了国家工作人员，填表都是填《干部履历表》。此时，他再也不是我们共同体中的长辈，而是国家的一个基层官员，官师在某种程度上又开始合一。这样的学校，因为它是国家的一部分，成了国家机关，所以经常作为人才选拔和社会福利分配机构发挥作用。选拔干部，当然也选拔各种人才，甚至还直接承担分配功能，负责推荐、政审，并盖上大红章。还分配“模范共产党员”“活动积极分子”“优秀学生干部”“三好学生”“优秀团员”等称号。有时候还给颁奖状，发奖金。当然现在的奖状是越来越小了。我们那个时候的奖状这么大一个，（比画）我小孩得到的奖状就巴掌那么大，说明我们那个时候分配性、仪式性更强一些。作为条块分割的单位体系，学校还把我们老百姓紧紧地限制在本乡本土，学校与学校之间也不搞竞争，所有的学校都有饭吃，都只听上面的安排，这个是就近入学的真相。

---

① 康永久：《选择教育的必要与限度》，载《当代教育论坛》2006 年第 9 期（上）。

② 参见李书磊著：《村落中的“国家”——文化变迁视野中的乡村学校》，浙江人民出版社 1999 年版，第 5～9 页。

由于国家直接管理学校，而国家本身又很难管理，也拒绝自己被管理，学校本身的自主性就得到了限制，不可能真正多姿多彩。

（五）现代教育与古代的分野

现代教育与古代教育的分野究竟在哪里？古代教育的特点之一是专门化，已经有了独立形态的学校，这种学校是共同体的核心。现代学校也是独立形态的学校，但这种学校与共同体情境相分离，是在滕尼斯所说的“社会”的基础上发展起来的。这是它的一个特点，我们称之为“情境独立”，意即它与共同体情境是分离的，甚至高踞于共同体情境之上。当然，传统的东西在现代社会中依然存在，这个社会还有家庭，还有爱情，还有婚姻，还有朋友，还有其他各种小圈子，但这些东西主要存在于私人领域。而现代学校强调对公共生活的准备，主要只教科学或超情境的观念——如爱祖国、爱人民、爱劳动、爱科学、爱社会主义，而且教师们的教学高度依赖于专业教育学。这种教育学对专门的教育教学活动是有用的，但很难拿来教自己的小孩。教的时候先回顾上一次的知识，再搞一点铺垫，搞一点直观，然后慢慢地引导学生去理解，之后再反复练习，最后去解决一些更复杂的问题。教自己小孩的时候能够这样吗？很多的时候都是一两句话，根本不可能有一个这么连贯的教学过程。要是父母也摆出老师的架子来，小孩就特别受不了：平时已被老师教得很辛苦了，回到家里你们还这么教我！所以他/她就喜欢在你身上磨啊蹭啊，对你嬉皮笑脸。你想这么教他/她？没门！① 但只要情境独立，教育教学就慢慢地脱离了日常生活经验，教育与生活、个人与群体的关系就慢慢地紧张了起来。正是这个东西导致了杜威那样的一种理论反抗。

其次，现代教育具有公共性。原始教育只有自然分化，没有阶级分化。古代教育有了阶级分化，不同的人有不同的身份，不同的身份群体接受不同的教育。听到过父母说“只要你好好读，我砸锅卖铁都送你”吗？（学生：有）这砸的卖的都是自家的东西，不是公共支持。有些似乎有公共支持，如那些所谓的“国学”，

---

① 专业教育学萌芽之时就是如此，所以当公孙丑问：“君子之不教子，何也？”孟子答道：“势不行也。教者必以正。以正不行，继之以怒。继之以怒，则反夷矣。‘夫子教我以正，夫子未出于正也。’则是父子相夷也。父子相夷，则恶矣。古者易子而教之。父子之间不责善。责善则离，离则不祥莫大焉。”（《孟子·离娄上》）

但它实际上只为一家一姓服务，所以仍是家族的一部分。以前也说“天下为公”，但那个“公”经常被说成是皇帝。因此黄宗羲（1610—1695）说它实际上只是一个“大私”①。那现代教育的公共性主要表现在哪里呢？公立学校当然有公共性，它的有教无类、它所教知识本身的中立性、它的作育英才的社会责任、它的民主管理乃至它面向全体学生的理念，都是这种公共性的体现。就是现代私立学校，也是具有公共性的。因为它跟原来的那种共同体式的学校或者那种作为共同体一部分的学校是不一样的。那个学校是不对外开放的，或者根本就没有一套脱离特定实质性共同体需要的公共知识。而且现代私立学校是敞开招生的，它们所教的东西也跟我们公立学校差不多。我们以前认为这种私立学校都是为了赚钱，学生都是为了自己，没有公共性，所以人们不认同，国家不支持，学生去那里就丧失了国民待遇，什么东西都得自己掏钱，而且我们很鄙视这些东西。但是现在我们越来越觉得，学校究竟是国家办的、社会办的，还是私人办的，其实关系不是很大。关键在于它所教的东西，或力图培养的品质，是不是真正体现了这个“公”字，是不是为国家培养国民，是不是为社会培养公民。既然私立学校也要学那些基本的东西，也要爱祖国，也要爱劳动，也都在培养现代公民意识及其他现代意识，其学生怎么就不被当作国民看待呢？而事实上，所有国民不论其有钱没钱，都应当一律平等。所以现在人们越来越认识到，私立学校也是我们公共教育的一部分，甚至也应享受到公共支持。

最后，现代教育还有明显的科学取向。原始教育是魅力型的，古代教育是传统型的，而现代教育是法理型的，是以科学为取向的。一方面，科学知识在其中起着至关重要的作用，不是科学的东西都不教。哪怕实际上是意识形态，我们也说这个东西句句是真理，一句顶万句。另一方面，我们越来越借助专业的教育学来教。在上一个历史阶段，基本上很少用到专业教育学。虽说半部《论语》治天下，《学记》中也有一些专门的教育教学经验与技巧，但这些东西都不是当作教育学来学的。教育教学很多时候是一门艺术，一门确确实实的“艺术”。（板书）作为艺术，个人需要有灵感，需要由实践活动本身内生，需要在现实的问题情境之中重新确定。所以颜回（前521—前481）这样称赞孔子：“仰之弥高，钻之弥坚。

---

① 黄宗羲：《明夷待访录·原君》。

瞻之在前，忽焉在后。夫子循循然善诱人，博我以文，约之以礼，欲罢不能。”① 就是说先生真的是神龙见首不见尾，搞得我嗷嗷待哺，浑身是劲，想停也停不下来。可见孔子的那个教学，很多时候是兴之所至、神来之笔。刚开始脑子里还空空如也，但东问西问就来了灵感，然后就一发而不可收。所以他那个东西真的是艺术，真的是智慧。而现在，要按规律办，所以都是强调科学原理，强调技巧，强调技术。为了胜任教学，教师先必须弄清楚学生身心发展的特点和规律，然后照此教，实际上仍是依葫芦画瓢，只是依一个新葫芦画瓢。明确的“教”的意识越来越强，专业的教育意识与先验的教育意识之间的关系因此而紧张起来了。我们自身向这个世界的敞开，我们自己和所学东西之间的内在关联，老师和学生之间的心灵沟通，却越来越被忽视了。结果教育就开始培养学徒，培养不思考的人，培养照章办事的人。我们内在的自我，我们自己的个性，我们对真理的追求，我们自己在这个过程中间的参与、痛苦和思索，也就因此而失落了。

五、教育中的后现代转向

（一）对现代性的经典异议

事实上，现代化进程一开始，人们就有对现代社会核心概念的质疑，首先是对理性概念的质疑。休谟就认为，总是有一些东西是我们的经验无法得到的，总是有一些东西还没有出现或创造出来，总是还有一些未知之物不能够被我们所把握，所以单纯借助归纳得出的东西总是不完备的。② 从理论上讲，我们也不可能把所有东西都了解清楚之后，再归纳出观点，因为我们本身不可能把所有东西都了解清楚，而且现在就需要行动。所以我们的理性始终是有限的，不要轻信人们归纳出的结论，它们都只是一些主观解释。卢梭更是认为：“科学、文学与艺术，由于它们不那么专制，因而更有力量，能够把花冠点缀在束缚人们的枷锁之上，窒息他们那种天生的自由情操，使自己喜爱这种被奴役状态，并且成为人们所赞的文明民族，可以没有任何德行而装出一切有德行的外表，甚至科学、艺术和道

---

①《论语·子罕》。

②［英］大卫·休谟著，关文运译：《人性论》（上），商务印书馆2004年版，第107页。

德本身，都诞生于人类的迷信、野心、仇恨、谄媚、撒谎、贪婪、虚荣、骄傲、罪恶与腐败。”[①] 而柏克（Edmund Burke，1729—1797）作为18世纪英国保守主义的思想家，则希望一切变革都能够尊重已有的传统，因而对暴烈的法国大革命及其抽象的自由、平等、博爱原则给予了猛烈的批判。[②] 我们总觉得法国大革命是最彻底的，其实这种打碎了一切坛坛罐罐的东西本身就很不现代，因为它的理性高度专横，把自己凌驾于人性之上，凌驾于别人的权利与意愿之上。

马克思对理性也有很多的批判。在马克思看来，一个社会中占统治地位的思想，只是这个社会的统治阶级的思想，不过是占统治地位的物质关系在观念上的表现，不过是以思想的形式表现出来的占统治地位的物质关系，都具有意识形态的性质。[③] 西方马克思主义（Western Marxism）因此而反对工具理性，反对为效率而效率，认为追求技术效率在根本上乃是一种资本主义意识形态。[④] 韦伯也认为，现代社会确实创造了高效率，但是也把整个社会变成了一个铁笼。在这里，“专家没有灵魂，纵欲者没有心肝；这个废物幻想着它自己已达到了前所未有的文明程度。”[⑤] 实用主义者则认为，知识就其本性而言，并非绝对正确的客观真理，只是一些有用的工具。说到底，真理不是纯客观的，而是与人本身的需要息息相关，以人为尺度，在最根本的意义上从属于人。所以我们不要被知识所奴役，最重要的东西不是已有的知识，而是按照自己的生活不断行动的能力。存在主义者认为“存在先于本质”，或者说，“主体必须作为一切的起点”。[⑥] 我们总认为要先确定本质，先找到科学，然后才去行动。但存在主义认为，最关键的是存在者的

---

① 参见［法］让-雅克·卢梭著，何兆武译：《论科学与艺术》（原名《论科学与艺术的复兴是否有助于敦风化俗》），商务印书馆1963年版，第8、21页。此为卢梭的第一篇重要论文，首次提出了“返于自然”的思想。

② 参见［英］爱德蒙·柏克著，何兆武、许振洲、彭刚译：《法国革命论》，商务印书馆1998年版。

③ ［德］卡尔·马克思、弗里德里希·恩格斯：《德意志意识形态》（1845—1846），见中共中央马克思恩格斯列宁斯大林著作编译局编译：《马克思恩格斯选集》（第1卷），人民出版社1995年版，第98页。

④ 这里所说的西方马克思主义指以卢卡奇（George Lukacs，1885—1971）、柯尔施（Karl Korsch，1886—1961）和葛兰西（Antonio Gramsci，1891—1937）为首的马克思主义者发展出来的马克思主义的观点，包括法兰克福学派（Frakfurt School）、布达佩斯学派（Budapest School）、达拉伏尔佩学派（Della Volpe School）和南斯拉夫实践学派（praxis school）等马克思主义的研究团体。

⑤ ［德］马克斯·韦伯著，于晓、陈维刚译：《新教伦理与资本主义精神》（修订版），陕西师范大学出版社2006年版，第106页。

⑥ ［法］让-保罗·萨特：《存在主义是一种人文主义》，见［美］W. 考夫曼编著，陈鼓应、孟祥森、刘崎译：《存在主义》，商务印书馆1995年版，第303页。

存在状态。自由主义者哈耶克认为，以为我们可以借助理性掌控一切，再也没有比这更危险的了，这完全是一种“致命的自负”。① 福柯强调知识与权力的关联，并敦促人们放弃启蒙运动那种对知识体系及其客观基础的追求。② 解释学则强调任何理解都基于头脑中已有的理解，因而反对像现代启蒙运动那样试图消除一切传统、一切偏见，消除一切非理性、一切日常意识，或消除一切前理解结构。③

其次是对个人概念的批判。现代社会强调每个人都是独立的个体，都有追求自己幸福的自由，都可以自我掌控，但还是有很多人对那种原子式的个人概念进行批判。柏克就曾认为传统智慧优于个人理性，尤其优于那种藐视别人与共同智慧的个人理性。④ 达尔文（Charles Robert Darwin，1809—1882）的进化论则动摇了我们深藏的那种人类中心主义。⑤ 我们觉得人是万物之灵，上帝制造我们的目的是让我们统治这个世界。但达尔文摧毁了我们对人的这一想象，让我们认识到自己只是自然界的一部分，只是生物进化链条上的一个环节。弗洛伊德（Sigmund Freud，1856—1939）的东西对人类中心论也有警醒作用。我们总觉得人是天使，但是弗洛伊德说自我（self）有三个层面，一个是超我（super-ego）的、神性的那一面，一个是本我（id）的、兽性的那一面，还有一个是自我（ego）的、现实的那一面。⑥ 所以自我是一个非常复杂的体系，不是我们平时想的那么理性和高贵。马克思则认为，人总具有阶级性，以为个人能够凭借自己的自由意志行事，这种观点本身就可能有某种阶级背景。结构主义者也强调世界有一套结构，个人是这个结构上的一个链条或网结，总是受制于一种非主体的过程。如福柯就强调“人”的概念不是人类科学的起源，而是人类科学的创造物。⑦ 后现代主义者则从另一个方面认为人是一种欲望的动物。现代政治总觉得要基于理性，但实际上是一种欲望政治，旨在帮助大家实现自己的欲望，追求自己欲望的

---

① 参见［英］冯·哈耶克著，冯克利、胡晋华等译：《致命的自负——社会主义的谬误》，中国社会科学出版社 2000 年版。

② ［法］米歇尔·福柯著，刘北成、杨远婴译：《规训与惩罚》，生活·读书·新知三联书店 2007 年版。

③ 参见殷鼎著：《理解的命运》，生活·读书·新知三联书店 1988 年版。

④ 参见［英］爱德蒙·柏克著，何兆武、许振洲、彭刚译：《法国革命论》，商务印书馆 1998 年版。

⑤ 参见［英］查尔斯·罗伯特·达尔文著，王之光译：《物种起源》，译林出版社 2014 年版。

⑥ 参见［奥地利］西格蒙德·弗洛伊德著，林尘、张唤民译：《自我与本我》，上海译文出版社 2011 年版。

⑦ 参见［法］米歇尔·福柯著，莫伟民译：《词与物——人文科学考古学》，上海三联书店 2001 年版。

满足，在这一过程中，实现或肢解那些在我们看来冠冕堂皇的目标。①

最后，整个现代社会都在强调进步，相信这个社会一直在进步，今天肯定会比昨天好，明天肯定又比今天好，但是仍有人对这一套东西提出了质疑。对卢梭来说，我们不是要更现代化，而是要回归自然。这种判断看起来很专横，实际上很多时候也很专横，但又是很多后现代思想的源头。对于马克思来说，生产力的发展并没有带来社会生活的普遍改善，反而带来了普遍的、绝对的贫困，带来了无产阶级与资产阶级的两极分化。所谓：

> 社会的财富即执行职能的资本越大，它的增长的规模和能力越大，从而无产阶级的绝对数量和他们的劳动生产力越大，产业后备军也就越大。可供支配的劳动力同资本的膨胀力一样，是由同一些原因发展起来的。因此，产业后备军的相对量和财富的力量一同增长。但是，同现役劳动军相比，这种后备军越大，常备的过剩人口也就越多，他们的贫困同他们所受的劳动折磨成反比②。最后，工人阶级中贫苦阶层和产业后备军越大，官方认为需要救济的贫民也就越多。**这就是资本主义积累的绝对的、一般的规律**。③

存在主义也在现代性条件下看到了生命的困顿，因而关注人如何成为他自己。它自己本身也因此以“危机哲学”著称。④ 现实生活中，人们在这个世界上确实越来越孤独了。不但兄弟姐妹越来越少，就算有兄弟姐妹，与自己的联系或感情也越来越淡。邻里之间也越来越不认识了，我们越来越成为这个世界的异乡人。就像电影《金刚》里面的大猩猩，当自己成为孤岛上最有力的居民的时候，身边已没有自己的亲人，结果只能生活在自己的世界。一旦有一个人对自己好，就愿

---

① Deleuze, G. and Félix Guattari (1972), *Anti-Oedipus*, Trans. Robert Hurley, Mark Seem and Helen R. Lane (2004), London and New York: Continuum. 参见［美］斯蒂文·贝斯特、道格拉斯·凯尔纳著，张志斌译：《后现代理论——批判性的质疑》，中央编译出版社 1999 年版，第 111～126 页。

② 马克思亲自校订过的法文版此处是“成正比”。

③［德］卡尔·马克思：《资本论》（第 1 卷）（1867），见中共中央马克思恩格斯列宁斯大林著作编译局编译：《马克思恩格斯全集》（第 44 卷），人民出版社 2001 年版，第 742 页。

④ 这种思想无论是在存在主义的先驱克尔凯郭尔或尼采那里，还是在存在主义哲学奠基者海德格尔那里，或者是在存在主义哲学集大成者萨特那里，都得到了充分的表达。

意对她付出一切。现代人的生活也经常是这么孤独、烦躁。正如大家也烦躁，听课听了半天，烦得要死，是吧？还好，很快就要下课了，但后面的课还在等着大家。这样一来，现代社会如果有进步，那是谁的进步呢？是不是对我们来说都是进步？这是一个问题。

总之，现代社会把人与人之间的关系全部都淡化了，每个人都变成独立的原子，自由的同时也倍感孤独，无所归依。所以我们很多的时候要寻找慰藉。如上网聊天，说一些在日常生活中不能说的话。这个过程实质上就是重建共同体的过程，也是法兰克福学派的重要代表、人本主义哲学家和精神分析心理学家弗罗姆（Erich Fromm，1900—1980）所说的“逃避自由”，实际上也就是逃避由自由带来的孤独。但对孤独的克制、对世界的憎恨和使个性丧失，都只是逃避自由的消极方式，结果是失去自我的个人。正是这种逃避自由的倾向，构成了法西斯主义产生的社会心理基础。① 在现代教育里，师生也是疏远的。尽管我拼命点你们的名，却没记住几个人。这样一种教育方式，实在不能让我很好地了解你们。那些自传写得很真诚、很用心的，坐在前排或不断往前排坐的，看我看得多或问题问得多或私下有讨论的，眼睛比较亮或表情丰富的，长相或名字比较有特色的人，被我记住了。其他坐在后面的，低着脑袋我只能看到头发的，把脸挡在手提电脑之后的，这些人在点名时即便出现过，我都没记住。这样的师生关系当然给了你们很大的自由空间，但也失去了和老师互动的机会，失去了受到老师进一步的关照、提醒、举荐或赏识的机会。这样的一种现代教育解放了个人，又给我们带来了一些或明或暗的不利影响。

（二）现代教育学派的后现代性

随着国家管理学校、大众教育与班级授课制的兴起，我们不再是在共同体的小圈子里培养人，教育内容与方式本身也表现出越来越强的理性化、专业化倾向。通常所说的传统教育学派，就是对这一框架下的现代教育实践的理论阐释。这种传统教育学（traditional pedagogy）支配下的教育实践有三个中心，通常被称作“传统教育的三中心”：以教师为中心，主要听老师讲；以教材为中心，主要学习

---

①［美］埃里希·弗罗姆著，刘林海译：《逃避自由》，国际文化出版公司 2002 年版。

系统的文化科学知识，而且主要是借助分科教材来学；以课堂教学为中心，主要是在人为的课堂环境而不是带有强烈生活气息的活动氛围中通过集中听课来学，多快好省地学。当然，虽说以教师为中心，其实教师都是为了教知识而设的。而且经常盛行一种观念，就是一个东西如果没有定论就不要教。按照这样的安排，教师的教也要以教材、教参为准。这样一来，教师本身在这里也就是一个"技术熟练者"。所以，真正关键的，其实还是以教材为中心。在这种教育实践中，教材支配教师，教师支配学生，大概是这样一种等级结构。① 当然，传统教育学派也要求教师尊重年轻一代身心发展的规律，充分发挥学生的能动性，将教育教学建立在心理学的基础之上，但并不尊重学生的自主权。② 因此，它是与我们前面所说的那种现代性情境相适应的。在此强调科学知识的学习，教师不再是学生所属的共同体中"学富五车的长辈"，或者说不再是老年人政治体系中的长者。学生作为知识源头的地位开始下降，学校开始理性化，整个学校系统开始由国家所控制。正是这种现代性情境产生了对专业教育学的大规模需求，导致了那样一些专业的教育规则、方法与技巧的涌现。

对现代性的反思最终产生了这里所说的"后现代转向"。所谓后现代转向，其消极意义是指对不变的本质、唯一的中心、永恒的基础、绝对的真理或严酷的一致性的消解，其积极意义则是对零散化、多样性、不确定性、微观政治和动态生成的推崇。③ 以杜威为代表的现代教育学派（modern education school）虽冠以现代之名，其实已类似于这里所说的后现代。现代教育学派讴歌社会的流动性，相信社会生活的民主化，而不是像传统教育学派那样认为有确定的价值和自然的规律。尽管在某种意义上源自卢梭的思想，但它不像卢梭那样将儿童本身的自然和社会生活割裂开来，也不像卢梭那样将儿童的能力或天性与他的需要、意愿或权利对立起来。它承认儿童自身的特殊性和价值，要求保护童年，但不像卢梭那样因此要求一种理性生活。它所信奉的进化论和自然科学的实验方法，也要求我们保持一个开放的态度，相信人本身的力量和自由，而不是用某种暂时被证实的东

---

① 康永久：《教育过程基本结构的革命》，载《教育研究与实验》1997 年第 3 期。

② 康永久、吴航：《主体性教育思想的冲突与走向》，载《教育研究与实验》2000 年第 4 期。

③ 参见［美］波林·罗斯诺著，张国清译：《后现代主义与社会科学》，上海译文出版社 1998 年版；［美］道格拉斯·凯尔纳著，张志斌译：《后现代理论——批判性的质疑》，中央编译出版社 1999 年版。

西去扼杀别人的“意见”。现代教育学派的主要哲学基础是实用主义。对它而言，知识始终只是解决问题的工具，而不是我们需要对之顶礼膜拜的对象。现代教育学的教育主张通常被归纳成“现代教育的三中心”：以学生为中心，而不是以教师为中心；以经验为中心，而不是以教材为中心；以活动为中心，而不是以课堂教学为中心。教师不再是技术熟练者，而被要求成为社会生活的建构者。一以贯之的核心思想是民主，而不是什么不以人的意志为转移的客观规律。这种现代教育学派是与那种以理性主义为特征的传统教育学派根本对立的（见表2-1）。

表2-1　传统教育学派与现代教育学派的区分

	传统教育学派	现代教育学派
代表人物	夸美纽斯、赫尔巴特等	杜威等
社会背景	从共同体到社会的转型、大众教育的发展、班级授课制的兴起	工业革命带来的流动性、社会生活的民主化、进化论和自然科学实验方法的影响
哲学基础	理性主义	实用主义
教育主张	以教师为中心	以学生为中心
	以教材为中心	以经验为中心
	以课堂教学为中心	以活动为中心
教师定位	教师作为技术熟练者	教师作为环境的营造者和点拨者

杜威就曾认为，自己所发起的这场以旧教育为对象的革命是一种重心的转移，是一种哥白尼式的革命。

为了说清楚旧教育的几个主要特点，我也许说得夸张些：消极地对待儿童，机械地使儿童集合在一起，课程和教学法的划一。概括地说，重心是在儿童以外。重心在教师，在教科书以及在你所喜欢的任何地方和一切地方，唯独不在儿童自己的直接的本能和活动。在那个基础上，儿童的生活就说不上了。关于儿童的学习，可以谈得很多，但学校不是儿童生活的地方。现在我们的教育中正在发生的一种变革是重心的转移。这是一种变革，一场革命，一场和哥白尼把天体的中心从地球转到太阳那样的革命。在这种情况下，儿童变成了太阳，教育的各种措施围绕着这个中心旋转，儿童是中心，教育的各种措施围绕着他们而组织起来。①

杜威反对现代性情境中的那种主导性的观念，那种认为理性的知识就是科学，就是真理的观念，也不相信单纯凭借教师就能把学生教好。他认为自己的这个东西特别好，忍不住夸它是“哥白尼式的革命”——儿童变成了太阳，教育的其他设施都要围绕这个中心运转。当他说出这些话的时候，我估计他好几天都可能兴奋得睡不着觉，因为他把原来的教育活动的结构整个都颠倒过来了。但杜威不是单纯的儿童中心论者。前面我们提到过他说的一句话：“尊重儿童，尊重他到底，但是也要尊重你自己。”② 所以说到底他是多中心的。学生当然要尊重，但教师本身也是值得尊重的，而不是要被牺牲掉，成为蜡烛，或者成为自己窗前那一棵米兰。所以很多时候他强调选修，因为学生、教师都是中心，所以需要双向选择。就像我们前面说的，佛度有缘人。不然老师和学生就只能一拍两散，“君向潇湘我向秦”了。所以他总是强调环境，要求借助民主的关系来教，借助大家的参与来学。这实际上就是要多元化，实际上就是要求有多个中心，要求所有人都成为活动的主体。这样，“传统教育的三中心”主导下的教育活动结构，在现代教育学派面前就土崩瓦解了。因此，我们虽然称它为现代教育学派，但在某种意义上它已是后现代的了，甚至可说是教育学中第一个后现代流派。然而在杜威这里，后现代的思想还没有完全确立起来。当时大多数人觉得应由国家来办学。杜威自己也认为，我们的社会有不同群体，它们之间各自盛行不同的规则，一个人从一个环境到另一个环境，受到具有对抗性的拉力的牵制，有处于分裂状态的危险。为此，要求有一个教育机构，为青少年提供一个同质而平衡的环境。③要使教育机会均等真正落到实处，“唯一根本的有效机构是公立学校制度”④。很显然，杜威虽然重视个人的经验，但更希望能借助相互的交流和国家的统一运作，形成某种共同环境，不信任群体的文化、市场的力量和社会的自主性，所以杜威还是没有完全从现代教育的那种理性取向中走出来，他只是有一些后现代的萌芽。

---

①④［美］约翰·杜威著，赵祥麟、任钟印、吴志宏译：《学校与社会·明日之学校》，人民教育出版社1994年版，第43～44、392页。

②③［美］约翰·杜威著，王承绪译：《民主主义与教育》，人民教育出版社2001年版，第61、28页。

（三）对制度化教育的批判

所谓制度化，是指按照统一的中心准绳，将所有事物（尤其是信仰和行动）都纳入一个前后一贯的逻辑系统之中，以最有效的科学手段来实现人们的理想目标的过程。① 整个现代社会，这种制度化不断扩张并重构我们的日常生活，我们也相信科层化、技术化、集权化的现代教育体系会让社会变得越来越自由、民主、平等。但事情的真相并不像人们原来所想象的那样。首先让人注意到这一点的是美国教育社会学家科尔曼（James Samuel Coleman，1926—1995）的《关于教育机会均等的报告》。1896 年，美国联邦最高法院确认了南方各州设立"隔离但平等"的公共设施的提议，将种族隔离合法化。经过长期斗争，1954 年联邦最高法院裁定，隔离本身就不平等，由此在教育领域掀起了一场"黑白合校"运动。但随之出现了"白人飞走"的现象，就是为了避免合校，白人迁到了更远的地方，特别是郊区。到 1964 年，美国《民权法案》责成各州教育厅长对各种族及群体教育机会不均等现象进行评估，科尔曼应邀带了一个团队去调研。他们最初的预设是：美国公立学校依然存在着的资源分配上的不平等，是造成某些种族或群体儿童教育失败的主要原因。但后来的发现令科尔曼感到吃惊：学校质量与学生的社会阶层构成之间相关极弱；不同社会阶层学生的学业成绩与学校质量之间的相关很小；学校内部的成绩差异大于学校之间的成绩差异；影响学业成绩的最不重要的是设备和课程上的差异，其次是教师素质上的差异，最重要的乃是学生背景上的差异。②

科尔曼报告还没有对公立学校制度本身进行反思，只是认为现实的公立学校制度尚不足以发挥其社会公平均衡器的作用。因此，在科尔曼看来，"一致性的学校影响与差别性的校外影响的相对强度决定了教育制度在提供机会均等上的有效性。"③ 由此看来，只有一致性的学校影响强大到足以消除差别性的校外影响的程度，现实的不同种族或群体之间的教育差异才会逐渐被削弱。为此，他们一方面要求对那些处境不利者子女实行补偿教育，以抵消此前的不均等对现实的底层子弟造成的痛苦；另一方面希望大力兴办寄宿学校，以阻断底层家庭对其子女学习

---

① 参见康永久著：《教育制度的生成与变革——新制度教育学论纲》，教育科学出版社 2003 年版，第 236 页。

②③ ［美］詹姆斯·科尔曼：《教育机会均等的观念》，见张人杰主编：《国外教育社会学基本文选》，华东师范大学出版社 1989 年版，第 187、191 页。

的消极影响。但后来发现这样的一些改革实践依然不能成功。因为根本不可能有完全的补偿，也根本不可能在现有的学校教育之外再进行足够的补偿教育。而寄宿学校则带来了更多的问题：它歧视了底层家庭的文化；也阻断了父母与子女的联系，而父母肯定比任何公共教育机构更关心自己的子女；寄宿学校本身还经常发生严重问题。结果到20世纪60年代末，开始出现了一种对制度化学校的批判思潮，这就是非学校化理论。伊利奇是这场非学校化运动的杰出代表，他的《非学校化社会》（1970）是这场运动的总纲。他认为，学校已成为现代无产者的一种世界性宗教（world religion），它许诺要拯救技术时代（technological age）的穷人，但这一许诺不可能实现。因为它实际上只是一个“虚假的公用事业”（false public utilities），从事的只是人们学习需要的生产。其结果是不断增加人们对制度性关怀（institutional care）的依赖，导致产生一种不同于传统异化（alienation）的新的异化——人的心理、精神方面的异化，从而成为贫困的现代化（modernization of poverty）的根源。所以最好的办法是取消学校，让我们回归日常生活中的各种学习中心。[①] 这种观点虽然激进，但就其尊重日常生活及其经验与民间文化的价值而言，又是非常有见地的。

对制度化教育进行严厉批判的还有再生产理论（reproduction theory）。其中经济再生产理论倡导者鲍尔斯和金蒂斯认为，教育从来就不是实现经济平等的有效推动力，自由派为实现经济平等而采取的教育补偿策略，是建立在对教育体系历史演变的根本误解的基础之上的。各种改革尝试的失败和教育对经济平等的微弱作用，都不能归结为个人在智商或其他可测认知能力上的不均衡。说到底，教育的主要功能不是提升劳动力，而是在学生身上培养和强化某种意识、社会关系和个性，教育内部的社会结构与外部的经济结构在根本上是相互对应的。只要你对经济结构本身不产生怀疑，现行学校结构似乎就是极其合理的。[②] 这种理论因而经常被称作“对应理论”（correspondence theory）。美国学者阿普尔（Michael W. Apple，1942—　）的霸权国家再生产理论则强调，只要国家还掌控着政治权力与意识形态机器，就将继续通过规定性课程、课程指南、义务教育年限、毕业

① ［美］伊万·伊利奇著，吴康宁译：《非学校化社会》，桂冠图书股份有限公司1994年版，第8～85页。

② ［美］塞缪尔·鲍尔斯、赫伯特·金蒂斯著，王佩雄等译：《美国：经济生活与教育改革》，上海教育出版社1990年版，第11～19页。

文凭、教师资格证书和有倾向性的研究资助等控制教育实践和教育研究，维持既定的社会结构与政治结构，实现着国家霸权的再生产。① 法国社会学家布迪厄（Pierre Bourdieu，1930—2002）与英国教育社会学家伯恩斯坦（Basil Bernstein，1924—2000）的文化再生产理论则认为，只要不同阶级之间还存在着文化断裂，教育就不会是文化公平和中立的传递者，必将导致优势阶层文化与性情的强势传播，从而再生产不平等的阶级结构和社会关系。②

按照通常的逻辑，如果现代教育制度延续了既定的社会阶级结构，对其进行抵制就是摆脱这一宿命的必由之路。但再生产理论已经认识到没这么简单，它所要求改变的是社会结构。抵制理论则进一步揭示了简单抵制的后果。抵制理论的倡导者是英国文化研究学者威利斯（Paul Willis，1945— ），他曾用民族志方法考察了一群就读于伯明翰某个贫困地区学校的工人阶级家庭的孩子。通过与其他孩子乃至工人群体相比较，威利斯最终发现，这些劳工子弟不是简单的“粗人”，相反，他们对自己的生活环境有某种“洞察”。在他们的文化中，知识绝不是一个有意义的“等价物”。文凭和证书并非要提升人们的社会地位，而是为了维护那些早已经居于社会结构顶端的人的优势位置。在他们看来，为了无阶级的虚幻理想放弃所有独立和创造的可能，这是难以接受的。向体力劳动低头，不是受到了堕落文化的影响因而产生了某种“绝对的不连贯”，也不是既定的意识形态让他们因此分享一种“返祖的纯真”。相反，他们借此展开的是一种对自我的探索。仿佛是出于本能，这种反学校文化限制了经济生产可能对个体施加的贪得无厌的苛求，对工作的具体内容与形式都持有一种近乎漠不关心的态度。通过幽默、戏谑、带有攻击性的挖苦、奇装异服、吸烟与撒谎、喝酒、上课睡觉、崇尚暴力、兼职、泡妞、交友、大男子主义与种族主义等，他们表达了一种对学校权威与“循规生”的抗拒，最终形成了与工厂相似的文化特质：苦中作乐、吃苦耐劳、男性气质、幽默感、重实践而轻理论，把自己变成了劳工。就这样越抵制越复制，越好像是

---

① 参见［美］迈克尔·W. 阿普尔著，黄忠敬译：《意识形态与课程》，华东师范大学出版社2003年版；《教育中的文化与经济再生产》(1982)；曲囡囡、刘明堂译：《教育与权力》，华东师范大学出版社2008年版；《教师与文本》(1986) 等。

② 参见［法］皮埃尔·布迪厄、让-克洛德·帕塞隆著，邢克超译：《再生产：一种教育系统理论的要点》(1970)，商务印书馆2012年版；［英］B. 伯恩斯坦著，王瑞贤译：《教育、象征控制与认同》，学富文化事业有限公司2005年版。

粘在蜘蛛网上不断挣扎的飞蛾。这就是“控制的辩证法”——通过相关行动者积极主动的参与，社会关系的再生产才会发挥作用。① 由此威利斯认为，中产阶级的子女获得中产阶级的工作很大程度上是他人促成的，劳工阶级的子女获得劳工阶级的工作主要是他们自甘如此的。②

到了20世纪80年代，人们意识到现有的知识与制度虽然是跟阶级利益、权力结构乃至某种更为深层的再生产机制连在一起的，但教育教学一旦聚焦社会冲突，揭露知识与权力的关联，对教师和学生赋权，对多元文化教育给予支持，将学习建立在自身经历、家庭和社会经验的基础之上，我们仍有可能真正实现教育目标。这种立场就是批判教育学。批判教育学虽然承认所有知识都有社会偏见，知识的构建总是为某种社会目的服务，学校知识是占支配地位文化的特殊形式，但它相信，如果能揭示学校里的外显知识与内隐知识之间的关系，重新思考选择、组织和评价知识的原则，我们仍有可能从再生产的漩涡中解脱。这种批判教育学最初要求教师作为公共知识分子或社会的良心主持正义，像是患有一种左派幼稚病，所以不特别受欢迎。但后来出现了一种更为开明的自由主义的批判理论，它承认我们所有的人都有能力承担社会批判的责任，完全可以借助批判性对话来解决分歧，阻断各种形式的再生产，结果在很大程度上改变了批判教育学乃至整个教育学的形貌。以前我们做学术研究的方式是绞尽脑汁，包括不断解剖我们的研究对象。而现在的一个趋势是让事情本身得到显现，让对象自己发言。实际上就是让所有的人都说话，让被压制的声音都发言，让原来在沉默中说话的人现在能够大声说话。正是从这里，发展出了一种后现代的批判性教育实践。

（四）从现代学校制度中逃离

理论上的批判总是与实践中的转变相呼应。至少，统一学校制度的三个核心支柱，如今都遭遇了严重挑战。首先，它的民主主义将机会均等等同为机会的同一，忽视了个人的教育意愿和家长教育权，不仅要求确保同等的受教育权利，而

---

① 参见［英］保罗·威利斯著，秘舒、凌旻华译：《学做工：工人阶级子弟为何继承父业》，译林出版社2013年版，第13～66、114～148、164～183、222页。相关概括还认真对照了英文原文。

② ［英］保罗·威利斯著，秘舒、凌旻华译：《学做工：工人阶级子弟为何继承父业》，译林出版社2013年版，第1页。

且要求大家都学同样的知识，甚至要求在同一类型的学校中学习。即便此时它可能以选修制为补充，但允许的也只是教育的内部选择，而不是对学校本身的选择，更不是对多元文化的包容，并因此而造成了学校与学校之间的条块分割。所以有的时候，我们说中国的教育问题不是因为没有教育市场，而是因为有千千万万个教育市场，只是每一个教育市场和其他教育市场都是分割的，而且主要是“黑市”。其次，统一学校制度中所盛行的民族主义，很多时候也只是文化民族主义而不是公民民族主义。它强调民族的传统纽带（如语言、宗教、种族、相互依赖和情感联系等），强调个人对民族—国家的认同，强调教育的社会价值，认为“国家兴亡，匹夫有责”，哪知道“匹夫兴亡，国家有责”！而现在人们越来越接纳一种政治意义上的民族概念，把个人在公共事务中受到平等的尊重和对待作为民族认同的前提。最后，作为统一学校制度核心支柱的科学主义很多时候也只是一种唯科学主义，它推崇能力倾向性测验和升学指导，觉得这些是最客观、最科学、最公正的依据，事实上人们的能力还未能得到充分发展就被以科学的名义终结，科学就这样成了压制我们主体性的工具。[①] 2011 年学生选专业的时候，有一个学生问：“我这人比较内向，到底适合学教育学还是管理学?”教育管理专业的老师说：“你还是跟康老师去学教育学得了。”我则说：“如果是以前，我也劝你学教育学，但现在我觉得这个东西跟学什么没冲突。”我们现在依然经常为各种科学心理学所支配，但新的实践都希望能找到某种更人性化的升学模式。

当我们强调就近入学，把学校一个个孤立起来，并主要由教育主管部门来负责其监管的时候，学校内部的运作在很大程度上就会走向仪式化。教育教学因此而变成良心活，因为我尽不尽力其实你们也不知道，或者虽然知道也没办法调控。学生怎么样都有，反正这些学生就归你管，学校与学校之间没有竞争，家长和民众对你又没有什么实质性的约束，虽有领导偶尔来检查一下，这个还是很容易对付的。为什么很容易对付，做做样子就可以了啊。一年 365 天，我振作一天精神还是可以的。而且通常领导来之前，总会有人给我们通风报信，什么预案都可以提前准备好，否则大家面子上都不好看，办学者与管理者就这样合谋。曾经有教育部领导下去检查素质教育，发现大家对付他的方法手段太多，于是找机会就往

---

① 参见康永久著：《知识输入还是制度重建：公立学校制度变革的中国道路》，华东师范大学教育学博士后出站报告，2004 年，第 34～37、44～48 页。

学校厕所里面冲。但大家很快觉察到厕所是他喜欢检查的地方，于是都把厕所搞得干干净净。再在学校各个角落布上密探，树上刚掉一片叶子，马上就有人冲过去捡了。可见单纯靠上级、靠行政、靠校长来管理学校，这个是很困难的，学校的教育教学很多时候就是随意随性的。这个时候你即便说学校里搞的是“应试教育”，我也不能认同。实际上很多时候老师都没怎么备课就上讲台了。有问题意识、有头脑、思维敏捷的学生会在这个过程中追问，其他的学生都是看客，老师要么就忽视他们，要么就讽刺他们，说是“应试教育”真的不够格，最好称之为“应付式教育”。由于学校缺乏约束，学校与学校之间缺乏竞争，又脱离了家庭与社区、社会的管控，学校就变成了一个真可以混日子的地方。① 这时候如果还认为只能教科学知识，不能随意更改或脱离教材，不能掺杂个人见解，教育教学就只能变得更为机械呆板。

因此，今天教育发展的一个重要趋势，就是从大一统的现代学校制度中逃离。在我们这里最明显的就是家教、补习学校、出国留学、奥数、英语培训、艺术教育和其他兴趣特长班的迅速发展。当然，当我们天天忙于家教、补习和奥数的时候，并没有从现代学校制度中逃离出来。它们在根本上乃是一种“影子教育”(shadow education)。影子跟我们本身是什么关系？首先是很像，但也有一点变形，如它可能教得更多，教得更深，然后你走到哪里它都跟到哪里。在学校教育不存在的地方，影子教育也不存在。当然也有这样的情况，就是当我们前行的时候，影子竟然在我们的前方。这实际上意味着光源在身后，我们正与目标背道而驰。但说到底它们只是学校教育的同类，当然经常是那些更极品的同类，因为它们经常把学校教育的特点——包括优点，也包括缺点——都发挥到极致，甚至试图取而代之。但即便是这种同类，也说明了现代学校制度的局限。学习按其本性而言最好发自内心，如果小孩子自己想学，自己乐学，自己去钻，自己能够主动地问，能够养成这样一些好习惯，这是最好的。但现在的母亲们被自己看到或想到的升学形势逼得像热锅上的蚂蚁，学校又似乎无能为力，因而只得求助于这样一些影子活动或机构，你又能说什么呢！勉强也可算是对现代学校制度的一种无言的反抗吧。但其代价也非常之大，小孩子在这里差不多都形成了补习依赖症，学习和发展的空间也被极

① 康永久：《随意随性的教学》，载《中国社会科学报》2009年12月1日。

度地压缩了，童真童心也所剩无几。这样的逃离实在也不是什么长久之计。倒是出国留学、英语培训、艺术教育的迅速发展，能更好地说明这种“逃离”。还有一些更宽泛意义上的教育，如网络与其他大众传媒的发展，对大一统的冲击就更有力。

在西方，有一些更具后现代气息的逃离行为。首先是自由学校运动。它与一所学校的崛起息息相关，以后你们也许会经常听到它的名字。英国教育家尼尔（Alexander Sutherland Neill，1883—1973）1921 年在德国创办的这所夏山学校（summerhill school，1923 年迁到英国并使用现名），其宗旨就是提供一种适应学生的教育，而不是培养适应学校的学生。尼尔的《夏山学校》一书于 1960 年出版后，在全球范围内掀起了持续不断的“夏山热潮”。① 还有声势更为浩大的学校重建运动。这是 20 世纪 80 年代在英美等国兴起的，其核心主张包括倡导绩效责任制、强调公立学校回归社区、建立各种类型的备选学校等。这是一场新自由主义（neo-liberalism）主导下的改革。与古典自由主义强调“无形之手”不同，新自由主义试图借助政府的公权力排除市场竞争的障碍。在教育中主要表现为保障家长对学校的选择，增强社区、社会对学校的约束和干预，促进学校之间的良性竞争，从统一学校推进到统一市场，以将公立学校改造成真正公共而有效的学校。这与我们有很大不同。我们的学校不是社区的一部分，而是国家机构的一部分。我们的家长对学校没有选择权，在学校生活中也没有什么权利感，他们的地位是跟小孩的学业状况捆绑在一起的。要是小孩不幸成为后进生，家长也就成了管教的对象。尽管我们现在也建有家长委员会，但不是为了方便家长或社区、社会参与学校管理，而是为了方便家长协助工作。只有凭借着金钱、身份或权力，他们才有可能突破就近入学的限制。最后是开放学校运动。包括学校向社区开放运动设施、图书馆、学习空间，做到资源共享，也包括关注社会需求、按需施教，还包括推进户外教学。总之是突破各种人为限制，让教育更加开放和自由。2007 年年底我去台湾的时候，发现其学校就是向社区开放的，整个操场、图书室都向社区开放。我们的学校则因为安全问题越发谢绝各类人等入内，家长要进去都不容易，保安严阵以待，学生也不可轻易外出。

---

① ［英］亚历山大·尼尔著，王克难译：《夏山学校》，南海出版公司 2006 年版。学校网址为 http：//www. summerhillschool. co. uk/。

（五）后现代知识观的确立

后现代转向的核心是后现代知识观①的确立。这种后现代知识观，第一个是认为知识具有个人性。说知识具有个人性，一是强调任何知识都必定渗透个人经验，二是强调我们的日常经验、意见或习惯其实也是一种知识形式，甚至是最重要的知识形式。这些今天都不难理解，难以理解的是英国管理学家布瓦索（Max Henri Boisot，1943—2011）的这样一个观点："知识是对我们作为认识和行动的主体的内在意向状态所进行的描述。"② 但我们确实可以这样来理解：对某物拥有知识就是对某物的性质拥有确信，按照知识行事就意味着对成功拥有合理期待。而且，当我们与别人或外物打交道的时候，也不能纠缠于对方到底怎么样。我们对对方采取不同的态度，对方可能就有不同的回应或表现，一切都以意向状态为转移。退而言之，"大白若辱，大方无隅，大器晚成，大音希声，大象无形，道隐无名"③，"道可道，非常道；名可名，非常名"④，你怎么可能真正描述一种客观世界？而且人们很早就认识到"道不远人"⑤，孔子也说："仁远乎哉？我欲仁，斯仁至矣"⑥，你怎能不顾自身意向而单纯迷恋外在世界？不仅是认识人，就算是认识世界，根本也不是建立在"世界究竟是什么"的判断之上，而是建立在我们对这个世界的自我敞亮的基础之上。正因为如此，现象学认为，真正的大道恰恰蕴含在每个人身上，蕴含在我们的原初意识之中。我们要自我发现，回到最本原的世界。只有这样，才能穿越心与心之间的重重迷雾，进而明察整个世界。什么事情都按固定的程式去办，只能导致存在或意义的遗忘，怎么可能真正认清这个世界？⑦

与此相关的，第二个是知识的主观性。因为知识说到底只是对我们内在意向

---

① 这里所说的后现代知识观优先强调知识的个人性，不同于石中英所优先强调的知识的文化性，具体对照石中英著：《知识转型与教育改革》，教育科学出版社 2001 年版，第 79～84、143～160 页。

② ［英］马克斯·H. 布瓦索著，王寅通译：《信息空间——认识组织、制度和文化的一种框架》，上海译文出版社 2000 年版，第 21 页。

③《老子·四十一章》。

④《老子·一章》。

⑤《礼记·中庸》。

⑥《论语·述而》。

⑦ 本段内容录音时出错，2011 级的王赫男、唐川北、胡雪龙、董福涛和张伊霖五位同学根据听课笔记提供了主要线索，现有文字即根据这些线索整理。

状态的描述，说到底都结合了我们自己独特的经验和视域，所以，我们发现或学到的任何知识，说到底都是特定社会关系结构与视域的产物，都只是一孔之见、两孔之见、三孔之见。比这种一孔之见、两孔之见、三孔之见更好、更科学的，是认可每个人都拥有自己的权利，并认真对待每个人的已有理解，以对话和沟通更好地促进知识的增长。当然，强调知识的主观性不仅因为知识必然具有的个人性，也不仅因为主观性也可以成为客观性的根基，还因为价值的多元性。其实，现代在其最根本的意义上乃是多元的，城市在其最根本的意义上也是一个异质性的社群。现在有些人动不动就将现代城市文化与乡村或传统文化对立起来，搞得现代城市好像一个单一的文化社群，完全排斥传统，这是错误的。问题不是我们把自己当成了传统的守护神，而是有人不知不觉成了现代性的捍卫者。事实上，现代的价值就包括它能够包容传统，城市的价值也包括它能够包容各种异质性的文化。哪里又有一种全新的现代文化或城市文化呢？法国后现代哲学家利奥塔(Jean-Francois Lyotard，1924—1998) 曾提出了一个以价值的多元论为核心的后现代的纲领，我觉得挺好的。他说：

> 让我们向统一的整体宣战，让我们见证那不可呈现的，让我们继续开发各种歧见差异，让我们大家为正不同之名而努力。①

第三个是知识的境遇性。原来我们追求超情境、普遍性，因而要求不断排除主体的影响，清空自己的头脑，排除传统的偏见，借助工具而不是自身来认识世界，尤其不是借助于心灵，好像一旦和个人或情境关联就不能获得知识。结果，情境性的东西虽然给我们最大的帮助，但我们又最无视它们。就像我们成长的经历，那些关于个人、家庭/家族和家乡的记忆，它们在前进的路上给我们的帮助最多，是我们动力的源泉，也是我们人生的坐标。好多人跑到这里学教育学都跟这些东西有关。但传统的教育研究一直无视这一切。而后现代首先就强调境遇或情境。美国人类学家格尔茨（Clifford Geertz，1926—2006）就曾经把每一个民族的风俗习惯称作“地方性知识”(local knowledge)②，亦即在一定的情境中生成并在

---

① 罗青主编：《什么是后现代主义》，五四书店有限公司 1989 年版，第 301 页。
② 参见［美］克利福德·格尔茨著，王海龙等译：《地方性知识》，中央编译出版社 2000 年版。

该情境中得到确认、理解和保护的知识。正是这种地方性知识支配了我们的日常生活和日常教育。只要我们仍是按照一个“唯一最优体系”来行动，这套体系就依然是有缺陷的，只是少数人、某些阶级、上流社会、精英或统治者的牟利工具。真的要实现社会的公共目标，就必须认识到任何知识都只是特定情境的知识。只有这样，我们才能一方面对那些地方性知识给予足够的尊重；另一方面才不会被这样一些知识形式所控制，从而开启一场不同知识之间的持续对话。

第四个是知识的默会性。老子说：“道可道，非常道；名可名，非常名。”①我们也说，教育学要是光我讲就能让你们完全明白那还做不到。无论我讲多少，总有一些无法言传的，也总有一些是无法完全明晰的。我对教育学的理解始终建立在个人生平情境的基础之上，而你们也总有一些我无法完全把握的内在困惑。因此，要学好教育学，你们自己就必须去悟、去理解，等你们有问题了再来问我。真理越辩越明，要把一个东西讲清楚也需要大家的努力。想完全在那种彻底澄清的基础之上重建知识大厦，只能是一种空想。2011 年，我和女儿聊期中考试，聊着聊着就聊到作文上面去了。我就跟她说，写真实事情，实际上是利用别人的知识把自己的文章写好。她觉得奇怪，我就这样解释：写真实事情的意义在于它能引起共鸣。所以看起来这个东西是你写的，但别人在看、在想象的时候，把自己的记忆也激活了。因此说到底文章不是一个人写的。要是自己一个人写，世界上的其他人一点经验都没有，那这个文章太难写了，一五一十都要交代清楚。而我们写真实的东西，就是在拨起大家的想象，跟别人进行心灵的沟通。她一边听一边点头。确实，有很多东西是“缄默的或未被明言的知识或规则”，有很多东西是同时存在于别人心田的记忆，这些东西非常重要。写作旨在调动自己和别人的记忆和想象，在自己和别人之间架起一座心灵的桥梁。正因为这样，波兰尼说：“所有知识要么是缄默的，要么根源于缄默认识之中。”②

最后就是知识的建构性。要是我讲一个东西你听明白了，不是说我把你讲明白了，而是像我们刚才说的，勾起了你内在的想象，引起了深层的共鸣。所以解释学强调理解就是视域融合，就是心灵的沟通。要是我讲一个东西而你又不明白，

---

①《老子·一章》。

②［英］迈克尔·波拉尼：《缄默的认识》，见瞿葆奎主编，施良方、唐晓杰选编：《教育学文集·智育》，人民教育出版社 1993 年版，第 137 页。

这也很难说我没有讲明白，可能是你没有——或没有能力——参与到知识的建构。对知识的理解过程不是一个简单的授受或发现的过程，知识说到底也不是等待我们去发掘的既存之物，它与我们自身的状态息息相关。我们始终只能从自己身处的这个世界来看待一切。学得、揭示出或领悟到某种知识，意味着必须进入某种意向状态，进入与对象的某种关系结构，与我们已有的东西建立某种关联。学习或研究在根本上就是在已有视域的基础之上构造一个新视域。这一过程不是新知识的简单积累或叠加，更像是知识本身的演化生长。这样生长或演化出来的知识当然不是对世界超情境的反映。而且很多知识都是有关人类社会的知识，更是直接建立在社会生活的基础之上，建立在人类自身的创造性活动的基础之上。正是不同的知识或观念，建构出不同的文化样态，我们就这样生活在自己精心编织的文化世界。因此，在知识性质的问题上，最根本的东西是我们人本身。说到底，我们对某种东西的体认、理解，并不因为它就是这样一个东西，而是因为我们与它正好处于这样一种关系状态。各地的那些毛公山、望夫石，这些都是基于我们自己的主观建构，归根结底都是因为我们自己的意向状态。据此，知识在其最根本的意义上还是对主体内在意向状态的描述，是被我们意向性地建构或理解的那个东西的主观模型。那个东西究竟是什么，我们是不知道的。但是一旦有这样的理解，我们就可以协调行动，就可以创造出客观的社会现实。

第三讲
人的发展与教育[①]

人的发展问题是教育学的核心问题。整个教育学的知识体系，都是以此为中心组织起来的。甚至可以说，教育学的学科立场，就是对人的发展的关注。但历史上曾经——而且现在依然——有一种强劲的取向，认为只有把握人的身心发展的特点和规律，教育教学才能与人的身心发展相适应。当然，这也不是要我们坐等心理学的成功，但至少相信在人的身心发展规律未被揭示之前，教育学始终就不是一门科学。然而即便这样，依然模糊了教育学与心理学的边界，否定了教育学作为一种实践理论的独特意义，甚至将教育学看成了心理学的附庸。“科学教育学之父”赫尔巴特倡导教育学科学化的时候，希望教育学别再做其他学科的附庸，但他还是强调在伦理学的基础上建立教育的目的论，在心理学的基础上建立教育的方法论，[②]最后还是违背了自己的初衷。我们当然要注意吸纳心理学的最新研究成果，但这并不意味着教育学必须建立在科学心理学的基础之上，因为这会导致把对人的发展的了解作为教育学科学化的先决条件，而不是教育学的核心任务本身。说到底，全部教育学的核心努力就在于增进人们对人的身心发展的敏感，将人的身心发展的特点和规律的显现作为最有意义的教育事件。因此，教育学不但必须认真汲取心理学的研究成果，而且必须特别关注如何把教育过程真正变成人的发展的特点和规律的显现过程。这一切，又都与促进人的发展的教育过程本身的社会性质有关。

① 本讲由北京师范大学教育学部2009级林飏、卢正天、马思腾、许傲，2010级雷雪玉、宋畅，2011级廖文羽、何文娉、张雅楠、杨柳，2012级王一杰、黄依梵、王梦柯，2013级李佳璐、耿岱仪、杨扬、刘颖、孟雅琴、周林莉、徐如霖、查聿翀诸同学初录。

② [德]弗里德里希·赫尔巴特著，李其龙译：《普通教育学·教育学讲授纲要》，人民教育出版社1989年版，第190页。

一、发展概念的历史演变

（一）自然哲学的变化概念

前面我们已经讲了教育的历史发展，但没有特别梳理“发展”概念及其演变，下面我们结合古希腊自然哲学家经常提及的“变化”概念来专门谈谈这个问题。赫拉克利特很早就把变化问题放到了哲学体系的核心，断言变化构成宇宙的真正生命，永恒是虚幻，事物貌似稳定，实则处于无穷的变化或永恒的流动状态。因此他说：“太阳每天都是新的”，“人不能两次踏进同一条河流”。为了说明这种永不止息的变化状态，他选择了“火”作为世界的原始基质，进而认为世上万物说到底基于对立面（如创造与毁灭）的相互作用或对立统一，每一种东西都为斗争所支配，既存在又不存在。在赫拉克利特看来，一切变化和矛盾中唯一保持不变的，是位于一切运动、变化和对立背后的规律，是一切事物中的理性，即逻各斯(the logos)①，它们就像命运之神或正义之神的作为。最后，赫拉克利特还承认这种对立面的相互作用，在事物的整体层面创造了和谐。②

与此相反，埃里亚学派则坚决认为变化和运动不可思议，事物的基质必然永恒、不动、永不变化，所有的变化都是虚幻。其创始人巴门尼德第一个试图从逻辑的角度来对此加以论证，为此他提出了以下几个观点。(1) 凡所存在的，存在着；凡所不存在的，不存在。(2) 凡所存在的，可以被思想；凡所不存在的，无法被思想。(3) 变化观念预设了非存在的存在，这是无法被思想的东西，在逻辑上是不可能的。③ 对巴门尼德来说，唯一真实的存在就是“一”。一是无限的、不可分的。它并不是像赫拉克利特所说的那种对立面的统一，因为根本就没有对立面，由此才不难理解他为何说没有事物是变化的。④巴门尼德宁愿相信逻辑，也不愿相信自己的眼睛。(学生不解，皱眉头）大家不要皱着眉头看着我，这本身就是

---

① “logos”经常被译为“道”“说话”“交谈”或“理性”，也可指任何命名、识别、区分、集合或排序的过程。

②④ 参见［英］伯特兰·罗素著，何兆武、李约瑟译：《西方哲学史》（上），商务印书馆2008年版，第65～77、78页。

③ 转引自［挪］G. 希尔贝克、N. 伊耶著，童世骏、郁振华、刘进译：《西方哲学史——从古希腊到二十世纪》，上海译文出版社2004年版，第12页。

不可理喻的观点，当时很多人也都认为这样太疯狂了。但他是人类历史上第一个试图从逻辑的角度来分析这个世界的超卓人物。

此后，恩培多克勒（Empedocles，约前495或前492或前490—约前435或前432或前430）、阿那克萨戈拉（Anaxagoras，约前500—约前428）和德谟克利特（Democritus，前460—前370）试图将赫拉克利特和巴门尼德的观点统一起来。他们认为，原始实体/元素（如火、气、水、土等）或原子（不可分割的基本粒子）本身不会创造、毁灭或变化，变化的只是它们之间的关系或结合方式。其中前两位认为元素之外的某种爱、恨或心造成了它们的结合或分裂，而德谟克利特则认为是原子本身的运动造成了一切。①

承认自然的变化规律究竟意味着什么？是强调事物的变化发展亦即规则的“展开”或“实现”，还是强调借助对这种规律的认识，我们就能做自然的主人？总体而言，古希腊的自然哲学家倾向于前者。所以赫拉克利特说：“只有了解那引导万物、使之流转于万物之间的智慧，才是聪明的。”② 这显然不是人的智慧，而是上帝的智慧。而“最智慧的人和上帝比起来，就像一只猴子”③。恩培多克勒也有一种循环演化与适者生存的理论，因此尽管他认为存在着所谓的黄金时代，但他还是强调只有元素、爱或恨和斗争才是永恒的。④而德谟克利特更是一个严格的决定论者，相信宇宙之中并没有目的，只有被机械的法则统驭着的原子。对他而言，节制与修养——实际上也就是顺应——才是获得快乐的最好手段。⑤

但只要有规律存在，对规律的把握乃至借用就不是不可为之事。因此不难理解为什么赫拉克利特总那么自以为是，那么肆无忌惮地鄙薄别人，那么敌视当时的各种宗教；也不难理解为什么恩培多克勒有时会忍不住把自己说成是个神。他们想象中的世界要比实际的情形理解起来容易得多。⑥就此而言，他们都超越了神秘主义而具有某种理性主义倾向。但无论如何，顺应自然和克制还是最主要的。

---

①③④⑤⑥ 参见［英］伯特兰·罗素著，何兆武、李约瑟译：《西方哲学史》（上），商务印书馆2008年版，第86～106、73、85～87、106、69～106页。

② 转引自［美］梯利著、伍德增补，葛力译：《西方哲学史》（增补修订版），商务印书馆2004年版，第22页。

尤其在那些未知领域，必须服从神谕、传统和禁忌。①

（二）古代的理性发展观

理性主义发展观有三个要点：（1）它必须承认世上万物都有规律；（2）它必须承认这种规律制约且外在于人的意愿与活动；（3）它必须承认人能够把握这种规律，从而驾驭这个世界。一种理论如果承认第一、二点而否定第三点，那它就是神秘主义。如果承认第一、三点而不承认规律外在于人的意愿与活动，那它就是建构主义。如果任何发展都不承认，那就是“永恒主义”（区别于第五讲提到的永恒主义）。如果承认发展但不承认这里的第一点（包括不承认冥冥之中的“命运”，因而也就不可能承认其他各点），那它就是唯我主义（solipsism）。

赫拉克利特和恩培多克勒的观点接近神秘主义，但有发展为理性主义的潜力。智者高尔吉亚（Gorgias，约前483—前375）则是彻底的神秘主义者。在他看来，任何事物都不存在；纵令有任何事物存在的话，那也是不可知的；纵令它存在并且被任何一个人所认知，这个人也永远不能把它传达给别人。②巴门尼德的观点接近“永恒主义”，因为他强调那绝对永恒的“一”。智者领袖普罗泰戈拉（Protagoras，约前490或前480—前420或前410）认为：“人是万物的尺度，是存在的事物存在的尺度，也是不存在的事物不存在的尺度。”③这样他就有了一种很强的唯我主义倾向，并最终走上了保卫法律、风尚和传统道德的道路。④稍晚的德谟克利特更接近于理性主义。建构主义的发展观要到现代社会才能见到。各种发展观的特征组合和历史排序见表3-1。

表3-1　发展观的历史类型学

	没有发展	有发展规律	规律是客观的	规律可把握	有发展没有规律
神秘主义		√	√		
“永恒主义”	√				
理性主义		√	√	√	
唯我主义					√
建构主义		√		√	

①②③④ 参见［英］伯特兰·罗素著，何兆武、李约瑟译：《西方哲学史》（上），商务印书馆2008年版，第88～89、113、111、111～112页。

神秘主义、“永恒主义”和唯我主义的发展概念就不再多说了。这里主要谈谈理性主义的发展概念，这是在相当长的历史长河中都具有统制性的概念，涵盖的思想与文化范围也特别广，它本身也有多副面孔。巴门尼德的“永恒主义”在某种意义上也是一种非常特别的理性主义，尽管它不承认发展变化，其实还是承认有规律、规律客观且可把握的。前面我们还提到，神秘主义和理性主义之间也只有一墙之隔。此外，古代除了那种机械唯物论的理性主义发展观（如德谟克利特），还有其他类型的理性主义者。柏拉图据说非常讨厌机械唯物论者德谟克利特，也讨厌赫拉克利特将世界说成是永恒的流变，而是提出了一套基于目的论的理性主义发展观，试图通过揭示现象背后永恒的形式、逻各斯或理念的世界，并将变与不变结合起来，为这个世界的理想生活找到永恒的根基。他的乌托邦、理念论、对灵魂不朽的论证、秩序神创论和把知识看成回忆而不是知觉的那种知识观，都体现了强烈的理性主义色彩。① 在这里，发展意味着存在物本身的显现（而不是创生或消亡），意味着基于知识而不是意见行动，意味着人人都安分守己而不要有什么非分之想（即他所说的正义），意味着以善为目标的演化，意味着集权化或哲学王的统治。这一套发展理论后来借助天主教哲学统治了欧洲上千年。

在中国，儒家则发展了一种以家族生活为依托的理性主义立场，“父子有亲，君臣有义，夫妇有别，长幼有序，朋友有信”② 是其中最核心的原则。这种对家族制的理性化，在某种意义上接近赫拉克利特，后者也非常看重世俗生活中的法则。当然，对赫拉克利特而言，这只是在一个永恒流变的世界退而求其次的生存之道。而在儒家这是一种中庸之道，实际上乃是一种试图掌控自然之道的人为之道，而且被认为是与天性合一的。正所谓：

> 天命之谓性，率性之谓道，修道之谓教。道也者，不可须臾离也，可离非道也。是故君子戒慎乎其所不睹，恐惧乎其所不闻。莫见乎隐，莫显乎微，故君子慎其独也。喜怒哀乐之未发，谓之中；发而皆中节，谓之和。中也者，

---

①［英］伯特兰·罗素著，何兆武、李约瑟译：《西方哲学史》（上），商务印书馆 2008 年版，第 74～208 页。

②《孟子·滕文公上》。

天下之大本也；和也者，天下之达道也。致中和，天地位焉，万物育焉。[①]

意思是说：人的自然禀赋叫作“性”，顺应本性叫作“道”，不断增强顺应本性能力的活动叫作“教”。“道”是不可以片刻离开的，如果可以离开，那就不是“道”了。所以，品德高尚的人在没有人看见的地方也是谨慎的，在没有人听见的地方也是有所戒惧的。没什么比隐藏更明显，没什么比细微更显著。所以，品德高尚的人在独处的时候也是谨慎的。喜怒哀乐没有产生出来的状态，叫作“中”；产生出来且符合节度，叫作“和”。“中”，是万物的根本；“和”，是天下的大道。达到“中和”的境界，天地便各在其位，万物便生长繁育了。

值得注意的是道家的定位。老子似乎是神秘主义者。他说：“道可道，非常道；名可名，非常名。”[②] 而且他也认为根本没什么谈论仁义道德的必要，因此他说：“天地不仁，以万物为刍狗；圣人不仁，以百姓为刍狗。”[③] 意思是说：天地无所谓仁义，故对万物兴废泰然处之；圣人无所谓仁义，故对百姓存亡泰然自若。还说：“人法地，地法天，天法道，道法自然。”[④] 但知道了世上万物的运作之理，他就忍不住要替天行道，达到无为而无不为的人为效果。因此，尽管他认为“大道废，有仁义；智慧出，有大伪；六亲不和，有孝慈；国家昏乱，有忠臣”[⑤]，但还是忍不住要延缓事物的循环往复之道，以使之更好地驻留在阴阳调和的理想状态。他的办法就是清静无为，也包括阴阳相济。因而他说：“万物负阴而抱阳，冲气以为和”，又说什么“或损之而益，或益之而损”“强梁者不得其死”[⑥]。在别的地方老子说得更明白：“天之道，损有余而补不足。人之道则不然，损不足以奉有余。孰能有余以奉天下，唯有道者。是以圣人为而不恃，功成而不处，其不欲见贤。”[⑦] 显然，真正的圣人至少应能在部分环节“替天行道”。可见老子的思想已

---

①《礼记·中庸》。

②《老子·一章》。

③《老子·五章》。刍狗，用草扎成的狗，用于祭祀。祭祀时饰之敬之，祭祀后弃之践之，意谓泰然处之。更常见的翻译是：天地无所偏爱，任万物自生自灭；圣人无所偏爱，任百姓自生自灭。

④《老子·二十五章》。

⑤《老子·十八章》。

⑥《老子·四十二章》。

⑦《老子·七十七章》。

经有很强的理性主义色彩。更强调顺其自然的是庄子，他追求的是“上与造物者游，而下与外生死、无终始者为友”①，因而有真正的逍遥精神。但这显然也不是什么纵情自然，而是以对道的深刻把握为前提的。

（三）理性发展观的现代版

理性发展观在近现代社会又有新的发展。这首先由于教会权威的衰落、科学威信的逐步上升与民族国家的发展。在罗素（Bertrand Russell，1872—1970）看来，教会的权威由于自身的穷兵黩武和道德败坏而衰落，对古代文化的重新发现进一步摧毁了死板的经院哲学体系。但这一切并没有直接导致科学的发展，而是带来古人权威尤其柏拉图研究的复活。当然，它也为科学的发展提供了一种精神氛围：把知识活动看成是乐趣横溢的社会性活动，而不是旨在保存某个特定的正统学说的遁世冥想，且相信个人天才能够在自亚历山大（Alexander，前356—前323）时代以来就绝迹了的自由状况下蓬勃生长。这一切又导致虔信教徒尤其阿尔卑斯山脉以北教会对罗马教廷的愤慨。宗教改革就是文艺复兴时期各教皇的非宗教政策的当然后果。这又导致反宗教改革运动的反弹和旷日持久的30年战争。所有这一切，又都为民族国家和现代科学的发展创造了条件。②

自然科学在相当长的历史时期内都是促成思想解放的力量，但还是造成了一种新的理性主义的发展观。在这里，人们相信世界有规律，这种规律与我们的主观意愿无关，但可以为科学所把握。凭着这套科学知识，我们就能发展出一套精密的应对方法，人类生活本身也必将因此而重新组织起来。而实用科学或技术的发展，尤其是工业革命，将这一切都变成了现实。近现代的技术至上主义，就是理性主义发展观的机械版，发展由此被看成是借助技术知识实现的增长。民族国家的力量也不断参与其中，权势与功利因此联手。其结果就是，对传统权威的驱除并没有带来一种开放秩序，而是导致“一种通过暴力强加给人的社会秩序”，同时“把人类以外的一切事物看成仅仅是有待加工的原材料”。③在这里，“大自然是原材料；人类当中未有力地参与统治的那部分人也是原材料。”④

---

①《庄子·天下篇》。

②③④ 参见［英］伯特兰·罗素著，何兆武、李约瑟译：《西方哲学史》（下），商务印书馆2008年版，第1～17、7、274页。

浪漫主义是对这种现代机械主义发展观的贵族式反动。按照罗素的理解，浪漫主义者不追求和平与安静，也不追求功利，但求有朝气而热情的个人生活。此言不假。前不久，我看贼道三痴的《上品寒士》[①] 时，刚好看到一浪漫场面。陈操之上山与陆葳蕤相会。陆葳蕤见情郎心切，脚下一绊，跌撞在陈操之胸口。陆葳蕤生怕撞坏了情郎，就给他揉了两下。谁知道陈操之说："还有这边。"陆葳蕤恨恨地说："明明撞的是这边！"这就是富有朝气和热情的个人生活。浪漫主义运动的总体特征，就是用这样的审美的标准代替功利的标准。感情的触发要做到彻底如意，就必须又直接又激烈，而且完全没有思想的开导。这种趣味还必须不断变化，这种变化还必须多少是永久性的。说到底，他们喜欢奇异的东西。浪漫主义运动的根本目的在于把个人人格从社会习俗和道德的束缚中解放出来，这被认为是孤独本能对社会束缚的反抗。由此导致猛烈而反社会的那类人不是无政府的叛逆者，便是好征服的暴君。[②] 他们用道德的目标挑战功利，用个人的热情挑战道德，用他们名之为自然的东西挑战一切世俗之物，仿佛唯有如此才能摆脱俗务乃至命运的束缚。就如德国浪漫主义诗人诺瓦利斯（Novalis，1772—1801，本名为 Friedrich von Hardenberg）所言：

> 这个世界必须浪漫化，这样，人们才能找到世界的本意。浪漫化不是别的，就是质的生成。低级的自我通过浪漫化与更高、更完美的自我同一起来。所以，我们自己就如像这样一个质的生成飞跃的序列。然而，浪漫化过程还是很不明晰的，在我看来，把普遍的东西赋予更高的意义，使落俗套的东西披上神秘的外衣，使熟知的东西恢复未知的尊严，使有限的东西重归于无限，这就是浪漫化。[③]

不同的人达到了这一运动的不同层次，因而表现出不同的形貌。无政府主义

---

① 贼道三痴，本名郑晖，男，江西鹰潭人，痴于写作、读书和围棋，故名"三痴"。其穿越小说《上品寒士》重现魏晋清谈风采，一经发布即席卷榜单。具体参见 http：//read. qidian. com/BookReader/1368297. aspx。

② ［英］伯特兰·罗素著，何兆武、李约瑟译：《西方哲学史》（下），商务印书馆 2008 年版，第 213～225 页。

③ 转引自刘小枫著：《诗化哲学——德国浪漫美学传统》，山东文艺出版社 1986 年版，第 33 页。

者强调个人的热情和孤独本能，极端理性主义者最后浪漫化的，则是那普遍而又有限、世俗而又神圣、熟知而又未知的最后根基——自然。2013年在教育基本理论研究院的教师沙龙上，陈建翔就曾说：大自然是一场盛宴，一场拥抱对立面的舞会。但浪漫主义者最终将它削减到一套明确的规则，一套明确的知识，一套唯一最优体系。卢梭是这场浪漫主义运动的旗手，他对自然的崇拜——完全堪称一种自然宗教——比自己的机械论的敌人还有更强的理性主义倾向。在他的理想国，居统治地位的不是柏拉图所说的哲学王，而是与自然完全沟通的总体意志或“公意”，但统治的专横没有因此而丝毫弱化，甚至更为严酷。当卢梭自鸣得意地把他的《论人类不平等的起源和基础》(1755) 送给伏尔泰时，伏尔泰回复说：

> 我收到了你的反人类的新书，谢谢你。在使我们都变得愚蠢的计划上面运用这般聪明伶巧，还是从未有过的事。读尊著，人一心想望四脚走路。但是，由于我已经把那种习惯丢了六十多年，我很不幸，感到不可能再把它捡回来了。而且我也不能从事探索加拿大的蛮人的工作，因为我遭罹的种种疾患让我必需一位欧洲外科医生；因为在那些地带正打着仗；而且因为我们的行为的榜样已经使蛮人坏得和我们自己不相上下了。①

还有一种理性发展观与卢梭发起的浪漫主义运动相关，但以生物学的“有机体”的观念取代机械的因果观念，可称为社会有机体论。依据这一发展理论，人类社会及其文化的发展犹如植物的生长，不是基于直线式的因果关联，而是将自我作为一个自足的整体，依循从出生到衰老以至死亡的进程不断地自我循环。很明显，这里的生物学不是后来达尔文所倡导的那种进化论。在这里，每一个社会，每一种文化，都是一个有机体，各有自身的精神，各依循自身的内在必然性向前发展。一个时代并不是作为另一个时代的先导而存在，而是具有自己的时代精神，具有自身存在的价值，它的历史就是这种精神或价值在自身内部展开的过程。②“生长”的观念就这样取代了“进步”的观念。外部的影响即便没有被排除在外，也被贬低了。生长就是生物按照自身的节律而展开的诸种变化，也是社会有机体

---

① [英] 伯特兰·罗素著，何兆武、李约瑟译：《西方哲学史》(下)，商务印书馆2008年版，第229页。
② [德] 斯宾格勒著，吴琼译：《西方的没落》，上海三联书店2006年版，“译者导言”第9页。

按照自身的节律所展开的变化。从有机体到社会有机体的跃迁是借助浪漫主义的想象实现的，但也有着内在的逻辑与追求，就是突破习俗与功利的束缚，将某种内在的生命活力当成变化的原动力，从而实现它们与浪漫主义哲学的全面对接。因此，尽管现实的政治不断被攻击，国家或民族本身却在这一过程中被浪漫化，甚至整个宇宙都被看成是一种生命体。然而，当宇宙成了生命，真正的生命就只能成为器官。那种原本富有朝气而热情的个性，在机械论中还有可能由于规则本身的零散而转身成为主人，在社会有机体论中则只能完全沦为机器的部件。

（四）辩证视野中的发展

机械主义为发展预设了一道因果界限，自然主义在发展中预设了自然的本原地位，社会有机体论则强调整体内在的发展。所有这些，都将发展封闭在某种特定的边界之内。发展由此成了一个没有危机、没有间断、没有冲突的完整而顺畅的过程。辩证论视野中的发展观在某种意义上突破了这样一些边界。像赫拉克利特就提出了万物皆动、万物皆流、无物常住的变动观。他对辩证法的最大贡献是提出了矛盾双方相互依赖、相互斗争和相互转化的思想。在他看来，协调本身并不引人注目，冲突才使世界充满生气。原始的统一因此也就不断地活动和变化，永不停止。它的创造是毁灭，毁灭是创造。世界就这样为斗争所支配，“战争是万有之父和万有之王”。就这样，这个有秩序的宇宙既不是神创造的，也不是人创造的。宇宙本身是它自己的创造者，宇宙的秩序就是由它自身的逻各斯所规定的，其中唯一不变的就是变化。① 这完全是一种开放的发展观，在哲学史上有极其深远的影响，列宁（Vladimir Ilich Lenin，1870—1924）曾说它“是对辩证唯物主义原则的绝妙的说明”。

黑格尔的发展概念明显受到赫拉克利特的影响。在黑格尔那里，这个世界通常被看成是一个历史的过程，其中每一个相续的运动都是为解决前一运动中的矛盾而出现的。例如，他认为法国大革命是人类有史以来第一次在西方社会中引入真正的自由，但正因为是绝对的初次，它也是绝对激进的。在革命消灭了它的对立面后，革命所唤起的暴力高潮无法自我平抑，因而最终只能自食其果——得之

---

① [英] 伯特兰·罗素著，何兆武、李约瑟译：《西方哲学史》（上），商务印书馆2008年版，第69～74页。

不易的自由自毁于残暴的恐怖统治。然而，历史总是在对过失的自我反思中前行的。正是这种经验，也只能在有了这样的经验之后，一个由自由公民组成的既能行使理性政府的职责，又能实现自由、平等的革命理想的宪政秩序才有可能出现。① 黑格尔运用这种正—反—合的辩证法体系解释哲学、科学、艺术、政治和宗教的历史，企图超越过去 2 500 年来界定人类生活的各种思想与哲学论战，为哲学增添了一种历史向度。在黑格尔看来，辩证法的每个后续阶段都必定包含着此前的所有阶段。这些阶段没有一个被完全取代，而是作为全体中的一个因素而被赋予自己的位置。不历经辩证法的所有阶段，便不可能达到真理。而黑格尔追寻的真理，正是无所不包、复杂万状的全体，也就是他所说的"绝对"或国家。由于黑格尔把国家看成是绝对精神的最高体现，他眼中的世界最终蜕变成了一种封闭的发展体系，并最终为极权主义国家的出现提供了一种辩护。而且他还因为强调矛盾而美化战争，甚至还经常修改历史，以适应他的辩证法模式。②

就辩证发展观而言，我们更熟悉的还是马克思的唯物辩证法（materialistic dialectics）。其中，对立统一、质量互变和否定之否定，被称为唯物辩证法的三大规律。唯物辩证法用普遍联系的观点看待世界，认为世界是一个有机的整体，一切事物都处于相互影响、相互作用、相互制约之中。而矛盾（即对立统一）是事物普遍联系的根本内容，是事物存在的深刻基础，也是事物发展的内在根据。事物之间的矛盾受制于事物的内部矛盾，意识领域的矛盾受制于物质领域的矛盾。在一定意义上说，事物就是矛盾，世界就是矛盾的集合体，没有矛盾就没有事物或世界，也就没有事物或世界的发展。所谓发展，就是在内外因素的作用下矛盾双方相互转化的过程，在这一过程中事物由低级到高级，由简单到复杂，其实质是新事物的产生和旧事物的灭亡。这是一个从不平衡到平衡再到新的不平衡以至新的平衡的波浪式前进、循环往复式上升的过程，正是这样一个个有限的过程组成了无限发展的世界。世界也因此被看作是永恒发展的"过程"的集合体。与黑格尔强调绝对精神的运动变化不同，被马克思摆在第一位的是物质决定意识的观点。只是马克思的"物质"概念不同于常识或庸俗的唯物主义者眼中的"物"的

---

① 参见维基百科词条"Georg wilhelm Friedrich Hegel"，https：//en. wikipedia. org/wiki/Hegel Notes。

② 参见［英］伯特兰·罗素著，何兆武、李约瑟译：《西方哲学史》（下），商务印书馆 2008 年版，第 275～294 页。

概念，它是指一种“客观实在性”。在这里，自然的物质当然是物质，人造的物品或物质生产能力也是物质。真正能决定我们意识的“物质”，是马克思所说的生产力（物）、生产关系（物质关系），以及以此为基础的社会实践（物质实践）。

马克思有时候特地在一般的意义上强调实践，这种实践并不限于那种左右历史进程的宏观社会实践，也没有把生产力与生产关系及其矛盾运动——它们都是宏观社会实践的隐晦形式——看得高于一切，而是泛指一切人与人乃至人与物的相互作用。在马克思看来，单纯强调物质对意识的决定作用，那是旧唯物主义的痼疾。单纯强调意识的能动作用，那是唯心主义者的幻觉。辩证唯物主义强调物质不能机械地决定意识，意识也不能纯主观地支配物质，所有的一切都要基于实践。因此，人对世界的认识不是对世界的镜式观照，人的活动也不是外部约束的机械回应，一切都取决于互动双方的关系结构。就这样，物质和意识都统一于能动的实践，没有什么东西能绝对支配另一方，甚至物质本身也必须从社会关系方面去理解。下面是马克思的原话：

> 人的思维是否具有客观的（gegenständliche）真理性，这不是一个理论的问题，而是一个**实践的**问题。人应该在实践中证明自己思维的真理性，即自己思维的现实性和力量，自己思维的此岸性。关于离开实践的思维的现实性或非现实性的争论，是一个纯粹**经院哲学的**问题。①
>
> 有一种唯物主义学说，认为人是环境和教育的产物，因而认为改变了的人是另一种环境和改变了的教育的产物，——这种学说忘记了：环境正是由人来改变的，而教育者本人一定是受教育的。因此，这种学说必然会把社会分成两部分，其中一部分凌驾于社会之上（例如，在罗伯特·欧文那里就是如此）。
>
> 环境的改变和人的活动的一致，只能被看作是并合理地理解为**变革的实践**。②

---

①② ［德］卡尔·马克思：《关于费尔巴哈的提纲》（1845年初稿，1888年经恩格斯修订），见中共中央马克思恩格斯列宁斯大林著作编译局编译：《马克思恩格斯选集》（第1卷），人民出版社1995年版，第58～59、59页。

但后来马克思显然回到了更为彻底的唯物论哲学，物质与意识的对立再一次被强调。主体与客体、认识者与被认识的事物，虽仍是在不断相互适应/作用的过程之中，但人类历史上任何时代的政治、宗教、哲学和艺术，都被认为是那个时代的生产方式和分配方式——或物质生产条件——的产物。规律再一次被确认为事物本身所固有的、内在的、本质的、必然的、稳定的联系，是发展的必然趋势，具有客观性、可重复性和普遍性，不依赖于人的主观意识，既不能被创造，也不能被消灭，只要条件具备就一定要发生作用。这样，人的主观能动性就只能表现在两个方面：在认识世界时，由于规律隐藏在事物的内部，只有发挥主观能动性才能透过现象把握规律；在改造世界时，依靠主观能动性，根据实践的目的，因势利导地改变规律赖以起作用的条件，从而引导规律起作用的具体方式。物质决定意识由此蜕变为宏观社会结构决定个人意识，个人的作用只在认识和把握规律，加快或延缓事物本身的进程。就这样，个人最终被确认为一种外因或意识，只有通过内因或物质才能发挥有限作用。但人说到底乃是一种社会性的动物，我们的一切都依存于周围的社会体系。看起来是一个个独立的个体，有明确的边界，但始终浸泡在云遮雾罩的文化或社会关系之中，彼此之间难分难解，而且相辅相成。亲人的离去，意味着我们本身生命的流逝。所以内和外、物质和意识的区分只能是相对的，实践的观点在根本上还应是第一位的观点，否则就会导致封闭和庸俗。

（五）走向建构的新发展观

辩证的发展观认可一种非常开放、非常具有包容性的发展目标，如黑格尔所说的复杂万状的全体或马克思所说的自由人的联合体，也看到了一系列相互联系、相互制约甚至相互冲突的因素，但最终却设定了一种非常单一的发展道路，一种线性发展模式。这种被抽象地普遍化了的曲折中前进的发展模式，实际上只是特定情势中的发展模式，而且是一种特别缺乏包容的环境中的理性发展模式。但历史地看，它越来越倾向于建构主义也是一个不争的事实。黑格尔的辩证法所强调的精神虽不是我们所理解的主观意志，但历史的发展显然不再被理解为一个纯粹的自然过程。而且在黑格尔看来，社会历史的前一个发展阶段，必然为后一个发展阶段铺平道路，这已是典型的建构主义立场。马克思的实践概念更是一个重大的突破，关系的视角更加明显。不单是辩证发展观，就是前面我们所说的那种以知识为基础的机械发展观，也不可避免地包含着开放的因素，为事物的发展留下了广阔的余地，并随时准备对自己进行修正，这本身被认为是科学的要素。罗素就曾认为：

> 科学的威信是近代大多数哲学家都承认的；由于它不是统治威信，而是理智上的威信，所以是一种和教会威信大不相同的东西。否认它的人并不遭到什么惩罚；承认它的人也决不为从现实利益出发的任何道理所左右。它在本质上求理性裁断，全凭这点制胜。并且，这是一种片段不全的威信；不像天主教的那套教义，设下一个完备的体系，概括人间道德、人类的希望以及宇宙的过去和未来的历史。它只对当时似乎已由科学判明的事情表示意见，这在无知的茫茫大海中只不过是个小岛。另外还有一点与教会威信不同：教会威信宣称自己的论断绝对确实，万年更改不了；科学的论断却是在盖然性的基础上，按尝试的方式提出来的，认为随时难免要修正。这使人产生一种和中世纪教义学者的心理气质截然不同的心理气质。①

最为开放的建构主义发展观在实用主义和自由主义哲学中可以找到。在那里，发展没有外在的目的，每个人被认为拥有“天赋的”自由，生活、生长或经验的不断改造与改组过程被认为就是最有价值的发展过程。科学知识的使用要么被严格限制在有限的领域（主要是自然的领域），要么就是与民主紧密结合在一起，在民主、科学与教育三者之间并不存在截然的界限。反正，在人类社会中使用科学知识，不得侵犯个人的权利。这样，所谓发展，就不再是一种不以个人意志为转移的自然历史过程，也不是一个严格以知识为基础的理性过程，更不是一个为满足少数人的美学癖好而展开的浪漫过程。人本身始终被确认为自我发展的主体，一切对他/她的影响都要以他/她的意向与活动为前提，一切发展的需要都要在现实的生活中生产出来。社会的发展以个人的发展为前提和依归，而不是像黑格尔所认为的那样，个人必须在社会面前保持一种谦卑态度。社会本身被按照松散结合的方式组织起来，各部分相互牵制，以防不可控制的权力中心出现。法的作用

---

①［英］伯特兰·罗素著，何兆武、李约瑟译：《西方哲学史》（下），商务印书馆2008年版，第4页。

在于确保个人的自由，同时营造一个对话空间来促进个人的发展，提供一种公共支持来帮助个人消除外在的束缚。发展因此而成为一种自主或内生过程，成为一种多样化与个性化过程，成为一种互动与对话过程。在这里，自主和内生依赖于外部的互动与对话，多样化与个性化是必然结果，而互动和对话本身就预设了一种开放体制。个人或组织能否建构良好的社会关系结构，是发展顺畅与否的关键所在。不以人的意志为转移的"客观规律"，就此全面让位于能动实践。

当然，除了自由主义哲学，还有两种后康德哲学也为这种发展观提供了额外的支持。一种是叔本华（Arthur Schopenhauer，1788—1860）的意志哲学（philosophy of the "will"），他把康德所说的物自体、黑格尔所说的客观精神、实证主义者所倡导的科学知识统统置换成了主观意志，为提升个人的作用提供了思想上的可能性。[①] 罗素就曾说："随着意志的意味上升多少等，知识的地位就下降了多少级……这是在我们这时代哲学气质所起的最显著的变化。"[②] 重要的不再是尊重知识，而是首先尊重人。当然，叔本华自己还是以非常悲观的态度看待这一切，并最终至少在理论上皈依了佛陀。此外，强调意志第一也有某种危险，就是可能导致某种个人的自我膨胀。另一种则是狄尔泰（Wilhelm Dilthey，1833—1911）等所开启的解释学派（interpretive approach），他们用"生命理性"或"历史理性"甚至某种形式的"非理性"来弥补康德的"三大批判"[③] 的不足，由此确立了一种基于"理解"的生命哲学（philosophy of life）和文化哲学（cultural philosophy）。这种哲学强调对文化现象不能以自然科学的方式对待，必须基于意义理解，而理解最终又必须基于前理解结构，必须基于开放性的对话。这也成功地将人的作用纳入了规律本身，强调没有普通个人的参与就没有开放性、创生性、可持续性的实践，对理性主义的发展观也是一剂非常及时的解毒剂。

---

① ［德］亚瑟·叔本华著，石冲白译：《作为意志和表象的世界》，商务印书馆2012年版。

② ［英］伯特兰·罗素著，何兆武、李约瑟译：《西方哲学史》（下），商务印书馆2008年版，第310～311页。

③ 即康德的《纯粹理性批判》（1781）、《实践理性批判》（1788）和《判断力批判》（1790）。这"三大批判"超越并调和了当时的理性主义与经验主义哲学，并致力于对科学、道德与审美活动中的理性划界。

二、对身心发展客观性的着迷

（一）神秘主义立场与人的发展

发展概念的历史演变，在对人的发展的相关理解中多少有所体现。最初，人们对人的发展也多少持有某种神秘主义立场，相信人的发展有规律，虽未发现这种规律是普遍的，但必定不以人的意志为转移。由于规律神龙见首不见尾，促进发展的过程经常就只能求助于某种整体唤醒，而且只能基于某种撞大运式的“试误”。韦伯的下述文字或许能提供一些线索：

> 英雄主义和魔法能力起先被视为无法教授的，而是只要它们不稳定地存在着，它们就只能通过整个人格的再生加以唤醒。因此，魅力品质的再生和因此而发展，有资格者的试验、验证和挑选，是魅力教育的原始意向。同习惯了的周围隔绝和脱离家庭的一切天然纽带的影响（在原始居民中，直接把小伙子移居到森林中去），但是总是进入一个特殊的教育共同体，改造整个生活方式，苦行禁欲，采取种种极为不同的形式进行身体的和思想的训练，以唤起降神附体和再生的能力，通过身体的震撼和身体的折磨和摧残（割礼首先也许是作为这种禁欲苦行手段的组成部分而产生的），不断试验魅力的完善所达到的阶段，最后，分等级地接受经受考验者进入久经考验的魅力体现者的圈子中去。①

在韦伯这里，原始的魅力型教育所依赖的是一种卡里斯马特质，而不是教育过程的理性组织。那被认为是一种神秘的、非凡的、能够让人着迷的“天赋”，但究竟谁有天赋或在任何条件下可能出现“降神附体”是一件不可预知的事情。因此，问题的关键，就是对有资格者的试验、验证和挑选。为此，需要采取一切非凡的方式——包括同习惯了的周围隔绝，脱离家庭的一切天然纽带，进入一个特殊的教育共同体（如青年之家），苦行禁欲，身体的震撼、折磨和摧残等——以整

---

① ［德］马克斯·韦伯著，林荣远译：《经济与社会》（下），商务印书馆1998年版，第483页。

体唤醒沉睡的魅力，最后再将个人根据其魅力性质与大小分门别类地分配到各自所对应的魅力体现者群体。原始的魅力教育之所以采取这样一些“非凡”形式，就是因为人们并不知道如何才能获得魅力，甚至在根本上觉得魅力本身就是神乎其神的东西，只可能以这样一种方式唤醒。这是一种典型的神秘主义的发展观，认为人的发展肯定存在某种隐秘，这种隐秘也是客观存在（包括一种超自然的存在），但就是不知道其中的真相，因而只得求助于种种极端方式。

这一发展观本身已意识到人的发展的某种客观性，一切人为努力也都只是试图将这一内在潜力发挥到极致，而不是在人本身所预设的发展轨道之外再造某种神迹。个人的最终命运，也就是进入自己注定可能归属的那样一个魅力体现者群体。但魅力概念依然具有很强的主观性，无法经受严格的验证，只是因为其神秘、非凡、令人着迷而倍受尊崇。魅力经常像段誉的“六脉神剑”① 时有时无，似乎并不稳定地属于个人。“巫者舞”，意即他们只有借助某种舞蹈，才能进入通灵或迷狂状态。此外，魅力被认为直接来自个人的机缘巧合或降神附体，与父母或家族的血统或生理特征无关，因而不能在亲子之间传递，魅力型领导无法在家族内部传承。所以魅力虽然有其客观面，说到底神乎其神，不可捉摸。

（二）理性视野中遗传的位置

随着人类经验的增长、社会组织的理性化和老年人的地位越来越高，对魅力的看法也在逐渐变化。原来神乎其神的东西，现在慢慢变得可以捉摸，可以通过理性的方式把握，或者可以用别的方式替代，结果使知识经验或世俗秩序的地位更高。这就是祛魅，也是魅力的庸常化。某种意义的专业训练和身份认同由此代替了人格的整体再生，教育越来越建立在理性的基础之上，尽管这种理性未必采取我们熟知的现代形式。对此，韦伯也有精辟论述。

> 一旦魅力的能力变成为一种业务的品质，这种品质可以通过某种手段转让授予，开始是通过纯粹魔法的手段，那么这就已经走上了这样的道路，即魅力的能力从一种对其占有只能由试验和验证的、但是不能告诉和学会的恩

① “六脉神剑”出自金庸的武侠小说《天龙八部》，乃大理段氏的最高武学，段誉用起来时灵时不灵。

> 赐，变为某些原则上可以得到的东西。这样一来，魅力的能力就变为教育的可能的课题。①

理性主义的人的发展观由此应运而生。其基本特征，就是强调人的发展有其客观依据，而教育必须与之相适应。当然，人的发展的理性化乃是一个漫长过程，其中依然存在一些分别。遗传决定论的出现，就是其中关键的一步。在柏拉图的《理想国》中，已可以清晰地看到遗传决定论的最初版本。马克思就曾说，柏拉图的理想国只是埃及的种姓制度在雅典的理想化。② 按照柏拉图的设想，在理想的国家里，存在着神用不同的东西造出来的三种人，即护国者（爱智者/哲学家）、辅助者（爱胜者/军人）和劳动者（爱利者/农民、手工业者、生意人）。护国者是国家的最高统治者，是神用金子造成的，具有最高的美德——“智慧”，其灵魂中理性部分最强。辅助者是国家秩序的维持者和国土的保卫者，是神用银子造成的，具有“勇敢”的美德，其意志在灵魂中占主要成分。手工业者、农民和生意人是护国者和辅助者的供养者，是神用铜铁造成的，情感在他们的灵魂中占主要部分，关键是具有“节制”的美德。至于奴隶，则只是会说话的工具，不属于上述任何一种人。而“正义”则是每个等级都应具备的美德，它要求每一个人都享有属于自己的东西，做自己分内的事情。③ 在教育上，柏拉图认为，“儿童是否受到同辈人的欢迎，并且善于与人相处，并不是重要的事，他是否按照他先天的潜力真心地成熟起来，才是重要的事。”④ 在这种遗传决定论之下，人的发展虽依然神秘，但已逐渐可以捉摸，因而相较于神秘主义立场，也算一种进步。

推动人的发展理性化的除了这种先天禀赋论，还有那样一种经常与之并存的复杂的宗法秩序，其中还掺杂着种种禁忌观念。但人的发展由此越来越成为一种“自然”过程，个人依其年龄性别、家庭背景、社会阶层的不同，被分配到各自的

---

① ［德］马克斯·韦伯著，林荣远译：《经济与社会》（下），商务印书馆1998年版，第483页。

② ［德］卡尔·马克思：《资本论》（第1卷）（1867），见中共中央马克思恩格斯列宁斯大林著作编译局编译：《马克思恩格斯全集》（第44卷），人民出版社2001年版，第424页。

③ 有关三种质地的灵魂的说明，参见《理想国》第3卷；有关智慧、勇敢、节制、正义四种美德的论述，参见《理想国》第4卷；“爱智者”“爱胜者”“爱利者”的说法，参见《理想国》第9卷。具体参见［古希腊］柏拉图著，郭斌和、张竹明译：《理想国》，商务印书馆1995年版，第128～129、144～156、366～368页。

④ 转引自陈友松著：《当代西方教育哲学》，教育科学出版社1982年版，第41页。

发展轨道，分别承担不同的社会责任，“无谓的”抗争从一开始就不被提倡。随着哲学的突破结出硕果，道统出现，传统经典的地位登峰造极，掌握了经典的个人与群体获得了身份上的优势，礼制的束缚也会相应弱化。但传统的身份秩序依然延续了上千年的时间。这种带有强烈宗法色彩的“血统论”在“文化大革命”之中还再一次泛滥，说什么“老子英雄儿好汉，老子狗熊儿混蛋”，又说什么“龙生龙，凤生凤，老鼠生儿打地洞”。此时，不是个人的遗传素质决定着他们的现实发展，而是高低贵贱各不同的革命血统支配着一切。然而，由于道统的影响，如强调人定胜天、人皆可以为尧舜等，在这样一种身份秩序中，除了外在的社会结构所铺就的一种客观的发展轨道，个人天资、机缘与努力俨然成为个人发展的重要依靠。因此，发展一方面是进入既定的社会秩序的过程，另一方面又是自求自得和自我磨炼的过程。但学习的过程，主要还是凭借自身素质与努力适应既定的社会外在秩序，而不是创造一种自主的新生活。

近现代学校中，人的发展过程的黑箱被部分揭开，机械主义的人的发展概念开始大行其道。自求自得和自我磨炼的发展过程被教师主导的教育教学活动所取代，教师的教育教学则以适应人的身心发展规律为根本。至此，人的发展的自然属性越来越受到关注。首先是顺序性。身体的发展总是被认为遵循着某种固定的顺序，如从混沌、未分化的胚胎状态经分化到组织化、等级化（形成中枢组织），或者如躯体的生长从头到躯干再到四肢，动作的发展则是从大动作到精细动作。心理的发展也被认为有其顺序，如从直接借助动作来思考，到可以借助感觉或表象来思考，最后到借助于概念来思考等。其次是阶段性。某个年龄阶段的人所表现出的那样一些一般的、典型的、本质的身心特征，被称为年龄特征。与阶段性密切相关的，是儿童早期发展中的关键年龄（或临界年龄、敏感期、印刻期），即儿童最容易接受外部影响的年龄。如人们认为2～3岁是儿童学习口头语言的关键期，4～5岁是儿童学习书面语言的关键期。由于承认人的发展的顺序性和阶段性，认为发展本身具有某种非连续性也就顺理成章了。再次是不均衡性。如生殖系统出生后很长时间都几乎没什么发展，但一到了青春期就突然爆发。人的肢体在0～2岁却发展得特别快，简直就是“见风长”，到青春期又有一个突飞猛进的发展。人的淋巴系统从出生之后就一直往上冲，但到了12岁以后就慢慢地下降了。神经系统在我们入学的时候实际上就已经差不多发展到90%，此后基本上也就定型了。当然也有人从相反的方面强调人本身的整体性，认为人的身心发展诸方面存在着固定的联系，与理性主义的人的发展观也是内在契合的。

但机械主义视野中的人的发展说到底还有另一面。由于强调证据，要真正揭示发展的普遍趋势或规律，还真是一件勉为其难的事情。直到现在，国人还在为如何表述人的身心发展的规律伤脑筋。一方面，人的身心发展的规律（实际上是普遍趋势）确实有迹可循；但另一方面，单纯强调那些方面又不足以总揽全局。无奈之下，人们想到了辩证法，想到了对立面的相互统一，于是试图以“×××与×××相统一”的方式来表述，如“稳定性与可变性相统一”“整体性与不均衡性相统一”“连续性与非连续性相统一”。但人们认可的身心发展特点之间难以完全这样配对，结果表述的逻辑总不能一以贯之。我自己直到2012年还在将人的身心发展的特征归结为五组：能动性与受动性、顺序性与阶段性、整体性与不均衡性、稳定性与可变性、连续性与非连续性，但“顺序性与阶段性”一组的表述逻辑与其他四组显然不一致。将人的身心发展的规律表述成这种模棱两可的样子，也已失去“规律”的本来意义。然而正是在这里，我们发现了人的身心发展的自然过程中某些可与主观性共存的方面，包括人的身心发展的可变性、个别差异性和可塑性，显示出机械发展观本身包含着某种自我突破的因素，给人的自主发展找到了一个巨大空间，让我们可以全新的眼光看待这个世界。夸美纽斯从一开始就看到了人的发展的巨大潜力，因而充满信心地说：

> 头脑的能力是如此无限，在感觉的过程中，它好像无底的深渊。身体的活动局限于小范围之内，声音可以达到更广阔的范围，视力只受苍穹覆盖的限制，而头脑，在天上、天外，都没有固定的边界，它可以上升到天之上，也可以下降到地之下，甚至达到比天地更广阔千万倍的地方，因为它能以令人难以置信的速度穿过天空。难道我们可以否认它能了解并领悟万物吗？①

因此，强调人的发展的客观性并不必定意味着某种遗传决定论。说到底，这只是一种现象描述而不是一种因果解释。但近现代的遗传决定论却经常依附于这

① ［捷克］扬·阿姆斯·夸美纽斯著，任钟印译：《大教学论·教学法解析》，人民教育出版社2006年版，第41页。

样一些方面。它不像此前那样强调家族、种族或血统的力量，而是强调遗传素质在人的发展中的决定性地位。英国生物学家达尔文的《物种起源》（1859）及其“物竞天择，适者生存”的观念，也在很大程度上巩固了由来已久的自然观念。1883年，德国动物学家魏斯曼（Weismann，1834—1914）认为，生物体由于环境影响或器官用废所造成的变化只表现于“体质”上，而与“种质”无关，进一步否定了法国博物学家拉马克（Jean-Baptiste Lamarck，1744—1829）的获得性遗传学说。达尔文的表弟高尔顿（Francis Galton，1822—1911）更是相信先天因素在形成人的特征与人类文明中的压倒一切的优势，并因此而希望发展出一种有助于人种改良的优生学。美国心理学家霍尔（Granville Stanley Hall，1844—1924）也认为“一两的遗传胜过一吨的教育”。有遗传决定论倾向的还有种子论、预成论或内发论，认为我们一切的能力都像种子一样预先就已经准备好了，所有的东西都只是内在的基因、内在的个性、内在的潜能的展开。还有成熟论，认为人的发展取决于遗传素质的成熟。总之，近现代的遗传决定论都强调人的发展过程关系到一系列的变异、专门化或渐进的组织，而这一切都是由遗传物质的发展、成熟或变异带来的。甚至遗传决定论者认为人的发展总有一定的方向，这一方向也是预定的，个人说到底也只是一个自然的生命体。这好像人的发展的整个框架都是由遗传素质决定的，现实的生活与教育只是在此框架上添置具体内容。

当前的教育制度竭力将优秀学生鉴别出来，致力于揭示人们智力上的细微差别，为对学生能力进行甄别，不惜延缓或压制学生其他方面的发展，在某种意义上其实也蕴含着一种遗传决定论。为了让学生在考试中争胜，在分数上增加一分一厘，师生都花费了太多的时间，做了那么多的作业或习题，却对自己的历史典故、文化传统、审美趣味所知甚少。许多学生不但言辞笨拙，脸上的表情也越来越单一，心中的梦想也越来越势利。这种教育还有什么实际意义呢？当然，这种遗传决定论不像此前那样认为人的发展是由遗传决定的，教育不适应人的身心发展就不能成功，而是认为教育如果不适应人的发展就不公平。就像柏拉图强调不同灵魂的人应各安其位一样，这种遗传决定论认为只有让“自然贵族”或内在禀赋的不平等取代“身份贵族”或由主观、社会或外部因素导致的不平等，社会才能真正建立在公平的基础之上。[①] 很多人就这样为教育中的应试体制辩护：如果没有高考，我们拿什么拼过富二代或官二代？由于把注意的焦点放在儿童本身的能力展现之上，尤其是放在对不同能力儿童的鉴别之上，一些更有意义的学习活动因此被束之高阁。这种教育体系虽也能对学生有效鉴别，但浪费了儿童太多的才能。一个更优的教育体系完全可以不将自身建立在这样一种准确无误的择优录取体系的基础之上，而是建立在学生充分、自由发展的基础之上。

进一步说，假设有一种教育体系，能将个人能力做最清晰的排序，而另一种教育体系虽不能这样鉴别出个人的隐秘特征，但能使每个人得到比前一种教育体系更充分自由的发展，那么后者必定优于前者。前一种教育体系类似于我们今天的“应试教育”。在这里，我们学习有限的知识，并试图凭借这有限的知识，将优秀学生鉴别出来。为此我们在考试上挖空心思，用信度防范投机取巧，用效度确保课程权威，用难度确保对学生的区分，不达目的绝不罢休。这样，虽有导致高分低能之虞，但筛选出来的，应当还都是学生中的佼佼者。但一旦我们将能力鉴别作为首要目标，人才培养就被限制在非常狭小的领域，教育教学则必定堕落为考试的预备。尽管它最终挑选出来的精英，可能更接近人们天性本身的那样一种能力排序，但这样一种单一尺度上的天性排序又有什么意义呢？或者说这样一种偏狭意义上的“绝对公平”，又真的能让人心服口服？除了让我们完全被自己臆想出来的这样一种绝对公平观捆住手脚，牺牲所有人的青春，我们还能有什么真正的建树？在那种开放式的教育实践中，最终脱颖而出的，可能并不符合前述按照封闭知识体系而展开的精耕细作式的教育教学最终显现的那种能力排序，但每个人都得到了解脱，新的能力形式得到尊重，相互之间的包容成为共识，多元化的发展取代了原来那种锱铢必较的实践，“千军万马齐过独木桥”式的死掐让位于“八仙过海各显其能”的自我呈现，人与人之间的能力区分不再清晰，嫉妒心得到缓解，社会本身的等级组织日益扁平化，岂不是更好的人生？

2013年我们在博士生招生中开始实施的申请审核制，在某种意义上就是这样一种开放性实践。实施之前有各种质疑和担忧，其中一种就是怎么确保最优秀的人才脱颖而出。其实说到底，究竟谁最优秀，这是无法确证的事情，或者至少是

---

① ［美］丹尼尔·贝尔：《英才治国与平等》，见张人杰主编：《国外教育社会学基本文选》，华东师范大学出版社1989年版，第244页。

需要付出惨重代价的事情。我们此前就为此付出了惨重的代价，学生被我们限制在有限的学习领域，不但视野极窄，而且缺乏“打破砂锅问到底”的精神。现在看来，我们其实并不需要把天资最优秀的人才挑选出来，只需要把好读书、爱思考、淡泊明志、耐得住寂寞、有性格、不是很社会化而又充满好奇心的那一部分人鉴别出来。当然单纯通过资料和面试，要完全做到这一点也不可能。但一定要形成一种新的学风，引导学生将注意力从对应试的准备转向对问题的思考、对文献的长期阅读以及对学习与研究本身的着迷。申请审核制的这一意义，类似于今后大家可能需要的推荐信。推荐信也不能真的对学生的能力性情做最好的甄别，但为什么要推荐信？因为它也能转移人们的注意力，引导人们关注师生关系的重建，并让更多的人参与到社会诚信体系的建设。总是将注意力局限于某种封闭的知识是无效的，学习这些知识不需要这样一种顶礼膜拜的态度，学会这些知识不需要我们这样封闭。学习本身也应当成为一种乐趣而不是苦差事。将更多的时间转向其他有意义的生活与学习，可以提高必修课程学习本身的成效与乐趣。

（三）被物化的环境与教育影响

当然，理性主义的人的发展观所倚重的不仅仅是人本身的自然。社会如果是稳定的，人的发展也会相对稳定。生活如果本身是阶段性的，人的发展也会呈现出相应的阶段。教育的内容、形式与节奏如果是相对固定的，人的发展也会相对固定。凯洛夫（N. A. Kaipov，1893—1978）强调：“凡是在科学上还有争议和未经确定的一切东西，都应由学科中摒除；包括在学科以内的只是已经过确定的和已无争议的东西。”① 这样当然也会导致大家身处同一个世界。在座的都是90后了吧？（学生：是……）难怪我老觉得现在学生已经不一样了。有的时候感觉打扮不一样，有的时候感觉整个面貌都不一样。这些不一样，说实话有时候令我恐惧：这帮学生我该如何教啊，我都不理解他们，甚至自己都不如他们！但日子一久又发现，还是和自己没隔阂，还是很单纯，虽然看起来很前卫，但跟自己还是有共识的，这才找回一点点做老师的信心。以前大家老觉得80后是“垮掉的一代”，甚至每一个世代都说下一个世代是“垮掉的一代”。等真正深入接触到他们之后，

① ［苏］伊·安·凯洛夫主编，沈颖、南致善等译：《教育学》（全1册），人民教育出版社1953年版，第99页。

又觉得他们其实不过类似年轻时的自己。汶川地震后，社会甚至突然明白，年轻一代不但没有垮，还有了自己所没有的公共性。每代人对于自己的下一代都不太了解，总容易被他们的表象所迷惑。而且每一个人都很脆弱，看到一个穿得比自己好、长得比自己好、表现得比自己好的学生，都容易觉得他已经和自己不一样了。但真正内在的东西可能还是稳定的，这种稳定性既基于“人同此心，心同此理”①，也基于我们生活于其中的这个世界本身。

理性视野下的环境和教育，通常都被理解成外在于人自身的客观物质力量。它们原本是事不是物，但现在显然被物化，与人本身的态度意向无关，只是被看成人的发展的外部源泉、约束框架和推动力，适应的只是人本身的自然。教育的好坏则被认为取决于其对人本身的自然的适应，而不是教育者与学习者之间的互动结构。教育与人的身心发展的关系，由此被压缩成教育与人本身的自然的关系。教育的自然适应性原则，由此成为教育实践的主导性原则。近现代大部分的教育理论，由此都与理性主义甚至某种形式的遗传决定论发生了实质性关联。虽然未必采取遗传决定论通常所呈现的那种宿命论形式，但都将人本身的自然当作教育的根基。这与对人本身的理解息息相关。说到底，人作为一个完整的整体，在这里只是在自然之物的意义上被接纳的。人本身的需要、动机、兴趣、信念、理想、意见、癖好与权利，皆被当成纯主观之物抛诸脑后。学生因为被认为缺乏有关个人成长的知识而被置于被动地位，教师成了教学过程的主体。师生关系由此蜕变成工作关系，对事不对人成为教育的核心原则，也成为师生交往的主导性原则。教育实践过程由此成为一种教育与被教育、改造与被改造的过程。环境与教育被认为在人的发展中起主导作用，只要能与人的身心发展相适应。2012年，北京师范大学提出要建世界一流大学，我们教育学部提出要建世界一流教育学科，但思路也是先了解世界一流是一个什么样子，然后我们就照着做，跟这如出一辙。

当然，强调教育与人的发展相适应，并不必定意味着教育在其中扮演至关重要的角色。卢梭在这个问题上就非常矛盾。一方面，他强调自然发展，这样一来，外部的干预其实是需要加以避免的。另一方面，在他看来，现实的社会生活不断在违背自然发展之理，因此教育最终还是非常关键的。不过其发挥作用的方式基

---

①《孟子·告子上》：“口之于味也，有同耆焉；耳之于声也，有同听焉；目之于色也，有同美焉。至于心，独无所同然乎？心之所同然者何也？谓理也，义也。”

本上是消极的，即维护自然的环境，避免人为的破坏。但在别的时候，人被理解成诸种潜在可能性的集合而不是完整的生命体，因而其发展被认为主要靠社会环境与教育而不是自然。而教育因为其目的性、计划性、系统性、组织性与科学性，经常被理解成一种特殊的环境，这时它就会被认为在人的发展中起主导作用。但这样强调教育的主导作用，其实也是与认可自然秩序的支配地位一脉相承的。我们的教育学一直忽略了遗传决定论与“教育主导论”之间的关联，以为它们分属完全不同的理论阵营。其实彼此有着内在的一致，后者说到底只是前者的翻版，依赖的是一套更为精致与隐蔽的遗传决定论。这样强调教育的意义无须排斥任何外部环境的变化。事实上，持理性主义立场的人几乎都承认，人的发展在不同历史时代、不同社会制度、不同生活环境的儿童之间都会有所变化。只要这种变化被认为是有规律的，这种规律又只有那些有理性能力的人才能真正把握，理性主义的人的发展观就能与环境与教育本身的社会历史性共存。

在理性主义的人的发展观中，除了那种强调人本身的内在秩序的作用或意义的遗传决定论，以及那种强调环境与教育只有适应人的身心发展规律才能在其中起主导作用的理论，经常见到的还有那种强调环境或教育的决定性作用的环境决定论或者教育万能论。“染于苍则苍，染于黄则黄”，或者说“蓬生麻中，不扶自直”，就是这样一种思想的体现。在这里，先天素质当然不是无关紧要的，但至少对大多数人是无须担心的。洛克就认为先天的东西其实只是一块白板，认识主要还是基于经验。[①] 18世纪法国的唯物主义者爱尔维修（Claude Adrien Helvétius，1715—1771）等，也都强调“人是环境的产物”。但在他们看来，社会环境与政治法律的不完善，又是人的错误思想观念造成的。因而最终他们从强调环境因素转向强调理性因素，即所谓“意见统治世界”。这当然不是夸大人的主观能动性，而是一种单纯强调少数人生存意志的“唯意志论”或“英雄史观”。由此可见环境决定论或教育万能论中根深蒂固的理性主义立场。马克思就讲，旧的唯物主义认为人是环境和教育的产物，又认为改变了的人是改变了的环境和教育的产物，最终只得把社会分成两部分，其中一部分必然凌驾于另一部分之上。[②] 这种倾向在旧

① ［英］约翰·洛克著，关文运译：《人类理解论》（上），商务印书馆1983年版，第6～67页。

② ［德］卡尔·马克思：《关于费尔巴哈的提纲》（1845年初稿，1888年经恩格斯修订），见中共中央马克思恩格斯列宁斯大林著作编译局编译：《马克思恩格斯选集》（第1卷），人民出版社1995年版，第59页。

行为主义者华生（John Broadus Watson，1878—1958）那里也特别典型，他非常强调反应对刺激的直接依赖。正是从这种立场出发，华生宣称：

> 给我一打健康的婴儿，并在我自己设定的特殊环境中养育他们，那么我愿意担保，可以随便挑选其中一个婴儿，把他训练成为我所选定的任何一种专家——医生、律师、艺术家、小偷，而不管他的才能、嗜好、倾向、能力、天资和他祖先的种族（如何）。①

无论遗传决定论还是环境决定论或教育万能论，都片面夸大了某一个因素的影响。前面提到的教育主导论也是片面的，虽然已经考虑到了多个因素的综合影响，但它仍是片面、孤立、静止地看待影响人的发展的各因素之间的关系。今天，人们已普遍认识到，以单因单果的方式看待发展乃是一种明显的机械决定论倾向，因而倾向于认同多因素的综合作用。但如果认为每一个因素都有它独特的地位与作用，各个因素之间都森严壁垒、互不关联，或者它们都只是作为客观的因素存在，那么这种辐合决定论（包括前面所说的教育主导论）仍是片面的。一般地讲遗传素质是人身心发展的物质前提，为人的身心发展提供可能性，其成熟制约人的身心发展过程及阶段，其差异影响人的个别差异，也没有什么问题。一般地讲环境是约束人的发展的外部条件与约束框架，教育是影响人的发展的主导因素，也没有什么大问题。但如果我们认为每一个因素的作用都是超情境的，都可以脱离其他因素而存在，都不以其他因素为转移，尤其都超越于个人自身的态度与意向，只取决于它自身发育或适切程度，这就大有问题。因为这样一来，就把各因素之间的相互约束与相互建构，尤其是把这样一些看起来客观的因素与人本身内在的那样一种主观维度之间的关系简单化了。

最后，当我们这样将人的发展过程理解为一种基于内外秩序或规律的理性过程，备受关注的就只能是人的身心发展两个方面。其中，身体的发展经常续分为三个方面。第一个就是机体的正常发育，主要指机体按照内在的规则如遗传密码的指令在器官、结构与机能方面所发生的那种非经验的变化。第二个是体质的增

---

① [美] 约翰·布鲁德斯·华生著，李维译：《行为主义》，浙江教育出版社 1998 年版，第 95 页。

强，体质可以理解成身体的质量，主要是强调我们适应内外环境与抵抗疾病的能力。第三个是运动技能的发展。2012 年，在我们师门的毕业聚会上，来了一个舞蹈系的同学。天啊，那个身体跟我们完全不是同一个性质的东西。（学生哄堂大笑）仿佛每一个眼神、每一个指尖，都能够说话。运动技能的发展是身体发展与心理发展交界的地方。在理性主义的视野中，所有这些方面的发展都被认为高度依赖于遗传素质及其成熟程度，以及教育与身体发展规律相契合的程度。心理的发展也经常被续分为三个方面（当然还有其他的分法）。第一个方面是认知的发展，其中表象、观念、信仰、知识、技能等方面是心理内容方面，而感觉、知觉、记忆、想象、思维这些东西属于心理过程或心理形式方面。第二个方面是意向发展，主要是情感和意志，还有个性倾向性——如需要、动机、兴趣、信念、理想与世界观——的发展。第三个方面是人格发展，亦即自我意识的形成、自我结构的完善。有的时候人格的发展没有单列，主要是顾及人格发展与意向发展尤其是个性倾向性之间的关联。但事实上，人格可被理解成某种深藏在个性倾向性之后的深层结构，所以单独把它提出来给予关注也可以接受。在这里，无论意向还是人格，都被认为是人的发展自然的结果，而不是发展过程实际的支配性要素。因此，人的发展的社会性方面与机制，在理性主义视野中几乎完全视而不见。

三、　人的发展的能动机制

（一）个人本性之中的能动性

事实上，规律不是需要我们照着做的东西，而是在发挥自身主动性的条件下我们最终会与之契合的东西。规律就这样存在于我们主动参与的活动之中，合乎教育规律的行动就是能动的教育行动，这也是我们所说的“天道酬勤”与西方所说的“天助自助者”的意义所在。当我们说教育是基于善意的心理影响的时候，其实也已经认识到，学生本身乃是一种“意向关联项”（Noema），只有善意地对待他，才能更好地发挥教育的作用。说到底，这个世界究竟向我们显现哪一面，取决于我们的意向态度。就像我们现在学的这个教育学，如果你爱它，投入进去，或者如果你再也没有其他的路可走，必须以此为生，你最终都会觉得，学它还真是不错。我们身边的同学也是这样，他们到底向我们呈现哪一面，并非完全取决于他/她在客观上是一个什么样的人。“君子有三变：望之俨然，即之也温，听其言也厉。”① 世界的模样，就这样取决于我们凝视它的目光。

但在理性主义视野中，人的身心发展总是被作为一种客观现象甚至自然现象来理解，影响人的发展的诸因素也都被认为是独立而客观的。当然，对所有理性主义的人的发展概念而言，对规律的强调本身，都意味着对人自身能力的张扬。只是在卢梭那里，这种人为的干预是打着“遵循自然”“自然教育”的幌子进行的。但无论如何，受到张扬的不是发展者本身，而是那些据说拥有高贵血统或掌握了身心发展规律的人。理性主义发展观的错误，就在于把人的发展问题归结为可以根据客观标准加以判定的科学问题。这样将人的发展界定为一种自然发展过程或因果过程，个人本身的能动性就只能被限定在非常狭小的范围，社会必定因此而被割裂成几个不同的部分，其中各部分居于不同的等级阶梯之上。当然，与科学相关的理性发展观只能造成一些信奉机械发展的小岛，能让这种发展观成为一种普遍的意识形态的，是需要这种发展观的权力意志。现代国家教育制度正是这种机械发展观盛行的现实基础。在这里，科学本身成了一种可任意支配的工具，不断超出自身的能力界限并躲避来自科学本身的裁量。正因为国家对教育的控制会助长理性主义的人的发展观，哈耶克强调：

> 在教育领域中，对自由的最大威胁可能来自于心理技术的发展，因为这些心理技术可以赋予人们以某种前所未有的能力，以蓄意地型塑人们的心智；毋庸讳言，这个问题在教育领域要比它在其他任何领域都严重得多。……有人认为，如果我们能够通过教育而型构并生产出为人们普遍认为需要的各种类型的人（the human types），则将是一项有益之举；实际上，这种观点绝非是无疑不争的。因此，在我们看来，教育领域中的重大问题，或许很快就会转变成一个如何防止人们滥用其已确实拥有的能力的问题，而且尤其值得我们注意的是，这种能力的运用，对于那些认为一种受控制的结果必定要优于那种失控的结果的人来讲，恰恰具有最大的诱惑力。事实上，我们很快就能发现，真正能够解决这个问题的方案乃在于：政府不再充当教育的主要管理

①《论语·子张》。

者和提供者，而应当成为个人的公正保护者以防阻一切滥用此类新近发现的能力的做法。①

哈耶克的《自由秩序原理》(1960) 值得所有的人去看，其中有一章专谈“教育与研究”，写得非常好。哈耶克的高明之处在于他并不寄希望于科学本身的发展，而是努力营造一种能真正促进科学发展的开放环境。传统教育思想的根本特征，则是直接推动教育的科学化，同时强调教师、官员和教育专家在教育过程乃至教育发展中的作用。而在对待学生方面，则只是强调其受教育权而不是教育自主权，强调教育者有违背学生的主观意愿、单纯按学生“自身发展规律”强行施教的权力。结果，从这种善意出发的教育导致了对学生的普遍强制，并且在教育者内部也造成了一种基于能力级差的等级区分。② 新的发展观只有承认个人乃至组织有悬置自身发展的“客观规律”而根据自己的主观意愿行事的权利，才能摆脱理性主义的人的发展观的束缚。不承认这种权利，那些自认为掌握了身心发展规律的人就有足够的机会剥夺别人的自由。

但要真正把发展的主动权交到人本身，还需要我们对个人本性之中的能动性有最基本的信任。人一生下来是不是就有各种能力的萌芽？这个问题长期困扰着我们，在历史上也有各种各样的答案。在古代中国，孔子和孟子就比较倾向于承认这一点。孔子说：“生而知之者，上也；学而知之者，次也；困而学之，又其次也；困而不学，民斯为下矣。”③ 孟子更是明确认为：“恻隐之心，人皆有之；羞恶之心，人皆有之；恭敬之心，人皆有之；是非之心，人皆有之。恻隐之心，仁也；羞恶之心，义也；恭敬之心，礼也；是非之心，智也。仁义礼智非由外铄我也，我固有之也，弗思耳矣。”④ 在古希腊，柏拉图也认为人本来是有各种理念的，只是灵魂与肉体的痛苦结合使人们失去了关于天国或理念世界的那样一种记

---

① [英] 冯·哈耶克著，邓正来译：《自由秩序原理》(下)，生活·读书·新知三联书店 1997 年版，第 165 页。

② 康永久著：《教育制度的生成与革命——新制度教育学论纲》，教育科学出版社 2003 年版，第 415 页。

③《论语·季氏》。

④《孟子·告子上》。

忆，而学习就是对理念世界的回忆。[①] 亚里士多德一开始就觉得人是有灵魂的。当然人不但有人的灵魂，还有植物的灵魂和动物的灵魂，所以我们既有灵魂又有肉体，既有理智也有情感。[②] 此外，人在天性上还是一个“政治动物”，需要且只能生活在城邦，有天生的主人与奴隶之分。[③]

总的来说，在思想发展早期，人们还是相信我们其实是有一套东西的，这一套东西有时与遗传决定论结合在一起，如在柏拉图与亚里士多德那里；有时与其他形式的理性主义发展观结合在一起，如在孔子那里；有时则与某种先验自我结合在一起，近代的笛卡儿就这样认为。对笛卡儿来说，一切其他的东西都可以不承认，但是你至少要承认，只要你还在不断地思考，还在探究问题的真相，你就能够确认一个先验自我的存在，即所谓“我思故我在”。也就是说，你可以怀疑一切，但不能够怀疑自身。始终有一个作为主体的“我”挡在所有思维和经验的前头。而正是因为有这样一个确凿无疑的自我，我们才能够最终认识这个世界的真理。[④]

洛克强调人的心灵只是一块白板，上面没有任何记号和观念，人们的知识全部来自于经验——不是通过我们的感官来自对外部世界的经验，就是通过内省来自我们自己的精神生活的经验。但洛克也不是完全、彻底的经验论。如果仔细去看他的东西，还是能感觉到他为其他的东西留下了一些缺口，如认可“实体”的概念，这种实体不能通过经验把握，只能借助于理性推断。[⑤] 无论如何，白板好歹也是一块板，好歹还是一块白板，而不是一个完全粗糙的东西，如孔子说的“朽木不可雕也”的“朽木”，更不是“粪土之墙不可杇也”的“粪土之墙”。[⑥] 至少它是可以很方便地书写的。这个板子也不可以完完全全由着别人来乱涂乱画。

---

① 柏拉图在苏格拉底“产婆术”的基础上，提出了这样一种“回忆说”（anamnesis）。在《美诺篇》中，柏拉图以一个童奴为例，说明几何学与数学知识是人心中固有的，辩难可以激起他的回忆。在《斐多篇》中，柏拉图进一步发展了这一理解。参见张法琨选编：《古希腊教育论著选》，人民教育出版社1994年版，第242～250页。

② 亚里士多德对灵魂的分析，主要参见其《论灵魂》《自然诸短篇》《尼各马可伦理学》《后分析篇》《论动物运动》诸篇，尤其是《论灵魂》《尼各马可伦理学》。

③ ［古希腊］亚里士多德著，颜一、秦典华译：《政治学》，中国人民大学出版社2003年版，第4～10页。

④ ［法］勒奈·笛卡尔著，王太庆译：《谈谈方法》，商务印书馆2000年版，第27页。

⑤ ［英］约翰·洛克著，关文运译：《人类理解论》（上），商务印书馆1983年版，第6～67页。

⑥《论语·公冶长》。

它可能是没有心理内容，但至少有心理形式。“白板说”能把这些都否定吗？事实上，洛克本人也承认心灵本身不是感觉材料的被动接受者。

但自洛克以来，越来越多的人强调所有可靠的知识都来自于经验，不来自于经验的东西，即使有也都不可靠。直到休谟对这样一种经验论泼了一盆冷水：基于归纳的结论绝对不可能是可靠的真理，因为我们的归纳始终不可能是完全的归纳，我们始终不可能对所有的对象都进行归纳。① 未来之物你至少就没见过；过去之物你见得也很少；而今日之物你虽有可能见到过，但如乱花迷眼，又如何能看得真切！“弃我去者，昨日之日不可留；乱我心者，今日之日多烦忧。”② 所以怎么能说知识基于经验？正是根据这一点，休谟提出了自己的怀疑论：我们不可能获得确定的知识，所有看起来确定的知识其实只是基于信仰，或者说，我们的知识并非逻辑上是自洽的。这样一来，不但理性被认为不可靠，经验亦是如此。人类的认识依然面临着一个致命的危机。

康德整个一生都致力于对付休谟提出的这个问题。他最终的办法，还是回到理性，回到那样一套先验范畴。但康德又不是一个纯粹的先验论者。比如说“太阳一晒就发热”，这里的“太阳”“晒”“发热”是我们可以凭经验把握的，但“一……就……”不是，它基于的乃是先验的时间与因果范畴。在康德看来，因果关系不是通过对前后相继现象的观察发现的，而是通过先验范畴（包括时间与空间范畴）揭示的。这就是“人为自然立法”，实际上是用一种特殊的方式，把经验与理性结合起来。纯粹的理论理性，就是借助这样一套先验范畴来把握经验实在，决不能使自身越出经验的界限。③ 在道德生活中，我们用以把握神圣的物自体的道德规则，不是基于这样一种理论理性，而是基于实践理性。根据实践理性，判断什么东西是道德的，不是将理性运用于感性经验，而是确认它是否能够普遍应用。如果你对待别人的方式是道德的，那么别人用这种方式对待你，你也应该非常乐意接受。因此在他看来，必须“这样行动：你意志的准则始终能够同时用作普遍立法的原则”。④ 道德底线由此显现：“决不把这个主体单纯用作手段，若非

---

① ［英］大卫·休谟著，关文运译：《人性论》（上），商务印书馆2004年版，第107页。
② 语出李白的《宣州谢朓楼饯别校书叔云》，参见《李太白全集》，中华书局1977年版，卷一八。
③ ［德］伊曼努尔·康德著，蓝公武译：《纯粹理性批判》，商务印书馆1960年版，第18页。
④ ［德］伊曼努尔·康德著，韩水法译：《实践理性批判》，商务印书馆1999年版，第31页。

同时把它用作目的。”[①] 因此，真正的道德生活，不是基于感性的证据，不是因为喜怒哀乐，而是根据那种能够普遍适用的原则，也就是相互的尊重，尊重对方与我一样也是一个主体，也是目标所在。康德之所以要搞纯粹理性和实践理性批判，就是强调理性超出其适用范围即为越界。就这样，康德一边为理性划界，一边确认了人自身认识与道德主体的地位。

胡塞尔（Edmund Husserl，1859—1938）此后继续在前人的基础上回应“认识是如何可能的”这一根本问题。他从康德的先验范畴论和笛卡儿的“我思故我在”出发，进一步强调先验自我的奠基性作用。在胡塞尔那里，那个能够帮助我们直观这个世界，并确保我们跟这个世界建立起联系的原初意识，说到底乃是一种先验自我。就像张养浩（1270—1329）所说的那样，“诚生爱，爱生智。唯其诚故爱无不周，唯其爱故智无不及。”[②] 要让这个世界真正显现出来，我们必须有一种真诚的态度，主动融入这个世界。因此胡塞尔说：

> 这个客观的世界，这个对我来说存在着的、一直并还将对我存在着的客观世界，这个一直能够伴随着它的一切客体而存在着的客观世界，是从我自身中，从作为先验自我、作为只有借助先验现象学的悬搁才会呈现出来的自我的这个“我”中，获得它每次对“我”所具有的全部意义及其存在效果的。[③]

前面讲的先验的善意，就是这样一种原初自我。尽管它们的作用最不明显，事实上又是最根本、最持久的。就是这种东西帮助我们在这个世界上生存，帮助如此这般的这个世界从我们自身的意向状态中显现出来。我们用透亮的眼睛打量这个世界，就是在用一种最本真的方式显现并重新建构这个世界。这就是“不忘初心，方得始终”的现象学意义。只有当我们的眼睛在生活中慢慢地变得混浊，慢慢地失去了原来的那一抹清澈，我们才慢慢地遗忘了这样一种先验的认识能力、先验的自我或者说先验的善意对于这个世界的意义，忘记了世界本身乃是基于这

---

① ［德］伊曼努尔·康德著，韩水法译：《实践理性批判》，商务印书馆1999年版，第95页。

② 张养浩：《为政忠告·牧民忠告》。

③ ［德］埃德蒙德·胡塞尔著，张廷国译：《笛卡尔式的沉思》，中国城市出版社2002年版，第35页。

样一种原初意识。转而以为所有的东西都是客观的，都需要借助于外物与机巧才能把握。没有想到从原初意识来的东西其实更可靠，只有凭借原初意识才能真正实现本质直观，反而试图通过科学、权力与关系来建构这个世界。当然，他的学生海德格尔（Martin Heidegger，1889—1976）反对将一切还原到这种先验自我，或者说反对还原到“存在者”，而是要求确认存在问题的优先地位，尤其关注人（“此在”）的现实“存在”（“在世存在”），[①] 从而强调某种结构性的影响，对个体的能动性表现出一种悲观论调。但就我们人类已有的认识来说，还是倾向于承认我们从一开始就有各种能力的萌芽，就有各种天性，就有各种先验的范畴，就有各种和世界建立关系的能力，自一开始就是一个值得尊重的能动主体，有理性。哪怕你认为天性乃是一块白板，但它好歹也是一块板，而且还比较白。

马克思没有将人本身的能动性归结为某种原初意识，但他还是意识到，由于人能够将自己同自己的生命活动区别开来，使自己的生命活动本身变成自己意志的和自己意识的对象，因而人的活动说到底乃是一种自由的活动。[②] 这实际上也意味着，人本身有一种能力，帮助自己摆脱直接的肉体需要的控制，看到某种全新的、超出于个人直接的生命活动的普遍意义。这与胡塞尔的观点在某种意义上又是相通的。当然对马克思来说，认识的主体既不是先验的自我，也不是绝对精神，而是能动的实践者，自一开始就处在与外部环境相互作用的过程之中，并没有脱离人的活动或脱离活动的人之类的事情。与之一脉相承的维果茨基（Lev Semenovich Vygotsky，1896—1934）、鲁利亚（Alexander R. Luria，1902—1977）、列昂节夫（Aleksei Nikolaevich Leontiev，1903—1979）等也确认人从一开始就与活动相关联，而活动从一开始就与人类文化历史密切相关，同时也与人自身的活

---

① 参见［德］马丁·海德格尔著，陈嘉映、王庆节译：《存在与时间》（修订译本），生活·读书·新知三联书店 1999 年版，第 10～15 页。或参见［德］马丁·海德格尔著，丁来云译：《现象学之基本问题》，上海译文出版社 2008 年版，第 12～14 页。

② ［德］卡尔·马克思著，中共中央马克思恩格斯列宁斯大林著作编译局译：《1844 年经济学哲学手稿》，人民出版社 2000 年版，第 57 页。

动状态相关。[①] 人的高级心理机能确实是在活动中形成和发展起来并借助语言实现的，而且儿童自一开始也确实不断借助活动来拓展或彰显自我，不断推动着主导活动的转变。但即便胡塞尔所说的纯粹意识也不仅仅只是意识，它本身就有实践性，本身就意味着一种特定的打量与建构世界的方式，本身就有社会性。这种思想在杜威诸人的实用主义哲学中也有充分的体现，因此杜威说："意识在本质上是运动或冲动的，有意识的状态往往在行动中表现自己。"[②] 这已毋庸赘言了。

认清人本身的能动性对于我们重新界定人的发展具有至关重要的意义。客观的规律当然不可否认，但发展本身不是按图索骥，最重要的还是尊重人。人本身是有能力的，本身是有社会性的，本身是能够与别人共享这个世界的。只要相互尊重，我们就能相互沟通，在你我之间就能确认那些能够用作普遍立法的原则。如果能够跟别人有一些共享的视界，从我们到别人的沟通能够比较顺畅，又怎会违背人身心发展的规律？也许刚开始我们并不了解对方的特征，但只要我们对对方心怀尊重，彼此之间就可展开持续的对话，我们与身心发展课题之间也能展开这种对话。这样，我们的特征最终就都能借助对话在对方心中显现出来，"合目的性"（培养能动的实践者）最终就能与"合规律性"统一起来。而新的人的发展概念的核心，就在于将人本身理解为能动的主体，将人的发展过程理解为一种能动的实践过程，理解成一种个人与环境之间的持续对话过程。这就是建构主义视野中的人的发展概念。它承认我们每个人都参与了自己的发展，每个人都是自己的引路人，而且是最好的引路人，发展在根本意义上是不可由别人替代的活动过程，只有自己才是这一过程的真正主体。

国内这种教育概念在叶澜的早期相关理解中多少已经表达过了。叶澜特别强调："个体的发展是一个生命力不断涌动、消长，与外界环境不断相互作用，从而

---

① 维果茨基开创了社会文化—历史学派，认为人的高级心理功能并不是人自身所固有的，而是在与周围人的交往过程中产生和发展起来的，是受人类的文化历史所制约的。鲁宾斯坦（Sergei L. Rubinstein，1889—1960）和列昂节夫在此基础上提出了主导活动的思想。在主导活动思想的指导下，艾利康宁（Daniil V. Elkonin，1904—1985）和达维多夫（Vasily V. Davydov，1930—1998）提出了六种活动类型：刚开始存在的只是一种直观的、情绪性的交往。不久，个体就开始抓握实物。然后是游戏活动，自此，活动的社会性增强了。然后是学习活动，即有组织的学习。到青春期以后，社会交往活动又增加了。最后是职业学习。

② ［美］约翰·杜威：《我的教育信条》，见［美］约翰·杜威著，赵祥麟、任钟印、吴志宏译：《学校与社会·明日之学校》，人民教育出版社1994年版，第12页。

使人生不断建构，不断推陈出新，显出无比丰富与斑斓变幻的景象（的过程），是一个令人神往的过程。”① 看到这样一段文字，你们大概能猜出叶老师是男是女了（学生：女）。真的是很浪漫、很特别的一个老太太，生命与实践是她教育理想的核心概念。我曾经陪她一起游过小三峡，她一到景点就自己玩，不理别人，到处拣石头，（学生大笑）每次都拣一堆鹅卵石回家。而且她精力特旺盛，做事情特有激情，个性也特强。她强调人的发展的全面性、整体性、顺序性、阶段性、普遍性、个别差异性与全程性，又强调“个体生命实践活动对人发展的决定性影响及其高度综合性”②，而且特别强调“主体对活动的自主程度”在人的发展中的意义。③当然，发展的自然约束、社会约束与个人自主之间的关系，在这里还没有得到精细的处理，华丽的辞藻在某种意义上也可能会影响到思想，容易让人联想到卢梭的那样一种浪漫主义。但我们还是能够真切地感受到她对人自身的主体性的偏爱，她的教育主张也是这样——让课堂充满生命的活力。④

（二）社会性发展及其意义

值得注意的是，个人自身的能动性和社会性是紧紧地连在一起的。我们在强调先验的善意的时候，最终谈到的也就是教育的社会性。因为先验的善意为的也是和他人结成一种联合生活方式，能够相互尊重与开放，致力的也是生活的重建。而强调个人自身的能动性，最终也要落实到社会性上。因为一旦你要强调人的能动性，那就要尊重人。而你一尊重人，你和别人的关系就重建了。看起来只是一种心理化的表述，其实都蕴含着某种社会意味。整个教育，看起来是单个教师对学生的一种善意的心理影响，实际上也都建立在社会的基础之上。前面我们也已经指出，每个人都是一个社会性的存在，我们并未单纯被局限于肉体的边界之内。每一个个体的周围都有一套社会支持系统，这一系统是我们自身的一部分，也是我们可以跟别人共享的部分。一个亲人的离去就像是我们自己的生命在流逝，朋友的不理解也可能影响到自我的本体性安全。因此，一旦个人被群体孤立或驱逐，或者被当作透明的空气，或者被宣称就是一个“死人”（尽管他事实上还活在大家身边），这个人就可能面临灭顶之灾。正因为如此，人类学家斯特劳斯认为，体格

①②③ 叶澜著：《教育概论》，人民教育出版社 1991 年版，第 190、215、217 页。
④ 叶澜：《让课堂焕发出生命活力》，载《教育研究》1997 年第 9 期。

的健全抵挡不住人的社会性的瓦解。①

总之，我们不是孤立的个体，在最根本的意义上每个人都是一个小社会。说一个人是一种社会存在，在其最真切的意义上，其实也就是说他是一种能动的实践者，能够在自己的周围建构出某种社会关系结构，而不是说他是一只粘在社会之网上的飞蛾。人当然是受社会制约的，但这世上又有什么东西不受社会制约呢？若无能动性，说人是社会的动物又何以能显现人的独特性？我们在本性上就渴望过一种社会性的生活，渴望追寻意义，我们的一切努力都跟社会关系的建构密不可分。图 3-1 是我 2011 年画的一幅画，就是在课堂上画的。我觉得画得还不错，就把它拍了下来。它的意思是说，每个人都是一个小宇宙，都深深地镶嵌在周围的环境之中。（学生窃窃私语：相亲……）别光想那些事啊，是“镶嵌”（板书）。每一个人都生活在自己的世界，都带着自己的记忆，带着自己的传统，带着自己的人际关系，带着令自己和亲朋魂牵梦绕的那样一些东西来到了我们这个世界。很多缄默的、连自己也看不见的东西，其实是我们自身的一部分。那些东西如果受到刺激，就会深深地激励我们，甚至会深深地刺痛我们。而沟通就是在自己的

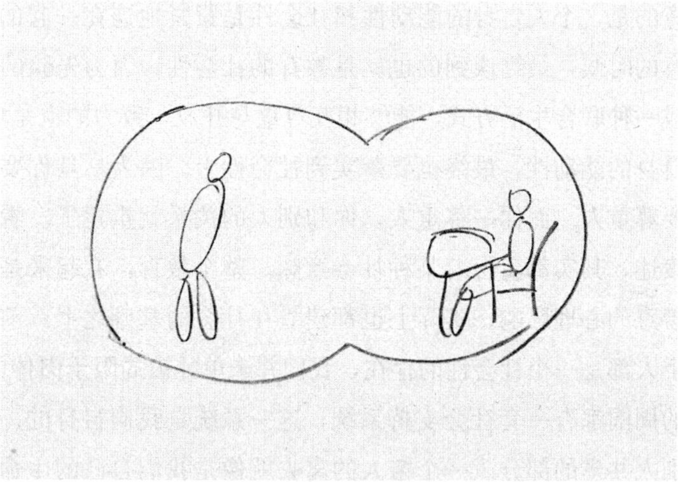

图 3-1　教育沟通过程中不同世界的对接

① 参见［法］克洛德·列维-斯特劳斯著，陆晓禾、黄锡光等译：《结构人类学——巫术·宗教·艺术·神话》，文化艺术出版社 1989 年版，第 2 页；［法］克洛德·列维—斯特劳斯著，张祖建译：《结构人类学》（Ⅰ），中国人民大学出版社 2006 年版，第 153 页。

世界上打开一个窗口，使别人的那个世界跟我们这个世界产生交集，与对方构建一种新型的关系，说到底也就是两个世界的对接，是两颗心的相互开放。世界就这样因自我呈现而与我共现。个体的社会性就是个体本身具有的这样一种融入别人世界的能力，就是这样一种随身携带的共享情境，就是这样一些默会共识，就是这样一种向世界敞开心扉的意愿，也就是我们愿意向世界开放的心灵领域，最终也意味着我们与别人一起建构的那样一种社会关系结构。

强调人的发展的建构性，实际上是强调人的社会性发展在其中的基础性地位。一个人基于个人奋斗，凭着个人奋斗中脆弱的社会联系，也能走到北师大。但如果学习不能使自己变得可爱，改善自己与他人的关系，个人也很容易消沉或孤立。2012 年，我们曾碰到过一件事情：一个同学学了 5～6 年的教育学，还被男朋友瞧不起自己的专业，她也不是很自信。我就说，学一个东西，自己不能够全身心地投入，不能用一个很诚挚的态度去爱它，自己都不能够乐在其中，又怎么能得到别人的理解与支持？（学生：这种爱究竟是怎么产生的？是说一见面就会爱它，还是我想通了以后才可能爱上它？知识还没学会怎么能够领略到它的魅力？）前面我们讲，诚生爱，爱生智。当时有同学就说，爱也不一定生智，父母爱小孩，也经常强迫他们干不情愿的事。但这个爱不是由诚而生的纯朴之爱。当然，“诚生爱”也意味着，我们对教育学的爱可能不是自一开始就有的。但只要我们投入、真诚，敞开怀抱拥抱它，这种爱自然就能够产生。这个爱说到底基于诚，基于先验自我，基于自我呈现。知识本身的魅力说到底也不是存在于结论之中，而是存在于探索之中。甚至没有纯粹的知识本身，它总依存于教学法，因而它本身的魅力取决于我们如何展现它。① 而探索的态度，这是我们自一开始就可以拥有的东西。所以我特别喜欢有同学在自传中说的一句话：“北师大，我来了就要爱上你！”我以前也跟那位同学讲过自我呈现，当时她压力很大，就说：“老师，学习好的人不一定就是一个自我呈现的人，感觉老师也不是很关注我，但我自己也就这么学过来了”。我说，“是就这么学过来了，也学到了很多东西，但最后惹上一种焦虑，一种厌烦，一种不自信，这到底是怎么回事？难道真的跟这样一种意向状态无关？如果真正投入进去，而不只是得过且过、冷眼旁观，难道不能有一种完全不同的

---

① 康永久主编：《绿色教育的实践立场：现场中的理论研究》，北京师范大学出版社 2014 年版，第 415～416 页。

自我状态？要真正学到东西，你就得爱上它，否则就很难感染别人，很难让别人尊重、理解和支持你，也很难让知识为我们增添魅力。”

（学生：我就想问一下，怎么才能说服男朋友，让他知道这个东西是有意义的?）看来我们现在就面临这样一个问题了。（学生笑）不需要说服，如果你乐在其中就不需要说服。刚好我还有一个学生，成天乐滋滋的，就觉得教育学这个东西特好。男朋友也被她感染了，一点也不干预她学教育学，只是盼着能和她早点结婚。可见要使自己有魅力，就不能跟自己的学习相分离，更不能成天抱怨。首先要有自尊，对自己的东西要敝帚自珍，然后才可能有尊严。如果一个东西自己都瞧不起，要让别人瞧得起那是很难的。而自己要瞧得起这件事情，确确实实需要我们投入，要能够学出意义来，每一次课都应当有一个哲学的突破，能够领略到另一个世界的美。学了半天还由得别人在你面前撒野，尤其还是男朋友，我觉得就是自己的不对了，你早就应该把他降服，至少早就应该向他发出最后通牒了。我曾经想写一本书，叫《迷恋自我的教育学》。连自己对自己的东西都不喜欢的话，你是没办法让别人迷恋自己的。而自己可爱的一个前提，就是有自己的内在活力或能动性，有能够乐颠颠地沉浸到事物之中的这样一种心态。当然这个过程中会有怀疑，有动摇，但是不管怎么样，你都要有一个信念，只要认真学，教育学怎么可能没意义呢？教育学比心理学早，比社会学早，社会学很大一块就是从教育学分化出来的，心理学整个都是从教育学分化出来的，这么多人要受教育，那么多问题存在，学教育学怎么可能没意义，只是我们自己没能乐在其中。

当然，要爱上教育学也需要一种能力。我自己真正爱上教育学，还是博士论文写出来之后，尤其是来到北京师范大学之后。这时候真正感受到了这门学科的内在魅力。但此前也没有特别在意自己学的只是教育学，别人的不理解对我来说只是一种成长的刺激。2012年，我们到北京石景山区银河小学做了一期活动，主题是“绿色教育与新教师成长”。新教师的成长过程是“蜗牛背着那重重的壳呀，一步一步地往上爬”，还是孔子所说的“绘事后素”①？当然是绘事后素！先要有天生丽质，然后再慢慢加以文饰。② 等到你们在这个学科中真正取得了成就，当

① 《论语·八佾》。

② 康永久主编：《绿色教育的实践立场：现场中的理论研究》，北京师范大学出版社2014年版，第383、402～406、411～412页。

然会完完全全爱上它，个人的魅力也真的能够很好地散发出来。但现在，教育学事实上已经成了你们自身的一部分，几乎从一开始，我们就已经制度化了，已经社会化了，已经跟这个学科融为一体了。真要善待自己，从一开始就要把这个东西学好，不能允许别人说我们教育学的坏话。如果你真心不能够接纳它，把它看作身上的一个脓肿，想要尽快地把它去除，那也可以。但对于大部分人来说，教育学已经是大家自身的一部分了，这个时候就需要特别郑重地对待它。为什么大多数企业都短命，但大学都很长寿？因为它有一批忠诚的客户。大学为什么会有一批忠诚的客户？那是因为它在每一个人身上都盖了一个章。而我们在你们身上盖的那个章，就叫"北京师范大学教育学专业学生专用章"。这个时候再说教育学不好，那就意味着自己不好。因此，不是特别偏激的人就都会慢慢地接受它，并且慢慢地试图让它变成自己身上一个光彩夺目的部分。

这种社会性发展当然跟心理发展有关，但不能完全等同，因为它们的着眼点根本不同。社会性发展虽然最终会在心理结果上有所体现，但它在根本上超出我们自身心理的界限而延伸至诸社会生活领域，而且跟发展的机制有关。这种社会性发展主要包括如下几个方面。(1) 主流价值的分享。为什么大家能走到这一步？当然是因为你们的学业通过了社会的选拔，但关键是大家自一开始就对学校价值有一种深切的认同，而那些鄙薄学校教育的同学早就被抛掷到社会了。(2) 默会共识的积淀。我们之间也有一些共享知识或默契，我讲到某个人的时候你们也能够想到他/她，甚至我隐晦地说到他/她的时候你们都能会心一笑。而人生中最幸福的事情也莫过于，当你偷偷地看向他/她的时候，他/她也正在偷偷地望着你。(3) 社会关系的丰富。也就是个人与其认识、交往或实践对象之间关系的全面生成。[①] 马克思就曾认为："人的本质不是单个人所固有的抽象物，在其现实性上，它是一切社会关系的总和。"[②] 纯粹的功利性关联很难持续。(4) 互动结构的改进。是我们只能够听命于别人，还是彼此能够坦诚相待、真诚相对，也在很大程度上影响到个人自身的境遇。(5) 个人自主性的增强。从某种意义上说，有自主

---

① 丁学良：《马克思的"人的全面发展观"概览》，载《中国社会科学》1983 年第 3 期。

② [德] 卡尔·马克思：《关于费尔巴哈的提纲》(1845 年初稿，1888 年经恩格斯修订)，见中共中央马克思恩格斯列宁斯大林著作编译局编译：《马克思恩格斯选集》(第 1 卷)，人民出版社 1995 年版，第 60 页。

权利比有自主能力更关键。[①] 当代教育学却一直将某种“和事物直接接触的学习方法”，当成教学改革的根本方向，这根本就是买椟还珠。杜威就曾指出：

> 只是到了最近，人们才认识到人类的联合生活对形成智力的和道德的倾向具有居支配地位的影响。甚至到现在，通常还是把这种影响从属于和事物直接接触的学习方法，只是当作关于人的知识来补充关于物质世界的知识。[②]

这样一种观点将有助于我们进一步理解人的创造性。2012 年，我爱人班上搞了一次期中总结，其中有一个男生提到如何培养自己的创造性。他不愿意按照老师教的那套东西做，甚至老师的课也懒得听，特立独行，而且特别关注方法，想把知识与生活关联起来。有一次，他解决了一个问题，给家里设计了一个手机信号放大器，特别开心，觉得自己终于摸到创造的门槛。但我说实话，特别害怕他沉迷于其中。当时我就想，到底什么是创造性？如果所有的人都有能动性，从一开始就有个性，从一开始就是一个能动的主体，能够改变这个世界，创造性从根本上来说就是一种天性。我们能够把老师的一堂课听出味道来，把老师上得不好的那些地方扭转过来，通过我们自己的参与，把老师不放光彩的那双眼睛变得流光溢彩，能够在一个日常的活动、生活或学习中找到意义，其实就有创造性。如果非得要跟别人不一样，或者总觉得要做出跟别人不一样的东西才叫有创造性，手头上的事情又不认真去做，或者在自己还没有认真做之前就判断自己没有创造性，很可能就走偏了。这中间有很多值得我们去思考的东西。我们有的时候就不干正事，不认真听课，也不认真看书，老是觉得有什么特别的方法，想找到学习的诀窍或灵丹妙药。方法说到底只是方法，只能处于一种从属地位，不可能用特定的方法来引导一个人的学习。把方法跟学习的内容割裂起来，这种方法就有危险性。事实上当我们为那些身外之物所困扰的时候，差不多就已经开始走下坡路了。而当心一旦静下来，专注于学习的时候，学习就变成一件很容易的事情。

如果考虑到人本身就有社会性，我们还将得出一些惊人的结论。人们经常觉

---

① 康永久、吴航：《主体性教育思想的冲突与走向》，载《教育研究与实验》2000 年第 4 期。

② ［美］约翰·杜威著，王承绪译：《民主主义与教育》，人民教育出版社 2001 年版，第 40 页。

得，人的社会性是在后天慢慢形成的，是社会生活和教育使我们慢慢地成为一个社会人，而我们刚生下来的时候还是一个自然人，这种自然人只是具有可教性（educability，也称作可塑性），并不具有教育性。按照这种理解，人从天性上就是一种可以被塑造、可以被教育的物种，教育就是把一个人从自然人转变为一个社会人。但现在我们发现，这样一种理解其实是有问题的。《圣经》早就讲孩子是父母的圣物。既然如此，那它当然自一开始就能够涤净我们的心灵，帮助我们实现跟天地万物的沟通。涂尔干也觉得人从一出生就有两个方面：一是个体存在，二是社会存在。作为一个社会存在，我们在利己之中又利他。这样一种对别人的先天依赖，是我们道德教育的一个根基。① 杜威也认为，“儿童需要成人经常继续不断的养护，也许就是把暂时的同居变为永久婚姻的一个主要原因。”② 我们则说，人一开始有社会性，一开始就试图跟别人建立关系，一开始就试图拥抱这个世界，一开始就有那种先验的善意，所以人一开始就是一个教育的动物。这是我们对人理解方面最重要的一个结论。既然是这样，人的发展就不是从自然人成长为社会人，而是从一种先验的社会人成长为一种情境镶嵌的社会人。

2010 年，我们曾讨论过一个问题，就是大学生自杀。有人说，现在的大学生动不动就一哭二闹三上吊，搞得老师都不敢管，大学要是没有这些大学生就好了。但把这些东西都归咎于学生是不对的，因为学生的生命中有一部分是与教师连在一起的，或者说师生之间有一部分是共享的。所以当学生的你有了那个念头，作为教师的我又劝不回来的时候，问题不仅仅在于你这个人“哀莫大于心死”，已经失去了前进或生存的勇气。我为什么对你来说一点价值都没有，你对我怎么一点留恋都没有，我跟你说那么多推心置腹的话，你怎么竟然一句都听不进去？显然这意味着社会关系系统出现了问题。又有人说：“我家那个弟弟天天上网，瘾特大，怎么办？怎么去帮他？为什么骂也骂了，打也打了，就是不起作用？真的是稀牛屎糊不上壁啊”！但这种东西不起作用不仅说明弟弟出问题了，作为哥哥/姐姐的你肯定也出问题了。你的话竟然对弟弟不起作用，你的关心竟然不会感染到弟弟，这说明你与弟弟的整个社会联系都出了问题。问题不仅仅出在弟弟有网瘾，

---

① ［法］爱弥尔·涂尔干著，陈光金、沈杰、朱谐汉译：《道德教育》，上海人民出版社 2001 年版，第 56～100 页。

② ［美］约翰·杜威著，王承绪译：《民主主义与教育》，人民教育出版社 2001 年版，第 53 页。

还出在你有其他的瘾，以至根本没有关心或关注到弟弟，或者根本就在用一种凌驾于他之上的方式关注弟弟、漠视弟弟、娇宠弟弟、纵容弟弟。结果弟弟就认为，你既然对我很娇宠，我就可以利用你对我的娇宠，我就任性，我就不听你的。此时作为哥哥/姐姐的你再跟在弟弟屁股后面指手画脚，只会使他更加与你疏离。这样一来，建构主义的人的发展观最终要求的，依然是杜威所说的那句话："教师不是简单地从事于训练一个人，而是从事于适当的社会生活的形成。"①

（三）社会环境与教育的再定位

建构主义的人的发展观不但将个人本性之中的能动性置于核心地位，将人的能动性与发展过程的社会互动与建构性质也进行了无缝对接，并因此将个人的社会性发展看作其身心发展的根基。这一切都与对社会环境与教育的新理解有关。理性主义视角下，环境总被看成是外在于个体自身的纯客观的物质条件，是否符合人的身心发展的客观需要是衡量环境的教育意义的绝对尺度。在杜威的视野中，社会环境被赋予了特别重要的意义，一种比个人直接接触外物的活动更重要的地位。② 而且这种社会环境被看成是一种活的东西，看成是由千千万万的人的活动所构成的复合体。这一行动的复合体不是单纯从外向内改造个体，而是与个人本性及其自主行动本身有着内在的关联，在个体行动的过程中时时刻刻建构他们行为的和情感的倾向。③环境与个体——而不仅仅是个体本身的自然——之间相互关联的性质被提到至高无上的地位。这是一种全新意义上的环境概念，一种从活动与关系的视角被重新审视的环境概念。在《民主主义与教育》中，杜威就这样从活动的角度来理解环境，最终把人与环境统一了起来。

> "环境""生活条件"这些词，不仅表示围绕个体的周围事物，还表示周围事物和个体自己的主动趋势的特殊的连续性。④
>
> 环境包括促成或阻碍、刺激或抑制生物的特有的活动的各种条件。……

---

① ［美］约翰·杜威：《我的教育信条》，见［美］约翰·杜威著，赵祥麟、任钟印、吴志宏译：《学校与社会·明日之学校》，人民教育出版社1994年版，第7页。

②③④ ［美］约翰·杜威著，王承绪译：《民主主义与教育》，人民教育出版社2001年版，第40、22、17页。

正因为生活不仅仅意味着消极的存在（假如有这样的东西），而是一种行动的方式，环境或生活条件进入这种活动成为一个起着支持作用或挫败作用的条件。①

一个和别人有联系的人，如果不考虑别人的活动，就不能完成他自己的活动。因为，这些活动是实现他的各种趋势的不可缺少的条件。②

这样一来，在我们与真正意义上的环境之间，就没有绝对的界限。这绝对不是说个人直接为环境所决定，以至在个人与环境之间再也找不到什么区分，人本身已经完全被环境所控制。而是说，环境的根本意义是为个体的自主发展提供空间，阻断教育者对学习过程的直接干预。因此对环境的看重不仅符合我们的自然或客观需要，而且符合我们具体的、活生生的主观意愿。这样，原来存在的个人与环境的对立，就从新的角度被解除。说到底，环境本身乃是一种独立而以人为本的力量，只有非生物才是和它的周围事物直接连在一起的。③使个人受制于那种僵化、物化、不符合人性需要的社会环境，就是重构一种等级秩序，在根本上否定环境的独特作用。那种与个人自身相背离的人为实践，只能被看作机械的破坏性力量，成为我们改造或抵制的对象。环境的影响要能真正与人的发展相一致，个人与社会环境之间就应存在某种相互响应的机制，而不是将环境直接控制在个人的股掌之间，或者借助环境将个人控制在自己的股掌之间。

对环境的这一突破性理解最终影响到了教育，杜威由此特别区分了训练和教育。被训练者（如马或小孩）只关注自己的目的（如食物），因为自己的这种目的而不得不按训练者要求的方式行动，他们与训练者不是共同行动中志同道合的伙伴，对活动的成功不会和训练者一样看重，从而分享他们的思想和感情。④在真正的教育中，学习者不仅以教育者要求的方式行动，而且愿意与教育者一道促成教育的成功，并在彼此之间激起与分享某种共同的思想和感情。可见，社会环境或教育的价值，就在于它能“激起某些看得见和摸得着的行动方式”，并最终“使个人成为联合活动的共同参加者或伙伴，使他感到活动的成功就是他的成功，活动的失败就是他的失败”。⑤杜威不是将教育理解成脱离社会而单个地发生的，不是

①②③④⑤［美］约翰·杜威著，王承绪译：《民主主义与教育》，人民教育出版社2001年版，第17、18、17、19、20页。

将教育理解成单纯由教育者实施的，也不是将教育过程理解成完全受理论或理性知识支配的，也没有将教育单纯局限在学校的范围之内，也没有将儿童的成长与某种终极的目的连在一起。杜威是在强调环境的教育作用，要求教育必须通过环境起作用，反对对儿童的直接支配；强调学生经验的持续不断的改造，要求学生参与共同的文化，反对给学生灌输一套知识、规范与性情；强调学校生活本身的社会组织及教育与社会生活的联系，反对将人的发展过程局限在一种纯人工的环境之内。正是这种理解导致杜威强调社会环境的教育性与学校环境的社会性，从而将儿童的发展置于一种人性化的结构性力量的可靠基础之上。

> 成人有意识地控制未成熟者所受教育的唯一方法，是控制他们的环境。①有意识的教育就是一种特别选择的环境。②
>
> 教育并不是一件"告诉"和被告知的事情，而是一个主动的和建设性的过程，这个原理几乎在理论上无人不承认，而在实践中又无人不违反。③
>
> 基本的控制存在于儿童参与的情境的性质。……这种社会控制是间接的，或是属于情感的和理智的；不是直接的或个人的。而且这种控制是内在于一个人的倾向的，不是外在的，也不是强迫的。教育的任务就在于通过兴趣和理解的认同达到这种内在的控制。④

叶澜也曾敏锐地发现：学校不但是特殊的环境，也是包含着特殊个体与特殊环境的特殊综合性活动，是在一种宽广的社会文化背景下引导学生积极建构自我的过程。⑤ 而杜威的突破，就是看到了环境的活动性质与儿童在环境中的主体地位。就我们此时此刻上课的情况而言，好像是我在教你们，其实我只是试图在干扰你们的小宇宙，只是试图干扰你们内在的自我。因此，教育确实是一个主动建构的过程，最终的一切都取决于我们彼此之间关系的建构。如果这种关系建构得好，我讲的东西即便再难再晦涩，你们也能坚持，而且能主动参与意义的建构。至少会用眼神或整个体态在沉默中说话，让我改变或坚持自己的节奏与表述。

---

①②③④ ［美］约翰·杜威著，王承绪译：《民主主义与教育》，人民教育出版社 2001 年版，第 25、45、46、47～48 页。

⑤ 叶澜：《论影响人发展的诸因素及其与发展主体的动态关系》，载《中国社会科学》1986 年第 3 期。

2011年的一个周四，我们内部例会读了帕尔默的《教学勇气：漫步教师心灵》，其中有一个案例我觉得讲得特好。帕尔默说，他曾经听一个人讲课，什么技巧都没有，就是讲自己的东西，充满热情。他当时没有听懂，跟你们现在的情况非常相似。但是他深深地被那个人迷住了，就像面对心灵的导师。由此他突然明白，教学其实主要是心灵的沟通。我们可以想象这样一个场景，鼓槌一槌槌到了鼓面上，“砰”地发出一声声响。这一槌不是要给鼓增添一些色彩，画一些花纹，配一个架子，再将它摆到一个好地方，就是一槌子敲上去，结果发生了共鸣。自我的呈现而不是外在的技巧促成了内在的沟通。就像我们的教学，你看向我的那双亮晶晶的眼睛改变了你的环境，你完全忘了自己的学生身份而喷薄而出的笑声改变了我的教学。就像巴西教育学家弗莱雷所说的那样，“说出一个真正的词，就意味着改造世界。”① 你们这些人就是课堂上的苏格拉底，使我原来“空空如也”的脑袋好像也能不断分泌知识。一提出一个真正的问题，你们就改变了自己的学习环境，哲学就真的变成了一种生活方式。②

发展就是个体在与环境的一种整体性、动态性的互动关系中进行的，就是对经验、环境和互动结构持续不断的改造。首先，人的发展以人对世界的自我呈现和世界对人的显现为根基。当我们向世界呈现因而世界向我们显现的时候，我们跟世界就接通了。小孩最具有这种能力，他从一开始就能拥抱整个世界，不对这个世界的任一部分轻易排斥，因而很快就能和身边的人建立起社会关系。经验就在我们向世界敞开并与之相互拥抱的情况下涌现，我们就在与世界的这样一种持续不断的关联结构中发展，环境也因此而变得与我们自身一致起来。看起来是以语言为基础的沟通促成了这种变化，其实语言作为世界的替代物在人的发展中的意义依赖于关系结构与默会共识。当我们的心灵向这个世界敞开以至这个世界也向我们敞开的时候，语言才能够真正发挥沟通作用；当我所讲的东西你们能够领悟而且愿意领悟的时候，语言才能起沟通作用。所以波兰尼说得好：“所有的知识

---

① ［巴西］保罗·弗莱雷著，顾建新等译：《被压迫者教育学》，华东师范大学出版社2001年版，第37页。

② 参见康永久：《教育中的三个世界：兼论教育再生产机制及其突破的可能性》，见北京师范大学教育学部编：《“教育公平与质量”论文集》（Ⅲ），北京师范大学—伦敦大学教育学院第四届国际教育研讨会，2012年，第228～264页。

要么是缄默的，要么根源于缄默认识之中。”① 现实生活中人的发展与环境的一致，就在于我们与环境之间的这一些内在关联。大部分的学校教育之所以能对人的发展有真切的影响，也是因为这种学校教育本身基于环境，基于我们的生活经验和缄默共识。就是在这一过程中我们向他人敞开，他人也一样向我们敞开，心灵就此沟通，默会共识与语言就此起作用。否则，再精致的语言都不足以传达思想，反而招致忌恨。认识就这样根源于社会关系结构。

教育的理想，就是创造一种人与人之间良性互动的关系结构。看起来只是在你我之间建立某种联系，其实这种关系的建立都是以参与环境的建立与维护为核心的。就像我们的教育学专业，就为我们的教学提供了一个真正能直面事情本身的环境。在这个环境中，看起来是我用这张嘴在教你们，其实不是这张嘴，而是那颗心，或者是那两颗心，或者说是无数颗心在碰撞。只有这样一个专业环境，才能营造一种“心心相印”的教学情境。但这一专业环境本身又是需要精心维护的。所以我要尽心尽力地工作，要有面向事物本身的勇气，否则就会有负大家的期待。在这样一个教学情境中，关键的不仅仅是我告诉了你们什么。或者更严格地说，我告诉你们什么，不仅仅意味着我自身学问的多寡，还意味着我对待学问与大家的态度。现实的情况可能是，我们彼此之间通过建立一种信任，建立起了这样一种相互认同，最终建立起了某种内在经验的分享。正是这样的一些东西使我们沟通，由此你们才能够真正理解我所讲的一些东西。因此我们说，对于教育而言，关键是在教育者和学习者之间建立起一个共享的情境，一套共同的文化，一种能够促成心灵沟通的氛围。就课堂教学或其他师生互动实践来说，关键的乃是主体性的建构，是心理环境的营造，是相互认同或默会共识的实现，是共享价值的形成，是真正融为一体的那种感觉。就整个学校生活来说，关键的是整个学校生活的多样化与民主化，使我们有更广泛的自由，有更开阔的视野，建构更丰富多彩的社会关联。整个的发展过程，就是在这种相互关联、相互建构的过程之中得到实现的。人的发展的这样一种社会建构性质，已经深深地影响到了教师的专业定位。帕尔默就曾认为：

---

① [英] 迈克尔·波拉尼：《缄默的认识》，见瞿葆奎主编，施良方、唐晓杰选编：《教育学文集·智育》，人民教育出版社 1993 年版，第 137 页。

不好的老师把自己置身于他正在教的科目之外——在此过程中，也远离了学生。而好老师则在生活中将自己、教学科目和学生联合起来。

好的老师具有联合能力。他们能够将自己、所教学科和他们的学生编织成复杂的联系网，以便学生能够学会去编织一个他们自己的世界。这些编织者用的方法不尽相同：讲授法，苏格拉底式的对话，实验室试验，协作解决问题，有创造性的小发明。好老师形成的联合不在于他们的方法，而在于他们的心灵——这里的心灵是取它古代的含义，是人类自身中整合智能、情感、精神和意志的所在。

当优秀教师把他们和学生与学科结合在一起编织生活时，那么他们的心灵就是织布机，针线在这里牵引，力在这里绷紧，线梭子在这里转动，从而生活的方方面面被精密地编织伸展。毫不奇怪，教学牵动着教师的心，打开教师的心，甚至伤了教师的心——越热爱教学的老师，可能就越伤心！教学的勇气就在于有勇气保持心灵的开放，即使力不从心仍然能够坚持，那样，教师、学生和学科才能被编织到学习和生活所需要的共同体结构中。①

2013年，有同学曾在给我的邮件中对这样一种关系思维提出质疑，说怎么这样在乎别人的看法，最关键的应当是自身的内在兴趣。环境对自己的激励与鼓动，也就是联合体对自己的影响，最终还是要通过个人自身领悟并接受，形成类似于兴趣的激励机制。所以内部的兴趣应当比外部的鼓励更加直接，更加重要。当然她也认识到，没有人支持的东西肯定是很难坚持的，包括兴趣。但至少可以说，在被多数人认可的广泛领域，兴趣比激励重要。内部的兴趣当然比外部的激励更重要，但事实上当我们对事情本身感兴趣的同时，我们就已经与之建立了一种联合生活，而且借此与真正的教育者建立了一种联合生活，因为我们的目的与教育的目的已根本一致了。当我们强调呈现自我并因此而显现这个世界，从而构建一种联合生活的时候，也不是要求大家看别人的脸色行事，或是与教育者保持一种频繁的互动，而是要求形成一种基于志同道合的默契。或者更具体地说，形成一种对事物本身的专注，一种坦诚相待的真诚态度。因此，对联合生活的看重不是

① [美] 帕克·帕尔默著，吴国珍、余巍等译：《教学勇气：漫步教师心灵》，华东师范大学出版社2005年版，第11页。

强调外部兴趣，而是对事物本身的兴趣。而与事物直接接触不一定就有这种内部兴趣，在多数人认可的领域也未必就有师生的联合生活。我们个人奋斗时，也经常基于某种内在的兴趣。但这种兴趣因为总与他人相疏离，经常就缺了某种强有力的支持。此时，我们的学习只是建立在出人头地的基础之上，当然只能养成一种偏狭的个性，不但不利于社会的重建，也必定不利于个人社会生活的形成。

总之，建构主义的人的发展观发展了一套对环境与教育的新理解。首先，我们原来认为彼此分离、独立平行的那样一些影响因素，如遗传、环境、教育、个体能动性或实践，现在认为是相互交织、相互联系、相互建构的。尤其关键的是，环境本身具有活动或互动的性质，世界因自我呈现而与我共现。其次，人的发展主要基于人与环境的互动，而且说到底，在这个世界生活，就是凭借着我们自己与这个世界的关系结构实现的。所以我们才有可能说，教育要么是由环境进行的，要么是借助于环境进行的。老师的话之所以能够影响我们，就是因为它能够影响到我们身边的这样一个小环境，能够影响到我们周围的这样一个小世界，能够扰动我们的心情，能够跟我们建立起内在的联系。这样，强调环境的作用，就是释放对个体自主性与能动性的信任。最后，教育的理想就是改变人与环境的这种互动结构，所学的一切都要有助于自我的成长。而创造一个良性互动的关系结构，其关键就是向世界敞开自我，促使这个世界向我显现。个人必须打开自己这个世界的窗户，才能凭此与别的世界沟通。老师也是这样，必须首先敞开自己的心扉，才有可能真正进入学生的心田。语言要能够被别人理解而且别人愿意去理解，才真的能够成为语言，才真的具有表征的作用。

四、儿童的命运与现实处境

（一）原始泛灵论的儿童观

像我们今天这样，将儿童理解成能动的意义建构者，并不是一件自然而然的事情。最初的儿童观，主要是一种泛灵论的儿童观。我们就此总结了以下几点。

首先，儿童是最容易受到控制的脆弱生命。人是万物之灵，但在初民社会中，我们的“灵魂”好像不是很强大，经常受到别的“幽灵”的侵扰，它们动不动就“勾了我们的魂”，以致我们对这个世界充满了恐惧。儿童的情况更甚。对于那种和风细雨、润物细无声的大哥哥、大姐姐，他可能恨不得爬到他们头上。但一碰到不可控之物，他不但充满恐惧，而且经常特别敏感，特别容易感受到各种神灵的影响，也特别容易为各种阴魂所困扰。这种情况一直延续到现在。我们小时候，小孩的名字还是起得怪怪的：这个叫“小牛”，那个叫“小狗”或“小马”……还有的把小男孩叫“老伢子”；而小女孩呢，明明不丑，偏要叫“丑妹子”。这样叫的意图，就是希望名越贱的人命越硬，越能明哲保身，经得起折腾。就像那些小草，“离恨恰如春草，更行更远还生”。而那些被精心护理的鲜花，则经常“风流总被雨打风吹去”。因为儿童很脆弱，对于他们来说，关键就是确保其灵魂的健全。儿童在受到惊吓后，大人就从儿童被吓到的地方开始喊：“×××，回来吃饭啦!”边喊边往家走。家里面的人就在那里回应：“回来了啊!”我的老家湖南那里最简单的收魂仪式就是这么做的。这个东西对小孩有很强的暗示作用。

其次，儿童是不具备成人资格甚至人的资格的人。初民社会中，儿童只有到一定的阶段我们才说他成“人”了，只有到一定的时候我们才给他成人资格，才给他举行成人仪式，发展的最主要目的就是要使他成人。而要成人，在个体生命中的所有重大时刻，都要安排一系列的生命礼仪（rites of passage，也称通过仪式或过渡仪式），代表着我们成功度过人生的一些重要关卡。出生、成人、结婚、怀孕、分娩、死亡、季节转换、地域过渡、人群离合等标志地位变化的事件，往往都会以过渡礼仪来加以标识。① 如出生三天有一个礼仪叫“洗三”，母子都要出来跟大家见面。周岁时有“抓周”，人们认为从小孩抓取的东西（如纸笔、玩具、粉饼等）中可以看出其性情取向。男孩通常 7 岁的时候面临着外出学习的挑战，满 20 岁时举办冠礼，即加冠，之后可以娶妻。女子则是在满 15 岁举办笄（jī）礼，也有在满 16 岁时举办，及笄之后可以嫁人。如果是公室或皇室，这个年纪可以再提前，春秋时有 12 岁就加冠的例子。现在很多的高中也都喜欢搞成人礼，想让大家清楚自己对社会的责任。但对个人来说，成人礼也有其特别的意义：原来对于未成年人不开放的那些秘密现在可以不受“十八禁”的限制。于是女孩就开始打扮，穿上吊带裙、大网袜，再配上“恨天高”，结果走得出去却走不回来。第二天，教室里一片沉寂，一种怅然若失的感觉弥漫全场。当然也不可能全无收获，

① ［法］阿诺尔德·范热内普著，张举文译：《过渡礼仪》，商务印书馆 2010 年版，第 5～6 页。

自此，他们至少在法律上可以享有成人的某些特权。但对初民社会的“儿童”来说，成人礼不仅使他们获得某种成人身份，而且真正使他们获得人的身份。

最后，儿童是通灵的存在，是预言家和警世者，或者是妖言的生产者与传播者。前者因为童言无忌，因而经常说破天机；后者，因为他们本身容易受邪灵的侵蚀。[①] 俗话说，“茄子不开虚花，小孩不说空话。”在原始的泛灵论观念中，儿童不但不说空话，他们本身还被认为通灵，说的没头没脑的话还会“一语成谶”，即所谓“口开元气散，舌动是非生”，既可以传递预言警讯，又可能传播乃至生产妖言。陈胜吴广起义之前，就试图利用这一点，借鱼腹泄露“大楚兴，陈胜王”的“天机”，吸引小孩子们到处传唱。他们经常唱这些东西，真有点像预言家、警世者或妖言的传播者。当然有时也像是宣传队，到处传播所谓的“正能量”。这些东西大人经常不敢乱唱或不愿唱，小孩火气旺，不知道有个“怕”字。王充（27—约97）就讲：

> 天地之气为妖者，太阳之气也。妖与毒同，气中伤人者谓之毒，气变化者谓之妖。世谓童谣，荧惑使之，彼言有所见也。荧惑火星，火有毒荧。故当荧惑守宿，国有祸败。火气恍惚，故妖象存亡。……《鸿范》五行二曰火，五事二曰言。言、火同气，故童谣、诗歌为妖言。言出文成，故世有文书之怪。世谓童子为阳，故妖言出于小童。[②]

暗示儿童是警示者、预言家的，在中国历史上还有个很重要的典故：“月将升，日将浸；檿弧箕服，实亡周国。”[③] 月亮将升上高空，太阳将掉到水里，那个售卖山桑木弓和箕草箭袋的人，就将是导致周室灭亡的人。这是《国语·郑语》中的记载，可说是现存最早的童谣之一。月是阴，日是阳。月升日浸，暗示女祸将至。周宣王听说之后，立即下令捕杀市场中售卖山桑木弓和箕草箭袋的一对夫妇。这对夫妇在逃亡途中，适逢宫中小妾到野外抛弃私生的女婴，同病相怜之下，

---

① 本小节此处及之后部分，参见张梦倩、杜成宪：《“荧惑说”与“童子之情”——从童谣的历史变迁透析传统儿童观和儿童教育观》，载《教育学报》2009年第6期。

② 王充：《论衡·订鬼篇》。

③《国语·郑语》。

就收养了那个女婴，然后逃到了褒地。到了周幽王的时候，褒地的人得罪了周，为了弥合关系，就把那个女孩——也就是褒姒（已经长大了）——献上示好。后面的故事大家可能都比较清楚了：周幽王十分宠爱褒姒，为博红颜一笑不惜烽火戏诸侯，致使诸侯日渐疏离。当外敌真正入侵时，烽火却再也召不来救兵。周幽王遂被杀于骊山脚下，西周就这样神奇地灭亡，童谣就这样离奇地应验。在原始的泛灵论的儿童观中，儿童确确实实是一个很奇特的存在：一方面很弱，一方面又很强，两方面又总是纠缠在一起。正因为儿童脆弱与敏感，容易受到外物的侵袭，才能成为预言家或警世者，拥有通灵的本领。然而令人吃惊的是，我们至今依然看重儿童的类似作用。他们如果给中央领导写信，经常能搞得满城风雨，让人们感觉他们真的能通灵，真的能通神，他们的声音好像就是上天的启示。这也可以算是泛灵论的原始儿童观的一种现代再现。

（二）传统社会的儿童观

在传统社会，包括西方的中世纪，认为儿童迥异于常人的观念，越来越被儿童与成人并无分别的观念所取代。这是泛灵论观念被诸种理性观念取代的结果，更基于人类世界本身的知识基础的整体构造。法国社会学家阿利埃斯在其《儿童的世纪》(1960) 一书中暗示：如果没有一套日常生活中接触不到的基础性的知识或观念，儿童期就不可能获得自身独特的地位与价值。或者说，如果所学的东西都是生活中大家唾手可得的东西，或者一旦学会或经历某种东西就意味着立即进入成人世界，成人的世界和儿童的世界也就是直接贯通的，也就没有什么独立的儿童期。只有当日常生活中存在一套儿童接触不到的基础性的知识或观念，或者儿童在日常生活中难以轻易获得那样一些知识或观念，儿童的存在才变得真实可靠。①

在中世纪的欧洲，还有另一种与此相关的看法。至少基督徒就倾向于认为，人类因为最初在伊甸园惹下的那个祸端——偷吃智慧树的果实（苹果）——而带有原罪。人不该有智慧，有智慧就知道了善恶，关键是知道了善也就知道了恶，也就知道了如何刻意地迎合善的标准，这本身就是一种恶。就像老子所说：“天下

---

① Aries, P. (1962), *Centuries of Childhood: A Social History of Family Life*, New York: Vintage, 137-154. 在中文版《儿童的世纪》中，第二部“学校生活”只做了摘要，因而忽略了很多有意思的发现。

皆知美之为美，斯恶已；皆知善之为善，斯不善已。”① 所以老子又说：“大道废，有仁义；智慧出，有大伪；六亲不和，有孝慈；国家昏乱，有忠臣。”② 庄子也说：“圣人不死，大盗不止。”③ 认为我们有原罪，这对于生命脆弱的小孩来说，就更加不利。当然了，在基督教中还是有很多重视小孩的观念，跟这一套东西有一点点差别。包括基督教世界中的那些天使，其形象也都是小孩。《马太福音》中有一句话：“我实在告诉你，你们若不回转，变成小孩的样式，迷了不得进天国。”④ 像这种对于小孩的想象，在老子的思想中比比皆是。大家可以去看看《道德经》，看看《论语》，看看《孟子》，它们其实都非常好。但将孩子视为圣物、至少视为父母的圣物的观念，在整个中世纪的思想视野中并没有取得支配地位，因为跟原罪的观念相冲突。

既然传统社会乃至西方中世纪没有儿童的概念，没有一套儿童接触不到的知识或观念，儿童基本上就被认为是一个“小大人”。作为一个小大人，儿童与成人的主要区别只是身体或生理上的。一旦他们能够在体力上承担一定的工作，就被毫不迟疑地纳入成人的世界。7 岁是一个常见的界限。在此之前，他们可能还是被养育的对象。自此以后，他们就是实实在在的生产者。“穷人的孩子早当家”，他们更是很早就开始承担家庭的社会经济责任。所谓发展，在这里就是接纳一套既定的思想或行为模式，而且生活中也处处渗透着这样一些东西。儿童期没有自己独特的价值，尽管小孩与大人的分别还客观存在，在他们所承担的社会责任上依然有所分别，某些事情也不是他们现在就能够接触或做到的，但儿童期作为一种需要尽快送走的东西，甚至作为一种需要在日常生活中尽快淹没的东西，已经是毫无疑问的。我们这么迫切地抹平儿童与成人之间的界限，当然不仅仅是因为人们漠视儿童期。说到底，这一时期的成人还是有些像孩子，这从传统社会中人们的淳朴也可以体会到。由于没有一套专属于成人的知识，成人的概念也不可能清晰。生活的重压很早降临，前景自一开始就已确定，生活的乐趣与生存的压迫

---

①《老子·二章》。

②《老子·十八章》。

③《庄子·胠箧》。

④ 原文参见《马太福音》第 18 章第 3 节，转引自［捷克］扬·阿姆斯·夸美纽斯著，任钟印译：《大教学论·教学法解析》，人民教育出版社 2006 年版，第 18 页。

紧密交织，这一点对于这一时期的儿童来说，确实是自然而然的事情。

（三）近现代的儿童发现史

儿童真正作为一种正面的、积极的、独特的社会角色，还是出现在传统社会向现代社会转型的过程中。在阿利埃斯看来，宗教的、上流社会的、家庭背景之中的儿童首先出现，然后才是世俗生活中的、底层的、单个儿童的出现。同时，最初的变化首先发生在成人身上，然后才转移给儿童，而且首先是转移给男孩，最后才是女孩。① 譬如说，刚开始的时候，儿童与成人的娱乐方式都是一样的，不但大家都一起玩，而且儿童的玩具就是成人物品的缩小版。成人的娱乐方式在今天看来，刚开始也是很幼稚的。后来成人和贵族开始抛弃一些游戏，而儿童，尤其是底层的儿童，则保留了这些游戏。②成人最初可以在小孩面前谈论粗俗的话题，不回避不良行为，而儿童的恶劣行为最初也和成人一样。后来贵族们开始抛弃这些不良行为，接着他们的子女也被要求这样，最后波及整个下层阶级。③因此，在阿利埃斯看来，现代社会不是个人主义观念战胜了社会约束，而是家庭观念（及其他一些社会观念如阶级观念、宗教观念、成人观念）导致了个人的出现。④或者说，这种个人主义观念本身，乃是看起来与之对立的阶级观念、宗教观念、家庭观念的产物。说到底，儿童是伴随着作为独立单位的家庭，从社会大背景中慢慢凸显出来的，而且是由法律上、宗教上、科学上的概念逐渐进入日常生活的，依赖的是一套在日常生活中接触不到的基础性的知识和观念。⑤ 所以儿童并不是一种自然存在，在根本上是一种社会建构。

这是一项很重要的社会学研究，为我们理解思想观念、教育实践与社会结构之间的关系提供了重要资料和理论。历史上对于儿童的记录一直都很少，但阿利埃斯的研究设计得很巧妙，其办法就是考察当时社会生活中的绘画作品、生活记录和教育文献，涵盖了宗教题材的、宫廷生活的乃至各种民生民俗的，开创了“儿童社会学”的先河。阿利埃斯发现，直到 12 世纪前后，中世纪的艺术还未涉

---

①②③④ [法] 菲力浦·阿利埃斯著，沈坚、朱晓罕译：《儿童的世纪：旧制度下的儿童和家庭生活》，北京大学出版社 2013 年版，第 80～95、97～145、152～187、326 页。

⑤ Aries, P. (1962), *Centuries of Childhood: A Social History of Family Life*, New York: Vintage, 137-154.

及儿童。在实在不能回避的少数几个地方，艺术家也只是用我们难以接受的方式曲解儿童的身体，也就是只把他们的个子画得稍微矮小一点，丝毫没有儿童的外形和特征。很难相信这是由于人们的笨拙和无能，阿利埃斯宁愿相信这是儿童在这个世界上没有地位的表现。到了 13 世纪，尽管人们有了更多想表现儿童的意愿，但依然遵循旧法。这样呈现的儿童真是对“小大人”的一种典型表征。可以认为，在当时活生生的真实生活中，而不仅仅在美术形象的转换上，儿童被看作是一个稍纵即逝的过渡时段，人们很快就丧失了对它的记忆。绘图中出现的三种儿童。第一种是天使，其外表如非常年少的年轻人。第二种是艺术史上所有小孩形象的样板和祖先，即童年耶稣或童年圣母。这类儿童形象更早写实，但依然罕见，对小孩的热爱局限于童年耶稣上，一直持续到 14 世纪。前面我们说小孩是父母的圣物的宗教观念，大概与这种儿童形象是一致的，正是他们被教廷当成了圣物。因而说到底，儿童受关注主要还是其本身的象征意义，而不是他们对于父母的重要性，只是艺术的形式已让他们栩栩如生。第三种则是裸婴，产生于哥特艺术时代，但只是死者或灵魂的隐喻。①

突破性的进展出现在 14—15 世纪。此时，圣婴的形象不断增加，而且越来越多样化，也越来越世俗化，呈现为日常生活的场景。到 15—16 世纪，从这种儿童宗教画中分离出世俗画，即有故事情节的绘画代替了静止的象征人物的形象，而且特别喜欢将孩子放在群体之中，也特别喜欢表现儿童的秀美和生动。在这个人口仍大量早逝的年代，人们就已经有愿望将关于儿童特征的回忆保留和定格下来。结果，16 世纪在墓碑上出现了大量的殇儿肖像。当然，最终的转折出现在 17 世纪。到 17 世纪初，用绘画艺术将孩子转瞬即逝的外表留住已经成为一种习俗，儿童成为最受欢迎的模特之一。对儿童的这种兴趣比人口生存条件的改变（如种牛痘的出现）早一个世纪。也正是在 17 世纪，最古老的全家福画像逐渐围绕着孩子来布局，他们成了构图的中心。到 17 世纪下半叶，裸体表现成为儿童肖像画的通例。“童言稚语”也在 17 世纪受到关注。②而且到 17 世纪，儿童，不论是男孩还

①② [法] 菲力浦·阿利埃斯著，沈坚、朱晓罕译：《儿童的世纪：旧制度下的儿童和家庭生活》，北京大学出版社 2013 年版，第 51～54、54～76 页。

是女孩，至少是贵族和资产阶级的儿童，再也不穿成年人的服装。① 最后，到17世纪初，孩子游戏的专属性已经确立，他们成了被成人抛弃的旧习俗（包括玩具、游戏与神话故事）的收藏者。②这些都意味着发现儿童，包括发现他们的身体、他们的姿态、他们的童言稚语、他们的服装，以及他们的游戏。

美国传媒学家波兹曼（Neil Postman，1931—2003）的《童年的消逝》（1982）也说：在人们纯粹借助口语文化来学习与交往的时候没有儿童的概念，当然也没有成人的概念，儿童与成人概念的出现是跟印刷术连在一起的。有了印刷术，知识存在的形式及其积累与更新乃至整个社会生活，也就发生了变化。就是这种东西把儿童和成人区分了开来，也正是在这一过程中，儿童的观念渐为人知。③ 这跟《儿童的世纪：旧制度下的儿童和家庭生活》的观点很接近，只是后者把问题归结于社会本身的知识储备状况，而《童年的消逝》更强调技术的作用。波兹曼说：

> 我相信，卢梭是正确的。如果人们把他的话（“阅读是童年的祸害，因为书本教我们谈论那些我们一无所知的东西。”——引者）解释为阅读是永久的童年的结束，那么，阅读就从根本上削弱了口语文化的心理基础和社会基础。因为阅读使人得以进入一个观察不到的、抽象的知识世界，它在不能阅读和能够阅读的人之间产生了分化。阅读是童年的祸害，因为在某种意义上，它创造了成年。各种各样的文献资料，包括地图、图表、合同和产权契约，收集并保存了各种有价值的秘密。因此，在文字世界里，做成人意味着有机会了解用非自然符号整理和记录下来的文化秘密。在文字世界里，儿童必须变成成人。但是，在没有文字的世界里，儿童和成人之间没有必要明确区分，因为不存在什么秘密，文化不需要提供训练就能被人理解。④

当然，我们还可以从其他方面，比如说空间格局的建构，来找寻儿童与成人

---

①② ［法］菲力浦·阿利埃斯著，沈坚、朱晓罕译：《儿童的世纪：旧制度下的儿童和家庭生活》，北京大学出版社2013年版，第80～95、97～145页。

③④ ［美］尼尔·波兹曼：《童年的消逝》，见［美］尼尔·波兹曼著，章艳、吴艳莛译：《娱乐至死·童年的消逝》，广西师范大学出版社2009年版，第165～198、175～176页。

的历史分界线。这里是幼儿园；那里是爸爸妈妈的卧室；教室类似于英国思想家边沁（Jeremy Bentham，1748—1832）所说的那样一种全景敞视建筑（中间有瞭望塔的圆形监狱），在那里“权力应该是可见的但又是无法确知的”① ——透过前后门上的窗口，外人可以洞察一切，而学生则很难摆脱这种监视——因此，即使教室外没有人，学生也会产生一种自我与相互监督，从而确保监督机制自行运作；而教师尤其校长的办公室则大门紧闭，职位越高，其可见性越弱。空间上的诸种界限就是社会生活的界限，它们在儿童与成人活动空间之间出现，当然也就意味着两个群体的分化。空间上没有边界，也就意味着我们彼此在身份上没有区分。就好像我们小时候，房间之间大多是相通的，孩子没有隐私，大人也没有隐私，小孩和大人没有特别的分别，至少孩子们还没有独特的价值。而空间的社会界线则会强化儿童与成人之间的对比，我们现在就是这样。但这样一种区分说到底只是一种外部标记，不是儿童产生的真正根源。说到底，如果没有一套在日常生活中接触不到的基础性的知识和观念，儿童与成人就不可能真正区分开来。②

（四）自然主义的儿童观

与儿童的发现密不可分的是一种迄今仍有重大影响的自然主义的儿童观。当然这个过程也非常复杂。按照阿利埃斯的理解，最初产生的是对儿童的一种新情感——“溺爱”。在这里，孩子由于他们的天真、温顺和好玩而成为成人们逗趣和解闷的对象。但到16世纪末，尤其是17世纪，对儿童的溺爱引起了人们的批评。该思潮甚至可以追溯到15世纪。与溺爱情绪相比，这种批评与中世纪不同年龄混杂状态下对儿童的冷淡态度相距更远，将引发学校传统纪律上的重要转变。这种新的儿童观一方面强调童年的天真无邪、软弱和无知，另一方面强调儿童的杰出。因而反对对儿童的漠不关心和蔑视，也反对过分溺爱和自私的感情，即把小孩当成玩物，助长他的任性。这种学说演绎出了若干重要的原则，包括：儿童不能独

---

① 边沁的相关论述及法国思想家福柯的进一步论述，参见［法］米歇尔·福柯著，刘北成、杨远婴译：《规训与惩罚》，生活·读书·新知三联书店2007年版，第225～227页。

② Aries, P. (1962), *Centuries of Childhood: A Social History of Family Life*, New York: Vintage, 137-154.

处；不能迁就纵容孩子；端庄克制；革除旧的不拘礼节的随便关系。[①] 我们如果去看近现代教育思想史，第一眼看到的可能就是这样一种儿童观。这种儿童观说到底是一种来自上流社会与精英的思想，本身意味着一套普通人接触不到的知识，致力于建构的是一种新的社会实体。这套教育原则最初就基于夸美纽斯的下述思想。

> 只有小孩子适合神的国度，他们是神的国度的继承人，只允许变成像小孩子的人分享这份遗产。啊！亲爱的孩子们，愿你们正确理解这种神圣的特权！我们这些年长的人，认为只有我们才是人，而你们（小孩）是猿猴；只有我们聪明，而你们没有意识；只有我们会说话，而你们不会说话。让我们这些年长的人公正地考虑一下——嗨，我们是神派遣来向你们学习的！你们是位于我们之上的主人，你们是我们的楷模和榜样。[②]

夸美纽斯及此后不少的教育家或教育学家不但相信儿童本身的纯洁性，而且相信儿童身心发展的可塑性与规律性，相信促进儿童身心发展的法则，就是蕴含在儿童本性之中的法则。用夸美纽斯的话来说就是："改革学校的基础必须是万物的确切规则"[③]，"教导的确切规则只能从自然借取"[④]，"从事物本身不变的本性中，如同从活的源泉中引出长流不息的小溪，然后把它们汇合成为一条集中的河流，从而为建立普遍学校的普遍艺术奠定基础"[⑤]。所以他相信教育的自然适应性原则，要求"以全能的主的名义，努力这样来组织学校，使它在这些方面酷似以最高超的技巧组装起来的、以最精美的工具精心镂刻的钟表"[⑥]。一种新的纪律结构呼之欲出。而赫尔巴特更是明确提出了教育学的心理学化，即所谓以伦理学建立教育的目的论，以心理学建立教育的方法论。[⑦] 心理学对儿童发展的影响，直接导致教育应适应儿童身心发展的规律这一要求。而且他还明确认为小孩身上有

---

① ［法］菲力浦·阿利埃斯著，沈坚、朱晓罕译：《儿童的世纪：旧制度下的儿童和家庭生活》，北京大学出版社 2013 年版，第 152～178、194～197 页。

②③④⑤⑥ ［捷克］扬·阿姆斯·夸美纽斯著，任钟印译：《大教学论·教学法解析》，人民教育出版社 2006 年版，第 18、89、93、6、92 页。

⑦ ［德］弗里德里希·赫尔巴特著，李其龙译：《普通教育学·教育学讲授纲要》，人民教育出版社 1989 年版，第 190 页。

盲目冲动的种子，因而要求将教育建立在管理的基础之上。①

卢梭因为认定儿童期有其自身的价值，并非需要尽快送走的一个阶段，因而重新表现出对孩子久违的温和。对于卢梭来说，最不能忍受的就是我们的欲望超出了自己的能力，或者说在还没有相应的能力之前，我们就有了那些欲望，结果欲壑难填，以至于想把我们的儿童期尽快送走。② 事实上，儿童期有它自己的使命，有它自己的特点，甚至这些特点还应当成为我们成人的特点。因此说到底，永远不要送走儿童期，人永远要保持一种自然状态。在我们今天，男人还经常能保持这样一种自然状态，以至于他到老了还像个儿童，至少有很多像周伯通一样的老顽童。这样的情况在女人中间就很少见，周伯通的那个瑛姑恨不得要吃掉他。③（一男生插嘴：40 岁的时候女人就更年期了。一女生回道：哪有那么早?）（全班大笑）所谓永葆青春，其实应该意味着永葆这颗童心，永葆这种童趣，永葆这样一种童真，是不是啊？女孩子如果能保存好自己天性中纯真烂漫的那一面，到老的时候还有一份少女之心，那真的是太可爱但也太难得了，这是摆在大家面前的一项挑战啊。“大自然希望儿童在成人以前就要像儿童的样子”④，这是卢梭的原话，这种自然教育在他那里要进行到 12 岁。我想，人要是一辈子都像儿童那么天真、那么烂漫、那么自然，卢梭肯定很认同。他要求青少年的知识与道德教育依然遵循自然之理，同时反对成人对纸醉金迷的城市生活的留恋，就是要我们始终保存一颗童心。

而且，在整个近现代，人们越来越相信儿童是有巨大发展可能的生命体。文艺复兴对古希腊文明的再发现，就已经帮助人们充分认识到了这一点，而新一代文艺巨匠们的横空出世则再一次印证了这一点。此后，人们对人的发展潜能越来越有信心。北欧的人文主义者伊拉斯谟（Desiderius Erasmus，约 1466—1536），就已经意识到了这一点，宗教改革也一直延续了这一人文主义传统。路德（Martin Luther，1483—1546）曾经说，“宗教改革的鸡蛋是伊拉斯谟生下来的。”

---

① ［德］弗里德里希·赫尔巴特著，李其龙译：《普通教育学·教育学讲授纲要》，人民教育出版社 1989 年版，第 190 页。

②④ ［法］让-雅克·卢梭著，李平沤译：《爱弥儿：论教育》（上），商务印书馆 1991 年版，第 74～96、91 页。

③ 周伯通和瑛姑的故事，参见金庸小说《射雕英雄传》。

但伊拉斯谟牧师是一个很优雅、带有很强烈的传统痕迹的人文主义者，他跟路德那种战斗的宗教改革家还是很不一样的。所以他回了一句："我所生下的是母鸡蛋，但给马丁·路德孵出的却是好斗的公鸡。"① 当然，当时人们关注到的主要是上流社会的儿童，看到那种衣衫褴褛、全身脏兮兮的底层儿童，看到乡村的那种破败景象，他们还能不能毫不犹豫地做出这种判断，我估计还很难说。2011 年我们的研究生开题时，有个学生就说，乡村不仅仅是一个自然的空间、一个地理的空间，还是一个文化上的卑微空间。这种话听起来很有社会学的意味，但这种听起来最具有社会学意味的话也可能最反社会学，因为它本身可能就是一种符号暴力，不断强化某种并未认真得到检验的标识。事实上乡村社会有很强的文化活力与自信，但要认识到这一点显然不容易。而卢梭首次在理论上认清了人本身的内在力量并给予了充分的论证。与此相适应，其对农村的褒扬也压倒性地超过了城市。

到裴斯泰洛齐那里，这种对人的信任已经扩展到了那些最贫穷的群体。他说：

> 完全没有受教育，并不使我担心。我深信：即使最贫穷的为人民抛弃了的孩子，也具有人类的自然能力。不仅过去的经验早已告诉我，这种自然能力就在那粗率、野蛮和嘈杂肮脏的环境中，也会发展成为卓越的才能，而且在我现在这些孩子身上也看到，在他们的粗野中，到处出现这种生机勃勃的自然力量。我知道，生活的困难和需要的解决，可以帮助自己了解人与事物之间的最重要的关系，发展健康的理解力，发展人的机智，启发人的各种能力，这些能力看来好像深深埋没在垃圾里，然而他们可以从这种污泥的环境中清洗出来，使之粲然发光。那正是我所要做的工作。我正想把他们从污泥当中拖出来，把他们移置于朴实而纯洁得像家庭一般的环境和关系中。我确信，只要做到这些，孩子们就会作为有高度才智的人，作为有高度活动能力的人出现了。②

此后，对儿童自身独特发展机制的研究，就在教育中广泛传播了开来。像福

① 曹孚、滕大春等编：《外国古代教育史》，人民教育出版社 1981 年版，第 177 页。

② ［瑞士］约翰·裴斯泰洛齐：《论儿童教育——致友人书·论在斯坦茨的工作》，见夏之莲主编：《外国教育发展史料选萃》（上），北京师范大学出版社 1999 年版，第 635 页。

禄培尔（Friedrich Wilhelm August Froebel，1782—1852）的《人的教育》(1826)就提出，“婴儿的全部本质仅仅是他自己的眼睛”①。言外之意，婴儿就透过自己的那双眼睛直观世界，就通过自己的那双眼睛与这个世界建立了稳定的联系。福禄培尔还说：幼儿通过内在力量自发表现内在本质，少年依靠自身的力量使外界事物向自己接近；劳动是一种发展自我的最有效形式；教育是容忍、顺应的，不是指导性的、绝对的、干预性的，应以最内在、最本质的东西为基础，应致力于使儿童在尘世关系的整体上发展。所有这一切都旨在强调“人是自然和造物的统一”，有独特的感受、活动与创造能力。②福禄培尔因此奠定了学前教育理论的基石。又如蒙台梭利（Maria Montessori，1870—1952），她也是学前教育的大家。蒙台梭利原来是学医的，后来觉得学医只能治标，转而研究教育问题。可以说，在对儿童的理解上，能够超过蒙台梭利的人并不多。她也觉得儿童具有一种与生俱来的未知力量，一颗有吸收力的心灵，在世界重建的过程中具有重要的作用。③ 想象一下《皇帝的新装》中的那个小孩，或者想象一下身边带着小孩的大人们所表现出的温柔、仁慈、彬彬有礼，你就能理解蒙台梭利此话的意义了。正因为儿童本身就是这个世界的建设者，所以当老师的人青春永驻，哪怕是当中学老师，当班主任，或当德育主任。蒙台梭利还曾发现，成年人以物质（如糖果）奖励儿童，而儿童却看重生活本身的意义，渴望成人的关注与帮助。④ 这真是太敏锐了！越是纯净的人越渴望意义，而且说到底每个人其实也都是挺脆弱的，所以都在找寻意义。我们的人生、教育或者学习，就在于跟某种东西建立关系，不断确认一种社会性的自我，而不是把自己封闭起来。即使看书也只是试图跟书建立某种对话或相互支持的关系，而不是把它当成某种顶礼膜拜的对象。因此，儿童的发展潜能不但是生理性的，而且在根本上乃是社会性的。

（五）对儿童的世纪的质疑

这样一种儿童观是不是真的给我们带来了一个儿童的世纪？我们今天的学校

---

①② ［德］弗里德里希·福禄培尔著，孙祖复译：《人的教育》，人民教育出版社2001年版，第21、5～31页。

③ 参见［意］玛利亚·蒙台梭利著，高潮、薛杰译：《有吸收力的心灵》，中国发展出版社2003年版，第182～198页。

④ 参见［意］玛利亚·蒙台梭利著，马荣根译：《童年的秘密》，人民教育出版社2005年版，第129页。

是不是真的就是儿童的乐园？看看经常可见的这样一个有关学校的真空假设：

> 学校是一座屏蔽社会影响的堡垒，是一处无细菌浸染的真空，把儿童置于其中，使他们全盘接受那些教育先知们规定的理想价值，然后，再将这些理想的人释放出校园，让他们流向社会，这样便会促进社会的进步。①

在某种意义上，我们还是认为儿童是天使，所以把他们放在一个象牙塔、一个理想国、一个纯净的学校环境中来养育。但是，当我们真的这样行动的时候，又透露出我们对儿童的某种不信任与禁锢。很显然，儿童如果是天使，也一定是很虚弱的那一类，容易遭到别的东西的侵害，或与那些东西同流合污。因此，当我们把这样的一群天使放在一个象牙塔、一个无菌病房或一个温室中培养的时候，立马就暴露了近现代教育的两面性：一方面认为儿童是天使，把这种观念发扬光大可以改变社会；另一方面又觉得他们很容易受到侵扰，所以这个天使不能有独立性，也不能够给他权利。（学生此时有点恹恹欲睡）怎么学习是一件这么令人犯困的事情？（学生抱怨下午上课太早）下午一点上课太脑残？我刚来北京的那会儿也有这个感觉。其实上海很早就这样，中午也不休息，一点钟就上班，结果初来乍到者也都怨声载道。但现在我已经习惯了，而你们还生活在自己原来的那个节奏里。“现在是北京时间 14 点整”（模仿中央人民广播电台的口气），你们要记住这一点。这样做肯定不是因为脑残，而是因为城市太大了。这就是现代化的陷阱。大都市给我们带来了很多好东西，但同时也需要我们付出很大的代价。推迟到两点上课，你们肯定是舒服了，但更多的人会付出更大的代价。“踏着沉重的脚步，归乡路是那么的漫长……”因为城市太大了，好多人都要 1 小时、2 小时甚至 3 小时才能回家，所以必须把睡觉的时间放在坐车的时候，不能够放在中午，否则事情就安排不过来了。想想这一点，再想想我们对于现代性的反思，你也许就会认识到这样的安排也很有道理。就当这是一种体验式学习吧。大家打起精神来，我们讲的这些事情挺好玩的啊。

言归正传。在现实的社会生活与实践中，儿童不但被认为比较脆弱，而且说

① 周浩波著：《教育哲学》，人民教育出版社 2000 年版，第 249 页。

到底也是一种被建构的社会实在。原来，儿童与成人只是人生两个模糊的阶段，基本上没有太大的分别。或者虽然有分别，那种儿童期也没有自己独立的价值，都希望尽快地长大成人。而且借助诸种仪式活动，儿童就可以逐步实现身份的转换，最终获得成人资格。现在，把儿童与成人分开的不再是生命中的那些磨难（比如说天花，熬过了天花才算是“过了天门槛”，否则就仍不能算作人），也不再是那些短暂的仪式活动，而是一套新兴的社会实践。按照《童年的消逝》的见解，印刷术最终把儿童和成人分开。① 对于阿利埃斯来说，儿童的出现是一个社会现象，是由于在儿童的日常生活之外——或者是在宗教生活、上流社会与成人世界之中——出现了一套必要的奠基性的知识或观念。② 而学校的出现，不但延长了童年的时间范围，还使时间变得精确，尤其是在18世纪出现按年龄分班的情况以后。③ 结果，就像大家小时候所唱的校园童谣那样，“一年级的小偷二年级的贼，三年级的美眉（妹妹）学芭蕾，四年级的帅哥没人追，五年级的情书满天飞，六年级的鸳鸯一对对……”（学生笑）儿童期已成了一段需要精心控制的生命旅程。随着家庭和学校将儿童从成人世界中移除，更是进一步剥夺了儿童曾经拥有的自由。“陌上花开矣，汝且迟迟归。”④ “No！马上给我回教室！”我们就这样因被文化约束而被确认为儿童，儿童期就这样因教育体系的完善而被制度化，而成长就是成为自己原来不愿意成为的那个样子。

现代学校和中世纪学校最大的差别就在于它们的规章制度，那些制度不但学校内的人要遵守，而且家长也要遵守。⑤学校就这样参与了社会的建构，改变了社会的形态。因此，教育不单纯被外部的东西所约束，不单纯被外部的东西所改造，教育在自身的日常运作中也改造了这个世界。一个小孩在学校如果做得不对，做老师的就要请家长来学校。家长来干吗？来跟着小孩一起受罚、一

---

① ［美］尼尔·波兹曼：《童年的消逝》，见［美］尼尔·波兹曼著，章艳、吴艳莛译：《娱乐至死·童年的消逝》，广西师范大学出版社2009年版，第182～198页。

② Aries, P. (1962), *Centuries of Childhood: A Social History of Family Life*, New York: Vintage, 137-154.

③⑤ ［法］菲力浦·阿利埃斯著，沈坚、朱晓罕译：《儿童的世纪：旧制度下的儿童和家庭生活》，北京大学出版社2013年版，第214～233、230页。

④ 清初诗人王士禛（1634—1711）《香祖笔记》记载：“钱武肃王目不知书，然其寄夫人书云：‘陌上花开，可缓缓归矣。’不过数言，而姿致无限，虽复文人操笔，无以过之。”钱武肃王即钱镠（liú）（852—932），五代十国时期吴越国创建者。因思念回乡省亲的原配夫人戴氏，故寄此语，成传世佳话。

起挨批评："你的小孩子最近又怎么了？这个你要注意了，那个你也要注意了，不能光靠我们老师，你们大人也要承担起责任来。"凡是被老师请到学校来的家长，到目前为止大部分都是这样的情况。当孩子表现很好的时候，老师一般不会请家长来。比如你今天得奖了，让你家长来？（众笑）可能有什么表彰大会、毕业典礼会允许家长参加，但平时，家长都是学校纪律规范约束的对象。"小孩七点要到校，你怎么不给她早点做饭吃呢?!"就这样，整个学校的纪律向全社会渗透，社会由此变成一个规训社会，或者说变成了一个有纪律的社会。我小孩读小学的时候，老师不管我们姓甚名谁，见了我们就叫："哎，×××爸爸，×××妈妈!"如果我的孩子叫"张三"，我就叫"张三爸爸"。她的孩子叫"李四"，她就叫"李四妈妈"。我们个人的东西对于学校来说无关紧要，关键是"你是我们学生的家长，你要配合我们的工作"。这就是阿利埃斯的研究中透露出来的信息：不但儿童期是被建构的社会存在，新时代的父母也是被建构的社会实在，甚至现代社会也是一种学校化的社会。

涂尔干的《道德教育》有关"惩罚在学校里的运用"那几章提醒我们，最初的社会生活中间没惩罚，也没有道理惩罚小孩，大人自己都没有做好，又怎么有理由惩罚儿童？因此涂尔干认为，惩罚是文明的标志，是我们自己有了一点东西之后，急着想传给小孩，才因此而出现的。① 此后，这个过程不断加剧。中世纪学校的规章制度总的来说还比较宽松，学校还没有成为幽禁机构。最初的那些学院，只是学生住在一起而成的会馆。老师在自己的家或者另找的地方上课，学生则东奔西跑，风雨无阻，所以又称作"雨燕"。就跟我们今天的课外补习差不多，学生都要风里来雨里去。你们今天抱怨中午为什么不午休，但为什么一定要午休呢？中世纪的学生都自己"扇着翅膀"，到老师指定的地方去上课，哪有什么午睡的时间？只是老这样让学生到处跑也不是个事。一是路上不安全，容易被别人欺负；二是学生也可能去欺负别人，造成不好的社会影响。所以后来人们把学院变成了上课的地方，老师则成了"雨燕"。但这样一来，学校就成了幽禁机构，惩罚就成了家常便饭。这种以惩罚为基础的教育一直延续到 18 世纪，此后才慢慢地衰退。就这样，我们的学校最终并没有采取那样一种关注儿童自由发展的人文主义

---

① [法] 爱弥尔·涂尔干著，陈光金、沈杰、朱谐汉译：《道德教育》，上海人民出版社 2001 年版，第 178～183 页。

的松散形式，而是采取了耶稣会学校那样一种统一的道德环境，变成类似于修道院的那样一种幽禁机构，教育最终变成了一种精神的皈依。① 因此，儿童的发现确实带来了双重的影响：一方面是我们个人意识的觉醒，是对人的尊重；另一方面是对人的监管和控制。当前，社会对儿童的关注最多，因为儿童们也最辛苦。“书包最重的人是我，作业最多的人是我，起得最早的睡得最晚的，是我是我还是我。”儿童就这样因为自己是儿童而变得不像儿童。

福柯的《规训与惩罚》深入细致地刻画了纪律规训与个人诞生之间的这样一种现代关系。他说：

> 长期以来，普通的个性——每个人的日常个性——一直是不能进入描述领域的。被注视、被观察、被详细描述、被一种不间断的书写逐日地跟踪，是一种特权。一个人的编年史、生活报道、死后的历史研究，是他的权力象征仪式的一部分。规训方法颠倒了这种关系，降低了可描述个性的标准，并从这种描述中造就了一种控制手段和一种支配方法。描述不再是供未来回忆的纪念碑，而是供不备之需的文件。而且，这种新的描述是最鲜明的，因为规训结构是很严格的。自 18 世纪起，与规训机制的发展曲线相一致，儿童、病人、疯人、囚徒都愈益容易成为个别描述和生平记载的对象。这种把现实生活变成文字的做法不再是把人英雄化，而是一种客体化和征服。如同国王的编年史或绿林好汉的传奇一样，精神病人或罪犯的经过仔细核对的生平也属于具有某种政治功能的书写内容，但是所使用的权力技巧截然不同。②

福柯认为规训造就个人，而且这种“个人化是一种‘下降’”③。真的是说得太好了！现实生活中，我们就经常一天到晚被要求填写各种表格档案，递交各种评审材料。这不是把我们供着，而是仿佛把我们置于一种中间有瞭望塔、四周为监房的圆形监狱，让我们一切都变得清晰可见。相对于以往的水牢暗房，现在明

---

① ［法］爱弥尔·涂尔干著，陈光金、沈杰、朱谐汉译：《道德教育》，上海人民出版社 2001 年版，第 119～135 页。

②③ ［法］米歇尔·福柯著，刘兆成、杨远婴译：《规训与惩罚》，生活·读书·新知三联书店 2007 年版，第 215、216 页。

亮的教室看起来是人性化了，但每个人的一举一动都清晰可见，一举一动都受到监控，一举一动都被记录在案。这个东西，是对个人的尊重，但更便于对每一个个体的监视与控制，个人甚至最终因此而形成自我控制。很久之前的孔子也经常面对很多学生，进行类似今天的这样一种教学，但是他那个东西还不能叫集体教学。即使朱熹（1130—1200）和陆九渊（1139—1193）的“鹅湖之会”①，也不能叫集体教学。因为那里的每个人都是模糊的、是匿名的。而我们今天的班级授课制，则使每一个人都成了书写的对象。对于你们每一个人的特点，我都要努力弄清楚，你们在我这里不能再是朦朦胧胧的一群人。儿童在这个过程中也就作为一种公共景观建立起来了。我们注意到儿童的存在，关注他身心发展的规律，越来越能把儿童和成人区别开来，认识到儿童期独特价值的时候，同时也在对他进行贬低，把他视为规训或约束的对象，或者让他自我改造，以符合真正的儿童形象。可见，不是说尊重儿童的天性就真的尊重了儿童，也不是因为我们发现了儿童就真的尊重了儿童。更常见的情况是，一旦发现了儿童，知道他身心发展的规律，就把他禁锢起来，对他进行改造加工。

2010 年我带过一个本科生，她的毕业论文写的就是小学低年级的纪律教育。论文最初的逻辑是这样的：低年级学生的纪律问题很严重，所以就要搞纪律教育。为什么很严重呢？学生不认真听课啊，坐没坐相，站没站相。甚至还懒于坐到椅子上，非要坐到地板上，甚至趴到地板上。然后学生还东张西望、到处乱跑，老喜欢说话……因此再不搞纪律教育就不行了。她是这样判断的。但我跟她讲，说低年级的学生有很严重的纪律问题可能是不恰当的。他们主要是有一些自然行为，不是要违背你的纪律。当然，自然行为确实不符合现代课堂的要求，纪律教育也就此展开。但结果虽然压制了自然行为，造就了规范行为，最终也经常导致了违规行为。本来不是存心捣乱的人，由于在学校生活中的“自然行为”被打入另册，最终走到了教师与教育的对立面。“你要我听我偏不听，你能拿我怎么样?!”可见，真正的违规行为，也是在教育的过程中间出现的。教育搞不好就可能这样最终与人相对立，真的值得我们深思。

---

① 南宋淳熙二年（1175）在信州（今江西上饶）鹅湖寺举行的一次著名的哲学辩论会。由吕祖谦邀集，意图调和朱熹和陆九渊两派争执。实质上是朱熹的客观唯心主义和陆九渊的主观唯心主义的一场争论。它是中国哲学史上一次堪称典范的学术讨论会，首开书院会讲之先河。

教育与儿童的现实对立具体表现在以下几个方面。(1) 学校与环境明确分隔，并且高踞于环境之上，不断排斥环境中的各种自发力量。所以它是国家的触角，甚至是国家的桥头堡，是村落中的“国家”。[①] 原来那个活生生的环境，儿童只有在课后、在课间才能够在那里短暂停留。而我们在脱离环境的条件下进行教育的替代办法，就是人为地建构一个理性的学校环境。(2) 学校本身以精细分工或职能分化为基础，学和教被严格限制在学科边界之内，能够左右逢源、融会贯通的很少。2013 年，有个老师讲到“The camel that I rode had a bad temper”[②] 一课时，教了半天，也没有意识到这个标题很有意思，只是照着一套被过度开发了的课件来教。我们经常就这样，为了所谓的知识而忽视了眼前的风景。(3) 老师与学生的关系是工作关系而不是亲密关系，教学主要致力于在学生身上形成一套超情境的知识、人格和行为模式，而不是在师生之间或者在学生的社会生活之中形成一种更有教益的沟通结构。如果说班主任还能跟我们有某种亲密的接触，科任老师则只了解我们学科学习上的某些状况。(4) 纪律约束的重要性极度增长，为此不断强化学生的规范行为，打压乃至清除其自然行为，结果难以遏止地导致诸种违规行为。(5) 目标作为一套预先确定而非内生的发展状态与行为模式支配着整个教育活动和过程，发展只是被理解成一种指向预定目的的技术过程。教育教学不能激活学生的内在兴趣、经验和想象，完全被限定在一些程式化的活动或内容方面，整个教学过程都因此而失去知识创新的功能。

与此同时，(6) 教育者和教材作为知识的主要源头的地位不断被强化，学习主要满足于对已有知识陈述系统的掌握。理论上，大家都是天生的教育者，但现实生活中，学生更像天生的受教育者。如城市中产阶级的小孩，你怎么教他都接受，让他再苦再累他也觉得正常。因为放眼望去，他还不是最累最惨的那一个。所以你要他补习真的不用太动员，要阻止他去补习倒还特别困难。(7) 课堂教学作为教育和学习的主要形式不断排斥其他形式的教与学，对教师个人知识和技艺而不是对环境的教育力量的提升，被看成是教育学的主要任务。这样的课堂上，

---

① 李书磊著：《村落中的“国家”——文化变迁中的乡村学校》，浙江人民出版社 1999 年版，第 5～9 页。

② 参见陈琳、Simon Greenall 主编：《九年级英语》（上），外语教学与研究出版社 2000 年版。新版本中课文标题已改，文中此句也已删除。

有些同学总是游离在课堂教学之外。结果，即使大家都在同一个教室，其实也是身处不同的世界。而我们老师则只能被少数优秀学生或我们所说的课堂上的“苏格拉底”所吸引。（8）教育教学主要表现为一种个体过程而不是社会过程，集体教学牢牢建立在师生个人的知识和行动的基础之上，而不是建立在一个开放性的学习网络的基础之上，或者说到底，整个教育体系都这样以个人为中心组织起来。家长参与学校也都只是为了自己的小孩，而不是提供什么公共约束。（9）教育与个体经验、社会生活相分离，不但学生的个体经验和社会生活被排除在学校教育之外，教师本身的个体经验和生活体验也同样如此，而且教师和学生与外部世界的联系也都受到诸种限制。①

在这个过程中，很多重要的教育方面都被严重忽视了。（1）生活经验、独立见解与主动建构活动。今天的学校教育主要不是建立在这些基础之上，而是建立在教师依据专业教育学对课程或官方知识的改组和传授的基础之上，学生和教师个人的生活经验只是现实的教育环境中备受冷落的一部分。（2）学生之间乃至教师之间的亲密关系、亚文化群体与团队合作。现实的教育教学主要建立在“对事不对人”的理性原则的基础之上，而不是建立在亲密关系共同体的社会基础之上。（3）学与教的跨学科性与自主性。现实教育主要建立在以分科为特征的学科知识的基础之上，而不是以问题为中心的主题材料与活动的基础之上，解题和猜谜而不是怀疑、探索与自我表达是主要的学习形式，学生的学习必须由外在的规范激发或约束，而不是基于内在的兴趣。有时候稍微要求老师做一些拓展，都会受到他们的抵制。（4）人与自然、教育与生活、学校与社会的联系。学习过程被看成是一种可以仅仅借助语言符号而不是需要与对象直接互动实施的过程。学校不但被物理围墙与环境区隔，而且被制度和心理的围墙维护着对外部世界的倨傲和排斥。（5）学校管理对教育教学、教师发展的支持而不是限制或随意处置。很多时候管理跟教育教学实行完全不同的法则，教育教学很多时候还强调沟通与相互尊重，管理则就是看成效，看结果。现实的学校管理不是服务，而是“培训机制、导向机制和奖惩机制的组合”②，或者听任制度结构与教学活动的分离。

同样被忽视的还有：（6）家长与学校之间的联系以及对学校的选择、参与与

---

① 教育与儿童的上述对立，参见康永久：《绿色教育的意蕴与纲领》，载《教育学报》2011 年第 6 期。

② 康永久：《教育中的制度问题》，载《教育研究与实验》2004 年第 1 期。

约束能力。现在只允许学校选择学生，不允许家长选择学校。家长不是被看成能动的权利主体，而是需要打磨的对象。与家长的联系主要限制在其子女教育范围，无关乎学校作为社会公共场所的建构。（7）学校的服务意识、社会责任感和创新意识。学校在整个社会面前拥有一种优势地位，它们与社区社会的关系不是服务与被服务的关系，而是改造与被改造的关系。教育的责任主要不在学校，而在家长和学生。至少，由于环境中的力量被控制，学校有足够的能力卸责。因此，学校通常选择机巧而不是实干的办法行事。倒是那些经常被认为是应试教育重灾区的高中，由于受到市场的强烈约束，倒还比较专业。2013 年，有学生还在自传中讲，高中，尤其是高三，那个生活还是很美好的，老师与同学结成了命运共同体，真的能感受到一种幸福。（8）传统的、地方性的、民族性的知识、文化与传统。学校教育被认为是要传授现代文化科学知识，知识被认为应当具有普遍性、客观性、科学性，因此那些难以启齿、不可言传、不能普遍推广、难以带来生产效应、不能摆脱亚群体印迹的口音、知识与文化不能登学校教育的大雅之堂。（9）民众自身的自愿组织和公民能力建设。公民的自愿组织一直为现实的学校教育体系所排斥。学校致力营造的始终不是一种以权利为核心的社会公共生活，而是一种原子化、工具化、理性化的个体，他们与现实的社会体制相适应。对他们的保护被认为是社会的职能，而不是他们自身的自愿组织的职能。①

这样一来，儿童发展的现实处境，就是一件不言自明的事情了。很多时候，儿童的发现就是对儿童控制的开始。我们有一种理性的自负，受制于一套既定的目的，总觉得可以改造儿童，总觉得通过老师，通过一整套制度，通过精心设计的课程，我们就可以把儿童教好。没想到我们就这样自我封闭了起来，陷入了一个急功近利的世界。就这样，我们试图研究儿童，发现儿童身心发展的规律，最终造就的，却是被规训的、失去进取之心的儿童。2013 年，有同学的教育自传甚至写道："应试教育只是使我们每一个人都很自私，考上大学后都不知道该干嘛，结果自由反而只能意味着堕落。"以出人头地为目标的"应试教育"，经常难以避免这样一种灾难性的社会后果。2011 年，大四的同学实习，讲《台阶》一课，课文中渴望出人头地的"父亲"也有类似的苦痛。课文大致是这样的："父亲"总觉

① 教育中上述被严重忽视的方面，参见康永久：《绿色教育的意蕴与纲领》，载《教育学报》2011 年第 6 期。

得自己家的台阶低，就想把它搞高一点。先是从山上搬来几块大石板铺了，然后还觉得不行，就张罗着修新房子。最后修了一个有九级台阶的房子，但仍经常若有所思。教参上说，这些东西说明我们中国农民很朴素。但是我跟他们讲，这个怎么能说是夸赞咱中国农民的呢？他们实现的那个目标并不是自己真心需要的，而且很多的时候他们并不知道自己的目标在哪里，人生的意义在哪里。结果，一辈子辛辛苦苦造了一个台阶很高的房子，但自己根本就没有能力从中得到乐趣。当时我就想到了一首诗："碧光映月儿时梦，几许繁华春梦中。我欲扬剑追明月，可怜当时月朦胧。"后面的同学再讲此课的时候，就讲王国维所说的人生三境界："昨夜西风凋碧树，独上高楼，望尽天涯路"；"衣带渐宽终不悔，为伊消得人憔悴"；"众里寻他千百度，蓦然回首，那人却在，灯火阑珊处。"① 总算摆脱了此前教学中的控制路线。当然，就"父亲"来说啊，"那人却在灯火阑珊处"这一点没能看到，所以眼睛是空的，茫然若失。现在，大家也都想出人头地，学习的目的就是踩住竞争对手，超过其他的人，为此不惜牺牲道德、人格和身体。最终获得的，当然只能是没有灵魂的成就。这样一来，问题就更尖锐了。

五、　适合人的发展的教育

（一）儿童的能动本性与教育

教育怎么才能在一个儿童的世纪真正给儿童带来幸福？人们以前都在讲儿童身心发展有什么特点、规律，教育就怎么与人的身心发展相适应。人的身心发展有能动性，我们就要调动人的身心发展的能动性，贯彻主体性原则。身心发展有顺序性，教育就要循序渐进、学不躐等。身心发展有阶段性，教育就要分阶段进行：人家有幼儿期，我们就要搞幼儿园；有儿童期，就要搞个小学；有少年期，就要搞个初中；有青年早期，就要搞个高中……人的身心发展有整体性，我们就说要全面发展；身心发展有不均衡性，就说要注意动态变化；身心发展有矛盾冲突，就说要促使内部矛盾积极转化；身心发展有个别差异性，就说要因材施教；有稳定性，就说教育也要相对稳定；有可变性，那就要与时俱进；身心发展有连

---

① 王国维著：《人间词话》，江苏文艺出版社 2007 年版，第 14 页。

续性，教育因此要有目的、有计划、有组织；还有非连续性，教育因此也要因势利导、灵活应对。以前，包括现在好多的教育学教材，也都这么讲。但如果教育教学与人的身心发展就是这样一个简单对应关系，那教育学就真的没有意思了，因为教育本身也就成了照章办事。事实上，这样一些特点都是人身心发展的外显方面，强调这些外显方面及其适应的，都是那种理性主义的教育发展观。而儿童本身的健康成长，需要在一种充满人文色彩的互动氛围之中展开。

在这里，重要的其实不是儿童究竟是什么，不是他们这种年龄阶段的人究竟有什么特点，而是该跟他们建立起一种什么关系或沟通结构，以便我们彼此能够进入对方的视野乃至内心，穿透对方随身携带的那样一种防护罩。建立一种理性主义的发展秩序，就意味着培养一种适应等级秩序的社会成员。所以，对我们今天来说，重要的不是按照对方的客观特点行动，而是我们能够跟对方共情、共生，能够有一个相互认同，能够关注到彼此的意向状态，形成一个共享视界。我们当然要尊重自然，但尊重自然不是按照学生身心发展的特点与规律照章办事，而是要把学生当成人，当成主体，当成活生生的行动者，当成完整的生命体，真正去体会、领悟、感受儿童灵动、有活力的一面，尊重他本身发展的自主性。说到底，儿童本身的自然不是跟社会生活与主观意向无关的纯客观之物，它在根本上就蕴含着一种能动本性。作为一个活生生的人，儿童始终有自我建构、自我超越、自我表达的一面。个别差异、发展的节律和可塑性，在根本上从属于儿童的能动本性，而这种能动本性只有在生动活泼、积极主动的发展形式中才能进一步发展起来。单纯根据教育学、心理学对于儿童的那种客观中立的描述与他们远距离交往，最终只能淹没这种天性。王阳明（1472—1529）就曾说：

大抵童子之情，乐嬉游而惮拘检，如草木之始萌芽，畅达之则条达，摧挠之则衰痿。今教童子，必使其趋向鼓舞，中心喜悦，则其进自不能已。譬之时雨春风，沾被卉木，莫不萌动发越，自然日长月化；若冰霜剥落，则生意萧索，日就枯槁矣。①

① 王阳明：《训蒙大意示教读刘伯颂等》，见王阳明著：《传习录》（中），《王文成公全书》（卷二）。

好像王阳明也只是要求我们顺应儿童的天性，但教育的成败在这里本身是以儿童是否“趋向鼓舞、中心喜悦”作分水岭的。因此，儿童本身的意向状态始终是问题的关键所在。也正因为如此，王阳明强调“心即理”，反对朱熹所说的“即物究理”，尤其反对拿纯客观之理（天理）作生命的标尺。周国平也曾强调，永远不要低估孩子的心灵，它比我们认为的细腻得多，敏锐得多。[①] 而要让儿童纯真的那一面、内在的那一面、有活力的那一面显现出来，关键是要跟他过一种新的生活，实际上也就是要给他爱，在我们之间形成一种新的社会关联，儿童的自我呈现总是根植于这样一种意向状态或实践。回到自然，把他们纯良的天性显现出来，首先就要回到社会，建立一个美好的情境。德国社会学家西美尔（Simmel Georg，又译齐美尔，1858—1918）就曾暗示，个人的某些方面可以被社会改造，但其内心深处始终有一块净土，乃是社会触及不到或不可触动的地方。[②] 即便在这里，儿童究竟怎么显现，也取决于我们跟他过上一种什么生活。范梅南就曾认为，每个人有三个层次上的秘密。一个是个人秘密，实际上就是个人隐私。一个是交际秘密，也就是“心求通而未得，口欲言而未能”之处，或者那些说不清道不明之事。但这依然存在着意会的可能。最后一个是生存秘密，亦即每个人在根本上都是一个秘密。但也正因为这样，每一颗心都需要我们去探险。[③] 前面我们也讲，孩子是父母的圣物，在孩子面前父母感到了敬畏，所以孩子的心灵对我们有很大的震撼作用。而恰当的教育就在于对孩子本身的关注，与孩子本身的心灵契合。

周国平在《妞妞》一书中说，人的智力因素中，最重要的是好奇心、注意力、观察力、思考力、理解力、想象力等，它们之间并无明确的界限，根子只是一个，就是天赋的理性能力，最不重要的是智力的灌输，[④] 切忌用平庸的答案把孩子的“天问”取消。[⑤] 有一次我们全家到湖南大学玩，回去的时候，女儿看到东方红广场上的毛泽东雕像，就问：“哎呀，那个人是谁，干吗要站那么高?”这句话把大家都逗乐了。还记得她曾问：“‘猫和老鼠’是不是成语?”让我们全家都开心了好

---

①④⑤ 周国平著：《宝贝，宝贝》，江苏人民出版社2009年版，第143、185、143～155页。

② 参见［德］西美尔著，林荣远译：《社会学：关于社会化形式的研究》，华夏出版社2002年版，“译者导言”第3页。

③ ［加］马克斯·范梅南、［荷兰］巴斯·莱维林著，陈慧黠、曹赛先译：《儿童的秘密——秘密、隐私和自我的重新认识》，教育科学出版社2004年版，第12～22页。

几天。周国平还说，儿童是天生的语言学家、诗人、哲学家。① 有时候小孩坐在那里发呆，大人看了着急，就催促道，赶快去做事，发什么呆。其实发呆是从周围的世界抽身出来，回到自己，这很可能是思想深化的征兆。因此，不要破坏小孩的这种天性，甚至应包容思想过程之中的无聊。② 贺拉斯·曼（Horace Mann，1796—1859）的这句话非常好："凡是任何事物在生长的地方，一个塑造者胜过一千个再造者。"③ 跟小孩打交道的时候尤其要慎重，不要轻举妄动，也不要放任自流。"聪明的大自然做了最主要的工作，父母的聪明只在于当好大自然的助手。"④但要认识到这一点并不容易。裴斯泰洛齐说：

> 同我有来往的那些人，越有学问，越受过高等教育的，越不了解我。他们的整个看法同我的看法完全不一样，我的思想是：不要利用那些不自然的手段，而要利用儿童周围中的自然，利用日常生活上的需要，并且利用儿童继续不断的积极活动做教育的方法，这特别遭到他们的反对，但是，我的整个教育方法恰恰建筑在这种思想上。这是一个中心点，在这个中心点上贯穿着一系列的其他观点，而且这些观点是从这个中心点发展出来的。⑤

单看表面，很难确定这些东西跟卢梭的思想有什么区别。但是说到底，卢梭只是把儿童本身看成一种客观之物，看成一种自然之物，依赖于某种理性的自然状态。而我们认为儿童的天性流露是跟我们大家的意向状态连在一起的。我们向孩子们付出爱，也就是自我呈现，而不是端着架子板着脸，才能最终推动世界的显现。或者说，正是因为我们首先去实践了，首先去爱了，首先尽力去教了，首先把自己的心掏出来给学生看了，学生的特点才最终向我们显现。所以世界在根本上其实乃是一个意向关联项。我们的教学不能完全建立在自己过去所了解到的学生身心发展特点的基础之上，而是应当创造一批全新的学生，或者说让学生在

---

① 周国平著：《宝贝，宝贝》，江苏人民出版社 2009 年版，第 77～93 页。

②④ 周国平著：《宝贝，宝贝》，江苏人民出版社 2009 年版，第 163～166、21 页。

③ 转引自［美］约翰·杜威著，赵祥麟、任钟印、吴志宏译：《学校与社会·明日之学校》，人民教育出版社 1994 年版，第 27 页。

⑤ ［瑞士］约翰·裴斯泰洛齐：《论儿童教育——致友人书·论在斯坦茨的工作》，见夏之莲主编：《外国教育发展史料选萃》（上），北京师范大学出版社 1999 年版，第 635～636 页。

我们的教学过程中能够有全新的发展，能够超出我们的预期，给我们带来惊喜。教学的目的，就是要改变学生，使我们原来对他们的认识变得不合时宜，由此才能进一步加深对他们的认识。如果只是使我们再次确认对学生的某种具体判断，让我们把学生看透了，肯定不是什么好事。卢梭觉得学生是客观之物，我们就是要适应他们，甚至他们自己也要遵循自然。而我们觉得学生究竟怎样是跟我们自己的意向状态连在一起的，所以要用爱做敲门砖。这个世界上，门都是虚掩着的，没有一扇门不是用来打开的，关键是要用爱做敲门砖。

台湾学者黄武雄高度评价了儿童的自然能力。他认为，自然能力作为一种原始的创造特质，首先是与生俱来的整体辨认能力。如一看到什么东西就能够产生印象，一看到别人的眼睛就知道他/她可接近还是不可接近。曾经有学者试图根据系统的量化指标来分析人的职业能力，当时就有人说，职业能力可能不需要我们用那么多指标去衡量。一个老师傅一看，就知道你有没有能力。科学研究很多时候确实忘掉了这个东西，因而试图以一种新的能力取代这样一种整体辨认的能力，希望外行也能据此评判内行。事实上，整个学校教育都忽视我们个人的整体辨认的能力，总是搞那种条条框框的东西。包括我们的语文课，一篇课文也总要给拆得七零八落，不让你用整体的感知去品读，去欣赏，去拓展，总是让你去课文中一点一点地找考点。其次就是那种与生俱来的操作与表达的能力。小孩整个的发展都是建立在动作的基础之上。手指是他第一个玩具，指甲是他的第一种猎物。人的第一种思维形式就是在动作中形成的，那就是动作思维。而且小孩有一种特别强的整体表达能力。有时候我们总觉得，跳舞这么高级的活动，只有大人才能学会。但有些小孩天生就像一个精灵，一举一动都特别传神。他可能没有我们那种纯熟的技巧或高难度的东西，但是对于主题的表达一点儿都不弱于成人。他们对生活的观察能力，其实也没有比我们弱多少，尤其是整体上的表达、传神能力。最后，小孩都有与生俱来的动力、态度和兴趣。包括所谓的“生之勇气”，那种生存欲望，那种不断要求成长的朝气，包括无边的好奇心、宽容而心无偏见的心态。[①] 我们大一的同学在支教的过程中也曾发现：

---

① 黄武雄著：《童年与解放》，首都师范大学出版社2009年版，第22～75页。

孩子们对于自己感兴趣的事物的专注令我们感受到了一种强大的气场。当孩子们专心于自身感兴趣的事物时，他们是处在一种对内“封闭”的状态中。他们的世界聚焦于手中的折纸和玩具，着眼于怎样去“征服”手中的事物。有时候我从他身边走过，孩子们都会不耐烦地叫道“老师，你快走！你挡到我了！”他们眼睛片刻不离手中的玩物，自然不会看到我当时有些尴尬的表情。我干扰了他们和另一个世界的沟通，打断了他们每一次超越自我、征服外物的过程。孩子们的专注更多的是来自于爱。他们被手中玩物的魅力所折服，自己的小宇宙打开了一个窗口和玩物的世界交接融合。爱使儿童能以一种敏锐和热情的方式去观察他的环境中的那些东西。儿童的爱是为了获得感觉印象，不断吸收东西，由此创造自己的本质，从而实现自我。手中的玩物对他们而言，就是一个奇妙未知的外部世界，他们通过亲自参与外部世界的构建实现自我。①

我们天生就有一套这样的能力或倾向。但它们在学校教育中或者是被遗忘了，或者是被压抑了，或者是被摧毁了。到处盛行的是与此相对的文明能力。文明能力是借由文明网络中日益发达的分析、抽象、描述方法寻求事物的普遍性和可控性的能力，依赖于超情境的套装知识，或者说，依赖于从情境中抽象出来的那样一些分门别类的精确知识。② 我们在这样一些东西的基础之上培养规范行为，压抑自然行为，最终导致违规行为。没什么比我们中小学教材与教学参考书上的东西更对的了，但老学那些东西又有多大的意义呢？黄武雄要求我们尊重自然能力，防止文明能力对它的戕害，实在是一剂强有力的清醒剂。当然，他要求“还我本来面目”的时候，是要我们超越文明能力，而不是刻意蔑视文明能力。③我们还是需要有概念，一个真正的概念一提出，整个世界都因此而清晰。所以弗莱雷说：“说出一个真正的词，就意味着改造世界。”④ 只是这些东西不能脱离我们的生活、天性与主体性。张五常（1935— ）是华人经济学家中首屈一指的学者，我在华东师范大学做博士后的时候，现场听过他的一个演讲，妙语连珠。他的整个观点

① 汪鹿鸣：《爱加倍——教育学视野下的支教随想》，2014 年教育学原理课程作业。经作者同意后转引。

②③ 黄武雄著：《童年与解放》，首都师范大学出版社 2009 年版，第 22～75、90～92 页。

④ ［巴西］保罗·弗莱雷著，顾建新等译：《被压迫者教育学》，华东师范大学出版社 2001 年版，第 37 页。

就是劝我们读那些可能不对但是有价值的书，而那些都对的书倒不一定需要搭理它。我们今天对于文明能力的培养，确确实实是在忽视、损伤甚至摧毁自然能力的基础之上展开的。本来有一些先天能力，但我们不去发展它，甚至不去保全它，反而不断摧残它，让人不敢说真话，避免暴露自己的弱点，让人不知道自己的深浅，满足于这样一种人为的敬畏。

由此看来，通常所说的不教之教与以儿童为师①，真有必要郑重对待。如果能学会倾听，很多东西老师没教，学生也能自己把自己教好。只要你能坚持让小孩说完整的话，说有思想的话，说一些跟课本不一样的话，他就能在这一过程中将个人自己的生活经验与教材相关联。老以教师为师，以课本为本，中等生就是这样被定型的。老是刻意地教，没有心的沟通与爱的浸染，又怎么能进入对方的心灵？“每个孩子都是一个世界，要用爱作为敲门砖。”这句话是 2011 年我们一个大四同学在实习总结里写的，非常传神。但我们却经常用砖敲门，难怪大家躲还来不及。2011 年硕士生开题，有学生写批判性思维，主要强调思维的逻辑性、独特性、变通性之类。我当时就跟她讲，批判性思维最重要的是什么？就是认识你自己，把自己的生命体验激活，向内挖掘，把自己心灵打开，不然怎么能提出跟别人不同的观点？所有有思想的人都能把自己最质朴的那一面呈现出来。所以关键是我们跟自己建立起一种真诚的关系，相信自身的价值，尊重自己的体验，追寻自我的独特性，不被那些外在的东西所迷惑，真正投身到这个世界。我们要像孩子一样敞开自我，不是老试图直接教他们，即便是教也应抱定对话的态度。甚至像老子所说的那样，“处无为之事，行不言之教”②。

最后，我们要关注身体的教育意义或者身体的教育学意义。这在以前的教育与教育学中基本上是被忽视的，所以杜威认为传统学校就是静听学校。③ 我们小时候写作文也经常这样写：教室里静悄悄的，连一根针掉到地上都听得见。我们也有各种各样控制身体的口令：“一二三，坐端正！小嘴巴，不说话！”但听过的容易忘，看过的记不住，做过的才能会。很多的东西需要我们切身体验，甚至需

① 老子对此话题有最早的论述，其论及“不言之教”处见《老子》第二、四十三章，论及“婴儿”或“赤子”处见《老子》第十、二十、二十八、四十九、五十五章。

②《老子·二章》。

③［美］约翰·杜威著，赵祥麟、任钟印、吴志宏译：《学校与社会·明日之学校》，人民教育出版社 1994 年版，第 42～43 页。

要我们用生命去书写。所以身体在教育或者人与人的交往乃至我们的生命中是非常重要的。但我们传统上对此并不是很看重。儒家刚开始还全面强调礼、乐、射、御、书、数这“六艺”，到后来就觉得身体只是一个臭皮囊，宋明理学更是要求我们“存天理，灭人欲”，结果就只能“平时袖手谈心性，临危一死报君王”。现在我们慢慢地认识到了身体的教育学意义。杜威就说，感觉不是知识的门户，而是行为的引线，经验首先是做的事情。① 今天我们让中小学教师搞科研时，也都说写论文就是做论文。你要是平时没有行动，没有反思性实践，靠编是编不出来的。这种思想有时候还影响到数学教学，所以经常能够听到“学数学就是做数学”。我们今天已经认识到，我们那些兽性、动物性、自然性的方面，跟我们人性、理性、德性乃至神性都是相互依存的。当我们否定一个人的身体，否定一个人的自然性，不愿意承认或接纳自己的身体的时候，我们自身必定是有缺陷或不人道的。

说到身体教育学，就不能不说到对待装扮的态度。北京这边来自日本、韩国的女生会穿得比较大胆，但中国的女生一般来说还是比较保守。而上海的整个风格都很狂野，所以经常能看到那种身材不好但也拼命抢镜的人。我在上海做博士后的时候，有一次跟爱人上街。前面有一个萝卜腿的女孩，穿着一双大花网的袜子。我爱人说：“哇，你看那个人，把自己糟蹋成什么样子了。”我就说：“挺好的呀。”（众笑）她当时的反应大概跟有些同学也差不多，只是有更多的冷笑。于是我接着说：“生活不热爱她，但她热爱生活，有问题吗?”她听我这么说，一下子也觉得那样说别人不好。其实说实话，萝卜腿有什么大不了，美重在心灵，尤其是心态。自己的腿再好看，但如果心如死灰，别人会觉得你美吗？生活不热爱她，但她热爱生活，我真觉得挺好的。而且你必须承认每一个身体、每一种东西都是有意义的。你自己不接纳自己的身体，也不接纳别人的身体，甚至生活都已经热爱你了，你自己还不热爱它，怎么可能创造一个健康、有活力、真正吸引人的世界？所以，对于人的自然性、兽性这样一些东西的接纳，确实是衡量我们理性、人性、德行的尺度。我们似乎离神性太近了，以致什么东西都看不惯。但要真是按照宗教的观点，各种腿形也都是神费了好多心血造出来的，（众笑）你怎么能够那么去歧视人家？相反，我们这些不能很好珍惜上帝馈赠了一副好身材的人，倒

---

①［美］约翰·杜威：《哲学的改造》，见赵祥麟、王承绪编译：《杜威教育论著选》，华东师范大学出版社 1981 年版，第 243 页。

是需要好好地自责。我们心中要懂得接纳，要学会悦纳自己，悦纳自己的身体，也悦纳别人的身体，努力欣赏与呈现每一种身体中独特的美。

但我们中国人要真正认识到这一点依然不容易。尽管自己已经很懂得自我调节了，内心依然有某种偏见，觉得一个人太爱漂亮了就不爱学习。2011 年，我教教育学原理的时候，第一节课，就来了两个女同学，袜子刚到膝盖上。哇，学教育学的大一学生竟然也这样?! 当时都快把我吓坏了，上课的时候都不敢看她们，她们也“如我所料”地坐到了五六排。但后来发现她们的自传写得很好。其中一个说：“世界上有那么多扇门，而你只是最普通的那一扇，如果自己不把门打开，谁会在你门前停留?”这话说得太符合我们的教育理念了，所以我就在课堂上引用她们的话，结果她们的劲头就“蹭蹭蹭”地往上涨。第二次来就坐到了第四排，再一次来就坐到了第三排，到后面就天天坐在我眼皮底下，第一排。但我还是不敢看她们，她们课上课下也不提问，就坐到这个地方来，上完课就走了。直到最后一堂课下课，另一个学生发来一条短信，感谢我让她第一次学习中凭借自己的努力得到老师的认可。因为家境比较好，以前她总以为老师看她父母的面子才来关照她的，而她自己也曾因特立独行受到过学校处分。曾经有个韩国留学生的硕士论文讲我们中国人不爱美，中国学校与老师尤其不爱美。不能怪人家偏颇啊，我们确实有时候把古板的东西看成美的，把美的东西看成不道德的。但是，如果你连自己的身体、欲望与美都不认同，怎么还能成为阳光、自信、可爱的人，从内心的纠结与痛苦中走出来，关注这样一个需要我们全力以赴的世界?

（二）发展性教学的概念及其影响

自然不仅是有一种活力的东西，它本身也在不断建构之中。不要把自然僵化了，不要把自然看成一堆死物，不要把身心发展的规律看成外在于儿童自身的独立之物。说到底，尊重儿童的能动本性绝对不是要降低发展标准。维果茨基的最近发展区理论，可以帮助我们认清儿童发展的机制与目标。他至少把人的发展分成两种不同的水平。一种是现有发展水平（current development level)，这是我们现在就能凭借自己的力量解决的问题范围，表明昨日的发展成就。另一种是最近发展区（zones of proximal development)。最近发展区通常被认为是儿童能够凭自己的力量解决问题所制约的前者与靠成人的指导以及同高于自己水平的同伴一道解决问题所制约的后者之间的区域。但在儿童凭借自己的力量就能解决的问题与靠成人的指导以及同高于自己水平的同伴一道努力才能解决的问题之间，经常是没有任何东西的。（学生：不对，有东西）有什么东西？（学生：一题多解）一题多解？你的意思是说，虽然自己知道一种解法，但别人知道另一种解法，如果不跟别人交流就不可能知道这种新解法？如果是这样，难道意味着，最近发展区和现有发展水平可能是重叠的？（另一学生：不能这么说。划分发展区的最终依据应是我们内在的解决问题的能力，而不是我们所能解决的问题）这样说也有道理。但如果用问题领域来界定发展水平，那种不同发展区可能交互重叠的说法也不是没有道理。这种说法从另一个角度来说更清晰：从靠成人的指导以及同高于自己水平的同伴合作才能解决的问题领域的外围，到儿童能够凭自力解决的问题领域的外围之间，就是最近发展区，它是我们在别人的指导或帮助下所能胜任的问题领域，是进行教学的最佳区域（“教学最佳期”），表明明日的智力发展。在最近发展区之外，是更广袤、不知道其边界何在的潜在发展区。如果针对这个领域中的问题或知识展开教学，学生只会觉得“只在此山中，云深不知处”。维果茨基依此提出发展性教学（developmental teaching），强调教学应走在发展的前头，也就是走在现有发展水平的前头，瞄准最近发展区，以教学推动发展。

> 教授主要课程的心理基础的发展并不早于教学的开始，而是在与它不间断的内部联系中，在它的前进运动中完成的。[1]

“最近发展区”概念，其意义正在于强调，在儿童那里，发展来自于合作，来自于教学。而在此之前，人们在教学与儿童发展的相互关系问题上，主要存在三种观点。一种观点认为教学既不会推动儿童的发展，也不会改变儿童发展的方向，最多只是利用儿童智力发展的成果。也就是说，教学最多考虑儿童现有的发展水平，努力使教学的难度、进度与儿童现有的智力水平相当。这一观点的代表人物是著名的儿童心理学家、瑞士人皮亚杰（Jean Piaget，1896—1980）。维果茨基从其“心理发展的文化历史理论”（cultural-historical psychology）出发，认为儿童

---

① 余震球选译：《维果茨基教育论著选》，人民教育出版社1994年版，第250页。

的发展绝对不是一个独立的自发发展的过程，而是一个社会历史文化过程，因而积极肯定教育教学对儿童发展的促进作用。一种观点认为有教学的地方就有儿童的发展，发展即“各种习惯的积累”，亦即在外界刺激和正确反应之间建立起联结。这种观点以美国心理学家桑代克（Edward Lee Thorndike，1874—1949）和华生为代表的行为主义学派为代表，完全忽略了儿童发展的主动性，将发展等同于对刺激的应答。对此，维果茨基又赞成皮亚杰的观点，即儿童的发展必然是儿童主动建构的过程与结果，绝不可以用外部教学来代替或掩盖儿童的发展。当然，也有人认识到两者之间既相互独立又相互依存，但未能真正揭示教学促进儿童发展的条件、途径与机制。这是这一问题上的第三种观点。我们以前所讲的循序渐进，其本身未必与“最近发展区”与“发展性教学”理论相冲突。但如果每次只在现有的基础之上往前走一小步就叫循序渐进，对这个“渐”字的理解还是有问题的。真正具有教育意义的事件都有一种“距离感”，都必定不是触手可及、唾手可得的事情，或者说，都必须在教和学之间保持足够的张力，有足够的挑战，只有这样对师生才能有足够的吸引力。

关键是学生的最近发展区究竟有多大。苏联教育学家赞科夫（Leonid Vladimirovich Zankov，1901—1977）的研究表明，最近发展区比我们以前所理解的大得多。为此，他提出了四条教学原则：高难度教学、高速度教学、理论知识占主导地位、让学生了解学习过程。当然他还有一条原则，只不过不是机制性的，而是目标性的。人们认为那纯粹只表达一种姿态，用以迎合“面向全体”的政治要求，就是“让所有学生包括差生都得到发展”的原则。① 现在人们经常仍以为对学习成绩好的学生可以要求高难度、高速度、理论知识占主导地位、让学生了解学习过程。而对于那些学习成绩差的学生，则只应涉足简单的问题，降低难度，放慢速度，不跟他们纠缠于理论，就跟他们讲算法。甚至每次都是将具体的运算思路或规则整理下来，让学生照着做，结果做来做去都是依葫芦画瓢。这样，学习就变成了一件什么东西都需要记的事情，甚至每一道题都需要记，这个记忆量就特别大了。而能够真正减轻我们记忆压力的东西是理论知识，是原理，是透彻的理解。事实上老师经常可以区分为两种：一种是关注原理的，另一种是关注算

① ［苏］列·符·赞科夫著，杜殿坤等译：《教学与发展》，人民教育出版社 1986 年版，第 40～50 页。

法的。我们解应用题的时候，有些老师只是满足于让我们记住：第一步读题，第二步了解变量关系，第三步列算式，第四步计算，第五步作答，而具体的变量关系分析得并不透彻清晰，这就是强调算法的。写作文时也给你几条诀窍：开头说说形势好，中间讲讲过程做检讨，最后再将决心表，这也是强调算法。强调原理，能够把原理讲清楚的教师，通常是学者型、专家型、反思型的教师。强调算法、满足于寻找灵丹妙药的，通常是技术熟练者或新手教师。赞科夫要求我们首先把原理讲清楚，而且要相信儿童的理解能力，因而要求高难度教学、高速度教学、理论知识占主导地位、让学生了解学习过程，要求教师与学生充分发挥自己的主体性。他把这些称作“实验教学论体系的原则”。①

美国教育心理学家布鲁纳也曾说，“任何学科都能够用在智育上是正确的方式，有效地教给任何发展阶段的任何儿童。”② 他甚至还进一步说：“一门课程对教师比对学生更有意义。如果这门课程不能鼓动、改变、困扰及启发学生，那它对他们所教的学生将不会发生影响。供教师教学的课程必须是一流的。”③尽管因此造成了一大批没有星星的天文学，没有山川河流的地理学，但正是在这里，布鲁纳成功地挑战了杜威以经验为中心的课程论，开创了美国战后教育改革的新局面。当然，对学科知识的学习离不开个人经验与群体文化，也离不开个人与群体的探索性活动，这一点他与杜威是一脉相承的。但经验因此而被主要理解成了学习的支持性力量，而不是学习的直接对象，这是他们的一个重大的分别。与布鲁纳一起在 20 世纪 60 年代发起学科结构化运动的施瓦布也承认，学习要有意义，师生要能有真正的协作，课程本身对教师也应构成挑战。

> 为了达到这个目的（使学生就一个共同的、可为之奋斗的目标而与教师合作——笔者），使一部分课程内容对教师来说也像对学生一样具有挑战性是很有必要的。否则，教师就不可能有什么真正的参与，这只给了教师表现对学生的恩赐的机会，师生之间的心理距离不是拉近了而是疏远了。④

---

① ［苏］列・符・赞科夫著，杜殿坤等译：《教学与发展》，人民教育出版社 1986 年版，第 40 页。

②③ ［美］杰罗姆・布鲁纳著，邵瑞珍译：《教育过程》，文化教育出版社 1982 年版，第 49、11 页。

④ ［美］Ian Westbury 和 Neil J. Wilkof 主编，郭元祥、乔翠兰主译：《科学、课程与通识教育——施瓦布选集》，中国轻工业出版社 2008 年版，第 97 页。

问题是，推行发展性教学会不会真的只对少数人有利，其他的人则跟不上？赞科夫所说的使所有学生包括差生都得到发展的原则是否真的只是一种仪式性目标？有一次我跟一个研究生说，“班级中怎么会有这么多的中等生？真的很奇怪。”没想到她淡淡地说：“都是正态分布吧。”统计学中的这个正态分布，我们差不多都把它当作金科玉律了。我们很多时候就被这样一些所谓的科学常识害了，或者说就被这样一些所谓的实证主义信条害了。如果中等生总是这么多，差生总是这么少，优等生也总是这么少的话，我们还拼命地去教、拼命地你追我赶还有什么意义呢？难道就是为了“水涨船高”？但“水涨船高”本身难道不也正说明了正态分布乃是一种人为构造？学术生活中早就有人对此提出了反对意见，其中最著名的是美国教育心理学家布卢姆（Benjamin S. Bloom，1913—1999）。他的“掌握学习”理论（theory of mastery-learning）就认为所有学生都可对所学知识达到掌握的水平。[①] 学生学业成绩的分布既可能是正态的，也可能是偏态的，但都必定基于某种社会建构，或者说，必定是特定约束条件下人的发展情况。

2011 年，我们跟一线老师座谈的时候，我又把这个观点提了出来。他们说不对，中等生肯定是最多的，这就是规律。所以当时要他们尊重每一个学生，他们就总觉得没什么意义。有些学生跟得上，有些学生就跟不上。“尽管我尊重他，但他跟不上，还是慢慢地分化，还是慢慢地掉队，又有什么用？”他们脑袋中总是这样一种想法，看来真是一个根深蒂固的想法。当时我急了，就说：“怎么一定有一个庞大的‘中等生’群体？一个老师如果教得好，学生就应该普遍学得好，学生之间的差距就应当比较小。教得不好的话，学生应该普遍都很差，只是偶尔冒出几棵好苗子。如果学生是正态分布，我们老师肯定就是‘中等生’，或者就是不求有功但求无过的‘中等师’，这样教出来的学生大部分都是中等生才可理解。锣鼓配铛铛，瘸子配和尚，大概就是这么配上的。此时的好学生，只能是那种天赋异常或者有强社会支持系统的人。”我当时接着推断，一个有水平的老师，他所教的学生之所以可能两极分化，那是因为他太专业，太有思想或性格，以至于有些人特别喜欢他，有些人特别讨嫌他。喜欢他的就都跟着他变好了，不喜欢他的就都“逃跑”了。所以一个好的老师，一个有学问的老师，一个有个性的老师，所教学

---

① Bloom, B. S. & Lauren A. Sosniak (1985), *Developing Talent in Young People*, New York: Ballantine Books.

生至少应当是两极分化的。要是教出一大堆中等生，肯定是有问题的。

2010年有个民间组织想到汶川去评选优秀教师，就找学生来问我什么是优秀教师。我说，有些人什么学生都能教，他们肯定是优秀教师啊。但有些人，只适合教某些学生，这些人可能也是优秀教师。如果过几年之后再来看，等他“化蝶”了之后再来看，甚至可能比原来那种什么人都能对付的教师还要好。这样说倒不是暗示好教师是一步一步地成长起来的。每个人都是天生的教育者，都是天生的教育家。就好比孔子说的“绘事后素”①，凡物皆必须先有丽质，然后才能有文采，就如白底才好作画。教师也总得有一些先天的品质，这才使他能适合教师职业。卢梭就说，认为第一次做教师的人不如老教师，那是没有道理的，因为教师的责任是陪伴学生成长，最好的教师应能与学生一起成长，因而他们最好就是学生的同龄人。② 我们说有些教师可能需要一个化蝶过程，不是说他们刚开始并不具有优秀教师的某些品质。只是因为他们的思考还没有完成，他们还不能完全表达自己心中所关注的那个世界，知识内在的魅力尚未完全显现，所以他们的教学还有点生涩。但教育教学说到底不完全基于技巧，知识本身是有魅力的，这样的教师天生就是有很好的教育学的。而且事实上他们自一开始就已显露出自己在学识、人格与个性上的某些优势，只是世人还认识不到其中的奥妙，以为他们与那些技术纯熟的教师相差太多。一旦他们能把知识讲清楚，真的对一个东西有自己独特的理解，能把它挖得很深，这个东西怎么不能够吸引人？说到底，真正的知识应当能开启人们的智慧，而不是导致人们如堕五里雾中。

这样，越是后进的学生可能越需要这种发展性的教学。好学生什么都能学，最没意思的东西，最枯燥的地方，最无聊的教学，最零碎的材料，他们都能忍受并发现其意义。好学生不挑食，就像生活中不挑食的小孩一样。不挑食的小孩并非同等地喜欢各种东西，但他们把吃饭本身当成自己的职责，所以不会给自己留太大的选择余地。这种小孩由于什么都吃，所以就受欢迎，也能为自己营造一个好的环境。他们本身也有能力尤其是有意愿与别人一道分享活动本身成功的喜悦，因此，他们是真的在接受教育而不是训练。那些学得不好的人可能需要我们更深地挖掘魅力，跟他们进行更深层次的交往，而不是要我们更多地关照他们的能力

---

①《论语·八佾》。

②［法］让-雅克·卢梭著，李平沤译：《爱弥儿：论教育》（上），商务印书馆1991年版，第30页。

缺陷，对他们提更低的要求，把教学变得更机械简单。因此，教师必须首先以郑重其事的态度对待自己的工作，以郑重其事的态度对待自己的学生。这显然意味着一种更高层次的要求。赞科夫的这一套东西之所以能够打动人，就是因为它很好地借助了知识本身的魅力，借助了认识、研讨、探究过程本身的魅力。这种类型的老师不一定可以教所有的学生，但至少不会教出一大堆中等生来。如果说老师真的投入，真的有个性，真的有水平，不可能就几个人紧跟他的步伐，大多数人不哼不哈，这是不可思议的。而且通过班级的合理组织，比如说双向选择，确保课堂成为有缘人共同体，两极分化这个东西其实也是可以控制的。

当然，人的发展有一个从量变到质变的过程。我们有的时候拿这个东西聊以自慰，以为即便听一些无聊的课，只要坚持听，到时候你自然会明白，自然会顿悟。但是，教育说到底是一种征服，必须使我们每天都产生质变，让我们不断看到另外一个世界。要把一套东西顺顺当当地教给别人，你就得把它深入浅出地呈现出来。即所谓“求其上者得其中，求其中者得其下”。我们之所以要给大家讲这样一种教育学，就是因为我觉得你们是能学会的，别人也是能学会的，就是没有考上北京师范大学的人，我们这样一讲也能学会。很多东西我们没有学会，只是因为那些东西太无聊，跟我们的内心世界太不合拍了。说到底，最富有教益的行动是一种跨越边界的行动，是我们领悟到了从来没有领悟到的东西，产生了对另外一个世界的兴趣。它不是点点滴滴的知识经验的积累，而是一个大的跨越，一种灵魂的转向。而质变也不完全是由量变一点点地积累造成的，它们有的时候就是由一种醍醐灌顶、当头棒喝的情形造成的。如果教育应尽可能地让我们认识到另外一个世界，我们就要更多地营造这样一种环境。

对于我们来说，不能接受的教学不是发展性教学，不是教得很深很好、能够深入浅出，不是我们讲得太透彻，一往无前，结果把道理全部讲清了，而是教学没有发展性，或者说无聊。听不懂的教学我们是可以听的，就像在座的各位，原来也说听不懂，但还是一直在跟着听，且劲头还可以。当然，如果老师都能尽心尽力地教，能够真正教出学问来，你们也伸手不打笑脸人。或者如果我们自己能够参与进去，从中获得意义，我们也会坚持。就如我们命中注定要学教育学，且老师还乐在其中，还经常能口吐莲花，也能正视大家的问题与困难，大家听不懂也能坚持，而且慢慢就能豁然开朗。所以，使我们忍受不了的教学，一种是内容很无聊，实在没有什么新鲜刺激；另外一种是学习过程中没有社会关系的支持，既包括老师对付着讲，也包括学生对付着听。看起来是不想学，其实是没东西可学，老师自己也拎不清。只要老师的教学还能激起我们的兴趣或挑战我们的神经，我们就会拍马应战。所以让我们最终放弃的东西是无聊，是没能与老师建立一种有教益的社会关联，是我的命运和学生的命运在根本上无法融合。还是我的一个学生说得好："真正的糟粕既不是正确的也不是错误的，而是无聊的。"

无聊的教学在信息层面展开，只能给学生小恩小惠，不能让学生真正形成洞见。这种教学没有一种挑战，不能够让我们看到另外一个世界，只能使我们在常识世界里停留。只有少数优秀学生才能够在这里坚持下来，只有他们才能够全神贯注，在这种恶劣的环境中发现意义，得到老师的关注、赏识与支持，成为课堂的组织者，将教学引导到与自己有关的方向。当他们在课堂上提出问题的时候，就参与了课堂的建设，就改变了教学的进程，也改变了老师看待他们的目光，最终改变了自己与知识的关系。优秀学生能创造意义，在平淡无奇、琐屑蛮横的课堂中找到自己的价值，他们是课堂上的"苏格拉底"。还有一种人能够坚持下来，就是家境比较好的学生。因为他的家境比较好，因而一旦在老师这里得不到成功的快乐，他就到外面去学，由父母教他，或者给他买书，或者请一流的家庭教师，比如卢梭。这种人即便喜欢在外面东游西荡、游手好闲，但是家庭对其还是不离不弃，等到想学时还会给予支持，甚至让其出国。其他的人就被淘汰了，因为找不到学习的意义。[①] 只有发展性教学才能帮助我们所有人克服教学中的无聊，让我们看到另外一个世界。曾有同学问，发展性教学在大学和中学可能还好说，小学和幼儿园怎么办？怎么能对老师也有挑战性？其实其中的空间还不是一般的大。大家都学过骆宾王的《咏鹅》，但如果能把诗的意境、骆宾王的故事、唐朝的故事都梳理出来，帮助小孩子梦回唐朝，该有多好。至于数学、自然科学这些东西，看起来对老师的挑战少一些，其实也不尽然。甚至可以说，越是简单的东西越不好展开，因而对老师的挑战更大。

① 参见康永久：《科学世界及其教育学》，载《南京社会科学》2014年第3期。

（三）有社会学意识的教育实践

优秀的教师之所以能够更深地挖掘知识的魅力，不仅因为他们本身对知识有自己独特的理解，而且因为他们本身能够与知识乃至学生建立一种有教育意义的新关系。他们对待知识与学生的那种真诚态度能够打动学生，至少能够打动那些与之有缘的学生，因而能够在师生之间构建一种新的社会生活。因此，以发展为中心的教学，其最终目标，乃是一切潜能最充分的发展和个人社会关系的全面生成，实际上就是全面发展，就像马克思所说的那样，“人以一种全面的方式，就是说，作为一个总体的人，占有自己的全面的本质。”① 当前最重要的，是实现人的基本素质如真诚、自尊、勇敢、敏感、好奇心、想象力和公共性的普遍、可持续的发展，没有重大缺陷。这一切都要求我们相信学生的能力，提高对他们的期望并与之建构一种有教益的关系。知识与技能，只要我们培养了兴趣和思维，理顺了我与你、我们和对象的关系，能够在活动中感受到幸福，它们都是迟早会有的。只要你对于我们所学的学科、所承担的工作有一个好的认同，只要你在活动中能够展示出自我，能够投身于其中，要获得那些东西并不难。就我们自己的学习来说，成功之道是要跟诸种知识或对象建立起良好的关系，而不是去追求表面上的因材施教。正因为我们有一套良好习惯，有一套良好的思维品质，能跟学习材料进行一种深度的交往，我们才得以成功。因此，最重要的还是这样一些蕴含在我们内心的力量，还是在教育者和学习者之间，也包括在学习者和学习对象之间，形成这样一种相互激励的教育关系。很多人没见过世面，也没有很宽阔的眼界，也没有接触到很好的老师或观点，但是他们能够不断成长，他们的发展是可持续的。原因在哪里？就在于他们有这样一些基本素质，或者说有这样一些社会性方面。可惜我们自己经常忘了这一切，总想去接触那些具体、简明、清晰的结论，其结果就是意义的遗忘。

值得关注的是，还有那样一个外在于个体自身的社会等待我们去开启，在某些时候也阻碍着我们自身被开启。说到底，每个人都生活在不同的家庭背景中，生活在不同的关系体系中，生活在不同的交往圈子中。每个人就其天性来说，他的可教育性都非常之大，但现实生活中不同背景的人却有着不同的前途。

---

①［德］卡尔·马克思著，中共中央马克思恩格斯列宁斯大林著作编译局译：《1844年经济学哲学手稿》，人民出版社2000年版，第85页。

有些人能不断地学习，有些人很早就将自己的心灵封闭了，还有些人则特别依赖别人的评价。像劳工阶级的子弟，他们对于表扬的需要就更强烈。包括我自己，成长的过程中也一直希望得到赏识，好像每一天都需要重新确认自己的位置，尤其需要从学校中得到支持。因为自身的社会支持系统太弱，如果从学校中也不能得到支持，我们的学业差不多就到了尽头。因此，对我们而言，教育真的就是生活，而不是生活的准备。我们没有一个明显的准备期，也没有清晰长远的目标，只有一股不服输的劲头和一个模糊的志向，每天都需要成功，然后等待社会的挑选。如果学习上很顺利，家里可能砸锅卖铁也能供我们读书。但一旦考不好，家庭就容易犯嘀咕："咱们祖上十八代也没出过一棵好苗子，开始还以为你可以，实际上仍然不行啊!"于是他们就很容易放弃。对于这样的家庭，孩子的成长就特别需要学校的及时激励。也正因为如此，劳工阶层的子女很容易遭受潜能浪费。一旦外部的支持系统跟不上，个人就很容易降低对于自己潜能的评价。本来是一个很有前途的人，容易就因此而泯然众人。要真的使每一个人都能得到充分的发展，首先就要将学校建构成一种公共的支持力量，一个自由、平等、包容的小环境，以避免社会阶级的分割所带来的潜能损耗。

威利斯就曾尖锐地指出：中产阶级家庭的小孩获得中产阶级的工作是由家庭促成的，劳工阶级的小孩获得劳工阶级的工作是他们自甘如此的。① 因为劳工阶级的小孩容易自认为洞察到了学校生活的"真相"，因而很早就放弃了对学校的梦想。在这样一种反抗中，他们获得的一切，就是学会了劳工阶级的劳动。②现实生活中我们也经常看到，社会处境不利的学生一旦在学校生活中得不到成功，或者跟老师不能结成良好的关系结构，学校生活的社会支持系统对他而言就会土崩瓦解，他的潜能就很容易被浪费。而中产阶级背景的学生由于有家庭的支持，哪怕学校生活再无意义，家庭支持仍能延续不断，国内考不上大学就送到国外去，所以他的"青春期"比劳工阶级的明显要长。我们花朵未开就遭到"摧残"，或者说我们本身就像是昙花，而人家却一直能四季如春。教育中强调阶级的影响有的时候要求推行一种补偿教育，如给他们课外辅导（校内补习），或者多给他一些额外的关照。现在看来这种思路还是有问题。学校生活本来每天都排得满满的，凡是

①② [英] 保罗·威利斯著，秘舒、凌旻华译：《学做工：工人阶级子弟为何继承父业》，译林出版社2013年版，第1、151～183页。

休息的时候也都是该休息的时候，有什么机会搞补偿教育？因此，更为常见的是对他们的分数优待或困难补助。但这些东西本身也容易成为一种标签。一旦付诸实施，就意味着实际上还是小瞧了他，还没有使他真正得到认可。所以最重要的还是在事前就把知识的魅力、把自己的魅力、把对他的爱展现出来。事后补偿可能有一定的效果，但说到底于事无补。他们缺的不是知识和训练，缺的是社会支持，是最内在的教育力量，以及那种与别人休戚与共的感觉。所以，对于劳工阶级的小孩，尤其需要良好的社会关系。裴斯泰洛齐的魅力，他的全部教育智慧和诀窍，就在于能与劳工阶级的小孩打成一片，真心觉得他们是好人。就凭这一点，他把他们教好了，而且走到了时代的前列。

值得关注的还有社会性别问题。我们大家都有自己的生理性别，但现实生活中我们对这种生理性别都赋予了某种文化期待或社会想象，因而它们说到底又都是社会性别，又都是社会建构。2009 年，我们有学生在中学做了这么一个性别试验：让男同学全部想象自己变为女同学，女同学全部想象自己变成男同学，看看大家有什么问题。结果男同学都说："不得了不得了，我的腿毛这么粗，我还要穿丝袜，（众笑）怎么办？走路的时候还要扭腰，还要穿高跟，还要有兰花指，要学的东西好多啊。"很显然，我们每一个人都是有性别偏见的，不可能设想一个没有偏见、没有刻板印象的世界。而且这个世界需要刻板印象，这是我们相互交往与沟通的前提。刻板印象的另一面，就是我们在此积累的文化韵味。有同学说要消除刻板印象？你怎么能够制造一个没有偏见的世界？我们所说的敞开心灵，说到底也是要用我们自己的一孔之见或偏见跟别人交往，而不是用一套科学真理来遗忘自我。如果我们都在利用已有的偏见，又如何去建构一个没有偏见或刻板印象的世界？但是有时候对于人的这些印象令我们很不舒服。比如说男人就得像个爷们，心思不应该太细腻，而女人则要恪守妇道。十多年前我去广州火车站寄东西，结果被一帮子人拉到了一个物流"黑市"。我不敢轻举妄动，但也不放心他们的"服务"，所以就多问了几句。结果一个"东北"壮汉（听口音觉得他是东北的）就用鄙夷的眼神看着我说："这样拿不起、放不下，你媳妇都会觉得窝囊！"这真是什么跟什么啊?！但如果大男子主义观念却是生活中比比皆是的现象。因此虽然我们已能意识到性别刻板印象是必要的，但如果印象太刻板了也是一件伤脑筋的事。2011 年，我们一个研究生在自己的开题报告中说，贾宝玉缺乏父性教育，所以搞得男不男女不女的。但她的观点一提出来就被批了一通。贾宝玉怎么是男不男女不女的？那么有爱心，那么怜香惜玉。而且生活中，父亲什么时候又不能管小孩教育了？母亲什么时候又不能培养儿子的勇武精神了？要在突破刻板印象束缚的同时又能尊重文化传统，保护男性气质与女性魅力，这是一件需要郑重对待的事情。

对教育来说，值得防范的还有其他群体性分割，尤其是城乡对立。中国社会的条块分割在计划体制下登峰造极，现在依然有很多隔阂，以致不同背景的人经常被打上不同的身份标签，倒是他们本身在这过程中被遮蔽了。经常听农村来的人说，自己不适应城市环境，所以要学会适应。学会适应城市环境，很多时候就是学会一套城市文化与技能，让自己能够像城市人一样自信地生活。农村的同学来到城市，不会喝咖啡，就要学会若无其事地喝咖啡，习惯于这样一些新的生活，洗干净腿上的泥。城市生活当然需要我们做出这样一些调整，但若因此认为农村的东西不能在城市扎根，从农村进入城市意味着要完全放弃自己的文化，把它抛在身后，重新学习一套新东西，那是有问题的。事实上，城市是“异质性的社群”，因而也应当是有包容性的社群。我们在城市也总是生活在一个个小的群体中间，像你们在北京主要就生活在北京师范大学，我则生活在北京师范大学和自己所在的小区，主要就在这两个地方蹿来蹿去，别的地方我都不知道，去别的地方我也会不熟悉，也会小心翼翼，并开始模仿别人的行为。其他城市人也是生活在一个个小的社会空间之中，所以城市是一个异质性的社群，是由很多很多小的社区构成的，我们常常生活在其中的一个或几个社区中。所以农村的人来到城市，不必像我们想象的那样，有那么大的差距，需要那么自卑。我们之所以感到自卑，是因为我们今天的城市异质性太小了，每个群体找到自己的归属群体的可能性太小了，相同背景的人之间的相互支持太难了，城市生活的优越感太强了。我们也许需要学习新东西，但把我们看成农村人本身就是一种身份歧视。而且说到底，需要向对方学习的不仅仅是我们，大家都应相互学习。

2010年，我们一个学生研究高考移民。因为她是来自西部的，所以讲到高考移民的时候真是恨之入骨啊。我问她，“你为什么这么恨呢？”她说，“抢占我们的资源啊！”我问，“难道相互交流不重要吗？”她说，“他们有自己的指标，为什么还要来抢占我们的指标？”这个事例说明，大家都被制度化的东西束缚了头脑。当然，除了情绪的发泄外，她还有自己的描述。按照她的观察，有些人高二就转到他们班上课了，但他们之间彼此不交往，相互蔑视，同学一场只是结了一场仇。今天的异地高考政策，依然有很多限制。现在整个社会大流动，多少家庭对异地高考望眼欲穿，但这样的教育与户籍制度，硬把别人的家庭都活活拆散了。留守老人守着小孩又管不住小孩，怕小孩变坏又不得不笼络小孩。由于政策的原因小孩又不能跟着父母自由迁徙，即便能这样也不能稳定地待在一个学校，缺少同伴，周围的人都用怀疑的目光看着你，怕你顺手牵羊。本来大家都是很淳朴的人，一在城市相遇，城里人觉得农村人素质很差，经常偷东西，农村人则觉得城市人很冷漠。最后只能说："这里不像北京，不是我想象中的北京。"① 心目中的北京是太阳升起的地方，阳光普照大地，但现在"只照绮罗宴，不照逃亡屋"。所以在座的各位都要呼吁把中国建设成一个让大家都能感到温暖的地方。不能只让自己感到温暖，脏水全泼到别人的地盘，或者把想到这里取暖的人全部赶跑。甚至世界公民这个想法也要有，不要老想着怎么把国人死死地管住。

但歧视也有另一面。曾经听到过这样一件事：北京 101 中学的学生回母校诉苦说，北京的学生在同学中真的很压抑啊！四川的同学说，作为四川的学生，我自豪，同伴们一片点赞声。山东的学生说，作为山东的学生，我自豪，同伴们也是一片喝彩之声。北京的学生说，作为北京的学生，我自豪，同伴们一片唏嘘之声。但北京不好你们来干吗?! 不过这话含在口里又不好说，只能夹着尾巴做人。② 我在国内很多地方长期生活过，在长沙读了 4 年大学，在武汉读了 6 年研究生，在广州工作过 8 年（其中有 3 年同时在武汉读博士），在上海做过 2 年博士后，如今在北京也已生活了 10 年。单就自然环境而言，感觉最舒适的是上海，其次应当就是北京了。记得博士后出站的时候还不想来北京，脑海中浮现的都是飞沙走石、衰草连天的景象。但到北京一看，秋高气爽，蓝天白云，和风习习，心旷神怡。虽然有沙尘，但也没几天。如果没有如今的雾霾……而且北京人说到底不像别的地方那么狭隘，再加上哪有人不爱自己的家乡，对北京人的自豪我们确

---

① 魏曼华、张琳娜、李俊波、夏玲、董永贵：《这里不像北京，不是我想象中的北京——社会阶层视野中基础教育质量的个案分析》，见北京师范大学教育基本理论研究院编：《"农村教育的公平与质量：理论与实践的对话"研讨会论文集》，2011 年，第 206～218 页。

② 类似的说法最早出现在美国。在反种族歧视的氛围中，一个黑人说"我是黑人我自豪"，周围一片喝彩之声。一个白人说"我是白人我自豪"，则经常被认为是赤裸裸的种族歧视。

实需要理性对待，不然就成了“反向歧视”。总之，认为一种文化先进，别的文化落后，或者认为原来被贬低的文化才先进，原来的优势文化才真正落后，本身都是一种落后的表现。只有拥有宽广的胸怀，才能胜任现代人的教育。

我们以前总觉得老师是直接教学生，而且是在外部社会的直接约束下教学生。事实上我们的教学根植于某种社会土壤，根植于某种教育情境，根植于某种互动结构。有一句话我觉得大家一定要记住——“技近乎道”。它源自《庖丁解牛》，但《庖丁解牛》本身不是说“技近乎道”，而是说“道进乎技”，意思是说他所追求的道超出了技术的层次（“臣之所好者，道也，进乎技矣。”[①]）。说到底，道与术的区分取决于我们自身的互动结构，因而完全有可能借助某种互动结构重建我们的教学。我爱人是教高中化学的，2012 年，她让学生制硫酸铜。一般的化学实验课在我看来其实特别烦人，就在那儿按照教科书的指示鼓捣。但是她那次不是要求大家再次确认该反应的过程与现象，而是看谁制出的硫酸铜晶体最大，结果大家一下子就来了劲。可见，我们一直强调的原理在最根本的意义上不是现成的结论，而是一种研究的态度。有社会学意识的教育实践应当营造这样一种教育情势或关联结构，而不是依赖教师或外部社会的直接改造。也就是我们的教必须和我们对学生的爱、认同与尊重结合起来，跟我们每一个人的生命体验联系起来，充分利用情境中的各种资源，而不是单纯将自己看成教育资源。要试图跟学生建立关系，你就必须努力揭示知识的魅力，破除社会、家庭生活与学校之间的种种对立，弱化教育中的理性控制，鼓励环境中的各种因素的参与与建构，将教育活动建立在开放系统的基础之上，而不是建立在个人行为或服务于个人行为的封闭的技术系统的基础之上。

杜威教育理论最重要的方面，就是强调环境的教育作用，也就是要求我们更好地利用儿童本身的能动性与社会性。他在讲“教育中的道德原理”的时候，也反对我们单纯跟学生讲那些“关于道德的观念”，而是要求我们将学校本身变成一种道德的场所，以在学生身上形成真正的“道德观念”。他说：

只要学校本身在精神上能代表真正的社会生活；只要我们所称的学校纪

---

①《庄子·养生主》。

律、管理、秩序等等是这种固有的社会精神的表现；只要所用的方法对积极的建造能力有吸引力，允许儿童发表，因而允许他服务；只要课程的选择与组织能提供材料使儿童认识他必然在其中起一份作用的世界，认识他必须满足的需要；只要这些目的都达到了，学校就是组织在伦理的基础上。至于一般原理上，一切基本的伦理上的要求也就达到了。其余的则留在个别教师和个别儿童之间去解决。①

杜威的这种观点至今还有重要的意义。老师真诚，学生就容易真诚起来。老师天天假大空，学生也就只会打官腔。学校里老是做一些不着调的事，讲一些不着调的话，学生就越来越阳奉阴违。学生如果能得到鼓励，不断强化生之勇气、无边的好奇和心无偏见，还能反过来不断改进老师的教学。这些东西，在根本上取决于生活的联合程度。你的课堂不尊重学生，不投入生命，不能展现知识的魅力，却试图让学生爱这个爱那个，你说怎么可能？如果言行不一，我们所说的那些东西就只能蜕变为一种教条，哪还有什么道德的意味？“亲其师，信其道。”真正的德育，需要我们去跟别人讲的部分其实是很少的，大部分借助于有道德的学校生活就可以解决。现在的问题是我们老师跟学生讲了一大堆道理，而我们学校的秩序、管理乃至整个社会生活却又跟道德本身相背离。大学毕业的时候，一个同学给我这么留言：你不要表现得比别人聪明，否则别人很快就会超过你。我看到这话大吃一惊，毕业了你才给我讲，要讲你早点讲啊。（学生笑）但话又说回来，若成天藏着掖着，时刻提防着别人，最终又能有什么益处？就好像王啸老师说的，我们在这个世界充满了恐惧，充满了不安，以至什么知识都要会，跑到英国买西瓜还不忘到处敲，生怕上了奸商的当。这样的现实生活，除了让我们发展出一套文明能力，已经不能使我们相信任何人。

总之，理性主义的发展观认为，事物本身有其发展的规律，按照规律去做就是最好的实践。但这样一种发展观现在被建构主义突破了。在这里，我们不是按照客观规律办，而是通过互动或相互作用创造一个新世界。发展观的这样一种演进在教育中也如出一辙。最初的时候，神秘主义发展观认为有一套客观的东西存

① [美] 约翰·杜威：《教育中的道德原理》，见 [美] 约翰·杜威著，赵祥麟、任钟印、吴志宏译：《学校与社会·明日之学校》，人民教育出版社 1994 年版，第 158～159 页。

在，只是我们把握不住。传统社会认为人有不同的血统，有的高贵有的低贱，按血统来教就是最理性的了。现代没有这种血统论，但强调人身心发展有规律，要按照人自然发展的规律去教。这些都强调发展的客观性，因而造成了遗传决定论、环境决定论或教育万能论等错误观点。甚至儿童的发现也只是造成了对儿童的控制。在我们看来，儿童是具有能动性和社会性的先验主体，需要我们跟他们共同生活才能搞出更好的教学。最有意义的教育就是质变，就是边界跨越，就是两个世界的沟通，就是洞察，就是感知到另一个世界的真理，就是征服。而这一切又都依赖于社会生活的重建，依赖于新的社会生活的形成。所以教育的最终根源，是学校能很好地组织起来，而不是单纯去教，单纯去说，单纯去管，单纯去罚。学校本身必须有德行，并且能与学生一起创造一种新的联合生活。不然，真正的学校就只能在窗外，也就是在我们儿童能够自由自在的地方，在制度化学校对他们的控制最弱的地方，在我们的课程与生活一体的地方。

第四讲 教育与社会发展①

经常听人说，教育有两条基本规律：一条是教育要与人的身心发展相适应；另一条是教育要与社会发展相适应。当然，光说教育要与什么东西相适应，好像太消极了。所以有的时候大家又说，教育既要适应什么，又要促进什么的发展。考虑到这两条规律之间有关联，我们甚至可以把它们合为一条：教育不但要适应和促进人的发展，还要适应和促进社会发展。当然，我们也可以说教育还有第三条基本规律，还有相对独立性，还有它自己的特点、逻辑和自主性，所以可以说，我们还必须尊重“教育自身的规律”。但说到底，规律不是一个可以遵照执行的外在尺度，它们本身的呈现取决于我们自身的态度。或者说，只有跟个人与社会建立某种关联结构，我们才能真正进入随心所欲不逾矩的世界。因此，我们在此不再从规律的角度来讨论“教育与社会发展”，只准备跟大家分享五个方面的内容。第一个方面事关社会及其内在构造，在此需要既关注到社会的物质层面，又关注到社会的精神或意义层面以及它的实践层面。第二个方面是教育在社会中的定位，其中的关键是教育本身的相对独立性，以及教育与社会本身的复杂关联。第三个方面是教育的社会功能，主要关注功能论及其批判性回应，以期深化对教育与社会关系的理解。第四个方面涉及现代教育的战略地位，重点是分析现代教育与现代社会的新关系，从而进一步认清教育的意义与社会本身的建构性质。第五个方面是社会对教育的制约，我们在此将把社会本身作为一种教育情境乃至教育实践来讨论，进一步揭示社会本身对教育的意义。

---

① 本讲由北京师范大学教育学部2009级许儆、林飏，2010级雷雪玉、向瑶、张茜然、李忠蔚、黄平、韩丰，2011级李雅楠、王帅鸣、谷思洋，2012级王梦柯、蔡冠宇，2013级卜尚聪、马思远、杨正周、宋雨柔诸同学初录。

一、社会及其多重构造

（一）社会概念之面面观

“社会”概念在中文语境中有一条明显的演化轨迹。最初，“社”或“会”所指的乃是春秋社日迎赛土神的集会。“土能生万物，地可长黄金。”在一个农业文明中，迎赛土神是一种常见的仪式。这是“社”“会”最初的来源，后来也可用它们指称其他节日集会。这种节日集会严格地说仍是共同体情境的一部分，而且在不断强化那些对共同体来说必不可少的集体表象（如图腾、道义或其他神圣之物）与团结形式。但像最初的学校一样，这种节日集会处在共同体情境的边缘。也就是说，它们不是亲密关系共同体的常态，只有在特定的情势中人们才进入这样一种集会或组织，或它们只有在特定的情势中才会出现。而且此时此地，由于大家都一起直面集体表象，人人兴高采烈，世俗的身份秩序因此而淡化，好像大家都处在一种相对平等的个人化状态。当然，这样一些节日集会，还不是滕尼斯所说的那种以个人为中心的社会，但确确实实是在向那个方向发展，最终在传统社会中出现了由志趣相投者结合而成的志愿组织（又称“会社”）。比如说，北京有湖广会馆，有安徽会馆。它们当然带有传统共同体的那些特点，但是，已经跟原来的亲密关系共同体不一样了。虽然大家都是老乡，都有实质性的相似，但在这样一些同乡会所里面，大家都相对独立，因而更为平等，而在传统的家庭或家族中普遍盛行的是身份的等级制。它们也都有科层组织，有一个管理协调的机构，但这种管理机构和我们的长辈，和我们的祖宗，和我们的爷爷奶奶就不一样了。所以这样的会社，确实又是传统的共同体社会中已经出现的社会的胚芽。它们甚至在空间上也都出现在共同体的边缘，有的还出现在不同的共同体之间。

在现代化的过程中，社会越来越被定义为那种超出共同体情境的神秘领域。那是一个所有个人都可以平等进入的空间，因而又是一个公共的空间。市场就是这个领域的一部分，因为市场交易的原则就是童叟无欺。又由于人们在此纯粹以个人的面目出现，所有的一切都需要自己独立打拼，因而那也是一个个人空间。这样，社会作为亲密关系共同体之外的公共空间，经常就是一个以利益或力量为核心的领域。事实上，每个人都曾觉得自己的家乡是世界的中心，离开了这个地方就都是竞争性的社会。当个人离开自己的共同体来到这个世界，他也就立即处于一种孤立无援的境地。正因为如此，个人外出闯荡，就被说成是“进入了社会”。社会因此而成为一个无关道德的领域，需要的不是自律或伦理约束，而是管理或统治。① 今天的“社会”，其内部结构再次发生了巨大的变化。原来独立打拼的个人在这里以新的方式组织了起来。道德虽然依旧不是社会组织的核心原则，但一种新的公共秩序已然形成。这样一个有秩序、自主组织、个人有存在感的公共领域，有一个更有吸引力的名字，叫公民社会。所有意见都在这里表达，最后形成一种有约束力的公共力量，为所有人有尊严地生活提供一个公共平台，不管他/她的家庭背景、宗教、民族、性别、财富状况，对所有人都平等开放，因而能够把不同的利益团体整合起来。这一意义上的社会被限制在市场力量之外的社会公共领域，主要指经济部门、政治部门之外的第三部门，经济与社会就此分道扬镳。②

但这样理解的社会说到底只是范围更广的社会生活的一部分，我们这里所要讨论的乃是最宽泛意义上的“社会”，即那些基于共同文化、权力结构或经济关系将个体或者群体连接在一起的结构系统或结构化系统。最明显的是那种基于实质性善意的血缘、地缘、姻缘、宗教、语言、友谊或忠诚的亲密关系共同体。由于存在这样一些实质性的相似，个人或群体之间总能够天然地相互包容与认同。我们的朋友圈子或家庭，就是这样一种社会现象。这种社会现象经常被上面所说的那样一些社会观念排除在外，它们认为只有个人走出了自己所隶属的亲密关系共同体而来到了“外部世界”才算是“进入了社会”。这种观点当然有其独特的价值，因为它鉴别出了社会现象中非常独特的一个方面，这个方面并非建立在亲密关系的基础之上。但因此而否定亲密关系本身也是一种社会关系是不恰当的。在某种意义上我们可以说，它们既是自然的又是社会的。与这样两种社会现象对应的则是国家或政治社会，它的基本标志是一个统一且高踞于民间社会组织之上的权力中心。这样一种权力中心也是从民间社会中成长起来的，有时甚至采取了亲密关系共同体的形式（即所谓的“家国同构”），但它最终取得了对其他社会组织

---

① ［英］冯·哈耶克：《什么是“社会的”？——它究竟意味着什么？》，见［英］冯·哈耶克著，邓正来选编译：《哈耶克论文集》，首都经济贸易大学出版社 2001 年版，第 166～167 页。

② 有关“公共领域”的更为专业的探讨，参见［德］尤尔根·哈贝马斯著，曹卫东译：《公共领域的结构转型》，学林出版社 1999 年版。

的支配权，并以某种公共服务维持这种支配或使之合法化。不管怎么说，社会似乎就是一种跟个人不一样但又能将不同的个体整合在一起的实在。

考虑到人本身的社会性，“社会”的概念还需要进一步拓展，因为那种将一个人整合在一起的东西也可以说是社会现象。一个人还需要被“整合”在一起？难道不被整合我们就变成了原子、分子到处乱飘？不是这个意思，而是说我们自身有一个内在的社会维度，它能够使我们形成社会性的情感，形成对于整个社会的接纳，使我们可以融入社会生活，不会在精神或者人格上分裂或解体，不会觉得生活当中到处都是敌人，因而能够形成一个完整的自我。由此可见，能够把我们个体紧紧整合在一起的，除了我们的身体或有机组织，还有一套社会性的存在。每一个有生命力的个体，都有这样一种社会性的存在，能够将我们自身纳入一种社会关系领域，纳入一种文化氛围，在我们身上造就一个健全的社会性的自我。所以我们可以讲，哪怕鲁滨孙一个人在一个孤岛上面，他也是一个社会性的人，他的行动也是一种社会性的行动。我们此前一直给大家讲一个观点，每一个人都是一个小宇宙，都是一个小世界，都是一个小小的社会结构，每一个人都随身携带了一个环境，每一个人就是一个小社会。正是这样一种社会使我们自己成为一个社会性的自我，使不同的社会性的自我组织为一个群体，人们正是在这样一些群体的基础之上组建了各种政治共同体乃至国家。

（二）道德领域或“精神实体”

平时大家也都说人有社会性，但这通常只是指我们在社会生活中慢慢形成了一些文化的、历史的、阶级的、群体的、道德的特征。言外之意就是说，人本身没有社会性，只有经过社会的熏陶，才能具有社会性。米德说：“自我从本质上说是一种社会结构。”① 但他仍相信这种社会性的自我是从社会经验中产生的。马克思也倾向于认为：“人的本质不是单个人所固有的抽象物，在其现实性上，它是一切社会关系的总和。”② 在这里，人的社会性显然被认为是从外部添加的东西，至少是社会后天赋予而不是个体先天拥有的东西。但事实上我们每个人都有一种先

---

① ［美］乔治·赫伯特·米德著，霍桂桓译：《心灵、自我与社会》，华夏出版社1999年版，第152页。

② ［德］卡尔·马克思：《关于费尔巴哈的提纲》（1845年初稿，1888年经恩格斯修订），见中共中央马克思恩格斯列宁斯大林著作编译局编译：《马克思恩格斯选集》（第1卷），人民出版社1995年版，第60页。

验的善意，都有一种与他人建立关系的能力，都有一种先验的社会性，都依赖于某种文化世界，而且天生就追求意义。在座的每一位衣服都不一样，有长的有短的，有收腰的有不收腰的，有敞领的有高领的，就是因为大家都有超出肉体需要的部分。这样一种由人的尺度甚至美的尺度所构成的世界，是一个真正人所共享的世界。这个世界具有某种意义，显示了人类生活的独特品位。可见物质的约束对个人并非一种直接的约束，人始终生活在意义的世界。在个人的物质生活之上，始终存在着一种为人独有的精神或意义世界。即使他自己没有采取某种共同的、同其他人一同完成的生命形式，他也生活在社会之中。马克思也认为：

> 动物和自己的生命活动是直接同一的。动物不把自己同自己的生命活动区别开来。它就是**自己的生命活动**。人则使自己的生命活动变成自己意志的和自己意识的对象。他具有有意识的生命活动。这不是人与之直接融为一体的那种规定性。有意识的生命活动把人同动物的生命活动直接区别开来。正是由于这一点，人才是类存在物。……仅仅由于这一点，他的活动才是自由的活动。①
>
> 动物的生产是片面的，而人的生产是全面的；动物只是在直接的肉体需要的支配下生产，而人甚至不受肉体需要的影响也进行生产，并且只有不受这种需要的影响才进行真正的生产……动物只是按照它所属的那个种的尺度和需要来构造，而人懂得按照任何一个种的尺度来进行生产，并且懂得处处都把内在的尺度运用于对象；因此，人也按照美的规律来构造。②
>
> 首先应当避免重新把“社会”作为抽象的东西同个体对立起来。个体是**社会存在物**。因此，他的生命表现，即使不采取**共同的**、同他人一起完成的生命表现这种直接形式，也是**社会生活的**表现和确证。③

在马克思的这样一些论述中，社会的精神层面已然依稀可见。涂尔干更是明确意识到了存在于个人自身的那样一种社会存在，而且指出了这种社会存在的道德性质。④ 正是这种道德世界，对于我们每个人的生存，提供了一种先验的制度

---

①②③［德］卡尔·马克思著，中共中央马克思恩格斯列宁斯大林著作编译局译：《1844 年经济学哲学手稿》，人民出版社 2000 年版，第 57、58、84 页。

④［法］爱弥尔·涂尔干著，陈光金、沈杰、朱谐汉译：《道德教育》，上海人民出版社 2001 年版，第 66 页。

性保障。所以一看到那种慈眉善目的人，每个人都感到很亲切。一想到有人做了坏事，所有人都感到很气愤。一看到人们对“坏人坏事”义愤填膺，我们内心就得到了慰藉。别人抓了小偷，自己左挤右挤挤不进去，也要从腿缝中努力踹小偷一脚。不是偷你的东西，你为什么去踹别人？人家只偷了那么一点点东西，你为什么要用那么大的力去踹？涂尔干说，道德领域不是基于理性或经济计算。违背了道德，就是侵犯了我们心中的神圣之物。① “如果一种行为触犯了强烈而又明确的集体意识，那么这种行为就是犯罪。”② 也正因为如此，一切犯罪就是对一切人的犯罪，对它的惩罚经常表现为一种自发的、无目的的反击，一种强烈而无知的冲动，一种缺乏理智的破坏欲，这种内在的燥热情感如不完全发泄出来是不会平息的。③ 当然，对涂尔干来说，这样一种社会依然是一个外部世界。但涂尔干也承认，任何人都不是法盲④，就像我们说所有人心中都有杆秤。涂尔干还曾说，当我们依恋于外物的时候，就具有利他主义的倾向。⑤ 因为我们要依恋于外物，就要与外物建立起联系，就必须向外部世界表达自己的善意，就必须吸引外部世界的关注。如果我们天性上就是一个需要从外部获得支持、从外部获得资源、从外部获得可靠之物的生物，必然一出生就需要一种跟外部世界建立关系的能力，需要在外部世界前面呈现自我，表达或流露出对外部世界的善意，把别人紧紧地拴在自己的身边。因此涂尔干说：

> 我们认为，构成我们自己最重要的组成部分，就是社会。从这个观点来看，我们不难看出，社会何以能够成为我们与之密切相关的东西。事实上，我们不可能使自己在脱离社会之时不使自身发生分裂。在社会与我们之间，有一种最有力、最密切的联系，因为社会是我们自身存在的一个组成部分，在某种意义上构成了我们身上最好的东西。在这些条件下，人们就可以理解，以自我为中心的人，即利己主义者的生活有多么不确定啊，因为这种生活违

---

①②③④ [法] 埃米尔·涂尔干著，渠东译：《社会分工论》，生活·读书·新知三联书店 2000 年版，第 63、43、48～52、37 页。

⑤ [法] 爱弥尔·涂尔干著，陈光金、沈杰、朱谐汉译：《道德教育》，上海人民出版社 2001 年版，第 207～209 页。

背了人的本性。[①]

这种能将个体或者群体连接在一起的结构系统，而且个体自一开始就拥有的这样一种社会存在，就是涂尔干所说的那样一种道德存在或精神实体。[②]孟子很早就意识到了人性之中的这样一股道德力量，深受孟子影响的儒家传统也都将人性本身看作社会的根基。正是这样一种道德存在确保了个人的自我完整，教育也正因此才拥有了道德的力量，才拥有了直指人心的力量。但这种力量不像涂尔干所说的那种单纯作为“外界的强制力”“独立于个人固有的存在性”，[③] 而是与与生俱来的那样一种“先验的善意”是内在契合的。说到底，孩子一出生就具有某种趋社会的天性，而不是什么生物学意义上的自然人。虽然他没有我们那种要学雷锋、做好事的观念，但是他有意无意之中露出的微笑，微笑中流露出来的想接近你、想跟你建立关系的意图，这样一种跟世界建立关系的能力，整个就是一种先天性、天赋性的东西，整个就是一种先验道德的具体体现。就此而言，儿童真的就像天使，天生就拥有某种进入道德王国的通行证。或者更进一步说，他们天生就是道德王国的当然成员，天生就是人类群体的一员。他们不是因为接受教育才成为社会的一员，先验自我本身就是一种社会结构，他们从一开始就对这个世界有一种天然的亲近。他们所降生的这个世界，从一开始就是他们的故乡，至少是他们精神的家园。伯奈特（John Burnet）说我们都是这个世界的异乡人[④]，就我们所说的这一些方面而言是不成立的，我们的孩子是这个世界的当然成员。[⑤]

（三）作为既成之物的客观实在

当然，那种能将个体或者群体连接在一起的结构，除了道德领域或精神实体，还有其他社会实在。马克思主要从生产力与生产关系、经济基础与上层建筑等方面来分析这样一种社会实在，其内部结构可以这样来表述：首先是生产力，这在

---

①② ［法］爱弥尔·涂尔干著，陈光金、沈杰、朱谐汉译：《道德教育》，上海人民出版社 2001 年版，第 71、66 页。

③ ［法］埃米尔·迪尔凯姆著，胡伟译：《社会学方法的规则》，华夏出版社 1999 年版，第 12 页。

④ 转引自［英］伯特兰·罗素著，何兆武、李约瑟译：《西方哲学史》（上），商务印书馆 2008 年版，第 59 页。

⑤ 康永久：《先验的社会性与家国认同——初级社会化的现象学考察》，载《教育学报》2014 年第 3 期。

他的整个理论体系中是最基本的。生产力和生产关系构成了一对矛盾，被认为是社会发展的主要矛盾，但生产力被认为是矛盾的主要方面。这两方面及其矛盾运动构成了社会最核心的东西——经济基础。在这个经济基础之上的是上层建筑，既有政治性的（政治法律制度），也有思想性的（社会意识形态），其中思想性的又相对次要一点。通过这样区分主要矛盾与次要矛盾，以及矛盾的主要方面与次要方面，马克思把社会发展的最终决定力量理解成生产力。这种表述倾向于把整个社会理解成一个紧密结合的系统，很容易导致一种经济决定论。于是马克思又不得不经常强调生产关系对生产力的反作用，社会意识形态对政治法律制度的反作用，以及上层建筑对经济基础的反作用。但要以此消除经济决定论还是有困难的，因为它不足以突破物质第一性、意识第二性的定位。马克思在《〈政治经济学批判〉序言》(1859）中就曾这样讲道：

> 人们在自己生活的社会生产中发生一定的、必然的、不以他们的意志为转移的关系，即同他们的物质生产力的一定发展阶段相适合的生产关系。这些生产关系的总和构成社会的经济结构，即有法律的和政治的上层建筑竖立其上并有一定的社会意识形式与之相适应的现实基础。物质生活的生产方式制约着整个社会生活、政治生活和精神生活的过程。不是人们的意识决定人们的存在，相反，是人们的社会存在决定人们的意识。社会的物质生产力发展到一定阶段，便同它们一直在其中运动的现存生产关系或财产关系（这只是生产关系的法律用语）发生矛盾。于是这些关系便由生产力的发展形式变成生产力的桎梏。那时社会革命的时代就到来了。随着经济基础的变更，全部庞大的上层建筑也或慢或快地发生变革。……我们判断一个人不能以他对自己的看法为根据，同样，我们判断这样一个变革时代也不能以它的意识为根据；相反，这个意识必须从物质生活的矛盾中，从社会生产力和生产关系之间的现存冲突中去解释。无论哪一个社会形态，在它所能容纳的全部生产力发挥出来以前，是决不会灭亡的；而新的更高的生产关系，在它的物质存在条件在旧社会的胎胞里成熟以前，是决不会出现的。所以人类始终只提出自己能够解决的任务，因为只要仔细考察就可以发现，任务本身，只有在解

决它的物质条件已经存在或者至少是在生成过程中的时候，才会产生。①

马克思的这个社会结构模型，我们做了一个示意图（见图 4-1），图中实线箭头表示的是决定作用，虚线箭头表示的是反作用。在这里，生产力被认为是社会

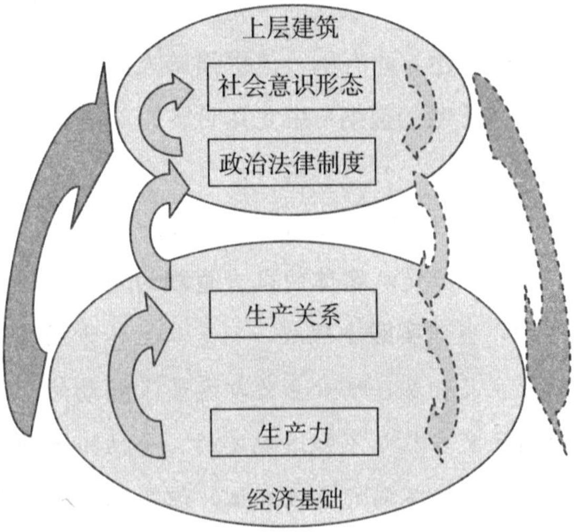

图 4-1　马克思的社会结构模型

结构中最终的决定性力量，它的发展状况决定了生产关系的状况。但一定形态的生产关系一旦出现，又会促进或限制生产力的发展。生产力与生产关系之间的这样一种矛盾运动，最终又会影响到政治法律制度和社会意识形态。而在政治法律制度与社会意识形态之间，以及在整个经济基础与上层建筑之间，也都存在一种类似于生产力与生产关系之间的那样一种决定作用与反作用。正是从这里出发，马克思相信人类社会存在着某种类似于物理宇宙一般的因果规律，并因此将社会发展过程理解成了一种自然历史过程。其中，生产关系最终取决于生产力，上层建筑最终取决于经济基础，社会意识形态最终取决于政治法律制度。生产关系虽然“最终”取决于生产力，但并非对生产力毫无影响。它一旦形成，就像是给一定社会的生产力发展包上了一层坚硬的外壳。这种外壳一方面对生产力的发展给

① [德] 卡尔·马克思：《〈政治经济学批判〉序言》(1859)，见中共中央马克思恩格斯列宁斯大林著作编译局编译：《马克思恩格斯选集》(第 2 卷)，人民出版社 1995 年版，第 32～33 页。

予一定的激励与保护，同时也对生产力发展的可能空间施加了一种限制。在这样一个“封闭的空间”完全被填满之前，这样一层外壳是不可能被撑破的。甚至在这样一种空间完全被填满之后，只要生产力发展的压力没有达到一定的程度，这样一种外壳也不会被撑破。其他各种决定作用也类此。这样一种理论模型把社会理解成了某种需要脱壳或蜕皮才能长大的甲壳类、节肢类或爬行类动物。

但青年马克思①的思想还与此有别，他更强调人的感性活动而不是现实的客观形式。这在《关于费尔巴哈的提纲》中尤其明显。

> 从前的一切唯物主义——包括费尔巴哈的唯物主义——的主要缺点是：对对象、现实、感性，只是从**客体**的或者**直观**的形式去理解，而不是把它们当作**人的感性活动**，当作**实践**去理解，不是从主体方面去理解。因此，结果竟是这样，和唯物主义相反，唯心主义却发展了**能动**的方面，但只是抽象地发展了，因为唯心主义当然是不知道现实的、感性的活动本身的。费尔巴哈想要研究跟思想客体确实不同的感性客体，但是他没有把人的活动本身理解为**对象性的**（gegenständliche）活动。因此，他在《基督教的本质》中仅仅把理论的活动看作是真正人的活动，而对于实践则只是从它的卑污的犹太人的表现形式去理解和确定。因此，他不了解“革命的”“实践批判的”活动的意义。②

马克思的这种思想是他思想中最具突破性的方面。物质与意识的截然对立是纯粹的旧唯物主义的立场。对辩证唯物主义者而言，物说到底并不具有机械唯物主义者所理解的那种客观实在性。或者说，物的客观存在并不必定意味着某种客观意义，因为“环境的改变和人的活动的一致，只能被看作并合理地理解为**变革**

---

① 人们一般认为，马克思是在与恩格斯共同完成《德意志意识形态》的写作，从而形成唯物史观的体系以后，才结束了他的“青年马克思”时期而成为“成熟的马克思”。参见 http：//theory. people. com. cn/GB/41038/4212235. html。

② ［德］卡尔·马克思：《关于费尔巴哈的提纲》（1845 年初稿，1888 年经恩格斯修订），中共中央马克思恩格斯列宁斯大林著作编译局编译：《马克思恩格斯选集》（第 1 卷），人民出版社 1995 年版，第 58 页。

的实践”①。人本身作为一种“类存在物”或“社会存在物”，完全有能力超出个体自身的生命存在与外物的限制，而将它们卷入一场意义生产的能动实践。因此，是实践而不是对象本身的性质或客观的外部条件决定了意义的生产。正因为这样，对对象、现实与感性实体，我们不能从客体的或者感性直观的形式去理解，而应把它们当作人的感性活动或实践去理解。马克思在《1844 年经济学哲学手稿》中，就已经初步形成了这样一种以生产劳动解释社会历史的思想。

> 无论是劳动的材料还是作为主体的人，都既是运动的结果，又是运动的出发点（并且二者必须是这个**出发点**，私有财产的历史**必然性**就在于此）。②
>
> 宗教、家庭、国家、法、道德、科学、艺术等等，都不过是生产的一些**特殊**的方式，并且受生产的普遍规律的支配。③
>
> ……对社会主义的人来说，**整个所谓世界历史**不外是人通过人的劳动而诞生的过程，是自然界对人来说的生成过程……④

在这里，人既被认为是一种“社会存在物”，又被认为是一种“主体存在”，因此，“思维和存在虽有区别，但同时彼此又处于统一中”⑤。只是马克思所理解的变革的实践自一开始就是物质生产实践（劳动）。这一点使得人们之间的交往实践和思想实践有可能被低估。但这种缺陷可能还不是决定性的，因为生产实践本身有其交往与思想的维度。在《德意志意识形态》中，马克思和恩格斯就明确指出，生命的生产，无论是通过劳动而达到的自己生命的生产，或是通过生育而达到的他人生命的生产，都表现为双重关系：一方面是自然关系，另一方面是社会关系。⑥ 因此，只要能真正认识到交往与思想对实践的意义，生产的物质条件就不会凌驾于生产实践本身之上。但令人遗憾的是，对物质生产实践的强调在这里已被等同成了对物质生产条件的强调。

---

① ［德］卡尔·马克思：《关于费尔巴哈的提纲》（1845 年初稿，1888 年经恩格斯修订），中共中央马克思恩格斯列宁斯大林著作编译局编译：《马克思恩格斯选集》（第 1 卷），人民出版社 1995 年版，第 59 页。

②③④⑤ ［德］卡尔·马克思著，中共中央马克思恩格斯列宁斯大林著作编译局译：《1844 年经济学哲学手稿》，人民出版社 2000 年版，第 82、82、92、84 页。

⑥ ［德］卡尔·马克思、弗里德里希·恩格斯：《德意志意识形态》（1845—1846），见中共中央马克思恩格斯列宁斯大林著作编译局编译：《马克思恩格斯选集》（第 1 卷），人民出版社 1995 年版，第 80 页。

> 人们用以生产自己的生活资料的方式，首先取决于他们已有的和需要再生产的生活资料本身的特性。这种生产方式不应当只从它是个人肉体存在的再生产这方面加以考察。更确切地说，它是这些个人的一定的活动方式，是他们表现自己生活的一定方式、他们的一定的**生活方式**。个人怎样表现自己的生活，他自己就是怎样的。因此，他们是什么样的，这同他们的生产是一致的——既和他们生产**什么**一致，又和他们**怎样**生产一致。因而，个人是什么样的，这取决于他们进行生产的物质条件。①

举目四望，我们除了能发现是非有公理，确实还能清晰地意识到自己生活在一个前人创造的世界之中，生活在前代积累起来的生产力和交往形式以及同时代个人的相互关系之中，生活在各种现成的物质生产条件之中。问题在于如何理解这种社会实在的性质与作用。从《德意志意识形态》起，马克思和恩格斯就倾向于把它们都理解成物质的，同时又认为“交往的形式又是由生产决定的”②，最终把物质生产条件理解成决定性的。但马克思和恩格斯并未完全将人的关系与物的关系绝对对立起来。在他们看来，至少在现代社会，应当能够“确立个人对偶然性和关系的统治，以之代替关系和偶然性对个人的统治”。然而马克思和恩格斯又认为：“个人关系向它的对立面即向纯粹的物的关系的转变……是一个历史过程，它在发展的不同阶段上具有不同的、日益尖锐的和普遍的形式。”③“要消灭关系对个人的独立化、个性对偶然性的屈从、个人的私人关系对共同的阶级关系的屈从等，归根到底都要取决于分工的消灭。”④很显然，只要不能摧毁现有的物质关系，他们就并不认为个人的日常实践对社会结构关系能造成什么实质性的影响。就这样，马克思和恩格斯最终还是把个人实践等同成了个人意识甚至呓语，回到了物质决定意识的立场。用他们自己的话来说，“‘精神’从一开始就很倒霉，受

---

①② [德] 卡尔·马克思、弗里德里希·恩格斯：《德意志意识形态》(1845—1846)，见中共中央马克思恩格斯列宁斯大林著作编译局编译：《马克思恩格斯选集》(第1卷)，人民出版社1995年版，第67～78、68页。

③④ [德] 卡尔·马克思、德弗里德里希·恩格斯：《德意志意识形态》(1845—1846)，见中共中央马克思恩格斯列宁斯大林著作编译局编译：《马克思恩格斯全集》(第3卷)，人民出版社1960年版，第515、516页。

到物质的'纠缠'"。[1] 但不管怎么说，能将个体或者群体连接在一起的，除了那种道德领域或精神实体，还有马克思所发现的在历史进程中不断发展和积淀的这样一种社会物质与关系实在。这种社会实在是否真的就是纯客观之物，对个人而言是否真的就是起决定作用的物质生产条件，它们作为一种社会事实是否真的意味着一种应然价值，个人实践是否真的只能是对它们的点缀，我们下面再来探讨。

（四）基于意向性关联的互动结构

从我们前面一直试图建构的那样一种环境概念中，还可以看到社会的第三个方面：有着而且仍在建构着自身的意义、需要借助积极参与才能把握因而始终与人的意向性相关联的互动结构。说到底，对后来者来说，已然存在的现实生活条件与方式并非旧唯物主义者眼中的那样一种纯客观之物，它们对个人发展而言并非已然决定好了的物质力量，承认这样一些东西的存在并非意味着简单地接受它们的客观制约，突破它们的现实约束并非简单地意味着一种偶然性，发展的铁律并非恩格斯所说的那样一种"以偶然性为其补充和表现形式的必然性"，或者"通过各种偶然性而得到实现的必然性"[2]。个人的投入也许不足以改变整个世界，不同起点的个人也许在发展的阶梯上最终所能达到的位置不一样，但不同的意向状态绝对具有完全不同的效果。世界最终将在我们各不相同的意向状态下呈现出它的不同方面。如果大家都认为阶级差别是绝对客观的，不同阶级之间是绝对对立的，那么它们之间必定是绝对分隔和对立的。当然，如果你相信阶级之间或人与人之间的差别不是纯客观的，它们也不会立即消失，但它们对个人自身而言究竟意味着什么，确实事关我们自身的意向状态。

正是因为这样，那种强调物质决定意识的旧唯物主义观点，经常遭到人们的批判。韦伯的《新教伦理与资本主义精神》（1904—1905）就强调，不是经济的因素决定了资本主义的出现，也不是企业的科层组织导致资本主义的出现，甚至也不是幸福主义或享乐主义的生物冲动或高工资导致了资本主义的发展。在他看来，

---

① ［德］卡尔·马克思、德弗里德里希·恩格斯：《德意志意识形态》（1845—1846），见中共中央马克思恩格斯列宁斯大林著作编译局编译：《马克思恩格斯选集》（第 1 卷），人民出版社 1995 年版，第 81 页。

② ［德］弗里德里希·恩格斯：《致符·博尔吉乌斯》（1894），见中共中央马克思恩格斯列宁斯大林著作编译局编译：《马克思恩格斯选集》（第 4 卷），人民出版社 1995 年版，第 733 页。

资本主义的出现，是跟为挣钱而挣钱的资本主义精神息息相关的。它在资本主义秩序出现以前就已经存在了，并最终导致了资本主义社会的整套体系。这种资本主义精神说到底是教育的产物。当然，这种教育不是我们的学校教育，而是家族共同体或家庭的宗教氛围所首肯的教育类型，也就是由新教伦理——这种伦理把挣钱作为天职，以向上帝表达自己的忠诚——提供的那样一种教育类型。导致这样一种新教伦理的宗教改革，也不可以从经济变革中推断出来。经济学经常把人假定为经济人，但事实上拥有资本主义精神的不是纯粹的经济人，他们也许像经济人一样追求利润的最大化，但他们挣钱不是为了改善自己的经济条件，说到底他们是上帝的子民。这些最保守的人，日常生活中可能最没有情调的、为了挣钱而不顾一切的人，催生了资本主义。当然，韦伯也没完全排斥经济的作用，但政治经济文化都被他认为是社会生活中相对独立的力量，它们之间处于一种动态的关系，整个社会因此就是一种松散结合，并没有一个一以贯之的明确结构。在这里，教育最重要的作用不是给我们提供知识，而是提供那种以赚钱为天职的信仰。① 韦伯由此将社会理解成了一种可解释的意义领域，一种意向关联项。在《经济与社会》中，他更明确地将社会理解成一种以意义为基础的互动装置。

> “社会的”行为应该是这样一种行为，根据行为者或行为者们所认为的行为的意向，它关联着别人的举止，并在行为的过程中以此为取向。②
>
> 社会“关系”应该是一种根据行为的意向内容相互调节的，并以此为取向的若干人的举止。因此，社会关系毫无例外地仅仅存在于发生在其（意向）方式可以标明的社会行为的机会之中，而首先不管这种机会建立在什么之上。③
>
> 社会学（这个使用上含义十分模糊的词在这里所理解的意义上）应该称之为一门想解释性地理解社会行为，并且通过这种办法在社会行为的过程和影响上说明其原因的科学。④

---

① ［德］马克斯·韦伯著，于晓、陈维纲等译：《新教伦理与资本主义精神》，陕西师范大学出版社2006年版，第11～31页。

②③④ ［德］马克斯·韦伯著，林荣远译：《经济与社会》（上），商务印书馆1998年版，第40、57、40页。

韦伯认为，个人自己的行为意向总是和别人的言行举止相互依存的。或者说，他究竟想怎样做，总是跟别人怎么做连在一起的。因此，社会行为在根本上必然关联着我们的意向。这样一来，社会关系实际上就是一种根据行为的意向内容相互调节的人的举止，只能发生在某种意向性的关联形式之中，而不是什么超出个人之外的存在。这种社会关系不同于自然关系，不但基于个人对客观事实的认识，而且基于对他人行为举止及其意向的判断。这样，你看另外一个人时，就不能把他看成纯粹的有机体，而要把他看成人，并且要试图理解他的意向。社会学首先要做的，就是解释性地理解社会行为，然后再在意义理解的基础上做因果说明。遗憾的是，人们经常将社会行为理解为被"社会"所决定的行为，忽视了个人行为与他人行为或互动结构之间的意向性关联。结果我们今天很多的社会学研究不做意义理解，单纯做因果说明。按照韦伯的观点，这肯定不可能充分理解社会，因为社会归根结底是根据人们的意向性关联建立起来的实体。而韦伯思想的核心，就是认为在人与人、人与社会关系结构乃至不同社会群体之间，存在着某种意向性关联。他的这样一种理论立场特别值得我们重视，即便只能解释部分社会现象也非常有意义。在社会生活中，我们观测不到并且对我们的所有行为都不能造成影响的世界，那是我们不需要了解的世界。对于观测者而言，这些世界相当于不存在。能观测到但我们自身不能影响的世界，即便有，对于我们来说也是不需要关心的世界，因为我们即便去关心，也只能自说自话甚至自讨没趣。能够关心而且也需要我们关心的世界，是我们能够影响的世界，这种世界在最根本的意义上必然关联着我们的举止。

韦伯的《经济与社会》，可能你一辈子都看不完，但肯定一辈子都需要去翻看。你不可能轻易看懂，不过那个东西每次看都能够有收获。非常好的东西啊！德国人非常严谨，读韦伯的书就像是潜泳，很长时间换不了气。但也没有什么别的办法，只能换口气再扎进去。马克思不是不明白韦伯说的这一些，他也曾认识到"社会生活在本质上是实践的"①。而且最后看到唯物史观虽然也有许多朋友，但那些朋友是把它当作不研究历史的借口的。因此，马克思曾就 19 世纪 70 年代

---

① ［德］卡尔·马克思：《关于费尔巴哈的提纲》（1845 年初稿，1888 年经恩格斯修订），见中共中央马克思恩格斯列宁斯大林著作编译局编译：《马克思恩格斯选集》（第 1 卷），人民出版社 1995 年版，第 60 页。

末的法国“马克思主义者”说：“我只知道我自己不是马克思主义者”①。但他经常还是忍不住把实践理解成了不以个人意志为转移的客观的物质生产活动，理解成了大规模的阶级斗争，或者理解成了一种自然历史过程或受制于自然历史过程的附属过程。世界或社会与个人（乃至单个无产者）行为之间的意向性关联又一次被忽视，只有“革命群众”才被真正确认为历史的主体，个人不投身于阶级斗争的洪流就只能被历史洪流所湮没。马克思、恩格斯确实在个人与社会结构关系的问题上充满了纠结。有时他们认为个人不但能突破物质条件的束缚，还能突破社会结构关系的束缚。有时他们又认为，某种社会结构关系在其所有生产潜力释放出来之前是不可能被替换的。但如果一切都是命运，整个社会只是一个机械的联动装置，那社会生活还有什么意义？因此，青年马克思认为：

> 批判的武器当然不能代替武器的批判，物质力量只能用物质力量来摧毁；但是理论一经掌握群众，也会变成物质力量。理论只要说服人（ad hominem），就能掌握群众；而理论只要彻底，就能说服人。所谓彻底，就是抓住事物的根本。但是，人的根本就是人本身。②
>
> **历史什么事情**也没有做，它“并不拥有**任何**无穷尽的丰富性”，它并“没有在**任何**战斗**中**作战”！创造这一切、拥有这一切并为这一切而斗争的，不是“历史”，而正是人，现实的、活生生的人。“历史”并不是把人当作达到自己目的的工具来利用的某种特殊的人格。历史**不过是**追求着自己目的的人的活动而已。③

类似地，历史也并不是一个可以包揽一切的“冤大头”。按照前面分析过的马克思的社会结构模型，生产力决定生产关系，经济基础决定上层建筑，政治性上层建筑决定思想性上层建筑，而教育乃至个人意向，差不多是这一系列因果链条

---

①［德］弗里德里希·恩格斯：《致康·施米特》（1890年8月5日于伦敦），见中共中央马克思恩格斯列宁斯大林著作编译局编译：《马克思恩格斯选集》（第4卷），人民出版社1995年版，第691页。

②［德］卡尔·马克思：《黑格尔法哲学批判》导言（1843—1844），见中共中央马克思恩格斯列宁斯大林著作编译局编译：《马克思恩格斯选集》（第1卷），人民出版社1995年版，第9页。

③［德］卡尔·马克思、弗里德里希·恩格斯：《神圣家族》（1845），见中共中央马克思恩格斯列宁斯大林著作编译局编译：《马克思恩格斯全集》（第2卷），人民出版社1957年版，第118～119页。

最后才出现的两环。其间如果出现什么错乱，都可以归咎于历史。但此前，他却觉得一切皆有可能。只要我们敢想敢做敢当，就可以突破很多很多的锁链。“人的根本就是人本身”，这种同义反复的话感觉什么都没说，但又似乎什么都说了，特别强调了人本身的内在力量，差不多是一切高深知识的通用表述。当然，我们的意向状态不可能转眼改变这个世界，或者说，这个世界不可能在我们的一念之间就发生期望的变化。这不是一种“信则有，不信则无”的事情。但社会世界至少有一个方面——或者更明确地说，至少在其意义领域——是跟我们的意向相关联的。而且我们不应根据“意向”一词的字面意义，就断定意向状态乃是一个纯粹的精神或意识的领域，与人的实践无关。事实上，特定的意向状态本身就指向特定的实践，而且可以引发新的实践，甚至可以引发集体行动。历代统治者为什么都试图优先控制人们的意识，不是因为这种东西毫无意义、毫无力量，而是因为这种东西太有力量。理论与实践、物质与意识、个人与社会之间并不存在任何截然对立，物质世界或物质关系在最根本的意义上也是基于人的感性实践乃至于思想。就像英国经济学家凯恩斯（John Maynard Keynes，1883—1946）在他的经典著作《就业利息和货币通论》（1936）的最后几行中所写的那样：

> 这种思想所要压制的利益，是否比所要效劳的利益更明显而强有力呢？……经济学家以及政治哲学家之思想，其力量之大，往往出乎常人意料。事实上统治世界者，就只是这些思想而已。许多实行家自以为不受任何学理之影响，却往往当了某个已故经济学家之奴隶。狂人执政，自以为得天启示，实则其狂想之来，乃得自若干年以前的某个学人。我很确信，既得利益之势力，未免被人过分夸大，实在远不如思想之逐渐侵蚀力之大。这当然不是在即刻，而是在经过一段时间以后；理由是，在经济哲学以及政治哲学这方面，一个人到了25岁或30岁以后，很少再会接受新说，故公务员、政客，甚至鼓动家应用于当前时局之种种理论往往不是最近的。然而早些晚些，不论是好是坏，危险的倒不是既得权益，而是思想。①

① ［英］约翰·梅纳德·凯恩斯著，徐毓枏译：《就业利息和货币通论》，商务印书馆1997年版，第330页。

（五）小结：社会的多重构造

总之，我们把社会理解成三种东西的叠加，理解成一种多重构造、松散结合、相互依存、相对独立且相互建构的生态体系（见图 4-2）。一是那种先验地存在着

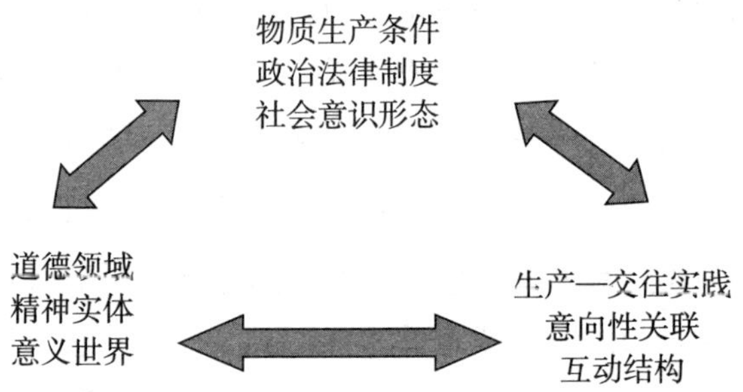

图 4-2 社会本身作为一种多重构造

的道德领域或精神实体，它确保我们个体的自我完整和本体性安全，让我们一降生于这个世界就有一种精神上的契合，为我们提供一个精神的家园，使我们有可能拥抱着相互取暖。我们前面一直说教育基于善意，尤其是先验的善意，“教”和“育”自一开始就都具有道德意味，教育在最根本的意义上是自我教育，就因为教育本身是跟这样一个道德领域直接贯通的。如果教师的个人品格受到怀疑，他马上就会失去教育能力。所以对于教师来说，最根本的教育力量还不是他的学识，而是他的人格，能不能善待学生，是不是能和学生建立一种联合生活。二是那种作为既成之物而存在的物质生产条件、政治法律制度与社会意识形态，它提供了我们赖以为继的客观的经济与政治基础。它们作为前人的社会生活成就先于我们而存在，为我们提供资源和约束，但它们的意义本身又是有待进一步建构的。或者说，它们似乎规定我们应该怎样行动，但事实上我们的行动本身又不是它们直接规定的。它们存在着，但它们存在的意义却有待我们的后续解读。正因为如此，社会的第三个领域乃是基于意向性关联的互动结构与实践领域，凭着这种意向性关联与互动结构，我们重新发现这个世界的意义，修正这个世界本身，使这个世界随着我们自身的意向状态而改变，或者说使社会生活最终具有实践性，最终使先验的道德世界、主观的意义世界与客观的外部世界能相互照应。

二、 教育在社会中的定位

（一）教育与社会关系：四个学派

国际教育发展委员会1972年向联合国教科文组织递交的经典报告《学会生存——教育世界的今天和明天》，提出了在教育与社会关系问题上的四个学派。

第一个学派是唯心主义。唯心主义有多种类型，它们或许并非都强调人的主观力量的决定作用，但至少认为它不受物质条件的直接支配。《学会生存——教育世界的今天和明天》所说的唯心主义，就是在这一最基本的意义层面上说的。它不认为教育是被社会决定的，也不强调社会是由教育决定的，而是强调教育自身具有独立性，是自给自足、自我实现的。① 当然，即便一个东西是独立存在的，并不意味着它不受别的东西的影响。比如说我是一个独立的个体，但我经常要向别人学习，经常要去中小学听课，只是最终的决定是由我自己拿的，别人的影响最终都要经我个人的参与才能起作用。“我的地盘我做主”，不是说我的地盘你不能够施加影响，而是说最后的结果要看我自己的态度与理解。

第二个学派是唯意志论。唯意志论事实上也是一种唯心主义，但它比前述最低意义上的唯心主义更强调主观性。前述唯心主义的观点还只是说，你可以影响我，但最终还是取决于我自己，我就是我自己的主宰。而按照这样一种唯意志论的观点，教育不但不受社会结构可能发生的任何变化的影响，而且能够并且必须改变世界。②这显然是更激进了。在教育中间，凡是觉得教育可以改造社会的，比如说教育救国论，就是一种典型的唯意志论。我们国家的政策中经常说的那种观点——当今世界的竞争主要是科技的竞争，科技的竞争又主要是人才的竞争，人才的竞争又主要是教育的竞争，教育的竞争又主要是教师的竞争，一切都取决于教师——也带有某种唯意志论的偏向。如果进一步认为教师的竞争是由我们北京师范大学甚至教育学水平决定的，就更是一种典型的唯意志论了。（学生笑）说出这种话也不是没有可能的事，只要我们首先强调生产力，其次强调科技是第一生产力，接着强调科技的发展靠教育，然后又强调教育的一切都取决于我们教师，

---

①② 联合国教科文组织国际教育发展委员会编，华东师范大学比较教育研究所译：《学会生存——教育世界的今天和明天》，教育科学出版社1996年版，第84、84页。

强调人的因素是生产力中最活跃的因素，最后真的有可能追到我们这些教育学教师，追到北京师范大学这样一些“人民教师的摇篮”。唯物主义氛围中成长起来的一代，和唯心主义的观念就可能这么戏剧性地结合起来。唯物主义和唯心主义之间的界限，确实并不像我们初中、高中课本所界定或想象的那么泾渭分明。

第三个学派是机械决定论。机械决定论认为事物的发展变化取决于别的事物，在它们之间存在着明确的因果关系。有的时候是“一因一果”，有的时候是“一果多因”。“一因一果”强调有某因必有某果，这是一种明显的机械决定论。“一果多因”认为某物是他物共同作用的结果，看起来已经比较灵活，但事实上依然是一种机械决定论，因为事物本身在其发展过程中被认为完全没有用武之地，只能任由他物主宰。教育与社会关系问题上的机械决定论经常就是这样一种理论，认为教育的形式和前途直接为周围环境中与之同时发生的各种因素所控制。① 这种观点在我们身边最为常见，如认为生产力、政治经济制度与社会意识形态的发展决定着教育事业发展的规模和速度、教育机会的性质及其分配、人才培养的规格和教育结构，以及教学内容、教育方法和教学组织形式的发展与改革。这种观点带有唯物主义色彩，但显然偏向旧唯物主义的类型，经常用于对现行教育体制的辩护。更为精致且更富有批判精神的是那种对应理论或再生产理论，它认为社会本身拥有什么样的阶级结构，我们教育就是什么样的分层体系，因为教育根本不是致力于提高人们的生产能力，只是致力于培养社会所需要的个性或性情，所以它根本不是社会公平的均衡器，只能进行社会阶级结构的再生产。② 这种理论很大程度上刺痛了我们的神经。

第四个学派是从这三个学派派生出来的学说。一方面，它认为只要社会本身是坏的，教育必然重演甚至加深和延续社会上遗留下来的坏事。因此，不彻底改变社会，就不可能解救教育。这显然是一种机械决定论的教育发展观。但另一方面，它又似乎自相矛盾地认为，教育世界可用它本身的革命为以后的社会革命铺

① 联合国教科文组织国际教育发展委员会编，华东师范大学比较教育研究所译：《学会生存——教育世界的今天和明天》，教育科学出版社1996年版，第84页。

② [美] 塞缪尔·鲍尔斯、赫伯特·金蒂斯著，王佩雄等译：《美国：经济生活与教育改革》，上海教育出版社1990年版，第11～19页。

平道路。①这又是一种明显的唯意志论的论调。作为唯意志论，其中必定包含有唯心主义的立场。要把这些对立的方面结合在一起，需要借助一种更加特别的“教育的相对独立性”概念：被社会决定的教育，最终又会获得自己的“独立人格”。就像是小孩，它的出生是父母决定的，但只要一出生，它就有自己的脾气，可以抵制甚至摆脱父母的控制。类似地，社会虽然决定了教育，但教育又有它的相对独立性，因而能反作用于社会。这倒是跟我们平时那种“辩证”观点很像，只是它将教育的能动作用，限制在“被决定”之后。

总之，唯心主义认为教育相对于社会来说是独立的，也就是说教育在某种意义上是可以自行其是的。唯意志论认为教育不但可以不受社会的影响，而且可以改变社会。这比强调教育的相对独立性更认可主观能动作用。机械决定论则认为教育都是由社会决定的，这完全是唯意志论的对立面。由它们派生的综合观点一方面强调社会决定教育，另一方面又说教育有反作用。如果真的决定了，哪里还有反作用？可见这里最终还是必须借助某种更加特别的“教育的相对独立性”概念。这样就把三种观点都综合进来了。这种综合并不意味着它就全面而一贯，但这样一种大杂烩式的观点还真屡见不鲜。不管怎么样，这些就是历史上教育与社会关系问题上的四个学派，它们各自做了很不相同的解释，这些解释很多时候相互冲突，而且第四种解释本身也是内在冲突的。但所有这一切都不曾在根本上影响人们对它们的某种信仰。

（二）教育本身的相对独立性

“教育的相对独立性”是一个非常重要的概念，前面几种理解（除机械决定论）中均有所体现。而国内对“教育的相对独立性”的通行理解，是在20世纪80年代成型的，反映的是那个“后革命”时代的精神气质。与此相关的是那场与教育界本身的拨乱反正息息相关的大讨论。因为百废待兴，要按教育规律办，那教育的本质究竟是什么，就是需要特别关注的，不然怎么可能真正正本清源？所以，当我们刚刚从“文化大革命”那样一种政治挂帅、个人专权、无产阶级专政、继

---

① 联合国教科文组织国际教育发展委员会编，华东师范大学比较教育研究所译：《学会生存——教育世界的今天和明天》，教育科学出版社1996年版，第84页。

续革命与全面内战的极左状态中走出来的时候，第一个就是去重新认识教育的性质，并很快掀起了一场关于教育“本质”的大论争。在那个时代，对于教育本质的理解，总是跟教育与社会诸要素的关系纠缠在一起。所以今天回过头去重新审视那场论争的时候，发现它很多时候不是谈论教育本身，因而我们在“本质”上打了个引号。意思就是说，当时的争论虽是在教育本质的话题下面进行的，但谈论的主要不是教育自身在根本上究竟是怎样的一种活动，而是教育与其他的社会要素究竟是一种什么样的关系。事实判断与价值判断，就这样纠缠在一起。但正是这样一场论争，为我们理解教育的相对独立性奠定了基础。

最初占主导地位的观点，认为教育是上层建筑。在上层建筑当中有政治性的上层建筑，如政治法律制度；也有思想性的上层建筑，也就是社会意识形态。教育被认为是社会意识形态的组成部分。这种说法其实是此前观念的一种延续。当然，它也不是简单地回到从前，而是试图从新中国成立初期的 17 年教育中汲取力量。毛泽东在 1957 年的《关于正确处理人民内部矛盾的问题》一文中就曾明确指出：“我们的教育方针，应当使受教育者在德育、智育、体育几方面都得到发展，成为有社会主义觉悟的、有文化的劳动者。”[①] 到 1958 年“教育革命”的时候，中共中央、国务院又提出：“教育必须为无产阶级政治服务，必须同生产劳动相结合。”[②] 这些都倾向于把教育定位于社会意识形态。讨论中很多人再次确认，教育乃统治阶级的宣传阵地和思想控制的工具，为统治阶级培养合格的社会成员与统治人才，又被社会政治经济所控制。但当我们把教育说成意识形态时，必定把教育以及人本身的主体性贬到最不起眼的程度。这种教育也许能渗入人们的头脑，改造人们的思想，但它们本身不得不借助其他东西推进，仰仗其他东西苟活。

因此，这样一种观点说到底与拨乱反正的整体氛围并不合拍。所以后面很多人就试图从马克思的经典著作中去寻找另外的答案。按照马克思的观点，社会中最革命的力量是生产力，尤其是科技，它经常地变换，不断地摧毁原来的东西，而教育恰恰与这个大工业生产的根本推动力有关。马克思也总说，教育与生产劳

---

①《关于正确处理人民内部矛盾的问题》是毛泽东在最高国务会议第十一次（扩大）会议上的讲话。后来毛泽东根据原始记录加以整理，做了若干补充，1957 年 6 月 19 日在《人民日报》发表。

② 中共中央、国务院：《关于教育工作的指示》，1958 年 9 月 19 日。

动相结合，是造就全面发展新人的唯一方法。① 所以后面人们很快提出了第二种观点：教育是生产力。其中一个突破性观点，认为教育是劳动力再生产的手段。新中国尤其是“文化大革命”中人们相信教育是意识形态，认为教育的根本方针是培养“有社会主义觉悟的、有文化的劳动者”，否则就是“资产阶级知识分子统治我们学校”。这里所说的“劳动者的教育”并不是从生产力的角度提出的，而是从劳动人民当家做主、教育本身作为一种社会福利、学校本身作为一种政治机构的角度提出的。此后，人文社会科学被清算，心理学被认为是伪科学，教育学科也都成了方针政策的汇编，一切可能养成精神贵族的方面都被压缩或取缔。甚至连科学都不要了，因为它离劳动太远，而且需要借助“反动学术权威”，贬低劳动人民的智慧。与工农生产直接有关的东西才教，而且要以人民为师，因而学的主要就是“三机一泵”——拖拉机、柴油机、电动机与水泵。教育与生产劳动的这种结合，看起来是要将劳动力的教育改造成劳动者的教育，提高劳动人民的地位，其实是取消学校教育，使教育与劳动本身直接同一。而强调教育是劳动力再生产的手段，倒是强调现代科学技术在劳动力培养中的价值，同时也把人看成了社会变革的基础性力量。

认为教育是生产力，还因为人们当时也认识到，教育是科学技术扩大再生产的手段。这里的“科学技术扩大再生产”不是说把科学技术发扬光大，使科学技术越来越高明、越来越尖端，而是说使少数人掌握的科学技术变成更多人掌握的科学技术。实际上就是要使科学技术传播开来，从一种机械的、静止的状态变成一种动态的、实践的状态，把知识或书本形态的科学技术变成素质与信仰形态的科学技术。这对于刚从“文革”中走出来的人而言，也是一个全新的观点。此前的教育主要是意识形态扩大再生产的工具，说到底就是国家的宣传队、播种机。按照这种教义，我们应当毫不犹豫地接受教育的阶级性质，并把那种宣称教育具有全民性的说法斥为骗局。现在，扩大再生产的焦点转移到了客观知识，转移到了科学技术。在这里，邓小平的作用尤其突出。他提出“教育必须为社会主义现

① ［德］卡尔·马克思：《资本论》（第1卷）（1867），见中共中央马克思恩格斯列宁斯大林著作编译局编译：《马克思恩格斯全集》（第44卷），人民出版社2001年版，第557、560页。

代化建设服务，必须与国民经济发展相适应”①，并要求“尊重知识，尊重人才”②，利用国家的力量支持了学校生活中的这样一种观念变革。

当时一个更新颖的观点是：教育，尤其是高等学校，是科技创新的重要基地。我是1984年初中毕业后读的中师，学教育学的时候可能是1985年。当时自己对这一观点印象尤其深刻，也让我对大学生活无限崇敬和向往。现在我自己成了大学教师，而且成了研究型大学的教师，对这一点的体会就更加深了。为什么每堂课都要录音？就是因为自己都不知道自己在课堂上会说些什么，不知道学生会带给自己什么灵感。量子力学大师惠勒曾说：“大学为什么要有学生？那是因为老师有东西不懂，需要学生来帮助解答。”循着这一逻辑，他又说：“要想了解一个新的领域，就去开一门这个领域的课程；要想了解一个新的领域，就写一本关于那个领域的书。”③ 事实上，大学不但可以创造新的知识和技术，还可以开发新产品，开拓新市场。现在对教育的这一理解，已经完全突破高等教育的范围。说到底，学校不单纯是一个传播知识、处理知识的机构，它本身还是教学相长、知识创新的机构。所以今天中小学都搞研究性学习，认为教师都应是研究型教师，课堂都应是教育研究的实验室。这已远远超出当时的认识。这样一些新的变化绝对不仅仅只是教育教学或师生观的一种转变，这是一种社会生活方式的变化，至少是一种教育生活的重建。它是实实在在建立在新的知识基础之上的。

强调“教育是生产力”，这对于“教育是上层建筑”这样一种观点来说，当然构成了严重挑战。这种挑战如果早出现几年，甚至会酿成政治灾难。事实上，新中国所谓的“两个阶级两条道路”的斗争，也就是无产阶级与资产阶级的斗争，走社会主义道路与走资本主义道路的斗争，或者更通俗地说，红与专的斗争，社会主义的草与资本主义的苗的决裂，其实就是由与此类似的分歧引发的。拨乱反正的渐次展开，从根本上动摇了“左”倾思想缄默的制度根基，也给了大家将问题限制在学术领域的空间。冷静下来，有些人就开始打圆场，说教育一部分是上层建筑，一部分是生产力。这就是争论中出现的第三种观点。具体到我们的德、智、体、美、劳几育中，属于上层建筑的大概有德与美；而智与体被认为主要跟

---

① 参见1978年4月22日邓小平在全国教育工作会议开幕式上的讲话。

② 参见邓小平1977年5月24日与中央两位同志的谈话。

③ 参见田松：《一代大师 魂归量子世界》，载《南方周末》2008年4月24日。

生产力有关；至于劳，一方面跟上层建筑有关，另一方面跟生产力有关，但主要是跟上层建筑有关，因为劳动教育主要被当成一种解毒剂，使我们永远保持劳动人民的本色。当然，德育也是有生产性的，比如说强调解放思想、实事求是、团结一致向前看，就极大地解放了生产力。美育更可能是生产力，因为我们也需要按照美的规律生产。智育当然也事关思想道德建设。

显然，这种观点虽然看起来比前两种更全面，但是也更不像本质。如果是本质，就应该抓住那个能够把教育统一起来的共同依据，而现在却把这个共同内核拆成了两个片段。思想的脉络肯定不会到此终结，这种观点肯定是过渡性的。也就在这时，有人突然明白过来，我们是在思考教育的本质，怎么老是环顾左右而言他，把教育自身所拥有的那种独特的东西给忘记了？因而出现了一种新观点，强调教育的相对独立性。这是那场讨论中一个最大的突破。此前的思路都只是将教育跟其他的东西联系起来，没有将它们与这些东西区分开来，看不到教育的独特性。由于强调“不是意识决定生活，而是生活决定意识”，马克思和恩格斯也曾认为，“道德、宗教、形而上学和其他意识形态，以及与它们相适应的意识形式便不再保留独立性的外观了。它们没有历史，没有发展，而发展着自己的物质生产和物质交往的人们，在改变自己的这个现实的同时也改变着自己的思维和思维的产物。”① 现在，人们开始认识到，在社会之外还有能动的、活生生的人，他们并没有完全被我们整合进社会的既有结构。教育就是在这些人与既存的社会之间起着某种沟通作用的东西，有一定的独立性。当人们开始强调教育的相对独立性，争论的焦点也就慢慢地回到了教育本身。

这里所说的教育的相对独立性，首先表现为教育与社会发展之间的不平衡性。原因主要有三方面。（1）学校中所讲的东西跟社会意识形态所要求的东西经常保持着一定的距离。如虽然对现代科学与教育质量的重视可以从经典马克思主义那里找到大量论述，但“文化大革命”经常将这样一种立场说成是“白专”道路，而日常教育实践经常又难以扼制地表现出对科学的向往。这有时表现为对教育质量的追求，有时则以“片面追求升学率”的形式表现出来。（2）社会发展要转变为教育的发展，本身也需要一定的时间，而且只有借助对教育自身（如教师、课

① ［德］卡尔·马克思、弗里德里希·恩格斯：《德意志意识形态》（1845—1846），见中共中央马克思恩格斯列宁斯大林著作编译局编译：《马克思恩格斯选集》（第 1 卷），人民出版社 1995 年版，第 73 页。

程教学或学校）的改变才能实现。（3）社会为教育发展提供的可能性、条件或限制，随时又有可能为教育所突破。因而即便在阶级统治的条件下，也始终存在作为道统的教育。总之，其他社会因素的影响在这里不是决定性的，教育能对影响自身功能运转的社会变化做出能动的反应。所以有的时候社会发展在前，教育落在后面。有的时候教育先行动起来了，社会反而落在后面。既然教育与社会经常处于这样一种不平衡的关系状态，要说它们之间存在一种严格的对应关系或紧密结合，理由也就不那么充足了。

其次是教育体系的独立性与历史继承性。就是说我们教育有一套自己的体系，这套体系不是那些宣传体系演化过来的，不是由政府机关演化过来的，也不是由生产队或者工厂演化过来的，而是在历史长河过程中按照自己的逻辑发展起来的。这实际上是说，它们在很大程度上是基于某种内在需要发展起来的，有自身的发展规律，不可被取代，不能被取缔。新中国有段时间曾力图否认独立形态教育的意义，尤其在教育与生产劳动相结合的激进实践中，总有一种以生产斗争、阶级斗争或科学实验取代学校教育的冲动，但最终证明这样一种教育实践完全得不偿失。哪怕在极左政治的版图里，它也经常与劳动人民当家做主的意识形态相冲突。现在我们知道，任何一个组织的稳定存在，如果不是基于隐蔽利益或政治约束，都必定具有某种效率优势①，或者必定有某种知识与道德根源。正因为这样，西方一些激进的教育改革家试图以某种教育理由而不是政治的理由取消学校的时候②，他们也总是难以成功。

再次是教育活动本身的质的规定性。教育活动不管跟生产力、政治经济制度或社会意识形态有什么关系，它首先是一种培养人的社会活动。这才是教育区别于其他任何活动的质的规定性。正是教育本身的这一特殊性，使得它自身与其所依存的经济、政治与意识形态实践不一样，不可能完全成为它们的附庸，它们之间必定只能是松散结合的。即便在最受外部冲击的条件下，教育也必须努力适应人身心发展的规律，将对人的社会化建立在对人本身某种最起码的尊重的基础之上，开发人的潜能，保全个人的天性，倡导一种全新的文化，为社会变革创造条

---

① 参见［冰］思拉恩·埃格特森著，吴经邦等译：《新制度经济学》，商务印书馆1996年版，“译者前言”第4～5页。

② 参见［美］伊万·伊利奇著，吴康宁译：《非学校化社会》，桂冠图书股份有限公司1994年版。

件。说到底，社会既然想通过教育来形成一个人的品质，那肯定就不能完全借助强制过程，而应尽可能摆事实，讲道理，尽可能通过理性来影响人，通过知识的传授来培养人，通过相互的感染、合作或论争来转化人，教育过程必定同时是一个能动的社会过程。就像陆九渊所说的那样，“若某则不识一字，亦须还我堂堂地做个人。”① 威利斯对学生的研究也曾发现：

> 正如我们所见，那种认为传统范式就是单纯压制学生的看法是错误的。事实上，即使是在传统模式中，过于遵从老师的命令也被看成是“娘娘腔”和“没骨气”。教育交换的核心还是在于学生赞同参与交换——心甘情愿地用自己的资源来交换。在这个意义上，通常采用的进步主义可以看作是传统主义的延续，因为它也试图维护传统方法中至关重要的学生认同。针对具体情况，进步主义面对现实并对其措辞进行了扩展，但没有摈弃传统主义。②

2008年全国教育哲学年会的主题是“教育中的民主问题”。当时我们北京师范大学出版社的一个编辑因为大家抱怨教育依然不民主，他就说：“你们真是不生孩子不知道肚子疼。最糟糕的学校，也比我们社会中间大部分的机构要民主、要宽容。”他这个发言给我很大的触动，所以讨论临近结束的时候，我总结了教育民主的三个层次。第一个层次就是教育本身作为一种民主实践。只要是教育，它始终就有自主的因素，始终就包含民主的成分。第二个层次是由有民主意识和能力的教育者倡导的某种民主试验。这种民主试验依赖于教育者本身的素质优势，一旦学生跟我们的差距缩小了，或者对我们的挑战越来越激烈，我们自己可能就会受不了，这个民主试验也就可能会终止。第三个层次是作为一种普遍的制度化共识的教育民主。在那里，如果教育者的个人素质高，当然要民主；个人素质不高，他可以另谋高就，但也不能阻挡教育民主的步伐。但不管怎么说，教育就其本义来说必定就包含了一些最基本的道义乃至自主因素，学校相对来说始终还是一片净土。

---

①《象山全集·卷三十五·包扬显道录》。

②［英］保罗·威利斯著，秘舒、凌旻华译：《学做工：工人阶级子弟为何继承父业》，译林出版社2013年版，第110～111页。

由此不难理解当时人们提出的教育的相对独立性的第四重含义：教育的精神独立性与行动自主权。不但学习者是能动的教育主体，教育者本身也是能动的主体，所教的知识也经常蕴含某种超越性的力量。哪怕社会再专制，政统与道统的区别都一直存在。社会要发展，也必须给教育最起码的自由。曾经有一阵子到处都在说“学术有自由，课堂讲纪律”，不知道究竟是什么意思。不管怎么样，至少可以确定，课堂还是应该有学术自由的。如果真有学术自由，但是不能跟学生讲，那么我们学生的发展，以及我们今后学术的发展，又从哪里扎根呢？整个社会的建设，又从哪里突破呢？不断地改革创新，又从哪里起步呢？任何理智的政府，都需要认可教育的精神独立性和行动自主权，允许我们合法地发表或探讨一些跟现有观念不一致甚至相冲突的观点。宪法则必须能确保我们学校教育乃至整个社会生活中的思想与言论自由。即使在诸种礼法秩序盛行的古代中国，“无恒产有恒心”的知识分子作为社会的良心，在统治者面前也始终能在一定程度上保持某种独立性，“上不臣天子，下不事诸侯”①。可见教育的精神独立性与行动自主权自古就是有坚实基础的。所以说到底，教育始终具有某种民主精神，总是一种培养“大写的人”——也就是有尊严、能超越、可自主的人——的活动。即使是在最黑暗的时候，包括新中国的“文化大革命”，知识分子的“臭脾气”，也还是不可能完全磨灭的。而一个人只要学会了思考，那他无论碰到什么事，首先还是要过自己这一关。也正因为这样，才有专制者对知识分子的控制与改造。也正因为这样，列宁才说：“大臣把工人看成火药，把知识和教育看成火星；大臣确信，火星一旦落到火药上，被炸的首先是政府。”②

最终，教育的相对独立性必然表现为教育自身价值的独特性。当时很多人只是强调，教育虽然在一定程度上具有独立性，因而有自己相对独立的体系，与社会发展保持着一定的距离，对社会诸要素有反作用，在根本上还是受制于物质生产条件、政治法律制度与社会意识形态。但考虑到教育本身的性质、功能与机理的独特性，以及教育的精神独立性与行动自主权，人们最终还是多少意识到，“教育的相对独立性”说到底不是与“社会对教育的决定作用”相适应或配套的一个

① 《礼记·儒行》。

② ［苏］弗拉基米尔·伊里奇·列宁：《我们的大臣在想些什么》（1895），见中共中央马克思恩格斯列宁斯大林著作编译局编译：《列宁全集》（第2卷），人民出版社1984年版，第65页。

附属性概念，而是作为意义构造实践的教育所具有的一种能动性质。物质生产条件、政治法律制度与社会意识形态当然会对教育构成某种限制，但教育不是简单地取决于外部社会的直接制约。现在，我们更是清晰地意识到，如果秉持先验的善意，坚持以理服人，注重对话与联合生活，现实社会看起来不可更改的客观实在性终将被打破，一些客观必然性终将被超越，人、教育与社会的关系终将被重建。而教育作为一项道德事业，恰恰有助于在我们、学生与社会之间，重构某种互动结构。说到底，教育不仅是社会的产物，而且是社会的创造者。

（三）教育与社会的复杂关联

值得注意的是，上述有关教育的相对独立性的认识只考虑到本身已是独立形态的学校教育，没有考虑到其他形态的教育；也只考虑到与那样一种作为既成之物的社会实在的关系，没有考虑到作为多重构造的社会的其他方面，忽视了社会本身的道德/教育维度。结果，对教育在社会结构中的位置的考察，总是在社会“实在”之外而不是在社会“生活”之中进行。事实上，由于社会本身不仅是一种客观的物质约束，还是一种道德与实践领域，社会生活本身有其教育维度，教育与社会生活在很多时候是一体的。当然，以前父亲在子女的教育过程中扮演着最重要的角色，那是因为由父亲主导的家庭本身就是一个工作的场所，父亲的工作就是小孩今后要继承的家业，对于男孩尤其如此。随着家庭经济的解体，父亲平时生活工作中追寻的那些东西，对于小孩来说已没有什么意义。甚至父亲的成长经验，对于小孩来说，都很难产生什么影响。每次我跟我爱人说，你怎么要管小孩那么多？为什么不让她自己学？为什么要让她上那些补习班？为什么不让她自己买书来看？为什么非得做那么多的作业？难道及时睡觉不是比熬夜做那些无聊的作业更有益于学习？我每次讲这些事情的时候，都会受到她们的抵制。在这样一个社会取代共同体成为生活的主导者的时代，已然存在着一种亲学校的母子同盟。母亲还是贤内助，但原来母亲是父亲的贤内助，现在则成了公共教育体系的“贤内助”。① 但无论如何，日常生活本身还是不知不觉地为我们施加了某种影响，涂上了某种底色。

---

① 有关家庭教育中父权的衰落与母权的增长，参见贺晓星：《作为方法的家庭：教育研究的新视角》，载《教育学术月刊》2014 年第 1 期。

考虑到社会本身不是一个紧密结合的体系，而是一个松散结合的系统，可以想象，作为社会本身功能的那种教育形态，还将是多种多样的。我们今天已能认识到，城市人与农村人的教育方式在很多方面是不一样的。城市人的教育基本上以学校教育为主，高度依赖于精致语言；农村人的教育则以自我教育为主，高度依赖于生活本身。所以城市人的教育强调正规知识的教与学，而农村人的教育则讲悟性、天分与自主。由此可知，作为社会功能的教育本身也不是一个统一的整体。它们有的是这部分社会的功能，有的是那部分社会的功能。不同的群体，不同的生活，给我们提供了不同的教育。当然，统治阶级自身的政治、经济和文化教育实践，必定是更紧密地结合在一起的，而且在社会生活中有更大的影响力。但是，其他社会阶级也必定有它们自己的政治活动，有它们自己独特的经济活动，有它们自己的亚文化，这些东西本身必定会孕育出它们自己独特的教育，这种教育与居统治地位的教育必定是松散结合的。像我们京师园小区业主委员会，就曾教育了很多的人。当我们小区和开发商发生产权纠纷时，业主委员会不断找那些有法律背景的老师给大家普法，这个过程真的很有教育意义。所以教育一方面是跟社会松散结合的，另一方面它本身必定也是松散结合的。

因此，说“个人是什么样的，这取决于他们进行生产的物质条件”①，肯定是有点过分了。关键的不是生产的物质条件（它们本身不会说话），而是我们怎样表现自己。这一点在公民社会尤其突出。鞠玉翠和王佳佳曾经提供的一个案例，可以说明民间的公平观如何对政府主导的“两免一补”（免杂费、免书本费，补助寄宿生生活费）实践产生了决定性的影响。事情发生在河南省一中部城市的郊区李村。全村1 000多人，李姓占了近1/3，黄姓也占了1/3左右，其他姓氏共占1/3。村主任李强前些年因在全市带头办起了温室栽培而声名鹊起。但最终几个大项目效果不一，村财政赤字一度高达上千万元，影响了村里征迁土地补偿费的发放。于是黄姓中一部分人联合其他姓氏的人开始上访，与李姓之间的矛盾逐渐加深。2005年7月，李村小学分得30个“两免一补”名额，让村小黄校长头痛不已。为了避免卷入宗族恩怨，最后由村委会委员、家长代表和教师代表组成的5人评审小组来负责名额分配。有位叫李贵的家里并不困难，却为自己的两个孩子都写了

① [德] 卡尔·马克思、弗里德里希·恩格斯：《德意志意识形态》(1845—1846)，见中共中央马克思恩格斯列宁斯大林著作编译局编译：《马克思恩格斯选集》(第1卷)，人民出版社1995年版，第68页。

申请书，激起了黄姓和其他姓氏的愤慨。最终，一位叫金梅的黄家媳妇因其小孩没有通过审核，说“两免一补”是“扶富不扶贫”，走上了闹事和上访之路。区政府情急之下答应重新评审，而此时的评审小组代表已不想再承担责任，最后竟让所有的申请者自己投票产生受资助的对象。由于黄姓申请者多，李姓居然一家也没有入围，结果他们当时便纠集几十人涌进了区政府的大门。最后，区政府委派了一个由 5 人组成的检查团，对申请者的家庭情况逐个核实，最后确定下来的名额只有 1 个。尔后，整个学区的校长再次集合开会，要求严格按照标准确定资助名额。最终，每所小学的资助对象均仅为 1～2 名。①

当然，就鞠玉翠和王佳佳的本意而言，他们在承认存在着一种“民间的公平观”的同时，主要还是强调这种公平观的不足：自我利益和家族利益是村民公平观中的核心。尽管他们也认识到，与周围人的比较对公平感产生了重大影响，舆论中的“声誉”“本分”“讲理”的公平观也对自私等非理性偏好起到了很好的纠正作用，但他们还是认为这种作用常常会显得比较“软”。② 在我们看来，真正的民间公平观其实是“本分”的观念，而不是自私的偏向。这种本分的观念既是约束自己的，也是约束其他人的。因此，当有人不安守本分、试图侵占他人利益的时候，反抗就是允许的。但反抗必须注意其限度，不能变成巧取豪夺，否则就会引起众怒，不仅会破坏自己个人的名誉，还会破坏整个家族的名誉。因此，民间的力量在这里不仅是个人反抗政府分配不公或滥充好人的依靠力量，而且是约束个人以免败坏名声的力量。这种力量在一种健全的家族结构中是很强大的。当政府所分配的“两免一补”指标超出他们的本分观所能容许的限度的时候，他们甚至会抵制这种指标的过度分配。在这一过程中，当地政府的比例公平观——大致是按照村民或学生比例分配资助指标——被村民的本分公平观所修正。当然，如果没有那个泼辣媳妇“金梅”，这一系列修正过程很可能就不会展开。但如果这个村没有这么强的家族意识，或者如果这个村在村主任选举过程中不存在对家族意识的事先唤醒，很可能不会出现这么一个搅局者，或者即便出现搅局者，也不会出现李家和黄家对峙的局面，因而也不会出现后续的政策调整。因此，这个案例更有价值的地方，在于可以从中发现民间家族力量在教育变革与创新中的意义。

---

①② 鞠玉翠、王佳佳：《教育的民间公平观——“两免一补”政策在李村实施中的遭遇》，载《全球教育展望》2007 年第 1 期。

由此可见，社会不但作为一种既成之物对教育有着客观的约束作用和自发的影响，它本身也是一个与行动相关的多重的意义领域。不能像旧唯物主义者那样，坐等现实对我们自身的设定。生产力、政治经济制度与社会意识形态当然会制约教育的经费、规模、速度、目标、结构、内容与方式，但这一切从根本上还依存于我们自身的教育意向，依存于民间社会本身的组织。而教育的根本使命，也就是社会生活的形成，就是那样一种互动结构的建构。

值得注意的是，涂尔干虽然把社会理解成道德领域或精神实体，将儿童愿意尊奉并向往的道德王国称作“社会”，将这样的一种社会理解成一种外在于个人并且高踞于个人之上或又可以栖居于个人之中的精神实体，但他并没有因此认为教育本身作为一种道德实践需要基于先验善意，也不认为任何个人在一般意义上均是道德实践的主体。他主要试图借助道德科学让儿童直面真实的社会实在，也只看重那种掌握道德科学、拥有炽热信念、能全身心投入的教师的教育作用。结果社会本身的教育意义竟然经常得不到尊重，反而总是见他这样强调：“就像牧师是上帝的诠释者一样，教师是他的时代和国家伟大的道德观念的诠释者。”① 这样一来，他对教育与道德实在间相互关系的理解就是耐人寻味的：教育只能外在于道德领域，并在最根本的意义上从属于社会实在。因而涂尔干说：

> 教育的转型始终是社会转型的结果和征候，要从社会转型的角度入手来说明教育的转型。要想让一个民族在一个特定的时间环节上感受到改变教育体系的需要，就必须有新的观念、新的需要浮现出来，使此前的体系再也无法满足需要。这些需要与观念本身也并不是说凭空产生的；如果说它们在被忽视了数百年后，突然一下子进入了人类意识的最前沿，那么中间过渡期必然会出现某种变迁，上述需要与观念就是这种变化的表达。……而16世纪的教育理论只是这场运动的一种体现。②

如果去看涂尔干的《教育思想的演进》，你会发现他就是在用社会尤其是道德

① [法] 爱弥尔·涂尔干著，陈光金、沈杰、朱谐汉译：《道德教育》，上海人民出版社2001年版，第151页。

② [法] 爱弥尔·涂尔干著，李康译：《教育思想的演进》，上海人民出版社2006年版，第178页。

的变迁来解释教育的变迁。传统社会是以相似性为基础的机械团结的社会，现代社会是以社会分工为基础的有机团结的社会。由于个人的出现，我们的道德生活都在发生一系列的转向，教育也因此发生一系列的变革。涂尔干就是这样一种思路。这种思路因为具有太强的社会决定论的倾向，今天听起来肯定不是很准确，事实上也确实有说不通的地方。但涂尔干的《教育思想的演进》确实是一本好书，这本书在教育思想史上也确实是很好的文献。若你们自己去看的话，能够从头看到尾，直到把这本书看完，那你们对教育的理解，也就走到了我们大多数人的前列。涂尔干的社会决定论不对，并不意味着他具体的观点不对。有的时候我们也这样评论黑格尔：只有把黑格尔思想的体系框架打碎，才能发现黑格尔思想的精华。涂尔干的《教育思想的演进》乃至他的《道德教育》，就好像是用泥浆浇灌在一起的一堆珍宝，现在需要把上面的泥土刮掉，到中间去淘宝。

三、 教育的社会功能

（一）教育功能：概念与类型

教育与社会的复杂关联深深地影响着教育的社会功能。所谓功能，是指有特定结构的事物或系统在内部和外部的联系中所表现出来的作用。功能一般分两个方面。一个是内部功能，也称本体功能，是事物在其内部联系或直接的对象性活动中所具有的作用。另一个是外部功能。外部功能有的时候也称工具功能，是事物在外部联系中或对外在环境所具有的作用。比如说生儿育女是家庭的内部功能，但由于实行计划生育政策，家庭在很大程度上也承担了控制人口增长这一外部功能。值得注意的是，按照美国当代哲学家约翰·R. 塞尔（John R. Searle，1932—　）的分析，功能决不是任何事物或现象所固有的，只有在一套先行确定的价值体系之中才会显现出来。[①] 说到底，功能本身乃是一种社会现象，而不是单纯意指某种自然联系。

所谓教育的功能，亦即教育活动或系统对教育对象与环境所产生的各种影响和作用。教育的内部功能或本体功能，就是通常所说的“培养人”。培养人的功能

① ［美］约翰·R. 塞尔著，李步楼译：《社会实在的建构》，上海人民出版社 2008 年版，第 14～21 页。

运作得好不好，是一个社会教育是否有效的标志。这样一种功能的发挥，受教师与学生内部关系结构的直接影响，但外部环境也在其中起着重要作用。当然，究竟该如何进一步评估两者的影响，依然有很大的争议。现实生活中，经常见到教师们将自己的教育教学选择归结为考试制度，但事实上也有人能在这样一种考试制度中游刃有余，因而现在需要更多地相信各级实践本身的能动性。而教育的外部功能或工具功能，就是教育对政治、经济、文化等方面所能发挥的作用。这种作用涉及社会本身的性质，以及教育和政治经济文化的关系，但也在很大程度上受制于教育活动本身的状况。一种无所用心的教育实践，只能扩大社会政治、经济、文化的消极影响，真正沦为社会阶级结构的复制装置。

当然，有的时候人们把教育功能说成另外两个：一个是教育的社会功能，另一个是教育的个体功能。这两个功能被认为与教育的外部功能和内部功能相对应：内部功能就是个体功能，就是对个体发展的影响；外部功能就是社会功能，就是对社会的政治、经济、文化诸方面的作用。但在严格的意义上，教育功能就是指教育的社会功能，也就是指教育作为一种社会现象所能发挥出来的那种影响。即使是内部功能、培养人，也是一种社会功能，依赖于一套预先确定的价值体系。当然硬把培养人说成教育的个体功能，把服务于政治、经济、文化说成教育的社会功能也行，但如果承认个人本身也是一种社会存在，自我本身也是一种社会结构，很少有人会接受这么一个似乎将个人置于社会之外的奇怪说法。

（二）教育的主要社会功能

按照通常的理解，教育的社会功能一般包括五个方面。

第一是继承与传播文化遗产。继承的起点当然是整理，整理完了之后还要做选择，传递之中还要有交流、讨论与反馈。在这一过程中，不同的教育作用不一样。父母、祖辈给了我们接触民歌、民谣、民俗的机会，也让我们认识了家乡和家族。而学校里面继承与传播的文化，就目前来说，主要就是科学知识与理性规范，当然还有政治性的东西。结果，我们的教育教学内容很多时候就很狭隘，很难提升到文化的层次。迄今我们接触过的语文教学，大多时候只停留在语言文字或文法的层次。只有少数有个性、有艺术家气质、有文学修养的老师们，才会对文学艺术、欣赏、美感这些东西倾注热情。一般的语文老师跟这种墨客骚人差不多已经分道扬镳了。至于文化这个层次，语文教学中就更欠缺了。我们的地方或民族传统、风情、精神、趣味、美感，包括我们对于自己日常生活的理解、欣赏与体验，在语文课堂中能见到的时候真的是太少了。我们的教育，很多时候是在一个非常狭隘的文化概念下进行的，或者更直接地说，是在“文化科学知识”的名义下进行的，最多再关注一下各种奇闻轶事和文学常识。新课程改革试图在这一方面有所改进，其中一个研究性学习的案例，就是让学生回去发掘祖母的知识，最后发现实际上她们的知识给我们的支持最多，我们的生活就建立在那些东西的基础之上。但真正建立在文化之上的真实教学案例，现在还十分稀缺。

第二是赋予个人变革社会的知识能力和价值观念。承认教育的相对独立性、教育与社会之间的松散结合，才会认可教育有这样一种功能。今天强调得比较多的变革性观念，主要有个人自由、民主平等、程序正义、专业精神、公共意识等，希望大家凭借着自己的能力、自由意志、包容心、社会责任感和法制意识在社会生活中扎根，充分发挥一切社会主体的作用。我们今后如果去当老师，哪怕去当幼儿园老师，都要力求成为一个课程工作者、一个教育研究者，而不仅仅只是成为一个教学工作者。不一定要求我们有多少创造性成果，至少要有一个研究的态度、一个求真的精神，尤其要有一种真诚的态度，这是一种真正具有突破性的力量。传统的观点认为，要给学生一杯水，自己必须有一桶水。但有些老师知识有限，也能把学生教好。有些家长没知识，也能把小孩教好。他们的办法是竭尽全力支持孩子成长。卢梭为爱弥儿挑选的教师和爱弥儿年纪差不多，为的也是能陪伴爱弥儿成长。他说到底不是爱弥儿的教师，但对爱弥儿最有教益，因而堪称“人生导师”①。成为一个好老师的重要前提，就是不要以为自己什么都懂，自己讲的什么都对。我们始终要认识到知识本身的不完备，始终要承认教育教学过程的开放性，始终要意识到我们的学生今后要生活在一个完全不同的世界，所以始终要力求突破原有的那样一些约束框架，始终要有一种开放的态度。就像苏格拉底所强调的那样，承认自己的无知，就是开启智慧之母。在这种开放的状态下，我们尽管知识不够，但我们态度很科学，能与学生共同成长，也能够把学生教好。

我们今天总被知识甚至信息所迷惑，以为对它们掌握得更多，就能有更好的

---

① [法] 让-雅克·卢梭著，李平沤译：《爱弥儿：论教育》(上)，商务印书馆 1991 年版，第 30～31 页。

决策。一段时间以来，很多大学都在评“贫困大学生”，希望借助各种手段，把那些家境其实还不错、仍有钱支持、父母俱安的假冒贫困大学生清理出去，让那些家境实在贫寒、出了事故、负了一屁股债、单亲、有重大疾患的大学生能被挑选出来。但这种基于知识信息甚至技术理性的“贫困大学生”概念并不能带来社会变革，因为它默认学生应该依赖于家庭，并将那些确实贫困的大学生置于一种尴尬的境地。事实上，如果不考虑家庭的背景，差不多所有大学生都是贫困大学生。他们都已年满18周岁，到了该自立的年龄，但一分钱都挣不到，处在任何一条贫困线之下。现在的评价把家庭的社会经济地位做了学生个人贫困与否的尺度，根本不是鼓励自尊、自立、自强。这样一来，要对贫困大学生进行有效资助，就需要对大学生家庭进行鉴别。为此，自认为贫困的大学生就需要诉苦，需要写申请，需要把自己最不愿意暴露的一面公布出来，事后还面临相互比对，还要受监督。不能吃排骨，不能买手机，不能有电脑，不能谈恋爱，不能娱乐……结果，解了一时之困，惹来半世之忧。这种“贫困大学生”在根本上依附于这样一套隐性价值与资助体系，说到底乃是一种“社会建构”。经济的贫困经常就此转化为文化、心理的贫困，转化为自卑，转化为马加爵的暴力①，转化为一颗颗脆弱的心。如果真心认可自尊、自强、自立这样一些时代价值，对大学生的资助就不应以对大学生的鉴别为前提，至少不能采取目前这种鉴别形式。说到底，真正能带来变革的不是对贫困大学生的鉴别，而是对自食其力的推崇与保障，包括设立各种奖助学金、勤工俭学岗、助学贷款等，也包括向所有学生倡导自食其力。

第三是开发个人的能力性格（当然也包括保全个人天性），实际上也就是社会化。社会化不是把我们一切的自然方面统统毁掉，再置换成社会所推崇的知识与性情，而是涉及个体如何采纳或不采纳周围的文化或亚文化中的价值、习俗与观念的一系列复杂过程。② 布列钦卡就强调，教育事关心理素质的建构、改变、保

---

① 马加爵，男，云南大学生化学院生物技术专业2000级学生，家境贫寒，家族几代中唯一的读书人。他因在打牌的过程中被最好的朋友指责作假、人品差，经精心策划，于2004年2月13～15日在宿舍先后用铁锤击杀4名同学。2004年3月15日，马加爵在海南三亚落网，当年6月17日被执行死刑。

② ［瑞典］T. 胡森、［德］T. N. 波斯尔斯韦特主编，刘慧珍译：《教育大百科全书·教育社会学》，西南师范大学出版社2006年版，第311页。

留或避免。[①] 我们前面也强调，社会化不是要把我们培养成俗人，不是让我们八面玲珑、面面发光，而应把我们某种内在的品性发扬光大。在社会化的过程中，个体可能成为整个社会的普适成员，具有很强的公共性；也可能只是成为某一个部分的成员，具有准公共性；甚至只是成为"我自己"，具有高度的私人性。或者说，个体可能采纳周围的文化，也可能理性地拒绝或不采纳某种文化。我可能没有成为学生会的成员，但我成了"白鸽协会"的成员，成了"教育学社"或"农民之子"的成员，成了某一个专业团体或小范围的、地域性的价值共同体中的一员，这样也是社会化。[②] "社会化互动的本质，是价值、习俗与观念同个体的互动，以及通过群体成员之间协商对这些价值、习俗、观念的适应。"[③] 其结果可能是多样的，可能是我接受了这个群体的规范，成了其中的一员；也可能是我没有接受群体的规范，成了独特乃至叛逆的个体。不管怎么说，个性乃至天性的发展始终是社会化的一个方面。甚至社会化的过程还包括那些使我们习得一些超社会的观念、形成某种超凡脱俗的品质的过程。总之，不需要把社会化理解成那种单纯按照社会规范去行动，使大家成为标准件的过程。实际的社会化过程中，标准化与个性化经常是同时展开的，而且说到底，个性本身是一种社会化产物，在其本性上也是一种社会存在。

这里需要特别强调天性的保全对于个体社会化的意义。2013 年的研究生开题中，有一个学生试图从代沟的角度来解释"父母皆祸害"现象。"父母皆祸害"是豆瓣网上的一个小组，他们从小就和父母关系不和，吵得不亦乐乎，于是到网上吐槽，结果就形成了这么个"反父母小组"。父母认为这个社会很黑暗。小孩不服气，不愿意把别人理解得很坏。于是父母就很生气，认为孩子太单纯，容易吃亏。小孩则更反感，冲突就这样一点点升级。代沟是不同年龄段的人之间的隔阂，这个隔阂肯定是存在的，但代沟会造成"父母皆祸害"吗？这是解释不通的。随着父母渐渐地老去，他们的知识不断地老化，他们的信息不断地过时，甚至他们的

---

① ［德］沃尔夫冈·布列钦卡著，胡劲松译：《教育科学的基本概念：分析、批判和建议》，华东师范大学出版社 2001 年版，第 66～69 页。

② 这里所说的"白鸽协会""教育学社""农民之子"均是北京师范大学著名的学生社团。

③ ［瑞典］T. 胡森、［德］T. N. 波斯尔斯韦特主编，刘慧珍译：《教育大百科全书·教育社会学》，西南师范大学出版社 2006 年版，第 311 页。

听力也在不断地衰减，越来越停留在自己原来参与建构的那个世界。但此时沟通的困难并没有导致我们对他们的反感，反而让我们对他们越来越操心，拉近了我们的心与他们的心之间的距离。就像我，母亲已经老了，她已不愿意跟着我在外面闯荡。她渴望向我细述一切，但我很多时候没时间和心情跟她闲聊，而且她说的那一切跟我也没什么关系。但所有这一切不但都不会导致相互的反感，反而让我越来越为她操心。因此，即使是代沟这么大的一个差异，它仍然没有阻挡我们心与心之间的交流。“父母皆祸害”现象是代沟解释不了的，这个东西牵涉到我们前面所说的“意向性”问题。教育要基于善意，尤其是要有先验的善意和形式的善意，而不是把某种实质性的善意作为行事的准则。所以，社会化不但要让我们掌握某一个群体中已有的知识，更重要的还是保全我们的天性，尊重我们的自主性，让我们能够以自己的方式探寻这个世界，乃至触摸世俗外的那个神圣领域，体会那个世界对我们的意义。

也是在那次的开题中，有同学想研究流动儿童的安全教育，希望把安全知识系统化，不留问题死角。我当时就问她，你这样搞安全教育，要搞到猴年马月？安全知识那么多，不安全的因素那么多，一个一个地去教，一个一个地去提醒，让小孩子一个一个地去记诵，真的能够搞出安全意识来吗？当时刚好有一个提前开了题的同学没来，导师很生气，我说这就是缺乏“安全意识”，不然怎么会撞到枪口上？（学生笑）那什么是安全意识？缺少安全意识就意味着我们缺少对于神圣之物（如开题）的觉察，缺乏对于世界上存在着不可控之物（如导师的情绪状态）的意识。小时候妈妈带着我们上街的时候，她们总是紧紧地抓着我们的手，然后一定要沿着路边走，而且用身子把我们护在道路的外侧，生怕我们一不小心就乱窜，这就是因为她们意识到这个世界有不可控之物（如汽车），而且有神圣之物（如小孩）。所以安全教育不是一个很特别的教育，也不需要一套特别琐碎的知识，关键是要建构起这样一种社会形象，让每个人心里有一个“怕”字，或者说要有一份“怕惧”（板书），要有一颗敬畏之心，知道“举头三尺有神明”。只有这样，才能在安全问题上形成个人的自主性。你要什么都不怕，那你这个人就很可怕。把危险一五一十地罗列出来，然后让别人去学，这样的安全教育始终有问题，不可能穷尽所有的危险，而且也会让个人疲于应付。所以即便安全教育，也不是把已有的知识一点一点罗列起来，而是要帮助我们认识到，除了这样一个常识世界，在我们之上还有一个神圣之物，我们背后还有一个阴暗面，从而在根本上建构我们的安全意识。当然，这种安全意识太强也不行，会让人成天担惊受怕，最终失去自主性。所以我们还需要相关的知识，要有临场判断的能力。

第四是进行社会性的选拔。这里涉及的是教育体系内部的流动。在美国教育社会学家特纳（Ralph H. Turner）看来，“在一个形式上开放并提供大众教育的阶级制度中，那种限定升迁性流动公认模式的民间组织规范，乃是形成学校教育的关键因素，而且也许比升迁性流动程度这一问题更为重要。”① 当然，影响升迁的不仅仅是民间组织规范，还有各种选拔政策。大家最熟悉的选拔形式是升学考试，尤其是高考，这些在我国也都属国家政策的范畴。但民间组织规范的影响确实不能低估。义务教育“小升初”好像没有考试，没有选拔，只是因为其中的考试更隐秘复杂。例如在北京，那些好的初中校都在外面办有“蹲坑班”，专挑那些奥数或英语牛人。你不在那里蹲着，它也不会管你，只要到时候能考得好。不光是升学时节，平时也有选拔行动。今天你在课堂上表现优秀，明天老师就开始对你另眼相看，或者拉你去参加某项竞赛。即便到了大学，这种民间选拔依然存在。就好像我们现在，每个导师、每个专业、每个学科方向，都在试图吸引那些有实力或者有潜力的学生。有些同学到了大学以为可以放松了，看到各个社团都在招新，更觉得学校里面没有几个正经人，心头一块压了 12 年的石头落了地，以为终于到了“解放区”。但是到了学年末，一评奖学金，马上就傻眼了。

在特纳的概念框架中，选拔根据其内在模式，主要有两种类型：一种是赞助性流动，另一种是竞争性流动。赞助性流动是一种社会选拔，依赖于别人的赏识、支持和印象，缺乏一套公认的技术标准。中国社会尽管一直试图加强技术选拔（如科举制度），但在这样一种德治体制中，流动多是赞助性的，学习过程因而经常就是不断结识新的“赞助商”、发展新的支持关系的过程。未来的精英由现在的精英或者他们的代理人（即所谓的赞助者）推选，依据的是精英所看重的那些品质。曾经有个老师就讲，现在社会上最需要两种人：一种是女人中的男人，另一种是男人中的女人，反正就是要刚柔相济的人。这显然是很多用人单位所看重的

---

① ［美］拉尔夫·H. 特纳：《赞助性流动、竞争性流动和学校制度》，见张人杰主编：《国外教育社会学基本文选》，华东师范大学出版社 1989 年版，第 92 页。拉尔夫·H. 特纳的国籍在该文选中被误注为英国。

品质。竞争性流动乃是一种技术选择，没有太多的日常审查，大家都可以自由行动，人人都可以进决赛，而决赛采纳的是一套理性的、普遍的技术标准。① 我们这门课程中有大量赞助性流动的机会，老师的赏识情不自禁，但期末考试主要则是一个技术选拔。至少在那个环节，我要压抑住自己对于某些同学的偏爱，尽量把一碗水端平。高考、考研也是竞争性的流动，自主招生、保研则有更强的赞助色彩。在国外，美国主要盛行竞争性流动，欧洲则主要盛行赞助性流动。两种选拔形式各有利弊，成问题的不是采取了某种特定的选拔形式，而是为了选拔牺牲了其他。最明显的仍是今天的应试体系，为了选拔出最优秀的学生，确保"绝对公平"，我们将学习限制在非常狭小的范围。结果，每个学生为了高分而精耕细作，将能力发挥到极限。但由于吃的是多次嚼过的食物，学生的发展因此受到严格限制。由此选拔出来的当然仍可说是优秀学生，但已只是矮个里面的高个。

第五是学校不但选拔人才，还参与劳动力的分配。我读中师和大学的时候，学校都包分配，但大家千方百计地想自己决定自己的命运。并不是真的完全自力更生，只是不想任由命运安排，总希望借助各种力量——尤其是学业与"关系"的力量——掌控命运。等到我研究生毕业的时候，自主就业成了主导政策。现在完全不包分配，研究生也不包分配，但学校的就业压力依然存在。或者说，学校不对具体的个人承担责任，但依然需要对学生整体就业状况承担责任。对导师挂名招生的研究生而言，他们的就业情况，也是导师自己个人信息的一部分。可见学校依然参与到劳动力的分配。有的时候是择优的推荐，包括我们招生时的择优录取，实际上也是劳动力的择优分配。还有学生从一开始就是定向培养，从哪里来，到哪里去，学校看起来只负责培养，实际上是把培养和分配完全结合起来了。高等学校的专业设置与分流也参与了劳动力的分配。选择某个专业，很可能就需要在这个专业中就业，很少有人能够脱离其约束。我的一个大学同学入校的时候说自己走对了路进错了门，立志要学经济学。后来还真顺利考取了一所著名大学的经济学专业，到华南一所大学经济管理学院做教师。没想到最后碰上了基础教育新课程改革，结果又被调去做高中政治学科的课程专家，因为他有教育学背景。所以我曾跟他开玩笑说，真的是"万事皆有命，半点不由人"。（学生笑）其他诸

① 参见［美］拉尔夫·H. 特纳：《赞助性流动、竞争性流动和学校制度》，见张人杰主编：《国外教育社会学基本文选》，华东师范大学出版社 1989 年版，第 91～112 页。

如对学生成绩进行评定，分配各种荣誉称号和政治身份，设置各种社会实践或管理岗位，进行导师制管理等，也都在某种意义上参与劳动力的分配。

（三）现代教育的功能论立场

大家似乎心情有点沉重，真正的教育理想好像只能永远活在我们心里了。（众笑）但生活本来就该如此啊，怎么能全由你一个人说了算！所以我们讲要有形式的善意，要公正，要包容，要自我克制，讲好教育的复杂构成。但这也不是要我们放弃自己的立场。我们的最大立场是先验善意与形式理性，实质性善意要以此为基础。强制推行某种实质性的善就是一种恶行。卢梭就是因为想搞一个纯粹的好，结果搞出了一个纯粹的坏。所以我一直劝大家不要老想着进行彻底的实质性变革，不要有这种想法。我们只是知道一些东西，只能在跟别人交流、对话的过程中使别人有所改变，最终还是要与别人共存。“岂有文章觉天下，忍将功业误苍生。”[①] 不要为了自己建功立业把天下苍生全耽误了。看起来，学校并不是我们所想象的那样一块净土，总通过各种方式控制学生的走向。然而，学校不但是培养人的机构，还是发现人的机构，有的时候发现比培养还重要，所以这样也不是不可理喻。正如韩愈（768—824）所言：“世有伯乐，然后有千里马。千里马常有，而伯乐不常有。”[②] 怎么能因此而低估学校的意义？当然，有些人可能觉得赞助性流动不好，太依赖人与人之间的关系。有些人可能觉得竞争性流动不好，太依赖技术理性。有些人则可能觉得，不论用什么方式，把人分成三六九等就不对。但主流的观点还是倾向于认为，教育，尤其是现代教育，在社会生活中主要扮演着积极的角色，对促进个人发展与社会公平，起着不可低估的作用。[③]

首先，教育被认为对个人的地位升迁、社会秩序的维持和在国际竞争中制胜具有关键意义。在这方面最有说服力的是人力资本理论（human capital theory）。

---

① 此为我国台湾学者周德伟所撰对联，原为“岂有文章觉天下，忍将功业苦苍生”，改编自昆曲《千忠戮》“岂有文章能济世，忍把功业误苍生”一句。周德伟（1902—1986），湖南长沙人，曾师从自由主义经济学家哈耶克，1937 年任湖南大学经济系教授兼系主任。1949 年到台湾，1950 年担任“财政部”关务署署长。

② 《马说》是唐代文学家韩愈的一篇借物寓意的杂文，原为《韩愈文选》中《杂说》的第四篇，《马说》这个标题为后人所加。

③ Sadovnik, Alan R., Theories in the Sociology of Education, in Ballantine, Jeanne H. & Joan Z. Spade (2001), *Schools and Society: A Sociological Approach to Education*, Wadsworth, 9-34.

人力资本理论是1979年诺贝尔经济学奖获得者舒尔茨（Theodore William Schultz，1902—1998）在美国经济学学会1960年年会上发表的会长就职演说中提出的。舒尔茨强调，影响经济发展的诸因素中，最关键的是人的因素，而不是自然资源的丰瘠或物质资本的多寡。正是基于这种考虑，他把人力理解成一种资本，亦即人力资本。这是体现在劳动者身上的一种资本类型，它以劳动者的数量和质量即劳动者的知识程度、技术水平、工作能力以及健康状况来表示，是这些方面价值的总和，核心是人口质量。在舒尔茨看来，人力资本是通过投资而形成的，不应当把人力资本的生产仅仅视为一种消费，而应视同为一种投资，而教育投资是人力投资的主要部分。① 这是教育乃至社会理解上一个很大的突破。人们很长一段时间都认为教育是自己当家做主后好歹也能吃上的那点肉。原来它只是少数人能够享用的席上珍，现在则如“旧时王谢堂前燕，飞入寻常百姓家”②，大家都能够享用。所以，主要还是把它当作一种社会福利、一种消费性事业。科学技术及相关人员的意义因此被低估，事实上它们/他们在社会生产生活中也经常没什么用武之地。像我国很长一段时间在基本的文化教育之外主要就是强调品德，强调牺牲精神，强调“革命加拼命，无往而不胜”，认为知识分子只是“臭老九”。但现在强调要把人力资本的生产看成一种投资，而且看成所有投资中最主要、最关键的一种，这就很了不起。由于人力资本的概念被接纳，它的作用被确认，人人都可以成为“资本家”，接受教育对个人地位升迁、社会秩序维持和在国际竞争中制胜的关键意义，就显得顺理成章。

其次，教育被认为能创造有利于社会结合与和谐的社会化与道德统一。这首先基于人们对社会分层系统的一种全新认识。社会学者戴维斯和摩尔（Kingsley Davis and Wilbert E. Moore，1945）认为，社会结构中不同级别职位的存在是一个必然的事实。与传统的立场不同，他们并不是试图维持那种固定的阶级，而是从一种民主主义的立场，强调社会分层是与社会流动连在一起的，其功能就是为社会流动提供内在的激励。在他们看来，作为一种有效的机制，一个社会必须用

① Schultz，Theodore W.（1961），Investment in Human Capital，*American Economic Review*，March，1-17.

② 参见唐代诗人刘禹锡（约772—约842）的《乌衣巷》：“朱雀桥边野草花，乌衣巷口夕阳斜。旧时王谢堂前燕，飞入寻常百姓家。”

某种方法——无论是竞争性的还是非竞争性的——把成员分配到不同的社会位置中，并且诱使他们去承担相应的责任。① 根据这种理解，社会中必定有一套稳定的职位、功能或价值等级，这种“位阶系统”是社会必备的功能。而“社会不平等就是在保证最重要位置上有最胜任者的过程中不知不觉地发展起来的设置”②，或者说人与人之间的不平等，就是由其对社会的价值和社会本身的位阶结构决定的。人们因而相信，将不同的人分配到不同位阶的职位上去的过程，就是通过教育将个人和职业连接起来，并因此产生对有价资源不平等控制的过程。学校恰恰能给公民提供有效参与公共生活所必需的知识与性情（dispositions），并鼓励学生成为最有才能和进取心的人。教育改革的目的，就是创造进步、理性并能激发社会团结的结构、方案和课程。而人们借助教育所追求的，正是这种社会分层赖以为凭的外在有价物以及相应的社会信仰。个人的教育需求和社会的人才需求在这里是高度一致的，对学校的信仰成了个人晋升的基本阶梯，“白手起家”越来越像是神话。社会因而被看成是一个功能上协同、价值上和谐的有机整体。

最后，现代教育被认为总是根据学生的能力而不是其偶然的出身来分配各种机会（match ability and opportunity），因而发生了一种从归属到成就（from ascription to achievement）的转向。这实际上在社会生活中引入了一套全新的互动框架，因而将从根本上改变社会的形貌。原来，教育主要依附于个人家庭的社会经济地位，经常只是有闲阶级的消费品。现在，教育成了一项公共事业，妨碍个人进入的政治与经济限制都已被清除。尽管日常生活中大家可能依然在强调归属或个人出身，如你是谁的儿子，哪个家族的，姓什么，家里有什么人当官，家乡有什么能人在外，但学校主要强调学业成就，强调个人的能力和努力，遵循的是机会均等（equality of opportunity）的原则。这样一来，即使个人本身出生在不同的家庭，社会本身有不同的层级，但推动个人向上流动的已不是这些偶然的先赋性因素，而是那些可以凭借个人能力与努力掌控的获致性因素。因而通过教育的摆渡，固定的社会阶级区分终究会被打破，社会终将越来越公平。而且越是基础教育，它们的社会贡献率越大，对社会结构的矫正能力也越强。因为它的辐射面更广，所教的那些知识也更根本，是社会中间都需要的，事关国民基本素质，

---

①② ［美］戴维·格伦斯基主编，王俊等译：《社会分层》（第2版），华夏出版社2005年版，第38、39页。

因而是真正的奠基性工程。高等教育受益面小，其中很多方面，多少是被文凭竞争逼迫出来的，带有某种过度教育的痕迹，并不一定能带来实际的社会效果。就像大学一扩招，大学生就从原来的人参变成萝卜，不但不值钱，实际的改变命运的能力也在下降。但它还是在引领社会发展，而且广泛参与了社会上层的再造，在促进社会流动的过程中发挥着关键的作用。

对现代教育的这样一套信仰，在社会学中被称作"功能主义"(functionalism)。功能主义相信社会是一个彼此依赖的有机整体，一个相对稳定、持久的结构，一个功能的协同体，总是试图根据人的能力和努力来分配机会，教育在其中发挥着至关重要的作用。这在某种意义上把社会理解成了一架运作良好的机器，各部分都担当着必备的功能，按照整体的需要运转。它们虽然承认社会中也会有冲突(如共享价值的断裂)，但强调若无共同连接或社会规范，社会就会解体。因此，冲突在此并没有被视为共识的基础，而是一种破坏性的力量。为此它们强调，社会运作和功能的发挥，依赖于社会成员发展出一定程度的"同质性"(homogeneity)，尤其是某种"价值共识"。这就凸显了社会化过程的重要性。此外它们还强调社会公共利益的重要性，相信社会自身（至少民主社会）的自我维持与修复能力，实际上是把阶级固化与社会不公理解成一种局部、偶然、不可持续的现象。最后，它们也认识到变化不可避免，但坚持其在本质上乃是一种演化过程，因而相信按照某种共同规范行动，并不会妨碍这样一种良性演化。所有这一切，都导致它们把教育看作一种积极的社会力量，相信少数族裔、劳工子弟和女性等在学术上的失败，都可以在现代社会的规范结构内得到妥善解决。

（四）教育功能问题的复杂性

功能论所遭遇的第一波批评来自功能主义内部。功能论大家默顿（Robert King Merton，1910—2003）首先提出了功能的复杂性问题①，从而迫使我们将目光移向教育的实际运作，而不是单纯从逻辑或理想出发来论证教育的社会功能。对默顿来说，首先，诸事物的功能是不是都能够朝向同一个方向，或者说功能是

① 默顿对功能的一致性、普遍性与不可替代性的质疑，参见［美］罗伯特·K. 默顿：《显功能与潜功能》，［美］罗伯特·K. 默顿著，唐少杰、齐心等译：《社会理论和社会结构》，译林出版社2006年版，第114～130、152～153页。

否真的就是一个统一体，乃是一件值得质疑的事情。有些教育可能有助于社会平等，但有些教育常常又扩大已有的社会差别。比如说有些人有学前教育的机会，有些人甚至可以享受到公立的学前教育，还有一些人则只能随着父母到处游荡。所以功能的一致性（functional unity）假定确实是值得质疑的。其次，对于功能的普遍性（functional universality），默顿也提出了质疑。说到底，同一事物的功能也不是在任何情境中都必定始终如一。为了促进高等教育大众化，我们有贫困大学生资助制度，但这种资助制度本身又把经济上的贫困转化为文化上的贫困。“祸兮福之所倚，福兮祸之所伏。”① 倒不是因为这样一种抽象的逻辑，而是因为事物的功能依存于它所置身的那个情境，很难不出现这种“其兴也勃焉，其亡也忽焉”② 的逆转。最后，功能的不可替代性（functional indispensability）假定，对于默顿来说也是值得怀疑的。某种东西真的是系统中不可替代的功能必备项？以机会均等为理想的公共教育体系真的就是教育公平的奠基石？如果我们不考虑机会本身的性质，单纯推行一种政治化教育或应试教育，即便机会均等也未必符合社会正义。

默顿的突破口是这样一种思想：社会功能是指可见的客观结果，而不是主观臆想。正是因为把目光转向客观事实，默顿第一次对正功能（eufunction）、负功能（dysfunction）和非功能（non-function）做了区分：正功能是有助于体系调适的那样一种客观后果，负功能是削弱体系调适的客观后果，非功能是与所考察的体系完全无关的后果。③ 学习一方面使我们变得越来越聪明，另一方面也可能使我们习得一种“训练性无能”（trained incapacity）。任何东西都可能是个双刃剑，就好像苏慧伦所唱的那样——“爱你越久，我越被动”，而知识也可能使我们被动。我们本科毕业出去的话，任何事情都可以做，也不会太挑食。等我们更专业化一点，读了硕士，就开始想找一个跟自己专业对口的工作。等读了博士，发现这个社会中适合我们的职位已经屈指可数了。教育经常就这样既增强我们的顺应和适应的能力，同时又削弱我们顺应或者适应的能力。除了这种形影不离的正负

---

①《老子·五十八章》。

②《左传·庄公十一年》记载：“禹、汤罪己，其兴也勃焉；桀、纣罪人，其亡也忽焉。”

③［美］罗伯特·K. 默顿：《显功能与潜功能》，见［美］罗伯特·K. 默顿著，唐少杰、其心等译：《社会理论和社会结构》，译林出版社 2006 年版，第 114～130、152～153 页。

方面，还有一些教育的负功能更加明显，如那种死读书、读死书、读书死的情形。深陷其中者不但不能因教自立，反而经常因教致贫。至于那种“非功能”的教育后果，比如说书读着读着生育的欲望就降低了也并不少见。当然这个也可以说是教育的正功能，有助于计划生育，提高人口质量。但就个人本身的发展而言，也确实可以说是一种“非功能”。这也意味着功能与非功能可以相互转化，就看我们以何种价值系统为参照。而最终显现出来的教育功能，按照默顿的理解，就是正负功能相抵消之后的净值。如果我们在学习中变聪明的速度或幅度赶不上无能的速度或幅度，那这个学习就没有意义，需要反思了。解决之道当然不是放弃教育，但至少需要转变态度、思路或教学方式，重建教育的理想。

那么，我们前面所讲的“社会”本位论的教育，是有正向功能还是负向功能？可以肯定两个功能都有，但是说到底，拼命把所有人往国家、阶级或者某种政治理想那个方向去整合，对社会与人格体系的削弱确实会很严重。就好像我们新中国的教育，大家总觉得“教育必须向工农开门”，但光向工农开门，尤其光用阶级的眼光看教育，忽视其人才选拔功能，教育就只能作为福利事业，根本发展不起来。而一旦关注人才培养，按照革命的逻辑，政治方面的要求好像又要降低，导致“片面追求升学率”，“全面发展”的目标必定因此受到挑战。可见善意的教育未必最终都能够产生善的结果，关键要看这究竟是一种什么样的善意。正如德国古典诗人荷尔德林（Johann Christian Friedrich Hoelderlin，1770—1843）所说的那样，“总是使一个国家变成人间地狱的东西，恰恰是人们试图将其变成天堂。”①对我们来说也是这样，如果不是先验的善意，也不是理性的善意，只是那种狭隘的、经验的、实质性的善意，教育的负功能确确实实就积重难返了。卢梭的那种“个人”本位论初看起来似乎尊重儿童，事实上根本就不尊重儿童的愿望、兴趣和权利，所以最终搞出来的东西，也具有很强的专横性与破坏性，儿童的发现最终导致对儿童的控制。现代教育的其他一些问题，包括我们所强调的机会均等、公立学校制度或统一学校运动，也都是如此。所以，拥有实质性善意的那样一种教育体系并不一定都有利于体系的调适，有的时候反而会削弱这个体系。

默顿不但区分了正功能、负功能和非功能，还区分了显性功能（manifest

---

① 转引自［英］弗里德里希·奥古斯特·哈耶克著，王明毅、冯兴元等译：《通往奴役之路》，中国社会科学出版社 1997 年版，第 29 页。

function）与潜在功能（latent function）。其中显性功能被认为是有助于系统调适、为系统参与方期望和认可的客观结果；隐性功能则是无助于系统调适、系统参与方不期望也不认可的客观后果。① 这是一种很奇怪的界定。在最直观的意义上，显性功能应该就是表现在外、大家都看得见的功能，隐性/潜在功能则是隐蔽而不为人知的功能，区分显性与潜在/隐性的标准就在这种功能是否被参与者觉察到。虽然你想通过读书使自己变得更有气质，但学了几年之后，左照右照发现自己没有发生预期的变化，而旁边的人却说你真的更有气质了，那这个东西对你而言最终还是隐性功能，而在旁观者那里则是显性功能。但默顿将显性功能定义成与主观目标和意识相符的正向调适结果，将隐性功能定义成与主观目标和意识不相符的负向调适结果。难道显性功能就不可能是破坏性的，而隐性功能就不可能是建设性的？默顿为什么把它们界定得如此令人费解？以我的观点就将显性功能定义成参与者觉察到的功能，将隐性功能定义成不管参与者有没有筹划，反正事后没有觉察到的功能。没有觉察到并不一定是它的所有方面都没被觉察到，也可能是熟视无睹。就是说，它在某个层面已被参与者觉察了，只是并没有意识到它的意义。无论如何，默顿对这一对概念的界定确实存在经验的与逻辑的困难。

而且，参与者对某种功能的认可，也经常可能是分裂的。譬如说，人们当然希望培养一个人的能力，但为了更好地确定培养方案，或者为了对他进行更好的激励，他们经常试图对他的能力进行甄别。但这样一甄别，很多时候就导致对人的层级区分。在这一过程中，有的人被认为是优秀的学生，有的人被认为“朽木不可雕也”。结果就产生了一些非预期的后果：有些人学着学着就不想学了，有一些人则由此受到莫大的鼓舞，学校和教师则经常乐此不疲。如有些初中一、二年级还不敢怎么搞差别对待，到了三年级，大师班、实验班、重点班、平行班、补差班②就分得一清二楚，且美其名曰“分层教学”“因材施教”。这个时候你去听那些补差班的课，就会发现它们真的非常机械。老师们都在说：“昨天刚给你们讲过，还要你们记了笔记的，是不是啊？拿出来看看，不会就对着做啊！怎么连公

① ［美］罗伯特·K. 默顿：《显功能与潜功能》，见［美］罗伯特·K. 默顿主编，唐少杰、其心等译：《社会理论和社会结构》，译林出版社 2006 年版，第 114～130、152～153 页。

② 这些在不同学校有不同称呼，相同称呼也经常有不同意义，但都反映了学校将班级进行层级区分的意图。

式也不会套，你还要不要毕业?!”理论上，后进生尤其需要我们关心，尤其需要我们把问题讲通透，尤其需要老师来减轻他们的学习负担。但现实中的这种教学，都在不断地增加他们的负担，搞出各种条条框框，不断地降低他们的自我期望，让他们依葫芦画瓢。真的是“落雨背稻草——越背越重”，搞到最后完全受不了，于是整个课堂开始寻欢作乐。但你若以此去征询任课教师的意见，他们十有八九会认可这样一种教学组织，尽管这种课堂对他们来说也是折磨。可见同一种教育现象，对不同人可能有不同的意义，甚至对同一人也可能有不同的意义。这样，按默顿的定义明确区分出显性功能与潜在功能，也不是一件容易的事情。

但显性功能与潜在功能的区分依然有其意义。光看到教育的显性功能，尤其光看到教育的正向功能，忽视教育的隐性功能尤其是负向功能，势必导致对教育的社会功能的高估，从根本上曲解现实教育的性质。教育学知识当然有助于提高我们的教育教学技巧，但是它们在提高我们教育教学技巧的时候，也可能掩盖学生内在的教育力量和我们自身的学识与人格魅力。认清功能问题的复杂性，可以使我们更深刻地理解教育。2010 年，我曾参加一个课题咨询会，当时有研究者极力推崇专家型教师的五种能力：一是教育力，二是学习力，三是创新力，四是人格力，五是影响力。但我后面意识到，如果认为要有影响力（社会影响力）才堪称专家型教师，这个肯定有问题。在一个人成为专家型教师之前，很长一段时间可能是没有一点影响力的。等他/她成了专家型教师，可能有影响力，但也不是绝对的。如果根据影响力挑专家型教师，挑出来的就可能是那些能说会道、活动能力强、善于经营的人。事实上，专家型教师长期坐冷板凳都是有可能的。说到底，专家型教师也不能够保证在所有人面前都有同等的教育力。哪怕你再优秀，也可能照射不到社会的每个角落，总是有一些人对你不敏感，还有一些人对你很厌烦。因为个人的人格魅力也是有偏向性的，对某些人有人格魅力的东西，另外一些人则可能唯恐避之不及。当然，专家型教师要有学习力和创新力，这个我是认可的。但现实生活中很多“千里马”都不为人知，他们依然是“千里马”。能这样认识到事物始终有其两面性，教育活动始终有其不为人知的方面，更能避免简单武断。

（五）几种批判性理论及其反思

默顿的功能理论虽然是对功能主义的内部挑战，但也已经动摇了功能主义的根基，教育的实际功能自此成为人们关注的焦点。此后，人们更是从一种明确的冲突论（conflict theories）立场，对功能主义进行了严厉的批判。冲突论重视社会中各部分的独立性，认为社会关系存在强制性，视社会为不同团体为自身利益或权力而不断竞争的场所。因此，它不是关注社会冲突或不平等的矫正，而是关注现实的“地位获得模式”（status attainment model）。在冲突论看来，功能主义存在以下不足。（1）轻信对社会的整体论预设，过度强调社会平衡的重要性，混淆了是与应当（confused what is with what ought to be）。事实上，将社会统在一起的经常不是共享价值和集体共识，而是统治团体将自己的意愿强加给被统治团体的经济、政治、军事、文化和技术能力。（2）忽略由个人需要所产生的冲突及其意义，忽视各社会单位的独立性及其价值，未能充分解释“共同价值体系”和社会机制的运作过程本身是否存在人为的操纵。（3）错误地将教育界定为一种没有问题的物品，夸大学校教育对个人生产能力的提升作用，以为一个人得到的教育越多，他生活得就越好。其实学校反映的经常是统治的需要，而不是社会生产生活的要求。技能和工作之间的关系，远不如功能论者所认为的那样理性与紧密。（4）将学校或教育视为黑箱，缺乏对教育本身性质及其具体运作的真切理解。（5）所看重的工业化先进国家的经验与教育投资效益，并不一定能够完全适用于发展中国家，甚至在发达国家也都缺乏足够数据或成功实践的支持。①

前面讲过的再生产理论，对功能主义的批判最甚。经济再生产理论认为，教育更多注重的是人的社会化，而不是通过知识技能提高劳动生产力。正因为这样，这种再生产理论有的时候还被称为“社会化理论”。这里所说的社会化是指接受社会规范与价值，接受社会对自己的定位，接受自己的社会命运。根据这一“社会化理论”，如果说教育还有经济功能，那也源于它的社会功能——再生产符合社会需要的个性或性情。不同的人所习得的不同性情，在此据说是跟个人自己的身份、自己的社会背景、自己家庭的社会经济地位相匹配的。因此，教育说到底就是维持原有的社会阶级关系的工具。如果有知识方面的考虑，那也不是为了提高生产

---

① Sadovnik, Alan R., Theories in the Sociology of Education, in Ballantine, Jeanne H. & Joan Z. Spade (2001), *Schools and Society: A Sociological Approach to Education*, Wadsworth, 9-34.

能力，而是为了进行社会控制与分层。① 霸权国家再生产理论也认为，教育不像我们所想象的那样是社会公平的均衡器，而是借助意识形态再生产社会原有的权力关系的装置。② 文化再生产理论也不认为教育所传播的就是客观的、普遍的、中立的文化，而是社会中优势者——包括在教育中占主导地位的中产阶级——的文化，甚至是社会中的“行政真理”或意识形态。③ 所以，在学校中生活，很多时候就意味着放弃自己的生活方式，放弃自己的集体记忆，或者说，放弃自己的文化。看起来平等的受教育机会，维护的其实经常只是现有的阶级关系、权力结构与文化样式。说到底，学校在此并不被认为是人类文化公平或中立的传递者。它使用的是中产阶级的规范语言系统，传递的是社会中的优势文化，天然对社会中的优势者有利，因而总是再生产不平等的阶级结构和社会关系，并试图将这种社会结构内化给具体的个人，改变人们的习惯、品味和性情。

再生产理论让我们意识到，由于社会本身的阶级区分，同样的教育对于不同的人有不同的意义，不同的人在教育中有不同的处境。也许大家都是有天分的人，但在现实教育中，有些人的可教性/可塑性非常大，有些人则很快就因被判定为没有前途而被社会排除出去，或者很快就自认不是这块料而被自我排斥。结果，有些人顺风顺水，有些人则动辄得咎。劳工阶级子弟在学校中尤其有严重的潜能浪费，他们很早就感受到生存压力，所以对于教育经常没有长远的规划。他们在每一天都要能够有收获，否则就很容易遭到社会排斥，甚至是自我诅咒。前面我们说，教育是等待的艺术，但他们在教育中不会有太长的等待期。经常在大家还都头脑发热、想当科学家但能力还未完全展现的时候，一盆冷水就忽然浇了下来，将那些经不起折腾的人排除在外。所以有各种各样的路径导致我们的教育只能再生产原有的社会关系结构、权力结构和特定的阶层文化。当然，教育只能延续原

---

① ［美］塞缪尔·鲍尔斯、赫伯特·金蒂斯著，王佩雄等译：《美国：经济生活与教育改革》，上海教育出版社 1990 年版，第 11～19 页。

② 参见［美］迈克尔·W. 阿普尔著，黄忠敬译：《意识形态与课程》，华东师范大学出版社 2003 年版；《教育中的文化与经济再生产》(1982)；曲囡囡、刘明堂译：《教育与权力》，华东师范大学出版社 2008 年版；《教师与文本》(1986) 等。

③ ［法］皮埃尔·布迪厄、让-克洛德·帕塞隆著，邢克超译：《再生产：一种教育系统理论的要点》，商务印书馆 2012 年版；［英］Basil Bernstein 著，王瑞贤译：《教育、象征控制与认同》，学富文化事业有限公司 2005 年版。

有的社会阶级结构，这可能言过其实。至少和传统社会那种只有少数人才能够享有的作为奢侈品的教育相比，今天的教育机会还是多了很多，开放性还是强了很多，公平程度还是提高了很多，个人能力提升的空间还是大了很多，已经能够更好地承担社会公平均衡器的职能。即便这样，教育对于整个社会公平的提升，其作用依然相当有限，这也确实是一个需要正视的事实。

与其现实批判力相比，再生产理论的局限性还是相当明显的。与功能主义单纯凭借社会规范推断教育的社会功能相比，再生产理论关注教育的实际运作。就此而言，它们更接近于马克思所倡导的这样一种方法论原则：不是从观念出发来解释实践，而是从物质实践出发来解释观念的形成。① 但也正因为这样，它们把社会意识当成了社会存在的附属物。最多像马克思和恩格斯后期那样，虽然强调社会交往方式对物质生产条件以及社会意识形式对社会交往方式的反作用，但这种反作用被认为只是物质生产条件的决定作用基础之上的反作用。因而说到底，它们都依附于某种形式的决定论。涂尔干强调："每一种强烈的意识都是生活的源泉，都是我们整个生命活力的基本要素。"② 这种思想对再生产理论来说如同呓语。再生产理论的共同缺陷，就是不认可生命意志、行动者个人、互动结构、局部情境与民间社会的能动作用，把它们都归结为某种物质生产条件。这一立场在马克思和恩格斯的《德意志意识形态》一书中就已经清晰表达过了：

> 意识的一切形式和产物不是可以通过精神的批判来消灭的，不是可以通过把它们消融在"自我意识"中或化为"幽灵""怪影""怪想"等来消灭的，而只有通过实际地推翻这一切唯心主义谬论所由产生的现实的社会关系，才能把它们消灭；历史的动力以及宗教、哲学和任何其他理论的动力是革命，而不是批判。……每个个人和每一代所遇到的现成的东西：生产力、资金和社会交往形式的总和，是哲学家们想象为"实体"和"人的本质"的东西的现实基础，是他们神化了的并与之斗争的东西的现实基础，这种基础尽管遭到以"自我意识"和"唯一者"的身份出现的哲学家们的反抗，但它对人们

---

① ［德］卡尔·马克思、弗里德里希·恩格斯：《德意志意识形态》(1845—1846)，见中共中央马克思恩格斯列宁斯大林著作编译局编译：《马克思恩格斯选集》(第1卷)，人民出版社1995年版，第92页。

② ［法］埃米尔·涂尔干著，渠东译：《社会分工论》，生活·读书·新知三联书店2000年版，第59页。

的发展所起的作用和影响却丝毫也不因此而受到干扰。各代所遇到的生活条件还决定着这样的情况：历史上周期性地重演着的革命动荡是否强大到足以摧毁现存一切的基础；如果还没有具备这些实行全面变革的物质因素，就是说，一方面还没有一定的生产力，另一方面还没有形成不仅反抗旧社会的个别条件，而且反抗旧的“生活生产”本身、反抗旧社会所依据的“总和活动”的革命群众，那么，正如共产主义的历史所证明的，尽管这种变革的**观念**已经表述过千百次，但这对于实际发展没有任何意义。①

劳动力市场分割理论（labour market segmentation theory）② 从另一个角度挑战前述功能论：如果外部的就业市场是等级制的，或者是分割的，教育本身统一又能有多大作用呢？对一个统一而自由的劳动力市场的怀疑其实在古典经济学家那里就有了。穆勒（John Stuart Mill，1806—1873）、马克思和凯恩斯就倾向于反对斯密关于劳动力市场具有竞争性的学说③。其中穆勒强调制度、规则与习惯的影响④，马克思强调经济生活中的阶级区分，凯恩斯则认为资本主义社会一般存在对劳动力就业的有效需求不足，因而造成不充分就业。⑤ 这样，即便教育本身是公平的，也不能保证个人最终都能得到公平的对待。到了 20 世纪 40 年代末 50 年代初，美国劳动经济学家莱斯特（Richard A. Lester，1908—1997）⑥ 和理论经济学家雷诺兹（Lioyd G. Reynolds，1910—　）⑦ 进一步指出了传统的工资与厂商理论的不足。传统的工资理论认为工资取决于边际生产力⑧，也就是强调多

① ［德］卡尔·马克思、弗里德里希·恩格斯：《德意志意识形态》，见中共中央马克思恩格斯列宁斯大林著作编译局编译：《马克思恩格斯选集》（第 1 卷），人民出版社 1995 年版，第 92～93 页。

② 张昭时、钱雪亚：《劳动力市场分割理论：理论背景及其演化》，载《重庆大学学报（社会科学版）》2009 年第 6 期。

③ ［英］亚当·斯密著，郭大力等译：《国民财富的性质和原因的研究》（上），商务印书馆 1981 年版，第 58～80 页。

④ ［英］约翰·穆勒著，胡企林、赵荣潜、桑炳炎等译：《政治经济学原理》（上），商务印书馆 1991 年版，第 274～276 页。

⑤ ［英］约翰·梅纳德·凯恩斯著，徐毓枬译：《就业利息和货币通论》，商务印书馆 1997 年版，第 24～32页。

⑥ Lester，R. A.（1948），Absence of Elasticity Considerations in Demand to the Firm，*Southern Economic Journal*，Jan.，285-290.

⑦ Reynolds，L. G.（1951），*The Structure of Labor Markets*，Harper.

⑧ 边际生产力指的是在其他条件不变前提下，每增加一个单位要素投入所增加的产量。

劳多得，但事实上经常并非如此。那些高级主管或专家可以有年薪，不受具体经营状况的约束。而我们只有月薪，这是比较接近边际生产力的情况，但还是有一定的信任作保障。有些人——如律师——的工资则经常是按小时计算的，对他们来说真的时间就是金钱。而在座的各位如果现在去给别人做辅导，看起来也是计时工资，但是单位时间中的劳动收益低得多，1 小时 30 块钱。更接近传统工资理论的是计件工资制，每增加一件产品都会相应地增加一分报酬，一旦停止生产马上就会“断粮”。所以，劳动力的工资很多时候不是基于一种简单的经济关系，有不同的支付方式和报偿结构。有些人要看他/她的边际生产力，有的人则根本不用看。由于劳动力市场本身不完全是竞争性的，哪怕你把所有的人都培养好了，一去就业，不公平的问题就又来了。其中很多在接纳学校毕业生方面，不会恪守成就原则，更可能强调归属原则，看你属于什么群体，背后站着的是什么人。

到 1954 年，美国经济学家克尔（Clark Kerr，1911—2003）正式提出了劳动力市场分割、非竞争性及企业内部劳动力市场的思想。我们前面讲过，现在没有一个统一的教育市场，教育市场是条块分割的，每一个学校对应一个市场，而且这些市场还不公开，都是黑市。克尔则认为，除了那种广为人知的外部劳动力市场（external labor market），还存在一种内部劳动力市场（internal labor market）。外部劳动力市场偏向于急功近利，主要受经济计算和供求关系支配。而那种存在于企业内部的劳动力市场，则是企业内部的各种劳动合约与就业安排的总和，其调节手段主要是管理和惯例而不是竞争。这样一来，短期的工作绩效对工资就不是决定性的。这种就业合约的年限一般都比较长，不可能是计件工资制。而那种实行计件工资制的企业，根本就不是严格意义上的企业，更像一个市场。事实上，只要彼此之间没有信任，没有依赖，没有彼此之间的那样一种温情，跟市场交易也就差不多。内部劳动力市场不是这样的，它有的时候尊老爱幼，更多的时候倡导团队合作。所以一旦进了那个圈子，在某种意义上就有了归属感，就有了身份地位。日本的企业尤其典型，我们中国的国有企业也经常这样，只是管理者团队的地位不如日企那样牢靠。甚至西方的、美国的企业，内部劳动力市场也主要是基于管理和惯例，工资只与工人长期的绩效相关联。①

---

① Kerr，C. (1954)，The Balkanization of Labor Markets，in *Labor Mobility and Economic Opportunity*，Cambridge，Mass：MIT Press.

到了20世纪60年代，人们对于劳动力市场的区分就了解得更为精细。不同种族有不同的劳动力市场，黑人在美国就长期被排斥在某些就业领域。不同性别也有不同的劳动力市场，像我们的教育学专业，差不多都快成了一个女性专业。有个学生原来是学环境保护的，我后来问她，环境保护、城市规划，多好啊，为什么要改行？她说，不好，经常要做野外工作，如测量不同时间土壤的水分，一守守一夜，还要携带很重的仪器上山下山，那不是我们女孩子能干的活。其实不单教育学，整个教师行业，从幼儿园到大学，差不多都快成为一个女性行业了。有些行业，如烹饪、冶金、军事、采矿、建筑、IT等，男性依然占据绝对优势。2010年，我参加了一个博士后出站报告的开题，她研究的是法律行业中女性的进入，那显然也是一个相当艰难的过程。此外，不同政治身份、社会经济地位与教育背景的人，也被发现有不同的就业市场。像有些部门指定要党员，有些行业或岗位被行业内部子弟所垄断，有些单位则被某个学校的毕业生所控制。此外，我们长时间被约束在户籍所在地，以至于到今天地域依然是就业的一个重要因素。城乡的对立虽有缓解，但依然存在。地方保护主义也大肆盛行，就业的大门优先向本地人敞开。所有这些因素有些时候还相互交织，如外来人员在某些地方只有拥有某种层次的学历才能入籍或就业，男性依然占据着那些高社会经济地位的部门，等等。这一切，都是由于社会本身并非一个和谐整体或功能协同体，总是被诸种利益关系或客观条件所限制。这是我们今天都要认真面对的严峻的社会事实。

在20世纪70年代涌现的劳动力市场分割理论中，尤其著名的是美国的经济学家多林格尔（Peter Brantley Doeringer）和皮奥里（Michael J. Piore）的二元劳动力市场理论（dual labor market theory，1971）。它把劳动力市场区分成一级市场（primary market）和二级市场（secondary market）。一级市场工资高，工作条件好，就业稳定，安全性好，管理过程规范，升迁机会多；雇主都是一些大公司，主要生产资本密集型产品；工人的工资不是由边际生产力决定，而是由内部劳动力市场中劳动者所处的阶梯地位决定。二级市场工资低，工作条件差，就业不稳定，管理粗暴，没有升迁机会；雇主由众多中小企业组成，产品需求变动频繁，企业对发展内部劳动力市场不感兴趣；工资由市场上的劳动力供求关系决定。我们现在“国考”火爆，就是因为公务员的就业市场是一个一级市场。我们教师行业，虽然现在由于就业形势紧张，也有点像一级市场，但工资依然不高，因而事实上处于一级市场与二级市场之间。在多林格尔和皮奥里看来，劳动力接受教育只是为进入一级市场，并提供给雇主一个培训潜力大的信号。一个人一旦被抛入二级市场，就会被打上懒散、无时间观念、不易合作、不尊重人等标签。这时即使想办法提高受教育程度，还是很难进入一级市场。① 像我们今天去找工作，一看你是北京师范大学的研究生，人家马上多看你一眼，再一看本科也是北京师范大学，马上再高看你一眼。至少在收应聘材料的时候会这样。2002 年我去上海做博士后的时候，边工作边帮爱人找工作。人家一看，本科是部属师范大学，还不错，但也不是很兴奋。又问她高中是哪里的，我说是长沙一中。长沙一中？哇！长沙一中好，赶快进！她就这样靠长沙一中的出身挤进了上海延安高级中学，据说那是唯一由邓小平亲自题写校名的中学。

究竟该怎么看待劳动力市场分割理论？首先它们发现了现实生活中的一些基本事实，这些事实以前被功能主义理论所忽视。忽视这些事实的后果，就是对教育盲目信任，自欺欺人。承认这些事实，会不会导致我们维护这样一种割裂的现状呢？至少，这些理论多少还是带有一定的批判性的，那些因歧视导致的劳动力市场分割尤其受到批判。所以，它们说到底并不是那种维护劳动力市场现有分割的庸俗理论，反而有助于我们建立一个更具统一性的劳动力市场。但是说到底，一个被新古典经济学家视为理所当然的完备市场是不存在的。总体而言市场是不完备的，而且经常是细分的，并以其他合约形式为补充。这主要是由于交易成本（transaction costs）的存在。英国经济学家、1991 年诺贝尔经济学奖获得者科斯（Ronald Coase，1910—2013）1937 年提出，所谓交易成本，即“利用价格机制的费用”或“利用市场的交换手段进行交易的费用”，包括提供价格的费用、讨价还价的费用、订立和执行合同的费用等。当市场交易成本高于企业内部的管理协调成本时，企业便产生了。企业的存在正是为了节约市场交易费用，即用费用较低的企业内交易代替费用较高的市场交易；当市场交易的边际成本等于企业内部的管理协调的边际成本时，就是企业规模扩张的界限。②

对功能主义构成挑战的第三种理论是筛选假设（screening hypothesis）。筛选

---

① Doeringer, Peter B. & Michael J. Piore (1971), *Internal Labor Markets and Manpower Analysis*, Lexington, Mass.: D. C. Heath and Company.

② Coase, R. (1937), The Nature of the Firm, *Economic* (November), 386-405.

假设虽自称“假设”，其实还是经过检验的，有时也叫信号理论或文凭理论。这个是美国经济学家、2001 年诺贝尔经济学奖获得者斯彭斯（Andrew Michael Spence，1943— ）①、1972 年诺贝尔经济学奖获得者阿罗（Kenneth Joseph Arrow，1921— ）② 与 2001 年诺贝尔经济学奖获得者斯蒂格利茨（Joseph E. Stiglitz，1943— ）③ 等在 20 世纪 70 年代提出来的。它也倾向于认为人力资本理论关于教育能提高人的认知能力，从而提高劳动生产率、最终促进经济增长的论断是不可靠的，而是强调教育经常只是使我们显得受过教育，至于是不是真的提高了劳动生产率，其实是不确定的，学那么多主要是为了把大家区分开来。因此，教育实际上怎么样不是问题的关键，关键是你曾经受过教育，因而显得怎么样。为什么会这样？一方面因为生产经常不是一种创造性活动，劳动技能本身也总可以通过使用获得；另一方面也跟雇主的苦恼有关系。雇主当然也想知道我们有什么能力，但人心隔肚皮，时间又紧迫，这样一来，当他与求职者在劳动力市场相遇的时候，经常只能够根据一些看得见、摸得着的外部特征来选人——“哇，男的，要了!”“哇，漂亮，要了要了!”“博士毕业了还没结婚，性格是不是有问题?”（学生笑）照此，如果我们今后去找工作，关键就不是展现自己的能力，而是使自己显得很有能力，利用有限的机会打动对方。2011 年学校的未来教育家大赛，我作为评委参加了前期的选拔。有些同学穿着便装上讲台，就像邻家女孩，感觉很自然。但后面一个女同学正装一穿，给人的感觉完全不一样，仿佛给我们展现了一个神圣的世界。当然，如果我们一直那样，也会造成师生隔阂，并不利于日常交流，但它们确实可以帮助我们认识另一个世界。

不过要真正使自己显得有能力，仅仅靠一套正装，显然还是不够的。筛选假设认为，除非信号成本在其发出者之间显著不同，否则信号不会有成功的标签效果。文凭的重要性由此而显现，不是随便换一身行头或马甲就可以比拟的事情。所以筛选假设说教育本质上只是“不完全信息”条件下的一种“信号”，学校本质上是一种筛选装置，帮助雇主识别不同能力的求职者。诸位通过了北京师范大学

---

① Spence，A. M.（1973），Job Market Signaling，*Quarterly Journal of Economics*，87，355-375.

② Arrow，Kenneth J.（1973）. Higher Education as a Filter，*Journal of Public Economics*，2（3），193-216.

③ Stiglitz，Joseph E.（1975），The Theory of “Screening”，Education，and the Distribution of Income，*The American Economic Review*，June，283-300.

的筛选，就是强有力的一个信号。这种信号拿出去别人就比较服气，能够真正把大家与别人区分开来。但也正因为这样，我们每个人身上就都被教育学盖了一个章，而且我们会越发珍惜这个章。经济学中间有两个词，一个是 shareholder，另一个是 stakeholder。share 的意思是股票，shareholder 就是股权持有者。对于一个企业而言，我们买到它的股票，就是它的股东，就有权分享它的利润。但是对于北京师范大学来说，我们不是股权持有者，只是它的客户。但这不是一般的客户，而是 stockholder。stock 通常也是股票的意思，但在这里指赌注。大家已经在教育学中下了一个赌注，"我用青春赌明天"，已经是北京师范大学教育学部的一个 stakeholder，也就是利益相关者，所以也会希望教育学学科发展得更好一点。因此，一旦学校作为一个筛选装置，我们就会关注学校本身的命运。这样一来，学校这种机构就能有一批忠诚的客户。这是高校与企业最大的一个不同，也是它们基业长青的根基。当然，筛选假设本身并没有预言学校会基业长青，但学校一旦与学生这样相关联，确实会产生一种意想不到的效果，大学更是这样。

戈夫曼（Erving Goffman，1922—1982）在《日常生活中的自我呈现》（1959）中所讲的"互动的辩证法"，也可与筛选假设相佐证。他说："由于个体关心的现实不能即刻认知，所以必须依靠代替它的表面现象。而且，自相矛盾的是，个体越是关心不能靠知觉发现的现实，他就越是必须把他的注意力集中在表面现象上。"① 这是一个很深刻的思想，与我们之前强调主观性有异曲同工之妙。戈夫曼因此特别强调印象管理，要求我们要管理好自己留给别人的印象，这在戈夫曼那里具有头等重要的意义。面对这样的说法很多人可能不服气，认为太庸俗。而且我们也要求大家将内在的自我呈现出来，不要借助于外在的表演。但是说到底，我们究竟是什么样的人，都是在日常生活中一点点建构起来的，都是在实践、交往、互动的过程中一点点成长起来的。我们通常把这个过程看成是一个自我发现过程，其实自我发现也是自我建构。并没有一个原本的我等着我们去发现，对自我的每一次回眸都是一次重新确认和强化，也是一次再生。考虑到应聘情境的特殊性，做某种形式的"自我表演"更是十分必要。我爱人 2003 年到上海求职的时候，她的小学校长（当时在上海带外孙）就特别提醒她一定要穿正装。人家当然

① ［美］欧文・戈夫曼著，黄爱华、冯钢译：《日常生活中的自我呈现》，浙江人民出版社 1989 年版，第 239～240 页。

不会因为你穿了正装就要你，但你如果不穿正装，确实会让人感觉你对这一份工作并不是很看重。而刻意的装扮倒是能够真正体现你最内在的自我，甚至是对内在自我的一种建构，至少表达了这样一种努力。言谈举止之所以很重要，就因为它们不仅仅是言谈举止。礼节、仪表、现象这些东西之所以重要，就因为它们不仅仅是表面现象。只是筛选假设更看重那些需要支付高额成本才能获得的教育信号，能更好地解释人事活动中的符号象征过程。当然，筛选假设怀疑教育最终提高了人力资本，也实在没什么必要。

总之，尽管我们觉得教育对社会应该能起很大的作用，但实际情况看起来非常复杂。首先，教育本身内部是分层的，甚至是进行再生产的，包括进行阶级关系的再生产、权力关系的再生产，也包括进行文化的再生产。其次，外部的市场又是分割的。外部的市场一分割，哪怕教育本身是公平的，也不能充分发挥其社会公平均衡器的功能，甚至最终还会侵蚀到教育本身。毕竟，在一个到处都是区隔的社会，要真正做到独善其身，并不是一件容易的事情。最后，就业市场接受教育培养出来的人的时候，又不知道你培养出来的人究竟怎么样，只能够看外在的信号。单纯这样强调教育的名义价值（由文凭所显示的价值），而不是关注其实际价值（个人的能力本身所能创造的价值），又会导致教育变味，社会也因此可能蜕变成一个文凭社会。这样一来，究竟该怎么来办教育，就需要考虑得更多一些。比如说，如何使我们外在的表象和内在的能力相匹配，如何使我们内部的教育更公平、更平等，如何通过我们的教育改变社会劳动力市场的结构，这些问题都必须考虑。我们前面讲，教育要促进我们与学习者之间的沟通，在师生之间构建一种联合生活。现在看来，教育更要在根本的意义上促进学校与社会的沟通，确保我们能够不断帮助学生跨越各种各样的边界，突破各种各样的防护罩。只有突破了边界或防护罩，我们才能够进入别人的世界，才能跟对方建立一种教育的关系。

四、现代教育的战略地位

（一）现代化之初的教育贬值

现在可以肯定的是，教育在社会发展中的地位与作用，是随着教育本身的不同而有所区别的。传统中国社会中教育的地位其实也很高，除了民间认可的“书中自有黄金屋，书中自有千钟粟，书中有女颜如玉”，对于整个社会的治理，教育也被认为发挥着重要的影响。冉有曾经问孔子，要使一个人口已然很兴旺（庶）的国家变好，应该怎么办？孔子说，那就要让他们富起来（富）。冉有又问：已经富了怎么办？孔子回答道：那就教育他们（教）。[①]《学记》也说：“古之王者，建国君民，教学为先。”[②] 然而值得注意的是，尽管在整个传统社会中教育很重要，但教育——或者更严格地说，学校教育——并没有成为传统社会的根基。传统社会说到底不是建立在教育的基础之上，而是建立在一套身份秩序的基础之上。统治者一方面借助教育来巩固自己的统治，另一方面又希望限制教育发展以巩固自己的统治。跟自己相契合的就发展它，对自己构成挑战的就扼杀它。而教育作为一种摆脱愚昧与野蛮的社会实践，从一开始就蕴含着一种内生的道统力量，存在着一种背离政统/法统的倾向，所以统治者对它自然是既爱又恨。统治越是走向没落，它与教育的冲突就越激烈。因此，尽管历史上的统治者都会重视教育，但这种重视越多，教育自身可能还越萎缩。对它越重视，越会觉得这种东西很可怕，因而对它盯住不放，使它的自主发展空间更狭小。

真正对教育敞开怀抱、进行大规模投资，那还是近现代社会才有的事情。这与现代社会本身的性质有关。尽管还存在着各种局限，随着那种固定的等级秩序土崩瓦解，学校教育中的归属原则也不断解体。结果，现代社会逐渐将自己建立在新的根基之上，也就是建立在成就原则和公共性的基础之上。但成就原则和公共性的出现并非一开始就必定导致教育的全面觉醒。在这里，特别值得注意的是现代化之初的情况。我们经常想当然地以为，随着进入现代社会，教育的社会地位必然会有翻天覆地的变化。事实却是原有的“万般皆下品，唯有读书高”的观念被冲击，传统的学校教育被认为“空疏无用”。基于成就原则的公共教育体系虽然迅速发展，但对教育本身的信仰危机还是不可避免地发生了。教育的这种大众化至少在现代化之初降低了教育所享有的那种传统声望。甚至到我们改革开放的时候，理论上说教育居于优先发展的战略地位，但在改革开放的前沿地带，教育往往并不被重视，物质资本的作用倒是首先凸显了出来。原来对读书做官的民间

---

① 《论语·子路》：“子适卫，冉有仆。子曰：‘庶矣哉！’冉有曰：‘既庶矣，又何加焉？’曰：‘富之。’曰：‘既富矣，又何加焉？’曰：‘教之。’”

② 《礼记·学记》。

信任，让位于对新出现的客观物质力量——资本——的崇拜。百无一用的不仅有书生，甚至连传统的手工学徒都贬值了。所以当时大家到处都在说什么“造原子弹的不如卖茶叶蛋的”“拿手术刀的不如拿剃头刀的”“脑体倒挂”，等等。马克思对早期西方资本主义社会的考察也有力地支持了这一点。

> 随着资本主义生产的发展，因而随着文明的发展，劳动能力的价格将下降，它的再生产费用将日益便宜，这是由于：(1) 出现了分工，因而……必然产生出更为片面的劳动能力，并且这种劳动能力的部分生产费用不需要资本家担负，而劳动能力——正如工人的技能一样——通过使用本身发展起来，并且它随着分工的发展而变得越是片面，它就发展得越迅速。(2) 随着科学的进步，基本教育、知识等等，阅读、书写、计算以及商业知识和语言知识等等，就会越来越迅速地、越容易地、越普遍地、越便宜地再生产出来，资本主义生产方式越占统治地位，因而**科学和教学方法越是面向实际**，就越是这样。(3) 国民教育普及了，于是就可以从那些以前受不到教育并且习惯于较差的生活条件的阶级中招收这种工人。因此，随着资本主义生产的发展，这些人的劳动能力会贬值，他们的工资会下降，而他们的劳动能力却提高了，这部分地是由于基本教育的改善，由于分工的扩大和传统的继承而使技能提高了。①

从马克思的分析来看，在这样一种社会情势中，教育的地位非常复杂。“资产阶级抹去了一切向来受人尊崇和令人敬畏的职业的神圣光环。它把医生、律师、教士、诗人和学者变成了它出钱招雇的雇佣劳动者。”② 可见，教育的传统支撑体系已然不再。而且，由于旧式分工，也就是那种将个体长期局限在某种生产或某道固定工序上的分工，劳动技能越来越片面，可以通过使用本身发展起来，学校教育仿佛多此一举。就像马克思所说的那样，“年轻人很快就可以学会使用机器，

---

① [德] 卡尔·马克思：《经济学手稿》(1861—1863)，见中共中央马克思恩格斯列宁斯大林著作编译局编译：《马克思恩格斯全集》(第 48 卷)，人民出版社 1985 年版，第 430～431 页。

② [德] 卡尔·马克思：《共产党宣言》(1848)，见中共中央马克思恩格斯列宁斯大林著作编译局编译：《马克思恩格斯选集》(第 1 卷)，人民出版社 1995 年版，第 275 页。

因此也就没有必要专门培养一种特殊的工人成为机器工人。”① 科学和教学方法越是面向实际，就越是这样，因为越实际的东西越可以——甚至越需要——在实际中学习。这些导致的是教育的绝对贬值。但国民教育的普及也是一种势不可挡的趋势，对教育的重视也很快成为一种公共政策。这主要不是由教育本身的经济功能，而是由教育本身的社会服务功能引发的。由于传统家庭的生产功能不再，成人必须外出工作，家庭的教育功能也随之萎缩，小孩的管教成为社会问题，必须有新的教育形式起而代之。在这一过程中，由于国民教育的普及，在那些需要一定知识与技能的领域，可供选择的廉价工人也越来越多，教育给个人带来的某些隐性价值——如多少提高他们在社会生活中的地位——也被教育自身的普及抵消。这是一种相对贬值。但教育的贬值并不意味着教育变得无关紧要。实际的情况变得越来越这样，由于仅仅接受基本的教育已经无须称道，为了使自己受到关注，个人必须接受更多的教育。当然，这样的教育最初只能是有闲阶级的奢侈品，也只有他们从未放弃对教育的信仰。在整个民间社会，尤其在底层社会，人们对学校教育信仰的衰退一如既往，直到一种前所未有的程度。

（二）机器大工业与全面发展

在前现代的社会生产中，个人或者拥有生产资料，或者不拥有。但无论如何，其生产方式，依然是日常生活的一部分。这样，个人（如雇佣劳动者）可能不是生产工具与劳动对象的所有者，但依然是他所从事的社会生产活动的能动主体。在这里，人是主体，生产资料是工具或对象，过程甚至目的由主体所掌控，劳动者自身的生活确保了劳动的品质。由于个人必须承担全部生产活动，而且在日常生活中就是如此，他们在这样一种“自然”状态中养成了全面的劳动能力。但现代生产打破了劳动者与生产资料的这样一种传统或“自然”联系。不仅因为个人在此经常需要通过出卖劳动力，才能实现与生产资料的结合，而且因为在这样一种全新的劳动形式中，无论劳动对象还是生产工具，都已经大大超出了个人日常经验的范围。这样一来，不是劳动者支配生产资料，而是生产资料支配劳动者。

---

① ［德］卡尔·马克思：《资本论》（第1卷）（1867），见中共中央马克思恩格斯列宁斯大林著作编译局编译：《马克思恩格斯全集》（第44卷），人民出版社2001年版，第485页。

这就是劳动条件的逆向支配。就如马克思所言：

> 一切资本主义生产既然不仅是劳动过程，而且同时是资本的增殖过程，就有一个共同点，即不是工人使用劳动条件，相反地，而是劳动条件使用工人，不过，这种颠倒只是随着机器的采用才取得了在技术上很明显的现实性。……生产过程的智力同体力劳动相分离，智力转化为资本支配劳动的权力，是在以机器为基础的大工业中完成的。变得空虚了的单个机器工人的局部技巧，在科学面前，在巨大的自然力面前，在社会的群众性劳动面前，作为微不足道的附属品而消失了；科学、巨大的自然力、社会的群众性劳动都体现在机器体系中，并同机器体系一道构成“主人”的权力。①

在马克思所说的工场手工业阶段②，由于劳动技能越来越片面，越来越可以在使用中学会，劳动条件对个人自身的劳动能力并不构成真正的挑战，不断简化的生产活动反而确保了个人的自在。但旧式分工还是改变了个体劳动的性质，将一套等级和纪律规范强加给劳动者，使个人失去了劳动的自由，最终导致个体劳动乃至简单协作条件下人的全面能力被不断加剧的劳动分工所侵蚀。就像马克思所说的那样，“工场手工业把工人变成畸形物，它压抑工人的多种多样的生产志趣和生产才能，人为地培植工人片面的技巧……不仅各种特殊的局部劳动分配给不同的个体，而且个体本身也被分割开来，转化为某种局部劳动的自动的工具……”③个人就这样被自身的现实生活所限制，日复一日、年复一年的常规操作就是自己所能体验到的全部实在，生产本身对生产者而言就是消耗，个人就这样最终受制于机械劳动，人的片面发展由此出现并变本加厉。但支配只是其中的一面，不可能故步自封。而且，它事实上也打破了生产者原有的自然发展状态，并进一步激起人们对新生活的渴望，从而成为新时代人们走向全面发展的起点。可见，人的全面发展不完全基于机器大生产的技术需要，与个人的自我成长密不可分。

---

①③ ［德］卡尔·马克思：《资本论》（第 1 卷）（1867），见中共中央马克思恩格斯列宁斯大林著作编译局编译：《马克思恩格斯全集》（第 44 卷），人民出版社 2001 年版，第 487、417 页。

② 工场手工业是以手工技术和雇佣工人的劳动分工为基础的生产组织，因依赖手工技术而与个体手工业相关联，因注重劳动分工而与机器大工业相关联，被认为是手工业生产向机器大工业过渡的准备阶段。

随着机器大工业全面取代工场手工业，机器代替了手工工具，机械化劳动代替了手工劳动，自然力代替了人力，自然科学被自觉地应用于生产，个人相对于生产条件的优势地位最终因生产本身的革命性突破而进一步逆转。此时，新的生产能力完全不能从日常生活中获得，而是必须从以学校教育为基础的学习与实践中获得。变得空虚了的单个机器工人的局部技巧，已不能适应机器大生产的需要。因旧式分工而导致的对工作的自然胜任一去不复返，新生产方式就像主人一样获得了对工人的控制权。结果就像帕森斯所说的那样，随着一个多世纪以来美国社会中一般文化的演进或社会结构的分化，教育体系在人们分化和上升过程中开始发挥日益重要的作用，那些“白手起家的人”注定要逐渐成为一种神话。① 此外，机器生产还改变了社会劳动的组织和劳动协作的性质，原先劳动者之间的人际协作，现在表现为以机器或生产流水线为基础的协作，大大提高了劳动社会化的程度，再加上“现代工业的技术基础是革命的，而所有以往的生产方式的技术基础本质上是保守的”②，现代生产的这样一些变化最终对人的发展产生了巨大影响，全面而充分的发展作为一种技术需要也开始出现。

> 如果说劳动的变换现在只是作为不可克服的自然规律并且带着自然规律在任何地方遇到障碍时都有的那种盲目破坏作用而为自己开辟道路，那么，大工业又通过它的灾难本身使下面这一点成为生死攸关的问题：承认劳动的变换，从而承认工人尽可能多方面的发展是社会生产的普遍规律，并且使各种关系适应于这个规律的正常实现。大工业还使下面这一点成为生死攸关的问题：用适应于不断变动的劳动需求而可以随意支配的人，来代替那些适应于资本的不断变动的剥削需要而处于后备状态的、可供支配的、大量的贫穷工人人口；用那种把不同社会职能当作互相交替的活动方式的全面发展的个人，来代替只是承担一种社会局部职能的局部个人。③

---

① ［美］塔尔科特·帕森斯：《作为一种社会体系的班级：它在美国社会中的某些功能》，见张人杰主编：《国外教育社会学基本文选》，华东师范大学出版社 1989 年版，第 528 页。

②③ ［德］卡尔·马克思：《资本论》（第 1 卷）（1867），见中共中央马克思恩格斯列宁斯大林著作编译局编译：《马克思恩格斯全集》（第 44 卷），人民出版社 2001 年版，第 560、561 页。

教育的地位与作用随之上升。由于机器大工业的推波助澜，学习不再是习得那些日常规范与经验，也不再只是熟练掌握某种片面、单一、重复的技术，而是对一种超出于常识的世界奥秘的揭示和对全新之物的创造。这对个体不仅构成了一种压力，而且因此也具有某种挑战性和吸引力。教育由此成了一种跨越边界的行动，帮助我们从日常经验中解脱出来，看到一个陌生又新颖的世界。因此，它不是通俗意义上的社会化，不是传统意义上的向我们身边的成人社会的一种靠近，而是与另外一个世界的沟通、一种思想的历险。劳动本身因此也不仅仅只是一种体力的消耗或外在之物的攫取，而成了一件有内在意义的事情、一种意义创生、一种真正的自我实现。正是这样一种超越日常界限的生产劳动与教育实践能够作为一种抗毒素，“抵制下述社会制度的各种趋势，这种制度把工人降低为积累资本的简单工具，把那些被贫困压得喘不过气来的父母变成出卖亲生儿女的奴隶主。”① 也正是这样一场社会变革，将儿童与劳动者做了最终的区分：儿童只是日常生活中的人，劳动者则身居科学世界，学习是所有儿童的必需品。最后，正是由于这种工业革命，人的劳动生产力才达到了这样高的水平，以至于在人类历史上破天荒第一次创造了丰裕的消费、充足的储备、充分的闲暇，从而为所有人的全面发展提供了可能性。② 由此可见，即便在劳动的目的和手段都外在于劳动者的情况下，劳动过程本身依然具有自由、能动本性，依然有其内在的发展价值，依然是一种振奋人心的力量。马克思就曾指出：

> 诚然，劳动尺度本身在这里是由外面提供的，是由必须达到的目的和为达到这个目的而必须由劳动来克服的那些障碍所提供的。但是克服这种障碍本身，就是自由的实现，而且进一步说，外在目的失掉了单纯外在必然性的外观，被看作个人自己自我提出的目的，因而被看作自我实现，主体的物化，也就是实在的自由，——而这种自由见之于活动恰恰就是劳动……③

---

①［德］卡尔·马克思：《临时中央委员会就若干问题给代表的指示》(1866)，见中共中央马克思恩格斯列宁斯大林著作编译局编译：《马克思恩格斯全集》(第16卷)，人民出版社1964年版，第217页。

②［德］弗里德里希·恩格斯：《论住宅问题》(1872—1873)，见中共中央马克思恩格斯列宁斯大林著作编译局编译：《马克思恩格斯选集》(第3卷)，人民出版社1995年版，第150页。

③［德］卡尔·马克思：《经济学手稿》(1861—1863)，见中共中央马克思恩格斯列宁斯大林著作编译局编译：《马克思恩格斯全集》(第46卷下册)，人民出版社1980年版，第112页。

> 从工厂制度中萌发出了未来教育的幼芽，未来教育对所有已满一定年龄的儿童来说，就是生产劳动同智育和体育相结合，它不仅是提高社会生产的一种方法，而且是造就全面发展的人的唯一方法。①

在马克思看来，尽管“工人的行动不自由。他们在很多场合甚至十分无知，不能理解自己孩子的真正利益或人类发展的正常条件”，但“不管怎样，最先进的工人完全了解，他们阶级的未来，从而也是人类的未来，完全取决于正在成长的工人一代的教育”。② 值得注意的是，马克思、恩格斯所说的人的全面发展不但指人的劳动能力的全面发展，即人的智力和体力的充分、统一的发展，或脑体对立的克服，而且包括“他的现实关系和观念关系的全面性”③，能适应由大工业带来的“劳动的变换、职能的更动与工人的全面流动性”④。更为关键的是，它还要求“使每个人都有充分的闲暇时间去获得历史上遗留下来的文化——科学、艺术、社交方式等等——中一切真正有价值的东西；并且不仅是去获得，而且还要把这一切从统治阶级的独占品变成全社会的共同财富并加以进一步发展。”⑤ 也就是说，这种全面发展应当是自由自主的，而不是强加或被迫的。当然，这在马克思的理论体系中只有到共产主义社会才能实现。因为只有在那里，交往和生产力才能发展到这样的普遍程度，彻底消灭私有制，消灭阶级，消灭分工，从而为全面发展创造条件。⑥ 也只有在那里，“代替那存在着阶级和阶级对立的资产阶级旧社会的”联合体才会出现，“每个人的自由发展是一切人的自由发展的条件”。⑦ 下面这段话清晰地展现了马克思在这一问题上的立场。

---

①④ ［德］卡尔·马克思：《资本论》（第1卷）（1867），见中共中央马克思恩格斯列宁斯大林著作编译局编译：《马克思恩格斯全集》（第44卷），人民出版社2001年版，第556～557、560页。

② ［德］卡尔·马克思：《临时中央委员会就若干问题给代表的指示》（1866），见中共中央马克思恩格斯列宁斯大林著作编译局编译：《马克思恩格斯全集》（第16卷），人民出版社1964年版，第217页。

③ ［德］卡尔·马克思：《经济学手稿》（1861—1863），见中共中央马克思恩格斯列宁斯大林著作编译局编译：《马克思恩格斯全集》（第46卷下册），人民出版社1980年版，第36页。

⑤ ［德］弗里德里希·恩格斯：《论住宅问题》（1872—1873），见中共中央马克思恩格斯列宁斯大林著作编译局编译：《马克思恩格斯选集》（第3卷），人民出版社1995年版，第150页。

⑥ 参见［德］卡尔·马克思、弗里德里希·恩格斯：《德意志意识形态》（1845—1846），见中共中央马克思恩格斯列宁斯大林著作编译局编译：《马克思恩格斯全集》（第3卷），人民出版社1956年版，第516页。

⑦ ［德］卡尔·马克思：《共产党宣言》（1848），见中共中央马克思恩格斯列宁斯大林著作编译局编译：《马克思恩格斯选集》（第1卷），人民出版社1995年版，第294页。

个人力量（关系）由于分工而转化为物的力量这一现象，不能靠人们从头脑里抛开关于这一现象的一般观念的办法来消灭，而是只能靠个人重新驾驭这些物的力量，靠消灭分工的办法来消灭。没有共同体，这是不可能实现的。只有在共同体中，个人才能获得全面发展其才能的手段，也就是说，只有在共同体中才可能有个人自由。①

（三）经济增长与教育的再定位

但工厂制度中已有未来教育的幼芽，或者更确切地说，现代教育的战略地位，在现实生产中其实已开始显现出来，并不像马克思所推断的那样高度依赖于共同体（或自由人的联合体）。说到底，教育一直在参与着社会的创造，而不是只能坐享社会发展的成果。当然，要真正认识到这一点并不容易。社会一直在增加对教育的投资，但这主要是从社会化、社会分化与社会福利分配的角度来定位的，而不是从社会生产的角度出发的。在这里，教育只是搭乘了经济发展的便车，或者只是为社会经济发展解除后顾之忧，而不是社会发展本身的先导。直到第二次世界大战后至 20 世纪 60 年代，看到日本和德国迅速从战争的废墟中崛起，人们才真正确认教育对于经济发展的关键作用。自此，经济学家开始倡导国家增加教育经费预算，发展被理解为生产要素的拓展、要素生产率——比如说劳动效率、机器的功率、土地的生产率、资本的利用率等——的提高与经济总量②的增加，而人则被看作最活跃也最基本的生产要素。教育学者虽也曾呼吁重视教育，但是没有人听。然而，当那些以前瞧不起教育的经济学家也开始说教育真的很重要的时候，很多国家也就相应地增加了教育投资。对于社会的这样一种反应，教育工作者的态度颇耐人寻味。联合国教科文组织国际教育计划研究所第一任所长库姆斯（Philip Hall Coombs，1915—　）就曾指出：

---

① 参见［德］卡尔·马克思、弗里德里希·恩格斯：《德意志意识形态》（1845—1846），见中共中央马克思恩格斯列宁斯大林著作编译局编译：《马克思恩格斯全集》（第 3 卷），人民出版社 1956 年版，第 118～119 页。

② 衡量一个国家或地区的宏观经济总量的指标主要有两个：一个是国内生产总值，亦即 Gross Domestic Product，简称 GDP，指一定时期内所有人在一个国家或地区所生产的全部最终产品和劳务的价值总和；另一个是国民生产总值，亦即 Gross National Product，简称 GNP，指一个国家或地区的所有国民一定时期内在全世界新生产的最终产品和服务的价值总和。

> 教育领导者对经济学家要求稳步增加教育经费预算的战略上的支持自然求之不得。虽然他们主张教育的人道主义哲学，主张教育应有高尚的目的，特别是对于将学校和学院看作人力工厂的观点不满，但他们还是屈从于经济学家的实利主义的、粗糙的教育观。①

所以整个20世纪60年代，不管是经济学家还是教育学家，都在讲教育如何促进经济增长的故事。故事的核心结构是人力资本理论提供的。以前的经济理论只是将劳动与资本、土地（自然资源）等生产要素并列。其中，劳动名义上指的是人们在生产过程中投入的体力与脑力的总和，实际上经常以投入的人力或劳动时间的多少来衡量，而不是以人的素质来衡量。这种劳动概念是一个与资本相分离的概念。舒尔茨的人力资本理论则强调：在影响经济发展诸因素中，人的因素是最关键的；经济发展主要取决于人的质量的提高，而不是自然资源的丰瘠或物质资本的多寡；人力资本带来的技术进步可以使单位劳动、土地和物质资本的耗费产生比以前高得多的产出。第二次世界大战后德国和日本的经济奇迹，在他看来主要就是源自人力资本。战争虽然破坏了两国的物质资本，但并未破坏其充裕的人力资本。两国悠久的文化传统和重视教育的现代国策为经济发展提供了高素质的劳动力，使得两国的经济发展建立在高技术水平和效益的基础之上。因此，舒尔茨强调不应当把人力资本的再生产仅仅视为一种消费，而应视为一种投资。他所说的人力资本，主要就是劳动者的质量，包括劳动者的知识程度、技术水平、工作能力以及健康状况等方面。② 强调人力本身是一种资本还意味着它能参与剩余的索取，而劳动只能获得合约规定的工资，土地只能获得协议地租。

人力资本理论在教育中产生了很大的反响。此后各国竞相增加教育投资，以至于在教育史上，也在一般人类历史上，第一次出现了这样一种情况，教育不再扮演追随者的角色，而变成了先行者。③ 之所以说以前教育都是追随者，是因为

---

① ［美］菲力浦·库姆斯著，赵宝恒、李环等译：《世界教育危机——八十年代的观点》，人民教育出版社1990年版，第15页。

② Schultz, Theodore W. (1961), Investment in Human Capital, *American Economic Review*, Vol. I, March, 1-17.

③ 联合国教科文组织国际教育发展委员会编，华东师范大学比较教育研究所译：《学会生存——教育世界的今天和明天》，教育科学出版社1996年版，第35页。

它们所服务的都只是有闲阶级，培养的是个人的兴趣爱好，提供的只是一种消费品，甚至只是一种炫耀性的奢侈品，因而只能在社会发展的屁股后面跟着跑，享受社会发展所带来的物质成就。而现在，教育成了经济发展的火车头，教育投资增长速度在某些有远见的国家超过了经济增长速度。这一过程为社会培养了高素质人才，他们甚至超出社会的现实需要，但新的社会发展理论也没觉得这样有什么害处。事实上，高素质人才的增加除了直接提高生产效率，也会加剧劳动力市场的竞争，增加管理的便利，同时给整个生产周期提供劳动后备军。因此，这种教育先行还意味着教育开始为未来社会而不只是为当今社会培养人才。结果“教育在历史上第一次为一个尚未存在的社会培养着新人”①。可见这时所说的教育先行包括：速度方面，教育投资优先增长，可能比经济增长的速度还快；地位方面，教育被认为是经济增长的火车头，因而倾向于先于经济而发展；性质方面，强调它不仅要适应现实的需要，还要提前为一个尚不存在的社会培养人。

但由此也确实产生了过度教育现象，造成劳动者受教育水平超过其从事的工作所要求的水平和个体身心全面健康成长的需要。或者表现为水平较高的劳动者找不到理想的工作，实现不了其职业愿望，引起劳动生产率的下降；或者表现为教育超出了学生生理、心理成熟程度及现有知识、接受能力乃至兴趣和志向的范围等。结果，“有些社会正在开始拒绝制度化教育所产生的成果，这在历史上也还是第一次。”②由此造成的是一种结构性失业，即由于人才结构而不是人才总量本身的问题，培养出来的人并不能（充分）就业。结果学校又开始想打退堂鼓，重新为现在培养人才。教育学专业能不能砍掉？经常会提出类似的“改革建议”。现在就是多方角力，看谁的胳膊和大腿更有力量。但这样一种情况的出现确实意味着人力资本理论需要重新理解。不是说受过教育的人越多越好，也不是说我们每一个人受到的教育越多越好。这就给我们提出一个非常严肃的话题：教育究竟该先行到什么程度？我们究竟应该在何种意义上理解这样一种优先性？很显然，我们不可以单纯从经济增长的角度毫无节制地推动教育投资的优先增长，或者说，我们不可以把所有的精力都用在培养个人的劳动能力上。我们不能因为太关注人才的培养而遗忘人的教育，将全部的希望都放到个人才能的开发上，对教育的经

---

①② 联合国教科文组织国际教育发展委员会编，华东师范大学比较教育研究所译：《学会生存——教育世界的今天和明天》，教育科学出版社 1996 年版，第 36、37 页。

济功能寄予太高的期望，否则劳动者受教育水平不但会超过工作的要求，而且会无视个体健康成长的需要。《学会生存——教育世界的今天和明天》就强调：

> 未来的学校必须把教育的对象变成自己教育自己的主体。受教育的人必须成为教育他自己的人；别人的教育必须成为这个人自己的教育。这种个人同他自己的关系的根本转变，是今后几十年内科学与技术革命中教育所面临的最困难的一个问题。①

我国直到20世纪80年代才开始从经济的角度来论证教育的战略地位，这种论证方式在今天依然可以看到其痕迹。比如扩招，很多时候就是因为它能通过国家和个人的教育投资拉动/制造内需，成为经济发展的火车头。又比如说，现在我们招博士生，也都要导师出钱。让导师出钱意味着导师是老板，学生必须要为导师做事。结果，学生的价值也都开始从经济的角度来衡量。让这些老师做本科生导师时，他们就一个劲地说“不要不要！（众笑）他们根本做不了什么事。”以前都是经济带着教育跑，有点闲钱再给你用，现在教育反过来拉动经济。具体的论证通常是这样：首先认为教育是社会现代化建设中的一个关键性环节。如强调科技的发展、经济的振兴乃至整个社会的进步，都取决于劳动者素质的提高和大量合格人才的培养。主要还是从人才、技术、经济、人力资本、劳动者的素质这样一种角度去论证教育的地位。认为正是知识和人才的极端重要性，才确立了教育在社会主义现代化建设当中的关键地位。② 其次认为教育的发展涉及现代化建设的全局。这里虽然说涉及现代化建设的全局，但还是认为物质文明更根本，精神文明和制度文明只是从属于物质文明。最后就是认为教育在现代化建设中具有长远的战略意义。讲长远的战略意义一般是讲教育的周期长。包括人才成长的周期长、人才发挥作用的周期长、教育对人的影响的周期也很长，即所谓“十年树木，百年树人”。曾有同学说好长一段时间听不懂我的课，现在好多高年级的同学却都

---

① 联合国教科文组织国际教育发展委员会编，华东师范大学比较教育研究所译：《学会生存——教育世界的今天和明天》，教育科学出版社1996年版，第200页。

② 参见《中共中央关于教育体制改革的决定》（1985年5月27日发布）、《中国教育改革和发展纲要》（中共中央、国务院1993年2月13日印发）、《中共中央国务院关于深化教育改革全面推进素质教育的决定》（1999年6月13日发布）、《国家中长期教育改革和发展规划纲要（2010—2020年）》（2010年7月29日发布）等。

在说，还是康老师当年的教育学原理管用。可见，教育的周期长还真的不假。但如果教育的地位只是取决于其经济价值，它就不会很确定，只能从属于经济；而且会很片面，其人文性会受到很大的抑制。事实上人们也发现，当我们强调教育的工具价值的时候，一方面教育可能是先行了；但另一方面也功利了，而且受过教育的人又找不到工作了。此时经济可能仍然是发展的，不过经济的发展以一部分人找不到工作为前提，教育的发展也以人的片面发展为前提。

（四）从增长到发展及其冲击

20 世纪 70 年代，西方世界开始从诸种批判性立场中汲取能量，从一个全新的角度论证教育的地位。原来单强调人力资本对经济增长的贡献，现在转而关注教育与社会发展的关系。这是发展经济学中的一种新突破，源于 20 世纪 60 年代的全球抗议运动。发展跟增长的不同就在于：增长主要考虑生产要素的拓展、要素生产率的提高及经济总量的增加；而发展除了这些经济指标，还有一些其他社会结构指标，而且尤其关注质量标准。其基本目标是提高人民的生活质量，特别是改善那些在发展进程中最贫穷、处境最不利的人们的生活。①

此前，由于可选择的劳动力越来越多，管理越来越便利，技术理性盛行，经济总量确实是增长了。但相互竞争变得更加激烈，等级秩序越发牢靠，只有少数人从中获益，老百姓陷入相对贫困，其发展高度受制于浅近的经济利益。有的甚至直接因教致贫，为了读书砸锅卖铁，接受了片面而过度的教育，成了合格的劳动后备军，却又找不到合适的工作，最终得不偿失。可见，单纯以增长为目标的教育格局，确实并不可靠。至此，以生产力提高为基础的经济增长虽然仍被认为是最根本、最重要的东西，但是人们认识到社会发展还有更广泛的目标，还要促进反对人类剥削、保证发展成果公平分配的人类平等，并将这一切建立在某种更加民主、自由、公正的社会组织的基础之上。而且认为这不仅从道义上讲是必要的，从经济健康发展和未来政治稳定来讲也是必要的。因为经济和社会发展并非性质截然不同的两个过程，前者必须先于后者。相反，这两者是不可分割的，必

---

① ［美］菲力浦·孔布斯著，赵宝恒、李环等译：《世界教育危机——八十年代的观点》，人民教育出版社 1990 年版，第 19 页。

须手挽手地共同前进。[1] 这样一来，教育的作用就不单纯是提高人力资本，不单纯是要我们成为社会的劳动大军中的一员，成为被别人挑选的对象中的一员，成为企业管理中能够确保员工听话、努力的外部因素或力量，还要关注人的全面发展和社会进步，并且要有一套公平的机制，来保证这样一些目标的实现。

新观念的核心是确保自由、公平与效率的统一。人们很早就倾向于将教育尤其公立学校看成是社会公平的均衡器，但自由公平与经济发展一直没有建立起有效的关联，因而一直没有得到主流经济学家的支持，人的全面、自由、和谐发展一直独立于社会经济发展之外。而经济学中发展理论的这一转型给教育的社会地位的提升提供了新的契机。以前教育只是为经济发展服务，只是为少部分人所掌控的经济发展或者国家所掌控的经济命脉服务，结果经济发展了，社会群体本身却因此而分化了。现在要求经济的发展最终都要能够推进所有人的发展，使所有人在这个过程中都能够同等受益。而且不能仅仅将人的发展与教育看成手段，必须同时将它看成目的，看成社会经济、政治、文化协调发展的重要组成部分，改善贫穷的、弱势的、被压制的人的处境，甚至要为整个教育和人的发展服务。将教育看成是经济的附庸，必然导致教育在社会公平中的贡献式微，并阻碍整个社会的进步。这样一来，教育与经济发展的关系就开始有所修正。原来教育只是经济发展的工具，只是撬动经济的一根杠杆。人在教育中存在的目的就是成为人才，还不一定是成为生产过程中的人才，很可能只是为我们这个社会招聘人才提供一个基数。现在要求我们所有的人，都能成为能动的主体，从而都要能够从社会经济发展中受益。所以教育的重要性不仅在于它是一个很重要的工具，而且在于它是我们社会发展中很重要的一个组成部分，它本身就是一个目标。

在这种条件下，人们对于教育先行产生了一种新的理解。[2] 原来教育先行指的是为了发展经济，我们要首先发展教育，使教育成为国民经济发展的火车头，让教育投资增长的速度超过经济或财政增长的速度，为一个尚不存在的社会培养人。现在则是说，教育不仅应成为经济发展的火车头，也应成为人的全面、自由、和谐发展的推进器和社会公平的均衡器。或者说，不但那种推进人力资本开发的

---

① ［美］菲力浦·孔布斯著，赵宝恒、李环等译：《世界教育危机——八十年代的观点》，人民教育出版社1990年版，第19页。

② 这样一种在不同情势中理解教育先行的不同意义的做法，来自我的同事曾晓东教授的启示。

教育需要优先发展，那种推进人的全面、自由、和谐发展和社会自由、公平、正义的教育也需要优先发展。说到底，教育先行不仅取决于教育对经济发展的工具价值，而且取决于教育对人的全面、自由、和谐发展的本体价值。教育本身作为一项服务于所有人的公共事业，应作为社会发展的一个内在目标确立下来。这意味着我们整个的社会结构与教育活动结构都要做出调整，确保人的发展的地位及其对社会生活的驾驭能力。总之，20 世纪 60 年代，人们认为教育对经济发展很重要，并因此要求教育先行。到 70 年代，人们开始抵制这样一种依附式、工具式的教育发展观，要求自由公平，要求教育保持某种独立性，不再单纯为经济服务，而应参与到社会结构的重建，并使人的发展与教育本身成为社会发展目标的重要组成部分。原来教育纯粹是对阶级关系、权力结构和中产阶级文化的复制，现在人们试图扭转这一切。如果我们不仅从经济发展的角度看教育，而且能关注到人的尊严与社会公平，教育应当能逐渐摆脱再生产理论所预言的那样一种宿命。

在我国，认识到教育与人的发展本身是社会发展的重要组成部分，已到了 20 世纪 90 年代末期。此前，教育单纯被看作经济发展的手段，单纯强调人力资本的价值，单纯强调教育发展对经济增长与科技进步的贡献。经过近 20 年的改革开放，我国教育与社会公平问题日益突出。强调教育在经济发展中的作用怎么最后导致了教育自身的公平问题？原因就在于，20 世纪 80 年代以来的教育体制改革，是按照效率优先、让利放权的框架展开的，特别强调调动一切积极性，结果，权力、身份、资本本身在教育中的话语权不断增长。原来就有的工农、城乡、脑体三大差别，在新一轮的改革开放大潮中被进一步强化与扩大。再加上不同地域发展之间的传统落差，以及一系列基于这些落差的新的发展契机，教育发展很快呈现出一种严重不平衡的态势。社会中的优势阶层借助自身的教育优势地位对其他社会阶层进行排斥，导致那些处境不利的群体再一次滋生了严重的“读书无用论”倾向。可见教育虽可以促进经济的增长，但单纯促进经济增长的教育本身却又可能造成社会不平等，并最终对经济秩序造成伤害。如果教育在提高社会劳动生产率的同时也提高社会危险系数，把人培养成生产者的同时也把人培养成反抗者、破坏者，发展思路就需要转变，从单纯强调增长转到同时也强调发展，强调所有的人都需要受到尊重，包括能够从经济增长中受益。教育不能仅仅把人培养成劳动力或人力资本，必须要把教育本身作为目标，使所有的人都能得到全面提高。

2013年的硕士论文开题会上，有老师谈到，那么多人反对高考移民，一个很重要的原因，是其中有很深的利益背景。她说，根据一个测算，一个生长在北大或清华的小孩，从幼儿园一直读到大学的话，积累起来的资源优势——包括各种择校费、补习费、房屋租赁费等——差不多有好几百万元。当时我们大吃一惊，觉得太不可思议，但她说得头头是道。不管怎么说，反对平等的公民待遇的阻力不小，这一点是实实在在的。但我说，不管你同不同意开放，教育市场还是要放开。她当时觉得阻力太大，情况不容乐观。我说，阻力再大，也大不过美国解放黑奴。当时南方人也不愿意，还拿起枪来拼命，不也是被端掉了吗？这个东西，在根本上跟利益大小没什么关系，而是看道理讲不讲得通。在经济利益之上还有一些更高的利益，如那种天下为公的感觉，那种相互尊重的生活，那种自由和谐发展的状态。在地方保护主义盛行的地方，每一个地方都画地为牢，别人要进入就要留下"买路钱"。这个学区的学校就招这个学区的学生，你到我这里来要缴纳"赞助费"，我不会把你看成自己人，就把你看成外人，能宰一刀就宰一刀。你就是你，我就是我。这样一来，我们就是分裂的。国家的整合必须超越这种地方保护。

（五）可持续发展观与教育地位

到了20世纪80年代，可持续发展观确立，教育的定位进一步发生变化，而这又与全球范围的环境问题息息相关。早在60年代末，人类就开始关注环境问题。1972年6月5日，联合国在斯德哥尔摩召开了"人类环境会议"，提出了"人类环境"的概念，通过了《人类环境宣言》，强调"现在已达到历史上这一时刻：我们在决定世界各地的行动时，必须更审慎地考虑它们对环境产生的后果"①。为此，联合国成立了环境规划署，并强烈建议联合国教科文组织确立一种服务全体公众、目的在于通过教育促进环境保护的环境教育国际计划。1977年10月，由联合国教科文组织与联合国环境规划署合作组织的第一次部长级"政府间环境教育大会"通过了《第比利斯宣言》，呼吁各国增强人们对城市和乡村区域中的经济、

---

① United Nations Environmental Programme (UNEP). Declaration of the United Nations Conference on the Human Environment. 1972. Available from: http: //www. unep. org/Documents. Multilingual/Default. asp?DocumentID=97&ArticleID=1503&l=en.

社会、政治和生态的相互依赖性的认识，给予每个人保护和改善环境所需要的知识、价值观、态度、决心和技能，同时在个人、团体和整个社会中创造出新的有利于环境的行为规范。① 1987 年 4 月 27 日，世界环境与发展委员会发表了一份题为《我们共同的未来》的报告，正式提出了“可持续发展”（sustainable development）的概念与战略。② 1994 年，联合国教科文组织在可持续发展委员会的协助下，提出了“可持续发展教育”（education for sustainable development）的概念。

可持续发展就其特征而言，主要有三个方面。（1）发展的公平性（fairness）。发展应满足全体人民的基本需求，给全体人民机会以满足他们要求较高生活水平的愿望，尤其需要把消除贫困作为特别优先的问题来考虑。不公平的发展不但会破坏社会政治、经济环境，而且会破坏自然环境。经常可以发现，所有人对自己的资源和环境都特别爱惜，但对别人与公共环境却会进行掠夺性开发。所以环境问题说到底是人与人的关系问题。（2）发展的可持续性（sustainability）。发展应在严格控制人口、提高人口素质和保护环境、资源永续利用的前提下进行，既满足当代人的需求，又不超越资源与环境的承载能力，以致对后代人满足其需求的能力（或机会）构成危害，亦即不能“吃祖宗饭，断子孙路”。但事实上，“当我们读小学的时候，读大学不要钱；当我们读大学的时候，读小学不要钱。当我们还没能工作的时候，工作是分配的；当我们可以工作的时候，撞得头破血流才勉强找份饿不死的工作。当我们不能挣钱的时候，房子是分的；当我们能挣钱的时候，却发现房子已经买不起了……”（学生笑）这种阴差阳错中就有代际的不平等，并在下一代造成了巨大的生存压力，以致现在的小孩几乎看不到几个蓝天。当代人的需求当然需要得到满足，但是不能杀鸡取卵，把明天的幸福提前到今天。（3）发展的共同性（commonality）。生态环境问题之所以有这么巨大的影响力，就在于它已是一个全球相互影响的问题，而且深深地根植于全球经济、社会与政治结构，根本不可能在各国自行解决，因而要求采取全球联合行动。

《第比利斯宣言》强调将环境作为一个整体看待，认为自然和人工环境、技术和社会环境，均属于一个整体，堪称环境教育发展史上的一个里程碑。但单纯看

---

① UNESCO, *Tbilisi Declaration*, 1977, Paris.

② 世界环境与发展委员会编，王之佳、柯金良等译：《我们共同的未来》，吉林人民出版社 1997 年版，第 52～81 页。

到不同环境之间的相互依赖其实还不够。现在看来，人与自然环境的关系问题，从根本上讲，就是社会环境本身的性质问题。我们今天所面临的大部分的环境灾难，说到底都是人为的灾难。只有将环境问题转化为社会问题——个人与个人、这些人和那些人、这种地位团体的人与那种地位团体的人、这国人和那国人、这代人和那代人之间的问题——来理解，才能真正理解环境问题的实质。① 可持续发展表面上是要重建人与自然的关系，实际上是要重建人与人之间的社会关系，反对一部分人高踞于另一部分人之上，并且要在国际范围内重建这种关系，说到底是强调作为普世价值的以人为本。而要以人为本，我们不但要关注自然环境的可持续发展，也不但要关注社会的可持续发展，或者关注社会发展与自然发展的相互依赖，我们还要关注人的发展，关注人的发展的可持续性，并且把人的可持续发展放到最高的位置。只有这样看待人的发展及其教育，才能真正促进社会的可持续发展，也才能为自然环境的可持续发展找到真正的基石。曾任联合国教科文组织总干事的马约尔（Federico Mayor，1934—　）在《世界教育报告 1998：教师和变革世界中的教学工作》的前言中写道："我们留下一个什么样的世界给子孙后代在很大程度上取决于我们给世界留下什么样的子孙后代。"② 说到底，教育本身必须以一种生动活泼、积极主动的形式组织起来，尊重学生，充分利用社会或环境中的教育力量，而不是单纯依赖教师个人的力量或人为的环境。只有这样一种基于环境的"活教育"，才能真正重建人与人之间的社会关系，为他人与公共环境的保全提供持续可靠的支持。

近年雾霾时常来袭，它的形成往往就是因为一种"公地悲剧"（tragedy of the commons）。公地作为一项资源或财产有许多拥有者，他们中的每一个都有使用权，但没有权力阻止其他人使用，从而造成资源过度使用和枯竭。③ 过度砍伐的森林、过度捕捞的渔业资源及污染严重的河流和空气，都是"公地悲剧"的典型例子。之所以叫悲剧，是因为每个当事人都知道资源将由于过度使用而枯竭，但每个人对阻止事态的继续恶化都感到无能为力，甚至都抱着"及时捞一把"的心

---

① 康永久：《绿色教育的意蕴与纲领》，载《教育学报》2011 年第 6 期。

② 联合国教科文组织编，罗进德等译：《世界教育报告 1998：教师和变革世界中的教学工作》，中国对外翻译出版公司 1998 年版，第 1 页。

③ Hardin，G.（1968），The Tragedy of the Commons，*Science*，Vol. 162，No. 3859，1243-1248.

态。公地悲剧的另一方面，通常称作“反公地悲剧”（tragedy of anticommons）：在公地上，由于每个当事人都有权阻止其他人使用该资源或相互设置使用障碍，而没有人拥有有效的使用权，结果导致资源的闲置和使用不足，造成浪费。① 之所以也叫悲剧，原因在于每个当事人都知道资源或财产的合理使用能给每个人带来更大收益，但由于相互阻挠而眼睁睁地看着收益减少或资源浪费。当然，表面上的过度使用与资源的隐性闲置经常结合在一起，如过度捕捞导致的“好塘清水无鱼放”的局面就是如此。所有这些，都是公共物品因产权难以界定（界定产权的行为太危险或交易成本太高）而被竞争性地使用或侵占的必然结果，可见人与自然的关系问题说到底是人与人之间的关系问题。短期的自利，最终必定带来一种大家都逃脱不了的恶果。因此，从教育源头上重建人与人之间的关系，对于人类共享的这样一个地球，就具有至关重要的意义。肆意地挖掘个人潜能，把人引导到一种争做“人上人”的狭隘状态，必然导致对人类环境的破坏。

就这样，可持续发展观为现代教育的战略地位，提供了强有力的最新支持。20世纪60年代，教育是作为经济发展的工具受到重视的。到70年代，教育本身、人的发展本身受到重视，但经济发展仍然是核心。社会只是在促进经济发展的同时兼顾人的教育，兼顾社会公平。而现在要求整个的社会发展都要以人为本，把人的发展和教育作为整个社会发展的核心目标。说到底，教育的地位不仅仅因为它能通过人力资本的生产来推动经济的发展，更在于教育本身是一种内在的社会财富，学习本身是一种内在的财富，能够促进身心的和谐发展，营造一种相互尊重的社会关系，促进人、社会与自然的可持续发展。我们就是要通过人的发展，通过一种新的社会生活方式的形成，来保证社会诸方面的发展是可持续的。2010年，《南方周末》登载了龙应台在北大的讲演，让人很受启发。她说：“谁在乎‘大国崛起’？至少我不在乎。我在乎的是刚才我所说的文明刻度——你这大国怎么对待你的弱势与少数，你怎么包容不同意见，才是我在乎的。”② 今天的“教育先行”，也不再要求教育发展的速度超过经济发展的速度，关键是使教育成为未来社会的探索者和个人自由、相互尊重与公平正义的奠基者。

---

① Heller, Michael A. (1998), The Tragedy of the Anticommons: Property in the Transition from Marx to Markets, *Harvard Law Review*, Vol. 111: 621-688.

② 龙应台：《从乡愁到美丽岛：我怎么会没有中国梦呢?》，载《南方周末》2010年8月5日。

我国的可持续发展教育大概是20世纪90年代在联合国教科文组织的推动下慢慢起步的。此前国人都认为，环境与人权保护是西方发达国家的意识形态武器，发展中国家首先要争取的是生存权与发展权。等到大家成天呼吸严重污染的空气的时候，终于觉得不管人家怎么想，环境始终是自己的环境。所以现在倒是真心想做环境保护的工作，而且试图突破环境教育的偏狭范畴，将环境保护与整个社会的可持续发展联系起来。北京师范大学教育学部和石景山区教委共同推进的“绿色教育发展实验区”项目，就主要不是做自然环境的保护，而是关注人自身的可持续发展。人们之所以去破坏别人的环境，就是因为自己没有把别人当成平等的个体，而这些恶习在我们平时的教育中已经萌芽了，所以我们在绿色教育中强调善待学生。此前，一看到学生大脑有那么多未开发的神经元，于是乎各种教育或培训机构一拥而上。看到学生有那么多的自由时间可以支配，于是我们也一拥而上。就这样杀鸡吓猴，结果使猴子也学会了杀鸡，不但破坏学生内在的自然，也在人与人之间建立了某种等级关系。有朝一日学生也极可能这样对待自己的同伴或后代，因为做惯了奴才的人总会渴望有朝一日能做世界的主宰，这样下去总会导致我们肆意掠夺他人或公共的资源。因此，要保护环境，首先就要通过环境来教育人，重构一种新的联合生活，在教师与学生之间建立起良性的互动，而不是借助掠夺来获得浅近的发展。① 我们在课堂之间建立起平等、相互尊重的关系，终将有助于我们在人与社会、自然之间建立可持续发展的关系。所以确实就如前欧共体委员会主席德洛尔（Jaques Delors，1925—　）所言，“面对未来的种种挑战，教育看来是使人类朝着和平、自由和社会正义迈进的一张必不可少的王牌。”②

五、社会对教育的意蕴

（一）社会本身作为教育根基

但要真正利用好教育这张王牌，还必须回到教育的社会根基。社会本身作为

① 康永久主编：《绿色教育的实践立场：现场中的理论研究》，北京师范大学出版社2014年版，第1～4页。

② 联合国21世纪教育委员会编，联合国教科文组织总部中文科译：《教育——财富蕴藏其中》，教育科学出版社1996年版，第1页。

一个道德或精神实体，跟我们的教育也是直接贯通的。教育在根本上乃是一个社会的事业，建立在社会生活的基础之上。而“教师不是简单地从事于训练一个人，而是从事于适当的社会生活的形成”①。因此，不应当单纯通过改变学校去改变社会，还要通过改变社会来改变教育，或者更积极地，通过建构一种联合生活改造我们的社会与学校。教育看起来是高度个人化的，我在说你们在听，只是在这样一个狭小空间里发生的个人行动。事实上，它一直建立在社会的基础之上。杜威教育思想的核心，也就是强调社会本身的教育意义。好多人都说杜威以儿童为中心，但杜威说：“教育的社会方面放在第一位。……尽管没有成功，在意图上，实验学校是‘社会中心’的。”② 杜威的整个思想就是要求我们关注教育的社会性，关注社会环境本身的教育意义，强调教育本质上是社会活动。

就是班长角色的变化，现在看来也与生活本身的教育影响息息相关。小学和初中的时候我也当班长，所干的事情主要就是垂范，没有太多的具体事务。那种环境养成了我对学习活动的专注，也压抑了自己在社会实践活动方面的能力和兴趣。但到了中师，一开始就是一个女班长，特利索，也特大胆，就像班主任老师一样。我花了好长一段时间才适应这样一种新的班长类型，也真正意识到了自身能力的局限。现在，像我这种只知道垂范的传统班长早就退出了历史舞台，变成了学习委员，而班长则越来越像一个管家或办公室主任，学会生活、学会做人、学会做事，在人的发展中的地位直线上升。之所以会产生这样一种变化，显然与学校生活的复杂化密不可分，而这又是目前城市学校的普遍特征。说到底，教育是社会或生活的功能，而不能简单地说是教育者的功能。这不是否定教育者的作用，但确实也在提醒我们，如果教育者要顺利地发挥作用，就必须很好地借用环境的影响，或者营造一个更好的环境以产生某种影响。

很明显，不同的环境与制度给人们提供了完全不同的活动空间，产生了完全不同的教育影响。有些人在学校中间屡战屡败，屡败屡战；有些人因为老师喜欢别的师兄或师弟就自暴自弃。缺少家庭支持的人，都渴望有教师的支持，也依赖

---

① [美] 约翰·杜威：《我的教育信条》，见 [美] 约翰·杜威著，赵祥麟、任钟印、吴志宏译：《学校与社会·明日之学校》，人民教育出版社 1994 年版，第 17 页。

② [美] 约翰·杜威：《芝加哥实验的理论》，见赵祥麟、王承绪编译：《杜威教育论著选》，华东师范大学出版社 1981 年版，第 321 页。

于教师的支持；有些人则对老师的看法并不是特别在意。所有这些都跟个人出生、成长经历与环境有关。看起来是我们自己在学，其实每个人都背负着自己的环境在学，都反映了身处其中的环境的特点。但环境的教育意义还不止于此。说到底，环境包括那些已然存在于我们周围的客观条件，但主要不是那些静态条件。我之所以能够对你们起作用，是因为你们参与到了我的环境当中，而我确确实实也参与到了你们的环境当中。我们的相遇，不是我说的话被你们接受，而是我们之间的那种关系使得我的这套东西和你们的那套东西能够顺畅地发生共鸣，我们的环境因此相通，每个人都打开了自己的防护罩。所以沟通就是两个世界的对接，就是让对方看到另一个世界。看起来有目的、有计划、有系统的活动，其实都镶嵌在环境之中。环境也因此不能简单地被看成是支配个体发展的外在条件，它不仅为个体的发展提供了可能的空间与机会，还作为个体自身的一部分存在于这个世界。就这样，环境之中隐藏着教育最大的秘密。所以杜威说："成人有意识地控制未成熟者所受教育的唯一方法，是控制他们的环境。"①

杜威正确地指出，在野蛮的社会中，环境因素的直接参与，几乎是教育的唯一源泉。甚至在目前的社会，对于最热衷于学校教育的人而言，这种直接参与也提供他们基本的教养。②一个人的现实状况、发展潜力与行事方式，常常受制于生他养他的社会生活环境。我们都是带着自己的环境来到北京师范大学的，而且还在创造着自己的环境。所以有些人壮志凌云，有些人想休息一下。差别就源自我们所携带的成长环境，或者更确切地说，源自我们自身的生活状态。想休息一下的人是因为觉得学习太累，新老师到现在还没有关注到自己，因而并不能体会到太多的学习乐趣；壮志凌云的人可能是因为临行前父母又叮嘱了自己注意身体，奶奶又抓住自己的手塞了一个鸡蛋，女朋友或男朋友又彼此期待着再到哈佛相会……每个人都带着别人对我们的寄托和自己的想象，而不只是带着书和被褥来到了北京师范大学。在学校里哪怕你不提过去的事情，不谈你过去的经验，不说你的家乡话，你的老师、家乡和亲人始终在你背后，要么激励着你，要么就像幽灵一样缠绕着你。北京师范大学本身又给你们的生活涂上了一层底色，你们或许也已在自己的世界中镌刻上了一些新的名字。所有这一切也都教会了你们许多，

---

①② ［美］约翰·杜威著，王承绪译：《民主主义与教育》，人民教育出版社2001年版，第25、23页。

而且还在自我建构，一切教育活动都要回到环境或社会这个根子上去展开。正因为环境给我们提供了更为根本的东西，所以我们学教育学的人要学的东西特多。政治学、经济学、社会学、人类学、哲学、心理学、历史……你觉得好的东西和人家觉得好的东西，都应该去学。所以杜威讲："哲学就是教育的最一般方面的理论。"① 其实政治学在根本上也是教育学，社会学在根本上也都是教育学。正是在这种意义上，教育学不说是科学之科学，也应该集诸种科学之大成。因为真正的教育与教育学都要建立在社会的基础之上。

在一般的理论视野中，如果强调环境的决定性影响，通常被认为是环境决定论。但杜威这样从环境的角度做出的教育理解，显然不能如此对待。在这里，强调环境的作用其实就是强调个体本身的能动作用和社会生活本身的教育意义，就是强调我们与别人的互动。这种环境本身并不是死的东西或消极的存在，并不是机械地决定着我们的外在之物，不但它本身就是由人的活动构成的，是种种行动的复合体，而且为个人的自主行动提供了实实在在的机会与保护。如果切断自身与这样一种社会生活的联系，就只能通过人为的环境来获得发展，只能借助于刻意组织起来的学校，借助于刻意组织起来的教学，这样就必定压抑人的主体性。因此，注重人与环境的联系，实际上就是强调这种没有经过人为删减的自然联系，也是强调我们自己的作用。重视环境说到底是重视学习者的活动能力，尊重他的自主生活。不是通过面对面的改造给他灌输什么思想，而是通过他和自己的环境互动来获得成长。因此，强调环境实际上是强调动态生成。这是杜威对于教育学的重要贡献。正因为这样，我们在上课的过程中，不是试图直接把结论告诉大家，而是试图引导大家一起去推理，一起去反思，从历史和理论中的其他见解说起。不是简单地由老师直接把大家教好，而是通过这样一个探索的过程，让大家自己把自己教好。当今教育的一个重大缺陷，就是不重视环境对于我们的影响，实际上也就是不重视个人的主动积极性，忽视我们自己的活动和经验，只重视别人教给我们的东西，只看重别人要求我们掌握的知识。即使我们在这样的课堂中间能学到一些东西，我们对于它们的理解其实也必定是薄弱的。

但像这样强调环境的教育意义，会不会最终对本已存在的社会内部边界进行

---

① [美] 约翰·杜威著，王承绪译：《民主主义与教育》，人民教育出版社 2001 年版，第 350 页。

强化，以致社会本身更加分裂与对立？在这里，我们还是认可杜威的主张，坚信把学校教育建立在生活教育的基础之上，把正式的沟通建立在日常的、非正式的、有限的那样一些沟通形式的基础之上，把原来情境独立的学校活动建立在日常交往的基础之上，推动不同群体间的交流对话，将真正有助于不同群体跨越诸种文化与制度的边界。事实上不同社会生活本身之间的隔阂并不像我们所想象的那么大，造成这种隔阂的主要是生活中的种种边界维护程序。尊重人们各自的文化，让不同文化共同呈现并相互交流，反而可以更好地跨越边界。农村出生的我们小时候觉得城市人特小气，吃饭的碗都那么小，搞得我们都不敢盛饭。现在我们自己的碗也很小了，但依然对农村充满感情。小孩第一次回老家的时候，也可以蹲在猪圈边看半天。楼梯下关着的几只鸭子，她清早起来趴在那里也可以看半天。两个不同的世界，因为各自是如此特别，就这样直接建立了关联。早已习惯了的那样一种单调、乏味甚至有些粗陋的生活，在别人那里竟然是如此富有意义。只是我们的学校教育本身妨碍了这种沟通，让大家彼此都不知道别人生活的价值。最终，大家都只是基于一种文化上的他者想象，就封闭了自己的世界。

同理，将学校教育建立在日常生活的基础之上，并因此而使之最终建立在联合生活或共同生活的基础之上，也绝不会毁掉学校这一现代社会中的“最后一块净土”。说到底，我们不是要让学校感染上现实社会生活的诸种毛病，什么规矩都不讲，彻底放弃教育的立场，就看谁是老大，谁的门路多，谁的关系硬。我们只是试图使学校关注民间的力量，尊重每一个人，注重相互交流、尊重与合作，把教育跟生活联系起来，把学校建成一个公共的场所，开启一种跨文化的对话。如果不关注学校与社会生活相脱离的现实，不关注我们学校被政治、被功利、被少数人所控制这样一个现实，只允许教正确的知识，不能发表个人意见，或者要求所有发表都必须基于确凿的数据，学校就不可能成为一个最有教育意义的环境，教育也就不可能真正建立在环境的基础之上。现在恰恰就是因为我们学校高踞于社会之上，但是对另外一些人又唯命是从，有时候还唯利是图，对于统治阶级或主流意识俯首称臣，伤害了学校作为一方净土这样一种地位。所以真正的教育工作者不但应当是人类灵魂的工程师，是教育工作的参与者、管理者与改进者，还应当是社会的建设者。我们对教育的理解要真正透彻，就要从狭小的学校教育的圈子之中跳出来，努力建构一个更有教育意义的社会环境。

（二）民主本身作为最好的教育

在杜威看来，“说教育是一种社会的功能，通过未成年人参与他们所在群体的生活，使他们得到指导和发展，实际上等于说，教育将随着群体中生活的质量的高低而不同。”① 衡量群体生活质量高低的标准，按照杜威的理解主要有两条：一条是“群体内成员有意识地参与的利益有多少”；另一条是“和其他团体的相互作用，充分和自由到什么程度”。总之，“有许多共同的利益有意识地相互传递，共同参与；和其他联合方式有许多不同的和自由的接触。”②这种社会不但能使人免于恐惧，给人自由，也能使所有人的经验都得到尊重，能力得到刺激和提升。而且这些能力只为自己的目的而得到使用，避免被人滥用。杜威就曾指出：

> 刺激的多样性意味着有许多新奇的事情，有了新奇的事情，思维就得到挑战。如果人们的活动愈加限于狭隘的范围，如果有严格的阶级界限，彼此的经验无法适当交流，活动的范围就受到限制——处于不利地位的阶级，他们的行动就愈加墨守成规，而在物质上处于优越地位的阶级，他们的行动就愈加任性、无目的和暴躁。③

群体生活质量的高低，就这样决定着我们教育质量的高低。同学们在北京师范大学所受到的最重要的教育，其实也是群体氛围带来的。在这里，来自不同地域与阶层，携带不同环境与文化，拥有不同立场和品味，具有不同学术视野，怀抱不同理想的人彼此相遇。你们不单纯因为康老师非常用心地上课，因而就在这里受到了最好的学术训练，你们的造化说到底取决于跟这种大学生活建立一种什么样的关联。同样，所有北京师范大学老师至少有两类课堂：一类是这样的学科教学的课堂，一类是北京师范大学这样一个大课堂。有的教师还有第三类课堂，也就是社会大课堂。可见不但我们的教学工作具有教育意义，我们的教育科研，乃至我们的公共参与和社会服务也都参与了学校教育。而大学之大，很大程度上取决于学术自由、兼容并蓄的程度。一旦我们大家不能彼此交流，不能多元共存，有些人说话“一句顶万句”，有些部门可以凌驾于学术之上，就会对所有群体都构

①②③［美］约翰·杜威著，王承绪译：《民主主义与教育》，人民教育出版社2001年版，第91、93、94～95页。

成伤害。一些群体更加狂妄自大，越来越瞧不起人。一些群体则更加拘谨，内心又更加狂暴。如果所有的群体都在此故步自封，那就是真正的教育末日。

在杜威看来，前面提到的衡量群体生活质量高低的两条标准，也是民主社会的特征。倘若在一个社会，一种利益如果不是集体利益就不能存在，一种思想如果不合乎统治意志也不能存在，因而所有的利益都是政治利益，所有的思想都是官方思想，这样一种社会无论其怎么自我宣扬，无论其民众如何淳朴，他们在社会生活中如何平等，社会公共利益是如何之普遍，官员和民众如何同甘共苦，都必定是一个专制社会。这种社会当然也会热心教育，但它首先热心的肯定是对民众的教育。就官员而言，他们一方面要教育人，另一方面也要接受上级的教导，甚至还要接受民众的再教育，但在其神圣权力的范围之内，他们必定有任意专断的自由。整个社会则必定受一个类似于“哲学王”的最高领袖的统治，只有他才是最终的教育者。这时教育无所不在，但完全脱离生活，因而也就谈不上自由。而民主社会不但热心教育，这种教育本身还必须具有先验的与形式的善意，必须建立在联合生活与自由交流的基础之上。杜威就认为：

> 民主政治热心教育，这是众所周知的事实。根据表面的理解，一个民主的政府，除非选举人和受统治的人都受过教育，否则这种政府就是不能成功的。民主的社会既然否定外部权威的原则，就必须用自愿的倾向和兴趣来替代它；而自愿的倾向和兴趣只有通过教育才能形成。但是，还有一种更为深刻的解释：民主主义不仅是一种政府的形式，它首先是一种联合生活的方式，是一种共同交流经验的方式。①

正是这样一种源自民主本身的教育深入人心，因而最有力量。也正是因为这样，杜威对现实生活中依然存在且相互隔离的不同团体准则，有着特别的警惕：“在家庭通行一种准则；在街道通行另一种准则；在工场或商店，通行第三种准则；在教会，通行第四种准则。当一个人从一个环境到另一个环境时，不免受到各种相互对抗的拉力的牵制，产生一种危险，使一个人在不同场合具有不同的判

---

① ［美］约翰·杜威著，王承绪译：《民主主义与教育》，人民教育出版社2001年版，第97页。

断标准和情感标准。”[①] 而杜威心目中的理想社会，乃是“一个包括一切和具有渗透作用的行动和思想的共同体”[②]。在这样的情况下，他“要求有一个教育机构为青少年提供一个相似和平衡的环境。只有这样，同一个政治单位内，不同群体的联合所引起的离心力才能得到抵制。不同种族、不同宗教和不同风俗习惯的青少年混合在一所学校里，为大家创造一个新的和更为广阔的环境。”[③] 为了实现其机会均等的教育理想，杜威对公立学校制度极为关心。在他看来：“唯一根本的有效机构是公立学校制度。”[④] 但现实中的公立学校也有其危险性。杜威批评了那种依然带有强烈的等级与隔离色彩的公立教育制度。他说：“把公立学校制度分开，一部分追求传统的方法，附带进行一些改进，另一部分则应付那些打算进入手工劳动领域的人，这意味着实施一项与民主精神完全不相干的社会宿命论的计划。”[⑤] 杜威心目中的公立学校，必须能为学生提供一个简化、净化和平衡的环境。

然而，这种公立学校所营造的联合生活说到底仍是一种人为联合，而且是一种排除了外部竞争的联合。就像杜威所说的那样：“民主是一种共同生活方式，在共同生活中，互相自由协商支配一切，而不是力量支配一切，合作而不是残忍的竞争是生活的规律；民主是一种社会秩序，有利于友谊、审美和知识的一切力量受到热爱，一个人能发展成怎样的人，就发展成为这样的人。”[⑥] 由于这样少见地将合作与竞争、共同生活与地方社群、自由协商与外部约束对立起来，杜威的民主概念表现出一种惊人的天真，极易滋生一种破坏教育多样性与自主性的政治后果。在这里，底层民众将希望民族—国家扩大公共教育的供给，那些为谋取政治选票而殚精竭虑的政治人物也将倾向于通过扩大对公共教育的控制和强制性供给而捞取实利，其他社会阶层则可能希望借助直接民主体制向社会灌输本阶层的价值，从而给民主政治带来某种强迫性和不稳定性。但杜威显然没有意识到这一切，正因为这样，他的“民主教育学”还不是彻底的“自由教育学”。好在杜威也承认民主本身的实验性、发展性，因此杜威强调：

---

①②③ [美] 约翰·杜威著，王承绪译：《民主主义与教育》，人民教育出版社 2001 年版，第 28、92、28 页。

④⑤ [美] 约翰·杜威著，赵祥麟、任钟印、吴志宏译：《学校与社会·明日之学校》，人民教育出版社 1994 年版，第 392、393 页。

⑥ [美] 约翰·杜威：《教育与社会变动》，见赵祥麟、王承绪编译：《杜威教育论著选》，华东师范大学出版社 1981 年版，第 343～344 页。

> 困难，至少一个巨大的困难，是我们把民主视为当然；我们的思想和行动，似乎我们祖先已经一劳永逸地把民主缔造好了。我们忘了民主必须在每一个世代，在每年和每日，在一切社会形式与制度的、人与人的生动关系中重新制定。①
>
> 民主主义的观念本身，民主主义的意义，必须不断地加以重新探究；必须不断地发掘它，重新发掘它，改造它和改组它；同时，体现民主主义的政治的、经济的、社会的制度必须加以改造和改组，以适应由于人们所需要与满足这些需要的新资源的发展所引起的种种变化。②

自20世纪70年代以来，杜威对公立学校制度的绝对信任一直遭受着左右两派学者的严厉批判。左派学者认为，只要资本主义生产关系依然存在，民主就只能是一种空头支票。鲍尔斯和金蒂斯就坚持认为，“学校教育在等级控制和阶级分层的生产体制下培养劳动力的作用，严格限制了美国教育政策的有效范围。资本主义，而不是技术或人性，才是这种起限制作用的因素。”③ 右派学者则认为，只要公立学校制度依然受制于政治化的科层体制，个人自由不能得到真正的保障，民主也就只能是一个神话。约翰·E. 丘伯（John E. Chubb）和泰力·M. 默（Terry M. Moe）就曾指出：“民主的实质是强迫性的。‘赢家’利用公共威权将他们的政策强加于‘输家’。”其结果，就是“对公众威权控制权永无休止的争夺”。在这些过程中，“公共威权只是一种谁都想往上填写的空白支票。”④ 在我们经历三十余年的大锅饭体制之后再来看这个问题，当然更容易相信那种以确保个人自由、促进人们交往、增进共同利益为宗旨的民主体制。但一个真正健全的民主体制，应当是民主、自由、法治的统一体。无民主就只能受制于统治者的家法或个

---

① ［美］约翰·杜威：《教育与社会变动》，见赵祥麟、王承绪编译：《杜威教育论著选》，华东师范大学出版社1981年版，第343页。

② ［美］约翰·杜威：《人的问题》，见赵祥麟、王承绪编译：《杜威教育论著选》，华东师范大学出版社1981年版，第415～416页。

③ ［美］塞缪尔·鲍尔斯、赫伯特·金蒂斯著，王佩雄等译：《美国：经济生活与教育改革》，上海教育出版社1990年版，第27页。

④ Chubb, John E. & Terry M. Moe (1990), *Politics, Markets, and America's Schools*, Washington D. C.: The Brookings Institution, 28, 29. 参见［美］约翰·E. 丘伯、泰力·M. 默著，蒋衡等译：《政治、市场和学校》，教育科学出版社2003年版，第32页。

人裁决，无自由就只能承受公权力的直接编排，无法治就只能遭受各种形式的无序。如果民主能这样与自由、法治统一，杜威的下述观点还是站得住脚的。

> 归根到底，民主主义的问题是个人尊严与价值的道德问题。通过互相尊重、互相容忍、授受关系、总结经验等，民主主义到底还是唯一的方法，使人们能成功地进行我们全体都牵涉在内（不管愿意与否）的实验，人类最伟大的实践——在这共同生活的实验中，每人的生活，在最深刻的意义上是有利的，对自己有利，同时复有助于他人的个性之培养。①

（三）制度情境中的教育学

就像民主是最好的教育，教育本身也是社会制度与组织演化的最高尺度。在马克思那里也曾有类似的判断：社会一方面被他看作教育的根基，因而相信只有在共同体中个人才能获得全面发展其才能的手段②；而另一方面，他也将人的发展明确看作社会发展的尺度。正因为这样，马克思根据不同社会历史阶段中人的状况的不同，把人类历史分成三种形态。其中，人与人的那样一种依赖关系，不论其是自然发生的，如小孩对母亲的依赖，或者面对洪水猛兽而在同伴之间形成的相互依赖，或者大家对于那些英雄勇士的崇拜，还是社会形成的，如因战争或经济因素造成的奴役，或家族制所造成的那种依附，如女人对于男人的依赖，都被马克思看成是最初的社会形态。借助于人对物的依赖而实现的人的独立，如资本主义生产关系所导致的那种情况，每个人都依赖于他人的生产条件、工具和劳动对象，但个人自身拥有自由，被认为是社会的第二大形态。在这里，人们虽然依赖于物，但说到底原来的人身依附已经打破，他们已经获得了自由，可以自主选择自己的职业，自由地流动，因而可以形成全面的生产能力。这就是以物的依赖性为基础的人的独立性。而每个人的全面、充分、自由发展，相互协作而又自食其力，被认为是第三种社会形态。下面是马克思的原话：

---

① ［美］约翰·杜威：《人的问题》，见赵祥麟、王承绪编译：《杜威教育论著选》，华东师范大学出版社1981年版，第414页。

② ［德］卡尔·马克思、弗里德里希·恩格斯：《德意志意识形态》（1845—1846），见中共中央马克思恩格斯列宁斯大林著作编译局编译：《马克思恩格斯选集》（第1卷），人民出版社1995年版，第119页。

> 人的依赖关系（起初完全是自然发生的），是最初的社会形态，在这种形态下，人的生产能力只是在狭窄的范围内和孤立的地点上发展着。以**物的**依赖性为基础的人的独立性，是第二大形态，在这种形态下，才形成普遍的社会物质变换，全面的关系，多方面的需求以及全面的能力的体系。建立在个人全面发展和他们共同的社会生产能力成为他们的社会财富这一基础上的自由个性，是第三个阶段。第二个阶段为第三个阶段创造条件。因此，家长制的、古代的（以及封建的）状态随着商业、奢侈、**货币**、**交换价值**的发展而没落下去，现代社会则随着这些东西一道发展起来。①

在杜威的理论体系中，教育对社会本身的意义说得更明白。他觉得一切社会组织的价值不但在物质方面，尤其在教育方面。每种社会组织的最高价值都是教育的价值，也就是能够使我们的生活有意义，能够使我们相互交流，能够促进我们知识的增长、传播和创新，使所有的人都受到尊重，所有的经验、传统、文化都能够有说话的机会。大家之所以要民主，就因为在这里所有人的感情、知识、思想都有充分发展的余地，能做更大的事业。所以，民治的最大益处就是教育的益处。我们今天每个人都已有思想，但是很多时候只能用来发牢骚，只能到网上去灌水，都只能含糊其辞、指桑骂槐地表达，不能够做更深入的阐发。这种状况当然有教育意义，但其教育意义太低了。这些都是制度不民主或民主制度不健全的结果。民治的根本观念便是对教育有很大的信仰，认为所有的人都可教，所有的知识都有用，给所有人受教育的机会，给所有人发表意见的机会。这样下去，社会才越来越民主，其教育意义才越来越强。下面也是杜威的原话：

> 一切社会组织的价值，不但在物质方面，尤全在于教育方面。每种社会组织的最高价值，都是教育的价值。②
>
> 大家所以要争民治，因为大多数人可以加入政治生活，使各人的感情、知识、思想都有充分发展的余地，推广原来自私自利的范围，做较大的事业。

---

①［德］卡尔·马克思：《政治经济学批判》（1857—1858 年草稿），见中共中央马克思恩格斯列宁斯大林著作编译局编译：《马克思恩格斯全集》（第 46 卷上），人民出版社 1979 年版，第 104 页。

②［美］约翰·杜威著，胡适口译：《杜威五大讲演》，安徽教育出版社 2005 年版，第 79 页。

> 这是民治的益处。故可说：民治的最大益处是教育的，不仅物质生活的提高便够了的。①
>
> 民治的根本观念，便是对于教育有很大的信仰。这个信仰，便是认定大多数普通人都是可以教的，不知者可使他们知，不能者可使他们能，这是民治的根本观念。民治便是教育，便是继续不断的教育，出了学校，在民治社会中服务，处处都得着训练，与在学校一样。个人的见解逐渐推到全社会、全世界，结果教育收功之日，即全世界共同利害的见解成立之日，岂但一国一社会的幸福而已。②

至少，在一个民主的社会中要学杜威的民主教育学，就比较容易。而在我们这个社会，老师们要接受杜威的这套东西，还是有点难。他们总是觉得这个东西太浪漫了，这样没法上课。学生不但不会听你的，还会骑到你头上来。有天晚上12点，我小孩还在背我以前上学时背过的那些政治要点。我问她怎么现在还在背这些东西？她告诉我，有一种物质，在她化学老师开始学化学的时候，就讲到只能开采16年，但20多年后，教材还在说这个东西只能开采16年了。（学生笑）那些上访的人历经千辛万苦来到北京之后，以为就要天晴了，也都信心满满。但是一个星期下来，谁也没见到，就开始抱怨自己来得不凑巧，大领导都不在家。在这种政治环境中成长起来的教师，要接受杜威的这种民主教育学，确实难度很大。他们考虑问题的唯一关键是“国情”。这个词在中国人的思想和日常生活中之所以能占据这样一种核心的地位，就在于我们实际上接受的乃是那样一种单纯强调物质决定意识的旧唯物主义观念。2013年，我们内部读孟德斯鸠的《论法的精神》（1748）时，发现孟德斯鸠的整个思路也是一个“国情论”，认为法是由事物的性质产生出来的必然关系，强调不同的国家、民族、气候、土壤、风俗习惯、贸易、货币、人口、宗教条件下，法律都是不一样的。③ 我们跟一线教师们讲杜威的这一套东西，他们就说这个不符合国情。在美国的环境中谈杜威的东西，人家觉得差不多就是常识。因为人家的生活就是这样，多种声音并存，每个人都要求参与，都要求受尊重，都要求发言，这种生活本身就已经教给他们一套民主教

---

①② ［美］约翰·杜威著，胡适口译：《杜威五大讲演》，安徽教育出版社2005年版，第74、84页。
③ ［法］孟德斯鸠著，张雁深译：《论法的精神》（上、下），商务印书馆1997年版，第1～7页。

育学。而在我们这个地方，经常需要我们翻来覆去地讲，还要现身说法，即便这样，也经常讲不清楚。这确实说明不同的生活环境，尤其是不同的制度环境，给我们的可教育性带来很大的约束。如果真能建立一种民主的生活，前面所说的再生产、劳动力市场的分割、教育作为筛选信号的情况，应当会大大地缓解。

我自己所做的新制度教育学研究，关注的主要是制度的教育意义。而杜威的教育思想，何尝又不是一种制度教育学？当然他没有说制度本身就包含教育学，也没有说民主本身就是一种教育学，只说民主具有教育意义。我的新制度教育学当初是根据新制度经济学（new institutional economics）提出来的。① 前面提到的科斯被认为是新制度经济学的鼻祖。新制度经济学对制度有一个很好的理解，即认为制度是节约交易成本的社会装置。交易成本与生产成本相对应，可以用以指称与生产活动并存的诸种交易活动——如交往沟通、形成合约、组织协调——的成本。这种成本，以前的经济学根本就没有意识到，即便意识到了也根本不重视，满足于在理论上把市场设想成一种毫无摩擦的润滑体系。但事实上我们经常违约，社会中经常有隔离，组织中经常有内耗。交易成本一增加，说明制度就不好。而一个制度如果是好的，它就应当是有效的，应当能够节约交易费用/成本。按照杜威的说法，也就应当能够促进人与人之间的交往、沟通，使之能够达到一种充分自由的程度。这种新制度经济学与新制度教育学确实有相通的地方，但又确确实实不一样。新制度经济学主要从成本收益计算的角度看待制度问题，而新制度教育学主要从教育意义的角度考虑问题。但两者在根本上还是一致的，因为人与人之间的交往如果能够充分自由的话，大家都是敞亮的，都是开放的，交易成本也就比较低，制度的教育意义也就比较大。不然你防着我，我防着你，谁也不说真话，沟通就很难了。但强调制度的教育意义还是有它独特的好处，即可以通过分析教育（学）知识与教育制度的关系，充分揭示教育制度的独特意义。②

按照这种新制度教育学，社会环境或制度的教育意义的存在，意味着制度情境本身包含一套教育学。当然，我们今天通常将教育学理解成研究教育问题或教

---

① 康永久著：《教育制度的生成与变革——新制度教育学论纲》，教育科学出版社2003年版，第43～67页。

② 参见康永久：《教师知识的制度维度》，载《教育学报》2008年第3期；《回归生活世界的教育学》，载《教育研究》2008年第6期；《魅力、情境与教育学——教师专业化之历史反思与重构》，载《教育资料与研究》（双月刊，台北）2010年第5期；《制度世界及其教育学》，载《教育研究与实验》2013年第1期；《科学世界及其教育学》，载《南京社会科学》2014年第3期。

育现象、揭示教育规律的科学。按照这样一种定义，说制度情境中也有一套教育学，好像就显得不恰当了。但如果我们把教育学定义得更宽泛一些，认为教育学就是那些能够影响教育运作的显性或隐秘的教育知识[①]，那么我们确确实实可以说存在着一种制度情境中的教育学，或者说制度本身就是一种教育学。这种教育学我们还可以进一步称之为“制度教育学”。[②] 我们以前只知道有专业教育学，也就是教育研究者教我们今后去上课用的那一套东西，由他们按照科学方法总结出来的那一套教学法。我们总觉得当老师就是把专业的教育学与我们所教学科的知识结合起来。包括搞教育改革，也都是先由专家拿出一套方案，然后再联系我们的实际。我们以前搞教育依循的就是这样的逻辑。要是在这个过程中没有成功，就说理论走样了，或者歪嘴和尚把我们的经念歪了。解决之道既包括提高教育理论水平，又包括加强教育技能培训。其实还有一种更有意义的教育学，它不是通常所说的专业教育学，也不是存在于师生的学科知识与人格力量之中的魅力教育学，而是存在于制度情境之中的教育学。杜威说，民主最大的益处是教育，我们完全可以因此将民主本身理解成一种教育学。[③] 这套教育学的基本原则就是相互尊重，相互交流经验，共同生活，自由竞争，不断地通过探索、试验来发现真理。当我们把教育学更多地存放在制度情境之中的时候，头脑中间所要存放的专业教育学就可以少一点，我们的学识与人格之中所蕴含的魅力教育学就会更丰富一些。[④] 杜威之所以强调“做中学”，实际上就是相信如果我们有一个好的情境，就可以让学生利用自己的教育学把自己教好。

在前面的学习中，不少人有这样的困惑：康老师，您总让我们尊重儿童，希望我们将教育教学建立在日常沟通的基础之上，总试图借助先验的善意来影响人，致力于挖掘知识内在的魅力，但如果学习中没有权威和纪律，没有系统知识的学习，没有有意识、有目的、有计划、有组织、有系统的努力，怎么能够获得成功？大家一直认为我所讲的教育理论和现实之间的冲突很大，现实中人们一正式工作，

---

① 康永久：《魅力、情境与教育学——教师专业化之历史反思与重构》，载《教育资料与研究》（双月刊，台北）2010年第5期。

② 康永久：《回归生活世界的教育学》，载《教育研究》2008年第6期。

③ 康永久：《民主与教育学——论一种新的教师专业发展观》，载《教师教育研究》2009年第1期。

④ 参见康永久：《教师知识的制度维度》，载《教育学报》2008年第3期；《魅力、情境与教育学——教师专业化之历史反思与重构》，载《教育资料与研究》（双月刊，台北）2010年第5期。

也总试图重新发展一套实用方案。什么灵魂的转向、道德的意味、环境的教育影响、“坦诚相待、真心相对”，统统免谈。再也不给学生当大哥哥、大姐姐了，因为那样学生会觉得自己好欺负。于是就板起面孔，挺直腰板。着装也发生改变，嗓音随之变化。也不再在办公桌上放馒头，放的全都改成教科书，或者是教鞭。让人一看就知道自己确实是老师，不是妈妈，也不是一个可爱的小女人。在学校里只干与教育教学有关的事，慢慢和学生疏远。知识的魅力、先验的善意、个体的经验、联合的生活与内在的契合，在现实的集体授课、科层化管理、效率优先、面向全体、“应试教育”的制度情境下，当然很难用得上。说到底，当社会本身的教育意义不是很强而个人又能力有限的时候，人们必然主要靠诸种务实的办法对付学生。即便这样，也不意味着我们的理论不对，只是说明要做正确的事情总是很难，要能改变教育的流弊更是不易。然而那些转瞬即逝的教育契机依然存在，突破现有制度障碍的可能性依然存在，重建社会生活形式的潜力一直存在。在我们不能凭借某种魅力教育学大展身手之时，则需要对制度情境中的教育学有更多的投入，只有这样才能尽早迎来魅力复兴的那一天。

第五讲
历史情境与教育学[①]

现在我们将把目光转向教育学本身。这是一种“盘家底”的工作，就是把我们今后要在其中学习和工作的这样一个学科，完完整整地搬到大家的面前，看看它对不对得起我们明明白白的青春。当然，某个专业接受你，说到底不是让你来分享它的荣耀，而是希望跟你一起去打天下。因此，我们的目的主要还在于：将各种不同的教育学放回到相应的历史情境之中去考察，揭示不同历史情境对教育学知识的支持与约束，并最终揭示教育学发展的根源与走向。教育学通常被定义为研究教育问题或教育现象、揭示教育规律的科学。然而值得注意的是，pedagogy 这个词，从知识的角度，我们说它是教育学或教学法；从行动、实践的角度，我们说它是教育教学。事实上有教育的地方就有教育学，或者可以说，有人的地方就有教育学，甚至在所有人为之物乃至有意向之物中，都有教育学。麦克伊纨与布尔（Hunter McEwan & Barry Bull）就曾指出，文章不但是对事的（of something），它也通常是为人的（for someone），都有其自身的教育学维度。[②]为此，我们需要将那些隐藏在个人的学识和人格魅力乃至制度情境之中的缄默的教育知识也称为教育学。[③]这样，谈论教育学的历史发展，实际上就是解剖不同的教育学在不同情境中的性质及其相互关系的变迁。

---

① 本讲由北京师范大学教育学部2009级陈炯姗、黄璐欢、吴进丹，2010级马雪、吕净、徐雪、潘瑞瑞，2011级王赫男、麻嘉玲、孙远修、陈熙，2012级蔡冠宇、黄瑞妮、杨天唯、谢思桐，2013级王晓娜、李睿森、焦思琪同学初录。

② McEwan, H. & Bull, B. (1991), The Pedagogic Nature of Subject Matter Knowledge, *American Educational Research Journal*, 28 (2), 331-332.

③ 康永久：《魅力、情境与教育学——教师专业化之历史反思与重构》，载《教育资料与研究》（双月刊，台北）2010年第5期。本章主要内容都基于这一文献，观点上有一些细微的修正。

一、天生的教育知识：魅力教育学

（一）魅力的性质及其教育意义

最早的教育学乃天生的教育知识，我们称之为魅力教育学。这种教育学一直在人们的视野之外。因此，我们以前谈论教育学发展历程的时候，都是从《学记》之类的文化元典开始说起的。当时大家总认为，要谈教育学，首先要看文本。若连文字都没有，你能说有教育学？大家的脑袋还没现在这么灵活。所以长期以来，人们都把教育学看作是研究教育问题或教育现象、揭示教育规律的科学，最多把教育学理解为与教育相关的理论或论述。但是，当我们把教育学理解成能够影响教育运作的显性或隐秘的教育知识的时候，一下子就能把教育学的历史推进到人类历史的起点。在最初的社会中确确实实没有专门形态的教育学著作，甚至没有留下夹杂在别的论述之中的教育论述。但人类之初确确实实有一套东西，这个东西跟我们多次提到的《论语》《学记》《理想国》乃至后世的夸美纽斯和现代人总结的教育学所起的作用是一样或相当的，都能改善我们与别人的沟通，促使别人产生某种积极变化。在这里，我们没有有意识地教一个人，这个人就感觉到受教了，甚至因此就被教好了。这种教育学就是隐含在魅力当中的。

关于魅力，韦伯对它做了卓越的说明。① （1）它是神秘的。说它神秘，不是说它完完全全不属于这个世界，完完全全不能够为我们所认知，而是大家认为它不可解释、神秘莫测，让人摸不着头脑。谁都不知道这种人是怎么突然出现的，而且他们有的时候确实也是突然就进入那种状态的，或者是自一开始就显得与众不同的，完全不是培养的结果。魅力支配的实践，没办法像我们今天这样有目的、有计划、分步骤、分阶段地展开，根本没有这样的东西，通常都是一下子就整个释放出来，然后就把人整个都改变了。就像天边的一道闪电一过，所有污浊的空气仿佛一下子就因此而清新起来，让人震颤而心悦诚服。这个过程是怎么发生的？不清楚。所以魅力首先是不可解释、神秘莫测的。当然这都是相对于那个时代那些人来说的，不是在描绘它的客观特征。（2）它是非凡的。我们都说神秘非凡，

① 参见［德］马克斯·韦伯著，林荣远译：《经济与社会》（上），商务印书馆1998年版，第269～283页。

但非凡一词更强调它不是世俗之物，具有超自然的或者超人的，或者任何其他人无法企及的力量或素质，就像被神灵差遣着。这样它才神乎其神，具有非世俗性，神龙见首不见尾。无论如何，有神秘魅力的人都可以被认为是“世俗外的个人”。《孟子》中有一句话，说圣人“出于其类，拔乎其萃”①。单就这一句话而言，可能有两种完全不同的意思：一个是说他根本与我们不是同类，完全不是我们可以比拟的。更好的理解是，他与我们是同类，是从我们中间走出来的，但确实比我们更为出色。有神秘魅力的人肯定不是后一种人，他们与我们不是同类，就好像世外高人，又像是天外飞仙，或者根本就是“世俗外个人”。

此外，(3) 就像我们一直强调的那样，所有的魅力都是主观的。说它是主观的，就是说它不管真相如何，反正当时的人们都是这么看的。有些人特有力，人们就觉得这个人是天生神力。其实也不一定就真的是天生神力，或许是因为吃得多，性格猛，喜欢接受挑战，久经战阵……但人们不这样解释，就觉得这个东西“哇，太厉害了”，结果就一下子被征服了。(4) 魅力被认为是天赋的，与生俱来。是不是真的与生俱来呢？好像与生俱来，其实有的时候也只是时来运转，本来不是这样子，突然一下子穿越了，被神附体了。“巫则舞”，跳着跳着就进入了迷狂之境，就开始念咒语，“天上有仙人，地上有凡人，河边有岸，岸边有山，山边有人……”（学生笑）当然那个时候没有穿越剧，不可能做穿越这种理解，但确实经常说什么降神附体。似乎请了大神以后，个人一下子就能跟神沟通了，或者说，开始具有神的力量了。(5) 魅力具有榜样作用。也就是能够使人倾倒，让人着迷，因而被视为楷模和领袖，具有教育性。说到底，它是一套能够直接影响他人心灵之运作的隐秘知识。有魅力的人对别人的影响不像我们，启发诱导、循序渐进、因材施教，他没有这个过程，经常是一锤子买卖。而别人对此也像那英所唱的那样，“就这样被你征服”。就怎样被你征服？不知道，就“这样”被你征服。（学生大笑）就像一下子触电了，一看到有魅力的人，一下子就惊呆了。心里禁不住呼喊：“我的天啊，我的妈啊！”然后就心悦诚服，心灵震颤，心驰神往——“要是我自己也能那样该多好！”这就是所谓的“魅力无法挡”。

正因为魅力无法挡，所以这种东西是有教育意义的。只要它一出现，就能影

---

①《孟子·公孙丑上》：“圣人之于民，亦类也。出于其类，拔乎其萃，自生民以来，未有盛于孔子也。”

响我们，而且把我们影响得特彻底，不用说话就把我们镇住了，一切尽在不言之中。这就是魅力的教育学。魅力为什么有教育意义？为什么是一套隐秘的教育知识？为什么是一种教育学？主要就是因为一个有魅力的人确实能够将我们征服，能够使我们心悦诚服，让我们一看见他就完全惊呆了，或者整个就心驰神往，整个人的身心都因此发生深刻变化。虽然他没有直接教我们什么东西，甚至都没有开口，可能瞧都没有瞧上我们一眼，但是我们整个的变化都因他而来，因他而起，我们甚至因此而感到脱胎换骨。这种教育学不学而知、不学而能，而且能够一呼百应，真的是我们梦寐以求的东西。它竟然能够使教育的进程变得如此顺利，顺利到自己都不用说话的程度，或者句句是真理，一句顶万句，真的是太厉害了。至少它跟我们大家都承认因而也都愿意接受的那样一套教育学在功能上是相似的，因而都可以以教育学相称。我们现在学这个教育学，花了 48 个课时还什么都不会，而这种魅力的教育学厉害到那样一种程度，以至于我们不用说话，别人就整个地被我们改造过来了，真的是令人期待啊。

（二）魅力的类型与相互关系

值得注意的是，魅力说到底有两种类型。一种是前面说的那种神秘的、非凡的、天赋的、让人心驰神往、可遇不可求的类型。好像段誉的六脉神剑，要用的时候不出来，不要用的时候又来了。这种魅力说到底，没有完全被人掌握，不完全属于个人，也不可能一点一点地培养，有的时候还可能突然失去，因而可称之为神秘魅力。还有一种是个人魅力，相对稳定地属于特定的个人。就像我们大家，有些人是很有魅力的，有些人一旦进入某种状态也很有魅力。“一笑倾人城，再笑倾人国”。（学生笑）我原本以为只有男生花痴，后来听说女生也会偷偷地尾随男生。母亲，有的时候包括姐姐，也有特别的魅力。小孩子吵，在那里哭，乱得要命，男人怎么哄都哄不住，哪怕使用英雄、勇士的魅力去吓他，“再哭，我就把你扔出去”，问题也得不到很好解决。但她们一去，拍两下，抱两下，哎，就好了。真是奇怪了！我这都搞出一身汗来了也没用，而她们一来，他就消停了。这种今天依然认可的东西也是个人魅力。它不是通过吃苦耐劳的工作达到效果，而是通过心灵的震颤或契合达到效果，正符合魅力的特点。我们有的时候看到帅哥，“哇，帅哥！好有魅力啊！”（学生大笑）一眼之间就被他征服，这也是由于个人魅力。与神秘魅力相比，个人魅力相对稳定地属于具体的、世俗的个人，虽然我们没有专门去培养它，但大致还知道它是在生活中慢慢形成、慢慢培养起来的。

认真分析起来，两种魅力其实并没有绝对的界限，都是一些让人震颤或痴迷的品质。韦伯所说的神秘魅力之所以是神秘的，说到底乃是因为它们是主观的。事实上，韦伯描述的英雄、勇士的神秘魅力跟我们的个人魅力也很相似，只是以前的人搞不懂为什么他们那么厉害，那么勇敢，那么有力量，那么有谋略，因而把这种魅力归结为神力。然后有些人见风使舵、顺着杆子往上爬，说这个人出生的时候有什么异象，也就把它搞得更加神秘，最终自己也信以为真。再加上个人力量的突然爆发也是实情，饮酒、喝鸡血或者文身也能刺激个人的潜能，因而他们的勇武之气就好像超出于个人的能力之外，显得更加神秘莫测、神乎其神。巫师、神婆的魅力更容易被神秘化，好像能沟通天地或洞察天机，又像能控制别人的心灵。凡勃伦也说，魅力在本质上属于"有活力"（animate）之物，"会在指向某种目的的情况下展开活动"，或者更确切地说，能"把原来由另一种活动者导向另一目的的能力转变成适合于他自己的目的"，因而主要"着重的是勇武精神，而不是刻苦耐劳"。[①] 说到底，即便巫师、神棍，他们的魅力也与我们的个人魅力一样，都是一种基于事物本性的力量。只是在这里，魅力不仅内在于个人的品质（如敏感），内在于个人对于这个世界的幻想，而且内在于这个世界与个人的关系。由于这个世界非常神秘，个人对此充满恐惧，巫师的魅力才大行其道。

所以，这种魅力教育学，不是英雄、勇士、巫师、神棍才拥有的东西，每个人都有。我们也有魅力，也有魅力教育学。正是在这个意义上，每个人都是天生的教育者，都是天生的教育家。就好像初生的婴儿，用两只透亮纯净的眼睛不断打量这个世界，谁抱他他都乐意，什么地方都能睡，什么姿势下都能睡着，跟这个世界总能处于一种和谐关系，当然也就有教育学。所以有人说："孩子是父母的圣物。"小孩带给我们的东西真的很多，还参与着这个世界的重建。他当然没有教我们，但结果却把我们的心灵和家庭改造了。这是一股很强大的力量，而且很早就为人所知。老子的《道德经》就通篇都在讲，最好的状态是婴儿的状态，而最

---

① ［美］索斯坦·邦德·凡勃伦著，蔡受百译：《有闲阶级论——关于制度的经济研究》，商务印书馆1964年版，第10～12页。

不好的状态就是儒家所说的那种成人状态。[①] 所以他说："大道废，有仁义。智慧出，有大伪。六亲不和，有孝慈。国家昏乱，有忠臣。"[②] 小孩一生下来就能够拥抱这个世界，跟别人建立起良好的关系，安抚别人的心灵，确实是一个天生的教育者，或者天生就是这个世界的建设者。只要不把魅力理解得特别神秘，或者只要能看清神秘魅力的真相，我们就可以毫不费力地承认这一点。

（三）魅力教育学的"先天性"

在最初的社会中，人们几乎没什么东西值得教给别人，也没有教育人的一套具体方法。但凭借着某种内在的力量，人们就能够整个地唤醒人，再造他的人格、品性和社会地位。这说明社会中间还是有一套教育学的。这套教育学跟那种作为话语、论述、理论、思想、体系的教育学所起的作用是相当的，就其内涵实质而言，它们彼此也是相当的，都是成长的产物，都凝聚着人类劳动，都是某种智慧的结晶，而且在一定范围内可以相互替代，只是起作用的过程、机制有所区别。最初的社会主要就是从那样一些世外高人、那样一些天外飞仙，也就是从那样一些日常生活中看起来神乎其神的个人与生活品质中接受影响，借助于这样一些东西建立起一种有教益的关系。这种魅力我们说它是天生的，首先因为人们主观上认为它是天生的：看起来像是天赋的，反正它很神秘，至少它的来源我们不确定，没办法去复制，也不清楚它的来源。但实事求是地说，魅力虽然是个很神秘的东西，但不一定真的就是与生俱来的东西。很多东西与生俱来，但有些东西也确实是因为时来运转或意义创生。就像一个小男孩，经过一场战争，就成了一个勇士。一个小女孩，经过一段青梅竹马两小无猜的岁月，就成了一个女人。但不管怎么样，反正魅力不是精心设计、有意识培养的直接结果，而是不知不觉、自然而然甚至突然就有了的东西，是伴随着某种内在力量的诞生而自然而然地形成的，因而好像或者在一种宽泛的意义上是天生的。我们也不能清醒地意识到自己究竟是如何一点一点地拥有这种力量的，只是整个地受它影响，根本没办法按部就班地对它直接进行即时的分解、训练与操控。

---

① 老子论及"婴儿"或"赤子"处见《老子》第十、二十、二十八、四十九、五十五章。

②《老子·十八章》。

就魅力事实上是深藏于事物本性之中的力量而言，甚至说我们现在讲的这套教育学天生就有某种迷人魅力也没有什么问题。只是不要将这种魅力理解成一种与生俱来、一旦拥有就不可能失去、一旦失去就说明它并不稳定地属于特定个人的品性。太阳每天都是新的，事物每天都在更新，魅力当然也可以在每时每刻更新或重生。这种“苟日新，日日新，又日新”① 的“天生丽质”并非只有人才有，什么东西都有，只要它具有内在的力量。任何一篇文章，只要其思想深邃、文采飞扬，它就很有魅力。如果不能看破俗务突破俗见，这个魅力就差很多。不同的知识，魅力的层次不一样。对不同人而言，其魅力的层次也不一样。而且即便原来很有魅力的知识，天天念叨也会让人感觉心烦。但那种让人心烦的妈妈的念叨，有些时候却又能让我们瞬间警醒。所以知识的魅力不但取决于知识本身的力量，而且取决于它们与我们之间的关系。不管怎么说，知识是有魅力的，小孩子是有魅力的，生活本身也是有魅力的。这是一种基于事物本性的力量，也是一种由相互关系结构注定要碰出的火花。所以尽管刚开始并没有后面总结的那一些教育经验，但是人们之间却可以相互吸引。我们的成长就由此展开，教育就由此发端。在初民社会中间尤其依赖魅力，因为人们确实没有经验，没有知识，也没有老人。没有老人本身也意味着没有知识与经验的系统积累与整理。我们也没有文字，所以教育主要靠魅力。真正能带给我们影响的人是有魅力的人，是世俗外的个人。真正能让我们震撼的时刻，是我们看到了未知之物，看到了另一个世界，看到了另一种文化，看到了一种我们惊为天人的非凡人物。

最早的教育知识，就是这套能直接影响他人心灵之运作的隐秘知识，也就是魅力教育学。这是一种最内在的教育力量，这种力量经常是在不知不觉中形成的。大家今天坐在这里，也不知道我们自己身上的可爱之处究竟是怎么来的。有同学说：“康老师，我也想变成一个可爱的人，您给我培养一下，让我也变得可爱，至少让我像您那样可爱行不行?”（学生笑）对不起，我也只知其然不知其所以然。我硕士毕业到广州工作的时候，与另外两个老兄一起被安排住在教学楼里。其中的一个老兄天天给我们谈如何追女孩子。另外一个老兄就说：“你干脆去办个培训班，肯定赚大钱。”我就在旁边捣乱：“他要是办培训班还能赚大钱，那真是见鬼

① 这是商汤刻在自己的澡盆上用来警戒自己的箴言，参见《礼记·大学》。

了，不赔个底朝天才怪呢。那些东西他自己也讲不清楚。”纯属调侃啊！（学生大笑）魅力这个东西我们说它是天生的，其实它也不是什么神秘的、降神附体之类的东西，而是在我们成长的过程中一点一点地形成的。这是一个水滴石穿、绳锯木断的过程，是形成一种好的生活方式或人生态度，直面事物本身，将自己更好地融入外部情势的过程。正所谓“腹有诗书气自华”。由此生成的魅力教育学不是什么教育学著作，或者要说这里有什么著作，这部著作也是跟我们自身连在一起的。魅力就这样乃是一种深藏于事物本性之中的力量。

二、经验形态的规范教育学

（一）什么是规范教育学

魅力教育学盛行的初民社会，是一种魅力型领袖逞英豪的时代。随着我们慢慢地聚族而居，生活环境慢慢地改善，知识经验慢慢地积累，医疗水平、食物储存技术慢慢地提高，老年人越来越多，他们的知识经验越来越丰富，他们本身在社会生活中的地位也在不断上升。原来，几乎没有什么东西值得往下传，成人、老人和小孩几乎没什么区别。大家都像小孩，整个人类都处在童年时代。而且老人也很少，人的寿命也很短，甚至觉得“老而不死是为贼”，只能成为后人的拖累，所以很多时候还有“弃老”的传统。① 这时开始出现“三代同堂”的局面，开始有了祖孙三代之间的两次传递，或者说开始有了传统。②“家有一老，如有一宝”由此进入历史舞台。此时，人们对日常教育实践的经验、规范和艺术也开始加以总结，慢慢就出现了一种新的教育学。这种教育学重视学习的力量，并致力于给我们提供一套行动指南，而不是像原来那样等着降神附体，等着突然进入某种迷狂状态，等着出现世外高人或天外飞仙。由于人们逐渐取得了某种对自身命运的掌控力，发展过程因此而慢慢地变得明晰起来。

这种教育学乃是一种规范教育学（normative pedagogy）。不是说这种教育学很规范，而是说它涉及我们如何去行动，或者说涉及究竟该如何指导我们去行动。

---

① 黄绍坚、望南撰文，谢罡摄影：《难以相信：中国发现大量弃老遗迹》，载《中国国家地理》2009 年第 9 期。

② ［美］E. 希尔斯著，傅铿、吕乐译：《论传统》，上海人民出版社 1991 年版，第 20 页。

它不是对教育现象的因果解释，也不是意义理解（借助与行动者、文本或历史情境等方面的对话对教育真相与真谛的把握），而是一种有关究竟该怎么做的行动指南。在这里，教育行动已经是一本渐次打开的书。取代以前那些灵光一闪的过程，那些降神附体、整体唤醒、人格再造过程的，是一些清晰的纲领和行动指南。因为主要是行动指南，主要是讲我们应该怎么样、怎么做，也就是教育教学规范之类的应然问题，所以它不要求教育者根据真理行动，也不是把教育（学）知识本身的增长或对教育现象的意义理解作为目的，而是主要把实践智慧当作行动的指南。当然，它并不限于具体的方法、技巧，也有一个理想的、"道"的维度。但它对这个"道"的理解完全是应然性的，不同于后世那些因果解释与意义理解取向的教育学。后者主要在实然层面理解"道"或"规律"，不是考虑这个东西应该怎么做，不是理解这个东西本质上是什么，不关心它究竟意味着什么之类的价值问题，而是关注各种事实与关联。这是近现代教育学才明显具有的特征。当然，近现代仍有规范教育学，但在古代社会，有关教育的因果解释和意义理解处于萌芽状态，教育学基本上就是一种行动指南，服务于实践的目的。

（二）亲密关系共同体

这种规范教育学所适应的主要是一种共同体情境，或者说，它主要是在共同体情境中思考问题。什么是共同体？说"我们是一个命运共同体"，就是说我们在生活中唇齿相依，有一个很深的情感联系，彼此之间有很多共享的知识。有这样一些东西，也说明我们之间有实质性的相似。而就我们还类似于一盘散沙的新班来说，你和他、你们和他们之间，界限是很分明的。在过道上偶遇也只是点头之交，你还不知道他的名字，还不知道他跟自己有没有共同的志趣，甚至还不知道他瞧不瞧得上自己。这样我们当然还不是一个共同体。典型的共同体是亲密关系共同体（intimate community），包括家庭、朋友的圈子、传统的村落、家族以及夫妻这样一些东西。在滕尼斯那里，跟"共同体"相对应的就是"社会"。① 社会以个人为中心，基于经济计算，而不是基于情感联系。我们跟自己的恋人是基于情感联系，所以到了情人节我们要给女朋友送玫瑰花。你不能说我给你 5 元钱，

① ［德］费迪南德·滕尼斯著，林荣远译：《共同体与社会：纯粹社会学的基本概念》，商务印书馆 1999 年版，第 52～54 页。

或者说考虑到情人节玫瑰花涨价了，我给你8元钱。一扯到钱，那就没法谈了。但在“社会”中间，如在我们跟那个卖花的人之间，就不能说我对你好一点你就送我一朵花，或者你对不同的人报不同的价钱，这是不行的。你必须拿5元或8元钱，才可以换他/她一朵花，而他/她则必须童叟无欺。所以我们跟恋人的这种关系是“共同体”，跟卖花人的那种关系是“社会”，彼此之间没有集体共识。他/她的性格、他/她的兴趣，我们都不知道，甚至都不感兴趣；我的性格、我的兴趣，他/她也不知道。这是两种完全不同的关系形态。

传统社会主要是亲密关系共同体。就像前面所说的那样，亲密关系共同体的一个特点是实质性相似。有实质性相似，也就意味着大家有共同的生活，有实实在在的联系，有共享的知识，有共同的信念，有共同的情感纽带。不像我们今天，虽说是相互尊重，但不带个人感情，只有一套公共的伦理原则，别人的离开不会让你觉得丢了什么，有新人加入你也不觉得多了什么。在亲密关系共同体中，亲人的离开就像你一部分生命的消逝，而新成员的加入则可能让你像打了鸡血一样兴奋。就像《迟到》中所唱的那样：“你到我身边，带着微笑，带来了我的烦恼。”最好朋友的突然转学，可能使你哇哇大哭。因为有情感联系，所以彼此之间不可替代，他人的出现是我们生命能量的增加、积聚，他人的离开是我们生命能量的消逝，大家彼此就会有相互的认同，志同道合，成为双方生活中不可替代的一部分。不像我们今天，“老乡见老乡，背后一把枪。”一旦人家对你好，你又开始着急，“无事献殷勤……”亲密关系共同体的另一个特点，就是身份非常重要。每一个人在群体生活中居于不同的位置，老年人的位置还特别重要，所以有种种“家长制”，有“老年人政治”。教育很多的时候就靠这种身份，它能给教育者提供最大限度的支持。最后，传统的亲密关系共同体还具有很强的排他性。在这里，每个人都从自己或自己所属群体的视野来看待这个世界，结果就形成费孝通所说的“差序格局”①，“非我族类，其心必异”②，最终造成自我封闭。不像我们今天，虽然每个人想的都不一样，每个人跟别人说的话也不一样，口音也不一样，甚至价值观也不一样，但是大家又能相互包容。

最初的规范教育学就诞生于这样一个以共同体为核心的社会。正因为以共同

---

① 费孝通著：《乡土中国》，生活·读书·新知三联书店1985年版，第21～28页。

②《左传·成公四年》。

体为核心，所以我们的国和家之间经常就有一种同构关系，叫“家国同构”。在这里，整个国家都是按“家”的方式组织起来的，或者都是按血缘、姻缘、地缘、结义、语言共同体的方式组织起来的，小家庭的结构跟国家这个“大家庭”高度一致，整个国家都类似于一个亲密关系共同体。正因为大家有共同的利益、关联、知识、情感与信仰，一致行动就是一件顺理成章的事情。即所谓“同德则同心，同心则同志。”[①] 古代社会是一个共同体，现代社会则是一个社会。所以我们把现代化理解成从共同体向社会的转化，理解成走出家庭、走向社会这样一个制度转换过程。读完书之后还要回到大家庭，这是传统社会的特征。现在读书越多，离家越远，偶尔才回家看一看。所以唱歌的时候就很无奈，要你“常回家看看，回家看看”。为什么要常回家看看？因为你平时根本就不在家。当然有的时候我们也想带着家庭一起跑，像我以前也都带着我母亲一起跑。但跑了几年之后，她也不愿意跟我一起跑了，因为跑的这些地方对她来说实在太陌生了，太不属于她了。她本来就不识字，出去后连说话也听不懂，别人讲的东西她也不感兴趣，我们也很少时间陪她，所以她经常感叹：“哎呀，你还是在外面过你的好日子吧，我还是回老家过我的小日子。”她都不愿意跟着我跑了。这就是现代性的后果。

（三）共同体情境与教育学

在共同体里面进行教育，会对我们的教育学产生很大的影响。因为所教的小孩都跟自己同属于一个共同体，学校都是家族式的学校，或它本身就是家族的一部分，老师本身就是小孩的叔叔，或者就是他们的族长，说不定还是小孩的爷爷，或者认可“一日为师终身为父”，那教起来就很简单了。“你听不听？不听就打板子了！我讲话你都不听，那还了得，打了之后还要你父亲倒水给我洗手!”我们小时候老师都这样说，偶尔也会这么做。而且经常听到大人说：“老师啊，您别生气，我的孩子让您操心了。”现在就不能打了。由于没有共享知识，没有情感联系，没有原来在学生面前的那样一种身份优势，一打，事情就麻烦了。但在古代社会当老师的有身份优势，这样一来，就没必要挖空心思去提高教育教学艺术了。否则可能还会受到人们的指责：“你这个人哪里有做老师的样子？跟学生成天没上

---

①《国语·晋语四》。

没下、没大没小的，像什么话?”除非你已经是老爷爷了，才可以对小孩好一点。[①] 今天的家庭中也能看到这种情况，叫作“隔代亲”。父亲和母亲一般对小孩比较严，但爷爷奶奶就自由很多，时不时地给他/她点零花钱。父母亲看到了有时会生气：“怎么又给小孩钱了？还不让我知道?”但做爷爷奶奶的基本上不怕：“我哪瞒着你了？我就一个孙子，对小孩不能一味地严厉……”我们经常说儿童是祖国的花朵，领导也经常会认认真真给“红领巾”回信，我们的上访则很难得到公开回复，而且经常有“阎王好见，小鬼难缠”之说，这个东西也类似于“隔代亲”。隔代亲的出现，既意味着对魅力的控制，同时也让魅力的使用成为一种特权。[②] 正是小鬼给阎王挡了很多麻烦事，使他眼不见、心不烦，因而能时时表现出好心情，仿佛能爱民如子。也正是教师所拥有的类似于父母而不是祖父母的这样一种身份，使得文化传递过程变得顺畅起来。

亲密关系共同体中还有一些东西对教师的支持也非常大，那就是传统社会中的那些共享知识与规范。如孔子所说的“君君，臣臣，父父，子子”[③]，那套东西大家都认可，如果不做到，就会被说成禽兽不如。[④] 学习那样一些东西，跟大家今天学习教育学，就很不一样。大家学教育学时，老师们要想各种办法让大家接纳它，知道学教育学有多好，对大家前程的影响有多大。有时候还用宣传、广告，拼命地把大家拉到教育学部里面来。可见，这个东西学不学要以大家的认同为前提，而大家到目前为止可能还没有一种强烈的认同。如果是在传统或古代社会，大家在受教育之前，对要学的东西事先就是有认同的，从小就耳濡目染、潜移默化。学习那样一些东西不像我们今天学习教育学、心理学，要激发大家的兴趣，那些东西本身就有权威性。它的权威不是建立在对我们今后找工作会有用的基础之上，也不是建立在对那样一套东西的理性辩护的基础之上。因为大家本身就认可这些东西，觉得如果连那些东西都不学根本就不对，所以传统的教育教学只是

---

① 参见［美］玛格丽特·米德著，周晓虹、周怡译：《文化与承诺：一项有关代沟问题的研究》，河北人民出版社1987年版，第30页。

② 康永久：《魅力、情境与教育学——教师专业化之历史反思与重构》，载《教育资料与研究》（双月刊，台北）2010年第5期。

③《论语·颜渊》。

④ 参见《孟子·滕文公上》《孟子·滕文公下》《孟子·离娄下》。

立足于“把特定的一些知识内容和行为模式灌输给孩子”①。当我们这样，而大家对此又很认可的时候，这对于我们教师来说就是个福音，因为我们的权威从一开始就是合法的。不需要借助什么花花草草，就可以义正词严地对学生进行直接教导。这样一来，对老师教育学方面的要求就不会很高。正是共同体的环境、共同的价值规范、共同认可的元典，然后我们跟学生的那种先天的血缘与情感联系，将我们紧紧团结在一起，给我们的教育教学提供了最强有力的支持。

既然传统社会对教育教学有强有力的情境支持，教育教学因此也就变得很简单，简单到主要靠自求自得和自我体悟的程度。如果还有什么教学，主要也只是面对面、一对一的点拨。反正教师不用讲太多，主要由学生自学，教师只在该出现的时候出现。甚至启发也不是需要经常做的事，即所谓“不愤不启，不悱不发。举一隅不以三隅反，则不复也”②。所以面对面、一对一也不是从头至尾的。“行有不得者皆反求诸己”③，大部分的东西都是自求自得，都是靠学习者自身的个人体悟与实践磨炼。学习者就这样成了知识的源头。历史上这一段专业教育学发展不起来，长期处于一种经验状态，主要就是基于这些原因。不是说那个时候的人笨，写不出系统的教育学，而是没有这种需要。今后你们去当老师的时候也会发现，当你面对一个班上课的时候，可能会上得垂头丧气，因为总是有一些人不跟着你跑，总是有一些人即使你问他也没反应，总是有些人跟你好像有仇一样。但是你私下跟他交谈的时候，又会发现这种交流要比课堂上的方便很多。在课堂上我们要照顾方方面面的情况，要把教育教学内容组织得非常好才能激发他们的兴趣。这个过程一点儿也不轻松。但假设他来找你问问题，那就很好办了。他有问题，我们就回答他，然后稍微了解下他平时的情况，就有效果了，而且效果非常好。所以当我们是面对面、一对一地进行个别教学的时候，教育教学的组织不会遭遇太大的挑战，不像我们今天需要精心设计。稍微看一下《论语》就能明白这一点。《论语》中最长的段落④——实际上也是最长的教学过程——也只有那么

---

① ［法］爱弥尔·涂尔干著，李康译：《教育思想的演进》，上海人民出版社2006年版，第33页。

② 《论语·述而》。

③ 《孟子·离娄上》。

④ 即子路、曾皙、冉有、公西华陪孔子坐，然后孔子问他们各人志向的段落，含标点共计426字。参见《论语·先进》。

长，其他的只有一两句话，最少的只有“君子不器”① 四个字，言简意赅。

现在我们什么时候才讲简练的话？想一想自己的家庭对白就明白了。如果你们是城里出来的，那你们的妈妈可能整天嘴里念个不停，打电话也经常一打就几小时。但要是农村出来的，那她的话就很简单了。“哎呀，××妹子，你怎么还不去读书?”“你怎么还不睡觉?”“你快吃饭吧!”“该吃饭了。”农村出来的父母对我们的指点很少，那个叫言简意赅。城里的母亲学了很多东西，又有文化又孤独，说起话来一套一套的，那情况就有点儿不一样。我们老师又尤其能说。实际上当我们跟自己的学生、亲人有更多的情感上的联系、认同，并且对所教的东西有很多默会共识的时候，语言就会比较简练。因为“尽在不言中”，很多时候一个眼神都可以传达很多东西。在这种情况下，言语经常会有其他的形式，有的时候甚至就只“在沉默中说话”。这时候，尽管父母对我们没有太多的叮咛，我们却觉得身上的压力很大，感觉一定要好好学，才能对得起他们，这是农村出来的学生可能会有的体验。传统的教育学——如果说孔子的《论语》也算是一种教育学的话——亦类此，因此它的语言就很简练，就如“君子不器”。这个“器”跟“道”是对应的。你应该追求的是“道”，而不是具体的技巧。怎么种田或种菜，这些都属于“器”，只有樊迟那种“小人”才紧追不放。② 我们要思考的是什么叫“仁”，什么叫“义”，是这样一些纲领性的东西。而且主要是靠学生学，直接的指点只能是有限的。这样，教师对教育教学经验的依赖，就只能是很少的。

> 正因为这样，虽已开始有一定的教育教学经验，但是最核心的东西，还不是这些技巧，而是我们的身份、我们的地位、我们的权威、我们所教知识的权威，以及社会的文化传统赋予我们的那一套力量。就是这一套力量，把我们和我们的弟子紧密地结合起来。所以也没有听说你要成为私塾先生就要先学《学记》。《学记》《论语》这些东西当然要学，但不是作为教育学来学的，而是作为文化元典来学的。我们不是要学习其中的教育教学的技巧，而是要学习其中的为人之道。这就是“君子不器”。具体的方法技巧的研习非君

---

①《论语·为政》。

②《论语·子路》。

> 子所为，君子一切一切的东西都要求道，都是要改变人的整个品格、普遍地位和社会容貌。器和道这两者之间，当然是以道为本。因此，这种经验的教育学（experiential pedagogy）在根本上依然是“基于传统的教育学”（pedagogy based on tradition），或者说，正是共同体的共有传统使得我们就是凭借简单的经验也能胜任教育教学。因此，这种经验教育学作为具体的教育策略不是单独起作用的。教师之所以能有效地传递知识、观念和文化元典，主要并不是因为他们有多好的技巧，而是因为他们有权威、合法性、可信性。在这里，即使教育者本身不可亲，不可爱，即使教学本身很单调、枯燥（事实上经常也是这样），教育的过程也能够很顺利地展开。因此，支撑教育教学的主要的东西是传统的力量，是身份的力量，是我们在传统共同体中的亲密关系和规范赋予我们以教育能力，我们正是在这里找到了新的能够让大家信服的力量的源头。①

总之，古代社会虽然有教育教学经验，有这样一套教育学，但教育教学主要不是靠这些东西。靠的是身份，如我是爷爷，我是父亲，我是先生；或者靠的是文化元典，因为我们所教的东西很重要，大家都觉得很重要。学《论语》，没一个人有意见。“四书”——《论语》《孟子》《大学》《中庸》——要学，没一个人有意见。“五经”——《诗》《书》《礼》《易》《春秋》——这些东西要学，没一个人有意见；要学“六艺”——礼、乐、射、御、书、数——也没一个人有意见。如果你有意见也没关系，打一顿或训一顿也就行了。（众笑）打还打不回来也没关系，一脚踢开就行了。既然朽木不可雕也，那我就不“雕”你了。所以尽管那个社会中，有关教育教学的知识、经验、技巧也都有了，但重要的不是那些经验与技巧，重要的是你有学问、有身份，是你能够“不教而教”。正因为如此，我们说古代教育既不是启发式的，也不是注入式的，而是自求自得式的——“行有不得者皆反求诸己”“自求多福”。② 所以一个人在这样的时代做先生，其实是比较简单的。简单到可以不教的程度，简单到可以不怎么说话的程度，简单到很少出场

---

① 康永久：《魅力、情境与教育学——教师专业化之历史反思与重构》，载《教育资料与研究》（双月刊，台北）2010年第5期。

②《孟子·离娄上》。

的程度，简单到孔子教书40年，就留下薄薄的《论语》还堪称“大师”那个程度。为什么教书一辈子只留下那么些话？因为大部分的教学活动都是不教，由大家自求自得。不像我，给你们上一个学期的课，总结出来的有近50万字。孔子教书40年，说的话估计还没我一学期讲的多。因为他那个时候不需要多讲，而我现在不讲就不行了。2012年时，我听一个以前的学生——当时在某大学读硕士——谈起，他们有个老师上课都让学生自己讲，搞得大家意见很大，“萝卜炒萝卜，炒出来的还是萝卜”。看起来，当老师就得会讲，这还真是一种现代教育需求。

（四）经验形态的教育学

最初的教育思想或教育学，或者说中间有教育思想的那些东西，一般都不会采取我们今天这种长篇大论的形式，主要只是一种零碎分散、非理论、非系统的论述。[①]《学记》是人类历史上第一部专门的教育文献，一共也才1 229个字，它所总结的经验也都很简单。[②]“发虑宪，求善良，足以谀（xiǎo）文，不足以动众。”深谋远虑，求贤纳士，可以赢得一些好名声，但不足以鼓动民众。“就贤体远，足以动众，未足以化民。”礼贤下士，亲近离自己较远的人，可以鼓动民众，但不能够教化民众。由此提出教和学的重要性：“君子如欲化民成俗，其必由学乎。”如果人君真的想要教化民众，养成良好的风俗习惯，就必须依赖学校。然后再铺开：“玉不琢，不成器；人不学，不知道。是故古之王者，建国君民，教学为先。”玉石这种东西，你不雕不琢，它就不会成型。人也是这样，不学就不知道人世的道理。所以古代君王建设国家，管理民众，都把教育作为首要任务。但无论怎样铺陈，它还是讲得很简练，而且大部分也都不是教育教学的具体技艺，更接近于“道”的层面。当然，这里也有一些对教育教学艺术的精彩总结。“虽有佳肴，弗食不知其旨也。”虽然有美味佳肴，不吃就不知道它的美味。“虽有至道，弗学不知其善也。”虽有大道，不学就不知道它的美好。而且“学然后知不足，教然后知困。”学了才知道自己的不足，教了才知道自己的困难。“知不足，然后能

① 此前经常见到人们将“萌芽状态的教育学”称为“前逻辑”“非理性”的，考虑到原始人本身对待知识的郑重态度，这样形容原始的无文字社会可能不恰当。

② 本小节中有关《学记》的引述，皆出自《礼记·学记》。

自反也；知困，然后能自强也。故曰：教学相长也。”知不足又知困，然后才能够自反自强，这就是“教学相长”。总结得很好，但说的也只是一些最基本的道理。

那些跟评价有关的经验，讲得也言简意赅。“比年入学，中年考校。”每年都可以入学，每隔一年就考察一次。“一年视离经辨志”，第一年看你能否把经文一句句地分开，并分辨出自己的志向。“三年视敬业乐群”，到了第三年就看你是不是专心于学业，有没有跟同伴搞好关系。“五年视博习亲师”，第五年就看你是不是知识广博，对老师是不是亲近又尊敬。“七年视论学取友，谓之小成。”到了第七年，看你能否讨论学业的是非优劣，是不是能够很好地选择朋友。如果能做到这些就是小有成就了。“九年知类通达，强力而不反，谓之大成。”到了第九年，应该要闻一知十，触类旁通，而且应有自己的原则，不再迷失方向。如果能这样，也就大功告成了。虽然这些都是很好的历史经验，但即便在这里，具体的方法和技巧也总是第二位的，关键是得隔年才对学生进行考校。国子监旁边有个孔庙，孔庙那个殿就叫“大成殿”。我们在北京，一定要去看一看国子监和孔庙。我第一次到北京的时候，就到国子监街走了一圈。我觉得里面很深，然后又要收钱，好像是 10 元吧，虽然不多，但当时觉得“哎呀，这个地方有什么好看的呢，还收钱!”就没进去看。2009 年，一个台湾朋友点名要去看，我就陪他进去看了。一看才知道，这个地方是我们读书人一定要看的地方。一般人到北京首先要去看天安门，而对我们读书人来说，其实首先应去看的是孔庙和国子监。那个地方真能够让人感受到作为一个学子的自豪与使命感。

在《学记》所述的大学教育的七条基本纲领中，突出的主要也不是适用于教育教学的个人经验，而是教育教学的身份组织。“大学始教，皮弁（biàn）祭菜，示敬道也。”大学入学之初，要身穿白色的礼服，用水芹、水藻等祭奠先圣先师，以表示敬师重道。“《宵（xiǎo，同‘小’）雅》肄三，官其始也。”祭祀时要演习《诗经・小雅》的前三篇《鹿鸣》《四牡》《皇皇者华》这些反映君臣宴乐、相互劳问的乐章，以使学生从一开始就获得君臣互勉的感受，懂得为官的道理。“入学鼓箧（qiè），孙其业也。”学生上学，要按鼓声打开书箱，以便以恭顺之心敬待学业。“夏（jiǎ，同‘榎’）楚二物，收其威也。”学校里要配备有教杖（榎圆和楚方），以警荒废懈怠，整肃仪容举止，维持学习纪律。“未卜禘（dì）不视学，游其志也。”不到夏祭以后，教官不要去学校考查学生的成绩，为的是使学生能够按照自己的志趣计划，从容地进行学习。“时观而弗语，存其心也。”教师对学生要经常检查指点，但不要急于告之原理，为的是让学生从内心产生求知欲望，养成独立学习、用心思考的习惯。“幼者听而弗问，学不躐（liè）等也。”幼者面对长者，只可听，不可问，因为知识有深浅，学习有先后，必须循序渐进，不能超级越等。这七件事就是大学教育的基本纲领，其目的就在于凸显“官先事，士先志”的道理。也就是说，教官的责任首先在于尽职，学生的责任首先在于立志。因此，教育教学的技巧也不是很关键的，无论教师还是学生都必须依身份行事，而且要居敬持志。正因为如此，尽管此时我们已有一定的经验总结，而且这种经验形态的教育学还很精辟，但它还是一个前逻辑、零碎分散的、非系统的形式，没必要像今天这样飞速发展，更不用说发挥主导作用。

不但这种教育学长期处于经验描述层次，个人魅力在教育过程中作用的下降，也是一件不可避免之事。甚至魅力还跟传统的价值规范、文化典籍相冲突。因为说到底，不能因为我对你好你才学习，作为一个人你就必须学习，不学习就不足以成人，这是没有什么条件可讲的。这样，魅力这种东西实际上就要受到控制。除非是祖辈，才有权跟小孩亲近一点，否则就会受到指责。因此，在这个时代当教师的人，像那些教书先生，主要已是那些其貌不扬、不苟言笑的小老头。最有魅力的那些英雄，在人类的生活中间已经不那么重要了。因为大家主要靠集体，靠家族的力量，不是靠英雄。然后有魔法、能装神弄鬼的那些巫师、术士或神棍，能让我们心存敬畏的那些“大神”，他们在日常生活中更是受到了严格的限制，一般不能够随随便便就施展魅力。先生们之所以能够从事教育行业，主要是因为他们有一套东西是你必须学的，而且他们的身份优势摆在那里，外在的那一套东西支持了他们。因此，虽然有一定的经验形态的教育学，但实际上它还只是处于一种萌芽状态。再说一遍，这样说并不意味着《论语》《学记》这样的东西不值得学，但肯定不是作为教育学来学。

课间有同学问：既然古代社会中人与人有情感的联系，为什么还有那么多强制性的东西？这好像有些连贯不起来，但实际上却是顺理成章的事。美国社会学家怀特（William Foote Whyte，1914—2000）曾经关注到了大学生组织和街头青年组织之间的差异，发现大学生彼此之间都很平等，也不相互承担义务，来去自由。如果要做一个集体决定，采取的基本上也就是议会制形式，大家一起讨论。

如果一个人想去干别的事情，他对别人的顾忌也是比较少的。但是街头青年不一样，他们彼此之间感情很深，“一日不见如隔三秋”。天天在家里陪着老婆儿子热炕头才是无能，要到外面喝酒，要到外面吹牛，还要到外面去打保龄球，只有这样生活在“社会”中才有社会地位。因此他们宁愿待在那个小圈子里面，也不太愿意待在家庭里。即便个人有机会到外面做事，很多时候也会选择放弃，因为这里有很多兄弟需要自己照顾。像他们这样，日子久了就会论资排辈，谁是大哥，谁是二哥，谁是三哥，谁是四弟，就会变得很清楚。而我们现在所在的这个班级就是一个典型的大学生群体，同学是好同学，彼此之间的关系也挺好。但是考研究生时你想考北大，他想考清华，我想考北师大，还有些同学想考别的学校，这经常是不会被其他人改变的。不会因为我们几姐妹从一入校就住在同一个寝室，就会因为别的同学的选择而放弃自己的前途。大学生根本不存在这么死忠的选择，所以各奔前程，类似“君子之交淡如水”。这样，大学同窗四年也不会出现“大哥”，“大哥”只出现在那些抱得很紧的亲密关系群体之中。①

所以越亲近，相互之间的感情越深，越会造成这种等级化。事实上，亲密关系就像所有事物一样，都有两面。它的一面是亲密关系；另一面，它会演化成一种等级关系。媳妇可以熬成婆婆，也必定要熬成婆婆，不以个人意志为转移。家庭和情侣关系中也一样会产生这种分化。刚开始的时候大家都挺自由，你也不干涉我，我也不干涉你。但是，就像苏慧伦所唱的那样：“爱你越久我越被动。”感情一深，你就容易把自己托付给别人，然后慢慢地把计划权、控制权也交给别人，然后慢慢地别人对我们就真的有了支配权。当然这是基于爱，但是这种支配也实实在在地存在。所以家庭里慢慢地出现家长，慢慢地出现族长，所以以家庭为模板建立起来的必定是一个专制国家。在这里，温情脉脉的外表之下，有闲者和劳动者之间必然存在截然的对立。孔乙己哪怕穷困潦倒了，长衫子仍穿着，还在端他的架子，因为他自认是读书人。亲密关系共同体中的教学也一样。在这里我们有身份的优势，有权威，有共享的价值规范，所以当起老师来是比较容易的。我们以后读研时会对此有更多的体会。在我们现在的课堂中，如果你被我说哭了，那我肯定不够意思。但是在导师制下，被老师说哭可能就很正常了。怎么连被老

---

① 参见［美］威廉·福特·怀特著，黄育馥译：《街角社会：一个意大利人贫民区的社会结构》，商务印书馆1994年版，第139～143页。

师说哭的机会都没有呢？老师不关心你啊。亲密关系，它的一面是亲密，一面是等级，两者之间相互支持，并一起支持了传统的日常教学。

值得注意的是，虽然此时的教育学还是一种经验形式，日常教学主要依赖于其他东西的支持，但这种教育学的出现，依然意义重大。它意味着我们的教育教学开始慢慢地走向专业化了，教育教学开始慢慢地成了一项需要积累经验、积累技巧、积累规范的工作，慢慢地成了需要总结我们的经验才能够胜任的一套东西。自此，专业的教育学就开始萌芽了。因而，哪怕时至今日，仍能从我们的专业教育学中，发现《学记》中总结的那样一些教学原则的身影，而且我们依然在做着类似的工作。循序渐进、因材施教、启发诱导、长善救失、教学相长，所有这些耳熟能详的字眼，在《学记》中都已有了经典的表述，并在今天依然被人津津乐道。原来成长是没有过程的，通常是灵光一闪，然后就突然进入某种状态，而且人类整个地就是处在童年时代。到此时此刻，我们需要有意识地去培养、积累、学习、训练、熟能生巧，慢慢地揭示行动的真相或真谛，使教育教学可靠起来。我们就这样，在一个完全未曾预料到的时刻，敲开了教师专业化的大门。

（五）紧密关系共同体的影响

前面讲的主要还是古代中国的情况。在古希腊，支撑教育实践的主要也不是教师个人的教育教学经验，而是共同体生活所具有的那样一套社会力量。当然，古希腊的共同体形式与古代中国的共同体形式并不一样。我们的共同体主要是以家族为基本单位的亲密关系共同体，而他们依托的则主要是城邦。按照希尔贝克和伊耶（Gunnar Skirbekk & Nils Gilje）的观点，那是一种紧密型共同体（close-knit community）。在那里，各种政治理想都带上人们之间休戚与共这种相同的特点：政治领域中平等的人们之间的和谐、法治和自由。解决问题的途径，被认为应该是在法治之下的和谐而自由的社会中公开和理性的争论。① 因而，这里盛行的不是古代中国的那种长者为师，而是能者为师，也就是“有理性能力的人是万物的尺度”，而且学校主要也不是古代中国那种家族式学校或作为家族一部分的学校，而是一种公共学校，但教育学的发展依然处于一种萌芽状态。像智者（以教

① ［挪威］G. 希尔贝克、N. 伊耶著，童世骏、郁振华、刘进译：《西方哲学史——从古希腊到二十世纪》，上海译文出版社2004年版，第2页。

人辩论为职业者）作为古希腊的第一批专业教师，所依赖的就不是教育教学经验，而是城邦生活中必不可少的雄辩技巧。苏格拉底亦好辩，作为他的教育学核心的“产婆术”，也仍只是共同体的理性生活的一种变种。柏拉图的《理想国》作为西方教育经典，所讲的主要也不是教育的经验和技巧，而是使人认识到自己在这个世界的位置，并最终实现灵魂的转向——最大限度地转向那种自己所能认识的善的理念。[①] 因此，尽管《理想国》对教育有很深刻的理解，但这些论述不是专业的教育论述，而且也不是这些论述支撑了当时的教育实践。

但古希腊式的政治共同体和公共学校，由于不再依赖家族和个人在家族生活中的身份，对教师个人的教育知识还是有着更多的需求。正因为如此，如果我们仔细比较《论语》和《理想国》，你仍然会发现《理想国》有着更为严谨的长篇大论。孔子似乎总是作为一个至圣先师在说话，因而总是言简意赅。苏格拉底则仿佛是一个好学但又总爱刨根问底的学生，总是引发对话双方的激烈交锋。辩论的技巧（在某种意义上也可以理解为教育的技巧），很多时候就是取胜的关键。究竟该如何理解这种中西话语方式的差异？邓晓芒（1948—　）曾经认为，孔子的话语方式就像下命令，没有争辩的余地，造就了中国文化的专制；而柏拉图的话语方式是对话、产婆术、论辩，造就了西方的民主与开放。[②] 我觉得这样脱离情境来理解可能是不妥当的，甚至有点本末倒置。言简意赅是因为我们背后有一套强大的支持力量，“敏于事而讷于言”，不需要多说话。大家都知根知底，什么都有默契，为什么还需要长篇大论？“巧言令色鲜矣仁”[③]，这样一来，专业教育学自然就不需要太发达。必须把它跟社会背景、制度情境中的教育力量联系起来考虑。另外也不能说中国的教育学从一开始就比西方的教育学落后。我们的教育学在情境中间，你要是只看字面、纸面上的教育学，孔子又述而不作，那还怎么比？传统中国的规范教育学不是发展不起来，而是因为情境中的教育力量实在太强大了，因而发展的需要并不是很迫切。在古希腊，这些东西要弱得多。苏格拉底面对那些谈话的人，没有一点身份优势，反而老被别人嘲笑和捉弄，彼此虽然很熟悉，但也没有情感基础。这样一来，对文法、修辞与哲学的需求，当然会直线上升。

---

① ［古希腊］柏拉图著，郭斌和、张竹明译：《理想国》，商务印书馆2003年版，第272～281页。

② 邓晓芒：《苏格拉底与孔子言说方式的比较》，载《中国哲学》2000年第7期。

③《论语·学而》。

因此，古希腊的教育学字面上的东西比我们要系统、连贯，部头要大，说得要更清晰，但也不是说它比我们发达，能更好地培养人，而是说情境本身给它的支持比较少，所以要更多地借助于个人本身的力量。

西方古代第一本专门的教育著作——古罗马昆体良（Marcus Fabiius Quiutilianus，约35—约114）的《雄辩术原理》（*De Institutione Oratoria*）有着更多的教学法方面的专门讨论。① 昆体良本人也被认为是夸美纽斯之前最伟大的教学法专家。很显然，当城邦被范围更广的帝国所取代的时候，对教育学的需求又迅速升级了。然而，按照布鲁巴克（John Seiler Brubacher，1898—1988）的观点，斯巴达的教育体系完全是国家化的，雅典则从一开始就朝着承认个人具有某些同国家不同的利益的方向发展，从而为私立教育的发展开辟了道路。此后，罗马帝国一方面继续为学校教育提供公共资助，另一方面则沿着由雅典开辟的使教育成为家庭或私人事务的方向发展。随着帝国的最后崩溃，公共资助最终完全消失了。文艺复兴虽然使公众关心教育的观念也恢复起来，但直到进入文艺复兴晚期，人文主义运动的旺盛精力才在新教改革中总算找到了宣泄口，倡导和兴办公共教育的热潮才重新开始。② 正因为如此，古罗马的教育最终又落入了家族共同体、宗教共同体或其他范围有限的共同体（如公社）的偏狭范围。基督教虽然把个人而不是群体置于神学的中心，但基督教本身是一个价值共同体，个人在这里不过是神的奴仆，教育者由此也被赋予了无上的权威。因此，教育学的发展仍为共同体情境的教育力量所抑制，脱离不了经验教育学的偏狭范畴。

三、　专业教育学的涌现及其冲突

（一）社会的转型与教育的转向

在传统社会中，教育教学已开始基于经验，而不再是基于魅力。但这种经验形态的教育学总的来说也不是很发达，因为有一套更重要的东西支撑着我们的教育教学。那就是我们的身份，我们跟学生的情感联系，我们与学生共享的一些知

① ［古罗马］马库斯·法比尤斯·昆体良著，任钟印译：《昆体良教育论著选》，人民教育出版社1989年版。

② ［美］约翰·S. 布鲁巴克著，吴元训译：《教育问题史》，安徽教育出版社1991年版，第514～518页。

识、信念或规则。所以，原来的师父说，明天每个人给我交一篇作业，那弟子就得赶快行动。“不交？你敢！”（学生笑）但是这种情况随着现代化的展开，慢慢变得不合时宜。以家族为中心的社会慢慢地让位于以个人为中心的社会，家庭本身的教育功能也慢慢地衰落。父亲必须到家庭之外寻找工作，母亲也要走出家庭到外面去做事。甚至整个的社区，也都必须接受一套全新的外来文化，还要参与新出现的社会公共生活。这样一来，传统生活中支持我们教育的社会基础慢慢地瓦解。结果我让你们交个作业，反对声此起彼伏啊。（学生大笑）

传统的学校是一个社团，有的时候还是一个军团，是个“一日为师，终身为父”的地方。那个地方是家族的一部分，或者更确切地说是共同体的一部分。现在，老师已不再是共同体中学富五车的长辈，同窗也不再是原来青梅竹马的伙伴，老师和学生之间再也没有什么实质性的相似，而且避免再现那些可能还小范围存在的实质性相似。只有抱有一种“对事不对人”的理性态度，才能适应新的社会情势。但学校也因此具有很大的包容力，很大的开放性。不同家族、不同语言、不同志趣的人都可以进到这样的学校中来，而老师和学校对他们则几乎不能有任何选择。学校由此与共同体生活相脱离，成为名副其实的公共学校。原来强调的“佛度有缘人”开始让位于“普度众生”。当学生都不是我们的同路人，都没有实质性的相似，都没有一个共同的语境，文化元典本身的权威也在慢慢地解体，我们与学生又要进行有效的交流与沟通的时候，传统的教师身份就已经不足以维持我们的课堂。所盛行的开始整个变为韩愈所说的“弟子不必不如师，师不必贤于弟子。闻道有先后，术业有专攻，如是而已”。[①] 在这种情况下，就涌现了专业教育学，出现了对教师专业化的大规模的需求。

这一切也都与人的发现息息相关。事实上，从文艺复兴开始，我们就慢慢地发现了人，实际上是慢慢地发现了人本身。在此之前，我们都是同一个亲族或价值共同体的成员，所学的东西也都是一套特定的知识和行为。但文艺复兴中人们发现，在我们每个人的理智与情感的特定属性之下，还潜藏着一种更为深层的属性，是这种属性规定了其他属性，使其他属性统一为一个整体。人不是为一套既定的生活模式的传承准备的，教育也不是让人去适应这样一套既定的模式。如果

① 《师说》作于唐贞元十八年（802）韩愈任四门博士时，是韩愈写给他的学生李蟠的。

我们真想履行自己教育者的职责，就必须唤醒这种更为深层的属性，在学生内心产生一种深刻的影响。所以教育的首要目标不是要给孩子大量的知识，而是要在他身上灌输一种深刻的、内在的心智状况，一种能够给灵魂指出明确方向的取向，而且不仅仅是在儿童时期，还要终其一生。① 这实际上是要我们慢慢关注人本身的成长，让他们的内在属性得到更好的彰显，使生活更有意义。如果每一个人在生活中间作为一个独特的个体受到了尊重，那么教育至少就成功了一半。这样一来，在教育中就发生了一种人文主义的转向。也就是说，随着我们慢慢地由共同体转向社会，由传统社会转向现代社会，我们慢慢地发现了个人独特的、深层的属性，对于这种个人深层属性的把握，在我们的教育中越来越重要起来。

（二）理性主义与传统教育学

这样一来，传统上我们凭借自己的身份和权威就能够教育学生的简单格局，慢慢地被瓦解了。教育慢慢地变成了一个需要精心设计、深度催醒才能够实现、通行的事情。因而在这个时候出现了一种新的取向，就是教育学的科学化。以前教育学不需要科学化，因为我教的东西是你们必须学的，因为我本身就是长辈，有要求你们、引领你们的权力。相反，我对你们太好了，还对这个社会的道德有损害，好像还要哄着你们学。你们该学的东西我还用糖衣包着让你们来学，反而对我要教的东西，对这一套社会规范有伤害。现在我们认为，个人实际上是独立的，其实是应当受到尊重的。不是学生必须去学那些东西，而是那些东西必须体现对他们的尊重，一定要对他们有益。这样一来，劝学就变得重要了。以前《学记》说："玉不琢，不成器；人不学，不知道。"② 后面《三字经》说："玉不琢，不成器；人不学，不知义。"都说人是一定要学、非学不可的，不然就不足以成人。而现在，当然还是要学，但是学什么，怎么学，已经不是一件很明确的事情了，一切都取决于与学生发展的关系。这样，用科学的方法调动学生的积极性，体现出我们对学生的关怀和尊重，就变得很重要。就这样，教育不再是一项可以简单粗暴的神圣事业，必须用科学的教育学来唤起个人的学习热情。

教育学科学化的早期努力，大致出现在17—19世纪。这也是教育学独立的时

---

① 参见［法］爱弥尔·涂尔干著，李康译：《教育思想的演进》，上海人民出版社2006年版，第33～34页。

② 《礼记·学记》。

期。这个时候的教育学，就是典型的专业教育学。什么叫专业教育学？专业教育学与深藏于事物本性之中的魅力教育学相对应，是人们有关教育教学活动的经验、规律、智慧的总结、揭示与洞察，不论是刻意的还是无心之举。在古代，即使你专门当老师，也不太需要专门的教育学。只要你教的东西是大家所认可的，你依循的价值规范是大家都必须认同的。而现在专业的教育学之所以有必要，是因为我们这一批人只是单纯的老师，在学生面前没有其他任何身份优势。这样一个新时代的特征，就是我们不能够简简单单地教学生。就好像我们现在这种情况，老师跟学生没有情感上的联系。而且随着班级越来越大，我也很难认识你，事先彼此也不可能有充分的了解，所教的也不是天经地义的东西，劝学必然成为教育生活的应有之义。在这种情况下，当老师就难了，必须掌握专业教育学。放在以前，你们从北京师范大学回去当个老师，对当地来说那简直是了不得的事情。就是在你们县一中毕业，回去当个教书先生，那也不得了。肯定有人会感慨："老高中生啊！人家是高中毕业的，是我们最高学府的人回来当老师啊！"大家的小孩，肯定都是争着往你那里送。但现在当老师越来越难。因为你的学生不一样了，你教的东西也不一样了，你跟学生的关系也不一样了。单纯凭共享价值、情感和个人身份行事，已经不够了。教育要成为一项专门的事业，教育学要科学化。

在教育学科学化的过程中，出现了近代第一部系统的专业教育学著作，那就是夸美纽斯的《大教学论》(1632)。《大教学论》提出了近现代的一些主要教育教学原则，其中最核心的是自然适应性原则。① 在此之前，教育教学中是没有什么自然适应性原则的。事实上，人们也根本不把小孩看成小孩，而是把他们看成小大人。现在我们要把小孩看成跟我们不一样的人，而且小孩本身是需要受到尊重的，本身是需要我们去顾及的。这样一来，我们教育就需要适应自然。这个自然不是大自然，不是生我养我的这片大地，也不是要让我们的小孩回到大自然，而是我们要适应儿童内在的自然，适应儿童自身身心发展的特点和规律。按照夸美纽斯的说法就是：改革学校的基础必须是万物的确切规则，教导的确切规则只能从自然借取。②其目的，是使我们能"将一切事物教给一切人"③。夸美纽斯因此

---

①②③ 见［捷克］扬·阿姆斯·夸美纽斯著，任钟印译：《大教学论·教学法解析》，人民教育出版社2006年版，第89、93、7页。

也被看作“泛智主义者”，成为18世纪百科全书派的先驱。为此他提出了很多很多的教育教学原则，一本《大教学论》几乎就是一本教学原则集。其中直观性原则就强调：“事物是主要的，文字只是偶然的；事物是本体，文字只是衣着而已；事物是核，文字是壳，是皮。”[①] 为什么这个时候会出现这样一本《大教学论》，为什么我们的教育学在17世纪之后会如此蓬勃发展，而在此之前的那几个世纪，那十几个世纪，那二十来个世纪，又长期处于某种蛰伏状态？主要就是因为只有在这个时代，才出现了对专业教育学的大规模的需求。

具体地说，专业教育学的出现是因为我们在传统亲密或紧密关系共同体里接受教育的格局被打破了，必须到松散结合的现代社会中的公共学校接受正规教育，因为我们跟学生变疏远了，所学的也不再是日常生活中大家都认可的东西。在这里，学生打又打不得，骂又骂不得，而且教师还必须教他（没有选择的余地），还必须教好。这就考验我们教师的神经了。教学因此而慢慢地变成一种正规专业，而不仅仅只是一种职业。我们也因此开始需要专业教育学，教育学也因此需要科学化。而现代专业教育学所要解决的核心问题，就是如何帮助我们在亲密或紧密关系共同体之外，或者在班级授课制之中，成为一个合格的教师。夸美纽斯的《大教学论》最早从理论上注意到并系统论述了班级授课制。这是一种将年龄与层次相同的学生编成一个班，由教师按照固定的课表分科进行集体教学的组织形式。我们以前说夸美纽斯在教育学史上第一次系统论述了班级授课制，但一种更好的说法是班级授课制催生了《大教学论》。如果我们学校生活、社会生活没有发生一场这样的转变，如果我们还是像以前那样教小孩，我们跟小孩还有那样一种血脉联系、紧密关系、情感依恋，我们所教的知识还那么有权威，我们个人作为教师还那么有地位，根本是不可能出现《大教学论》的，最多出现《学记》。所以《大教学论》，或者以《大教学论》为代表的这种教育学科学化的趋势，这种专业教育学，是跟我们现代生活、社会实践中的那样一些结构性转型连在一起的。

当然，除了夸美纽斯的《大教学论》，值得注意的还有洛克的《教育漫话》

---

① 见［捷克］扬·阿姆斯·夸美纽斯著，任钟印译：《大教学论·教学法解析》，人民教育出版社2006年版，第157页。

(1693)[①]。《教育漫话》倡导的是绅士教育，其目标是培养身体健康、精神健全的各种社会活动家和企业家，即绅士。他们应当具备德行、智慧、礼仪和学问四种品质，反映了英国社会近代化过程中新兴的英国资产阶级贵族的教育理想。值得注意的是，洛克在此讲的不是学校教育，而是家庭教育，仍类似于前一个时代的那种经验教育学。只是这种经验教育学试图凭借教育知识支撑起新时代的家庭教育实践，而前一个时代人们主要基于自身身份进行家教实践。就此而言，洛克的理论依然是近现代专业教育学的重要组成部分。为什么洛克大讲家庭教育而不讲学校教育呢？因为他是一个古典自由主义者。古典自由主义特别强调把个人的事情跟政府的事情分开，强调"小政府，大社会"。政府要做的事情就是"打更"，边打边喊："天干物燥，小心火烛！"这样的角色就是更夫，或者叫守夜人，只是为个人生活保驾护航。洛克觉得教育就是个人的事情，不应该成为公共的事务，所以他只谈家庭教育。在现代化早期，关于家庭教育与学校教育的争论，几乎是每一个教育家都难以回避的问题。另外，洛克还在历史上首次将教育的三大组成部分德育、智育和体育做了明确的区分，也只有专业教育学才会做这个区分。

更值得关注的是卢梭的《爱弥儿》(1762)。[②] 卢梭不但不赞成学校教育，而且尤其不赞成城市与上流社会的教育模式，主张让儿童回归自然。他最大的一个贡献是儿童的发现，可说是人的发现之后的又一大突破，最终奠定了现代教育学的根基。《爱弥儿》让我们认识到，童年期不是需要尽早送走的一个阶段，而是有它自己的价值，在某种意义上还需要终身保存。当然，不可能保存童年，但可以保存童心。在中国，关于保持童心，男人做得要比女人好一点。女孩通常比男孩更早懂事，而且某些方面的社会化程度比男孩要高。男孩长大了，老了，还有老顽童周伯通，但你能在中国老人中发现几个女顽童？至少到目前为止不容乐观，文学作品中这样的知名人物也没有。《爱弥儿》虽然是一本教育小说，但有很多长篇大论，反而没有什么故事情节。当初我读《爱弥儿》的时候，觉得很困扰。不是说这个东西不好读或者写得不好，而是这个东西写得太有挑战性了。因为写得

---

① [英] 约翰·洛克著，傅任敢译：《教育漫话》，教育科学出版社 1999 年版。
② [法] 让-雅克·卢梭著，李平沤译：《爱弥儿：论教育》(上、下)，商务印书馆 1991 年版。

好的地方我都习惯画下来，结果几乎画下了全部文字。所以这本书没法读。并不是说这个东西就非常正确。我们说它是现代教育思想的重要源头，但是我们也把这种思想称为“虚假的儿童中心论”。卢梭的教育思想最重要的是自然教育，就是要遵循儿童的自然，促进儿童的自然发展。但是当我们尊重自然，我们就尊重儿童了吗？这就要看你对自然是怎么理解了。你觉得小孩子在城市里生活不好，街边有个发廊，街后有个按摩院，不远的地方还有个夜总会。街上的行人有的穿得太多有的穿得太少，社会因此就像是个大染缸，所以想把儿童放到一个纯净的农村去教育。如果你是这么想的话，估计传统的味道还是比较重。而且卢梭在其中还有很多刺激性结论，我们既要知道它的价值也要知道它的缺陷。

值得关注的还有康德的《论教育学》（1803）。[①] 这个是他去世之后人们为他结集出版的。作为最早的大学教育学教师之一，这位“现代哲学中的哥白尼”的主要贡献是什么呢？我们以前认为哲学要解决基本的问题，也就是要揭示万事万物运行的规律。要揭示万事万物运行的规律，那就要格物致知，也就是要通过格物来致知。格物怎么格？我国明代思想家王阳明想实践一下朱熹的格物致知，所以成天对着竹子看，希望从中间能悟出什么东西来。格（推究）了半天什么东西都没格出来，所以他就认为，不是格物然后致知，而是“心外无理，心外无物”，什么东西都要从内心挖掘。[②] 康德哲学的某些方面与此其实也是差不多的。他向内挖掘的结果，就是相信人是目的，相信先验范畴的重要性，相信人为自然立法。这就把我们现代哲学的焦点从客观主义取向，从注重向外观察，从强调反映的重要性，从强调感觉，最终还是转到强调我们人本身的权利与意向，强调我们的理性，强调我们人与世界的关系。这是重心的转移。就像哥白尼认为世界的中心不是地球而是太阳一样，他现在认为我们世界的中心也不是客观的万物，而是我们内心的范畴、实践的理性乃至人本身。他的教育学一方面受卢梭影响，认为人作为自然的生命体应当得到合乎自然的照料；另一方面主要基于他自己的哲学，强调人是目的，强调人本身的地位和能力，强调知性、判断力和理性的培养。总体而言，康德是自由主义哲学的先驱和奠基者，但由于他对理性活动的强调，康德

---

① ［德］伊曼努尔·康德著，赵鹏、何兆武译：《论教育学》，上海人民出版社 2005 年版。

② 其弟子曾对此理论迷惑不解：“南山里的花树自开自落，与我心有何关系？”他回答说：“尔未看此花时，此花与尔心同归于寂。尔来看此花时，则此花颜色，一时明白起来。便知此花，不在尔的心外。”

设想的教育过程对欠缺理性者还是具有某种强制性。①

瑞士教育家裴斯泰洛齐以其民主主义的教育思想与实践著称于世，并且在很大程度上也受到卢梭的启发。他坚信人具有无穷无尽的自然能力，而且能对自己的成长负责。教育所应做的就是顺乎自然，培养学生的自给、自立、自助和助人能力，因此德育最重要。道德又最适合在爱的氛围中成长，因此在裴斯泰洛齐看来，爱是教育的主要元素。他强调教育者首先必须具有一颗慈爱之心，只有这样才能赢得学生们的爱和信赖。由此，裴斯泰洛齐提出了要使人类教育心理学化的主张，并致力于将这样一些思想付诸贫民教育实践。在这一过程中，裴斯泰洛齐发展出一套“要素教育法”，试图将教育教学简化为一套最基本的要素，以使每个人都能因此教育好自己的子女。这是又一套专业教育学主张。当然更关键的是，裴斯泰洛齐一直致力于将教育与鲜活的生产生活实践贯通起来。在他看来，“学校教学如果不包括人类教育所需要的整个精神，如果不把它建筑在像家庭生活一样的整个生活上，那么，结果将变为人工的压缩法。”② 在办教育过程中，裴斯泰洛齐非常强调团体的共同生活与集体教育，并最早论述与实践了教育与生产劳动相结合的思想。这些东西也都体现在裴斯泰洛齐的代表作《林哈德与葛笃德》③（1781—1787）之中。它是一本比较典型的教育小说，在很大程度上继承了卢梭有关儿童的见解，也在很大程度上继承了卢梭对城市的偏见。

然后是赫尔巴特的《普通教育学》（1806）和《教育学讲授纲要》（1835）。赫尔巴特这个人非常重要，被称为“现代教育学之父”。这里的“现代教育学”主要指近现代的专业教育学、科学教育学。有些人还认为《普通教育学》的出版是教育学独立的标志。这个说法有官司可打，因为有的人认为夸美纽斯的《大教学论》才是教育学独立的标志。一种更好的说法是，教育学的独立不是一个单一的事件，它是一个过程。但是《普通教育学》确实奠定了当今教育学教材的基本体系。赫尔巴特还被认为是科学教育学的奠基人，因为他特别强调教育学的科学化，并公

① 康永久：《道德教育与道德规范——对康德与涂尔干道德理论的反思》，载《教育学报》2009年第6期。

② ［瑞士］约翰·裴斯泰洛齐：《儿童教育——致友人书·论在斯坦茨的工作》，见夏之莲主编：《外国教育发展史料选萃》（上），北京师范大学出版社1999年版，第636页。

③ ［瑞士］约翰·裴斯泰洛齐著，北京编译社译：《林哈德与葛笃德》（上、下），人民教育出版社1984年版。

开倡导这一点。虽然在此之前人们已提出了一些类似的思想，包括适应自然，包括使教育心理学化，但是没有谁提教育学科学化。赫尔巴特的《普通教育学》和《教育学讲授纲要》明确倡导教育学科学化。他还明确强调："教育学作为一种科学，是以实践哲学和心理学为基础的。前者说明教育的目的；后者说明教育的途径、手段和障碍。"① 赫尔巴特认为儿童生来就有盲目冲动的种子，因此，赫尔巴特的教育学强调管理、教学与训育并重。他还特别按照学生认识与兴趣发展的阶段，提出了"明了、联想、系统、方法""四段教学法"。② 这是教学过程结构化的起点。赫尔巴特把人的全部心理活动都说成是观念的集聚和分散，因而又是主知主义的代表。正是这一从目标到方法的教育学体系，使得他的普通教育学主要也是一种具有明显行动取向的专业教育学。

当然，我们今天也把他叫作"传统教育学派的代表人物"。传统教育学派有"三个中心"。首先它以教师为中心。也就是教育教学主要靠教师的组织、引领和启发，教师是这一过程中主要的知识源头。在此前的古代社会中，我们强调自求自得，也就是强调每一个人都是知识的源头。所以学习主要是靠自学，"行有不得者皆反求诸己"③。以前教育的责任都压在个人的身上，只是到了近现代，教育的责任才慢慢地转移到学校和教师。当责任这样转移后，教师成为课堂的主要知识源头，甚至是唯一的知识源头，什么东西都要从教师这里拿。其次是以教材为中心。在这里，教学就是教教材。今天这个观点被批得最多。今后我们自己去教书，如果别人说你只知道照本宣科，你要知道这是个很严厉的批评。实际上我们应当教"学"，应当教书育人，应当用教材教。总之你得以人为本，不能以教材为本。但传统的教学强调以教材为本。我 1984 年初中毕业考中师的时候，考试原则就叫"以大纲为纲，以教本为本，不难不易不多不少"。但我们当老师的时候，如果还只能死板地教书本上的现成结论，那就真是个教书匠。几年前的一天，我女儿从学校回来说："爸爸，我现在要背宋词啦。"我问她："你挑的是哪首？""我挑的是

---

① ［德］弗里德里希·赫尔巴特著，李其龙译：《普通教育学·教育学讲授纲要》，人民教育出版社 1989 年版，第 190 页。

② 明了，也就是初步了解要学的东西，基本上还是感知阶段。联想就是从正要学的东西想到相似或相反的东西，并在这一过程中理解所学的东西，基本上是理解阶段。系统就是把新知识纳入原有的知识体系，即在新旧知识之间建立起联系，这是理解的深化。方法就是对所学知识的应用，这是应用阶段。

③《孟子·离娄上》。

《大江东去》!”今天人们也说不要使教科书成为孩子的世界，要使世界成为孩子的教科书。可惜能享受到这种教育的机会和学生并不多。传统教学还有一个中心就是以课堂教学为中心。主要就是以教师的集中授课为主，学生的活动、学生的已有经验、学生的自主探索在这一过程中大部分都被忽视了。这当然不是说传统教育学派否定教育的自然适应性原则，但它确实忽视学习者本身的权利和意愿，因而只要求由教师来按规律进行教学。

这个时期重要的著作还有福禄培尔的《人的教育》(1826)。[①]《人的教育》我没有看，因为我老想着自己不是学学前教育的，但是后来在读书会上让学生读过，其内容讲自然主义的儿童观时也曾提到过，还是很精彩。学前专业的老祖宗在哪里？就在这里。他的教育思想中最核心的东西，其实也是顺应自然，也是儿童的自我活动和自由发展。只是福禄培尔所理解的自然带有很强的宗教气息，自然、人性与上帝在此被认为是三位一体的事情。按照这种思路，当我们要让小孩去了解那些抽象理念的时候，最好让他们自己去接触那样一套上帝的“恩物”。福禄培尔所说的恩物，其实就是一套立体的几何教具。看一下美术室经常陈列的那样一些石膏模型，正方体、长方体、圆柱体、多面体或锥体，看看那些东西，大致就能理解福禄培尔所说的恩物长什么样子。把它们叫作“恩物”，就是因为它们被认为是上帝赐给我们的礼物。那些东西看起来只是最简单的实物模型，实际上被认为是最纯粹的观念模型，因而也就是跟上帝最接近的东西。福禄培尔相信世界就是由这样一些最基本的东西构成的，了解了这些东西，就能理解这个世界，甚至理解这个世界背后的精神。今天，我们的幼儿园还是有与此类似的一些最基本的模型，我们还在让学生用最简单的东西拼出复杂的事物，希望他们在玩的过程中理解这个世界的构造。只是我们已没了福禄培尔的那种宗教情怀。

然后是德国的民主教育家第斯多惠（Friedrich Adolf Wilhelm Diesterweg，1790—1866)，他被称为“德国教师的教师”，代表作是《德国教师培养指南》(1835)。第斯多惠教育思想的基础是三个原则，即自动、遵循自然和遵循文化的原则。他宣称：“人固有的本质就是人的主动性。一切人性、自由精神及其他特性都从这一主动性出发；一切创作、思维、注意力、感受，所有的克己、谈话、行

---

① ［德］弗里德里希·福禄培尔著，孙祖复译：《人的教育》，人民教育出版社2001年版。

动以及所有的自由运动和手势都以主动性为核心力量。教育延伸的范围很广，但超不出这一主动性，超不出主动性所达到的程度。”① “一切教育和课堂教学的首要任务就形式而言就是启发学生的主动性。”② 而“人的主动性……是建立在天资的本能上，认识的主动性是建立在认识的本能上，本能的实质就是认识事物，了解事物。”③ 对本能的这一理解将之延伸到了社会生活领域，非常类似于我们所说的“先验的善意”。他一方面要求教育适应人本身的自然，强调“教学规律不是独立存在的，而是由人的天资这一特点来决定的”④；另一方面则要求贯彻遵循文化的原则，“这一原则的思想内容就是在教育时必须注意人在其中诞生和将来生活所在的地点和时间的条件。一句话，应该注意包罗万象的全部现代文化，特别是当地的特有的文化。”⑤ 同时，第斯多惠强调“凡是违背自然规律的都必须摒弃”⑥，提出了“发展性教学”，不但强调传授知识这样一种“实质教育目的”，而且强调发展学生智力这样一种“形式教育目的”。在这方面，第斯多惠有一句名言：“不称职的教师强迫学生接受真知，一个优秀的教师则教学生主动寻求真知。”⑦ 令人奇怪的是，第斯多惠将前者称作“科学研究的教学方法”，将后者则称作“基础教学方法”。而第斯多惠的最高教育理想，是一个人的天资的全面发展。

斯宾塞不仅是课程理论的先驱，还是科学教育的先驱。他的论文集《教育论》(1861) 批判了旧教育中的装饰主义，认为它考虑的不是什么知识最有价值，而是什么能获得最多的称赞、荣誉和尊敬，是“为了花而忽略了植物，为了想美丽就忘了实质”⑧。他认为教育的真正目的是为完满的生活做准备，而评判一门教学科目的唯一合理办法就是看它对准备生活尽责到什么程度。由此，斯宾塞强调：“什么知识最有价值？一致的答案是科学。”⑨ 那些跟生活越密切相关的知识越有价值。这样，第一是那些直接保全生命的生理学、医学；第二是帮助我们获得生活必需品而间接保全自己的广泛科学知识；第三是与养育子女有关的教育学等；第四是与政治活动有关的历史与社会学；第五是跟闲暇有关的艺术学科。因为强调科学教育，所以他偏向于实质教育，反对那种古典的形式教育。后来也有人认为这些

---

①②③④⑤⑥⑦ [德] 弗里德里希·第斯多惠著，袁一安译：《德国教师培养指南》，人民教育出版社 2001 年版，第 21～22、86、22、73、161、162、123 页。

⑧⑨ [英] 赫伯特·斯宾塞：《什么知识最有价值》，见 [英] 赫伯特·斯宾塞著，胡毅译：《教育论》，人民教育出版社 1962 年版，第 31、43 页。

形式知识其实并非人类的共同财富，只是某些人的知识。奶奶会养鸡，但养鸡的知识在我们的课程中几乎没有什么价值。我小孩小学上科学课的时候，她的学校孵了一堆鸡，让每个人领一只回去养。这已算得上是今天对“祖母的知识”的最好回应了。但这样的事情在现代教育史并不多见。因此，阿普尔后来又顺着斯宾塞的话接着问：“谁的知识最有价值?”① 今天人们又提出新的问题：怎么建构知识才有价值？斯宾塞事实上也已经关注到了这一点。因此他不但强调教育为完满生活做准备，而且强烈反对传统教学中压制儿童心智的种种做法，要求像裴斯泰洛齐那样按照“心智演化的自然过程”来展开教学，提出了自我教育原则和快乐原则。斯宾塞还特别反对人为惩罚，认可卢梭的自然后果原则，力主让儿童从自己的行为和后果中接受自然的教育。当然，这种自然后果原则后来受到涂尔干的强烈批评。② 说到底，一切后果都是特定人类视野中的后果。

纽曼（John Henry Newman，1801—1890）是19世纪古典自由教育的伟大捍卫者。他的讲演集《大学的理想》(1873) 是较系统地论述大学理念的经典教育学著作。③ 当时市场导向的英国新大学运动蓬勃发展，功利主义和科学主义大行其道，危及了英国大学——尤其牛津和剑桥——的古典人文主义传统。纽曼从词源学的角度认为，大学（university）是传授普遍（universal）知识（具有普通意义的真理，包括神学）而非狭隘的专业知识的地方。在他眼里，大学的存在既不是为了使人变得有学问，也不是为工作做准备，也无法使人变得崇高神圣，而是传授普遍知识的地方，以教学为唯一功能。对教学功能的强调，意味着纽曼对牛津、剑桥等老牌大学学院制的认可。他理想中的大学生，不仅要主动、积极、开放、交互式地进行学习，还要能在新旧知识之间建立联系，通过分析、分类、对照、协调、匹配、整合等手段，使新知识真正成为学生知识体系的有机组成部分，真正实现学生才智的增长。为此，他主张使大学成为教育场所而不是教学场所，也即让学生生活在代表整个知识领域的人之间，在一种洋溢着普遍知识的益智团体

---

① ［美］迈克尔·W. 阿普尔著，黄忠敬译：《意识形态与课程》，华东师范大学出版社2001年版，“第二版序言”第1页。

② ［法］爱弥尔·涂尔干著，陈光金、沈杰、朱谐汉译：《道德教育》，上海人民出版社2001年版，第166页。亦可参见本书第二讲第二节中的“原始教育是非进取的?”一小节。

③ ［英］约翰·亨利·纽曼著，徐辉、顾建新、何曙荣译：《大学的理想》（节本），浙江教育出版社2001年版。

氛围中进行自我教育。纽曼可能未能像德国的洪堡（Alexander Humboldt，1769—1859）那样，对教学与科研的关系做出全面、积极的评价，也没能像后世的美国大学改革者那样关注大学的社会服务功能，但看看我们今天的大学被课题和项目折磨成什么样子，就能感到他的大学理想依然具有很强的现实意义。

近代这种强调科学化、要求按照某种客观的特点或规律进行教学的教育学主要是一种理性主义的专业教育学。这种教育学并非否认经验的意义，而是要求我们克制自己的需要、兴趣和意愿，按照客观事实、客观规律、客观必然性来教。这种理性化的专业教育学所包含的科学化倾向主要表现在以下几个方面。

（1）它关注的是现代学校制度，尤其是班级授课制条件下的教与学。这是一种全新的制度情境，主观的需要、情感与意愿，相互之间的认同，传统的亲密关系，在这样一种制度情境中通通被掩盖。每一个人都是作为中立的人，每一个教师都是作为能平等对待一切人的专业教师，出现在这样一种课堂上。包括夸美纽斯和赫尔巴特，他们的教育学推进的都是这样一种课堂情境中的教与学。

（2）它要求遵循教育的自然适应性或文化适应性原则。强调自然适应性很显然就有科学化倾向，必然要按照学生自身的自然、按照学生自身的身心发展的规律来进行教学。所有兴趣、需要、动机、意愿、意见都被认为是主观之物。即便强调文化适应性原则的第斯多惠，也不是像我们今天这样强调多元文化、地方知识或个人偏好。我们要适应的，实际上依然是各民族中的一些普遍价值。近现代各种国家至上的教育主张，至少就是从这里开始起步的。

（3）它追求对学生属性的确定表述和确定的教育程序。在这个时期，人们有一种强烈的愿望，总想把学生的特点摸清楚。所以当时的教育学都试图对学生的特点进行归纳概括。对于教育教学过程本身的一些程序性方面，人们也特别关注。此前，学生的问题一问完，或者老师的心得一说完，整个教学也就随之结束。因此，尽管儒家的教学过程从大的方面来说还是比较完整的，“博学之，审问之，慎思之，明辨之，笃行之”①，但不管是学、问、思、辨还是行，基本上都不会完整出现在一个连贯的或者相对独立的教学过程中。《论语》中所记录的教学活动，很多的时候就只是一两句话，涉及一两个问题。有的时候教师说一句话，整个教学

①《礼记·中庸》。

也就结束了。但到夸美纽斯那里，教师经常要进行时间跨度很长的教学，所以人们迫切希望搞清楚教学过程究竟该包括怎样的一些环节。我们平时说“教学有法，但教无定法”，在这个时候人们特别想把教学的定法定则摸清楚。正因为这样，赫尔巴特的“四段教学法”引起了人们广泛的兴趣。你去看那个时候的书，也能发现它们总是提很多很多的教育教学原则，整个教育学出现了规则化、烦琐化、教条化的倾向。甚至我以前初学教育学的时候，老师也给我们讲很多的教育教学原则，每一条原则又讲三到四条贯彻要求。虽然学起来很烦琐，教起来很烦琐，考起来也很烦琐，但是特别盛行。其主要思路，是想借此把一切都确定下来，然后按图索骥，照章办事，依葫芦画瓢。人们觉得这样才实用，才有可操作性。

（4）近现代的专业教育学关注理性知识的学习，或者是关注以认知为核心的认识过程。它们经常倾向于认为，只有知识的学习是比较可靠的，而且是真正有普遍意义或奠基作用的。培根就相信，“知识就是力量”。力量（power）的另一面是权力，因此知识很可能既是力量又是权力。但当时人们还没有认识到知识可能跟权力这么紧密地纠结在一起，所以认为凡是科学必定是理性的，凡是知识必定是客观的。赫尔巴特对观念的强调更是把教育引向主知主义道路。

（5）这种教育学还特别强调教育的作用，追求教育过程的高效。在法国，爱尔维修（Claude Adrien Helvétius，1715—1771）们在倡导一种教育万能论，仿佛重新喊出了当年陈胜、吴广的那句话：“王侯将相，宁有种乎？”[①] 夸美纽斯也有一个类似的追求，就是试图要找到一种方法，使得教师可以少教，而学生可以多学。[②] 裴斯泰洛齐的要素教学法，也试图使每一个父母都能教好自己的子女。在此之前，大家都认可“龙生龙，凤生凤，老鼠生儿打地洞”。但对教育的看重与对学生的尊重在这种教育学中经常是分离的。说到底，值得尊重的是人本身的自然。

---

①《史记·陈涉世家》。

②［捷克］扬·阿姆斯·夸美纽斯著，任钟印译：《大教学论·教学法解析》，人民教育出版社2006年版，第6页。

（三）教育科学运动及其方法论

20 世纪初期的教育科学运动，致力于形成一套以自然科学为范本的专业教育学。这种新的科学教育学，与前面那种理性主义的科学教育学，在研究方法论上是不一样的。理性主义的科学教育学认为，通过理性把握的那样一些东西，就是我们要遵循的科学。而实证主义的科学教育学认为不能轻信个人的头脑。它看重的首先是实证，就是要求我们通过调查、实验、测量收集材料、检验假设，根据真凭实据进行判断。它依赖的是客观的现实观，认为我们所要研究的教育事实是客观的，不以人的意志为转移，或者即便与人有关联，但也可以通过一套方法将主观的因素过滤掉。其次是干预主义。就好像做实验，有自变量和因变量，还有一套控制变量，从而使遮蔽的真相显现出来。为此我们要设立控制组，以便与实验组对照。再次，它强调以量表、仪器或其他科学工具为手段。我们以前说的“眼见为实”，在这个地方经常行不通。一个东西如果是客观的，一定要经过客观的观测，而且一定要在一个相当大的范围内观测到。因此，它要求以工具作用于事实，以工具描述事实。甚至已经收集到的东西，也不能由我们自己去处理，因为那样很可能会导致将它们处理成我们所预期的样子。然后，在这样一个研究过程中，发现和证实是可以相分离的。就是说，科学发现可以没有固定的方法，甚至你可以在梦中形成某种假设，但验证或论证过程一定要清晰可靠。最后，实证主义的科学教育学强调价值无涉，即“value-free”。有的时候人们把它误译成“价值自由”，实际上是跟某种特定或有限的价值立场脱钩，价值中立。

这一运动又有好几个分支。一个分支是涂尔干的教育社会学，也就是一种社会学视野中的教育科学。涂尔干的一个基本立场，就是把教育现象当成客观事物来看待。但教育是人的实践，始终是跟我们自己的选择、意愿和需要连在一起，怎么才能把它当作客观事物来看待呢？涂尔干在他的《社会学方法的规则》中提出了一系列规则。首先就是排除成见。个人对于教育的理解先免谈，先去考察实际的教育实践，考察在那里真正作为客观事实存在的教育事实。其次是根据现象的外部共同特征进行定义。最后是客观地观察事物的外部特征，也就是要排斥个人的主观感受，从已经确定的事物入手。[①] 如果强调自己认为教育是什么，这个

---

① [法] 埃米尔·迪尔凯姆著，胡伟译：《社会学方法的规则》，华夏出版社 1999 年版，第 26～38 页。

不是讨论教育现象的外部特征，而是表达个人的理解。如果能仔细考察教育实实在在有些什么特征，就能发现教育中始终有教育者，始终有受教育者。而教育者和受教育者相比又不一样，教育者已经掌握了知识和文化，而且他所掌握的知识和文化又是一种集体表象，或者说是我们本身所共享的一套知识、价值或观念。教育者只是把这一套跟自己个人没有关系、作为共享知识或价值的东西教给年轻一代。他就是这样按照客观的特征来研究教育，最终把教育理解成社会化。① 他觉得通过这样的经验研究可以搞出科学的教育学来。涂尔干教育学方面的代表作主要有《教育与社会学》（1922）、《道德教育》（1925）、《教育思想的演进》（1938）。涂尔干是学术史上的大家，我们怎么重视他也都不算太过分。

教育科学运动中除了这样一种教育社会学，还有德国的梅伊曼（Ernst Meumann，1862—1915）和拉伊（Wilhelm August Lay，1862—1926）所倡导的实验教育学，试图把我们的教育学建立在教育实验的基础之上。他们主要是受到实验心理学的影响。实验心理学的鼻祖是德国生理心理学家冯特（Wilhelm Wundt，1832—1920），他于 1879 年在莱比锡大学创设了世界上第一个心理学实验室，借助物理方法成功地实现对心理的测量，从而为实验心理学奠定了基础。实验教育家的早期教育实验很难和心理实验分开，梅伊曼本身就曾师从冯特。1901 年，梅伊曼率先将实验教育思想称为“实验教育学”。他的实验教育学重视实验室中的儿童心理实验，不赞成在自然的实际学习过程中对儿童进行观察与研究。在梅伊曼看来，如果说教育实验与心理实验有区别的话，只在于如下事实，即前者所讨论的是包括在教育过程中的各项问题，受到专业研究者和教师的支持。② 1903 年，拉伊出版了他的博士学位论文《实验教学论》，这是第一本系统论述实验教育学的性质、目标、体系和方法的专门著作。③ 拉伊赞赏梅伊曼的一句话，即实验不仅是一种方法，而且是“当代教育学的标志”。传统教育学将推演出来的结果看作是最后的原理和理论、目的和方法，而拉伊则认为那些只能够看成是一种初步的假定或者是假设，还有待于我们通过实验、观察、统计分析来检验。

---

① ［法］爱弥尔·涂尔干：《教育：性质与作用》，见［法］爱弥尔·涂尔干著，陈光金、沈杰、朱谐汉译：《道德教育》，上海人民出版社 2001 年版，第 301～325 页。

② 程江平：《梅伊曼和拉伊实验教育思想的分歧及其对教育实验的启示》，载《教育研究》1997 年第 9 期。

③ 瞿葆奎：《拉伊和他的〈实验教育学〉》，载《华东师范大学学报（教育科学版）》1999 年第 4 期。

但拉伊认为教育实验主要应是自然实验，而不是那种实验室实验。1905 年起，两人共同主编《实验教育学》杂志，形成了德国的实验教育流派。这种实验教育学的代表性著作，除了拉伊的《实验教学论》，还有拉伊的《实验教育学》（1908）①和梅伊曼的《实验教育学概论》（1914）。

教育科学运动的第三个分支是教育与心理测量学。这是比奈（Alfred Binet，1857—1911）和桑代克（Edward Lee Thorndike，1874—1949）他们所做的事情。关于比奈，也许有同学做过一套智力测验，叫比奈—西蒙量表。那是以他命名的世界上第一套心理测验量表。而桑代克有时候也被称作是“教育科学之父”，不知道是哪个地方的教育科学之父，（学生笑）可能因为他使教育学建立在心理测量的基础之上，因而是教育心理学的奠基人。比奈有一个观点，认为旧教育学给我们提供研究的问题，新教育学给我们提供研究的方法。桑代克有句话更有名：“如果说存在着一件事物，它一定存在于一定的数量之中；如果它存在于一定的数量之中，它便是可被测量到的。”② 类似的话孟子也曾说过：“权，然后知轻重；度，然后知长短。物皆然，心为甚。”③ 可惜没有发展成心理测量学。而桑代克基于这样的一套信念提出的学习原理，一个是效果律，就是认为我们的学习总受到学习效果的影响。如果效果好，那么它就给我们提供一个正反馈，我们今后就会更努力地去学。比如我们这次课如果讲得特别好，那么你们下一次就会来早一点，占个好座位。还有准备律，就是说我们学习的成效跟自己所做的准备有关系，准备得越好，学得越好。机遇只偏爱有准备的头脑嘛。最后是练习律，就是练习得越充分效果越好。这些都是基于测量，都是基于心理学研究的一些结论，是典型的心理学化的教育学。比奈的教育学思想主要体现在《儿童学的新观念》（1909）④一书中。桑代克的教育著作则主要为《教育心理学》（三卷本，1903/1913—1914）⑤、

---

① ［德］赖依著，金澍荣、黄觉民译：《实验教育学》，商务印书馆 1938 年版；［德］威廉·拉伊著，沈剑平、瞿葆奎译：《实验教育学》，人民教育出版社 2007 年版。

② 转引自瞿葆奎主编，叶澜、施良方选编：《教育学文集·教育研究方法》，人民教育出版社 1988 年版，第 34 页。

③《孟子·梁惠王上》。

④［法］阿尔弗雷德·比奈著，曾展谟译：《儿童学的新观念》，商务印书馆 1927 年版。

⑤［美］爱德华·李·桑代克著，陆志韦译：《教育心理学概论》，商务印书馆 1926 年版。

《人类的学习》(1931)[①]、《需要、兴趣和态度的心理学》(1935)[②] 等。

值得注意的是，虽然赫尔巴特早就提出使教育心理学化，历史上也不断有人在推进教育学的科学化尤其是心理学化，但今天再讲教育学要心理学化显然会引起反感：既然教育学最后要心理学化，那干吗还要搞教育学，直接去做心理学得了！我们在中小学听课的时候发现，有些老师也都试图把教育教学建立在对学生学习心理调查的基础之上。当时我们就提出反对意见，说我们的教学法不一定基于心理学。[③] 为什么这么说呢？主要因为教育过程本身就会带来对学生的了解，甚至对学生或学习过程的了解本身应当成为教育过程中最有教益的部分。要求对学生的了解必须成为教学的前提，必须在我们上课之前就完成，这个就不对。了解学生始终应是我们整个教育过程的一个结果，或者说应始终伴随教育。而且教育本身就是改造人的能动实践，怎能在教学之前就把我们的学生都了解清楚，然后再依葫芦画瓢地展开教学？所以说我们的教学法不一定基于心理学，而是基于自我呈现，世界因自我呈现而与我共现。关键的不是我们首先去了解学生，而是首先了解自己，发掘知识的内在魅力。把那些好玩的东西了解了，把方方面面的东西都摸清楚了，等我们憋不住了再去跟学生讲，学生肯定会被我们吸引，然后又被我们开启。这样，就会又有各种各样的问题、各种各样的想法、各种各样的意见和建议补充进来，那我们的教学就是做得比较好的。所以真正的教学过程应当是一个开放的过程，是一个对话的过程，是一个沟通的过程，不是我们按照一定规律设置好一套程式，一五一十地去排练，不应当是这样一个被动过程。

（四）对教育学科学化的反抗

事实上，人们很早就对教育学的科学化有一种警惕态度。俄国第一个职业的教育学家乌申斯基（Konstantin Dmitrievich Ushinsky，1824—1871）就是如此。乌申斯基是俄国国民学校和教育科学的奠基人，也是教育系的首倡者，被誉为

---

① ［美］爱德华·李·桑代克著，李月甫译：《人类的学习》，浙江教育出版社 1998 年版。

② Thorndike，Edward L.（1935），*The Psychology of Wants*，*Interests*，*and Attitudes*，New York：Appleton-Century-Crofts.

③ 康永久主编：《绿色教育的实践立场：现场中的理论研究》，北京师范大学出版社 2014 年版，第 326、350～351 页。

“俄国教师的教师”。他的代表作《人是教育的对象》(1867)，被认为是19世纪最好的教育心理学著作。我们国家到了20世纪80年代的后期，才有人慢慢地提人是教育的对象，人是教育的出发点。[①] 但在19世纪的中叶，乌申斯基就提出了这个命题。当然，这句话你念的时候不要念成“人是教育的‘对象’”，别强调到后面“对象”上去了，而要念成“‘人’是教育的对象”。这个对象与我们生产劳动的对象，跟我们用模具铸造的那些东西是不一样的。那些东西我要它圆就圆，要它扁就扁，但我们现在的对象是人，具体的、活生生的、不断发展变化的“人”。乌申斯基相信：“如果教育学希望全面地去教育人，那么它就必须首先全面地去了解人。”[②] 了解人不是像卢梭那样去“找到据以教育儿童的那种正常的人的本性”，事实上卢梭眼中的自然人不过是“他的幻想所虚构出来的野蛮人”。[③] 正因为这样，乌申斯基认为：“一个教育者应当力求了解人，了解他实际上是什么样，了解他的一切弱点和伟大之处，他的一切日常琐细的需要以及他的一切伟大的精神上的要求。”[④] 乌申斯基倒没有因此否定规律或规则，但是他特别强调：

> 我们并不对教育学者们说，你们就这样或那样去做吧！但是我们对他们说：你们研究你们想支配的那些心理现象的规律吧，并考虑这些规律和你们想在其中应用这些规律的那些情况去做吧。不仅情况是无限多种多样的，而且学生们的天性也是互不相同的。在教育环境和受教育者的个性如此多样的情况下，能不能开出某种共同的教育处方来呢？未必能找到一种教育措施，在其中找不出既有害又有利的方面，在一种情况下可能得到有利的结果，在另一种情况下可能得到有害的结果，而在第三种情况下则可能得不到任何结果。因此我们要劝告教育学者们必须尽可能细心地研究人的生理和精神本性，研究自己的学生和他们周围的环境，研究那些不经常想到的不同教育措施的发展经过，为自己制定一个明确的、良好的教育目的，并且依靠着已获得的知识和自己的智慧坚定地去达到这个目的。[⑤]

---

① 扈中平：《人是教育的出发点》，载《教育研究》1989年第8期。

②③④⑤ [俄] 康斯坦丁·德米特里耶维奇·乌申斯基著，郑文樾译：《人是教育的对象：教育人类学初探》(上)，人民教育出版社2007年版，第16、14、26、41页。

乌申斯基相信，教育学其实不是一门严格意义上的科学。严格意义上的科学是有关那些不以人的意志为转移的自然现象、精神现象或数的现象的客观的、比较充分而有组织的叙述，只研究那些已经存在着的东西。教育学研究的是人身心发展的规律，关注的是未来的教育实践活动，而且这种活动本身还总在不断发生、力图创造现在尚没有的东西并且指向未来。① 在乌申斯基看来，教育学当然要建立在事实的基础之上，但事实本身又不是一成不变的。由于并不存在不变的本性，对学生发展的生理与心理规律的了解，就必须到学生自身的现实生活中去寻找。要培养学生的能力、品行与性格，也必须让学生更多地投身到富有挑战的现实生活之中去。因此乌申斯基指出："正如为了形成丰富而又巨大的智慧需要多多地观察和思考，即需要理智地生活一样，为了积聚丰富的材料以形成刚强的性格，就需要有尽可能多的感觉、愿望和行动，即换言之，需要实际地生活。"② 乌申斯基高度评价个人自身的能动实践，认为教育本身能起很大的作用，但它并不能代替一切。因此，他所理解的生理与心理规律，说到底是实践规律，这种规律不但要求教育者自身具有独立的思想，而且要求他们对学生有足够的了解与尊重，要求彼此对现实生活都有真情的投入。也正因为强调生活的意义，所以他像第斯多惠一样，一直强调"公共教育的民族性"，强调祖国语言与劳动的教育意义。

所以，尽管乌申斯基一直认为事实是科学的基础与出发点，但教育学对他来说归根结底还是一种艺术理论。英国课程专家斯滕豪斯（Lawrence Stenhouse，1926—1982）说："教育即引导儿童进入知识之中的过程，教育成功的程度即是它所导致的学生不可预期的行为结果增加的程度。"③ 如果学生的发展全在我的掌握之中，那教学就没意思了。如果你们能写出让我觉得惊喜的自传或报告，或者能

---

①［俄］康斯坦丁·德米特里耶维奇·乌申斯基著，郑文樾译：《人是教育的对象：教育人类学初探》（上），人民教育出版社 2007 年版，第 7～8 页。

②［俄］康斯坦丁·德米特里耶维奇·乌申斯基著，张佩珍、郑文樾、张敏鳌译：《人是教育的对象：教育人类学初探》（下），人民教育出版社 2007 年版，第 1 023～1 024 页。

③ Stenhouse，L.（1975），*An Introduction to Curriculum Research and Development*，London，England：Heineman，82. 美国著名课程专家施瓦布（1950）也曾认为："一个有价值的测验是其试题能给教师选择其他或附加的教育目标提供建议的测验。更有价值的测验，则是可以揭示任何有效课堂必然带给学生（除了预料之中的结果以外）未知或未预料到的结果的测验。"［美］约瑟夫·施瓦布：《测验与课程》，见［美］Ian Westbury 和 Neil J. Wilkof 主编，郭元祥、乔翠兰主译：《科学、课程与通识教育——施瓦布选集》，中国轻工业出版社 2008 年版，第 228 页。

提出一些让我觉得有挑战性的问题，我就觉得特好。整个教育教学就是要创造一批让你觉得惊喜的人，而不是生产一批已经被你看透了的人。在乌申斯基看来，这种艺术理论的关键不是叙述已经存在的现象和关系的规律，而是要指出希望看到的存在，并为实践活动提供一些规则和手段。这样，至少在某种意义上，教育学就不是说明既有之物的科学原理的汇集，而是创造未知之物的教育活动规则的汇集。当然，教育学应当提供有科学依据的规则，教育学者也应当真正有思想，而不是拘泥于某种“简易教育指南”。而且教育学作为一种艺术理论是最高级的，因为人本身是最高级的。所以教育学又是一切艺术理论中最广泛、最复杂、最崇高和最必要的一种。① 在乌申斯基看来：

> 教育者不是官僚，而如果他是官僚，他就不是教育者了。②
>
> 有一种思想传导者，他们传导某种思想是因为这种思想体现在章程之中，而当章程修改以后，他们又一字不差地传导另一种思想，这是一种蹩脚的思想传导者。靠这种捍卫者和传导者去传导思想是不会有什么好的成效的。③

我们今后干的教书育人工作，确实多多少少类似于艺术。当然教育教学还是有规律可循的，要真正做到这一点，还是得把教育教学变成一项艺术才行。杜威曾经说：“工作始终渗透着游戏态度，这种工作就是一种艺术——虽然习惯上不是这样称法，在性质上确是艺术。”④ 我们学前专业的同学今后面临的一个现实问题就是理解什么是游戏。鲁迅在《风筝》一文中讲，游戏是儿童的天性。⑤ 当代文化史学家胡伊青加（John Huizinga，1872—1945）有一本书叫《人：游戏者》，也认为文明是在游戏中并作为游戏而产生和发展起来的，人类文化本身在很大程度上具有游戏的特征。⑥ 人们经常倾向于认为游戏是最适合我们本性的一种东西，但是我们的本性又是什么？还真不好回答。杜威反对在工作和游戏之间做截然的

---

①②③ ［俄］康斯坦丁·德米特里耶维奇·乌申斯基著，郑文樾译：《人是教育的对象：教育人类学初探》（上），人民教育出版社 2007 年版，第 7～42、15、15 页。

④ ［美］约翰·杜威著，王承绪译：《民主主义与教育》，人民教育出版社 2001 年版，第 223 页。

⑤ 参见鲁迅的散文诗集《野草》。

⑥ ［荷兰］约翰·胡伊青加著，成穷译：《人：游戏者——对文化中游戏因素的研究》，贵州人民出版社 1998 年版，第 5～7 页。

区分。因为游戏也总像工作一样，有一个目的，一个起指导作用的观念，一个向前看的成分，这些东西使人的继续行动变得有意义。如果能预见到相当遥远而具有一定特性的结果，并且做出持久的努力达到这种结果，游戏就变成了工作。因此，工作和游戏的区分不在于这种活动从属于一个外部的结果，而在于工作中结果的观念总是引起较长过程的活动，而一般的游戏兴趣则比较直接。① 不管如何，游戏至少在其未变成工作之前，是我们很享受、很投入、很真诚的一种状态。正是这样一种状态，使得我们能以一种超常规的状态工作。要使教育教学带有游戏的性质，我们就要放开和投入，凭着深入而浅出。那些真正的明星教师，那些当老师当出了名堂的人，很多时候也总是特立独行、另辟蹊径，且乐在其中，就不循规蹈矩。可见教育的关键是我们真心付出，真诚投入，以至真正能够让学生体会到，我很在乎他，我一直关注着他，一直在他的身后默默注视着他。这种东西才会真正产生润物细无声的效果。这是我们教育最核心的一个方面。这中间不是没有规律，但这种规律不是冷冰冰的规矩，而是一种心灵的艺术。

但乌申斯基的这个东西说到底还是有点绕，对教育学科学化的批判不是很直接。到19世纪末20世纪初，文化教育学（cultural pedagogy）发起了对它更直接的挑战。文化教育学有的时候也称作“精神科学教育学”，主要是在德国以及深受德国文化影响的北欧地区发展起来的，其概念在定义和使用上都充满歧义。狄尔泰的《关于普遍妥当的教育学的可能性》（1888）、利特（Theodor Litt，1880—1962）的《职业陶冶、专业教育、人的陶冶》（1958）以及斯普朗格（Eduard Spranger，1882—1963）的《文化与教育》（1919）、《天生的教育家》（1958）等都是其中有代表性的著作。② 文化教育学跟前面那种教育艺术理论有相似的地方，都在强调教育人文的一面。在文化教育学看来，人是一种文化的存在，人类历史本身是一个文化的历史。文化的存在、文化的历史，究竟意味着什么？或者意味着某种生命秩序、历史传统或民族精神，或者意味着某种跟我们的理解与选择、我们的生命活力、我们自己的主观想象连在一起的东西，或者意味着某种将客观的文化精神融合于主体生命的过程。反正它们不是纯客观之物，不是大自然，而是跟我们自己的价值追求连在一起的。说到底，人就像马克斯·韦伯所认为的那

① ［美］约翰·杜威著，王承绪译：《民主主义与教育》，人民教育出版社2001年版，第219～222页。
② 参见邹进著：《现代德国文化教育学》，山西教育出版社1992年版。

样，乃是悬挂在由他们自己编织的意义之网上的动物。① 你把人看成纯客观的东西，看成机械运动的原子，看成有待解剖的僵尸，然后去得出结论，这个就不对。当我们看到一个人自己在那里偷偷乐的时候，我们可能会想到一句词："疑怪昨宵春梦好，元是今朝斗草赢，笑从双脸生。"② 但是你一去喊"定格！"她马上就惊醒过来了，原来忍俊不禁的笑容也马上就不见了。这时你再要去复原本来的那幅美景，让她重现原来的那副活泼天真、纯真无瑕的神态，就很困难了。教育说到底也不是一具等着我们去解剖的僵尸，研究其实就是在改变对象本身的状态，或者是与对象结成某种更能使之完整显现的社会关系，不可能通过客观中立的观测找到一个本真状态，所以自然科学的实证教条必须悬置。

因此，在狄尔泰、利特、斯普朗格等人看来，教育研究必须采取精神科学或者是文化科学的方法，也就是理解的方法。理解的方法究竟是什么？凭借已有的视野与理论去把握某个稍纵即逝瞬间的意味，这个过程肯定就是理解。所以理解需要我们冥思苦想，而不是需要我们单纯去看，拿探照灯去照，不是通过对她情不自禁的笑进行编码来获得某种说明，而是通过"深描"（thick description，意指一种深入被研究者意义世界的描述）③ 与"前理解结构"（先见）④ 去切己体察：是喜欢我呢，还是喜欢他，还是沉醉在今天早晨的那样一场游戏中？因此，如果你看到一个老师的教学特别好，想从中理解教育究竟是什么，按照这种方法，你就不要说："老师，请你把那堂课再给我上一遍，我把它录下来统计和分析一下。"这样也许能够发现一些东西，但最好找机会静静地观察与思考，或者通过回想与深度访谈分辨他那堂课的意味：像他那样跟学生"眉目传情"，完全不是贯彻"对事不对人"的原则，也能把学生教好，究竟是什么原因？我们今后是不是也可以有这样一些人格化的行动？记得我读中师的时候，有一次在宿舍楼下洗衣服，我

---

① ［美］克利福德·格尔兹：《深描：迈向文化的阐释理论》，见［美］克利福德·格尔兹著，纳日碧力戈等译：《文化的解释》，上海人民出版社 1999 年版，第 5 页。

② 晏殊的《破阵子》："燕子来时新社，梨花落后清明。池上碧苔三四点，叶底黄鹂一两声，日长飞絮轻。　巧笑东邻女伴，采桑径里逢迎。疑怪昨宵春梦好，元是今朝斗草赢，笑从双脸生。"

③ "深描"本为英国分析哲学家吉尔伯特·赖尔的术语，参见［美］克利福德·格尔兹：《深描：迈向文化的阐释理论》，见［美］克利福德·格尔兹著，纳日碧力戈等译：《文化的解释》，上海人民出版社 1999 年版，第 3～36 页。

④ 参见殷鼎著：《理解的命运：解释学初论》，生活·读书·新知三联书店 1988 年版，第 20～43 页。

们语文老师看见我老远就喊："哎呀，这个东西我还没教，你怎么就已经学会了?"当时我就觉得这个老师真好。这个"觉得"就是理解。理解不是条分缕析，而是用我们自身作为研究的工具，借助自身的经验与理论整体把握事件或行为的意义。当然，更好的理解是共同生活，是相互开启，是展开一段对话旅程。就此而言，理解过程就是让对方显现的过程，而且是让对方自我显现的过程。在此过程中，我们需要始终保持一种对问题本身的敏感性，开启一场心与心的对话。

根据文化教育学，既然人是文化的存在，教育本身是一个历史文化过程，教育的目的是培养完整的人格，我们就不能单纯教知识，而是要教文化。以前我们也说要学习文化科学知识，但那里的文化科学知识只是教材中的那些东西，教的过程本身甚至教育者自身没有文化。事实上，文化科学知识的传递至少需要两条途径：一是我们教的这个东西本身真的是文化，不仅仅是知识；二是我们的一言一行本身都必须具有文化性质。知识和文化的差别在哪里？说到底，文化是个人的、缄默的、地方性的知识，或者是浸透着这些知识类型的知识；而知识则可能只是普遍的、客观的、科学的结论，脱离过程与生活而存在。如果教语文的没有一点墨客骚人的风范，教科学的没有科学意识与探究精神，教任何东西都没什么个性，最多只能使学生有知识，不能使学生有文化。当然，我们今天有些老师的教学已开始具有文化的意蕴，讲起课来文采飞扬，只是这种能给人文化陶冶的老师太少了。培养完整人格的主要途径，不是教给学生更多的知识，而是陶冶和唤醒。其中陶冶主要是潜移默化，主要是使我们教的方式本身有文化意义，而唤醒则是要激活个人内在的知识、灵性与力量，可以是点醒，可以是对话，也可以是当头棒喝。当头棒喝带有更多传统教育学的性质，但经常能产生意想不到的作用。越是跟我们亲近的人，越有对我们当头棒喝的权力，也越容易对我们采取当头棒喝的方式。科学教育学要求我们把对象当作客观的、自然的、机械的东西来看待，但文化教育学要求我们认识到教育乃至人的发展本身乃是一种文化精神现象，是一种意向关联项。教育教学的关键，是在我们和学生之间建立一种和谐的对话关系，通过这样一种关系去陶冶和唤醒内在的文化力量。

课间有同学问我什么叫"意向关联项"。可以这么说，如果一个东西怎么样受制于我们的意向状态，那就是一个意向关联项。学生的成绩分布以前被认为是客观的，但我们说，正态分布其实是一个意向关联项。中等的老师教出来的经常是正态分布，好老师教出来的经常是一个正偏态，差老师教出来的经常是一个负偏态。教育现象、人，本身就是一个文化现象，因而更关联着我们的意向。学生究竟怎么样，受制于老师对待他的方式，所以学生就是一个意向关联项。学生的学习成绩究竟怎么样，也受制于我们老师对待他的态度和方式，所以学习成绩也是一个意向关联项。研究教育只能够用精神科学或文化科学的方式，就是因为教育与人的发展本身乃是一个意向关联项，在根本上关联着教育研究者的意向。意向关联项有的时候也叫意义关联项。一个东西之所以关联着我们的意向状态，就是因为它是有意义的，或者是追寻意义的，因而希望我们以有意义的方式来对待它。在这种方式之下，它的本原状态才能得到真正的显现，或者它才能达到自己的最佳状态。当然这一概念不是文化教育学或精神科学教育学提出来的，而是现象学哲学提出来的，但两者之间确实又是高度契合的。正因为这样，文化教育学与后面提到的现象学教育学，最终又是结合在一起的。涂尔干的《社会分工论》也把某种意向状态看成社会行动的根基，只是他强调集体意识。在我们看来，那样一种集体意识乃是个人本性之中的法则。① 事实上涂尔干也这样说：

> 现代心理学又重新回到了斯宾诺莎那里，斯宾诺莎认为，任何事物都因我们喜爱而变得美好，而不是因为美好我们才去喜爱。倾心和意向乃是根源，快乐和痛苦只是枝蔓。社会生活也同样如此。社会中罪恶之所以为罪恶，是因为它遭到了社会的排斥。②

不但教育学所关注的这个世界是意向关联项，教育学本身也是如此。教育学说到底不是一套客观的知识体系，而是一种人生态度。我们觉得它好，它就好；觉得它不好，它还真不好。所以你们问我为什么要学教育学，还真不要这么问。很多同学选择学教育学不是因为已经认识到它好或者不好，而是因为那个老师对我那么好，所以自己也要去学教育学，要像他一样好；或者因为那个老师对我那

---

① 康永久：《先验的社会性与家国认同——初级社会化的现象学考察》，载《教育学报》2014年第3期。

② ［法］埃米尔·涂尔干著，渠东译：《社会分工论》，生活·读书·新知三联书店2000年版，第44页。斯宾诺莎（Benedictus de Spinoza，1632—1677）是荷兰近代著名的理性主义者，他认为感性知识不可靠，只有通过理性的直觉与推理才能得到真正可靠的知识。为此应和上帝达成一致，因为宇宙间只有一种实体，即作为整体的宇宙本身，而上帝和宇宙就是一回事。由此不难理解他对倾心和意向的关注。

么差，更让自己想把教育学搞明白，以便告诉他究竟该怎么教。教育学就这样关联着他们的意向状态。当然，要能这样理解教育学并不容易。“人是生而自由的，但却无往不在枷锁之中。”① 我们本来是天生的教育者、天生的教育家，但却受制于以前的学习，总觉得知识是客观的，教育学就摆在那个地方等着我们去学，学了之后我们就可以去用。这样来想教育学，当然就无往不在枷锁之中。而现在，我们很多同学因为陷身在这个地方，所以就为它而献身，这个就有真正的教育学态度了。由于你本身就是一部教育学，把自己的教育学打开，你就爱上了这个专业，实际上意味着，爱上教育学也就爱上了自己。在这里如果有什么客观事实，就看我们是不是真的去做了，是不是真的去行动了。成天想着去赚钱，你就赚一点辛苦钱。成天觉得教育学不好，自我诅咒，你就只能 learn to labor，干一些体力活。如果能像有同学自传中说的那样，“好像整个世界与我无关”，那我就回到了事情本身，就进入了生活世界，今后的生活就有了依靠。因为有了这样一种意向状态，我们就成了主体，我们爱在其中，乐在其中，沉溺于其中，我们自身的教育学也将在其中快速成长起来。

（五）解决冲突的分类策略

总之，近现代教育学的主流是科学/专业的教育学。但是在这种教育学主流之外，还是出现了一些其他的声音。所以到最后，人们不得不在这些不同的立场之间进行协调。近现代历史上对教育学的分类，就是要解决这种学科内的冲突。刚开始的时候，学者们通常倾向于把教育学分成两类以避免那种非此即彼的论争。像德国的教育学者维尔曼（Otto Wilmann，1839—1920），就把教育学分成科学的教育学和实践的教育学两种。科学的教育学关注的当然是因果解释，实践的教育学强调的则主要是行动指南。前面提到的梅伊曼也把教育学分成两类：一类是作为传统教育学的重要补充的实验教育学，还有一类是传统教育学。传统教育学他也称作系统教育学。他觉得这两种教育学都有价值，谁也不能够取代谁，谁也不能够战胜谁。涂尔干虽然强调科学教育学，但他还是觉得科学教育学与实践教育学这两种东西是平等的，因为教育教学实践不可能坐等科学教育学的建立。在涂

① [法] 让-雅克·卢梭著，何兆武译：《社会契约论》，商务印书馆 1979 年版，第 7 页。

尔干看来，“如果教育理论超出了它的适当界限，如果它声称要替代经验，颁布各种现成的、此后被机械地使用的公式，那么它就会退化成死的东西。另一方面，如果经验不尊重教育学的思想，那么它反过来就会退化成为盲目的惯例，或者被空乏的或散乱的思想所控制。”① 德国教育学者洛赫纳（Rudolf Lochner，1895—1978）也认为教育理论应当有两种陈述体系：一种是科学教育学，另一种是教育学说。这大致也是强调科学教育学和其他形式的教育学都有其自身的合理性。②

到1991年，德国教育学家布列钦卡依然认为，把教育学提升为科学更多的是一种设想而不是现实，为了把教育学从这种令人不快的境遇中解放出来，我们需要对教育学知识进行批判性的检验。③ 此时，他的《教育的元理论：教育科学、教育哲学、实践教育学基础的入门》已经出版了20年。在书中，他根据经验—分析哲学（empirical-analytical philosophy）进一步提出一种三分法④，主要是把我们传统的教育实践理论进一步区分为教育哲学和实践教育学。这样，现在我们讲教育学，通常就有三种类型。一种是教育哲学，这是一种基于理性思辨的规范教育学，主要提供一种关于教育的规范和价值的本质性理解。⑤ 一种是教育科学，主要提供一种对教育现象和现实世界相关部分的客观描述，并对所描述的现象进行解释。为此，它需要研究现象的原因以及它所发生的条件。因而它也是一门基于某种教育目的进行因果分析的科学，其核心是寻求教育成功和失败的原因。⑥ 布列钦卡本人采纳的是波普尔批判理性主义（critical-rationalism）的科学观，这种

---

① ［法］爱弥尔·涂尔干著，陈光金、沈杰、朱谐汉译：《道德教育》，上海人民出版社2001年版，第6页。

② 维尔曼、梅伊曼、洛赫纳等人的分类，参见唐莹著：《元教育学》，人民教育出版社2002年版，第84～100页。

③ ［德］沃尔夫冈·布列钦卡著，杨明全、宋时春译：《教育知识的哲学》，华东师范大学出版社2006年版，“英文版序”第1～2页。

④ 历史上各种三分法也屡见不鲜，或者将教育学区分为经验教育学、批判教育学与思辨教育学，或者区分为纯思辨教育学、纯经验教育学和经验—思辨教育学，或者区分为“诠释—思辨的”“描述—现象的”“经验—实证的”教育学，或者区分为“作为实证经验科学的教育学”“作为人文学科的教育学”“作为批判理论的教育学”，但没有一种达到布列钦卡这样严谨的程度。有些人甚至提出了四分法，如区分为社会教育学、文化和价值教育学、唯心主义教育学和批判教育学，或者区分为传统教育学、经验教育学、诠释学教育学和解放教育学，或者区分为诠释学教育学、经验—分析教育科学、规范性教育学和“马克思、新马克思和批判教育科学”，或者区分为传统规范性教育学、诠释学教育学、经验教育科学和解放教育学。参见［德］沃尔夫冈·布列钦卡著，杨明全、宋时春译：《教育知识的哲学》，华东师范大学出版社2006年版，第7页。

⑤⑥ ［德］沃尔夫冈·布列钦卡著，杨明全、宋时春译：《教育知识的哲学》，华东师范大学出版社2006年版，第174、48～52页。

科学观同时认可理性、经验与证据的作用，其中理性和经验主要用于科学发现，证据主要用于科学验证，从而致力于在理性主义、经验主义和实证主义的基础之上重建教育科学的概念。① 还有一种是实践教育学，它是一种适合行动的理论或一种为行动提供具体指导的教育的规范性理论，类似于“实践性教规”，②一般包括情境分析的、目的论的、方法论的、动机的和职业的伦理学取向等要素③。

然而，实践教育学的“实践”概念，究竟是 practice 还是 praxis，不同的人有不同的看法。如果是 practice，这种实践教育学就容易（当然也不全是这样）被理解为一套由教师教育者提供的行动指南。如果是 praxis，这种实践教育学主要就指教师们自身的实践智慧，强调的是教师个人的教育理论。所以“实践教育学”的概念，至今也不是很统一。而布列钦卡所理解的实践教育学尽管试图包括这两个方面④，但总体而言偏向于前者。因此，布列钦卡的实践概念差不多就是一个行动概念，想来就是强调突出重点、突破难点、以问题为中心、从直观到抽象、适时搭建脚手架⑤之类的东西。实际上有一种实践哲学，它不是强调那样一些便于推广应用的技巧性东西，不是要求我们按照一套实用的方法去做，而是希望我们能有所反思，作为一个主体我们自己能有判断和主见，作为一个专业的行动者自己能够在行动中反思。所以它推崇的不是有目的、有计划、有组织的行动，而是反思性的实践。康德所说的实践哲学主要就是伦理学，在那里道德行为就是能被普遍接受的行为。所以康德的道德哲学不是要我们按照道德规则一点一点地照着去做，而是要求有一个反思性的行动，有一种将心比心的感觉，一切都基于这样一种扪心自问：自己做的这套东西别人愿不愿意接受，如果别人也这样自己是不是真的愿意。布列钦卡的实践教育学的偏颇之处，就在于它主要是一个行动指南，主要基于技术操练，没有考虑到基于实践智慧与反思性实践的那一套东西，没能把教育者本身作为一个能够不断思考、创造性解决问题的能动主体来看待。

---

①②③④ ［德］沃尔夫冈·布列钦卡著，杨明全、宋时春译：《教育知识的哲学》，华东师范大学出版社 2006 年版，第 26、231、219、214 页。

⑤ 指为学习者提供一种概念框架，这种框架中的概念是学习者后续学习所需要的。

四、现代教育学派及其对手

（一）现代教育学派的源与流

使教育学科学化、使教育教学专业化、使教师成为专业人员的这样一种努力，到 19 世纪末 20 世纪初，受到了来自现代教育运动和现代教育学派更为强劲的挑战。跟传统教育学派强调以教师为中心、以教材为中心、以课堂教学为中心不同，现代教育学派要求一种重心的转换。这样，“以教师为中心”就要改成“以学生为中心”。以“教材为中心”要改成什么？知识？知识跟教材相对？如果是以知识为中心，那肯定还是传统教学，因为传统上人们就是强调系统的文化科学知识的学习，教材体现的也是系统的文化科学知识。刚才有同学提到“方法”，这个可以多说几句。方法有很多，我们经常说要注意方法。传统教学中也有方法的训练、点拨、提醒。现代教育学派强调的是一种很特别的方法，实际上它是以经验为中心，就是要以学生的经验为中心。杜威曾经说，“现实教育中的主要浪费是对学生经验和生命的浪费”①，而现代教育学派则试图将教育教学建立在这样一些经验的基础之上。“以课堂为中心”对应的是什么？是课间？还是课外、课后？把课堂上的时间缩短一点，把课间时间延长一点？或者把课间的活动形式引入课堂？关键不是课堂与课间的区别，而是课间究竟意味着什么。是自学？是自主？标准的概括是以活动为中心，当然是自主、自觉的活动。

现代教育运动的起点，是 1885 年英国人雷迪（Cecil Reddie，1858—1932）创办的阿博茨霍尔姆学校（Abbotsholme School），它拉开了欧洲“新教育运动”的序幕。与此同时，在美国兴起了“进步教育运动”。就在“新教育运动”和“进步教育运动”中，慢慢形成了一个新的学派，我们称它是现代教育学派。现代教育学派从卢梭的思想中继承了以儿童为中心、尊重儿童、尊重儿童期、珍视儿童的本色、珍爱童心、关注学习者的活动、尊重学习者的自由这样一些教育理念，但它的主体是杜威和他的同道与继承者们的思想。这种思想并没有像卢梭那样将自

① ［美］约翰·杜威著，赵祥麟、任钟印、吴志宏译：《学校与社会·明日之学校》，人民教育出版社 1994 年版，第 57～62 页。

然神化，也没有像很多教育学家所认为的那样，由教育工作者来认识、把握和遵循儿童身心发展的规律，而是要求发挥学生的主动性，让学生自己呈现自己。杜威教育学产生的背景，一是他自己的家乡早已有之的民主气氛，二是那个时代横扫一切的进化论思想。进化论强调适者生存，杜威的东西也特别强调环境适应，强调学生在环境中并通过环境学习，而不是强调由别人来教他们学习。三是当时的科学哲学和科学方法的发展，尤其是实验科学和实用主义哲学的发展。它们不是要求我们把学生拿来做实验，也不是像实验教育学那样要把教育拿来做实验，而是强调发挥学生的主体性，让他们借助实验方法“做中学”，并且特别强调“对经验连续不断的改造”。因而不像此前的教育学那样追求所谓的科学化，恰恰相反，杜威的教育学对人文化的教育哲学充满着自信与期待：

> 教育哲学并不是一般哲学的一个穷亲戚，即使哲学家们时常这样地对待它。最后讲来，它是哲学最有重要意义的一个方面。①
>
> 如果我们愿意把教育看作塑造人们对于自然和人类的基本理智的和情感的倾向的过程，哲学甚至可以解释为教育的一般理论。②
>
> “教育哲学”并非把现成的观念从外面应用于起源与目的根本不同的实践体系：教育哲学不过是就当代社会生活的种种困难，明确地表述培养正确的理智的习惯和道德的习惯的问题。所以，我们能给哲学下的最深刻的定义，即哲学就是教育的最一般方面的理论。③

一种真正有尊严的教育学，正是从杜威这里起步的。他的代表性著作，我在这里给大家罗列了一下。《我的教育信条》(1897)、《儿童与课程》(1902)、《教育上的道德原理》(1909)④，是杜威教育思想比较集中的表达，这是要求大家通读的。他的最主要的著作《民主主义与教育》(1916)，我们也选了一章让大家去读。其余的章节，大家有时间了还是要把它读完。此外还有《学校与社会》(1900)、

---

① [美] 约翰·杜威：《人的问题》，见赵祥麟、王承绪编译：《杜威教育论著选》，华东师范大学出版社1981年版，第426页。

②③ [美] 约翰·杜威著，王承绪译：《民主主义与教育》，人民教育出版社2001年版，第347、350页。

④ 这几篇文章加上后面的《学校与社会》《教育中的兴趣与努力》《明日之学校》，参见 [美] 约翰·杜威著，赵祥麟、任钟印、吴志宏译：《学校与社会·明日之学校》，人民教育出版社1994年版。

《教育上的兴趣与努力》(1913)、《明日之学校》(1915)、《哲学的改造》(1920)①、《经验与自然》(1929)、《教育科学的资源》(1929)、《新旧个人主义》(1931)②、《我们怎样思维》(1933)、《经验与教育》(1938)③、《自由与文化》(1939)④、《人的问题》(1946)⑤ 等,大家可以先借助赵祥麟(1906—2001)、王承绪(1912—2013)编译的《杜威教育论著选》⑥ 了解一下。这是国内一个很好的杜威著作选本,我自己对杜威教育思想的最初了解,主要就基于这本书。还有在华期间所做的《杜威五大讲演》(1920)⑦ 也非常好,不但展现了一位哲学大家的宽阔视野,而且对制度本身的教育意义,也做了非常精辟的剖析。

现代教育学派的其他学者,首先有瑞典妇女活动家与教育家爱伦·凯(Ellen Key,1849—1926),她写了一本《儿童的世纪》(1900)。还有意大利幼儿教育家蒙台梭利,其代表作有《蒙台梭利方法》(1909)⑧、《童年的秘密》(1936)⑨、《有吸收力的心灵》(1949)⑩ 等。蒙台梭利原来是一名医生,后来改学教育学,可见我们教育学还是很有吸引力的。她的基本思想也是信任儿童内在的力量,希望在自由和自发活动中全面发展儿童潜能。今天,很多幼儿园都在采用蒙台梭利教学法。还有英国沛西·能,他的《教育原理》(1920)基本上也是实用主义的。⑪ 还有美国的克伯屈(William Heard Kilpatrick,1871—1965),他的《教学方法原理》(1925)⑫ 主要强调学生自身对课程与活动的设计,这一教学法因此被称为"设计教学法"。英国人罗素是个大哲学家,他曾因写《西方哲学史》获得过诺贝尔文学奖,其字里行间,确实是妙语连珠。他的《论教育:特别是早期教育》

---

① [美] 约翰·杜威著,许崇清译:《哲学的改造》,商务印书馆 2002 年版。
② 孙有中等译:《新旧个人主义——杜威文选》,上海社会科学院出版社 1997 年版。
③ [美] 约翰·杜威著,姜文闵译:《我们怎样思维·经验与教育》,人民教育出版社 2005 年版。
④ [美] 约翰·杜威著,傅统先译:《自由与文化》,商务印书馆 2013 年版。
⑤ [美] 约翰·杜威著,傅统先译:《人的问题》,商务印书馆 2006 年版。
⑥ [美] 约翰·杜威著,赵祥麟、王承绪编译:《杜威教育论著选》,华东师范大学出版社 1981 年版。
⑦ [美] 约翰·杜威著,胡适口译:《杜威五大讲演》,安徽教育出版社 2005 年版。
⑧ [意] 玛利亚·蒙台梭利著,江雪编译:《蒙台梭利方法》,天津人民出版社 2003 年版。
⑨ [意] 玛利亚·蒙台梭利著,马荣根译:《童年的秘密》,人民教育出版社 2005 年版。
⑩ [意] 玛利亚·蒙台梭利著,高潮、薛杰译:《有吸收力的心灵》,中国发展出版社 2003 年版。
⑪ [英] 沛西·能著,王承绪、赵端瑛译:《教育原理》,人民教育出版社 1992 年版。
⑫ [美] 威廉·赫德·克伯屈著,王建新译:《教学方法原理》,人民教育出版社 1991 年版。

(1926)①，你们也应该找来看一看。德国的科学教育家瓦根舍因（Martin Wagenschein，1896—1988）与克拉夫基（Wolfgang Klafki，1927—　）研究的主要是范例教学，强调通过典型案例来发现事件稳定的结构、关系与法则。瓦根舍因著有《范例教学的概念》（1956）、《物理课程的教育之维》（1962）、《理解学习》（1968）等；克拉夫基的主要著作是《教育理论与教学论研究》（1963）。布拉梅尔德（Theodove Brameld，1904—1977）是美国改造主义的教育学者。杜威已经有改造的思想了，不仅经常强调经验的连续不断的改造，还写了一本书叫《哲学的改造》。但布拉梅尔德认为教育不但要改造学生及其经验，还应当改造社会，并提出课程以社会问题为中心。他的主要著作是《教育即力量》（1965）。

值得特别关注的是美国的布鲁纳和施瓦布，他们是美国20世纪60年代课程结构化运动的主要领导者。1957年苏联人造地球卫星上天，引起美国朝野震动。人们质问：伊凡能做到的约翰为什么做不到？最终将责任追究到杜威以经验为中心的教育学。布鲁纳的《教育过程》（1960）是对这场反思的一个总结，主要倡导一种结构主义的教育学。结构主义是一个强调结构的普遍性和重要性的范围广泛的哲学派别。布鲁纳将结构的概念引入教育学，提出了“学科的基本结构”的概念。我们经常说，一门课程中有很多的内容或知识点，这些都是应该学习的。但是布鲁纳说，我们要学的主要是学科的范例/普遍性主题、基础理论与基本概念以及相关的思想态度。弄懂它们就能够提纲挈领，抓住它们就能把握全局，学会它们就可以左右逢源、如鱼得水。而“掌握事物的结构，就是以允许许多别的东西与它有意义地联系起来的方式去理解它。简单地说，学习结构就是学习事物是怎样相互关联的。”② 为了学习学科的基本结构，布鲁纳倡导发现学习（也就是通过发现法来学习，这个跟杜威没有太大的差别），并认为“任何学科都能够用在智育上是正确的方式，有效地教给任何发展阶段的任何儿童。”③施瓦布除了认可学科结构与学科知识或内容（学科内具体的结论性的事实、知识与方法）的区分，还特别区分了两种学科结构。其中实质结构（substantive structure）指的是学科解释性的概念框架、理论模型或组织原则，涉及对问题的理论解释；句法结构

---

①［英］伯特兰·罗素著，杨汉麟译：《教育与美好生活》，河北人民出版社1999年版。此为其美国版的中译本。

②③［美］杰罗姆·布鲁纳著，邵瑞珍译：《教育过程》，文化教育出版社1982年版，第28、49页。

(syntactic structure) 指的是学科中判断真理与谬误、有效与无效的一整套规则，涉及相关的逻辑推断。[①] 此外，施瓦布还要求推行一种实践课程观，强调课程决策中实践与折中的艺术，反对把课程本身看成既成的事实，也特别强调在大学中推广通识教育，特别强调科学与人文的整合。他说："要用爱来抓住思想的缰绳，以便我们能够从中得到力量，发展理智。"[②] 施瓦布的整个著述风格，是细细品味某项实践的机理，在深描的基础上进行理解。在此特别推荐大家去读他的一本论文集——《科学、课程与通识教育——施瓦布选集》(1978)。

同属现代教育学的还有 20 世纪 60 年代出现的美国人本主义心理学家罗杰斯(Carl Ransom Rogers，1902—1987) 的非指导性教学。"非指导"是罗杰斯用来表示与传统的"指导"思想和方法相区别的新概念，不是"不指导"，而是"不明确的指导"，即讲究艺术、依靠学生内在力量、促使学生自我转化的"指导"。其含义应是较少有"直接性、命令性、指示性"等特征，而带有"较多的不明示性、间接性、非命令性"等特征。"非指导性"教学的基本目标是帮助学生借助自我调整达到更大程度的个人统合、有效性和现实的自我鉴定。教师的教学就是创造一种学习环境，以便激发、考核和评价种种新出现的知觉过程，帮助学生理解他们自己的需要和价值，指导他们自己的教育决策。"非指导性"教学模式的理论假设是，学生本身具有自我调节能力，而且也乐于对自己的学习承担责任，其成功取决于师生坦率地共享某些观念并具有真诚交流的愿望。罗杰斯相信，积极的人际关系能使人成长，所以教学应以人际关系而不是教材、思想过程或其他理智来源为基础。其主要代表作是《当事人中心治疗：实践、运用和理论》(1951)[③]、《个人形成论：我的心理治疗观》(1961)[④] 等。

---

① [美] 约瑟夫·施瓦布：《学科结构和教育》，见 [美] Ian Westbury 和 Neil J. Wilkof 主编，郭元祥、乔翠兰主译：《科学、课程与通识教育——施瓦布选集》，中国轻工业出版社 2008 年版，第 187～198、201～202、217～222 页。

② [美] 约瑟夫·施瓦布：《爱与教育：论讨论之一面》，见 [美] Ian Westburg 和 Neil J. Wilkof 主编，郭元祥、乔翠兰主译：《科学、课程与通识教育——施瓦布选集》，中国轻工业出版社 2008 年版，第 98 页。

③ [美] 卡尔·R. 罗杰斯等著，李迎潮、李孟潮译：《当事人中心治疗：实践、运用和理论》，中国人民大学出版社 2004 年版。

④ [美] 卡尔·R. 罗杰斯著，杨广学、尤娜、潘福勤译：《个人形成论：我的心理治疗观》，中国人民大学出版社 2004 年版。

（二）杜威的科学概念与民主

现代教育学派是对此前种种强调科学化、专业化的科学教育学的一种反击。但现代教育学派并没有完全反对科学。只是对于他们来说，科学本身首先是一个需要重新界定的东西。杜威对科学的理解我觉得特别好："科学并不是书本上积聚的知识。化学、物理、天文等等，都不是科学的本身，只是科学的结果。真的科学所以重要，不在它的结果，而在它的方法。——就是重要在这些积聚的知识是怎样来的。若单知道这样、那样的科学，而不知道科学的方法，算不得知道科学。""科学的方法是什么呢？简单说，科学的方法便是试验的方法。"① 试验的方法，按照胡适的说法，就是"大胆的假设，小心的求证"。② 这实际上是在强调一种科学精神。真正科学的教育学也需要不断地跟我们的实践、跟我们的实践者对话。因此，就统一的真正的"教育科学"来说，它是实践者在哲学、科学资源的提示下，进行观察与思考、提出问题与假设、解决问题与验证假设而得出结论的过程。这个过程既是一个科学研究的过程，又是一个教育实践过程，同时还是一个理解人之实践的目的与意义的社会过程。

正因为如此，杜威所讲的科学很多时候就是与民主紧紧地交织在一起的。你说那些通过实证、调查或测量得来的东西就是科学，他肯定不认可。你说那些通过理论思考、逻辑论证得出的东西是科学，他也可能不认可。真正的科学至少保存有某种开放性，因而是跟民主相互支持的。"民主主义不仅是一种政府的形式，它首先是一种联合生活的方式，是一种共同交流经验的方式。"③ "民主主义的成功的维持，严格要求利用最有效的方法去求得和我们的物质知识大抵相称的社会知识，并去发明与利用和我们关于物质事务的技术能力大抵相称的社会工程的形式。"④ 为此，必须使科学人文化，使科学和技术成为民主希望和信仰的奴仆，使科学、教育和民主目标合而为一。⑤ 所以，如果我们将教育教学建立在跟别人沟通、对话、交流的基础之上，这个过程才真正科学。这是一个很大的转变。原来，

---

① ［美］约翰·杜威：《教育哲学》，见［美］约翰·杜威著，胡适口译：《杜威五大讲演》，安徽教育出版社 2005 年版，第 132 页。

② 胡适的这一说法直接得益于他的老师杜威，最初出现在 1919 年他发表的《实验主义》一文中。

③ ［美］约翰·杜威著，王承绪译：《民主主义与教育》，人民教育出版社 2001 年版，第 97 页。

④⑤ ［美］约翰·杜威：《人的问题》，见赵祥麟、王承绪编译：《杜威教育论著选》，华东师范大学出版社 1981 年版，第 403、403～404 页。

人们相信有理性能力的人是万物的尺度，而现在杜威则要求有理性能力的人放弃理性的自负。他认为这种科学方法能“提供一切有效的明智行动的榜样”，因而不能“把科学作为牵涉到人生关系的‘外面的’一个世界的学科去教”，而是要“把科学作为一个最高的人文学科去教”。① 美国社会学家伯格（Peter Ludwig Berger，1929— ）在《与社会学同游》中，也认为社会学在最根本的意义上乃是一个人文学科，因而尤其不能够采取不苟言笑的僵化态度。② 正因为科学的这样一种人文性质，而不是那样一种冷血之物，杜威认为不能“使科学态度成为现在祸害的替罪羊”③。因此，尽管杜威写了那么多东西，我觉得他不是为了增加我们的教育学知识，而是为了唤醒我们内在的教育力量。正因为如此，我认为：

> 它不是使我们老师掌握更多的教育技艺，而是通过使教育更多地接近于生活和学生的实际，以及试图更多地发挥蕴含在环境之中的教育学，来减轻对教师的教育技艺和识记性知识的压力。④

当然杜威并没有直接劝我们不要学那么多的教育教学的方法和技巧，但按照他的理解，真正可靠的只能是实践本身的教育学。只要有联合生活，学生的特点就会自动显现出来，所以科学的教育学或是心理学不是越多越好的东西。有一种东西可以节约这种心理学知识，有一些活动和教育学可以节约这样一种专业教育学。只要我们去联合生活，以人为本，同时使自己的学识更好一点，使自己的言谈举止更幽默一点，更吸引人一点，别人的特点自然而然就会在我们自我呈现的过程中显现出来，我们自己的特点也会在这一过程中更好地显现，将心比心就会是一种更好地认识别人、引导教育实践的方法。杜威的代表性著作就叫《民主与教育》，只是我们把它翻译成了《民主主义与教育》。它所探讨的核心问题，就是民主与教育的关系问题。在他看来，如果有一种教育学，它不能充分地尊重所有人的需要，不能尊重所有人的经验与理解，不能尊重他们的意识，或者不能引发

---

①③ ［美］约翰·杜威：《人的问题》，见赵祥麟、王承绪编译：《杜威教育论著选》，华东师范大学出版社1981年版，第401、398页。

② ［美］彼得·伯格著，何道宽译：《与社会学同游：人文主义的视角》，北京大学出版社2008年版，第184～198页。

④ 康永久：《回归生活世界的教育学》，载《教育研究》2008年第6期。

充分的交流，这种教育学肯定不是科学的。所以，科学的教育学归根结底就是一种民主的教育学，必须尊重方方面面的意见，使所有的人都得到尊重并参与进来，在整个社会生活中营造一种“大胆的假设，小心的求证”的氛围。也正因为如此，有的时候杜威的教育学直接被称为“民主教育学”。

（三）杜威的三大教育主张

下面我们再具体谈谈杜威的核心教育主张。人们介绍杜威的教育思想时，通常都会讲三个核心主张。一个是“教育即生活”，也就是说，教育的过程应当就是生活的过程。这种观点主要针对斯宾塞。斯宾塞觉得教育应为完满的生活做准备，今天的教育要为明天的生活做准备。① 言外之意就是，教育本身不是生活，今天我们采取的教育教学形式，跟活生生的现实生活必须有差异。就像我们现在，拉着窗帘在这个黑咕隆咚的房子里学教育学，只是为了明天在一个阳光明媚的校园或者社区里跟学生互动或者研究教育的时候，我们能有一些最基本的视野。（学生笑）但是杜威说：“学校必须呈现现在的生活——即对于儿童说来是真实而生气勃勃的生活。像他在家庭里，在邻里间，在运动场上所经历的生活那样。”② 由此可见，在杜威那里，即便要为民主生活做准备，也不是通过抽象的民主概念来进行的，而应民主地对待学生，让他们自然的生活形式在学校生活中得到实现。让今天的教育采取生活的形式，我们就可以为学生明天的民主生活做准备，所以杜威讲教育即生活，在根本上也不是反对教育为生活做准备，而是反对用一种特别不同于生活的人为方式为生活做准备。③ 他要求我们用一种生活的形式，把社会中真正的价值标准引入学校，以民主的方式对待学生，来培养他们的民主素质，为他们的完美生活做准备。

这种教育即生活的思想非常重要，非常有价值。今天农村的小孩在学校中被淘汰的概率突然变大了。改革开放前，在那种政治化的体制之下，农村人读书的机会相对较多，读大学的机会也相对较多。北京大学、清华大学、北京师范大学，

---

① ［英］赫伯特·斯宾塞著，胡毅译：《教育论》，人民教育出版社 1962 年版，第 7 页。

② ［美］约翰·杜威：《我的教育信条》，见［美］约翰·杜威著，赵祥麟、任钟印、吴志宏译：《学校与社会·明日之学校》，人民教育出版社 1994 年版，第 6 页。

③ 参见［美］约翰·杜威：《学校与社会》，见［美］约翰·杜威著，赵祥麟、任钟印、吴志宏译：《学校与社会·明日之学校》，人民教育出版社 1994 年版，第 55 页。

他们入读的比例都很高。随着我们越来越将学业成就定位成个人与家庭的责任，反对原来的那种出身/成分论，在就业分配中越来越强调自主原则，同时放任财富、权力对升学、就业乃至教育资源分配的各种干预，农村家庭的小孩往上走的可能性正在变小，他们对学校作为社会晋升之阶的信任也回落了许多。当然，中国的每一个家庭都望子成龙，望女成凤。但弱势家庭对于子女的教育期望，在很大程度上受制于小孩在学校生活中的表现。如果表现得很好，即便是砸锅卖铁，大多数家庭也都会支持。但要是表现得不好，家庭就很容易放弃，父母就很容易泄气，个人自身也很容易自暴自弃。不像那些优势家庭，他们对子女始终能不离不弃：想办法给他们补课，给老师送礼，给他们换学校，如果还考不上大学，就让他们出国，或者给他们拉关系、走后门，怎么样也要给他们镀上一层金，怎么样也要让他们捞到像样的大学文凭。底层子弟的每一步都需要走好，因为他们经常没有一个长远的目标，也不可能为一个长远的规划提供持续的支持。正因为如此，杜威的东西还特别适合他们。如果每一步都这样走好了，未来在它该来的时候依然还会准时到来。不要以为他们天生就是素质教育的敌人，素质教育要求发挥内在的力量，他们不但跟别人一样具有内在的力量，而且与众不同。

既然我们要让学生在学校和课堂中过上一种真正的生活，学校本身就要变成一个社会，不能脱离于社会之外，更不能凌驾于社会之上。杜威的第二个核心观点，就是“学校即社会”。当然不能把真实的社会搬到学校中间来，也不能将社会的微缩版搬到学校来，那样只能导致取消学校。学校的一切只能按照社会那种比较有活力的状态来安排，尤其是按照民主社会的那样一种生活方式来安排，而且要按照儿童的生活样式来安排。所以学校所要变成的那个社会，在杜威看来，首先是一个简化的社会。文明过分复杂，不能全部吸收，所以必须逐步地、分层次地、有选择地吸收。其次，它必须是一个净化的社会。学校环境的职责，在于尽力排除现存环境中的不良现象。① 但在传统的学校，不单丑恶现象要排除在学校之外，我们还不能正视它，只能当它不存在。甚至就是没有定论的东西，我们都不教，也都不敢涉及。结果，就只能把所有的精力都花在那些有现成答案的内容上面，这个就简化得过分了。最后，这种社会还应当是一个平衡的社会。社会本

---

① ［美］约翰·杜威著，王承绪译：《民主主义与教育》，人民教育出版社2001年版，第26～27页。

身是多元的，因此，我们的学校社会肯定也应是多元的。但一个多元的社会也可能是一个分裂分治的社会，因此杜威强调："学校环境的职责在于平衡社会环境中的各种成分，保证使每个人有机会避免他所在社会群体的限制，并和更广阔的环境建立充满生气的联系。"① 如果真是你分到这一块，他分到那一块，彼此之间不沟通，那你这个学校，说是有很多的东西，有不同的文化，但跟那种阶级对立、社群隔膜又有什么区别？所以一个平衡的环境，多元之间还要有互动，要有相互的交流与合作，最终要变成一个使我们大家都能摆脱自身社会局限的公共场所。

杜威教育思想的第三个核心观点是"做中学"。按照陶行知 1922 年的说法，就是"教的法子要根据学的法子，学的法子要根据做的法子"。② 我们现在是"听中学"，杜威曾把这种以听讲为基础的学校称为"静听"学校，在这里"一个人的心理依附于另一个人的心理"。③ 而在杜威看来，"纯粹的外部指导是不可能的。"④ 如果没有学生的主动参与，没有与学生之间的经验分享，一切教育都有形式化的危险。在这种形式化的教育活动中，除了养成个人对教育者与学校的服从，实在不能增添什么东西。"成人有意识地控制未成熟者所受教育的唯一方法，是控制他们的环境。"⑤强调环境的作用就是强调学生的主动参与活动。这种"做"有个人层面的，也有小组、班级层面的，还有更大范围的社会层面的。因而它不仅指个人与事物的直接接触，而且通常包含分工合作、交流互动、争鸣交锋等社会活动，在杜威那里后一种"联合生活"尤其关键。⑥这样一种思想，很典型地体现了民主教育学的思想，也体现了现代教育学派以学生为中心、以活动为中心、以经验为中心的特征。说到底，要求做中学实际上就是要求我们每一个人都发挥好自己的优势，利用好我们自己的经验，利用好我们自己的教育学。每一个人都主动地去学，主动去学好，在某种意义上等于是让我们用自己的教育学把自己教好，或者是通过自学，通过跟别人合作，来把自己教好。

对杜威教育思想的这样一套理解绝对不是牵强附会之举。杜威一直就反对将教育与生活、学校与社会、兴趣与训练、教材与方法、游戏与工作、劳动与闲暇、

①④⑤⑥ [美] 约翰·杜威著，王承绪译：《民主主义与教育》，人民教育出版社 2001 年版，第 26～27、32、25、40 页。

② 陶行知：《教学做合一》，见董宝良主编：《陶行知教育论著选》，人民教育出版社 1990 年版，第 225 页。

③ [美] 约翰·杜威著，赵祥麟、任钟印、吴志宏译：《学校与社会·明日之学校》，人民教育出版社 1994 年版，第 42 页。

理论与实践、身体与精神截然对立起来。正是从这里出发，麦克伊纨和布尔认为，杜威心目中教师的知识和学者的学问之间，并不存在什么不可逾越的鸿沟，它们都基于可理解性与可教性，彼此之间的区分只是思想上的区分，不是现实中的实际区分。教师和学者，事实上都是同一理智共同体的成员。因此，“所有内容知识，无论其为学者或教师所拥有，都有一个教学法的维度（pedagogical dimension）”，或者说，“所有学科知识都是教学法的”。① 这是一个惊人的见解。瑟伽尔（Avner Segall）借助批判教育学和文化研究（cultural studies），在麦柯伊纨和布尔所开辟的方向上进一步拓展了教法和内容的观念。在他看来，由于知识经常是由人的和为人的，经常是已经定位和正在定位的，或者说，经常已经是蕴含教学法或总是已经经由个人加工的，教法存在的范围比发生在学校中的诸关系的范围更广，不仅不能将教法和内容相分离，也不能将教法局限于学校学习或教师的工作。所有人都在进行着话语实践，一切事物和过程都在发言，教学法遍及社会中的任何主体、活动、领域、结构和文本，组织着人们的经验并组织人们以特殊的方式经验这个世界，影响着意义被吸收、认可、理解、接纳、确认、联结以及挑战、扭曲、进一步获取或者消解的方式。② 因此，完全可以这样认为：当杜威强调社会生活本身的意义，强调学校本身的社会组织，强调儿童自己本性之中的法则，以及强调做中学的时候，其实都是在强调这些东西本身就蕴含着一种教育学。

（四）马克思主义的教育学

即便在杜威的时代，现代教育学派还是有其他一些竞争对手。一个是马克思主义的教育学。马克思主义教育学的一个非常重要的特点，就是强调系统知识的学习。马克思说：“再生产科学所必要的劳动时间，同最初生产科学所需要的劳动时间是无法相比的，例如学生在一小时内就能学会二项式定理。”③ 列宁也说：

---

① McEwan, H. & Barry Bull (1991), The Pedagogic Nature of Subject Matter Knowledge, *American Educational Research Journal*, 28 (2), 318.

② Segall, A. (2004), Revisiting Pedagogical Content Knowledge: The Pedagogy of Content/the Content of Pedagogy, *Teaching and Teacher Education*, 20, 493-498.

③ ［德］卡尔·马克思：《剩余价值理论》，见［德］卡尔·马克思、弗里德里希·恩格斯著，中共中央马克思恩格斯列宁斯大林著作编译局译：《马克思恩格斯全集》（第 26 卷第 1 册），人民出版社 1972 年版，第 377 页。

"只有用人类创造的一切财富的知识来丰富自己的头脑，才能成为共产主义者。"①他们都认为教学过程是一个以间接知识为对象的特殊认识过程，跟人类一般的认识过程不一样，不同于杜威的"以经验为中心"。这样一来，对于课堂教学，就会有一个很高的评价。这也不同于杜威的"以活动为中心"。一旦我们强调课堂教学，对于教师的地位会有一个很高的评价，至少会在课堂教学中强调发挥教师的作用。这又不同于杜威所强调的"以学生为中心"。当然，教师在知识面前仍必须保持一种谦虚态度，只有革命的理论才能带来革命的实践，只有革命的实践才能真正培养一代新人。因此，马克思主义教育学的基本特征包括：重视社会对教育的制约，强调教育的阶级性，强调系统知识的学习与教师的主导作用，强调教育与生产劳动相结合和集体教育，强调人的全面发展等。这样一来，马克思主义与杜威的实用主义、实验主义、民主主义之间的界限，就更为分明了。事实上，马克思主义的教育学跟我们前面所说的传统教育学派的东西更为接近。传统教育学派以教师为中心，以课程为中心，以课堂教学为中心，马克思主义的教育学也特别强调这些东西，不然怎么可能在短期内"成为共产主义者"？

我们这里列举的大多是苏联的人物和著作。克鲁普斯卡雅（Nadezhda Krupskaya，1869—1939）是列宁的夫人，她的《国民教育和民主主义》（1917）被认为是第一部用马克思主义观点撰写的教育著作。然后是我们中国的杨贤江（1885—1931），他以李浩吾为名写了一本书叫《新教育大纲》（1930），这是我国第一部用马克思主义观点撰写的教育著作。② 维果茨基从其"心理发展的文化历史理论"出发，认为儿童的发展绝对不是一个孤立的、自发发展的过程，而是一个社会历史文化过程，因而积极肯定教育教学对儿童发展的促进作用，并深入研究了教学与智力发展的复杂关系，对苏联教育理论的创造性发展做出了突出贡献。其代表性著作是《思维与言语》。③ 凯洛夫主编的《教育学》（1939、1948、1956）④ 是一本教材，系统地总结了苏联20世纪20—30年代的教育经验，对我们

---

① [苏] 弗拉基米尔·伊里奇·列宁：《青年团的任务》，见上海师范大学教育系编：《列宁论教育》，人民教育出版社1979年版，第228页。

② 李浩吾编：《新教育大纲》，福建教育出版社2007年版。

③ 参见余震球选译：《维果茨基教育论著选》，人民教育出版社1994年版，第1～376页。

④ [苏] 伊·安·凯洛夫主编，沈颖、南致善等译：《教育学》（全1册），人民教育出版社1953年版。

国家的影响特别大。赞科夫的《教学与发展》(1975) 则以其"实验教学论体系的原则"著称。赞科夫反对传统的以适应与追随自然为取向的量力性原则，从维果茨基的最近发展区理论出发，要求高难度，高速度，理论知识占主导地位，让学生理解学习过程。① 最后还有巴班斯基，他的《教学过程最优化》(1977)② 主要是受系统论的影响，认为没有一个最好的方法，关键是要考虑到具体的学生、具体的材料、具体的情境，包括考虑到老师具体的情况，综合各方面的因素，统筹兼顾。这在系统论盛行的时候非常吃香，但现在其实很少有人提到这个事情了，因为人们更加相信自组织而不是系统设计。

值得注意的是，由于强调人民群众的首创精神，马克思主义教育学中总不断地有重要思想来自鲜活的教育实践。马卡连柯 (Anton Semyohovich Makarenko，1888—1939) 就是一个在教育实践中取得了很大成就的人。他的名字始终与"高尔基工学团""捷尔任斯基公社"两所特殊学校连在一起。在那 15 年卓有成效的教育实践中，他形成了自己特别生活化的教育思想体系，提出了在集体中、通过集体和为了集体进行教育的原则和方法，被称作"活的教育学"，其代表作是《教育诗》(1937)③。然后是苏霍姆林斯基 (Vasily Aleksandrovich Sukhomlynsky，1918—1970)。从 1948 年至去世，苏霍姆林斯基一直担任他家乡所在地的一所农村完全中学——帕夫雷什中学的校长。他的《给教师的一百条建议》(1967)④、《把整个心灵献给孩子》(1969)⑤ 等，朴素的文字、生动的事例中迄今依然透出无比高明的教育智慧。还有合作教育学的代表人物阿莫纳什维利 (Shalva Aleksandrovich Amonashvili，1930—)。他是一位富于革新精神的学者，也是一位小学教师。合作教育学思想的产生既与西方的影响密不可分，也与苏联自身面临的诸多问题相联系。合作教育学要求以人道的态度对待儿童，提倡教育过程中的师生合作，重视学生的学习兴趣、学习能力的培养以及个性的健康发展。他的主

---

① [苏] 列·符·赞科夫著，杜殿坤等译：《教学与发展》，文化教育出版社 1980 年版。

② [苏] 尤·克·巴班斯基著，吴文侃等译：《教学过程的最优化——一般教学论方面》，人民教育出版社 1982 年版。

③ [苏] 安·谢·马卡连柯著，磊然译：《教育诗》，人民文学出版社 1957 年版。

④ [苏] 瓦西里·亚力山德罗维奇·苏霍姆林斯基著，杜殿坤译：《给教师的一百条建议》，教育科学出版社 2000 年版。

⑤ [苏] 瓦西里·亚力山德罗维奇·苏霍姆林斯基著，唐其慈等译：《把整个心灵献给孩子》，天津人民出版社 1981 年版。

要代表作是学校无分数教育三部曲：《孩子们，你们好》（1983）[①]、《孩子们，你们生活得怎么样?》（1986）[②]、《孩子们，祝你们一路平安!》（1987）[③]。这种从个人实践中发展教育学的思路与我们后面讲到的行动研究在根本上也是一致的。

在马克思主义教育学和现代教育学派之间，还是有很多内在的相似。马克思主义教育学在某种程度上，也有强调活动的成分，比如说强调教育与生产劳动相结合；也有强调经验的成分，如忆苦思甜、密切联系群众、实事求是；还有强调学生的主体作用的成分，如强调翻身做主、人人平等、人民群众是历史的创造者，要求发挥劳动者的集体智慧和首创精神。苏联的学校也自认为不是杜威所批判的固定阶级的学校，而是劳动学校。杜威也去考察过苏联的学校，对它也有过很高的评价。但是后来苏联发生的一系列事情，包括思想专制、权力斗争和政治清洗，让杜威改变了对苏联的看法。苏联乃至整个社会主义阵营，后来也都改变了对杜威的看法，认为他是资产阶级的教育家。原来杜威强调的打破阶级对立、教育即生活、学校即社会、做中学、民主平等，都被认为是资产阶级的骗局。在苏联内部，对儿童学研究的批判也随之兴起，已去世的维果茨基也受到牵连，禁止讨论其理论。[④] 可见他们曾经有过相互交流、沟通和欣赏的阶段，但是后面又分道扬镳、反目成仇了。而我国也几乎同样有一个这样排斥杜威的阶段，以致连陶行知这样的“人民教育家”都受到批判。改革开放后，我国教育学界重新反思了马克思的人的全面发展学说的教育意义，全面检讨了教育与社会诸要素的关系，梳理了教育与生产劳动相结合的实质，深入探讨了教师的主导作用与学生的主体作用的关系，逐步认清了现代教育的特征，才与现代教育学派再次建立了联系。

（五）现代教育学派的其他对手

除了马克思主义教育学，现代教育学派还有要素主义、新托马斯主义（New Thomasim）和永恒主义（Perennialism）这样一些新传统主义的竞争对手。总体

---

① ［苏］Ш. А. 阿莫纳什维利著，朱佩荣译：《孩子们，你们好》，教育科学出版社2005年版。

② ［苏］Ш. А. 阿莫纳什维利著，朱佩荣译：《孩子们，你们生活得怎样?》，教育科学出版社2005年版。

③ ［苏］Ш. А. 阿莫纳什维利著，朱佩荣译：《孩子们，祝你们一路平安!》，教育科学出版社2002年版。

④ 1936年联共（布）中央做出《关于教育人民委员部系统中的儿童学曲解的决定》，清除儿童学，原因是由于儿童学把测验的结果视为判定儿童心理发展水平的决定性依据，混淆了阶级是非，造成了重大的损失和混乱。

而言，要素主义强调“种族经验”或“文化遗产”的重要性，认为有“一种知识的基本核心”即所谓共同的、不变的文化要素，学校的主要任务就是传递这样一些文化要素。1938 年，要素主义者促进美国教育委员会成立，巴格莱是其中最主要的代表。他的《要素主义者促进美国教育的纲领》（1938）被誉为“要素主义者的宣言”。其主要教育著作有《教育过程》（1905）、《教育中的决定论》（1925）、《教育与新人》（1934）① 等。第二次世界大战后至 20 世纪 60 年代末，要素主义进入全盛期，尤其是在 1956 年创立“基础教育委员会”后。科南特（James Bryant Conant，1893—1979）是这一时期要素主义教育思想的主要代表人物。他的主要著作有《教育与自由》（1953）、《知识的堡垒》（1956）、《今日的美国高中》（1959）、《陋巷与郊外》（1961）、《美国教师的教育》（1963）等。② 贝斯特（Arthur E. Bestor，1908—1994）是其中的重要代表人物，他的主要著作有《教育的荒地》（1953）和《学术的复兴》（1956）。美国海军上将里科弗（Hyman George Rickover，1900—1986）也是如此，他的主要著作有《教育与自由》（1959）、《美国教育——全国性的失败》（1963）等。到 20 世纪 70 年代，因批判理论兴起而失去统治地位的要素主义者再一次发起了“回到基础学科”的运动。

新托马斯主义出现于 19 世纪末，曾经是罗马天主教会的官方哲学。它源于中世纪托马斯·阿奎那（Thomas Aquinas，约 1225—1274）的学说，是一个以上帝为核心、以信仰为前提、以神学为根据的宗教唯心主义理论体系。之所以称为“新”托马斯主义，是因为它致力于理性和信仰、科学和宗教、经验和超验、人类和上帝、人性和神性、个人和社会、个人与国家之间的调和。例如，它肯定了理性和自由意志，主张“先理解，后信仰”，因而也就承认了世俗道德生活和幸福追求的相对合理性，拉近了宗教神学与人类道德生活和行为的距离。这就使托马斯主义既具有较为强烈的现实主义色彩，更切近社会生活实际，又保持着崇高的宗教理想精神，从而得以超越现实、批判现实和干预现实。第二届梵蒂冈大公会议（1962—1965）根据基督教宣传现代化的方针，否定了把新托马斯主义作为官方唯一哲学的提法。但新托马斯主义继续渗入各个领域和思潮，以构造一种适应时代潮流的基督教哲学。新托马斯主义教育学的主要观点可以概括为：意识教育应该

---

① ［美］威廉·钱德勒·巴格莱著，袁桂林译：《教育与新人》，人民教育出版社 2005 年版。

② ［美］詹姆斯·布赖恩特·科南特著，陈友松主译：《科南特教育论著选》，人民教育出版社 1988 年版。

以宗教为基础，以神性为最高原则；教育的目的是培养真正的基督教徒和有用的公民，基督教徒和公民两者之间并不是矛盾的，而是一致的；因此，实施宗教教育是学校课程的核心。其主要代表是法国教育哲学家马里坦（Jacques Maritain，1882—1973），其主要著作是《教育处在十字路口》（1943）①。

另外就是永恒主义教育学。20 世纪 20 年代，在美国一些学院和大学讲授经典著作的“不受约束”的青年教师形成了一个小团体，其中的核心人物是 30 岁就曾任芝加哥大学校长的赫钦斯（Robert Maynard Hutchins，1899—1977），另外还有阿德勒（Mortimer Jerome Adler，1902—2001）等。他们为宣传自己的观点，发表了大量的著述和演讲，因而逐渐扩大了影响，人们把他们称为“名著仔”（Great Book Boys）。阿德勒对这个称呼不太满意，提出他们是永恒主义者（perennialists），永恒主义因此而得名。20 世纪 50 年代，永恒主义流行至英、法等国，之后逐渐衰落。永恒主义认为凡是值得向往的东西都是永恒不变的，主张恢复文艺复兴运动以来古典主义的教育传统，强调借助古典名著进行理智训练。至少到目前为止，我们大部分都是通过学教材，一步一步走上来的，根本就没有看过什么名著。当然，有些文学名著可能还是看了，但这主要不是在学校教育中看的，而其他方面的名著则几乎不看。实际上也就意味着大家都是吃快餐长大的，真正原汁原味的那些东西我们没去吃，而是吃了一大堆粗制滥造的垃圾食品。但永恒主义也像上述两个学派一样在许多问题上矫枉过正，使自身陷入了复古、保守和极端化的误区。赫钦斯的代表作是《民主社会中的教育冲突》（1953）。② 阿德勒的代表作有《怎样读一本书》（1940）③、《儿童教育建议：教育宣言》（1982）等。法国的阿兰（Alain，1868—1951）的代表作有《阿兰语录》《教育漫谈》等。英国学者利文斯通（Richard Winn Livingstone，1880—1960）的《保卫古典教育》（1916）④、《论教育》（1960）等也是永恒主义教育思想的代表性著作。

到 20 世纪 80 年代，新保守主义再一次接过了捍卫传统的大旗。保守主义的

---

① ［法］雅克·马里坦著，高旭平译：《教育处在十字路口》，首都师范大学出版社 2010 年版。

② ［美］罗伯特·梅纳德·赫钦斯著，陆有铨译：《民主社会中教育上的冲突》，桂冠图书股份有限公司 1994 年版。

③ ［美］莫蒂默·J. 阿德勒、查尔斯·范多伦著，蔡咏春、周成刚译：《怎样读一本书》，上海译文出版社 1991 年版。

④ ［英］理查德·W. 利文斯通著，邵威、徐枫译：《保卫古典教育》，安徽教育出版社 1991 年版。

代表人物是英国的埃德蒙·伯克（Edmund Burke，1729—1797），他的《法国革命论》（1790）是对激进的法国大革命批判性反思的结果。① 在对待社会变革的问题上，保守主义认为社会是一个不断演化的有机体，所依赖的是传统、习惯、法律和秩序，因而对社会变革采取非常审慎的态度。保守主义说到底是一个复杂的思潮，里面既有封建的保守势力的思想，又有资产阶级保守派的思想。因此，在政治上，有些人坚持柏拉图创立的贤人治国原则，有些人则要求将大部分国家权力还给个人或社会自身。20 世纪 80 年代的新保守主义也是这样。其中受自由主义影响的新保守主义最为鲜明的特征是“反国家主义”，即反对国家干预社会经济生活。这与新自由主义略有不同，后者强调可以借助国家的力量推行市场化改革。德裔美国政治哲学家列奥·施特劳斯（Leo Strauss，1899—1973）的“自然权利”说则认为，要追求自然的正当，可不顾或蔑视现存的道德和法律。② 他坚持返回到古代的苏格拉底和柏拉图，即返回西方哲学的源头，以全面批判西方现代性和自由主义（两者在他那里往往作同义词用）。他认为：“彻底质疑近三四百年来的西方思想学说是一切智慧追求的起点。”近代以来历史主义、相对主义、科学主义的弥漫，正意味着西方文明自身的危机。但在他的德国同学阿伦特（Hannah Arendt，1906—1975）看来，斯特劳斯试图走出“意见”的洞穴，确立某种标准，排除了多样性，在理论上无害，在实践中却是暴政之渊薮。③

新保守主义教育思想以布卢姆（Allan Bloom，1930—1992）为代表，他是列奥·施特劳斯最著名的弟子之一。他的《美国精神的封闭》（1987）堪称施特劳斯政治哲学的大众版，充满了对高贵的古代人的心仪，对庸碌的现代资产者的鄙夷。在布卢姆看来，源自德国而流行于当代美国的历史主义、相对主义、科学主义，正在使美国人陷于虚无主义的泥潭。他们不再关心自然权利，丧失了善恶是非标准，忘却了立国文本的宗旨，在开放、多元的幌子下，其心灵越来越无缘窥见真、善、美的生活。在此意义上，美国心灵正在走向封闭。与这一衰势相伴的，则是美国大学教育的危机，是美国大学生心灵的封闭。美国的年轻一代已经无意聆听

---

① ［英］埃德蒙·伯克著，何兆武、彭刚等译：《法国革命论》，商务印书馆 1998 年版。

② ［美］列奥·施特劳斯著，彭刚译：《自然权利与历史》，生活·读书·新知三联书店 2003 年版。

③ 参见陈伟：《美国精神的封闭，抑或艾伦·布卢姆的封闭?》，载《中国图书商报·阅读周刊》2007 年 11 月 27 日。

伟大作品的教诲，无意追随伟大心灵走出“洞穴”。[①] 布卢姆如此激烈地批评专业细分的高等教育，谴责就业至上论对大学精神的侵蚀，认为那种支离破碎的专业培训只能培养没有理想的技术专家而无以培养高贵的、完整的人，背离了大学的理念，是因为在某种意义上布卢姆把大学看作了民主社会中的贵族家园与精神领地。[②] 这是一本极富争议的书，布卢姆在很多地方都表现得自以为是。在我们的内部读书会上，还曾因此发生过争执。美国政治学家本杰明·巴伯（Benjamin Barber）认为《美国精神的封闭》是最动听、最精致、最博学而又最危险的传单。但著名华裔学者余英时认为，此书最重要的是使我们认识到：民主体制本身并不是一切，它的运作必须另有一种健全的文化精神与之配合。

五、当代教育学研究的实践转向

（一）教育研究中的实践转向

最初的专业教育学主要是一种经验形态的规范教育学，考虑的主要是我们应该怎么做。当然，这种专业教育学并没有取得对教育实践的支配权，因为在那里我们跟学生有一种亲密或紧密关系，我们是在共同体里面教育小孩，我们所传授的知识大家也都很信奉。所以我打你也好，骂你也好，你也得跟我学，你也得体谅我。或者，我们的日常生活，已经为大家提供了一套教育学。到现代社会，我们跟学生已经不同属一个共同体，而且我们不能再像以前那样只教自己的“有缘人”。我们要教所有的人，要面向全体，而且主要靠我们自己的个人力量来教。这时候我们就要专业化。近现代的教育学之所以搞出很多很多的教育教学原则，就是要使教育教学专业化。但是这种科学、专业的教育学有一个问题，就是特别强调教师的作用，学生的作用被忽视了。教师实际上也只是依葫芦（规律或规则）画瓢，根本就没有什么自主性。在某种意义上，现代教育运动乃是一场反对将教育教学建立在专业教育学的知识基础之上的社会运动。在这一运动中，杜威倡导了一种全新的科学概念：民主的才是科学的；或者说，只有真正参与式的才是民

---

① 参见［美］艾伦·布卢姆著，战旭英译：《美国精神的封闭》，译林出版社2011年版。

② 参见陈伟：《美国精神的封闭，抑或艾伦·布卢姆的封闭?》，载《中国图书商报·阅读周刊》2007年11月27日。

主的，只有真正民主的才是科学的，要求别人旁观并遵循的只能是传统的。[①] 因此我们要以学生的发展、学生的活动、学生的经验为中心，要确保学生成为生活的主体，确保学生成为课堂中的知识源头。这一切都要求尊重学生，尊重学生的经验，尊重彼此之间的交流与合作。正是这种立场，将制度情境中的教育学以及诸种深藏在知识、人格乃至活动之中的魅力教育学推上了教育学研究的前台。

但当我们强调要发挥学生的主动性，利用好学生的日常经验的时候，教师自身在教育教学过程中的地位上又成了一个疑问。因此，经常出现这样一种情况，就是我们教给老师的这套教育学，在他们实践的过程中不一定用得上，有时甚至受到他们的排斥。当然，受到排斥的不仅仅是杜威他们所倡导的这样一种民主教育学。原来那种致力于教师专业化的科学教育学、专业教育学，也经常受到排斥。但一线教师并不因此而完全拒斥教育学，他们只是倾向于用一套完全不同的教育学支撑自己的实践，这种教育学我们有时称为教师个人的教育实践理论。这样，原来教育学研究的目的，是由我们自己搞出一套东西，然后交给教师，由教师自己照着去做，这叫理论指导实践。原来即便是杜威的民主教育学，也是逻辑推断的结果，至少在形式上也是需要推及教师头脑的外在之物。而现在，人们越来越倾向于认为，这样一套专门的教育学理论，在实践中可能不像我们所想象的那样重要。于是人们就特别关注教师在实践中间究竟是怎么做的。这就使教育学的研究方向发生一种转变：从关注理论的理性建构，转向关注实践中的教育智慧；从满足于给教师编出一套科学、专业的教育学以指导其行动，转向揭示教师个人的教育学的内涵与意蕴，当然也包括关注我们原来给他的那套教育学的实践命运。这就是当代教育学研究的实践转向。

实践取向的教育学都是有人文主义倾向的，它们所采用的人文主义方法论，其主要特征包括以下几点。（1）强调定性的乃至描述性的、个案的研究。在那种描述性的个案研究中，它们不要求大样本的调查，也不再相信被控制起来的现实可以呈现最真实的联系，而是基于对个案的一种有洞察力的刻画。（2）依据的是被构建的现实观而不是客观的或知觉的现实观。它们认为这个世界是被人创造出来、与人息息相关的，没有纯客观必然的东西。前面说的专业教育学依据的则是

① 康永久：《民主与教育学——论一种新的教师专业发展观》，载《教师教育研究》2009年第1期。

客观的现实观，认为教育的一切都不以人的意志为转移，都是客观必然的。(3) 以研究者自身为工具，依靠的是研究者自身的感受性、敏锐性和适应性。个人自身的经验、理性与愿望在此始终居于最原初的位置，因而这种研究始终有一种人本化的取向，而科学教育学强调的是一套与人相分离的东西。(4) 以“理解”作用于“理解”，以“描述”作用于“描述”。就是说，想要获得别人理解，你首先要去理解别人；想别人向你说出点什么，你要先向别人说出点什么，通过研究者自己的理解或描述来唤醒别人的理解或描述。(5) 旨在寻求对“意义”的描述性陈述、陈述性解释或“扎根理论”(grounded theory，意即有根据的理论)，揭示事件背后的真相或情境中的教育意义。在这里，个案的代表性或典型性只有借助研究本身才能确立起来，而越能发现独特的个案，就越能帮助我们突破原有的理论。(6) 发现和证实不可分割。实证主义认为发现和证实是可分离的，如做梦发现苯的六边形结构，醒来后用一系列科学实验来验证。人文主义方法论认为发现本身就是不断寻找证据、不断观察与体验的过程。这样一种实践取向的教育学，(7) 看似主观，实际上为客观地反映现实提供了自己独特的理解。因为通过与所研究的对象结成一种特定的关系，我们实际上看到了别人看不到的另一面。

（二）知识转型与分析教育哲学

这种实践转向最初出现在20世纪50年代，而且是从讨论教育学的科学性起步的。传统教育学认为自己是科学教育学，但现代教育学认为：你要是科学的就应当首先是民主的，不应当是由少数人根据学生的特点发展出一套理论，再交给教师去应用，而应该使我们所有的人，包括我们的学生，都能够在这个过程中具有主动性，而且应该以某种合理的方式把他们组织起来，让各种声音、各种兴趣爱好、各种利益偏向都有发言的机会。这种与民主相关联的科学概念使有关教育学的科学性的论争很好地平息了几十年，但到了50年代，再次平地起风雷。主要是有人觉得，不管你是传统的专业教育学还是现代的民主教育学，反正就理论自身的完备程度来说，都不是很理想，与自然科学没法比。尤其是英国分析（教育）哲学家奥康纳（Daniel John O'Connor，1914—　），他根据自己对“理论”概念的分析，认为把教育学和理论联系在一起其实是没有什么依据的。他甚至认为我们说教育学是一门科学，或者我们称它是“学”，是“理论”，也只是一种“尊称”。言外之意，不是你这个教育学真正符合理论的标准，只是因为我们这些人很懂礼貌。这些话实在太刻薄了，而且很错误，错到家了。他强调理论是能够“指导或控制各种行动的一组或一系列规则或一整套的箴言”，是表示已被观察所证实的一个或一组逻辑上相互关联的假设。[①] 这纯粹是一种偏见，是一种实证主义的、古典自然科学范式的偏见。结果不单纯是学教育学、教教育学、研究教育学的人很生气，其他一些人也很生气，因而又掀起了一场论战。

事实上在这个时候甚至更早，人们已经开始接受一种新的知识观，这种知识观完全突破了实证主义的科学、理论和知识概念。在经济学中间，哈耶克早已在倡导一种有关具体时间和地点的知识。[②] 什么是有关具体时间和地点的知识？以前我母亲在北京的时候，她经常要帮我们去买菜。通常我们有三个选择，可以在小区的菜店里买菜，可以到小区外边的超市里买，也可以到更远的农贸市场买。我买菜的时候，每次都是到小区的菜店里买，她则总跑到那个农贸市场里面去买。我们就担心她的安全：老太太，70 多岁，走路都已经让人担心了，她还要过马路，还要拉着拖车，或者是背个大包……但是她却总到那个地方去买。为什么？因为小区里面的菜又少又贵，外面超市里的菜品种虽多但更贵，而那个农贸市场里面的菜不但品种更多，比前两个地方的菜每斤便宜个一两毛钱还不止。那种关于哪个地方什么时候的菜最便宜的知识，支撑了我母亲的生活。而我在此有关特定时间和地点的知识则是：在小区里面买菜 5 分钟搞定，到小区外面的超市里买菜 50 分钟搞定，而到农贸市场里面买菜 2 个小时才能搞定。这种知识也支撑了我的日常行动。市场经济不是基于一整套经济理论，市场经济中也不是所有的人都必须学经济学，更不要求所有的人都学古典或新古典经济学。学经济学的人是很少的，但是大家都能够在市场经济里自由地生活，关键的是这样一些关于特定时间和地点的知识。另外哈耶克还区分了阐明的规则和未阐明的规则。[③] 有些规则说得清清楚楚，有些规则没有说清楚也说不清楚，正所谓“此中有真义，欲辨已忘

---

① O'Connor, Daniel John (1957), *An Introduction to the Philosophy of Education*, London, Routledge & Kegan Paul.

② ［英］冯·哈耶克：《知识在社会中的运用》，见［英］冯·哈耶克著，邓正来译：《个人主义与经济秩序》，生活·读书·新知三联书店 2003 年版，第 120～122 页。

③ 参见 Hayek, Friedrich A. (1978), *New Studies in Philosophy, Politics, Economics and the History of Ideas*, Routledge & Kegan Paul, 81-82.

言。"[①] 那重要的东西是什么呢？计划经济靠的是正规的知识与明确的规则，市场经济靠的则是有关特定时间和地点的知识以及各种未阐明的规则。其中的高下立判。

在科学哲学中，波兰尼提出了"个人知识"（personal knowledge）的概念。以前，"知识"和"个人"这两个概念是不能够正面结合的，因为据说是知识就该是普遍的、公共的、客观的。没有人承认"这个是你的知识，那个是他的知识"这种说法。如果这个东西单纯是你的就不能叫知识，只能叫建议或意见。所以我们发言的时候，可以说"我来提一下我个人的意见，我来提一下我个人的建议"，不说"我来提一下我个人的知识"。这两个概念本身被认为是冲突的。但是波兰尼说这种客观主义的知识观实际上是一种错觉，是一种虚假的理想。根据他的观点，识知（knowing，即知识的获得）是对被知事物的能动领会，依赖于个人的热情、技能与判断，是一种求知寄托，"个人"与"知识"是可以结合的。[②] 波兰尼有句名言，"What we know is more than what we can say"[③]，也就是前面提到的："我们所知道的多于我们所能言说的"。他还说："所有知识要么是缄默的，要么根源于缄默认识之中。"[④] 骑自行车怎么维持平衡？这一套东西是很难说清楚的，因此也是很难通过说来把别人教会的。你必须亲自去骑，再在这个过程中慢慢地体会。若坚持把它说出来，我们可能只是说了另外的一个东西。这也许就是叔本华所说的："思想在语言表达的时候死去。"

此外，无论分析哲学、政治哲学还是人类学，也都在这一时期强调了人类知识的多样性，以及我们以前忽视的那些非科学知识的关键意义。分析哲学是对语言的哲学分析，最初试图发展一套科学语言，后来转向日常语言分析。英国日常语言分析哲学家赖尔（Gilbert Ryle，1900—1976）仔细区分了"智力"（intelligence）和"理智"（intellect），"知道怎么做"（know how）和"知道那个事实"

---

① 陶渊明：《饮酒二十首》（之六），见陶渊明著，逯钦立校注：《陶渊明集》，中华书局1979年版，第89页。

② [英] 迈克尔·波兰尼著，见许泽民译：《个人知识——迈向后批判哲学》，贵州人民出版社2000年版，第96～98页。

③ Polanyi, M. (1966), *The Tacit Dimension*, London: Routledge & Kegan Paul, 4.

④ [英] 迈克尔·波拉尼：《缄默的认识》，见瞿葆奎主编，施良方、唐晓杰选编：《教育学文集·智育》，人民教育出版社1993年版，第137页。

(know what)。在他看来，具有良好的智力（聪明、精明、有条不紊、审慎、敏锐、诙谐、善于观察、有批判力、机智等）与理智（理论思维、关于真命题或事实的知识、见识广博或愚蠢与无知）并不是同一回事。智力与“知道怎样做”有关，理智与“知道那个事实”有关。“知道怎样做”并不意味着知道做那些事情所应遵循的规则（即“知道那个事实”），“知道怎样做”先于“知道那个事实”。而且，事先知道的理论或规则本身也不能完全控制借助智力去完成这些活动的过程，是智力而不是理智构成了心理行为的基础和核心。① 政治学中，英国哲学家欧克肖特（Michael Oakeshott，1901—1990）也区分了两种知识，一种是技术知识，另一种是实践知识，而且认为实践知识优于技术知识。其中技术知识是精确制定的规则，虽然制定它需要特殊技巧和洞见。而实践知识只存在于运用中，不是反思的，也不能像技能那样被制定为规则。② 人类学家在从事田野研究时则发现，那些被认为是“原始的”“野蛮的”“不文明的”部落、地区或国家，并非真是知识领域中的一个不毛之地，而是有着自己独特的知识体系。美国文化人类学家格尔兹（Clifford Geertz，1926—　）由此提出了一个“地方性知识”（local knowledge）的概念，来说明每一个民族或社群自己所共享且支撑其日常实践的那样一套知识、信念与习俗，并把社会现象放到这样一种知识框架中去解释。③

知识观的这种转型，使教育学界在应对奥康纳挑战的时候，有了更为强大的武器。首先起来应战的赫斯特（Paul H. Hirst，1927—　）也是英国的一个分析教育哲学家。他觉得教育理论是一种实践性理论（practical theory），关心的是实践的原则，需要把它和只关注纯粹理论知识的领域区分开来：实证性理论都是要基于客观的、自然的事实，而实践性理论关心的则是实践活动的行动准则；前者关心的是获得理性的认识，后者关心的是做出理性的行动；理性的行动，能够而且在某些方面必须先于理性的原则。④ 这是一个很厉害的观点。我们以前总觉得，没有科学的理论就没有科学的实践。奥康纳也认为是这样。但赫斯特认识到，不

① ［英］吉尔伯特·赖尔著，徐大建译：《心的概念》，商务印书馆 1992 年版，第 19～27 页。

② ［英］迈克尔·欧克肖特著，张汝伦译：《政治中的理性主义》，上海译文出版社 2004 年版，第 7～12 页。

③ 参见［美］克利福德·格尔兹著，王海龙、张家瑄译：《地方性知识——阐释人类学论文集》，中央编译出版社 2000 年版。

④ ［英］保罗·赫斯特：《教育理论》，见瞿葆奎主编，瞿葆奎、沈剑平选编：《教育学文集·教育与教育学》，人民教育出版社 1993 年版，第 441、449 页。

能先为教育教学制定一系列的原则，构建一系列的理论，然后再照着去做，而是需要首先去做，不断地去探索，不断地去反思。实际上是说必须先有一套实践的理论，然后再慢慢地完善。很明显，像这样的一种观点，基于的已是一套全新的知识观。其实杜威的开创性理论，就是基于“有用即真理”的新真理观。到 20 世纪 50 年代，在整个人文社会科学领域的各个学科里面，都出现了这样一种知识观的转型。至此，一些人开始意识到，教师本身其实是有一套自己的教育学的，我们教育学的研究需要有一个实践的转向。

在教育学的实践转向中，首先是分析教育哲学获得了迅速的发展。分析教育哲学最初也是从实证主义的知识概念起步的，试图发展一套明晰的教育概念以增强教育学的科学性。持这种逻辑实证主义取向的主要有英国哈迪（Charles D. Hardie）的《教育理论中的真理与谬误》（1942，第一部系统明确地运用分析哲学的方法讨论教育问题的著作）和奥康纳的《教育哲学导论》（1957，西方第一部有重大影响的分析教育哲学著作）①。但很快人们就放弃了这一思路而转向了日常语言研究。分析哲学的日常语言学派认为，同样的词在不同的语境下有不同的意义。孤立地看，词和句子只具有潜在的意义。只有当它们被放在特定的语境中时，它们才拥有现实的意义。因此，我们可以说，用法界定意义，不存在单一的正确反映世界的实际情况的“科学语言”。美国学者谢富勒（Israel Scheffler，1923—2014，“分析的教育哲学”概念的首倡者）的《教育的语言》（1960）②、《知识的条件》（1965）③、《理性与教学》（1973）④ 等就是这一分析路径的重要成果。分析教育哲学的“伦敦路线”（London Line）也是以此为旗号在伦敦大学教育学院发展壮大的，主要代表是皮特斯（Richard Stanley Peters，1919—2011）和赫斯特。前者的代表作是《伦理学与教育》（1966）⑤，后者的代表作是《教育的逻辑》（与

---

① O' Connor, Daniel John (1957), *An Introduction to the Philosophy of Education*, London, Routledge & Kegan Paul.

② Scheffler, I. (1960), *The Language of Education*, Springfield: Charles C Thomas. 或者见［美］伊士列尔·谢富勒著，林逢祺译：《教育的语言》，桂冠图书股份有限公司 1994 年版。

③ Scheffler, I. (1965), *Conditions of Education*, Illinois: Foresman and Company.

④ Scheffler, I. (1973), *Reason and Teaching*, London: Routledge and Kegan Paul.

⑤ Peters, Richard S. (1966), *Ethics and Education*, London: George Allen & Unwin.

皮特斯合著，1970)① 等。分析教育哲学后期的代表主要有索尔蒂斯（Jonas F. Soltis）和布列钦卡。索尔蒂斯是美国人，其主要著作是《教育概念分析导论》(1968)。② 前面我们介绍过的布列钦卡是德国人，其主要的分析教育哲学著作是《教育科学的基本概念》(1974)③ 与《教育的元理论：教育科学、教育哲学、实践教育学基础的入门》(1971、1978、1992)④。

我国教育学界直接在分析教育哲学名下开展的研究不多，但 20 世纪 90 年代达到顶点的元教育学（metapedagogy）研究⑤还是带有这种倾向，并最终像分析教育哲学一样导致了教育学的实践转向。这一元教育学研究浪潮也是从思考教育学的科学性起步的，而且与改革开放后对教育学的新需求息息相关。一种视野主要关注教育学的学科立场，这是赫尔巴特就曾提出的问题：如何让教育学摆脱别的学科的附庸地位。对这个问题的思考增加了人们对教育如何才能促进人的发展这一问题的关切，开启了教育学科学化的新进程。避免直接从其他学科借用资源的结果，就是自主研究的加强，也就是教育研究向教育现象本身的靠近。在这一过程中，随着实证主义的科学观逐渐占据主导地位，问题又很快演化为教育改革实验的科学性问题。其结果，就是实验教育学的话语大行其道。当然，那不是直接在实验教育学的旗帜下展开的。但显然大家都相信，真正科学的教育学，应当建立在教育实验的基础之上。因而在 20 世纪 80 年代末 90 年代初，引发了一场有关教育实验的性质与规范的大讨论。最终，人们也像西方同行一样，确认教改实验不同于科学实验，主要是改革性的，而不是实证性的。服务于科学研究目标的实证性实验在教育领域有其价值，但必须受到严格控制而且需要基于被试的意愿。其结果就是教改实验重心的转移——从关注教学方法/模式的实效（基于对因果关

---

① Hirst, Paul H. and Richard Stanley Peters (1970), *The Logic of Education*, London, Routledge & Kegan Paul.

② Soltis, Jonas F. (1978), *An Introduction to the Analysis of Educational Concepts* (2nd ed.), Reading, MA: Addison-Wasley Publishings.

③［德］沃尔夫冈·布列钦卡著，胡劲松译：《教育科学的基本概念：分析、批判和建议》，华东师范大学出版社 2001 年版。

④ 中文版即［德］沃尔夫冈·布列钦卡著，杨明全、宋时春译：《教育知识的哲学》，华东师范大学出版社 2006 年版。

⑤ 参见瞿葆奎、郑金洲主编：《元教育学研究》，浙江教育出版社 1999 年版；唐莹著：《元教育学》，人民教育出版社 2002 年版。

系的揭示）转向了关注改革的人文志趣和精神。教育理论与实践的关系由此得到部分清理：一方面是教育实验向教育改革演化；另一方面实践本身的理论意义也得到认可。到后来，教育学的逻辑起点问题，也就是教育学究竟该从何种奠基性概念起步层层深入地进行陈述的问题，也开始得到重视。最终的结果出人意料，对教育学表述逻辑的认识最终演化成对教育自身的逻辑的追问。①

（三）行动研究与行动中的教育学

不论西方还是中国，对教育学知识本身的反思都导致行动研究（action research）受到重视。此前我们其实已经强调行动了，杜威的做中学与实验方法，实际上已经是在强调行动了。但是，杜威的做中学和发现实验只是强调要学生去行动，只是强调学生去发现。布鲁纳和施瓦布他们也都只是强调学生要研究，教师的责任主要就是给学生创造一个环境，提供一些条件。因此，施瓦布说："有效的'学习情境'并不是通过最快速、最便捷的途径掌握学习习惯和情感态度、运用知觉对象以及应用知识的情境，而是能够引起学习者反思、实验和不断修正的情境。"② 而实验教育学说到底也不是让一线教师去做教育实验，不是让一教师自己去改进自己的教学，只是让研究者去发现、去研究、去做实验。到 20 世纪 60 年代后期，人们觉得不仅学生要研究，教师自己也要研究。教师的研究当然不可能像专家学者那样主要借助观察或实验室实验来进行，而应当主要借助自身行动来进行，即在行动中研究，通过行动来研究，为了行动而研究。我们现在所学的教育学，是跟我们的学生、跟我们的教材、跟我们的情境相脱离的，所以还需要在实践中发展出一套我们自己的教育学。哪怕在学校中我们已经学习了杜威的民主教育学，我们自身对教育学的探索也不能够止步。生命不息，教育者对教育学的亲身研究就不能停止。

勒温（Kurt Lewin，1890—1947）通常被认为最早提出了"行动研究"的概

---

① 参见康永久著：《教育制度的生成与变革——新制度教育学论纲》，教育科学出版社 2003 年版，"引言"第1～6页。

② ［美］约瑟夫·施瓦布：《论进步教育中教师"不可能"扮演的角色》，见［美］Ian Westbury 和 Neil J. Wilkof 主编，郭元祥、乔翠兰主译：《科学、课程与通识教育——施瓦布选集》，中国轻工业出版社 2008 年版，第 136 页。

念的学者。他曾说："了解这个世界的最好方式就是去改变它。"[①] 这种思想以前只是科学实验的认识论基础，是杜威把它发展成了参与者的认识论，并以此反对那种传统的旁观者的认识论。[②] 这种参与者的认识论强调行是知的前提，而旁观者的认识论则认为知与行相分离。应当说，勒温的思想与杜威的思想在根本上是一致的。勒温于1938—1939年与人合作进行了一项关于民主和专制的领导风格的实验研究，结果发现民主式的领导优于专制式，专制式的领导又优于放任式。[③] 勒温之所以提"群体动力学"（group dynamics）[④]，就是因为他发现群体本身有一种独特的力量。个人的力量当然是存在的，但是当我们以群体的形式出现时，就有了一种全新的力量，这种力量不但是实践上的，而且是认识上的。就像我们说的"男女搭配，干活不累"，大家一起来学教育学并不觉得特别枯燥。这是什么意思？难道一搭配就产生了某种新的教育学了？可以这么理解。总之它使我们的教育教学中增添了某种迷人的魅力，或者是加进了某种神秘的力量，使得整个事情做起来都变得容易了。现实的实践一直都在改变这个世界，也在改变人们对于教育的认识。群体动力学要求我们研究群体生活所能给我们提供的那种超出了我们单个人力量的新的支撑力量。勒温正是立足于群体动力学立场，致力于"独立、平等与合作"关系的创建，力图推动以行动研究的方式解决社会问题。

因为教师在行动，而行动本身带有认识论意义，可以帮助我们认识和改变世界，所以人们慢慢接受教师也是研究者，慢慢致力于种种校本研究。[⑤] 当然，在教育实践领域中大规模推行行动研究，离不开施瓦布、斯滕豪斯、埃利奥特（John Elliott）、舍恩（Donald A. Schön，1930—1997）和卡尔与凯米斯（Wilfred Carr & Stephen Kemmis）等人的理论贡献。事实上勒温也相信："There is

---

① 转引自［美］唐纳德·A. 舍恩著，夏林清译：《反映的行动者——专业工作者如何在行动中思考》，教育科学出版社2007年版，"译者序"第2页。

② ［美］约翰·杜威著，傅统先译：《确定性的寻求：关于知行关系的研究》，上海人民出版社2004年版，第21页。

③ Lewin, K., R. Lippitt and R. White (1939), Patterns of Aggressive Behavior in Experimentally Created "Social Climate", *Journal of Social Psychology*, 271-299.

④ Lewin, K. (1939), Experiments of Social Space, *Harvard Educational Review*, 1-32.

⑤ Corey, Stephen M. (1953), *Action Research to Improve School Practice*, Teacher's College, Columbia University, New York.

nothing so pratical as a good theory"（好的理论最实际）。[①] 施瓦布有关课程实践的系列论文[②]、斯滕豪斯的《课程研究与开发导论》(1975)[③]、舍恩的《反思的实践者》(1983)[④]、卡尔与凯米斯的《走向批判：教育、知识与行动研究》(1986)[⑤]和埃利奥特的《走向教育变革的行动研究》(1991)[⑥] 等是行动研究的主要推动者。其中，施瓦布倡导"课程开发的实践模式"，强调在课程开发中教材、课程专家、教师、学生与环境相互作用，并强调通过集体审议达成共识。斯滕豪斯倡导教学的过程模式，要求教师成为研究者，成为课程开发者，要求每一个课堂都成为教育改革的实验室。在他看来，目的是演进着的，知识的价值在于作为思考的焦点激发各种水平的理解，而不是作为固定的信息让人们接受，因而过程本身的发展性尤其重要。这一切都要求教师放弃对课堂的控制，摆脱教材的约束，真正促进知识的内生。"没有教师的发展，就没有课程编制"。因此，在行动研究中，哪怕教师们的声音再稚嫩，我们也要尽力帮助他们发出自己的声音，形成一套不同于别人的东西，成为舍恩所说的那种"反思的实践者"，再好的教育学也不能阻挡他们自己的教育学的成长。实践转向的教育学研究就这样关注教师自身知识的价值，关注他们的自我成长，关注这样一种批判反思性实践的命运。

与行动研究密切相关并最终与之结合了的，是那种不断走进教育现场的教育学。历史上不断有教育学试图走进教育现场。1969 年，哈弗罗克（Ronald G. Havelock）通过检查 4 000 多项关于教育改革和其他社会改革的研究，归纳出了三种主要的改革模式。(1) 研究开发推广模式（research，development and

---

① Lewin，K. (1951)，*Field Theory in Social Science*：*Selected Theoretical Papers*，New York：Harper & Row，169.

② [美] 约瑟夫·施瓦布：《实践：课程的语言》《实践：折中的艺术》《实践：课程的转化》，见 [美] Ian Westbury 和 Neil J. Wilkof 主编，郭元祥、乔翠兰主译：《科学、课程与通识教育——施瓦布选集》，中国轻工业出版社 2008 年版。

③ Stenhouse，L. (1975)，*An Introduction to Curriculum Research and Development*，London：Heinemann. 中文版见 [英] 劳伦斯·斯坦豪斯·宾特雷伊著，诸平等译：《课程研究与课程编制入门》，春秋出版社 1989 年版。

④ [美] 唐纳德·舍恩著，夏林清译：《反映的实践者——专业工作者如何在行动中思考》，教育科学出版社 2007 年版。

⑤ Carr，W. & Stephen Kemmis (1986)，*Becoming Critical*：*Education*，*Knowledge and Action Research*，Falmer Press，Philadelphia.

⑥ Elliott，J. (1991)，*Action Research for Educational Change*，Open University Press.

diffusion model)。这一模式产生于 20 世纪 50 年代的美国。由于合作研究法案（The Cooperative Research Act）的通过，1954 年以来，美国建立了许多区域教育实验室和教育研究发展中心。它们经常采用这样一套程序：结合过去的研究成果和有关资料，设计教育改革的过程与成果的原型，不断检验修正，最后加以推广。其理论基础是理性主义和权威主义。（2）社会互动模式（social interaction model)。该模式产生于 20 世纪 60 年代初，其理论基础是自卢梭以来的社会合作主义和现代人际关系理论，强调人与人之间的沟通与合作。在这里，在人与人、群体与群体之间的相互影响中产生了改革的设想与驱动力，条件好、对改革敏感或行动迅速的群体或个人率先进行了改革。率先改革者进一步影响了其他群体或个人，引发了更多或更大范围的改革。在这样相互影响中，改革迅速扩散、蔓延开来。而改革的成效进一步强化了改革的热情和动机，使改革不断升华。（3）问题解决模式（problem-solving model)。它是由广大一线教师自行设计和实施的以解决实际问题为目标的改革。该模式的理论基础是实用主义哲学和自由市场理论，坚持以顾客为中心，顾客需要什么，市场就供应什么。整个过程都是由改革者自主进行，只是在必要时，向有关专家、机构寻求咨询或指导。①

这种不断走向教育现场的教育学，国内在改革开放前也能看到其身影，因为它是备受国家推崇的科学实验运动的一部分，改革开放之后更是呈风起云涌之势。当然，一直到 20 世纪 80 年代中期，教育理论界都没有成规模地独立涉足实践领域，有的也只是为纯科学的目的而进行的实证调查和自然实验（多为学科教学法专家或心理学家推动）。然而，在国家本位的改革和地方本位的改革（它们都属于政府主导类改革）日益发展的过程中，指责教育理论脱离实际的声音越来越高。1988 年开始全面实施的经费包干，为教育理论工作者作为独立力量进入改革现场提供了经济条件。更关键的条件是由外部挤压和示范所导致的学校自主市场化创设的，大多数专业教育研究者就是在这种背景下进入了教育改革第一线。这类改革着力于超越现实教育理念的局限，体现了教育工作者（尤其是理论工作者）所

---

① Havelock, Ronald G. in Collaboration with Alan E. Guskin & others (1969), *Planning for Innovation through the Dissemination and Utilization of Knowledge: A Comparative Study of the Literature on the Dissemination and Utilization of Scientific Knowledge*, Ann Arbor: Center for Research on Utilization of Scientific Knowledge, Institute for Social Research, University of Michigan. 参见王宗敏、张武升：《教育改革论》，河南教育出版社 1991 年版，第 97～102 页。

特有的理想化、浪漫化倾向，是“文化大革命”结束后受“按教育规律办事”的召唤而发起的教育变革行动。最初采取的也是研究开发模式，主要受科学教育学梦想的激励，并且主要是进行单项或单科试验。后来受系统论的影响，单项乃至单科试验逐渐向多项乃至综合或整体改革试验的方向发展：或者希望综合考虑各种因素，找到一种最优的教育教学模式；或者希望根据具体情况，为实践者提供几套备选的教育教学模式。直到这时，这种教育学其实与我们所说的实践取向还没有建立实质性的联系，基本上仍是一种行动取向、技术取向、规范取向的教育学。在这里，行动过程主要被理解成了将理论或规范运用于实践的理性或技术过程，并与实践自身相对立。如果日常实践是常规性的活动，教育改革试验就是打破常规、唤起反思意识、施加技术理性的转化性活动。其结果，改革很多时候就是由专家们到教师的头脑里面“捉虫子”。但到 90 年代末期，随着复杂科学的兴起，教师与实践本身的能动性受到尊重，教育改革专家们的教育学最终与一线实践者们的教育学结合在了一起。其后，虽然国家本位的“新课程改革”对这样一些自主教改实践构成了严重的冲击，教育理论与一线实践的互动依然存在。我们在自己所参与的石景山区“绿色教育发展实验区”项目中，就主要致力于发掘情境中的教育意义。①

（四）批判教育学对科学的批判

具有深厚的西方马克思主义背景的批判教育学也有实践取向。原来那种自认为科学、专业的教育学，不管是理性主义的还是实证主义的，都强调价值中立、理性思考，企图先搞出一套系统的科学理论，再交给一线的教师去执行。在批判教育学看来，主张价值绝对中立的科学教育学是一种维护现状的教育学，事实上任何教育学可能都与阶级利益、权力意志和意识形态偏见有关系。但西方马克思主义不强调你死我活的阶级斗争，而是认为教师要使自己的职业生涯有意义，就必须发展出一套自己的独特理解，一套对于教育教学、对于我们所教知识的独特理解。正是基于这种考虑，批判教育学对于种种科学教育学始终秉持一种不妥协的批判态度，认为教育研究应力图恢复“深思熟虑的艺术”以培养教师的专业判

① 参见康永久主编：《绿色教育的实践立场：现场中的理论研究》，北京师范大学出版社 2014 年版。

断和实践智慧，关注实践者的理性自主，希望通过完善自我认识来教导实践者，以期实现从无知和习惯到理智和反省的转变。而教育者也始终要带着自己的脑袋去教育现场，什么东西都要经过自己的思考，不要轻易地被所谓的科学所迷惑，否则就是把教育教学等同成一种知识传输体系或技术过程，助纣为虐。

主要的批判教育学家及其著作，这里给大家列了一个清单。巴西著名教育家弗莱雷的《被压迫者的教育学》（1970），差不多是批判教育学的鼻祖了。它其实只是一本小册子，主要批判了传统的灌输式教学，在师生之间倡导一种对话关系。[①] 阿洛诺维兹（Stanley Aronowitz，1933— ）主要关注社会学、文化研究与城市教育，这几年经常来北京师范大学。他的主要著作有《错误的承诺：美国工人阶级意识的形成》（1973）[②]、《被围攻的教育》（1981）[③] 等。阿普尔更常到我们学校来，有一次我跟他一起吃饭，（学生一片惊呼）聊来聊去就聊到我们教育学部的译名“Faculty of Education”，发现他也不知道它究竟想表达什么意思。后来又聊到我们北京师范大学的英文名，他就问：为什么强调 Normal？难道还有 Abnormal University？可见他是一个很幽默的人。但他研究的都是很严肃的东西，主要批判知识、课程与权力的关联，著有《意识形态与课程》（1979）[④]、《教育与权力》（1985）[⑤]、《教师与文本》（1986）[⑥] 等一系列著作。他的东西前前后后都差不多，这让我联想到瓦茨-格兰德（Waitz-Gerland，1915—1973）的一个评价：“你见到了一个美洲土著，你就见到了所有的美洲土著。”[⑦] 与阿普尔相比，吉罗克斯（Henry A. Giroux，又译吉鲁，1943— ）的思想有更明显的后现代气息，强调的不是理性批判或解放，而是反对文化统一性，认可文化的多元化、异质性。

---

① ［巴西］保罗·弗莱雷著，顾建新等译：《被压迫者的教育学》，华东师范大学出版社 2001 年版。

② Aronowitz, S. (1973), *False Promises: The Shaping of American Working Class Consciousness*, McGraw-Hill.

③ Aronowitz, S. and Henry A. Giroux (1981), *Education under Siege: The Conservative, Liberal, and Radical Debate over Schooling*, Massachusetts: Bergin & Garvey.

④ ［美］迈克尔·W. 阿普尔著，黄忠敬译：《意识形态与课程》，华东师范大学出版社 2001 年版。

⑤ ［美］迈克尔·W. 阿普尔著，曲囡囡、刘明堂译：《教育与权力》，华东师范大学出版社 2008 年版。

⑥ Apple, Michael W. (1986), *Teachers and Texts: A Political Economy of Class and Gender Relations in Education*, London, Routledge and Kegan Paul.

⑦ Waitz-Gerland (1872), *Anthropologie der Natur Volker*, *Volumen*, Leipzig, 75-76. 转引自［法］埃米尔·涂尔干著，渠东译：《社会分工论》，生活·读书·新知三联书店 2000 年版，第 94 页。

他的主要著作有《意识形态、文化与学校教育过程》(1981)[①]、《教师作为知识分子》(1988)[②]、《跨越边界：文化工作者与教育政治学》(1992)[③] 等。麦克拉伦(Peter McLaren，1948—　)是个典型的西方马克思主义者，他的主要著作有《作为一种仪式表演的学校教育》(1986)[④]、《校园生活——批判教育学导论》(1998)[⑤] 和《切·格瓦拉、保罗·弗莱雷与革命教育学》(2000)[⑥] 等。

批评教育学盛行于 20 世纪 60 年代中后期到 70 年代中期，一个全世界都很"左"的年代，因而很多时候都是有点走极端的。很多人都有意无意地在这个过程中"为天地立心，为生民立命，为往圣继绝学，为万世开太平"[⑦]，很容易为追求一种纯洁的阶级理想而不择手段。这是一种强价值介入的批判，把一种统一的实质性的价值立场作为最终的评判依据，把某种特定阶级所倡导的自由民主公正作为最终的原则，以为世人皆醉我独醒。在卡尔看来，科学理论的独特性，不在于它的逻辑地位，而在于它是探究过程的产物；科学的探究过程存在于问题和行动产生的历史的、社会的背景中，存在于自我批判的、开放的科学共同体中，其目的是以常识的批判，来消除扭曲日常思维方式的成见和教条，从而获得理论的发展。简言之，科学的含义重在"过程"与"批判"。批判理论，特别是哈贝马斯的"批判社会科学"，正体现了这种科学精神。[⑧] 但一般的批评教育学没有达到这个层次，所以我们以后去看批判教育学家的著作时，大致还是能感觉到这是一个偏"左"的学派。也正因为如此，这种批判教育学对我国产生了广泛的影响，在那些有着明确的实质性的价值追求的知识分子与社会"愤青"中尤其如此。

---

① Giroux，Henry A. (1981)，*Ideology*，*Culture and the Process of Schooling*，Falmer Press.

② [美] 亨利·吉鲁著，朱红文译：《教师作为知识分子——迈向批判教育学》，教育科学出版社 2008 年版。

③ [美] 亨利·吉罗克斯著，刘惠珍等译：《跨越边界：文化工作者与教育政治学》，华东师范大学出版社 1992 年版。

④ McLaren，P. (1986)，*Schooling as a Ritual Performance*：*Towards a Political Economy of Educational Symbols and Gestures*，London，Boston：Routledge & Kegan Paul.

⑤ [美] 彼得·麦克拉伦著，萧昭君、陈巨擘译：《校园生活：批判教育学导论》，巨流图书公司 2003 年版。

⑥ McLaren，P. (2000)，*Che Guevara*，*Paulo Freire*，*and the Pedagogy of Revolution*，Rowman and Littlefield.

⑦ 见张载《张子语录》。

⑧ 参见唐莹著：《元教育学》，人民教育出版社 2002 年版，第 327 页。

（五）存在主义与现象学教育学

还有一种与存在主义及现象学都有关的教育学，对当今中国的教育学术也产生了广泛的影响，它的实践转向就更明显。存在主义是对传统理性主义的一种新批判，就像奥康纳所说的那样，“存在主义哲学活动的一个标准就是当事人被带入了画面，他的哲学之所以得到推崇，部分地就因为这哲学是他自己的。而天启式的宣告，与自我戏剧化这些可悲的倾向，也由此而来。”① 克尔凯郭尔（Soren Aabye Kierkegaard，1813—1855）和尼采（Friedrich Wilhelm Nietzsche，1844—1900）是存在主义的先驱。克尔凯郭尔强调哲学研究的起点不是客观存在，而是人的存在，以“找到我的真理，找到我可以为之生、为之死的理念”②。在他看来，“只要涉及人的存在，真理就不可能由客观的考察或论证加以把握。”③尼采哲学的主题也是生命的意义问题，而他对这个问题的解答是：靠艺术来拯救人生，赋予生命以一种审美的意义。他的《作为教育家的叔本华》④，也要求以叔本华为榜样，真诚地探索人生问题。说到底，他们都关注人在世界中的位置与状态，反对对人的机械论解释，希望为人找寻光明。

存在主义成熟于20世纪20年代危机四伏的德国，并通过海德格尔与胡塞尔现象学相结合。在这里，存在主义与现象学都获得了长足的发展，海德格尔与雅斯贝尔斯是其中的杰出代表。雅斯贝尔斯本来是一个精神病医师，因而并不出人意料地，在经验自我的背后看到了一个真正的自我。他的三卷本的《哲学》（1932）一书叙述了人的三种存在方式。（1）客观存在（being-there），也就是通过外部观察所认识到的自己的存在。（2）自我存在（being-oneself），指一个人自我意识中的个体存在。（3）自在存在（being-in-itself），指反思自我存在、超越诸种限制所形成的真正自我。⑤ 海德格尔强调应当关注存在或关注此在（人）的“在世存在”，而不是关注存在者（包括胡塞尔强调的先验自我），并首先提出了“存在主义”的概念。海德格尔认为，作为“存在”的人，面对的是“虚无”与孤

---

①③［英］D. J. 奥康诺主编，洪汉鼎等译：《批判的西方哲学史》，东方出版社2005年版，第968页。

② 转引自［奥］康拉德·保罗·李斯曼著，王彤译：《克尔凯郭尔》，中国人民大学出版社2010年版，第14页。

④［德］弗里德里希·威廉·尼采著，周国平译：《作为教育家的叔本华》，译林出版社2012年版。

⑤ Jaspers，Karl T.（1969-1971），*Philosophie*，Berlin：Springer. Translated as Philosophy，trans. E. B. Ashton，Chicago：Chicago University Press.

独无依，人的存在中就这样充满“非存在”！除非有一种“向死而生”的勇气，否则永远无法实现一种“本真存在”（不同于那种与现实同流合污的“沉沦”，“本真存在”意指那种事物本来就与之合一的纯真状态，或者那种不满足于外物的役使而努力追寻本心的状态）。① 他把自己老师胡塞尔的现象学称为是观念论的（因为它强调意识状态的先验自我），要求从观念论转向存在论。这导致胡塞尔的反感，也导致他对现象学的进一步拓展，将强烈的现实关怀引入现象学。存在主义与现象学就这样时而结合，时而泾渭分明。

第二次世界大战后，存在主义与现象学在法国进一步发扬光大，主要代表是让-保罗·萨特（Jean-Paul Sartre，1905—1980）和梅洛-庞蒂。萨特像胡塞尔一样，强调一切从人、人的意识出发来研究人和这个世界，把人的主观意识看成是一切存在的根本，但他也同样拒绝先验的我，而是相信人性是一项尚未被决定的谋划。虽然他相信“世界是荒谬的，人生是痛苦的”，但他的核心主张是“存在先于本质”②。意思是说：“人首先存在着，首先碰到各种机遇，首先活动于这世界——然后，开始限定了自己。……只是到了后来，他才成了某种东西，他才把自己创造成他所要成为的东西。因此，就无所谓人的天性，因为没有上帝来给予它一个概念。人赤裸裸地存在着，他之赤裸裸并不是他自己所想象的，而是他是他自己所意欲的——他跃进存在之后，他才意欲自己成为什么东西。人除了自我塑造之外，什么也不是。这是存在主义的第一个原则。”③ 而梅洛-庞蒂也认为知觉是主动的，而且是整体性的，是向真实世界——胡塞尔所谓的“生活世界”——的原初/前概念的开启。而身体也不是单纯的信息传导器，其底层结构与高级机能是连在一起的。④ 他们就这样都相信人在根本上是能动的、自由的。

存在主义首先在教育中产生了重大影响。奥地利的马丁·布伯（Martin Bubber，1878—1965）是存在主义教育思想的主要代表，著有《我与你》（1923）、《品格教育》（1939）、《人与人之间》（1947）等。在《我与你》中，布伯认为，如果将人与人之间的“我与你”的关系当作人与物之间的“我与它”的关系，人性

---

① 参见［德］马丁·海德格尔著，陈嘉映、王庆节译：《存在与时间》，生活·读书·新知三联书店2006年版。

②③ ［法］让-保罗·萨特：《存在主义是一种人文主义》，见［美］W. 考夫曼编著，陈鼓应、孟祥森、刘崎译：《存在主义》，商务印书馆1995年版，第303页。

④ ［法］梅洛-庞蒂著，姜志辉译：《知觉现象学》，商务印书馆2001年版，第23～31页。

就将毁灭。因此，“教育的目的不是告知后人存在什么或必会存在什么，而是晓喻他们如何让精神充盈人生，如何与‘你’相遇。”① 雅斯贝尔斯的《什么是教育》（1977）区分了三种不同类型的教育：经院式教育仅仅限于传授知识，教师只是照本宣科，毫无创新精神；师徒式教育完全以教师为中心，学生对教师的尊敬和爱戴带有绝对服从的特点，教师的权威具有神奇的力量；苏格拉底式的教育中，教师和学生处于平等地位，双方均可自由地思索，教师的责任是唤醒学生的潜在力量。② 这是一本隽永的小书，其中有关“顿悟”的一句话尤其让我记忆犹新：“灵魂的眼睛抽身返回自身之内，内在地透视自己的灵肉”。③ 当然，我们内部读书会上，学生记住的更多是另一句：“那些没有能力了解真理的人，就让他们误解罢。”④ 他还写有一本《大学的理念》⑤。德国的博尔诺夫（Otto Friedrich Bollnow，1903—1991）著有《德国浪漫主义教育学》（1952）、《存在哲学与教育学：论非连续性教育形式》（1959）、《教育人类学》（1959）⑥、《交往与教育》（1972）、《学校里的典礼和节日庆祝》（1988）等。“非连续性教育”是一个重要概念，对有意识、有目的、有计划、有组织、有系统的教育是一个很大的触动。另外，为什么要有节日和庆典？因为节日和庆典是分享涂尔干所说的那种集体表象和集体欢腾的时刻，可以打断我们庸常的日常实践，使我们跟历史、传统、集体建立起联系。他的这句话说得也特别好：“人只有回到自己的内心世界，才能在一个穷极的、展现出一切坚实内容的深处获得客观世界中再也找不到的立脚点。”⑦ 美国的存在主义教育哲学家尼勒（George F. Kneller，1908— ）则著有《教育哲学导论》（1964）、《存在主义与教育》（1964）、《教育人类学》（1965）等。

我们平时见到的现象学教育学的主要来源是这种受现象学启发的存在主义，而不是直接来自胡塞尔的现象学，因为它们关注的经常是人们的日常生活体验而不是真正的原初意识。要真正理解什么是现象学教育学，还要理解现象学。什么是原初意识？原初意识或纯粹意识是一种前概念的意识，实际上就是未被诸种概

---

① ［德］马丁·布伯著，陈维纲译：《我与你》，生活·读书·新知三联书店2002年版，第36页。

②③④ ［德］卡尔·西奥多·雅斯贝尔斯著，邹进译：《什么是教育》，生活·读书·新知三联书店1991年版，第7～8、14、12页。

⑤ ［德］卡尔·雅斯贝尔斯著，邱立波译：《大学之理念》，上海人民出版社2007年版。

⑥ ［德］奥托·弗里德里希·博尔诺夫著，李其龙译：《教育人类学》，华东师范大学出版社1999年版。

⑦ 转引自邹进著：《现代德国文化教育学》，山西教育出版社1992年版，第138页。

念侵蚀过的先验自我，一种先验的善意。类似于小孩的那样一种纯真的意向状态，那样一种与世界建立关系的能力，那样一种自我呈现、物我两忘、天人合一的意境，那样一种向世界投入真心、使世界得以显现、生活得以展开的敞开状态。胡塞尔曾将原初意识与自然意识（或常识态度）区分开来。后者相信这个世界是客观的，相信我们见到的一切都独立于我们自身而存在，都有它们自身的逻辑。而原初意识中日常的一切都基于某种意义的丧失或沉沦。胡塞尔也曾提倡“回到事情本身”，人们经常因此误认为现象学就是要清晰地显现客观的对象。事实上，胡塞尔所说的事情本身，在根本上就是这样一种原初意识及其显现之物。因为认为原初意识及其显现的生活世界构成了世界的根基，现象学不但强调原初意识的重要性，而且进一步强调“世界的主观构造”，认为我们所生存的这样一个世界，本身建立在我们自身的原初意识的基础之上，本身就是一种意向关联项。因此，所谓现象学，其实就是关注先验的现象世界，试图将外部世界建立在与人的原初意识的某种关联之上的一套见解。它的核心问题是理解我们的原初意识，借助原初意识让世界显现，理解人们基于原初意识而建构世界的过程，同时也关注我们的原初意识在现实世界中的扭曲并因此而导致意义丧失的过程，最终提出了重建我们的原初意识或回归生活世界的主张。

考虑到日常生活体验经常关联到我们的内在生命体验，存在主义与现象学之间也没有什么绝对的界限。说到底，存在主义与现象学教育学就是一种关注纯粹意识或生命体验并仔细玩味情境中的教育意义及教育实践智慧的教育学。借助于我们个人的现实存在，确实能更好地唤醒我们对世界的基本体验。很多人在现实生活中感到孤独，一个人走夜路的时候害怕得要死，最怕被自己的知心朋友无视。正是这样一些日常体验，足以说明“我们都是单翼天使，只有相互拥抱才能飞翔”。存在主义或现象学教育学就要求我们这样以无偏见的方式对待自己的经验，通过我们自己的全部身心，通过与别人的真诚互动，以及通过对这个世界的切己体察而努力体悟人们行为中不尽明了部分的意义。这是在具体的教育情境同时也是在先验自我中找寻教育学的起点，而不是去通过测量、分析、评价来确定教育学的起点。这也是一场从头（head）到心（heart）的运动。一切一切的根基，就在于我们自己对待这个世界的方式，就像“一棵树摇动另一棵树，一朵云推动另一朵云，一个灵魂唤醒另一个灵魂”①。以前的教育教学、教师教育、在职培训不是建立在对原初意识的唤醒与呵护之上，而是要求大家学习专业教育学，结果遮蔽了我们天性中的教育力量。而现象学促使我们迈向一种迷恋自我的教育学，通过敞开心扉、自我呈现实现不同世界的沟通，最终触摸对方的心灵。

1974 年，美国学者丹顿（David E. Denton）主编的《教育中的存在主义与现象学》(1974)② 出版，标志着存在主义已经与现象学一道对教育哲学的研究产生深刻的影响。澳大利亚的范登堡（Donald Vandenberg）也是这一研究路线的早期代表，其主要著作有《存在与教育》(1971)、《教育中的人权》(1982) 等。荷兰学者兰格威尔德（Martinus Jan Langeveld，1905—1989）及其所领导的现象学教育学团队在乌德勒支大学形成了乌德勒支学派（Utrecht School）或荷兰学派(Dutch School)。他有一些很好玩的论文，如《儿童生活的隐秘之所》(1983)③、《拥有和成为父亲的意义》(1987)④。国内最熟悉的加拿大教育现象学家范梅南也是荷兰裔，其代表作有《生活体验研究——人文科学视野中的教育学》(1990)⑤、《教学机智——教育智慧的意蕴》(1991)、《儿童的秘密——秘密、隐私和自我的重新认识》(与莱维林合著，1996)⑥ 等。他曾经这样来发掘情境中的教育意义：人们没有用古希腊的“教师”一词做我们教育学的词源，而是用“教仆”(pedagogue)，这是极富启发的。教仆送小孩到公共学校学习是最有教育意味的一种场景：学生是主人，教师是仆人；小主人走在前面，教师跟着后面；教育

---

① 李政涛：《没有灵魂的教育》，见杨东平主编：《教育：我们有话要说》，中国社会科学出版社 1999 年版，第 156 页。

② Denton, David E. (1974, ed.), *Existentialism and Phenomenology in Education: Collected Essays*, Teachers College Press.

③ Langeveld, Martinus J. (1983), The Secret Place in the Life of the Child, *Phenomenology + Pedagogy*, Volume 1 Number 2, 181-191. See: http://ejournals.library.ualberta.ca/index.php/pandp/issue/view/1040.

④ Langeveld, Martinus J. (1987), What is the Meaning of Being and Having a Father, *Phenomenology + Pedagogy*, Volume 5 Number 1, 5-21. See: http://ejournals.library.ualberta.ca/index.php/pandp/issue/view/1053.

⑤ [加] 马克斯·范梅南著，宋广文等译：《生活体验研究——人文科学视野中的教育学》，教育科学出版社 2003 年版。

⑥ [加] 马克斯·范梅南、[荷兰] 巴斯·莱维林著，陈慧黠、曹赛先译：《儿童的秘密——秘密、隐私和自我的重新认识》，教育科学出版社 2004 年版。

确实是引路，不过是这样一种“在身后引路”，其全部意义都在支持、关注、注视。[①] 现象学教育学就致力于发掘这种淳朴而日常的教育智慧。

同样广为人知的诺丁斯（Nel Noddings，1929— ）的理论也有很明显的存在主义与现象学意味。她主要强调“关心”的教育意义，她的主要著作有《关心：伦理和道德教育的女性路径》（1984）[②]、《学会关心——教育的另一种模式》（1992）[③]、《始于家庭：关怀与社会政策》（2002）[④] 等。传统的伦理学强调公正，诺丁斯认为那只是男性的伦理学，女性伦理学的核心概念是关心。男人就不关心人？诺丁斯的这种观点当然会引起很大争议，但强调关心确实又是一个非常重要的伦理取向，具体教育实践中尤其如此。类似的还有帕尔默的《教学勇气：漫步教师心灵》，它认为：作为一个教师，哪怕你会因教学伤心，也要有勇气敞开自己的心扉，因为这是将自身、学科与学生结合起来的根基。[⑤] 说得真是太好了！说到底，教学类似于凡勃伦所说的“征服”活动，而不是讲究刻苦耐劳的“生产”活动，[⑥] 需要发挥我们内在的人格力量，而不是借助教学技巧就可以摆平的事情。如果我们有教学勇气，坚持用自己的自然能力来教学生，或者说如果我们能有这种教学情怀，始终能够激励学生把自己最内在的一面呈现出来，能够激活学生的内在力量与天性，他们一定能有一个更健全的发展。

（六）对民间教育学的关注

下面我们要再一次讲到布鲁纳。20 世纪 70 年代后，布鲁纳不再坚持当年基于个人视角的认知主义心理学，而是以维果茨基的文化—历史理论为基础，建立一种全新的文化心理学，开启了第二次认知革命。在这一过程中，布鲁纳及其学生借助家庭录像与成长自传展开对语言与心灵发展的研究，揭示儿童生活中自然事

---

① 参见［加］马克斯·范梅南著，李树英译：《教学机智——教育智慧的意蕴》，教育科学出版社 2001 年版，第 50～51 页。

② ［美］内尔·诺丁斯著，武云斐译：《关心：伦理和道德教育的女性路径》，北京大学出版社 2014 年版。

③ ［美］内尔·诺丁斯著，于天龙译：《学会关心——教育的另一种模式》，教育科学出版社 2011 年版。

④ ［美］内尔·诺丁斯著，侯晶晶译：《始于家庭：关怀与社会政策》，教育科学出版社 2006 年版。

⑤ ［美］帕克·帕尔默著，吴国珍、余巍等译：《教学勇气：漫步教师心灵》，华东师范大学出版社 2005 年版，第 11 页。

⑥ ［美］索斯坦·邦德·凡勃伦著，蔡受百译：《有闲阶级论——关于制度的经济研究》，商务印书馆 1964 年版，第 10～12 页。

件的复杂性。研究成果陆续发表并结集出版，主要有《儿童的说话：学会使用语言》[①]（1983）、《心的探索》[②]（1983）、《实际的心灵，可能的世界》[③]（1986）与《有意义的行为》[④]（1990）等。在这里，布鲁纳拒绝乔姆斯基（Avram Noam Chomsky，1928— ）的语言获得的先天论，提出了一种语言发展的社会互动论。语言的社会或人际本性被强调，有意义的语言被认为是在父母—婴儿的互动情境中获得的，"脚手架"（scaffolding）或"语言获得支持系统"（language acquisition support system）的概念由此被提出。同时，布鲁纳还进一步认为人们会通过文化产品（如语言和其他符号体系）的辅助，建构出其对真实的意识，并以这种"心理真实"将片断的经验置于连贯与整体的情境之中，因而认为说到底，现实在本质上是由人的心灵通过叙说而建构的。[⑤] 正是基于这样一种文化心理学研究，布鲁纳提出了"民间/庶民教育学"（folk pedagogy）的概念。

> 我们与其他人之间的相互作用受到了我们日常对于他们的心灵是如何工作的直觉理论的深刻影响。这一点在相当程度上为反对主体性的行为主义者所忽略。这些直觉的理论尽管很少得到清晰的表述，但却是无所不在的。这种直觉的理论直到最近才得到认真的研究。这种非专业的理论最近被专家们赋予了一个谦恭的名称——"民间心理学"（folk psychology）。民间心理学不仅反映出某种"根深蒂固"的人类倾向，而且也反映出对于"心灵"某种深层的文化信念。民间心理学不仅反映出人类的心灵是如何随时随地工作的，而且还可以就儿童的心灵是如何学习的甚至怎样才能使他们得到发展的问题提供一些观念。就像我们在日常的相互作用中受到我们的民间心理学的指引一样，我们在帮助儿童学习有关世界的知识的活动中也受到"民间教育学"观念的影响。看一看那些与儿童打交道的妈妈、教师甚至保姆们，你就会非常吃惊地发现，他们有那么多的行为受着"儿童的心灵像什么样以及如何才

---

① Bruner, Jerome S. (1983), *Child's Talk: Learning to Use Language*, Norton.

② Bruner, Jerome S. (1983), *In Search of Mind: Essays in Autobiography*, Harper & Row.

③ Bruner, Jerome S. (1986), *Actual Minds, Possible Worlds*, Harvard University Press.

④ [美] 杰罗姆·布鲁纳著，魏志敏译：《有意义的行为》，吉林人民出版社 2008 年版。

⑤ Bruner, Jerome S. (1991), The Narrative Construction of Reality, *Critical Inquiry*, Autumn, 2-21.

能帮助他们学习”一类观念的指引，尽管他们可能根本不能够说出他们的教育学原理。①

通常，心理学有被外行神秘化的味道，以为学了心理学就可以洞察人心。实际上洞察人心的事情和科学心理学几乎没什么关系，民间心理学倒可以提供一些帮助。每一个人都有民间心理学，那是他们自身对别人心灵运作的一种文化觉察。同样，经常和小孩打交道的老师、妈妈甚至保姆，她们也都有一套民间教育学，都有一套“儿童的心理像什么样以及如何帮助他们学习”的观念。所以没有接受正规教育学训练的人其实也有教育学，甚至可以说每个人都是天生的教育者，每个人都是天生的教育家。当我们能跟周围人很好地相处，清晰地表达自己的观点，能在这样的情境中其乐融融并感染人，或者被感染时，我们都在使用自己的民间教育学。就好像易中天在“品三国”时说的那四句话：“以故事说人物，以人物说历史，以历史说文化，以文化说人性”，就是易中天的教育学。② 这种教育学在我们教育学课堂中一般是学不到的，基于他自己的学识，在某种意义上也是基于他自己的儒雅人格。学者们所写的每一篇论文也都包含着教育学，都是为了取得社会效应、影响别人而写的，因而都有一个教育学或教学法的维度。③ 值得注意的是，民间教育学除了来自我们的学识、人格或魅力，还来自我们的传统与习俗，有些甚至来自我们正规的组织生活。因而说到底，民间教育学不是教育学的某种纯粹类型，而是一种混合物。我曾经用“民间教育学”指称那种深藏在事物本性之中的教育力量或魅力教育学，④ 但后来放弃了这样一种打算。⑤

但无论如何，这种民间教育学是值得我们研究的，而且教育研究中的实践转向也已开始转向研究这样的教育学。究其原因，说到底，文化提供了工具，使我

---

① 转引自石中英著：《知识转型与教育改革》，教育科学出版社2001年版，第249～250页。

② 易中天，1947年生，湖南长沙人。武汉大学文学硕士，厦门大学人文学院教授，博士生导师。2006年开始在中央电视台《百家讲坛》栏目讲“易中天品三国”。

③ McEwan，H. & Barry Bull (1991)，The Pedagogic Nature of Subject Matter Knowledge，*American Educational Research Journal*，28 (2)，331-332.

④ 参见康永久：《教师知识的制度维度》，载《教育学报》2008年第3期；《回归生活世界的教育学》，载《教育研究》2008年第6期。

⑤ 参见康永久：《魅力、情境与教育学——教师专业化之历史反思与重构》，载《教育资料与研究》（双月刊，台北）2010年第5期。

们得以以可沟通的方式来组织和了解我们的世界。教育本身在根本上也是浸泡在文化之中的，因而最重要的不是抽象、演绎出学科的基本结构，而是回归到个人原本所属的历史文化之中。而现在学校变成了一座座孤岛，脱离了文化背景，抽象地、孤立地思考教育，将教育化简为课程，进而将课程化简为个体的信息处理能力，最后将一切化简为教学的技术细节。① 为此它们必定特别强调教师的专业教育学，对教师的学识和人格根本没什么要求，社会生活本身所拥有的那样一套文化传统则被熟视无睹。结果，中小学教师只会教现成的知识，不会思考也不敢思考，反而沾染上某种官僚的习气，教师的人格甚至也因此变得灰暗，人也越像“马列主义老太太”。很多教师在学校里训学生，在家里则训老公，把家办成了另一所学校，自己则自居为校长，天天过校长瘾。可见，忽视民间教育学倒没有使我们真正远离民间教育学，反而使我们这样将一种扭曲了的民间教育学扩散到教育的方方面面，的确很值得我们去研究。若我们今后从教几十年后还有一颗赤子之心，回到家里还能对爱人有一种初恋般的感觉，这个境界就很高很可贵了。

（七）超个人的制度教育学研究

迄今为止，我们所关注的主要还只是一种个人的教育学。这种教育学试图教给教师个人一套东西，然后让他们照着做，致力于提高他们的教育教学艺术、教育教学的能力、教育教学的影响力。这种教育学包括我们之前讲到的传统的专业教育学，也大致包括各种日常教育智慧（民间教育学）、教师个人的教育实践理论以及现象学教育学，当然也包括我们前面提到的魅力教育学。当教师学识渊博时，举手投足间也都有迷人魅力。传统的专业教育学致力于提高专业教师个人课堂教学的技艺，现象学教育学致力于提高教师教育教学的智慧，它们都是个人的教育学。如果阅读下范梅南的《教学机智——教育智慧的意蕴》，就会感觉到他在不断地给我们讲述这种高度个人化的理念：如果用一种更好的态度来对待学生，如果和学生结成一种类似于父母与子女的关系，对他们的整个生活给予高度关注，使我们的心向着孩子，我们就能开展一种更具有教育学意义的活动。②

---

① 常生龙：《文化主义教育观的里程碑》，载《中国教育报》2011年11月3日。

② ［加］马克斯·范梅南著，李树英译：《教学机智——教育智慧的意蕴》，教育科学出版社2001年版，第7～11页。

但事实上除了这种个人的教育学，我们还有另一种教育学，可称之为超个人的教育学（supra-individual pedagogy）。它不是要提高每一个人的教育智慧，也不是要提高每一个人的教育教学技艺，而是要改变教育教学的情境，使之人性化，从而曲折地改进我们的教育教学。要实现从专业教育学到魅力教育学的转变，就需要这种全新的超个人教育学。现在大家不知道康老师怎么样，就一头冲进了这个教室，而且再也没有便利的退出机会，（学生笑）这对我来说压力就很大了。你们以为我的课生动活泼，例子段子都很多，就像易中天一样，谁知道竟是这样佶屈聱牙，什么东西都得绞尽脑汁，那怎么办？不管你们做出过什么改变，至少我就不能够太迷恋自我了，需要克制克制再克制。而以前教公共教育学的时候，学生根本就不是冲着自己的思维、学识或理论来的，那个时候的我比你们学期初还痛苦。但这也说明，要改进一个教师的课堂，不一定要直接提升教师的个人素质，也不一定要提高教师的教学技巧，而是可以改变教学情境。如双向选择或专业分流，让大家都知根知底、志同道合。另外，如果班级规模再小点，考核考查有更大的灵活性，那也会进一步改进我们的教学。事实上，改变我们的环境就是优化我们的教学，而且我们本来就需要借助环境来进行教学。

超个人的教育学在历史上最初有社会教育学（social pedagogy）。卢梭和裴斯泰洛齐是其最早的理论源头，而德国学者纳托普（Paul Natorp，1854—1924）的主要著作就是《社会教育学》（1899）。这样一种教育学不是依靠个人的教育教学实践来影响人，而是把教育看成是社会的功能，因而希望借助学习者与共同体、自然界及其与人类价值的联系来影响人，倡导一种整全教育（holistic education）。现代教育运动也反对单纯由教师来教育学生。其中欧洲的新教育运动提出了关系教育学，认为学生发展好坏跟教师个人的素质与付出没有必然联系，而是跟学生与教师的关系好坏有很大关系。有素质/水平的教师未必能把学生教好，关键是要和学生建立平等而亲密的关系。关系教育学也认为课堂不是教师的一言堂，学生应该主动、积极、多方位地参与课堂，以形成良好的师生互动关系。[①] 杜威的教育学则是民主教育学，在这里，教师不应当站在讲台上面，而是应围着学生运转。

---

① 参见［法］昂热拉·梅迪契著，侯健译：《新教育》，商务印书馆1998年版，第13～14页。

这被认为是教育当中哥白尼式的革命。[①] 教育的重心由此从教师转向儿童，要求增强对交往、合作、生活的关注。在杜威式的课堂中，仿佛都是学生自己在学习，没有教师的教，但学生却是会学得更欢。可见，教师不是课堂唯一的知识源头，真正把学生教好的不是教师，而是民主的教育教学情境。勒温的群体动力学与杜威的民主教育学一脉相承，对超个人的教育学的发展也有重要贡献。

制度教育学也具有明显的超个人的性质，它诞生于20世纪60年代的法国。当时，第二次世界大战前推行新教育的教育学运动重整旗鼓，而且受到了来自大西洋彼岸的社会心理学（尤其是群体社会心理学）和教育学思潮的渗透和影响，并开始进行教育试验。一些新的团体也在60年代开始探讨和研究，力图把教学革新建立在更加可靠的理论基础之上。这些理论既有弗洛伊德的思想及精神分析方法，也有社会心理学的观点。启发式教育和罗杰斯有关以病人为中心和非指导性教学的著述也成了人们激烈争论的对象。与此同时，社会学——主要是基于韦伯主义（Weberism）传统的社会冲突理论和基于西方马克思主义（Western Marxism）传统的社会批判理论——也开始在新教育运动内部激发人们进行各种讨论、交流和试验。制度教育学就是由这些团体创立的。法国的F.乌里（Fernand Oury，1920—1997）被称为制度教育学的创始人。他和瓦斯凯（Aïda Vasquez）合著的《走向制度教育学》（1966）是制度教育学的奠基之作。随着全球新一轮的经济发展、民主建设和新技术革命的势头被打断，更多的人认识到，技术官僚无所不在的统治限制了人们的行动自由，整个世界意识形态上的对立钳制了人们的思想，无处不在的消费主义则造成了生活的索然无味和空虚，教育的大众化带来了就业的压力，以往被认为优质的教育，现在看来实际上阻碍了人与人之间的平等，并且造成了人的普遍异化，而这一切不变更制度就没有希望。制度教育学就在这种普遍的不满情绪下在许多国家迅速发展起来。[②]

制度教育学相信学习行为对情境的依赖，强调制度的重要性及其影响的潜在性，并因此而质疑现有的制度情境本身，要求某种积极的制度干预或平民主义、

---

① ［美］约翰·杜威著，赵祥麟、任钟印、吴志宏译：《学校与社会·明日之学校》，人民教育出版社1994年版，第43～44页。

② ［法］Gaston Mialaret、Jean Vial主编，张人杰等译：《现代教育史（1945年至今）》，五南图书出版公司1993年版，第97～109页。

浪漫主义的激进自治。其前奏是法国的制度心理治疗运动，这一运动的主要思想有两条："其一，生存条件对病理表现的发生发挥功能，因此社会结构亦然；其二，疗法本身与实施疗法的治疗机构的组织方式有着密切关系。"① 精神病科医生J. 乌里（Jean Oury，1924—2014，F. 乌里的弟弟）于1958年首先提出了"制度教育学"概念。这一学派的主体是F. 乌里倡导的那种微观制度教育学，这种制度教育学主要受杜威民主主义方法论、勒温的团体动力学和罗杰斯的非指导性教学的影响，希望通过深入社会内部的制度干预来改进课堂教学。前面我们所说的批判性的行动研究与批判教育学，包括伊利奇的非学校化理论②，也都可归于其中。制度教育学的后续发展是宏观制度教育学。宏观制度教育学注重对宏观教育制度的社会学研究，尤其注重研究宏观教育制度与社会政治经济制度之间的对应关系，强调理论批判多过强调实际干预，带有强烈的命定论色彩，因而脱离了制度教育学的微观研究和主动干预的传统，最终与微观制度教育学分道扬镳。在这里，最著名的是复制或再生产理论。美国学者鲍尔斯和金蒂斯的经济再生产理论③、阿普尔等人的霸权国家再生产理论、法国学者布迪厄和帕塞隆（Jean-Claude Passeron）的文化再生产理论以及英国学者伯恩斯坦的语言编码理论（在某种意义上也可归为文化再生产理论）是其中的典型代表。④ 联合国教科文组织的报告《学会生存——教育世界的今天和明天》(1972)⑤ 也是其中的佼佼者。

我个人做的是新制度教育学研究，区别于这种着眼于制度干预和批判的"旧"制度教育学，主要考虑的是专业教育学、魅力教育学、制度（情境中的）教育学及其相互关系。其中，专业教育学主要是遵循对事不对人的客观中立原则、适应现代教学情境（在此，师生之间高度匿名化，因而经常不能志同道合，只有权利

---

① ［法］Gaston Mialaret、Jean Vial主编，张人杰等译：《现代教育史（1945年至今）》，五南图书出版公司1993年版，第112页。

② ［美］伊万·伊利奇著，吴康宁译：《非学校化社会》，桂冠图书股份有限公司1994年版。

③ ［美］塞缪尔·鲍尔斯、赫伯特·金蒂斯著，王佩雄等译：《美国：经济生活与教育改革》，上海教育出版社1990年版。

④ 参见康永久著：《教育制度的生成与变革——新制度教育学论纲》，教育科学出版社2003年版，第13～34页。

⑤ 联合国教科文组织国际教育发展委员会编，华东师范大学比较教育研究所译：《学会生存——教育世界的今天和明天》，教育科学出版社1996年版。

与义务联系）并主要由专家们总结出来的科学教育学。① 当然，专业教育学还有那种尚未取得支配地位的经验教育学，以及那种由专家总结出来但旨在唤醒事物本性之中的教育力量的“智慧教育学”（不同于那种技术取向的实践教育学）。魅力教育学在此指的是普遍存在于所有（不管是否经专业教育学的改造）个人、活动和文本之中、作为缄默的教育知识或学识与人格魅力而存在的“天生的”教育知识。这是与我们自身的存在高度同一的教育学，压抑这种教育学就意味着在根本上限制我们自身。制度情境中的教育学，则是一种蕴含在社会结构中的教育力量，指作为社会资本为个人魅力或技艺的教育应用提供情境支持的制度框架、结构关系与文化共识。当制度情境中的教育学越来越少，我们头脑中需要存放的专业教育学就会增加，内在教育知识所能发挥的作用就将被限制在一个有限的层次。这时，教育发展就越来越依赖于少数人的理性，其风险也越来越高。由于缺乏有效的平衡因素，人们也越来越难以从现有的错误中学习。而当教育学更多地存放在制度情境之中，我们头脑中需要存放的专业教育学就越少，个人学识与人格之中所蕴含的魅力教育学就会变得更丰富。② 教育制度就是调控诸种外在教育知识与内在于个人学识与人格的魅力教育学之关系的社会装置。说到底，一种更具教育意义的教育制度，最终将战胜那些压抑诸种内在教育力量的教育制度。

最后，我们借助新制度教育学对前述历史情境中不同教育学之间的相互关系做了一个简单梳理（见图 5-1）。在这里，我们主要把教育学区分成魅力教育学、专业教育学与制度（情境中的）教育学。魅力教育学包括不能为个人完全把握的神秘魅力，也包括那种内在于学识与人格的个人魅力。按其意向，专业教育学可以区分为行动指南、因果解释与意义理解三种类型。其中作为行动指南的教育学主要为教育实践提供技术策略与价值规范，包括经验形态的规范教育学，也包括传统的专业教育学与马克思主义教育学，以及要素主义、永恒主义、新托马斯主义等新传统主义教育学与新保守主义教育学，还包括那种作为行动指南的教师个

---

① 正因为如此，我们曾特别强调过专业教育学的现代性。参见康永久：《教师知识的制度维度》，载《教育学报》2008 年第 3 期；《回归生活世界的教育学》，载《教育研究》2008 年第 6 期；《魅力、情境与教育学——教师专业化之历史反思与重构》，载《教育资料与研究》（双月刊，台北）2010 年第 5 期；《科学世界及其教育学》，载《南京社会科学》2014 年第 3 期。

② 参见康永久：《魅力、情境与教育学——教师专业化之历史反思与重构》，载《教育资料与研究》（双月刊，台北）2010 年第 5 期。

人理论、分析教育哲学和批判教育学，实际上包括布列钦卡所说的实践教育学和那种注重价值引导的哲学教育学。作为因果解释的教育学就是布列钦卡所说的科学教育学，包括教育心理学、实验教育学和教育社会学。作为意义理解的教育学主要致力于揭示情境中的教育意义，是布列钦卡所说的哲学教育学的另一部分，主要包括教育艺术理论、文化教育学、社会教育学、关系教育学、现代教育学派、旧制度教育学、民间教育学研究和现象学教育学等。其中的社会教育学、关系教育学、现代教育学派、旧制度教育学、民间教育学研究和现象学教育学等已能认识到制度情境的教育意义，因而部分属于超个人的教育学，而其他专业教育学乃

<table>
<tr><td rowspan="3">20世纪50年代以来</td><td rowspan="3">教师也从头到心</td><td colspan="3">新制度教育学（魅力教育学、专业教育学与制度情境中的教育学的相互关系研究）</td><td rowspan="3">参与式的民主社会</td></tr>
<tr><td>行动研究、分析教育哲学、批判教育学</td><td>教育心理学
教育社会学</td><td>民间教育学研究
现象学教育学</td></tr>
<tr><td colspan="3">（专业教育学的实践取向）</td></tr>
<tr><td>20世纪上半叶</td><td>学生与科学魅力的复兴</td><td>马克思主义教育学、新传统教育学派（要素主义、永恒主义、新托马斯主义）以及新保守主义教育学</td><td>教育心理学
实验教育学
教育社会学</td><td>旧制度教育学
现代教育学派
关系教育学
社会教育学</td><td>多元而分立的世界</td></tr>
<tr><td rowspan="2">文艺复兴至20世纪初</td><td rowspan="2">基于规则的沟通</td><td>理性主义/传统教育学</td><td>教育心理学
实验教育学
教育社会学</td><td>教育艺术理论
文化教育学</td><td rowspan="2">现代性情境</td></tr>
<tr><td colspan="2">（专业教育学的技术取向）</td><td>（专业教育学的实践转向）</td></tr>
<tr><td>古代社会</td><td>魅力的残余</td><td>经验教育学（专业教育学的经验形态）</td><td></td><td></td><td>传统社会/共同体</td></tr>
<tr><td>原始社会</td><td>神秘魅力</td><td></td><td></td><td></td><td>万物有灵的世界</td></tr>
<tr><td></td><td rowspan="2">魅力教育学</td><td>行动指南</td><td>因果解释</td><td>意义理解</td><td rowspan="2">制度教育学</td></tr>
<tr><td></td><td colspan="3">专业教育学</td></tr>
<tr><td></td><td colspan="4">个人的教育学</td><td>超个人的教育学</td></tr>
</table>

图 5-1　不同教育学相互关系示意图

至魅力教育学都属于个人的教育学。按其与教育实践的关系，专业教育学又被区分成了源于实践的经验形态（经验教育学）、基于理性的技术取向（包括传统的理性主义教育学、马克思主义教育学、新传统教育学派、新保守主义教育学与诸种实证取向的科学教育学）和旨在唤醒的实践取向（20 世纪 50 年代以来的诸种专业教育学）三种。教育艺术理论、文化教育学以及关系教育学、现代教育学派与旧制度教育学在此被理解成技术取向与实践取向之间的过渡类型，因而称之为“专业教育学的实践转向”。制度（情境中的）教育学在此区分为万物有灵的世界、亲密关系共同体、理性化的现代性情境、多元而分立的世界和参与式的民主社会。

这些形形色色的教育学在历史上的相互关系大致如下：在原始社会，起作用的主要是魅力教育学中的那种神秘魅力，当时的教育情境主要是一种万物有灵的世界。在古代社会，神秘魅力被祛除，只在某些特定场合还有魅力的残余。这时经验形态的教育学开始出现，但教育教学主要不是基于这样一种专业教育学的雏形，而是基于亲密关系共同体情境。从文艺复兴时期到 20 世纪初期，魅力的祛除达到前所未有的程度，所有的沟通被认为都应是基于规则的沟通。因此，专业教育学大行其道。其中围绕教育学的科学化虽有冲突，但那些反抗教育学科学化、因而具有某种实践取向的教育艺术理论与文化教育学，本身也只是一种服务于个人的专业教育学。至于传统的理性主义的专业教育学，和那些以自然科学为范本的科学教育学，更是技术取向的专业教育学的成熟形态，成为这个时代支配教育教学的教育知识的主流类型。20 世纪上半叶，在美国这样一个多元社会的基础之上，学生与知识乃至能动的科学实践活动本身的内在教育力量被发现，学生与科学的魅力复兴。现代教育学派（社会教育学、关系教育学乃至各种旧制度教育学归根结底也均属此列）不但对各种新旧传统教育学进行挑战，而且日益认识到环境之中的教育力量，人们对超个人的教育学的意识开始觉醒，但整个世界（包括西方世界）基本上还是处于传统教育学派与现代教育学派的对立之中，也就是处于技术取向与实践取向的对立之中。20 世纪 50 年代以来，参与式民主在西方社会广泛生根开花，教师个人的内在教育力量受到关注和重视，专业教育学的知识根基发生变化，全面实现实践转向，不再单纯为现代教学情境中的专任教师提供技术支持，而是为了更好地帮助人们理解教育自身的意蕴和逻辑，从而唤醒个人与社会自身内在的教育力量。我们的新制度教育学研究，试图对魅力教育学、专业教育学与制度情境中的教育学的性质及其相互关系提供一种统一的解释，并认真思考制度情境本身的性质与演化机制及其作为一种教育学的意义。

附：教育学原理基本阅读文献

第一讲　教育的概念与理想

1. ［古希腊］柏拉图：《关于地穴囚徒与灵魂转向的对话》（题目为编者自拟），见［古希腊］柏拉图著，郭斌和、张竹明译：《理想国》，商务印书馆 1995 年版，第 272～281 页。
2. ［法］让-雅克·卢梭：《自然主义教育的总纲》（题目为编者自拟），见［法］卢梭著，李平沤译：《爱弥儿：论教育》（上、下），商务印书馆 1991 年版，第 5～38，72～96 页。
3. ［美］约翰·杜威：《我的教育信条》，见［美］约翰·杜威著，赵祥麟、任钟印、吴志宏译：《学校与社会·明日之学校》，人民教育出版社 1994 年版，第 1～18 页。
4. ［法］爱弥尔·涂尔干：《教育：性质与作用》，见［法］爱弥尔·涂尔干著，陈光金、沈杰、朱谐汉译：《道德教育》，上海人民出版社 2001 年版，第 301～325 页。

第二讲　教育的历史发展

5. ［日］矢野智司：《作为赠与者的教师的诞生与死亡——教育起源的另一种言说》，北京师范大学教育学院 2007 年 10 月讲学稿（翻译：王威；校对：赵勇）。或参见［日］矢野智司：《作为赠与者之先生的诞生与死亡——探寻教育起源的新视角》，载《湖南师范大学教育科学学报》2014 年第 1 期。
6. ［德］马克斯·韦伯：《统治的类型》（节选），见［德］马克斯·韦伯著，林荣远译：《经济与社会》（上），商务印书馆 1998 年版，第 238～283 页。
7. 余英时：《古代知识阶层的兴起与发展》，见余英时著：《士与中国文化》，上海人民出版社 2003 年版，第 4～74 页。
8. ［法］爱弥尔·涂尔干：《学校纪律·惩罚在学校里的运用·奖赏的意义与

用途》（题目为编者根据几节标题组合而成），见［法］爱弥尔·涂尔干著，陈光金、沈杰、朱谐汉译：《道德教育》，上海人民出版社 2001 年版，第 141～199 页。

第三讲　人的发展与教育

9. ［美］约翰·杜威：《儿童与课程》，见［美］约翰·杜威著，赵祥麟、任钟印、吴志宏译：《学校与社会·明日之学校》，人民教育出版社 1994 年版，第 113～134 页。

10. ［美］约翰·杜威：《教育中的道德原理》，见［美］约翰·杜威著，赵祥麟、任钟印、吴志宏译：《学校与社会·明日之学校》，人民教育出版社 1994 年版，第 139～164 页。

11. ［英］迈克尔·波拉尼：《缄默的认识》，见瞿葆奎主编，施良方、唐晓杰选编：《教育学文集·智育》，人民教育出版社 1993 年版，第 118～138 页。

12. ［美］帕克·帕尔默：《教师的心灵——教学中的自身认同和自身完整》，见［美］帕克·帕尔默著，吴国珍、余巍等译：《教学勇气：漫步教师心灵》，华东师范大学出版社 2005 年版，第 9～35 页。

第四讲　教育与社会发展

13. ［德］卡尔·马克思：《异化劳动和私有财产·私有财产和共产主义》（题目为编者根据几节标题组合而成），见［德］卡尔·马克思著，中共中央马克思恩格斯列宁斯大林著作编译局译：《1844 年经济学哲学手稿》，人民出版社 2000 年版，第 50～64、78～93 页。

14. ［美］约翰·杜威：《教育中的民主概念》，见［美］约翰·杜威著，王承绪译：《民主主义与教育》，人民教育出版社 2001 年版，第 91～110 页。

15. ［法］爱弥尔·涂尔干：《论教育与社会》，见厉以贤主编：《西方教育社会学文选》，五南图书出版公司 1992 年版，第 37～58 页。

16. ［美］塞缪尔·鲍尔斯、赫伯特·金蒂斯：《破灭了的希望：学校改革回顾》，见［美］塞缪尔·鲍尔斯、赫伯特·金蒂斯著，王佩雄等译：《美国：经济生活与教育改革》，上海教育出版社 1990 年版，第 24～75 页。

第五讲　历史情境与教育学

17. [加] 马克斯·范梅南：《教育学的概念》，见 [加] 马克斯·范梅南著，李树英译：《教学机智——教育智慧的意蕴》，教育科学出版社 2001 年版，第 18～49 页。

18. [法] 爱弥尔·涂尔干：《文艺复兴·文艺复兴（终）·16 世纪的教育理论·文艺复兴时期的教育思想》（题目由编者根据几节标题组合而成），见 [法] 爱弥尔·涂尔干著，李康译：《教育思想的演进》，上海人民出版社 2006 年版，第 187～241 页。

19. [美] 杰罗姆·布鲁纳：《庶民教育学》，见 [美] 杰罗姆·布鲁纳著，宋文里译：《教育的文化：文化心理学的观点》，远流出版事业股份有限公司 2001 年版，第 89～116 页。

20. 康永久：《教师知识的制度维度》，载《教育学报》2008 年第 3 期。

后记

一

尽管自一开始，我就试图在教育学原理的经典话题的范围内展开“教育学原理”课程的教学，但我不愿意依附于人们通常认为的那样一种给学生确定知识的教材。

当然，在最根本的意义上，我认同要教最基本的知识。但什么是最基本的知识？是各大教材中那些约定俗成的明确结论吗？或者是研究生考试大纲中的知识点？或者至少是某本通行教材中的定论？或者是教育实践中经常提到的日常概念？我认为，如果不要随便讲就是要讲教材，或者就是要这样现实地服务于实践，这本身就是对教育学的亵渎。

但现在的教育学怎么讲都可以，这也是一大悲哀。不过，如果因此而希望我们不要争论，直接讲结论，把一个个概念说清楚，不要长篇大论，这又是自己不敢苟同的。

二

说到底，我不是要写一本人人都能讲的教育学，我只是想与学生分享一种对人人都有益的教育学，这种教育学同时也是一门根植于教育学术与思想传统的根深叶茂的学问。

正因为如此，我们的课堂始终充满着与理论和实践的双重对话。看起来是一种一言堂式的教学，其中实际上充满了对话。这是我们的教学最显著的特点。我们就这样在与先哲和世人的对话中梳理着教育学，也在我们自己与学生们的成长经验中充实着教育学。

我十分渴望达到的目标，就是让自己在课堂上津津乐道，让人们有机会进一步洞悉身边教育的隐秘机制，让学生真正获得一种被尊重的感觉，一种思考的习惯，与一套真知灼见。

我始终对于教育学专业的本科生有一种特别的期待，认为他们完全可以接受一套全新的知识。或者说，他们完全可以学会思考，完全可以将已有的教育研究综合起来考察，完全可以学会吸纳那样一些不确定的见解。事实上他们本身也有一套成功的教育学，再也找不到比他们更优秀的教育学听众与“催产士”了。

可惜人们对于教材的想象停留于过往的记忆，因而不容易接受那种看起来不像是教材的教学材料，更谈不上将这些材料称之为教材。他们所能想象的就是库恩所批判的那种作为常规科学典范的教材。[①] 这种教材容不下不确定性，容不下对话，当然更容不下科学革命。

但“直至成为事实之前，多少事不都是人们认为不可能的吗?”[②]

三

任教于北京师范大学，这给了我极大的压力，但也给了我极大的空间。在这里，我曾无数次地焦虑，感觉不能使教育学知识散发魅力就无颜以对。每到上课的学期，我就别的什么事情也不能做，成天被备课所纠缠。这也最终促使我做成了一件让自己心满意足之事。

翻开这一本实录，猛一看，真不是该给本科生讲的东西。但我就这么讲了下来，而且学生越来越多。尽管很多学生一时半会儿也听不懂，但学生还是越来越多。他们一方面迷恋于其中的只言片语，一方面又对自己竟然听不懂而感到郁闷。我自己的状态则越来越好。

在这一过程中，很多让人纠结的问题迎刃而解，很多没有意思的内容变得有意思，很多没理清的知识与观念也逐渐清晰起来。教

① [美] 托马斯·库恩著，金吾伦、胡新和译：《科学革命的结构》，北京大学出版社2003年版，第1～2页。

② 原文出自普林尼的《自然史》。转引自 [德] 亚瑟·叔本华著，石冲白译：《作为意志和表象的世界》，商务印书馆2012年版，第1页。

育学的形象也渐渐丰满，教学本身成了一件让我自己也期待的事情。至少就这里所涉及的几讲而言，教育学课程终于赶上了时代的节拍。

布鲁纳说："任何学科都能够用在智育上是正确的方式，有效地教给任何发展阶段的任何儿童。"① 对于这一点我是深信不疑的。而当我们能够使教育学知识变得有内在魅力的时候，教育学与我们自身乃至学生的关系，也就发生了根本性的转变。

问题越来越清楚：我们究竟能够给本科生什么，不完全取决于本科生的年龄特征，也不完全取决于知识本身的特征，而是在很大程度上关联着我们自身的意向状态，关联着我们的意向状态与他们的意向状态之间的关系，或者从根本上说，关联着我们与他们之间相互关联的性质。

因此说到底，这本书不是我一个人的成就。是学生在不断敦促我将教育学讲出意义来，结果就走到了这一步。教室里一双双透亮纯净的眼睛就像明镜，对教育学知识具有最敏锐的觉察。他们的理解与期待，是我所能获得的最大满足。

四

当然，学生的接纳过程并非一帆风顺。教育学的学习者也像是柏拉图所说的洞穴囚徒②或卢梭所说的社会人③，尽管都有某种天生的教育能力与意向，但却无往而不在枷锁之中。他们渴望教育学的灵丹妙药，急于从自身之外找寻教育的真谛，甚至急于学会怎么去上课。

教育学的学习的过程也确实类似于灵魂的转向。好长一段时间，学生们为这一学问所展现出来的奇思妙想所迷惑，既觉得历历在目、清晰可见，又觉得匪夷所思、不可捉摸。而且，由于行动或笔录的速度始终赶不上思想或言说的速度，学生们的学习确实面临着一定

① ［美］杰罗姆·布鲁纳著，邵瑞珍译：《教育过程》，文化教育出版社1982年版，第49页。
② ［古希腊］柏拉图著，郭斌和、张竹明译：《理想国》，商务印书馆1995年版，第272～281页。
③ ［法］让-雅克·卢梭著，李平沤译：《爱弥儿：论教育》（上、下），商务印书馆1991年版。

的困难。但强烈的教育学意向把我们大家紧紧地连在一起，他们对老师真诚的付出有最慷慨的回应，对老师绞尽脑汁式的冥思苦想与咬文嚼字又抱以最大的耐心。

可以说，只有教育学专业的学生才能给予教育学这样一种回报，教育学需要这样一批专业的学生。离开了教育学专业的学生，我们的教育学学科和我们的教育学教师都将在黑暗中摸索更长的时间，或都将更久地偏居于许多人有意无意给它强加的那个位置。

可惜我们很多时候仍愧对我们的学生。我们一方面为自己的教育学教材感到羞愧却无能为力，甚至因此而觉得自己不该误人子弟；而另一方面我们又不断告诫自己要教这样一种令人羞愧的教材，不要将本科生作为研究生来对待。我们就这样捆住了自己的手脚。

结果，我们太多的时候就只能被已有的教育学知识所左右，以至于在根本上遗忘了什么是教育学。我们就像其他人一样，以为教育学就是我们的教材所总结的那种单调枯燥、大而不当的样子。我们根本就没有想到，这样一种理解教育学的方式根本不合乎教育学。

我们自身也因此最终堕落为教育学的教书匠，教育学自身也最终被看成外在于我们自身或我们自身必须与之保持距离的一门学问。别人以自己所教的学科为志业，而教育学的教师则只以教教育学学科为职业。教育学就这样为我们自己所诅咒。

然而，真正的教育学要求我们以开放的态度对待一切，要求我们确立自己的主体地位，要求我们将教育建立在自我教育的基础之上，要求我们对这个世界充满善意，要求我们把整个心灵献给孩子，当然包括把自己全部的东西献给教育学。

因此，教育学在根本上不是一套我们现在就可以教给学生且可条分缕析的知识，而是我们对待这个世界的一种积极态度。与现有的那些教育学知识相比，我们自己的状态，和我们对待学生的态度，以及我们的学生对待我们的态度，才是最至关紧要的实在。

五

事实上，也只有我们以及我们的学生自身才是这个学科的脊梁。在没有分享到教育学的荣耀之前，他们就与我们一道与教育学这个学科结成了命运共同体。

但直到遇到教育学专业的学生，我自己的心灵才完全被他们所开启，我才完全明白自己肩上的责任和知识本身的内在力量。有时候甚至觉得自己从学生那里学到的东西比自己能够清晰地教给学生的还要多。他们身上所固有的对待学习与学问的那种郑重其事的态度给了教育学课程最大的支持，我们怎么深入理论在这里都不再过分。

当然也有这样的时候，我在把学生讲迷糊了的时候，自己心中却充满了期待。但学生是真的被我们讲迷糊了吗？他们那么聪明，又怎么可能轻易被我们讲迷糊？他们是在进入一种教育学的意向状态，正准备为接受一套新的知识而进行艰难的“化蝶”。

教育学专业的学生自一开始就应当进入这样一种自我教育状态，自一开始就应当进入这样一种反思或研究状态，自一开始就应当将显性知识建立在隐性知识的基础之上，自一开始就应当明白世界的主观构造，而不是将遗忘自我的教育学当成自身安身立命的基石。

我所教的北京师范大学教育学专业的学生恰恰具有这份“专业性”。他们由于投身甚至陷身于这个学科而向这个学科献身。他们自一开始就超越了自己的同龄人，对自己所在的学科承担责任，而且是通过自我教育、自我呈现与自我反思来承担责任。

我曾经跟学生们说，给你们讲教育学就像是数钱，越数心里越快活。

好在自己的教学最终也回馈了学生。我如此急切地想将课堂教学实录整理出来，就是希望学生们能看到在课堂蒙太奇的云遮雾罩之下，我们究竟共建了何种教育学。这也将给我们大家一个机会，去体会那些转瞬即逝的瞬间与话语的背后，究竟还有什么奥妙。

这本书的根基是 2009—2013 年的课堂实录，并根据 2014 级与 2015 级的课堂教学和学生反馈做了进一步的修订。尽管没有把所有的材料都集中起来，但我已经尽最大努力汇集了课堂生活的精彩环节，并做了尽可能严谨的修订与拓展。2013 级学生曾在本课程临近结束的时候，拿到过本书的初稿作为参考，2014 级与 2015 级的学生自一开始就拿到了书稿的修订版。但在经历了再一次的修订之后，这三个书稿版本都已只能作为留念。

尽管错误仍在所难免，还是忍不住想将此书献给我教过的所有学生，献给在背后默默支持并被我多次提及的家人以及不断在书中登场的同事！感谢参与交流但因不能一一核实因而最终全做匿名处理的所有同学，尤其感谢参与录音整理和教学反馈的全体同学！最后，特别感谢人民教育出版社及该社有关编审人员对本书修订与出版提供的专业而体贴的支持与帮助！

2016 年 5 月